EDUCATIONAL REFORM
IN THE PROCESS
OF URBANIZATION

城镇化进程中的
教育变革

褚宏启　赵茜　等◎著

教育科学出版社

·北京·

出 版 人 李 东
责任编辑 何 艺 王晶晶 薛 莉
版式设计 郝晓红
责任校对 贾静芳
责任印制 叶小峰

图书在版编目（CIP）数据

城镇化进程中的教育变革/褚宏启等著 . —北京：
教育科学出版社，2016.12
ISBN 978－7－5191－0885－4

Ⅰ . ①城…　Ⅱ . ①褚…　Ⅲ . ①城市化—影响—教育改
革—研究—中国　Ⅳ . ①G521

中国版本图书馆 CIP 数据核字（2016）第 311879 号

城镇化进程中的教育变革
CHENGZHENHUA JINCHENG ZHONG DE JIAOYU BIANGE

出版发行　**教育科学出版社**

社　　址	北京·朝阳区安慧北里安园甲 9 号	市场部电话	010-64989009
邮　　编	100101	编辑部电话	010-64989421，64989419
传　　真	010-64891796	网　　址	http://www.esph.com.cn
经　　销	各地新华书店		
制　　作	北京博祥图文设计中心		
印　　刷	北京玺诚印务有限公司		
开　　本	169 毫米×239 毫米　16 开	版　　次	2016 年 12 月第 1 版
印　　张	32.25	印　　次	2016 年 12 月第 1 次印刷
字　　数	531 千	定　　价	85.00 元

如有印装质量问题，请到所购图书销售部门联系调换。

序 言

给中国特色城镇化涂上人道主义的底色

城镇化是指伴随工业化发展，非农产业在城镇集聚、农村人口向城镇集中的社会变迁过程。改革开放以来，伴随着工业化进程的加速，我国的城镇化经历了一个起点低、速度快的发展过程。1978—2015 年，城镇常住人口从 1.7 亿人增加到 7.7 亿人，城镇化率从 17.9%提升到 56.1%。城镇化是我国改革开放以来最显性的社会变迁过程，是一场全面而深刻的社会变革。城镇化给教育带来了机遇，更带来了挑战。

（一）

我国城镇化的成就举世瞩目，但是，在城镇化的快速发展过程中，也存在一些突出问题，主要表现在以下五个方面。第一，人口城镇化滞后于工业化，大量农业转移人口在城镇工作和生活，但由于城乡分割的二元户籍管理制度、社会保障制度的影响，已经形成的城乡利益失衡格局日益固化，农业转移人口市民化受到制约，城镇内部社会二元结构形成。第二，"土地城镇化"快于人口城镇化，产业和城镇的融合不紧密，产业集聚与人口集聚不同步，建设用地等资源使用粗放低效，环境污染严重，经济发展方式滞后。第三，城乡发展不平衡，农村发展严重滞后，农村留守儿童、妇女和老人面临的问题日益凸显。第四，"政府主导"城镇化发展，政府职能严重错位，短期化行为突出，侵权现象严重，政府管理中民主参与不足，决策的科学化、民主化不够。第五，城镇化的区域发展很不平衡，城镇空间分布和规模结构不合理，与资源环境承载能力不匹配。

要解决这些问题，必须走新型城镇化道路。新型城镇化是对我国过去城镇化道路偏差的纠正，其重要特征是：推进以人为核心的城镇化，推动大中小城市和小城镇协调发展、产业和城镇融合发展，促进城镇化和新农村建设协调推进。新型城镇化注重人的发展，注重基本公共服务的提供，关注人的生活质量。简言之，新型城镇化具有强烈的人道主义追求。

教育以育人为本。现代教育以人的全面发展与个性发展为己任，以人的自由与解放为使命，其本身内在地必须具有人道主义精神。人道主义、以人为本是现代教育与新型城镇化的共同追求。因此，在当前的我国，新型城镇化与现代教育有密切的内在联系。提高我国城镇化的质量、解决传统城镇化存在的问题、推进新型城镇化，都离不开教育。

具体而言，教育对于城镇化能有何作为呢？教育的目的在于促进人的发展与社会发展。在新型城镇化视角下，教育促进人的发展，核心使命就是促进人的城镇化，促进农村转移人口的市民化；而教育促进社会发展，核心任务就是促进城镇化进程中的社会融合、政治民主、经济发展，促进城镇空间布局优化，促进农村发展和"三农"问题的解决。

可见，教育能够全面推进城镇化进程，教育在推进新型城镇化方面大有可为。

然而，当前对于教育与城镇化关系的研究，滞后于城镇化的快速发展，滞后于教育实践的迫切需要。一些研究存在着表面化和碎片化问题，研究的整体性、宏观性不够，未能对城镇化背景下的教育变革进行系统性、全景式的阐述。

本书试图全面、深入地论述教育与城镇化的关系，重点阐明面对城镇化进程，教育如何进行系统性、整体性、主动性的回应。

本书共分七章。

第一章属于本书的概论或者总论部分，不求面面俱到、事无巨细地论述，而是以问题为中心展开论述，分析城镇化进程中关键的教育问题。从城镇化的本质、我国城镇化的独特性、我国城镇化进程中存在的突出问题等视角，重点论述我国新型城镇化对于教育的目标定位、体系结构、机会公平、空间布局、制度安排等提出的挑战，以及教育如何主动适应并积极促进我国的城镇化进程。

第二章是关于城镇化与教育关系的理论研究，分析了城镇化的发生机制与历史演进，阐述了城镇化与教育的双向互动关系，最后指出了城镇化背景下教育改革与发展的基本走向是城乡教育一体化。

第三章到第五章论述了城镇化背景下的随迁子女教育、农村教育（尤其是留守儿童教育）、新生代农民工职业教育，对于受城镇化影响和冲击最甚的三个群体即随迁子女、留守儿童、农民工的教育问题进行了深入讨论。

第六章讨论城镇化进程中的教育制度改革问题。不论是传统的城乡教育二元结构，还是城镇化进程中形成的城市内部教育二元结构，都有其制度根源，不改革二元制度，就不能破解教育二元结构。本章从教育管理体制、办学体制、教育质量保障制度、招生考试制度、教师人事制度、教育投入制度等方面系统论述了城镇化进程中的教育制度改革问题。研究发现，这些教育制度的改革，又与更为宏观的社会制度如户籍制度、财税制度、人事制度的改革纠缠在一起，需要后者先行一步，以为前者提供必要条件。

第七章是个案研究。以北京作为对象，对我国特大城市的教育如何应对新型城镇化的挑战，进行了较为深入细致的分析。

（二）

传统城镇化见物不见人，而新型城镇化"贵人"不"贵物"，以人为本的新型城镇化要求政府为所有公民特别是农村转移人口提供更加公平、更有质量的教育公共服务。这种教育服务更为人道，当然也更加昂贵。基于廉价劳动力、廉价土地、基本公共服务不均等的廉价城镇化模式，基于权利剥夺的城镇化模式，已经丧失其合理性与合法性。

农村转移人口都是带着对美好生活的向往从农村走向城市的。农民工进城，不只是城市经济收入高的拉力在起作用，更是因为他们希望能更好地生存和发展，能拥有与城里人一样的衣食住行，他们更希望自己的子女能享受到更好的城镇教育资源，希望自己的子女能有更多更好的发展机遇，实现向上的社会流动。从这个意义上讲，城镇化是一场大规模的追求美好生活的运动。与城镇居民相比，农村转移人口对于美好生活的期盼更加强烈。"人的城镇化"是新型城镇化的核心，人的城镇化重视人的权利、人的福利、人的主体性，以人的全面发展为出发点和最终归宿。

教育如何"给中国特色城镇化涂上人道主义的底色"？当城镇教育不再歧视随迁子女，当农村教育给予留守儿童充分关爱，当农民工培训能更有成效地让农民工更好地就业，当城镇的各级各类教育能更好地促进城乡居民的社会融合与互相包容、更好地提升农村转移人口的主体性，尤其是，当教育能为农村转移人口过上"美好生活"做充分准备，教育就在"给中国特色城镇化涂上人道主义的底色"。

教育"给中国特色城镇化涂上人道主义的底色"，本质是促进人的城镇化，即通过提供优质公平的、具有针对性的各级各类教育，使农村转移人口具备现代市民的生活理念、人格特征和综合素养，提升他们的就业能力，从而使他们提高就业质量，增加经济收入，改善居住条件，最后真正融入城镇生活和城市社会。优质公平的教育是农村转移人口实现城镇"美好生活"梦想的基石。当然，优质公平的教育不仅要惠及已经迁移到城镇的农民工和随迁子女，也要惠及不能随迁的留守儿童。

贯穿本书的一条主线就是人道主义精神。但人道主义不应该只是空洞的道德呼吁，更应该落实为抓铁留痕的制度安排。只有落实到制度上，人道主义精神才能实至名归、落地生根。本书对于制度改革进行了细致的分析，力求提出的制度改革建议切实可行，把人道理想与现实操作有机结合起来；不仅让人道主义精神照亮现实，更让人道主义精神改造现实。

（三）

本书是我近年来所主持的几项研究课题的成果总结。这些课题包括北京市教育科学"十一五"规划重大课题"城市化进程中的教育发展问题研究"、国家教育体制改革重大项目"北京市探索城乡教育一体化发展有效途径研究"、教育部政策法规司委托课题"城镇化进程中的教育管理体制改革研究"、教育部哲学社会科学重大课题攻关项目"城市化进程中新生代农民工职业教育与社会融合问题研究"等四项。

研究团队于 2012 年在北京市层面展开调研，按照分层随机整群抽样的原则进行问卷调查，样本校的选择兼顾城区、镇区、农村三种不同所在地，好、中、差三种不同办学水平的学校。调研涉及北京市 9 个区县的 111 所学校，问卷调查对象包括教委干部 218 人，校长 111 人，教师 9500 人，学生 10079 人，家长 1700 人。该调研主要关注城乡教育差距，以及如何通过制度变革推进城乡教育一体化。调研重点关注教育管理体制、人才培养与教育质量保障制度、办学体制、教育人事制度、教育投入制度等如何改革，才能更好地促进城乡教育一体化发展。调研把北京市的农民工随迁子女教育作为一个独立的子课题开展研究，既研究了公立学校中随迁子女的受教育状况，也研究了民办学校和简易打工子弟学校中随迁子女的受教育状况。为进一步深化研究，研究团队分别于 2013 年和 2015 年对朝阳区开展了两次大规模调研。问卷调查涉及学校 74 所，其中校长 163 人，教师 4089 人，学生 3950 人；访谈总人数 258 人，其中教育行政人员 21 人，校长 19 人，教师 112 人，学生 106 人。

在研究中，我们认识到，城乡教育差距主要是师资差距，教育队伍建设问题是关键问题。基于这种考虑，为深入研究城乡教育一体化综合改革中的教育队伍建设问题，研究团队从 2013 年到 2016 年在北京市大兴区开展了 6 次问卷调查和 7 次访谈。

除在北京市展开调研外，研究团队 2013 年在浙江省宁波市、福建省晋江市，2016 年在江苏省镇江市、河北省石家庄市、贵州省毕节市也开展了相关调研。

对城镇化进程中的新生代农民工职业教育与社会融合问题，研究团队也多次在全国开展了实地调研，主要包括：2012 年 3 月在河南省郑州市、漯河市、洛阳市、焦作市进行的调研，2013 年 6 月在福建省晋江市进行的调研，2013 年 7 月在广东省广州市、珠海市、惠州市进行的调研。

2013 年 10 月，研究团队对在国家教育行政学院参加培训的全国 29 个省份（北京、天津除外）的 113 位教育行政干部进行了问卷调查。调查对象来自东、中、西部地区，以县教育局长为主。调查内容涉及随迁子女教育、城乡教育投入、城乡教师资源配置等问题。

除以上实地调研外，从 2013 年 3 月起，在教育部政策法规司的支持与协助下，研究团队会同广东、江苏、湖北、上海、辽宁、陕西、河南等省份教育厅（教委），成都、顺义、无锡、东莞、浦东等市（区）教育局（教委）等教育行政部门，以及教育研究机构，共同展开研究，重点研究城镇化背景下的教育改革与发展存在的突出问题，以及相应的制度障碍。研究团队先后在东莞、无锡、成都召开三次工作会议，推进合作研究工作，并不断总结提炼研究成果。

城镇化进程中的教育改革，涉及面宽广，影响因素繁多，我们开展的调研还比较有限，尚不能覆盖方方面面的问题，因此，在本书撰写过程中，我们还广泛借鉴了其他学者的调研结果或研究成果。本书既是我们近年来研究成果的集成，也吸收了他人的一些研究成果。对于所借鉴和吸收的他人研究成果，书中在引用时都已经一一注明。没有这些研究成果作为必要的基础，我们自己的研究还会走很多弯路，还要付出更多努力，也难以达到一定的高度。在此，对这些研究成果的作者们表示衷心的感谢！

在研究过程中，研究团队发表了一系列学术论文，有的论文被《新华文摘》《中国社会科学文摘》《复印报刊资料》等转载，有的论文还获得了教育部高等学校科学研究优秀成果奖、北京市哲学社会科学优秀成果奖、北京市教育科学研究优秀成果奖等奖励。这些论文的清单已作为附录放在本书正文之后，供读者参考。

多位学者参与了本书的撰写工作，各章节的具体分工如下：第一章第一、二、三、五节，褚宏启（北京教育科学研究院、北京师范大学）；第一章第四节，赵茜（北京师范大学）、褚宏启；第二章，李刚（北京师范大学）；第三章，卢伟（沈阳师范大学）；第四章第一节，李刚、赵茜；第四章第二节，孙雪连（北京师范大学）；第四章第三节，张亚星（北京师范大学）；第四章第四节，朱庆环（北京教育科学研究院）；第五章，高莉（中国教育政策研究院）；第六章第一至四节，孙雪连、赵茜；第六章第五节，张亚星；第六章第六节，朱庆环；第七章，马思腾（北京师范大学）。褚宏启负责确定全书写作框架，并负责统稿定稿。在统稿过程中，赵茜、张亚星、李刚协助笔者做了大量的组织工作和学术工作。本书是集体智慧的结晶，在此，对所有参与者表示衷心的感谢！

最后，感谢教育科学出版社对于学术著作出版的大力支持！

本书是全面研究城镇化进程中教育变革的初步尝试，不当之处恳请读者不吝指正。

褚宏启

2016 年 9 月 8 日于北京师范大学寓所

目　录

第一章　城镇化与教育变革概论／1

第一节　城镇化变迁与教育目标重构 …………………………… 2
　　一、我国城镇化的突出问题与未来走向 ……………………… 2
　　二、人的城镇化与教育目标的重新定位 …………………… 11
　　三、城镇化进程中教育的社会功能 ………………………… 24
第二节　城镇化进程中的教育体系调整 ………………………… 43
　　一、城镇化对教育体系的挑战 ……………………………… 43
　　二、产业结构转型升级与教育体系结构调整 ……………… 45
　　三、农民工职业技能培训的教育体系建设 ………………… 49
　　四、农民工随迁子女的教育体系建设 ……………………… 51
第三节　城镇化进程中的教育机会均等 ………………………… 53
　　一、户籍制度与城镇内部教育二元结构 …………………… 54
　　二、异地中考与户籍制度改革 ……………………………… 57
　　三、异地高考与户籍制度改革 ……………………………… 61
第四节　城镇化进程中的教育空间布局优化 …………………… 66
　　一、城镇化对教育空间布局的挑战 ………………………… 66
　　二、城镇内部教育空间布局的优化 ………………………… 67
　　三、农村教育空间布局的优化 ……………………………… 69
　　四、不同层级城镇间教育空间布局的优化 ………………… 71
　　五、教育空间布局的统筹规划 ……………………………… 74
第五节　城镇化进程中的教育管理改革 ………………………… 77
　　一、城镇化进程中教育行政职能的重新定位 ……………… 78
　　二、教育管理体制的完善 …………………………………… 81
　　三、教育投入制度的改进 …………………………………… 82
　　四、教育人事管理的改革 …………………………………… 85
　　五、教育民主管理的制度建设 ……………………………… 87
　　六、教育绩效管理与问责制度的健全 ……………………… 90

第二章　城镇化与教育的关系 / 95

第一节　城镇化的内涵与发生机制 …………………… 95
一、城镇化的内涵 ………………………………… 95
二、城镇化与城市化的概念辨析 ………………… 97
三、城镇化的发生机制 …………………………… 99

第二节　城镇化的历史进程 …………………………… 103
一、世界的城市化之路 …………………………… 103
二、中国的城镇化进程与道路选择 ……………… 106
三、中国城镇化的现状与问题 …………………… 110

第三节　城镇化与教育的双向互动 …………………… 114
一、城镇化给教育带来的机遇 …………………… 114
二、城镇化给教育带来的挑战 …………………… 116
三、教育对城镇化的促进与阻滞 ………………… 120

第四节　城镇化进程中教育改革的方向与任务 ……… 123
一、人的城镇化与教育改革 ……………………… 123
二、城乡一体化与城乡教育的一体化发展 ……… 126
三、城镇化背景下农村教育的发展路向 ………… 132
四、城镇化进程中教育改革的任务与要求 ……… 137

第三章　城镇化进程中的随迁子女教育 / 141

第一节　我国随迁子女教育的整体状况 ……………… 141
一、随迁子女教育问题的产生 …………………… 142
二、随迁子女接受义务教育的现状 ……………… 145
三、随迁子女接受学前教育和高中教育的现状 … 155

第二节　"两为主"政策的提出与执行 ……………… 159
一、"两为主"政策的演进 ……………………… 159
二、"两为主"政策的局限 ……………………… 162
三、"两为主"政策的改进 ……………………… 163

第三节　城市内部的新二元教育格局及其破解 ……… 165
一、新二元教育格局的形成 ……………………… 165
二、新二元教育的质量困境 ……………………… 170

　　三、破解新二元教育格局的可行路径 ················ 179

　第四节　随迁子女教育异地升学制度的探索 ············ 183

　　一、随迁子女异地升学的重要性和复杂性 ············ 184

　　二、各地随迁子女异地升学政策的实践与成效 ········ 186

　　三、随迁子女异地升学政策的改进路径 ·············· 195

第四章　城镇化进程中的农村教育发展 / 199

　第一节　城乡教育均衡发展与布局调整 ················ 199

　　一、城乡义务教育的质量差距与制度归因 ············ 200

　　二、城乡义务教育均衡发展的倡议与探索 ············ 203

　　三、城镇化背景下的义务教育学校布局调整 ·········· 210

　第二节　农村留守儿童教育 ·························· 218

　　一、留守儿童的基本情况 ·························· 219

　　二、留守儿童的学校教育 ·························· 225

　　三、留守儿童的家庭教育 ·························· 230

　　四、建立留守儿童关爱服务体系 ···················· 234

　第三节　农村教师队伍建设 ·························· 238

　　一、农村教师队伍的基本情况 ······················ 238

　　二、农村教师队伍的数量与结构 ···················· 242

　　三、农村教师队伍的质量与专业发展 ················ 247

　　四、农村教师队伍的流动 ·························· 254

　第四节　农村教育投入保障 ·························· 259

　　一、农村教育投入的政策梳理 ······················ 259

　　二、农村教育投入的总量分析 ······················ 261

　　三、农村教育投入的结构分析 ······················ 264

　　四、农村教育投入的效率 ·························· 267

第五章　新生代农民工的职业教育 / 271

　第一节　新生代农民工的基本特征 ···················· 273

　　一、就业质量不佳 ································ 273

　　二、职业教育明显不足 ···························· 274

三、工作稳定性偏低 …………………………………………… 275

四、就业渠道"强关系化" …………………………………… 276

五、社会保障参保率不高 …………………………………… 277

六、城市归属感缺乏 ………………………………………… 278

第二节 新生代农民工职业教育的问题与归因 ………………… 278

一、新生代农民工职业教育的重要性 ……………………… 279

二、新生代农民工职业教育存在的问题 …………………… 282

三、新生代农民工职业教育问题的归因分析 ……………… 285

第三节 新生代农民工职业教育的改进对策 …………………… 289

一、制定农民工中长期职业教育和培训规划 ……………… 290

二、统筹农民工职业教育与培训的管理部门 ……………… 290

三、创新职业培训的人才培养模式 ………………………… 291

四、建立教育过程的动态监测机制 ………………………… 292

五、完善农民工职业教育投入制度 ………………………… 292

六、统整农民工职业教育资源 ……………………………… 293

七、加强就业服务与技能人才奖励制度等相关制度建设 …… 294

第六章 城镇化进程中的教育制度改革 / 297

第一节 教育管理体制改革 ……………………………………… 298

一、问题与挑战 ……………………………………………… 298

二、义务教育管理体制改革 ………………………………… 300

三、学前教育管理体制改革 ………………………………… 304

四、职业教育与继续教育管理体制改革 …………………… 306

五、教育管理体制改革的未来走向 ………………………… 310

第二节 办学体制改革 …………………………………………… 311

一、问题与挑战 ……………………………………………… 312

二、义务教育办学体制改革 ………………………………… 314

三、学前教育办学体制改革 ………………………………… 316

四、职业教育与继续教育办学体制改革 …………………… 319

五、办学体制改革的未来走向 ……………………………… 322

第三节 教育质量保障制度改革 ………………………………… 323

一、问题与挑战 ……………………………………………… 324

二、义务教育质量保障制度改革 …………………………… 327

三、学前教育质量保障制度改革 …………………………… 329

四、职业教育与继续教育质量保障制度改革 ……………… 331

五、教育质量保障制度改革的未来走向 …………………… 333

第四节 考试招生制度改革 …………………………………… 335

一、问题与挑战 ……………………………………………… 335

二、义务教育招生制度改革 ………………………………… 338

三、异地中考与异地高考改革 ……………………………… 340

四、学前教育招生制度改革 ………………………………… 343

五、职业教育与继续教育招生制度改革 …………………… 345

六、考试招生制度改革的未来走向 ………………………… 349

第五节 教师人事制度改革 …………………………………… 349

一、问题与挑战 ……………………………………………… 350

二、义务教育教师人事制度改革 …………………………… 352

三、学前教育教师人事制度改革 …………………………… 356

四、职业教育与继续教育教师人事制度改革 ……………… 359

五、教师人事制度改革的未来走向 ………………………… 361

第六节 教育投入制度改革 …………………………………… 362

一、问题与挑战 ……………………………………………… 364

二、义务教育投入制度改革 ………………………………… 366

三、学前教育投入制度改革 ………………………………… 368

四、职业教育与继续教育财政制度改革 …………………… 371

五、教育投入制度改革的未来走向 ………………………… 373

第七章 城镇化进程中教育改革的个案研究 / 375

第一节 北京市城镇化的发展及其对教育的诉求 …………… 376

一、北京市城镇化的历史进程 ……………………………… 376

二、北京市城镇化的现状与问题 …………………………… 380

三、北京市城镇化的政策改革 ……………………………… 386

四、北京市的城镇化进程与教育改革 ……………………… 390

第二节 北京市城镇化进程中的随迁子女教育 ……………… 393

一、北京市城镇化进程对随迁子女教育的挑战 …………… 393

二、北京市随迁子女教育改革的举措与成效 …………………… 402

三、北京市随迁子女教育的政策建议 …………………………… 407

第三节　北京市城镇化进程中的农村教育 ……………………… 410

一、北京市城镇化进程对农村义务教育的挑战 ………… 411

二、北京市农村义务教育改革的举措与成效 …………… 418

三、北京市农村义务教育的政策建议 …………………… 432

第四节　北京市城镇化进程中的职业教育与继续教育 ………… 438

一、北京市农业转移人口的现状及其对教育培训的需求 ……… 439

二、北京市通过职业培训促进农民市民化的相关举措 ………… 445

三、北京市进一步促进农民市民化的政策建议 ……………… 451

第五节　北京市城镇化进程中的教育制度变革 ………………… 454

一、北京市城镇化进程中的教育管理体制改革 ………… 454

二、北京市城镇化进程中的办学体制改革 ……………… 457

三、北京市城镇化进程中教育质量保障制度改革 ……… 460

四、北京市城镇化进程中的招生考试制度变革 ………… 463

五、北京市城镇化进程中的教师人事制度改革 ………… 466

六、北京市城镇化进程中的教育投入制度改革 ………… 469

附录 / 472

参考文献 / 474

索引 / 501

第一章
城镇化与教育变革概论

城镇化（urbanization，也称城市化）是指伴随工业化发展，非农产业在城镇集聚、农村人口向城镇集中的社会变迁过程，是人类社会发展的客观趋势，是国家现代化的重要标志。城镇化是我国改革开放以来最显性的社会变迁过程，是一场全面深刻的社会变革，是一项综合性和系统性的现代化工程，对于中国社会进步和社会结构转型具有重大意义。

当前我国正处于城镇化发展的关键时期，城镇化是教育改革与发展的大背景，给教育带来挑战，同时也带来机遇。

城镇化给教育改革与发展带来巨大挑战，如同有些学者所指出的，城市快速发展带来教育结构失调，城市财富的不断积聚加剧城乡间教育不均衡，农村转移人口的迅猛增加引发城镇教育规模的不断扩大，产生转移人口培训、二代移民的义务教育和社会认同等实际问题。（郑金洲，2006）（赖德胜，郑勤华，2005）这些问题不容回避，在城镇化过程中，教育对于这些问题已经做出了回应，但这种回应往往具有短期性与被动性等特征。

面对我国城镇化的快速发展，总体来看，教育处于被动适应状态，对城镇化的主动适应和积极引领明显不足。而学术界对城镇化与教育变革的一些研究，存在着表面化和碎片化问题，突出表现在：往往从城镇化中的一些教育现象、教育问题入手就事论事，不能从城镇化的内在本质与突出问题出发开展教育研究，研究深度不够；往往就城镇化带来的局部教育问题如随迁子女教育问题、留守儿童教育问题、农民工职业技能培训等分别进行专题式研究，研究的整体性、宏观性不够，未能对城镇化背景下的教育变革进行系统性、全景式的阐述。

针对城镇化进程，教育需要系统性、整体性、主动性的回应，需要全面深刻地认识城镇化与教育变革的关系。而要做到这一点，需要城镇化思维与教育思维的深度对接。

本章力求从城镇化的本质、我国城镇化的独特性、我国城镇化进程中存在的突出问题等视角，系统论述我国新型城镇化对于教育的目标定位、体系结构、机会公平、空间布局、制度安排等提出的挑战，以及教育如何主动适应并积极促进我国城镇化进程。

本章属于本书的"概论"或者"总论"部分，不求面面俱到、事无巨细地论述，而是以问题为中心展开论述，关注城镇化进程中关键教育问题的分析。限于篇幅，本章只做纲领性论述，集中而系统地回答"新型城镇化需要什么样的教育变革"这一问题。

第一节　城镇化变迁与教育目标重构

城镇化要求重构教育目标。本节从我国城镇化进程中存在的突出问题出发，论述新型城镇化对于教育的目标定位提出的特殊要求。

教育只是手段，其目的是促进人的发展与社会发展。此处所说的教育目标"重构"，不是否定原来的教育目标（如全面发展、素质教育、三维目标等），而是指把目标进一步聚焦，阐明在城镇化特别是在"新型城镇化"背景下，人的发展与社会发展所应有的特别内涵与界定。

教育对于推进新型城镇化作用重大，不可替代，教育能有力促进城镇化目标的实现，解决当前城镇化进程中存在的突出问题，提升城镇化质量。

一、我国城镇化的突出问题与未来走向

改革开放以来，伴随着工业化进程的加速，我国城镇化经历了一个起

点低、速度快的发展过程。1978—2015 年，城镇常住人口从 1.7 亿人增加到 7.7 亿人，城镇化率从 17.9% 提升到 56.1%，城市基础设施、公共服务水平明显改善。城镇化的快速推进，吸纳了大量农村劳动力转移就业，提高了城乡生产要素配置效率，有力促进了经济发展，改善了城乡居民生活，并带来了社会结构的深刻变革。

我国城镇化的成就举世瞩目，但是，在城镇化快速发展过程中，也存在一些必须高度重视并着力解决的突出矛盾和问题。城镇化转型发展的内在要求非常迫切。

"在中国，新型城镇化何以必要？"这是首先要回答的问题。新型城镇化是相对于传统城镇化而言的，传统城镇化有成绩，也有偏差，新型城镇化是对传统城镇化偏差的纠正。本书通过阐述传统城镇化存在的问题，并以此为对照，阐明新型城镇化的基本特征。

传统城镇化存在的主要问题如下。

第一，人口城镇化滞后于工业化，大量农业转移人口在城镇工作和生活，却难以融入城市社会，"伪城镇化"现象凸显，市民化进程滞后，城镇内部社会二元结构形成。

目前农民工已成为我国产业工人的主体，受城乡分割的户籍制度影响，2012 年被统计为城镇人口的大约 2.34 亿农民工及其随迁家属，未能在教育、就业、医疗、养老、保障性住房等方面享受城镇居民的基本公共服务，农民工成为廉价劳动力，农村转移人口成为不同于户籍人口的二等公民，受到不公正对待。城镇内部出现新的二元矛盾，给经济社会发展带来诸多风险隐患。

伪城镇化凸显出我国城镇化质量不高或者虚高的问题。伪城镇化现象的产生主要是由于农村的"拉力"与城市的"推力"，即：在农村生活保障体制不够健全的前提下，土地制度的保障功能是农村的"拉力"的主要来源；城市的"推力"主要表现为农民工在城市工作不稳定，很难融入城市生活，逐渐被边缘化。（辜胜阻，易善策，郑凌云，2006）与刘易斯（W. Arthur Lewis）的城乡"推力-拉力"模型相比，这是一种中国特有的、另类的"推力"和"拉力"。结果导致农村转移人口在城镇间或者城乡间"流动不居"，远没有融入城镇社会。中国城镇化进程中的"循环流动"现象为全世界罕见。（李强，2013）[308]

我国城市经济增长方式过度依赖于廉价劳动力。一是一些地方政府崇尚 GDP，通过降低企业成本，鼓励招商引资，对企业逃避社保、侵犯农民工合法权益等行为监管严重不足。二是地方政府在公共服务上，往往重户籍人口锦上添花，轻外来人口雪中送炭，以此来减少对外来人口的公共服务，从而降低城市的发展成本。(李铁，2013)[63]

随着我国农业富余劳动力减少和人口老龄化程度提高，随着户籍人口与外来人口公共服务差距造成的城市内部二元结构矛盾日益凸显，主要依靠劳动力廉价供给、非均等化基本公共服务压低成本来推动城镇化快速发展的模式不可持续。新型城镇化必须以人为本，稳步推进城镇基本公共服务常住人口全覆盖。

第二，"土地城镇化"快于人口城镇化，产城融合不紧密，产业集聚与人口集聚不同步，建设用地等资源使用粗放低效，环境污染严重，经济发展方式滞后。

在政府主导的城镇化模式下，一些城市"摊大饼"式扩张，过分追求宽马路、大广场，新城新区、开发区和工业园区占地过大，建成区人口密度偏低。一些地方过度依赖土地出让收入和土地抵押融资推进城镇建设，加剧了土地粗放利用。产业带动是城镇发展的基本动力。城镇化并非只是"圈地造城"，没有产业的集聚与发展，没有产城的紧密融合，特别是没有产业的转型升级，整个城镇化就失去了根基和前景，也不可能实现人口的集聚与安居。

当前，我国城镇化发展和经济改革面临的外部挑战日益严峻。在全球经济再平衡和产业格局再调整的背景下，我国面临产业转型升级和消化严重过剩产能的巨大挑战，我国能源资源和生态环境面临的国际国内压力前所未有，传统高投入、高消耗、高排放的工业化城镇化发展模式难以为继。随着资源环境瓶颈制约日益加剧，主要依靠土地等资源粗放消耗推动城镇化快速发展的模式不可持续。新型城镇化，或者说健康的城镇化，必须转变发展方式，节约集约利用土地、水、能源等资源，促进城镇发展与产业支撑、就业转移和人口集聚相统一，提高发展效率和综合效益。

中国城市发展、经济快速发展的重要基础是"三个廉价"，即廉价劳动力、廉价土地、廉价环境成本。(李铁，2013)[316]这集中反映了中国城镇化进程的特殊性，反映了中国发展模式，即政府主导的廉价发展模式，这种发展是"剥夺式发展"，建立在剥夺与侵权的基础之上。

这种发展模式有其制度基础。中国现行的户籍制度和土地制度是20世纪50年代末建立起来的。这种二元制度，是促进我国经济高速增长的重要原因。一是户籍制度延缓了人口城镇化进程，大大降低了劳动力成本，使中国的国际竞争力得以提升。二是土地制度减低了企业用地成本和城镇建设成本。与户籍制度相适应的土地制度，其最大特点就是通过两种公有制形式，特别是通过对农村集体土地采取强制的政府征用和补偿方式，大幅度降低了土地从农用向非农用转化过程中的谈判成本和征用成本，使企业用地成本和城市建设成本大大降低。很多人认为，中国在经济增长过程中最有效的因素是市场化，使市场在国民经济中比重增强。但是，支撑市场化的一个重要的特殊体制条件是土地制度和户籍制度，它降低了土地成本和劳动力成本。这在世界上其他任何一个国家都是不可能实现的。（李铁，2013）[36]另外，单纯追求GDP，对于环境污染的制度约束缺乏刚性和力度，是导致环境污染严重、经济发展方式转变迟缓的重要原因。

随着内外部环境和条件的深刻变化，过去的"三个廉价"将不再廉价，城镇化必须进入以提升质量为主的转型发展新阶段。（国务院，2014）[13]我国城镇化发展由速度型向质量型转型势在必行，必须走新型城镇化道路。

第三，城镇化的区域发展很不平衡，城镇空间分布和规模结构不合理，与资源环境承载能力不匹配。

我国东部沿海地区城镇化快速发展，中西部地区发展相对滞后。东部一些城镇密集地区资源环境约束趋紧，中西部资源环境承载能力较强地区的城镇化潜力有待挖掘；城市群布局不尽合理，城市群内部分工协作不够、集群效率不高；部分特大城市主城区人口压力偏大，与综合承载能力之间的矛盾加剧；中小城市集聚产业和人口不足，潜力没有得到充分发挥；小城镇数量多、规模小、服务功能弱：这些都增加了经济社会和生态环境成本。

新型城镇化要求进一步优化城镇化格局，目的在于促进经济增长及市场空间由东向西、由南向北梯次拓展，推动人口经济布局更加合理、区域发展更加协调。具体目标是：城市群集聚经济、人口能力明显增强，东部地区城市群一体化水平和国际竞争力明显提高，中西部地区城市群成为推动区域协调发展的新的重要增长极。城市规模结构更加完善，中心城市辐射带动作用更加突出，中小城市数量增加，小城镇服务功能增强。

第四，城乡发展不平衡，农村发展严重滞后，农村留守儿童、妇女和老人问题日益凸显，农业现代化滞后于信息化、工业化、城镇化，导致农业根基不稳、城乡区域差距过大、产业结构不合理等突出问题。

长期以来，我们没有处理好城市发展和农村发展的关系，城镇化发展规划并未将传统农业改造和农业现代化建设纳入统筹发展体系，忽视农村生活方式城市化的重要性，致使城市发展越迅速，城乡差距反而加剧扩大。城乡二元结构在某些方面有所松动，但总体而言却被强化和固化。城市的发展基本依靠占有农村的土地资源，城市向农村的扩张引发了众多的社会矛盾与社会问题。群体事件频发的最主要原因是农村征地、拆迁改造。(李强，2013)[14-15]在城镇化推进过程中，城乡关系不仅没有得到有效改善，反而导致城乡差距扩大、城乡冲突加剧。

就公共基础设施建设水平、基本公共服务提供质量而言，从特大城市、大城市到中小城市，再到乡镇、农村，依次递减。这种基础设施和公共服务差距，导致大量农村转移人口涌向特大城市和大城市，出现"城市病"，而中小城市特别是县城和小城镇缺乏吸引力，集聚人口能力不足，即便放开户口限制也应者寥寥，导致我国城镇发展布局严重不均衡。城与乡的发展机会不均等，不同规模的城市之间的发展机会不均等，背后共同的原因是"等级化的城镇行政管理体制"。

有学者指出，在等级化的城镇行政管理体制下，公共资源过度向行政等级高的城市集中。中国的城市不是一个独立自治的城市，而是一个辖区，而且中国的城市是有等级的。中国现行的城镇管理体制是按行政等级划分的，并且城镇间普遍存在上下级行政隶属关系。行政等级越高的城市，掌控用地指标、年度投资等资源分配的能力越强，因此公共资源投入过度偏向于行政等级高的城市，而农村得到的公共资源相对最少。针对这一情况，需要推进城镇行政管理体制改革，充分发挥市场在资源配置中的基础性作用，逐步改变依照城镇行政等级配置公共资源要素的管理体制，赋予中小城市更多的管理权限和发展机会。要减少行政等级对资源分配的干预。下放城镇的经济社会管理权限。对吸纳人口较多、经济总量较大的县城和小城镇，要逐步赋予其与管辖人口规模和经济总量相适应的经济社会管理权限。增加中小城市和小城镇政府建设项目审批的自主权。政府公共服务资源的配置要与行政级别脱钩，要下放学校、医院、养老机构等公共服务机构设立的审批权，放宽准入门槛。加快实施省直管县改革，减少行政层次，暂不具备省直管县的地区，在安排土地利用计划、基础设施建设投资等方面实行省直管县体制。(李铁，2013)[63-66]

我国目前的以城镇为主体的行政区域管理体制中，城镇还担负着管理农村的职能。需要研究城镇管理和农村管理相对分开的问题。要在减少地方行政管理层次的基础上，逐渐弱化城镇政府对农村的直接管理职能，探索农村管理的新模式，确保中央和各级政府对农村发展的转移支付和项目资金，切实地投放到农村区域。在城乡一体化管理体制的大背景下，探索实行城镇管理与农村管理相对分开的运行机制，避免资源过度向城市倾斜。防止城镇利用行政手段，向城镇集中资源，扩大城乡差距，抬高农民进城门槛。（李铁，2013）[84]

新型城镇化背景下，城乡关系中的"城市偏向"、大中小城市关系中的"大城市偏向"必须转向。有损公平的"城市偏向""大城市偏向"政策深受我国城乡二元结构的影响，城市化发展过程中的城镇优越性更是强化了这种"偏向"。在城镇化过程中，应寻求多种方式实现城镇和农村之间、大中小城市之间的良性互动发展，努力扭转城镇和农村差距悬殊的局面，改变大中小城市结构失衡的布局。

城镇化不是消灭农村，也不是大城市一枝独秀向前发展，而是要统筹城乡发展，推进城乡一体化发展，促进各类城市结构布局更加均衡，促进城乡之间、城镇之间要素平等交换和公共资源均衡配置。

第五，城镇化体制机制不健全，城市管理服务水平不高，阻碍了城镇化健康发展。现行城乡分割的户籍管理、土地管理、社会保障制度，以及财税金融、行政管理等制度，固化着已经形成的城乡利益失衡格局，制约着农业转移人口市民化，阻碍着城乡发展一体化。

前文所述及的传统城镇化存在的四个问题，都有制度原因，都与城镇化体制机制不健全有内在联系。人口城镇化滞后于工业化，大量农业转移人口难以融入城镇，根源在于城乡二元户籍制度及附着其上的社会保障制度；"土地城镇化"快于人口城镇化，建设用地等资源使用粗放低效，环境污染严重，与中国特色的公有制土地制度、与环境管理制度不健全有内在联系。而城镇空间分布和规模结构不合理、城乡发展不平衡的共同原因，也是"等级化的城镇行政管理体制"。

在所有的阻碍人口城镇化的制度中，财政制度是关键。人口城镇化之所以艰难，都是"钱"字惹的祸，流入地城镇政府没有足够的财力提供均等的基本公共服务，没有足够的能力推进人口城镇化，是当前最需要中央政府予以解决的重大问题。现行财政体制与城镇化发展不相适应，主要表现在两个方面：一是经济高速增长，吸引了大量非农就业人口，但是由于地方财政留成比例过低，造成对外来人口公共服务能力严重不足；二是财政转移支付制度以户籍人口为依据，发达地区吸纳了大量的外来流动人口，在促进这些人口的公共服务方面并没有得到中央财力的相应支持，致使吸纳外来人口较多的城镇政府缺乏户籍制度改革的积极性。（李铁，2013）[63] 因此，需要理顺各级政府责任，特别是明确中央政府的责任，并建立多元化的农业转移人口市民化的成本分摊机制，切实解决"钱"的问题。

要推进并实现新型城镇化，制度变革是关键。需要不断完善城镇化体制机制，深入改革户籍管理、土地管理、社会保障、财税金融、行政管理、生态环境等制度，逐步消除阻碍城镇化健康发展的体制机制障碍。

第六，"政府主导"城镇化发展，政府职能严重错位，短期化行为突出，侵权现象严重，政府管理中民主参与严重不足，决策的科学化民主化严重不足。

有学者对于中美城市化"动力因"进行比较分析，认为美国城市化的动力来源于城市"拉力"和农村"推力"两股合力的有机结合，美国城市化的"动力因"本身是纯经济性的，支配城市化的基本规律是市场经济规律。中国在新中国成立初期选择了以重工业为发展重点的工业化发展战略及城乡分割的双重体制，城市化的"动力"机制虽然也存在着城市"拉力"和农村"推力"，但是这两种力未能充分体现和有机结合，城市化过程过多体现政府实现自身政治目标的目的，在本质上主要是政治性和社会性的，而非经济性的。城市化的发展道路更多地受政府行为左右，而不是经济规律的引导。（张鸿雁，高红，1998）

改革开放以来，特别是 20 世纪 90 年代中后期以来，中国城镇化呈现明显的"推进"特征。中国城镇化的突出特征是政府主导、大规模规划、整体推动以及在空间上具有明显的跳跃性等。我国城镇化的推进模式有七种，即建立开发区模式、建设新城模式、城市扩展模式、旧城改造模式、建设中央商务区模式、乡镇产业化模式和村庄产业化模式。七种推进模式绝大部分是政府主导的。这些推进模式对于加快发展速度、整合资源固然有一定优势，但是，显然这些模式激发民间活力不够，老百姓的主动参与不够。众多老百姓往往是"被城镇化"。有些城镇化政策与举措违反了市场原则，更有甚者造成了规划和投资的失误。（李强，2013）[1-2] 政府积极推进传统模式的城镇化，特别是土地城镇化，有其深层动力。其一，政府政绩的推动力，城镇化是最好的"面子工程""形象工程"，能给地方官员带来最显性的政绩，利于其晋升；其二，土地财政的推动力，土地开发是地方财政非常重要的来源，而城镇化可以大规模、快速地带动土地的开发，这是最为主要的驱动力。（李强，2013）[前言3] 总之，地方政府主导推动城镇化，既有利于官员"升官"，又有利于地方政府"发财"，何乐而不为？

政府主导的城镇化模式与我国政府官员任期的"短期化"有密切关系。中国城市官员的任期是相对短暂的，导致其行为也是短期行为。政府官员注重集中财力打造视觉工程、形象工程，视觉工程、形象工程的政绩观使得政府官员的行为短期化。一次性土地出让收益的机制在客观上支撑了政府的短期行为。（李铁，2013）[315,205,63]

强势的、追求形象工程的、短期化的政府行为，使传统的城镇化模式得以强化，使市场的力量、社会的力量在城镇化进程中不能发挥应有的作用。城镇化进程中，政府、市场和社会是三种主要的推动力量。相比较而言，政府主导的城镇化模式，政府作用过强，政府职能出现错位，而市场、社会的力量不彰，市场化发育不足，公众参与和监督机制不健全。

简单来说，在政府、市场、社会三者关系中，该给市场和社会的，政府没有给，政府过多直接插手经济事务（越位），过于一厢情愿地"为民做主"（越位）。政府自己该做的，特别是基本公共服务的均等化提供，没有做到位（缺位）。越位与缺位都属于错位。

但是不能认为我国过去几十年的城镇化进程只是政府主导的，事实上市场机制也发挥了巨大的作用。中国的城镇化是一种"分裂式城镇化"或者说"撕裂式城镇化"，其后果也如同人的人格分裂一样。政府主导（造城运动）与市场引导（人口自发流动）并行，政府和市场是两个重要动力，共同推动着中国城镇化的复杂进程，实际上是两种城镇化。第一种是市场引导的，基于农民"原子主义"的自愿自发进城。这种城镇化可能是散乱、无序、盲目的，是低成本的，但这里有见缝插针式的、廉价的人口和产业集聚，哪怕形成贫民区，哪怕只有低端就业，但毕竟有人气。第二种是政府主导的，基于政府官员的大力推动。一方面，政府大力推进"土地"的城镇化。政府通过低成本获取当地户籍农民的土地，主动造城，造出"高大上"的新城或者开发区，但是由于过于高端，农民转移人口无力进入其中生活和居住，导致新城或开发区好看但不中用，缺乏或者没有人口集聚和产业集聚，人气不足甚至没有人气。另一方面，政府又在抵制外来"人口"的城镇化。政府通过获取农村廉价土地获得推进土地城镇化的资金，但又不愿意拿出资金为外地的农民工提供基本公共服务，甚至也不能为本地失地农民提供基本公共服务。

民主化没有与城镇化同步推进，是我国城镇化进程中出现众多侵权现象的重要原因，也是我国城镇化质量不高的重要原因。因此，需要推进城镇化与民主化同步发展，推进治理现代化。

在新型城镇化过程中，要处理好政府、市场、社会三者的关系。政府主导的传统城镇化模式带来了诸多问题，新型城镇化模式应该是"市场主导，政府引导"。要"正确处理政府和市场关系，更加尊重市场规律，坚持使市场在资源配置中起决定性作用，更好发挥政府作用，切实履行政府制定规划政策、提供公共服务和营造制度环境的重要职责，使城镇化成为市场主导、自然发展的过程，成为政府引导、科学发展的过程"（国务院，2014）[17]。政府要坚持正确的发展观、政绩观，为所当为，从竞争领域退出，建设服务型政府，把提供基本公共服务作为基本使命。政府要转变管理方式，推进多元共治和社会自治，推进治理体系和治理能力现代化，促进民主化进程。

基于以上分析，可以看到，新型城镇化是社会全面进步的历史过程，是走向全面现代化的社会历程。

概言之，新型城镇化是对城镇化本质的回归，是对传统城镇化偏差的纠正，其重要特征是：推进以人为核心的城镇化，推动大中小城市和小城镇协调发展、产业和城镇融合发展，促进城镇化和新农村建设协调推进。（《中共中央关于全面深化改革若干重大问题的决定》，2013 年 11 月）新型城镇化注重人的发展，注重基本公共服务提供，关注人的生活质量。

作为一种社会变迁过程，城镇化包含经济、政治、社会、文化等维度。城镇化是个平台和舞台，经济、政治、社会、文化等角色都在其上出演各种戏码。新型城镇化的进程也是经济、政治、社会、文化等走向现代化的过程，是人走向现代化的过程。

教育的目的在于促进人的发展与社会发展。在新型城镇化视角下，教育促进人的发展，核心使命就是促进人的城镇化，促进农业转移人口的市民化；而教育促进社会发展，核心任务就是促进社会融合、政治民主、经济发展，促进城镇空间布局优化，促进农村发展和"三农"问题的解决。

在新型城镇化背景下，教育目的获得了特殊的内涵与外延。教育目的的特殊要求，必然带来课程内容、教育教学方式、评价方式、管理方式的变化，带来各种教育要素的相应变化。以人为本的新型城镇化要求政府为所有公民特别是农村转移人口，提供更加公平、更有质量的教育公共服务。这种教育服务更为人道，当然也更加昂贵。传统城镇化见物不见人，而新型城镇化"贵人"不"贵物"，廉价发展的城镇化模式、基于权利剥夺的城镇化模式已经丧失其合理性与合法性。

二、人的城镇化与教育目标的重新定位

城市与乡村是两种不同的育人环境。城市包含更加丰富的教育要素，具有更加多样的教育资源。城市环境有利于培育新型人格。在以城市社会学研究著称于世的芝加哥学派那里，城市不是与人类无关的外在物，也不只是住宅区的组合，城市本身包含了人性的真正特征。该学派代表人物帕克（R. E. Park）认为，城市是人性的产物，城市环境的最新产物表现为它所培养出的各种新型人格，城镇化带来了城市文化和城市文明。（帕克 等，1987）与农村文化和农业文明相比，城市文化和城市文明更具有现代精神。城市生活本身就有助于人的现代性的增长，有助于人的现代人格的形成。

有学者认为应该为城市化加上"教育尺度"，要求关注城市化中的人的发展目标问题，即"城市化需要培育出什么样的人"，并以此为前提充分理解、尊重和顾及不同人群的生命需要和生命质量。"教育尺度"是一种基于教育立场的眼光、视角和参照系，在该尺度下，人们提出并回答两个问题：什么才有利于人的生命健康、主动发展？如何为人的生命健康、主动发展创造条件和基础？实际上，为城市化加上"教育尺度"，是要求从"人的发展"的视角，以"人道尺度"衡量城市化的意义和价值，即城市化行动"能否促进并实现人的生命成长和发展"（文娟，李政涛，2013）。

农村转移人口都是带着对美好生活的向往从农村走向城市的。国外学者的研究表明，在中国明显存在一代被称为"打工族"的移民工人，他们没有从事过种植业，并且对他们来说，迁移是公认的能够过上更好生活的途径；即使在农业部门所挣的收入与在城市中所挣的相同，72%的人还是愿意选择留在城市。（De Brauw，2002）在许多人眼中，农村生活是如此黯淡、封闭、无趣，而外面的世界似乎很精彩，他们想要逃离乡村，适彼乐土。农民工进城，不只是城市经济收入高的拉力在起作用，更是因为他们希望能更好地生存和发展，能拥有与城里人一样的衣食住行，他们更希望自己的子女能享受到更好的城镇教育资源。如同鲁迅先生所希望的闰土的孩子不再过闰土那样的生活，他们希望自己的子女将来不再像他们的父辈一样生活，能有更多更好的发展机遇，实现向上的社会流动。从这个意

义上讲，城镇化是一场大规模的追求美好生活的运动。

"我们的人民热爱生活，期盼有更好的教育、更稳定的工作、更满意的收入、更可靠的社会保障、更高水平的医疗卫生服务、更舒服的居住条件、更优美的环境，期盼孩子们能成长得更好、工作得更好、生活得更好。人民对美好生活的向往，就是我们的奋斗目标。"（习近平，2012）与城镇居民相比，农村转移人口对于美好生活的期盼更加强烈，他们更加希望各级政府将"让农村转移人口在城镇过上美好生活"作为"奋斗目标"。

随着农民工群体的结构性变化，新生代农民工日渐成为农民工大军的主体，他们对于美好生活的期盼比老一代农民工更加强烈。

但是，在传统城镇化模式下，城市并没有张开双臂，热情友好地拥抱农村转移人口。农民工可以在城镇务工，获取比农村高一些的收入，为城镇经济发展做贡献，但城镇政府并未给农业转移人口尤其是外地的农业转移人口提供与本地城镇户籍人口一样的均等化基本公共服务，他们的生存、发展都遭遇到一系列的制度瓶颈和制度歧视，他们对于美好生活的憧憬在新形成的"城市内部二元社会结构"面前黯然失色。

这种状况必须改变，必须把"人"放在首要位置予以考量。真正的城镇化不仅仅是"土地"的城镇化、"物"的城镇化，更是人的城镇化；不是一小部分人的城镇化，而是所有农村转移人口的城镇化。新型城镇化集中表达了真正城镇化的诉求。

1. 全面理解"人的城镇化"

"人的城镇化"是新型城镇化的核心，"人的城镇化重视人的权利、人的福利、人的主体性，以人的全面发展为出发点和最终归宿"（邬巧飞，2015）。城镇化的第一目标和核心任务是从过去突出"物"的城镇化向今天突出"人"的城镇化的战略转变。（李强，2013）[前言4]《国家新型城镇化规划（2014—2020年）》提出推进城镇化的首要原则是"以人为本，公平共享"，具体要求是："以人的城镇化为核心，合理引导人口流动，有序推进农业转移人口市民化，稳步推进城镇基本公共服务常住人口全覆盖，不断提高人口素质，促进人的全面发展和社会公平正义，使全体居民共享现代化建设成果。"（国务院，2014）[16]

"人的城镇化"与"农业转移人口市民化"同义，从字面上看，是指把农村人"变成城镇人""变成市民"，使农村人与城镇人、市民一样，没有差别，能够乐业安居、具有同样身份、享受公共服务、具备同等素质。

具体而言，人的城镇化包括五个维度：（1）职业由次属的、非正规劳动力市场上的农民工，变成首属的、正规劳动力市场上的非农产业工人；（2）在居住条件上不再处于边缘地位和"区隔"状态，而是融入城镇居民的住房体系，有资格购买商品房，有资格购买经济适用房、廉租房、限价房；（3）社会身份由农民工变成市民，没有户籍造成的身份分割（刘传江，2006）；（4）与城镇居民在教育、就业、医疗、养老、保障性住房等方面享有同样的基本公共服务；（5）具有市民素质，具备现代市民的生活方式、人格特征和综合素养。

农业转移人口市民化是指传统农民在身份、地位、价值观、社会权利以及生产生活方式等各方面全面向城市市民转化。（文军，2004）农民工要想真正适应城市生活，必须具备三个方面的基本条件：首先，他应能在城市找到相对稳定的职业；其次，这种职业带来的经济收入及社会地位能够形成一种与当地人接近的生活方式；最后，由于这种生活方式的影响和与当地人的接触，使他可能接受并形成新的、与当地人相同的价值观。这三个方面相互联系、依次递进。（田凯，1995）

由此可见，"人的城镇化"与"农业转移人口市民化"的确是同义的，只是表述的方式和角度不同而已。

当前，人的城镇化处于低水平状态，低水平是指农业转移人口尽管工作在城镇，尽管也享有一定的基本公共服务（如义务教育），但是他们的职业往往是收入低的低端行业，他们的居住条件非常恶劣，他们的社会身份不是城镇"市民"而是带有歧视意味的"农民工"，他们不能与城镇居民享有同样的、整体性的公共服务，他们的平均受教育年限、文化素养与城镇居民相比偏低。

农村转移人口在城市的生存状况有四个典型特点。

第一，在次属或者二级劳动力市场就业，就业非正规化，劳动力市场"分割"。整个社会的劳动力市场可以划分为一级劳动力市场和二级劳动力市场，一级劳动力市场就业稳定、培训和晋升机会多、工作环境好、工资高；二级劳动力市场则相反，就业不稳定、缺乏培训和晋升机会、工作环境较差、工资低。两种类型劳动力市场有着不同的工资决定机制，且劳动力在这两类劳动力市场间很难流动。农民工只是次属的、非正规劳动力市场上的农民工，即二级劳动力市场的非正式工人。

对于进城务工的农民工来说，迁移的主要动机在于增加家庭收入，但由于体制及他们自身素质等方面的原因，他们通常不能进入具有高工资和稳定职业的城市正规部门就业，而只可能在非正规部门从事低收入的工作或处于间歇性的失业状态。农民工不但收入低，而且所做的都是苦、累、脏、重、险的工作。他们工作时间长，劳动强度大，就业不稳定。（范先佐，等，2011）[148]增加农民工收入，消除贫困，需要让农民工获得进入一级劳动力市场的机会。（哥伦斯基，2005）[382]

第二，居住条件恶劣，没有进入城镇住房体系，处于住房体系的边缘地带，形成"区隔"现象。"安居"才能乐业，"定居"而非"流动不居"，才算是扎根城镇，才算是城镇化。但住房体系的不融入，阻碍了居住维度的人的城镇化。

农村转移人口的居住条件远不如城镇居民，在城镇住房体系中处于边缘地位。虽然目前有少数农民工在城镇购置了住房，但绝大多数农民工在居住上处于边缘化状态：（1）在地理位置上处于城镇的偏僻角落、城乡接合部；（2）人均住房面积小，房屋质量差，居住环境比较恶劣；（3）与城镇居民居住条件的快速改善形成鲜明对照，居住条件呈恶化趋势，出现"贫民窟"化倾向。（范先佐，等，2011）[149]

在城镇住房体系中，农民工在居住条件上不仅处于边缘地位，而且本质上已经形成"区隔"（segregation）现象，不能融入城镇居民的住房体系，标示出"住房体系的不融入"。虽然由于国情不同，我国农民工的住所与西方的贫民窟有本质的不同，但是其居住条件的低下不亚于贫民窟，农民工住房的不融入是断裂式的不融入，即完全没有可能进入城市住房体系。面对城市的商品房体系，不要说农民工，就连城市居民也难以承受如此高的房价。户籍制度的障碍又阻止了农民工享受经济适用房、廉租房、限价房。当然，租房应该是多数打工者的选择，但是实际上，农民工连正常的租房市场也很难进入，农民工有能力承租的房屋，基本上是城乡接合部私搭乱建的违章房屋。所以，农民工居住的房屋本身是有隐患的。事实上，由于城市管理的严格化，农民工常常处于被驱赶的状态。（李强，2013）[317]

新型城镇化要求建立市场配置和政府保障相结合的住房制度，推动形成总量基本平衡、结构基本合理、房价与消费能力基本适应的住房供需格局，有效保障城镇常住人口的合理住房需求。对城镇低收入和中等偏下收入住房困难家庭，实行租售并举、以租为主，提供保障性安居工程住房，满足基本住房需求。

2015年12月14日结束的中共中央政治局会议要求化解房地产库存，

通过加快农民工市民化，推进以满足新市民为出发点的住房制度改革，扩大有效需求，稳定房地产市场。鼓励中小城市对在城镇首次购房的农民给予财政补贴和税收减免。从房地产行业自身持续发展的需求来看，三四线城市库存量已经严重高企，但中小城市、城镇居民的住房需求已经释放得较为充分。目前对购房置业有着潜在巨大需求的，是已进入城市但尚未有购房能力的农民工群体。农民工在城镇有住房需求，但收入低，如何让农民工在城镇买得起房，是对整个社会的考验。

谁也不想四处漂泊、到处流浪，农民工更想定居就业、安居乐业。经济收入、在城市的社会距离感、因户口而遇到的困难、年龄等因素对农民工的定居意愿有重要影响。（李强，2013）[351-352]要让农村转移人口定居城镇，先要关注这些因素并解决其中的关键问题，特别是经济收入问题。

第三，不能与城镇居民一样享受到同等的基本公共服务，社会地位低下，受到制度上的"排斥"。

第四，在社会空间和社会交往上，与城镇居民生活在两个世界，如同生活在孤岛之中，处于"隔离"状态。首先，他们缺少公共生活空间。尽管城镇公共生活空间不断拓展，但农民工却大多享受不到。其次，农民工缺少对城镇文明的了解渠道，既没有时间也没有经济条件去了解城镇文明。再次，农民工与城镇居民缺少交往，形成封闭的群体。（范先佐，等，2011）[149]不论是就业市场"分割"、居住条件"区隔"，还是基本公共服务"排斥"、社会空间与社会交往"隔离"，都反映出农村转移人口还没有真正市民化，还没有实现人的城镇化，还没有真正融入城镇社会。而导致这种结果的原因，既有制度因素，也有农村转移人口个人素质的因素。

农民工的这种收入水平和生存状况，不仅对自身生活质量和未来发展有负面影响，而且对随迁子女的身心发展、健康成长也有很大的负面影响。随迁子女的生活条件受家庭条件制约，远远不如城镇儿童。对于农民工来说，不仅他们自身要承受城市失业、工伤事故、疾病等经济风险，其子女还要承担相当大的教育失败风险。国外的研究表明："如果贫穷与迁移连接在一起，则会对孩子的教育产生致命影响；美国对一些流动儿童学习状况展开的研究也发现，儿童频繁流动不仅对他们的学习成绩构成威胁，而且和辍学有关。"（石人炳，2005）[152]这种情况下，绝大多数农民工往往不敢贸然采取家庭化的流动方式来解决其子女的监护和教育问题，由此出现了农村家庭的"分裂式迁移"：大人进城、孩子留守，把一个完整的家庭生生"肢解"，带来无数严重后患。留守儿童问题是我国"城镇化之殇"，已经引起社会各界广泛关注。农村留守儿童问题产生的根源是城镇内部二元结构。农民工家庭式迁移（全家一起搬迁）、就近城镇化等方式有助于解决留守儿童问题，但需要相关的制度做保障。

与人的城镇化的五个维度及存在的问题相对应，"教育"对于人的城镇化的价值表现在：通过提供优质公平的、具有针对性的各级各类教育，使农村转移人口具备现代市民的生活方式、人格特征和综合素养，提升他们的就业能力，从而使他们提高就业质量，增加经济收入，改善居住条件，最后真正融入城镇生活和城市社会。优质公平的教育是农村转移人口实现城镇"美好生活"梦想的基石。

2. 人的城镇化的本质是人的现代化

严格讲来，人的城镇化的五个维度中，只有第五个维度——使农村转移人口"具有市民素质，具备现代市民的生活方式、人格特征和综合素养"——是从"教育目标"层面，即"培养什么样的人"的层面来论述人的城镇化的，它揭示了人的城镇化的本质内涵。

进一步讲，人的城镇化、市民化，其实质是人的现代化，要求教育造就现代人，增进人的现代性，增强人的主体性（积极性、主动性和创造性），培养全面发展的现代公民。（褚宏启，2013a）

人的现代化是指人的个体现代化（individual modernization），即个人的现代性发生、发展的现实活动，包括个人的价值观念、思想道德、知识结构、行为方式由传统性向现代性的转变，是由传统人向现代人的转变。（郑永廷，2006）[11]个人现代性（individual modernity）是指"现代化社会中个人所最常具有的一套认知态度、思想观念、价值取向及行为模式"（杨国枢，等，1991）[241-306]。而个人传统性（individual traditionality）是指特定传统社会中个人所最常具有的一套认知态度、思想观念、价值取向及行为模式。总体而言，人的现代化是个人传统性减弱而个人现代性增强的过程，其结果是个人现代性的实现。

农村转移人口"从乡村到城市"，某种意义上意味着"从传统农业社会到现代工业社会"。在城镇化进程中，农村转移人口中的每一个人，其精神世界都面临挑战，都需要转型，都需要"现代化"。根据我们在北京市开展的一项调查，在人的现代性的发展水平上存在城乡差距，密云县高中生的现代性总体水平明显低于朝阳区高中生，朝阳区高中生更加平权开放和独立自主。（崔玉晶，2007）

评判现代性在中国社会的现实境遇，不能回避"城乡二元结构"，"必须把视野投放到社会城乡二元结构中在比重上占主体的农民、农村和农业的状况"，"在这里，我们看到了传统与现代之间的对抗和冲突，看到了传统的顽强生命力。它的状况如果不从根本上松动和改变，无论我们如何努力，现代性都摆脱不了'无根基'的浮萍状态"。（衣俊卿，2005a）[28-29]农业文明的封闭性容易使人消极被动、不思进取、知足常乐、小富即安，往往凭借经验、常识、习惯而自发生存与活动。"工业文明的经济、政治、技术等运行机制同具有科学技术理性和人本精神等文化基因的进取的、创造性的现代人是契合的，而农业文明与具有自然主义文化基因的保守的、封闭的、自在的传统人也是同体的。"城镇化意味着由前工业文明（农业文明）向工业文明过渡，意味着农村转移人口进入一个充满竞争和不确定性的社会空间，要求人"由自在自发的主体向自由自觉的主体转换"，"不断增强主体的自我意识、批判意识和社会参与意识"。（衣俊卿，2005b）[322-324,333]

现代化学者英克尔斯（Alex Inkeles）和史密斯（David H. Smith）描述了传统人的特征。他们认为，在许多发展中国家，"最广泛散布的素质就是我们的研究所确认的传统人的特征：被动地接受命运，一般缺乏效能感；害怕革新，不相信新事物；同外界隔绝，对外界发生的一切毫无兴趣；信赖传统的权威，接受长者、宗教与习俗领袖的劝告；只关心个人的特别是家庭的事务，对社区的事务很冷漠；只同纯属地方的和教区的群体认同，因而远离并且畏惧较大的区域和全国性的大群体；为适合狭隘的目的而形成或降低自己的志向，培养谦逊的为自己的一点收益而感恩不尽的情操；同下属和社会地位较低的人具有的关系是严厉的，有阶级性的；对凡是同维持自己的日常生计的事务无明显实际关系的教育、学习、研究，都不重视"。这些非现代性的素质"往往把人们冻结在人们现在生存和固有的情形和地位之中，这就会使那些过时的、陈腐的、时常令人难以忍受的制度继续下去，它们紧紧束缚人们。要打破这个牢固的束缚，要求人们在精神上变得现代，他们要接受我们已确认的现代人所有的那些态度、价值、行为模式，并把这些融于他们的人格之中。没有这种因素存在，无论外国援助还是国内革命都不能把一个落后的国家带进具有保持自我发展能力的国家的行列"。（英克尔斯，史密斯，1992）[453-454]

我国台湾学者杨国枢针对中国文化特点，研制出个人传统性量表和个人现代性量表。个人传统性包括遵从权威、安分守成、宿命自保、男性优越等若干方面。其中，"遵从权威"强调在各种角色关系和社会情境中，应遵守、顺从、尊重及信赖权威，如父母、长者、首长、国家、道德、规范及校规等。"安分守成"主要包含安分与守成两种互相关联的态度，前者强调自守本分、与人无争、少知为妙、怀疑自由及不做非分之想；后者强调逆来顺受、接受现实、不求进取、依赖亲友及厚古薄今。"宿命自保"也包含宿命与自保两种互相关联的态度，前者主要是对命运及运气的相信，以及对强有力的外在环境（如钱财与权势）的无奈；后者强调少管闲事，明哲保身，以避免麻烦，保护自己与家庭。"男性优越"体现的是传统的重男轻女思想，表明了一种认为男性优于女性的态度。

与城镇居民相比，农村人口尤其是偏远、贫穷地区的农村人口，其传统性更强。农村转移人口到城镇工作和生活，需要适应城市文明，提高个人现代性水平。而城镇化带来的城市文明也能有力促进现代性的扩张和增长。"城市化对于现代化的重要意义不局限于经济层面，它对于人的生存方式和文化模式的转型具有更为重要的意义和价值，因为城市化能从根本上斩断人对土地的自然依赖和消除自然关系对人的创造性的束缚，给人带来全新的开放式的、创新的、流动的、充满活力的生活方式，为理性的、自由的、创造性的文化模式的确立奠定坚实的基础。而这正是现代性的全方位确立和植根的基础。"（衣俊卿，2005）[32-33]

那么，什么是现代人？或者说，什么是人的现代性？英克尔斯等人从3个角度、24个维度去测量人的综合现代性（overall modernity），力图为"现代人"列出一个素质清单："在我们的研究中所表现的现代人的特点，可以被总结为四个主要项目。他是一个见闻广阔的、积极参与的公民；他有明显的个人效能感；在同传统的影响来源的关系中，他有高度的独立性和自立性，特别是在他决定如何处理个人的事务时尤为如此；他乐意接受新经验以及新的观念，也就是说，他是相当开放的，在认识上是灵活的。"（英克尔斯，史密斯，1992）[424]

杨国枢认为，个人现代性包括平权开放、乐观进取、尊重感情、两性平等等维度。其中，"平权开放"所强调的是一种平权的思想，主张普通学生可以批评学生干部，学生可以与师长辩论，子女可以向父母理论等；与这种平权思想密切相关联的是一种开放的胸怀与容忍的态度，它体现在各个方面，如为求学背井离乡，容忍自己不认同但不会危害到他人和社会的事物等。"乐观进取"的主要内涵是乐观的态度与信任的胸怀：前者主要表现为对经济、政治、科技、教育及个人发展都持乐观的态度；与之密切关联的是积极进取的精神，如相信个人努力可以克服恶劣环境，通过努力可以取得更好的成绩，过上幸福生活等。"尊重感情"强调各种人际关系都应以真实感情为主要依据，而不必计较其他（如学历差距、年龄差距、他人批评等）。"两性平等"所强调的是男女两性在受教育机会、人格、社会地位等方面都应该平等。人的现代化要求人的现代性之诸多维度的不断增长。（杨国枢，等，1991）[241-306]

人的现代化对于社会现代化，对于新型城镇化都至关重要。没有人的现代化，就没有真正的社会现代化，也没有真正的人的城镇化和农民市民化。人的城镇化和农民市民化在本质上是人的现代化。

人的现代化是社会现代化过程中的关键因素。英克尔斯等人指出："在发展过程中一个基本的因素是个人，除非国民是现代的，否则一个国家就不是现代的。在任何情况下，除非在经济以及各种机构工作的人民具有某种程度的现代性，否则我们怀疑这个国家的经济会有高的生产力，或者它的政治与行政机构会很有效率。"（英克尔斯，史密斯，1992）[10]他们还认为："如果在国民之中没有我们确认为现代的那种素质的普遍存在，无论是快速的经济成长还是有效的管理，都不可能发展；如果已经开始发展，也不会维持太久。在当代世界的情况下，个人现代性素质并不是一种奢侈，而是一种必需。它们不是派生于制度现代化过程的边际收益，而是这些制度得以长期成功运转的先决条件。现代人素质在国民之中的广为散布，不是发展过程的附带产物，而是国家发展本身的基本因素。"（英克尔斯，史密斯，1992）[444-445]

在我国，由传统人向现代人转变的问题，实质上是"中国国民性改造"的问题。清末以来，我国许多先进分子对于国民性改造的紧迫性、内容、方式等重要问题都做了大量扎实的研究，提出了许多富有创建性的思想，在一段相当长的时期内形成了颇有声势的国民性改造思潮（袁洪亮，2000），其中梁启超、鲁迅等人对于国民性的描画与批判入木三分，至今仍发人深省。

基于上述分析，我们认为，城镇化在表面上是农村人口向城镇集聚的过程，在本质上则是农村人口精神世界转变的过程，是农村生活方式和人格特征转变为城市生活方式和人格特征的过程，是传统人转变为现代人的过程，是人的现代化即人的现代化不断增长的过程。

城市生活需要人具有更高程度的现代性，城市环境也为人的现代性的提升提供了比乡村更好的条件。

影响人的现代化的因素有很多，教育、大众传播媒介、现代工厂、城市生活等皆属此列。在种种因素中，教育的作用有多大呢？

国内外的多项研究表明，教育对个人现代性有显著的积极影响。考尔（J. Kahl）发现正规教育与个体现代性之间存在很强的正相关。（Kahl，1968）阿默尔（Armer）和尤兹（Youtz）以及霍辛格（Holsinger）的研究也都表明，受教育程度对个体现代性具有积极的影响。（Armer，Youtz，1971）[604-626]（Holsinger，1973）[180-202]英克尔斯等人的研究表明："在决定个人现代性之中，教育本身是一个非常强有力的直接的和独立的因素。"（英克尔斯，史密斯，1992）[201]他们认为，正规教育与个体现代性之间的相关程度最高，其对个体现代性的解释力远高于大众媒体、拥有消费品、母亲在工厂工作的经验和父亲的受教育程度等变量，而且正规教育可以在很大程度上弥补人们早期现代性的不足。（Inkeles，Smith，1974）我国学者蔡笑岳、张兴贵等的研究都表明，随着年龄和受教育水平的提高，我国青少年的传统性降低而现代性增强。（蔡笑岳，吴萍，1999）[148-151]（蔡笑岳，吴萍，等，2002）[83-89]

教育应该把提升人的现代性，把培养现代人作为其核心使命。教育通过什么机制培养人的现代性呢？学校组织的特性、正式课程、隐性课程、奖励和惩罚、同伴的相互影响、教师的榜样作用等被不同的研究所强调。在教育实践中，需要把这些影响因素集成起来，形成合力。

3. 人的城镇化与人的全面发展及核心素养培育

教育促进人的城镇化，除了提升人的现代性外，还要促进农村转移人口的全面发展，这是新型城镇化的内在要求。全面发展之所以具有合理性，原因如下。

第一，人的全面发展是农村转移人口自身发展的内在要求。人由身心两部分构成，身心平衡发展、协调发展是人的内在需求。人不仅需要身心协调发展，还需要精神世界中不同方面的协调发展。个人的精神发展包括两个方面，一方面是人的感觉、知觉、记忆、想象、思维、情感、意志等心理过程的发展；另一方面是在心理过程中表现出来的具有个人特点的、稳定的心理倾向与心理特征，如需要、兴趣、动机、态度、观点、信念、性格、气质、能力等的发展。只有上述这些精神的多种维度得到全面的、协调的发展，人才是身心平衡、精神世界平衡的人，才是本性、天性、潜能得以充分发展的人。也只有这样，人才能在一个更高的境界上感受到生命的美好。

第二，人的全面发展是社会发展的客观要求。现代社会对人的要求的多样性、人的生存环境的复杂性、社会实践活动的多样性要求人全面发展。与农村相比，城市社会代表的是现代文明，社会环境高度复杂、变化迅速，职业变换加速，劳动变换加快，这些要求人在身体、知识、技能、品德等方面都有比较全面的发展，否则难以适应动态多变的社会。《学会关心：21 世纪的教育》一书提出："归根到底，21 世纪最成功的劳动者将是全面发展的人，是对新思想和新机遇开放的人。"（联合国教科文组织 21 世纪教育委员会，1989）

第三，人的全面发展是新型城镇化的直接要求，更是社会发展的最后归宿。《国家新型城镇化规划（2014—2020 年）》要求"以人的城镇化为核心……不断提高人口素质，促进人的全面发展和社会公平正义"。更重要的是，社会发展的最终目的还是人的发展。促进人的全面发展已经成为我国社会发展与改革的指导性原则，一些领导人的讲话和党的文件都明确指出了这一点。例如，科学发展观要求"坚持以人为本，树立全面、协调、可持续的发展观，促进经济社会和人的全面发展"（《中共中央关于社会主义市场经济体制若干问题的决定》，2003 年 10 月）。"坚持以人为本，就是要以实现人的全面发展为目标"（胡锦涛，2005）[850]，"必须坚持以人民为中心的发展思想，把增进人民福祉、促进人的全面发展作为发展的出发点和落脚点"（《中共中央关于制定国民经济和社会发展第十三个五年规划的建议》，2015 年 6 月）。

需要注意的是，从教育自身看，强调"农村转移人口的全面发展"具有十分重要的现实意义。由于传统的城乡教育二元结构的存在，以及新的城镇内部教育二元结构的形成，农村转移人口不论在转移前还是转移后，所受教育与城镇户籍人口相比都存在显著差距，农村教育质量较差，应试教育更加严重，人的全面发展水平更低。促进农村人口的全面发展，是破解二元教育结构的现实需要。

中国城镇化的大背景不同于城镇化进程启动较早的西方发达国家，当前中国的城镇化在时间上处在 21 世纪，知识经济、信息化、全球化等是21 世纪社会的典型特征。中国的城镇化必须应对 21 世纪的挑战。在教育与城镇化的关系上，要求教育培养人的"21 世纪核心素养"，否则，在新型城镇化背景下的教育目标定位上，我国将滞后于国际潮流。

"核心素养"（key competencies）这个概念舶来于西方，"key"在英语中有"关键的""必不可少的"等含义。"核心素养"就是"关键素养"。

"核心素养"一词最早出现在经济合作与发展组织（OECD，以下简称经合组织）和欧盟理事会的研究报告中。1996 年经合组织正式提出了"知识经济"的概念，1997 年经合组织开始发起关于核心素养的研究。欧盟的一个研究小组在 2002 年 3 月发布了《知识经济时代的核心素养》研究报告，2010 年欧盟理事会与欧盟委员会联合发布了《面向变化中的世界的核心素养》报告。美国于 2002 年制定了"21 世纪素养框架"，2007 年发布了该框架的更新版本。新加坡教育部于 2010 年 3 月颁布了"21 世纪素养"，日本国立教育政策研究所于 2013 年 3 月发布了《培养适应社会变化的素质与能力的教育课程编制的基本原理》报告，提出了日本的"21 世纪能力"。

显而易见，核心素养的研究是为了应对 21 世纪特别是知识经济的挑战。经济是基础，经济形态的变革会带动社会其他维度的相应变革。伴随着两大阵营对垒的解除，伴随着 WTO 的跨国界影响，伴随着信息技术革命的神速进展，世界在 21 世纪进入了知识经济、全球化和信息化时代，这种变局为"三千年未有之大变局"。核心素养是对这个大变局的应对，具有鲜明的时代性和全球化特征。（褚宏启，2016b）

可以把核心素养简单界定为：为了适应 21 世纪的社会变革，人所应该具备的关键素养。更简而言之，核心素养即"21 世纪关键素养"。

核心素养不是面面俱到的素养"大杂烩"，而是全部素养清单中的"关键素养"。从此意义上讲，核心素养是素质教育、三维目标、全面发展、综合素质等中间的"关键少数"素养，是各种素养中的"优先选项"，是素质教育、三维目标、全面发展、综合素质等的"聚焦版"。核心素养是适应个人终身发展和社会发展所需要具备的"关键素养"，只有具备这些素养，学生才能成功地适应社会，在自我实现的同时促进社会的发展。

核心素养框架的确定必须具有时代性与前瞻性。在核心素养指标的遴选方面，从全球范围来看，一些国际组织及国家和地区在核心素养的选取上都反映了经济社会发展的最新要求，强调创新与创造力、信息素养、国际视野、沟通与交流、团队合作、社会参与及社会贡献、自我规划与管理等素养，内容虽不尽相同，但都是为了适应 21 世纪的挑战。

核心素养是"高级素养"，不是"低级素养"，甚至也不是"基础素养"。学生生存与发展，需要多种素养。但是，面对 21 世纪的挑战，这些素养的重要性并不是平列并重的，需要有优先顺序。这些优先选项是什么呢？创新能力、信息素养、合作能力、社会责任、交流技能等排在前列，这些素养事关个体能否更好因应 21 世纪的挑战，事关国家发展和民族振兴。我们的"应试教育"也培养了一些素养，如死记硬背（记忆）的素养、题海战术（应对考试）的素养等，在新的世界大势下，这些素养都是低级素养，没有竞争力。核心素养是高级素养，学生的发展需要这些高级素养，国家参与国际竞争需要这些高级素养。中国的国民素质和学生素质需要更新换代，中国的教育目标需要升级换代，核心素养为更新换代指明了方向。

核心素养要反映"全球化"的要求，更要体现"本土性"的要求。我国的核心素养"热"，显然是受到了国外的影响。在全球化背景下，各国的学生核心素养的范围会有一定的甚至相当的共性，如对信息素养的要求；但因为国情差异，特别是各国发展面临的关键问题不同，其核心素养的厘定和培育也需要有内容差异和程度差异。就我国而言，有两个核心素养必须被大力强调：一是创新能力。中国教育最大的短板是所培养的学生创新能力不够，不能满足知识经济时代建设创新型国家的要求，不能适应国际竞争的要求。在一些地区和学校，我们的教育是在培养"会考试的人"，而不是"会创造的人"。二是民主素养。中国社会走向全面进步要求加快政治民主化进程，进而要求培养学生的民主素质。（褚宏启，2015b）

在新的国内外形势下，就我国而言，核心素养是素质教育、三维目标、全面发展、综合素质等的聚焦强化版和升级转型版。核心素养为教育教学改革提供了重点更突出、焦点更集中的教育目标，为转变学生学习方式、教师教学方式、政府和学校的管理方式指明了方向。（褚宏启，2016a）

城镇化是整个中国社会的转型升级运动，而其实质和难点是整个中国人口特别是农村转移人口的转型升级运动，与之相应，教育的目标也要转型升级。

在新型城镇化背景下，并非只有农村转移人口需要提升素质，城镇人口也需要提升素质，以促进社会融合与社会和谐，避免使城镇社会因为本地户籍人口与外来农村人口的对立而成为一个分裂的社会。

在新型城镇化背景下，无论是素质教育、三维目标、全面发展、综合素质，还是人的现代性、主体性、核心素养，都要求我国城乡教育走出"应试教育"的歧路，走上最大限度提升人的潜力和能力、最大限度培养人的"关键素养"的正路。

然而，教育并非万能，制度制约着人的发展，不公平的城乡二元体制制约着农村转移人口的发展。随着新型城镇化的推进，"随着城乡二元体制逐步破除，城市内部二元结构矛盾逐步化解，全体人民将共享现代文明成果。这既有利于维护社会公平正义、消除社会风险隐患，也有利于促进人的全面发展和社会和谐进步"（国务院，2014）。

三、城镇化进程中教育的社会功能

传统城镇化带来了诸多社会问题，如：城镇户籍人口与农村转移人口之间的群体冲突和社会矛盾；城镇内部新二元社会结构所引发的社会不稳定；城镇化进程中利益相关者民主参与不够，尤其是农村转移人口政治权利不能得到保障；土地城镇化与产业集聚、产业结构升级没能同步发展；城镇化空间布局结构不合理；城乡发展不均衡；等等。要解决这些问题，需要进行系统性改革，需要破解二元社会制度。单靠教育行不通，教育不是万能的；但对于这些问题的解决，教育也并非无能为力，教育可以有所作为，甚至在某些方面大有作为。

在促进社会融合、促进政治稳定与政治民主、促进经济发展、促进各类城市布局调整与协调发展、促进农村发展和"三农"问题的解决方面，教育可以发挥不可替代的作用。

1. 促进社会融合

在城镇化进程中，我国传统的城乡二元结构还未破除，新的"城市内部二元结构"已经成型甚至固化，农村转移人口难以融入城市社会，农民工与市民的社会距离不断扩大，积累的深层次矛盾逐步显现，给经济社会发展带来诸多风险隐患，甚至有可能引发社会危机和政治危机。城镇内部的二元矛盾和社会分化已经超过传统的城乡分化、区域分化，而成为困扰我国城镇化进程的关键问题。

因此，解决农村转移人口在城镇"流动但不定居，定居但不融合"的问题，促进农村转移人口与城镇居民这两大社会群体之间的社会融合，对于城镇化的健康发展具有战略意义。

对于"社会融合"（social integration）这个概念，学术界并没有统一的界定。2003 年欧盟在关于社会融合的报告中对社会融合给出如下定义：社会融合是这样的一个过程，它确保具有风险和社会排斥的群体能够获得必要的机会和资源，通过这些资源和机会，他们能够全面参与经济、社会和文化生活，以及享受正常的社会福利。1998年诺贝尔经济学奖获得者、印度籍经济学家阿马蒂亚·森（Amartya Sen）认为，融合社会是指这样一个社会，在那里成员积极而充满意义地参与，享受平等，共享社会经历并获得基本的社会福利。因此，融合是一个积极的过程，它已经超出了缺点的补正和风险的减少，它推动了人类发展并确保机会不会被每一个人错失。森还认为一个融合社会的基本特征是，广泛共享社会经验和积极参与，人人享有广泛的机会平等和生活机会，全部公民都有基本社会福利。（悦中山，杜海峰，李树茁，等，2009）

社会融合意味着社会距离的缩小或者消除。社会距离是因为社会地位差异和文化差异等因素造成的人与人之间，或者群体与群体之间在态度、行为上的亲近及疏远的等级和程度，分为主观心理距离和客观行为距离（即交往距离）。（李强，2013）[410-416] 社会距离的存在与加剧是社会排斥的结果。社会排斥理论（social exclusion theory）于20世纪90年代兴起，它将非经济因素纳入对社会问题的分析框架中，不仅对于社会问题根源的解释更为深入，而且对社会问题的解决提供了新思路。

社会排斥（social exclusion）发生在社会群体之间，是指强势群体或者主导群体对于边缘化的弱势群体或者贫弱群体，在意识和制度（政策法规）等层面上的排斥。排斥意味着对权利的否定与剥夺，意味着权利的未充分实现。社会排斥是多面向的，不单纯涉及物质方面，也涉及政治、文化、心理等方面，而且各个面向的排斥效果会因为累积性而互相催生和强化。被排斥是一种被抛弃、被隔离、被边缘化的消极体验。社会排斥是社会变迁的过程与结果，是一种非短期性、非局部性的社会现象。遭遇失业、技能缺乏、收入低下、住房困难、身体残疾、家庭破裂等的人群，都属于社会上的弱势群体或者贫弱群体，容易受到强势群体的排斥。

就我国城镇化而言，排斥者主要是城镇户籍人口和流入地政府，被排斥者是农村转移人口。具体来说，对农民工而言，排斥者是城镇居民、企业主、流入地政府；对随迁子女而言，排斥者是城镇成年居民、城镇户籍学生、学校、教师以及流入地政府。农民工及其子女所遭遇的排斥主要有以下几种。

第一，制度排斥。制度排斥属于各种排斥中最严重的排斥。各种各样的城乡二元制度直接带来了其他多种形式的社会排斥。制度排斥中最严重的是户籍制度排斥。户籍制度导致农村转移人口不能享受均等的基本公共服务，在就业、薪酬、保险、住房、医疗、教育等各方面受到歧视，沦为二等公民。

第二，经济排斥。经济排斥是指生产、交换和消费等经济活动中的社会排斥，具体包括就业排斥、收入排斥和消费排斥。就业排斥即劳动力市场排斥，是指就业机会不均等，包括两种形式：被排斥出劳动力市场，表现为长时性失业或者临时性就业；劳动力市场内部排斥，表现为从事的是比较差的工作如脏、苦、累、险的工作。收入排斥是指同工不同酬，收入低下而导致贫困。消费排斥是指由于经济拮据、购买力差，而被排斥在城市社会的主流消费方式之外，日常消费中的恩格尔系数很高，支出多用于维系日常基本生活开支，文化、教育、娱乐消费占比很低。

第三，文化排斥。文化排斥是指行为方式、生活方式、价值观、语言方式等方面的排斥，具体涉及城镇居民对于农村转移人口的文化排斥，城镇儿童对于农民工随迁子女的文化排斥，以及城镇学校的一些教师对于农民工随迁子女的文化排斥。文化排斥往往起于偏见，加强沟通、增进理解后，排斥会有所减弱。在刚性的城乡二元社会、经济结构的制度安排背后，深层的社会心理结构对城市移民的边缘化地位具有重要影响。中国的"城里人"总体上是个相当不开放的人群，他们可能对计划经济体制本身有着种种不满，但对计划经济体制通过剥夺农民而提供给自己的种种好处却留恋有加，以致那种特权意识与身份优越感在他们的躯体和意识之中积淀成了一种社会惯习。所以，城乡分离的二元社会结构不仅是一种制度安排，更是一种基于利益差别的心理结构。（陈光金，1998）[345]

三种社会排斥直接影响到农村转移人口在城镇社会中的社会关系状况，导致农村转移人口与城镇户籍人口之间产生社会距离。社会距离的大小是根据群体间社会关系的远近来衡量的。社会学家豪斯（R. J. House）等从三个方面考察、衡量社会关系的状况：首先是社会关系存在或量的方面，包括交往人数多少、交往的频率如何；其次是社会关系的结构方面，主要指社会网络的密度、同构性、多样性或分布；最后是社会关系的质的方面，即社会关系所能提供的社会支持如何。（范先佐，等，2011）[284]

从上述三个维度看，农村转移人口的社会关系状况不容乐观。农村转移人口与城镇居民的关系一般会经历隔离、冲突与融合三个阶段。现在则处于隔离与冲突阶段。要改善社会关系状况，缩小社会距离、走向社会融合，并不容易。而没有深度的社会融合，就没有真正的人的城镇化和农村转移人口的市民化。

当前，农民工群体的结构已经发生变化，"80后"的新生代农民工已经替代老一代农民工而成为农民工大军的主体。两代农民工的心理特征和行为方式有很大不同。老一代农民工有迁出地境况的比较，对迁入地社会不公平一般有着比较高的认可度，或者说虽然他们在迁入地感受到种种不公平或歧视，但由于已经比原先的状况有了改善，他们一般并不预期与迁入地居民享有实际相同的权利和地位。而新生代农民工的期望值不同，他们对工作和生活的满意度主要是参照迁入地居民的工作和生活，当他们体会到自己与迁入地人群在生活和地位上有差距时，便会在心理上产生更大的被歧视感和被剥夺感，并强烈要求自己的权利和地位垂直上升。也正是在这种心理预期的推动下，新生代农民工在面对社会不平等时显得更缺乏忍耐性。

农村转移人口特别是新生代农民工的社会认同是一个必须予以关注的问题。农村转移人口的社会认同是指农村转移人口在与城镇居民的交往互动中，基于对城乡及城乡居民差异的认识，而产生的对自身身份的认知、自己的感情归属或依附、未来行动归属的主观性态度。这种主观态度并非固化不变的，而是可以随着自身社会地位及社会场景的变化而变化。（王毅杰，倪云鸽，2005）新生代农民工与老一代农民工相比在身份认同等方面更具模糊性，既无法认同城市社会，又减弱了对农村社会的认同，即是说，他们这一代人既无法融入城市主流社会，又难以回归农村社会。（王春光，2001）他们的自我社会认同具有融入与游离并存的特点。造成这一特点的原因，从客观上讲，是城镇社会对移民的社会排斥；从主观上讲，则是新一代移民的自我封闭。（史柏年，等，2005）[188]新生代农民工尽管更加亲近城市，但是在城市社会中的关系网络具有更强的内卷化特征，市民朋友数和社区参与水平都低于第一代农民工。（李强，2013）[406]

农村转移人口包括成年人群体（农民工）和未成年人群体（随迁子女），作为未成年人群体的随迁子女，其性格特征、生活方式、发展期待、社会认同状况等，与新生代农民工群体相似或者相同。

要化解新生代农民工消极的社会认同，既要关注制度性因素，也要关注非制度性因素。从国内外有关农民工社会认同的研究成果来看，研究多是立足于宏观层面或制度背景，指出户籍制度、城乡二元结构是导致新生代农民工社会认同偏差的主要原因，似乎只要打破制度的制约，就能够解决问题。实际上，根据奥格本（W. F. Ogbum）的"文化堕距"（Cultural lag，也可以译为"文化滞差"）理论（奥格本，1989）[265]，即使是在刚性的制度被打破之后，非制度性因素仍在相当长时间内影响着人们的心理和行为。

农村转移人口市民化意味着深度的社会认同及社会融合。或者说，在本质上，真正的市民化就是社会融合的实现。

农民工要实现生存职业、社会身份、自身素质和意识行为层面上的市民化，需要跨越制度性和非制度性障碍。地方政府在制定和出台某种政策时，出于代表城市市民本位利益（如市民充分就业）的考虑，在对待市民化乃至农民进城问题上，排斥和抑制多于鼓励和支持。在政策制度的安排上，不把农民工与市民同等对待，而是采取重堵轻疏、重管理轻服务、重义务轻权益、重城市就业轻农民工安排的政策。另外，农民工自身素质直接影响其能否由"乡下人"转变为真正的"城里人"，同时也是农民工市民化进程缓慢的基本内因。（刘传江，徐建玲，等，2008）[237-239]

要破除这些障碍，需要建立促进农村转移人口市民化与社会融合的"社会支持"系统（韩长赋，2007）[185-186,191]，缩小农村转移人口与城镇户籍人口之间的社会距离，化解各种类型的社会排斥，增进农村转移人口的社会认同，促进城镇户籍人口对于农村转移人口的社会包容，使得农村转移人口深度有效地融入城市社会。

教育在促进社会融合中具有重要作用。法裔美国学者克雷夫科尔（H. S. Creveeoeur）于 1782 年提出"熔炉论"，认为美国已经并且仍在继续将来自不同民族的个人熔化成一个新的人种——美国人。教育在促进社会融合中发挥的也是"熔炉"的作用，教育可能是诸多熔炉中最重要的一个，是实现深度社会融合的基石。

导致城市内部社会距离扩大、社会分化加剧的根本原因是二元体制，但是农村转移人口的教育水平和综合素养相对较低也是重要原因。通过教育促进社会融合，既需要从制度层面也需要从非制度层面寻求对策。

第一，破解教育方面的"制度排斥"，以教育融合促社会融合。破除城镇内部的城乡二元教育制度，提高城镇职业教育、继续教育对于农民工的开放性，提高城镇各级各类基础教育对于农民工子女的开放性，为农村转移人口提供均等的受教育机会。教育居各类公共服务之首，教育公平是实现社会公正的基础，农村转移人口与城镇户籍人口在教育空间上的融合是推进深度社会融合的基石，因此，破除教育制度排斥不仅至关重要，而且迫在眉睫。教育领域在破除"制度排斥"方面，在提升整体城市社会制度的共享性、包容性方面，应该走在其他领域的前面，率先垂范。

第二，改进农民工职业教育与继续教育，提升农民工就业能力和就业质量，提高经济收入，化解"经济排斥"，促进经济融合。经济是基础，"归根到底，新生代农民工心理和情感上的矛盾和冲突，来源于现有体制之下所造成的低层经济地位。只有寻求一种能力与收入的对称、预期与获得的平衡，才能消解新生代农民工在城镇化过程中的文化和心理困境"（李强，2013）[406]。制约农村转移人口社会融合的最关键因素是经济地位低下，不能融入城市主流消费方式，不能安居，无力为子女提供较高水平的文化与教育资源等，都与收入低有直接联系。通过教育可以提高农民工的人力资本，对于提高个人的经济地位有重要作用。农民工进城之前和进城之后所接受的职业教育与继续教育的数量、质量，是影响农民工人力资本提升的关键因素。当前，需要构建面向农民工的，由政府、企业、职业院校、社会组织多元供给的职业教育与培训体系，完善相关的投入机制、保障机制、评估机制等，重点提升培训的有效性和针对性，切实提高农民工的就业能力，从而提升其就业质量，为促进经济融合奠定坚实的职业技能基础。

第三，改进农民工职业教育与继续教育，通过城市生活方式等非技能性知识的教育与培训，增进新生代农民工群体的城市文化资本，促进文化融合，弱化"文化排斥"，使他们更熟悉城市生活，更好地融入工作、融入社区和融入务工所在城市。从当前的现实情况来看，针对农民工的职业教育培训内容，主要是"引导性培训与职业技能培训"，以劳动技能教育为主，文化知识的教育特别是如何适应城市生活的教育相对不受重视，致使农民工群体缺少城市生活的相关知识，难以适应城市生活，其社会融合的步伐也受到了影响。

第四，改进针对农民工随迁子女的基础教育，把促进随迁子女社会融合作为城镇学校的教育目标之一，既面向当前促进"文化融合"，也面向未来促进"经济融合"。城镇地区基础教育阶段的学生就是未来的城镇居民，如果他们在幼儿园和中小学阶段就能较好地实现融合，将对他们成人后的整体性社会融合功莫大焉。基础教育的内容、形式等，要为促进社会融合服务，要为建设一个民主、平等、公正的社会服务，要让城乡学生更多进行社会交往与互动，让随迁子女更快更好地习得城市生活方式。学校应该要求本校的教师和当地学生尊重在本校就读的农民工子女及其父母，并通过家长委员会、家长会等形式，促进本地学生家长与农民工子女家长的沟通与交流，使得基础教育机构不仅促进未成年人群体间的文化融合，也促进成年人群体间的文化融合。

更重要的是，城镇基础教育要针对农民工子女的特点因材施教，切实提高他们的综合素质特别是核心素养，在基础教育阶段为他们的一生幸福奠定坚实的"基础"，让他们在未来的社会竞争中，与他们同龄的城镇学生站在同一条素质起跑线上，而不是输在起跑线上。只有如此，他们将来才能在劳动力市场上具有竞争力，才能有较好的就业能力和就业质量，才能有较高的经济地位，才能真正实现"经济融合"。而经济融合是实现其他社会融合的最重要基石。

尽管城镇基础教育对于农民工子女当前的文化融合和将来的经济融合有重要作用，但是也不要过于高估。作为流入地的城市，在义务教育阶段实行"两为主"政策，在文化与教育维度上对农民工子女是开放而接纳的，采取的是"熔炉主义"或者"多元文化主义"的策略。正是在这样的开放性环境中，农民工子女逐渐习得了所在城市的语言，并广泛地参与到城市的各种文化活动之中，被同化为一个文化意义上的城市人。正是因为文化上的适应和同化，流动儿童和青少年有着变成城市人、留在城市生活的强烈愿望。然而城市在制度上的封闭性，却将农民工子女限制在社会底层的位置上。户籍制度是一种刚性的身份制度，使得农民工及其子女极难进入城市身份群体。户籍制度还衍生出劳动就业制度、社会保障制度、教育制度等辅助性制度，对城乡居民实行歧视性的差别对待。农民工子女的弱势地位，源于其父母的社会经济地位。因此，要改善农民工子女对弱势地位的感知，需要从改善农民工群体的社会经济地位入手。（李强，2013）[382-384]

第五，通过继续教育和社会教育等手段，改变某些城镇居民对于农村转移人口的认识，增进包容性，提升城镇居民的包容性素养，为建设包容性城市奠定认识基础，推进农民工融入企业、子女融入学校、家庭融入社区、群体融入社会。

2. 促进政治稳定与政治民主

公平与秩序有内在联系。社会不公正、不公平，会带来社会不稳定。社会不稳定不只是社会问题，也是政治问题，会引发政治不稳定。我国传统城镇化进程中农民工问题带来的社会矛盾与政治隐患不容小觑。

社会稳定，特别是一个社会的长久稳定，取决于两个基本条件：一是形成中产阶层为主的社会结构，即"橄榄形"或"纺锤形"社会结构；二是社会阶层不是固化的，而是流动的。按照这两个标准，当前我国尚存在严重问题。

首先，中国整体社会结构的最大问题是"下层过大"而"中层欠缺"，这种结构对社会稳定是巨大威胁。出现这种结构的直接原因是城乡二元结构，人口巨大的农民、农民工群体居于社会底层。中国社会变迁需要解决的最大难题是如何扩大中产阶层的规模，优化社会结构。

其次，社会阶层是固化的，处于社会结构底层的农民和农民工，没有向上流动的渠道。即便是农民工群体当中的一部分精英分子，他们尽管有着良好的职业技术技能，对城镇社会做出了重要贡献，由于制度藩篱，也难以实现向上流动。能力与回报、付出与回报对比强烈，使得他们的相对剥夺感也更加强烈。

这两个问题实质上是一个问题，需要同时、一体解决。基本思路是：通过社会底层的向上流动，解决中国社会结构的"中层欠缺"问题。

社会流动有水平流动和垂直流动两种类型。垂直流动分向上流动和向下流动两种，"向上流动存在两种基本的形式：个体从一个较低的社会阶层渗透进入一个原有的较高阶层；由这些个体创造一个新的社会群体，并且这个群体进入一个较高的社会阶层，取代这个阶层的原有群体或者成为与这个阶层的原有群体相平行的群体"。"从理论上说，可能存在这样的层级化社会，在其内部，垂直的社会流动是不发生的。这意味着在其中没有向上或向下的流动，没有社会成员的循环更替；每一个人永远属于他出身的那个社会阶层；分隔阶层间的壁垒是绝对不可渗透的，没有任何穿越它的'缝隙'，也没有任何阶梯——不同阶层的人凭借它可以改变自己的等级。这种类型的社会分层可以称为绝对封闭的、刚性的、难以渗透的或不流动的。"（哥伦斯基，2005）[264-265]利于社会稳定的社会分层是开放的、有弹性的、可渗透的或流动的。流动可以打破藩篱促进团结，可以促进竞争带来活力，提升人的主体性和潜力。流动也意味着意识形态上的社会公正和机会均等。

社会地位的变化是个渐进的过程，是社会各阶层在制度体系内博弈的结果。制度安排是影响博弈的最关键变量。从社会分层的角度看，一种公正的制度安排的核心原则应该是允许流动、鼓励竞争，为社会成员提供更多的上升流动的机会。公正的制度一定要避免"没有机会"的群体的存在。在城镇化进程中，非常需要一种公正的制度安排，给所有的农民工带来希望，让农民工可以由社会底层向上流动到社会中层，扩大我国中产阶级的规模，从而促进社会稳定和政治稳定。这种制度设计，不仅是社会学视角的社会制度设计，也是政治学视角的政治制度安排，对于实现中国社会的长治久安至关重要。

什么样的制度设计是合适的呢？长期以来，户籍制度是制约农民工社会地位的最重要的制度因素。目前，比较流行的观点主张，通过户籍改革实现农民工的"市民化"，给农民工以平等的市民待遇，以此解决农民工的地位问题。但是，不要以为单凭户籍改革就可以解决一切问题。根据社会分层的基本原理，人的社会地位的上升往往是在分化中完成的，是个体在竞争中实现的。所以，户籍改革是必要的，因为只有这样的改革才能防止"集体排他"（collectivist exclusion）；而公正的流动机制必然会有"个体排他"（individualist exclusion），现代社会人们地位的上升往往是在个体排他中实现的。（李强，2013）[444]

现代社会的吊诡之处在于：人人是平等的，机会必须平等均等；同时人人又是不平等的，人人处于不平等的社会分层之中。这里的平等与不平等都是合理的。基于社会流动的社会分层，能给社会带来竞争与活力，是社会运行有效率、社会功能得以维系所必需的。而且，这里的平等与不平等都是必要的，缺一不可。户籍制度改革所解决的"集体排他"问题，只是解决了农民工的"机会均等"问题，但没有解决"个体排他"问题，即没有解决能带来竞争与活力的"向上流动"机制问题，这种流动机制实质上是一种"分化机制"。

"分化使得逐渐平等的个人落入逐渐不平等与等级分化的社会行为的体系当中"（哥伦斯基，2005）[770]，这句话的意思是，通过某种个体排他的、具有竞争性质的分化制度，使得机会平等的个人进入不平等的、社会地位不一样的社会分层体系中。

关键的问题是：这种分化在农民工群体中可否实现？农民工群体内部是同质的吗？

任何一个国家的工人群体，其内部都不是同质性的。"今天的工人阶级，远非一个由同样缺乏技能和处于赤贫状态的人们所组成的同质群体，实际上却是一个依照无数微妙的和不那么微妙的差别而分化的社会阶层。"在发达工业国家的劳动力当中，"必须至少对三种不同技术水平的群体做出区分：一个不断壮大的由熟练技术工人组成的阶层，他们日益同工程师和白领雇员相混同；一个人数相对稳定的由半熟练工人组成的阶层，他们或者有着广泛的产业经验，或者只有特定的产业经验；以及一个人数逐渐减少的由完全非熟练工人组成的阶层，他们或者是典型的产业新进者（如刚刚进入劳动力市场的人，先前的农业劳动者，移民等），或者是典型的准失业者。此外，这三个群体看起来不但在技术水平上各不相同，而且还在社会地位的特征和决定因素上存在差异。半熟练工人的工资几乎总是要比非熟练工人的工资高，而熟练工人的工资常常和白领职员不相上下，因此也拥有了白领的地位"。（哥伦斯基，2005）[82-83]

我国的农民工群体内部也不是同质的，突出表现为职业技术技能水平的差异，有熟练技术工人，有半熟练工人，有非熟练工人。他们对于城镇建设的贡献是不一样的。农民工当中有底层精英存在，他们具有良好的职业技术技能，对他们采取"整体排斥"的政策是不公正的。既然这部分农民工精英有竞争力，就应该为他们设计出展其所长的制度，使他们能够通过竞争实现向上流动。可以根据技术技能水平对农民工进行分层，并通过制度设计让居于农民工上层的部分精英向上流动，流动到社会结构的"中间阶层"，由"社会底层的上层"上升到社会"中产阶层的底层"。通过这条途径，经过较长时间的努力，最终使我国"中间阶层"成为社会结构的主体构成。

这就需要为农民工创设"由农民工身份向技术人员身份转化"的认定与竞争机制，这种认定与竞争机制，即社会分化机制，就是专业资格、技术证书制度。

在决定社会分层方面，专业资格、技术证书制度与财产制度同样重要，是两大基本制度。二者也是两大社会排斥工具，"文凭和证书作为社会封闭的形式之一，其目的在于对社会分工中的核心职位的获得实施控制和监视"（哥伦斯基，2005）[147]，文凭与证书决定了人在社会分层中的地位。在当前中国的场景下，决定社会地位的因素中以下六个方面最为重要：权力地位（对于组织资源的占有）、经济地位、（正规）教育地位、职业技术职称地位、户籍身份地位（中国特色的社会地位体系）、家庭出身。其中，职业技术职称对于提升农民工社会地位可以发挥最大的作用。（李强，2013）[437-443]

当前我国在专业资格、技术证书制度方面存在如下问题：（1）职业技术证书制度在技术工人的社会分层方面，功能被弱化。1985年以后，全国统一的以工人技术等级为基础的八级工资制被打破，不利于基于技术等级的社会分层。（2）制度隔离。劳动部门虽然制定和修订了各行业、工种的技术等级标准，但是对于在多种类型企业里劳动的工人并没起很大作用，对于农民工作用就更小了。一方面，他们的劳动单位被完全隔离于技术等级的体制之外，如许多乡镇企业、包工队等；另一方面，他们本人也意识不到技术等级对于他们有什么用处。（3）身份隔离。社会身份也制约着农民工向技术工人或高级技术工人的转化。户籍制度起到了隔离和屏蔽作用，对于非正式编制，制度基本上不为他们设计技术晋升的证书制度。但户籍制度不是全部原因，另一个重要的原因就是"技术流动的社会断裂"。目前的劳动者的技术，一种是被制度认可的有技术证书的技术，另一种是不被制度认可的技术（尽管可以在劳动场所、劳动过程中显示出来）。当前绝大多数农民工所具有的是"没有证书的技术"。社会产品吸纳了他们的劳动与技术，但没有赋予他们"应得的社会地位"，从理论上说，这是一个"应得权利"（entitlement）的问题。（4）社会传统的不利影响。技能和技能型人才受到轻视，所谓"劳心者治人，劳力者治于人"的传统观念依然大有市场，职业教育不受重视，吸引力不够。（李强，2013）[445-446]

从世界上已经完成了向现代结构转型的国家的经验看，专业技术人员是中产阶层的重要组成部分，这些国家之所以实现了中产阶层为主的社会结构，也称作"橄榄形"或"纺锤形"社会结构，重要因素之一就是专业技术人员比例的扩大。农民工转变为国家认可的技术工人后，这个群体会处于"中产阶级下层"位置上，即处于"缓冲带"阶层。这个阶层最重要的社会功能是为社会下层提供上升流动的机会，因此，它也是缓解社会矛盾、促进社会和谐的重要社会结构原因。我国目前的技术分层，更多地偏重于对脑力劳动、知识分子进行细化的专业技术分层，而忽视了对于生产一线的、将体力劳动与技术劳动结合的专业技术人员的分层，这与中国比较轻视操作型劳动的传统有关。我国非常重视对于农村转移人口的职业技能培训，但是目前的政策忽视了"培训"对于农民工的"技术分层"的作用。表面上看，考级等技术分层措施使农民工分化了，似乎很不公正，但实际上，这恰恰是最主要的机会公正、竞争公正的制度建设。农民工的技术分级，恰恰是使得中国社会走向中产阶层为主体的社会的关键一步。（李强，2013）[452-455]

通过资格认证，确定社会分层，是一种非暴力的、合法性的社会分化手段，这可以解释教育资格认证何以会兴起："平等的个人与不平等的角色之间的紧张可以被看作教育资格认证主义及其相关制度获得前所未有的扩张的一个原因。……教育认证资格本身就可以被用来把正常情况下平等的个人合法地分配到不平等的角色里面去。于是，合法性问题就简化成以教育'投资'来解释个人间的差异。……显然，很多群体支持，国家也常常需要用教育资格认证来取代更不具有合法性、更侧重先赋性的角色进入的标准。人们认为这会带来道德，赢得公众的尊重与信任，并提升合法的地位。"这样，教育对于个人向上流动的作用就彰显出来，正如布劳（Blau）和邓肯（Duncan）在他们的分层"基本模型"中所显示的，"教育获得是主导社会流动和社会经济获得的关键机制"，"是随后在劳动力市场上成功的关键决定因素"。（哥伦斯基，2005）[340-351]

根据以上分析，可以发现，农民工职业技能培训是关乎社会稳定和政治稳定的基础性工程。应通过培训，全面提升农民工职业技能。同时，还应通过职业技术技能等级鉴定，将农民工的职业技能水平予以分层，并分别授予不同等级的职业技术资格证书。除完善专业资格、技术证书制度外，还要完善持证上岗制度，使就业与证书绑定。这样，可以形成倒逼机制，更好地促进各级各类职业教育的发展。

这是由若干环节构成的系统性社会工程和政治工程，其起点是职业教育与培训，中间经过职业技术技能获得、资格鉴定、资格证书发放，再到凭资格证书进入劳动力市场，最后完成社会分化与向上流动，扩大中产阶层规模，夯实社会稳定基础。

需要注意的是，上述链条的起点是"教育"，是职业教育与培训。如果这种教育是没有质量的，那么证书就不会被劳动力市场看重，整个链条就会松动甚至断掉。因此，扎扎实实提升职业教育与培训质量，对于城镇化进程中的社会稳定而言，的确是基础性的社会工程与政治工程。

2014年，国务院办公厅下发的《国务院关于进一步做好为农民工服务工作的意见》提出，加大农民工职业培训工作力度，对农村转移就业劳动者开展就业技能培训，对农村未升学初高中毕业生开展劳动预备制培训，对在岗农民工开展岗位技能提升培训，对具备中级以上职业技能的农民工开展高技能人才培训，将农民工纳入终身职业培训体系。加强农民工职业培训工作的统筹管理，制定农民工培训综合计划，相关部门按分工组织实施。《国家新型城镇化规划（2014—2020年）》提出，鼓励农民工取得职业资格证书和专项职业能力证书，并按规定给予职业技能鉴定补贴。这些举措都是必要的，但需要进一步夯实，特别是要强化整个制度链条中的节点衔接与难点解决。

在城镇化进程中，教育不仅要促进政治稳定，还要促进政治民主。

我国城镇化进程中，"政府主导"城镇化发展，侵权现象严重，政府管理中民主参与严重不足，决策的科学化民主化严重不足。在涉及农村土地征用、城镇规划、基本公共服务提供、社区建设与管理等公共事务时，农民、农民工及其子女参与不够，其知情权、参与权、决策权、监督权不能得到有效保障，致使其很多法定权利受到损害，引发诸多社会矛盾。

实际上，城乡二元结构、城市内部二元社会结构的形成与固化，都与城镇化进程中的民主不足甚至缺失有关。

政治民主化是新型城镇化的内在要求。政治民主化是指以民主为目标的政治变革过程。戴维·波特（David Porter）把民主化概括为"由较少负责任的政府到较多负责任的政府；由较少竞争（或干脆没有竞争）的选举到较为自由和公正的竞争性选举；由严厉限制人权和政治权利到较好地保障这些权利；由市民社会只有微弱（或干脆没有）自治团体到享有较充分自治和数量较多的自治团体"；民主化还包括民众身份从臣民到公民的改变，社会制度从排斥性到包容性的转变，政治活动原则从冲突和对抗到妥协和合作的转变，等等。（杨龙，等，2006）[331]

民主并不是完美无缺的制度，它也不可能完全避免犯错误，但它具有内在的平衡和纠错机制，与人类历史上至今曾经采用过的制度相比，它是缺陷最小、最为人们认可的政治制度。民主政治在本质上是一种和平的政治，民主制度能够避免大规模国内战争的发生，保证和平的环境、人民的安居乐业以及经济的繁荣与发展。其次，民主保证公民享有许多基本的权利和自由，如选举权、参与权、言论自由、结社自由、信仰自由等，从而使得公民个人能够通过政治机制有效地维护自身的根本利益，自主选择自己的生活方式，保障公民不同的偏好。最后，民主给予不同个体在政治上平等参与的机会，使公民能够享受到相对较高的政治平等，实现社会的流动和均衡发展。尽管不同公民在政治参与倾向和能力上的不同会造成结果上的相对不平等，但这是公民自由选择的结果。当然，民主的价值并不止于此，还包括其他如对公民道德责任的培育、对市场经济的促进、反腐败等。（杨龙，等，2006）[313-316]

民主的根本基础是对个人权利和自由的尊重与保护，专制政权和极权政府把人民当作可能的敌人或工具，而在民主制下，政府与公民之间是朋友关系。

教育促进城镇化进程中的政治民主，主要任务是培养具有民主精神的普通民众个体、官员和政治领袖。

首先，通过各级各类教育，培养城乡居民特别是农村转移人口的民主意识和参与民主政治的能力。城镇化涉及多方利益冲突，必须通过一定的制度安排，完善治理结构，提升治理水平，让各方利益相关者特别是农村转移人口通过民主参与机制充分表达利益诉求，并在此基础上有效整合利益诉求，以达成利益共识，提高决策的科学化、民主化水平，有序和谐推进城镇化进程。

政治民主化、治理现代化必须与新型城镇化同步推进。重点是完善农业转移人口社会参与机制，具体要求是提高各级党代会代表、人大代表、政协委员中农民工的比例，积极引导农民工参加党组织、工会和社团组织，引导农业转移人口有序参政议政，积极参加社会管理、社区管理、学校管理。

在农村转移人口民主参与问题上，除了存在"不让参与"的制度性问题外，农村转移人口"不会参与""不敢参与"的问题也很突出。因此，农村转移人口的教育，无论是农民工的职业培训，还是农民工子女的基础教育和职业教育，都应该把民主参与能力作为培养目标。在教育实施中，通过课程建设、管理民主和教学民主，以民主的手段培养各类受教育者的民主素养，使其有足够的知识和能力有效地参与政治活动，正确地行使公民的权利和履行公民的义务。

其次，通过各种类型的干部教育与培训，培养具有民主素养的行政官员和政治人才，为建设民主化政治和民主型政府奠定人才基础。与大众化的公民教育不同，此类教育属于精英教育。在我国，除一些著名高校是政治精英的摇篮外，还有专门的培养政治精英的院校，如中央党校、国家行政学院、社会主义学院等，以及同类的各级地方院校。这些院校尽管没有被列入国民教育体系，但也是我国教育体系的重要构成部分。官员有没有民主意识、有没有民主能力，直接影响整个社会的民主化进程。一个民主的政府，有赖于具有民主素养的公务员队伍。因此，在干部教育与培训中，要把民主问题的讨论、民主技能的提升作为课程的重要内容。

上述两类教育的共同任务，是推动政治文化的革新，为现代政治的建立和发展提供政治文化支持。教育通过传播现代政治文化，使人们形成与中国社会发展相适应的具有现代色彩的政治意识、政治认识和政治情感，使人们在政治评价方面达成共识，提高政治整合的水平。现代政治文化是与封建政治文化相对立的。通过教育弱化以至消除封建政治文化对我国政治建设的不良影响，是教育肩负的一项重要使命。"文革"的产生诚然与领导人错误发动有关系，但也与大众的响应有关，而响应的一个重要原因在于政治文化的落后。"文革"时期的政治带有很强的前现代特征，甚至带有很强的封建性特征；"文革"结束后，我国政治虽走上了现代政治的轨道，但现代性水平还需不断提高，封建性成分在不同程度上依然存在，政治上的反封建依然是一项紧迫的时代任务。（褚宏启，2013b）[174-175]我国城镇化进程中，某些地方政府行政权力的任性与粗暴，行政决策的武断与粗放，本质上都是政治与行政领域的封建性成分在作祟。

最后，促进农村转移人口参与教育管理，通过教育管理自身的民主化，推进政治民主化。教育管理包括政府的教育行政和学校的内部管理，教育管理的民主化本身就是政治民主化、社会民主化的重要构成部分，提高教育管理民主化水平，可以拉升政治民主化和社会民主化的整体水平，为推进政治民主化直接做出贡献。而通过教育培养大众和精英的民主素养，是间接为政治民主做贡献。

在城镇化背景下，促进教育管理民主化，重点是加强农民、农民工及其子女对于政府教育行政和学校内部管理的参与，在涉及教育规划、撤点并校、课程调整、师生交流、家校合作、招生考试、农民工职业技能培训等诸多影响其切身利益的教育问题上，通过建立健全咨询、听证、参与、监督等机制，让他们充分表达个人诉求，充分听取他们的意见和建议。教育管理的民主化，意味着强调多元共治，意味着限制与约束行政权力，彰显和强化农村转移人口的公民权利，意味着权力与权利关系的改善，意味着传统城镇化进程中"权力的横行霸道与权利的委曲求全司空见惯"局面的改进，意味着教育治理的现代化。

在推进政治民主化过程中，教育领域也可以做出示范和表率。教育民主是政治民主、社会民主的基础。如何推进教育管理民主化、教育治理现代化，本章后文有详述。

3. 促进经济发展

教育通过培养技能型人才，以教育结构转型升级支撑产业结构转型升级，为产城融合提供人力支持，促进经济发展。

产业集聚是城镇化的首要特征。城镇化是经济发展水平及其结构等内在因素的外在表现，推进中国城镇化的发展，绝不像许多人想象的那样，只要废除户籍制度、放开城门即可。城镇化的基本动力在于经济结构的变化。积极调整经济结构，促进产业结构的优化升级是推进我国城镇化发展的根本出路。前者是后者发展程度的决定因素（钟水映，李晶，2002），无产业根基的城镇化是违反规律的城镇化。

当前我国城镇化存在的一个突出问题是，城镇化进程与产业发展不同步，产业发展滞后于城镇扩张，滞后于土地城镇化。城镇化缺乏产业支撑，使得产城分离、土地城镇化快于人口城镇化，就业转移和人口集聚难以实现，城镇化发展后继乏力，甚至出现了"空城""鬼城"现象。

因此，促进城镇发展与产业支撑、就业转移和人口集聚相统一，促进城镇化进程与产业结构转型升级相统一，成为新型城镇化的重要内容和基本要求。而制约我国产业结构转型升级的一个关键因素是技能型人才不足。

在城镇化背景下，教育促进产业结构转型升级的关键是培养数量足够、结构合理、质量良好的技能型人才，特别是做好农村转移人口的职业培训和继续教育，把农民工大国变为技工大国、技能大国。教育需要培养什么类型的技能型人才，教育体系结构应该如何调整，本章第二节将会述及。

4. 促进各类城市布局调整与协调发展

我国新型城镇化发展的基本战略是优化城镇规模结构，促进各类城市协调发展。而优化城镇规模结构的主攻方向、促进各类城市协调发展的战略重点，是加快发展包括县城在内的中小城市。当前，中小城市的城镇化发展水平全面滞后于超大、特大城市，但从人口流动的角度看，人力推动中小城市发展的确可促进人口向城市迁移，实现集聚效应。

因此，需要提升中小城市的引力和拉力，在数量和质量两个层面加强产业和公共服务资源布局引导，鼓励引导产业项目在资源环境承载力强、发展潜力大的中小城市和县城布局，依托优势资源发展特色产业，夯实产业基础。同时，要重点提升中小城市的基本公共服务能力，加强市政基础设施和公共服务设施建设，教育医疗等公共资源配置要向中小城市和县城倾斜，引导高等学校和职业院校在中小城市布局、优质教育和医疗机构在中小城市设立分支机构，增强集聚要素的吸引力。（国务院，2014）

中国人历来有重视子女教育的传统，城镇优质教育资源也是引导人口集聚的重要拉力。农村转移人口向城镇流动的动机，已经从城镇化初期的单一的经济动机，转变为现在的多样化动机，他们更愿意在城镇地区寻求更好的发展机会，更愿意让自己和子女受到更好的教育。在新的城镇化结构布局中，中小城市将会成为教育的新增长极，特大城市、大城市的基础教育优质资源，以及高等教育、职业教育、继续教育资源，应该更多地扩散、覆盖到中小城市，中小城市的教育吸引力将大大增加。这样，教育就可以发挥其独特的拉力作用，促进城镇化进程中不同层级城镇空间布局的合理化。

通过在不同层级的城镇之间优化教育空间布局，特别是通过重点加强中小城市的优质教育资源建设，可以增进中小城市的教育吸引力，推动大中小城市和小城镇协调发展，助推新型城镇化实现优化城镇空间布局的战略。

5. 促进农村发展

城镇化不是要消灭农村，也不是以剥夺、牺牲农村为代价去发展城市，而是要城乡共同发展、城乡一体化发展。任何时候都不能轻视"三农"问题，都不能忽视农业、忘记农民、淡漠农村。

在新型城镇化背景下，不论是农村教育还是城市教育，都应为促进农村发展服务。

首先需要思考的问题是：在城镇化背景下，农村教育如何定位？在人口流动的城镇化背景下，农村教育目标"离农"还是"为农"的争论已经丧失实际意义。消解农村教育"离农"和"为农"悖论的逻辑前提是进行城乡一体化建设和确立系统化思维方式。走出"离农"和"为农"逻辑困境后，农村教育的价值选择应该定位在为城乡共同发展服务上（邬志辉，马青，2008），定位在培养合格公民上，而不是局限在培养"新型农民"上。

2015 年 12 月 31 日，中共中央、国务院颁布了 2016 年中央一号文件，即《关于落实发展新理念加快农业现代化实现全面小康目标的若干意见》，明确要求"加快培育新型职业农民"。具体要求是："将职业农民培育纳入国家教育培训发展规划，基本形成职业农民教育培训体系，把职业农民培养成建设现代农业的主导力量。办好农业职业教育，将全日制农业中等职业教育纳入国家资助政策范围。依托高等教育、中等职业教育资源，鼓励农民通过'半农半读'等方式就地就近接受职业教育。开展新型农业经营主体带头人培育行动，通过 5 年努力使他们基本得到培训。加强涉农专业全日制学历教育，支持农业院校办好涉农专业，健全农业广播电视学校体系，定向培养职业农民。引导有志投身现代农业建设的农村青年、返乡农民工、农技推广人员、农村大中专毕业生和退役军人等加入职业农民队伍。优化财政支农资金使用，把一部分资金用于培养职业农民。"

本章的前述分析与该文件的要求是否矛盾？并不矛盾。

农业是国民经济的重要组成部分，"为农"是教育不容推卸的重要使命。但这里的"教育"主要是指职业教育、高等教育、继续教育等的涉农专业，而不是基础教育。在讲教育"为农"时，需要强调的是教育的"专业类型"，而不是教育的"空间位置"。基础教育，不论是空间位置处于农村的还是处于城里的，其目的都在于为学生的一生发展奠定基础，都是为了培养合格公民，都要促进人的现代性、主体性和全面发展，并不涉及是否"为农"的问题。实际上，在人口自乡村向城镇流动，乡村的年轻人都进城打工的背景下，农村的基础教育如果还是以培养新型农民作为目标，该是何等的落后与不公！

不能笼统地谈农村教育"为农"的问题，必须区分教育类型。农村的基础教育不用"为农"，甚至设在农村的职业教育、继续教育也可以不为农，例如，为农村转移人口服务的适应城市生活的非农产业技能培训，就是为"离农"服务的。而设在农村的职业教育、继续教育等的涉农专业、涉农内容，设在城里的职业教育、高等教育、继续教育等的涉农专业，都必须更好地"为农"，促进农业现代化和农村更好地发展。从 2016 年一号文件的要求看，培养新型职业农民不是农村基础教育的任务，而是农村和城市的职业教育、高等教育、继续教育等的涉农专业的任务。城乡教育之"离农""为农"的分流点，不在基础教育阶段，而在基础教育之后的阶段。

农村教育"并不都为农"，城市教育"有些要为农"。

教育为农村发展服务，并非只有"培育新型职业农民"这一条路径，并非必须通过培养某种类型的人才能发挥服务功能，还有两条路径。

第一，教育机构通过开展农业科技服务促进农村发展。职业院校、高等学校、科研院所运用其农业科技优势，强化现代农业产业技术体系建设，促进现代农业产业科技创新中心建设，健全适应现代农业发展要求的农业科技推广体系，对基层农技推广公益性与经营性服务机构提供精准支持，重点在生物育种、农机装备、智能农业、生态环保等关键技术领域开展农技服务，推动农业创新发展、绿色发展，实现农业现代化。

第二，通过提高农村教育质量、缩小城乡教育差距，提高农村公共服务水平，促进农村发展。提高农村学校教育质量和办学水平，推动城镇教育公共服务向农村延伸，要点有四：一是根据新型城镇化进程中人的发展和社会发展的需要，确定城乡一体的培养目标和教育标准，以促进学生全面发展、提升学生的主体性和现代性、培育学生的核心素养作为农村教育的最终目标，树立农村教育的"新质量观"。二是重点做好农村义务教育和学前教育工作，建立城乡统一、重在农村的义务教育经费保障机制，全面改善贫困地区义务教育薄弱学校基本办学条件，改善农村学校寄宿条件，办好乡村小规模学校，推进学校标准化建设。同时积极发展农村学前教育，扩大农村普惠性学前教育资源。三是关注留守儿童的生存与发展问题，针对留守儿童的身心特点，提高课程内容与教育教学方法的针对性，建立健全农村留守儿童关爱服务体系，建立健全农村困境儿童福利保障和未成年人社会保护制度。四是加强乡村教师队伍建设，拓展教师补充渠道，推动城镇优秀教师向乡村学校流动，缩小城乡学校教师素质的差距。

通过以上论述，可以看到，在新型城镇化进程中，教育在促进人的城镇化、促进农村转移人口市民化、促进社会融合、促进政治稳定与政治民主、促进经济发展、促进各类城市布局调整与协调发展、促进农村发展等方面，具有重要作用。消除传统城镇化的弊端，提高城镇化的质量，离不开教育。

教育所发挥的上述作用，概括起来就是促进人的发展和社会发展。一般认为，教育促进社会发展，也是通过促进人的发展去间接实现的。但通过本章分析可以看到，教育对于社会发展发生作用，不一定要通过培养人去间接实现，教育可以直接影响社会发展。例如：通过优质教育资源向中小城市重点倾斜，可以直接促进城市空间布局优化；通过合理设置农村学校和教学点而不是盲目撤并，可以促进农村文化发展；等等。

推进新型城镇化的过程也是中国社会全面推进现代化的过程。城镇化研究应该与现代化研究实现整体融合与深度对接。本节只是做了初步的尝试，试图从城镇化的视角看现代化，也从现代化的视角看城镇化，但重点是论述在城镇化背景下，教育如何促进人的现代化和社会现代化，如何培养现代人、促进社会进步、建设现代国家。

第二节 城镇化进程中的教育体系调整

新型城镇化有两个支点：（1）强调以人为本，认为城镇化的核心是人的城镇化，不是土地的城镇化，注重人的全面发展和社会公平正义；（2）强调产业支撑，认为城镇化的基本动力是产业发展，是产业结构的调整升级。

城镇化特别是新型城镇化对于我国教育体系的重构和完善提出了严峻挑战。当前看来，我国教育体系还不能较好应对人的城镇化和产业结构调整升级的需要。立足未来，教育体系建设要反映出新型城镇化的特殊要求，要主动适应与积极应对新型城镇化的客观要求。

一、城镇化对教育体系的挑战

教育体系（educational system）是一个国家各级各类教育相互联系、相互衔接而构成的整体。体系是一个结构，结构是关系组合。教育体系涉及教育总体各个部分的相互关系及组合方式。教育体系结构主要有教育层级结构、教育类型结构、课程学科结构等。

教育层级是对教育的纵向划分，从低到高梯级升进，借鉴国际经验和《国际教育标准分类法》（International Standard Classification of Education，ISCED），可以把教育自下而上分为9个层级：学前教育、初等教育、初级中等教育、高级中等教育、中等后非高等教育（post-secondary non-tertiary education）、短期高等教育、学士阶段教育、硕士阶段教育、博士阶段教育。教育类型是对教育的横向划分，分为普通教育和职业教育，到了大学及以上阶段，则称为学术教育和专业教育。但教育类型的划分并不贯串于教育的所有层级，例如，在学前教育和初等教育阶段，由于教育并没有分流，就不存在普通教育与职业教育的划分。在不同国家，普通教育与职业教育的分流点是不同的，有些国家初等教育结束后就进行分流，有些国家初中教育结束后才进行分流，而有些国家甚至到高中教育结束后才进行分流。

学科分类实际上是把各级教育中的课程予以细分，我国职业教育和高等教育中的专业设置就体现了这种划分。但是，学科分类并不限于职业教育和高等教育，而是囊括所有教育类型，包括对于早期儿童教育、普通中小学的课程划分。如果说教育层级（从早期儿童教育到高等教育）和教育类型（普通教育与职业教育，或者学术教育与专业教育）是对于课程知识的基本分类，那么，教育的学科分类则是对于课程知识的精细分类。从学科分类可以看出一个国家的各级各类学校在传授什么样的知识，可以对于课程结构、专业结构与产业结构的对应关系进行对比分析，可以比较细致地诊断出一个国家教育存在的问题，可以比较精准地判断一个国家的教育水平。可以毫不夸张地说，课程结构与学科结构不仅是一个国家教育的核心竞争力，也是一个国家未来科学技术的核心竞争力、人才队伍的核心竞争力。各国持续推进各级各类教育的课程改革，都是为了尽快更新知识体系，把握先机。

学科分类是教育分类的重要组成部分，是在国家层面进行知识管理的战略手段。在我国，学科分类及其完善，主要通过开发和修订基础教育阶段（包括学前教育、普通中小学教育）的课程标准、职业教育的专业目录、高等教育的专业目录等方式予以实现。

改革开放以来，我国的教育体系建设取得了诸多重要成就，我国已建起了一个结构相对完备的正规教育体系，已经建立起八个层次和两大类别的教育体系，即覆盖学前、小学、初中、高中、专科或者高职、学士阶段、硕士阶段、博士阶段八个教育层次，包括普通教育和职业教育两种类别的教育体系，在层次和类别结构上趋于完整。在学科结构上，学前教育、普通中小学教育不断推进课程改革，职业教育和高等教育不断进行专业结构调整，学科结构的合理性不断提高。总之，我国教育体系逐步完善，与国际主流的教育体系日趋接近。（褚宏启，2014c）[134-143]

尽管如此，我国教育体系与我国整体现代化和教育现代化的要求之间尚有距离。新型城镇化是我国现代化的重要组成部分。"四化同步"是我国推进现代化的基本路径，即推动信息化和工业化深度融合、工业化和城镇化良性互动、城镇化和农业现代化相互协调，促进城镇发展与产业支撑、就业转移和人口集聚相统一。我国教育体系的重构与完善，必须与产业结构升级、与四化同步发展相适应。

尤为重要的是，我国教育体系的重构与完善，必须与人的城镇化的要求相适应。"人的城镇化"强调有序推进农业转移人口市民化，稳步推进城镇基本公共服务常住人口全覆盖，不断提高人口素质，促进人的全面发展和社会公平正义。

在新型城镇化背景下，教育体系重构和优化的方向是建设现代教育体系。现代教育体系是能反映现代教育特征的教育体系，或者说具有现代精神的教育体系。具体而言，第一，现代教育体系是一个能促进人的全面发展、自由发展、个性发展的教育体系，具有人本性，具有人道主义情怀，这个体系为包括农村转移人口在内的所有社会成员提供均等的教育机会。第二，现代教育体系是一个能促进经济社会发展走向现代化的教育体系。现代教育体系必须有效地实现现代教育的经济和政治功能，促进经济繁荣和政治民主。尤其是，现代教育体系必须反映产业结构和劳动力市场的要求，能为现代经济培养各种类型的劳动力。

总体而言，尽管改革开放以来我国教育体系建设取得了历史性成就，但尚不能充分应对新型城镇化的需要，还不能充分满足我国经济社会发展的需要和个人全面发展的需要。突出表现在两个方面：第一，教育体系不能很好地适应新型工业化和知识经济发展对人才结构与培养模式的要求，教育体系对社会发展的适应性、引导性和支持性还不强，教育结构与产业结构、就业结构和劳动力市场的要求不相匹配；第二，城镇教育体系的开放性、民主性不足，城镇内部教育二元结构形成并固化，不能为农村转移人口提供均等的教育机会。

要解决上述问题，需要从三个方面着手：根据城镇化进程中产业结构转型升级的要求，调整职业教育、高等教育、继续教育的专业设置，完善教育体系的课程学科结构；健全农民工职业技能培训的职业教育和继续教育体系，满足农民工终身学习的需求；完善针对农民工随迁子女的现代教育体系，进一步增强城镇教育体系的平等性与开放性。

二、产业结构转型升级与教育体系结构调整

教育体系的各种结构比例要反映产业结构的客观要求，否则，教育将不能适应产业结构转型升级的要求。城镇化必须以产业发展为支撑。通过职业教育、高等教育、继续教育的"课程学科结构"即"专业结构"的调整优化，来适应和促进"产业结构"的转型升级，是教育促进城镇化发展

的重要战略选择。

前现代经济以第一产业即农业为主，而现代经济则以第二产业（工业）和第三产业（服务业）为主，而且第三产业所占比重越来越大。产业结构的变化会带来劳动力结构的变化，而劳动力结构又会带来教育结构的变化。产业结构的变革和升级所带来的压力会很快传导至教育结构。在我国城镇化进程中，伴随着产业结构升级，出现了"技工荒"现象，要求教育结构进行调整，要求加强职业教育和职业培训，尤其是要加强进城务工人员的职业培训。产业结构对于教育体系结构的影响是刚性的，如果教育体系培养的各类人才与产业结构出现错位，会导致毕业生失业，酿成严重的社会问题。因此，在现代社会，教育必须与生产活动相结合，教育结构必须与经济结构相匹配。

有什么样的产业结构就要求有相应的人才类型结构，产业结构在客观上决定了经济对不同专业人才的需求。教育作为培养人才的活动要适应经济发展的需要，就要设置相应的科类与专业，并使这些科类与专业的结构比例合理化，可以说，教育的科类与专业设置是经济产业结构在教育中的一个反映。以高等教育为例，表1-1反映了产业结构与我国高等教育科类的设置。从表中可以看到，教育科类和专业的设置主要是针对产业划分来进行的。第一产业为农业，相应的科类为农学；第二产业为工业，相应的科类为工学与理学；而第三产业种类繁多，相应的科类也比较多。当然，产业结构划分与教育专业设置未必是一一对应的关系，但从大体上看，产业结构仍是高等教育专业设置的重要依据。另外，纵观我国高等教育专业结构调整的历程，也可以看到产业结构变化始终是贯串专业结构调整的一根主线。自20世纪80年代以来，根据我国产业结构的变化，教育部进行了多次学科专业结构调整。学科专业结构设置与我国产业结构调整的联系越来越紧密。（徐军，曹方，2005）

表1-1 三大产业的划分与我国高等教育科类的设置

产业划分		高等教育科类划分
第一产业	农业、林业、畜牧业、渔业	09 学科门类：农学
第二产业	采矿业，制造业，电力、热力、燃气及水生产和供应业，建筑业	07 学科门类：理学
		08 学科门类：工学

产业划分		高等教育科类划分
第三产业	农、林、牧、渔服务业，开采辅助活动，金属制品、机械和设备修理业，批发和零售业，交通运输、仓储和邮政业，住宿和餐饮业，信息传输、软件和信息技术服务业，金融业，房地产业，租赁和商务服务业，科学研究和技术服务业，水利、环境和公共设施管理业，居民服务、修理和其他服务业，教育，卫生和社会工作，文化、休育和娱乐业，公共管理、社会保障和社会组织，国际组织	01 学科门类：哲学
		02 学科门类：经济学
		03 学科门类：法学
		04 学科门类：教育学
		05 学科门类：文学
		06 学科门类：历史学
		10 学科门类：医学
		12 学科门类：管理学
		13 学科门类：艺术学

数据来源：根据国家统计局 2013 年制定的《三次产业划分规定》整理。

2001 年，时任教育部高等教育司副司长林蕙青在谈及第三次《普通高等学校本科专业目录》和学科专业结构调整时明确指出，这是与国家的产业结构调整相伴而行的一次调整。这次专业调整较为明显的趋势就是新兴学科的发展特别是信息类相关专业的发展比较快；二是人文社会科学类专业，尤其是应用文科类专业发展迅速；三是传统的工业类专业增长速度稳中有降。这与经济中第 产业比重下降，第二产业基本不变，第三产业长足发展的产业特征基本吻合。（徐越，2001）

再以职业教育为例，教育部于 2010 年 12 月颁布《中等职业学校专业目录（2010 年修订）》，该专业目录坚持以服务为宗旨，以就业为导向，努力构建与产业结构、职业岗位对接的专业体系。在专业设置上，重点发展面向现代农牧业、先进制造业特别是装备制造业、现代服务业和战略性新兴产业的专业，加强服务区域特色产业，尤其是民族文化艺术、民间工艺等领域的专业建设。

与原目录相比，修订后的新目录在内容体系上做了重大调整，设置了"专业名称""专业（技能）方向""对应职业（岗位）""职业资格证书举例""继续学习专业举例"等项内容。专业类由原来的 13 个增加到 19 个，专业数由原来的 270 个增加到 321 个，专业（技能）方向由原来的 470 个增加到 927 个，列举对应职业（岗位）1185 个，列举职业资格证书720 个，列举继续学习专业方向 554 个。这些调整旨在通过实现五个对接，即专业与产业、企业、岗位对接，专业课程内容与职业标准对接，教学过程与生产过程对接，学历证书与职业资格证书对接，职业教育与终身学习对接，促进中等职业教育为支撑产业发展，服务国计民生做出更大的贡献。

表1-2　2003年和2011年中职专业设置情况

2003年	2011年
农林类	农林牧渔类
资源与环境类	资源环境类
能源类	能源与新能源类
土木水利工程类	土木水利类
加工制造类	加工制造类
	石油化工类
	轻纺食品类
交通运输类	交通运输类
信息技术类	信息技术类
医药卫生类	医药卫生类
	休闲保健类
财经类	财经商贸类
商贸与旅游类	旅游服务类
文化艺术与体育类	文化艺术类
	体育与健身
师范类	教育类
	司法服务类
社会公共事务类	公共管理与服务类
	其他

我国新型城镇化中的产业结构转型升级，对于高等教育和职业教育的专业设置提出了更高的要求。

城镇化进程中，我国产业结构调整要点有二：改造提升传统产业和加快发展服务业。首先要改造提升传统产业，淘汰落后产能，壮大先进制造业和节能环保、新一代信息技术、生物、新能源、新材料、新能源汽车等战略性新兴产业。而加快发展服务业是产业结构优化升级的主攻方向。城镇化与服务业发展密切相关，服务业是就业的最大容纳器。城镇化过程中的人口集聚、生活方式的变革、生活水平的提高，都会扩大生活性服务需求；生产要素的优化配置、三次产业的联动、社会分工的细化，也会扩大生产性服务需求。因此，要适应制造业转型升级要求，推动生产性服务业专业化、市场化、社会化发展，引导生产性服务业在中心城市、制造业密集区域集聚；适应居民消费需求多样化，提升生活性服务业水平，扩大服务供给，提高服务质量，推动特大城市和大城市形成以服务经济为主的产业结构。（国务院，2014）

教育体系之专业结构调整是通过增减专业种类和数量、调整专业比例和布局、创建专业品牌和特色，不断满足产业结构需要的优化过程。根据我国产业结构转型升级的上述客观要求，在专业设置上，要重点加强先进制造业、生产性服务业和生活性服务业的比重，2012 年修订颁布的《普通高等学校本科专业目录》、2010 年修订颁布的《中等职业学校专业目录》以及高职高专教育的专业目录都需要进一步修订。

三、农民工职业技能培训的教育体系建设

在城镇化背景下，教育促进产业结构转型升级的关键是培养数量足够、结构合理、质量良好的技能型人才，特别是做好农村转移人口的职业培训和继续教育，把农民工大国变为技工大国、技能大国。

职业技能培训是帮助农村转移人口提升人力资本、提高就业创业能力、实现有质量就业、促进社会融合的有效手段。农民工职业技能培训在教育体系中属于职业教育和继续教育的范畴，农民工职业技能培训体系建设是我国终身教育体系建设的重要组成部分。

但是，我国现在的教育体系不能较好满足农民工职业技能培训的需求。我国的教育体系以正规教育为主，非正规教育发展不足。由于我国传统文化中重学历轻技能的因素，使得我国的学者和教育行政人员在教育体系的构思、设计和实践调整中都更为重视正规教育，在教育政策的制定和教育经费的划分中也常常以学历教育为主，这无疑会促进正规教育的快速发展，使非正规教育处于自由发展状态。同时，由于对正规教育的重视，也导致许多本应由非学历教育承担的教育培训采取了学历教育的形式。例

如：企业事业单位的在职培训过多地同学历挂钩；部分初中毕业生进入社会就业，必须通过取得中专或技校学历文凭的途径；某些职业性、专业性培训资格要找到相对应的学历层次才能得到承认；等等。这就造成了我国教育结构的混乱和教育资源的浪费，也影响了多种规格人才的合理培养。这种状况，不能满足农民工多层次、多样性、个性化的学习需求。

进入21世纪以来，政府对农民工职业技能培训非常重视，很多政府部门都承担了农民工职业技能培训任务，如农业部、人力资源和社会保障部、教育部、国务院扶贫开发领导小组办公室、科技部、中央统战部、全国总工会、共青团中央、全国妇联都设有农民工职业培训的项目和计划，但多头管理、统筹力度不够的问题比较突出，各个部门的教育资源相互之间不整合、不融通。由于各培训项目分属于不同部门，各自为政，条块分割，缺少有效的统筹管理体制和运行机制，部门之间的培训政策缺乏统一、协调和衔接，每个部门对农民工培训的内容、时间、工种目录、补贴标准、补贴方式都有各自的规定，导致培训资金分割、培训资源分散，使现有教育培训资源难以发挥最大效益。这种"九龙治水"式管理方式亟待改变。另外，民办培训机构和企业由于缺乏明确的制度规范与激励机制，对农民工培训参与不足。

因此，需要政府加强统筹，尤其是加强同级政府不同职能部门之间的协作与联动。农民工职业技能培训具有较强的外部性，政府要充分发挥主导作用，将农民工职业技能培训纳入国家职业教育和继续教育体系之中，整合职业教育和培训资源，为职业技能培训全面提供政府补贴，逐步建构现代职业教育和新生代农民工终身教育的"立交桥"，推进中高职衔接，鼓励高等学校、各类职业院校和培训机构积极开展职业教育与技能培训，推进职业技能实训基地建设。强化企业开展农民工岗位技能培训责任，足额提取并合理使用职工教育培训经费。在终身学习的大背景下探讨企业、培训机构、职业学校间学习成果互认与积累的实现途径，使农民工在不同学习地点获得的知识与技能能够有效转化和衔接，为他们多样化成才提供选择。

为健全农民工职业技能培训的职业教育和继续教育体系，建议在我国教育体系中正式设立第4级教育即"中等后非高等教育"。从教育的纵向层级看，我国教育体系分为学前教育、初等教育、初级中等教育、高级中等教育、高等专科教育或者高等职业教育、高等本科教育、研究生教育。这种对于教育层级的分类与《国际教育标准分类法》相似，不同之处在于，我国的教育层级分类中没有"中等后非高等教育"。建议在我国教育体系中设立"中等后非高等教育"。此类教育的目的有两个，一为就业，一为升学，即为进入劳务市场和高等教育做准备。它是为那些完成了普通高中教育，获得了普通高中毕业证书，但又没有升入高等学校，也没有就业所需要的资格的人提供的教育。

为就业而进行的中等后非高等教育，提供的是为劳动力市场做准备的职业性课程。"十三五"期间，我国将普及高中阶段教育。当前我国的普通高中毕业生如果没有考入高等学校，就要进入劳动力市场，但他们又的确没有接受过职业技能训练；如果就业制度比较完备，要求进入劳动力市场必须具备职业资格证书，那么这些毕业生就会面临一个尴尬境地。而建立健全职业资格证书制度是我国未来规范劳动力市场的基本政策。因此，在这种背景下，实施中等后非高等教育，对毕业生进行职业培训，为他们进入劳动力市场做准备，是两全其美的睿智选择。这类教育，对于从普通高中毕业又没有考上高等学校的农村户籍学生顺利进入劳动力市场具有重要价值。

另外，在城镇化进程中，正规教育要提高针对农民工的职业技能培训的开放性。我国教育体系缺乏开放性，正规教育机构拥有丰富的教育资源，但向社会开放严重不够，使得学习者难以分享现有的正规教育资源。我国的教育体系以正规教育为主，这就使教育资源也更多地集中在正规教育机构中，而且正规教育由于有政府财政的保障而在设备配置、师资配备等方面都明显地优于非正规教育机构。同时，由于我国正规教育资源受地方政府和地方教育行政部门的统一管理，保障资源的安全性和稳定性是地方教育行政部门对教育资源进行管理的重要原则之一，这就使得国有的正规教育资源很难向全社会全面开放。教育资源的使用原则是对口使用、有针对性地提供服务，因此，社会成员尤其是非本地户籍的农民工很难自由地享受这部分国有资源。目前，出于学校安全和校园资源为本校师生充分利用的原因，很多公立学校有严格的入校管理制度，校外人员进入学校要经过各种身份登记或证件检查，即使学校的教学资源处于闲置状态，学校出于安全的考虑一般也不允许校外人员随意使用。

四、农民工随迁子女的教育体系建设

在城镇化进程中，我国传统的城乡二元结构还未破除，新的"城市内部二元结构"已经成型甚至固化，城镇内部教育二元结构的突出表现就是，农民工随迁子女不能在城镇地区享受到与户籍人口同样的教育公共服务。

新型城镇化强调人的城镇化，强调人的全面发展和社会公平正义，针对农民工随迁子女的教育机会均等是"人的城镇化"的内在要求。农民工随迁子女的教育机会均等要求我国教育体系平等开放。教育体系的平等性程度是衡量一个教育体系是否是现代教育体系及其现代化程度高低的基本尺度。人渴望平等，渴望平等的发展权利和发展机会。古代社会以等级特权为特征，而现代社会崇尚平等，并从法律上确认人的平等发展的权利。宪法、教育公共政策和教育立法应该把受教育权平等列为基本的人权，保障公民平等的受教育机会。我国《宪法》（1982 年）规定："中华人民共和国公民有受教育的权利和义务。""中华人民共和国公民在法律面前人人平等。"我国《教育法》（1995 年）规定："中华人民共和国公民有受教育的权利和义务。公民不分民族、种族、性别、职业、财产状况、宗教信仰等，依法享有平等的受教育机会。"受教育权平等是一项基本原则，落实到实践和操作层面，突出表现为受教育机会平等即"教育机会均等"，要保证社会成员有平等的教育参与机遇。

教育机会均等属于教育的起点公平，是最重要的教育公平，没有教育起点的公平，教育过程、教育结果的公平就无从谈起。教育机会均等也是阻断贫困代际传递、促进社会公正的关键。"教育机会均等"对于教育体系提出严峻挑战，要求摈除教育体系中的特权与等级，农民工随迁子女应该和城镇居民子女一样，都有平等的竞争机会以进入当地各级各类教育机构接受教育。

城镇化进程中人口的大规模流动，不仅带来了随迁子女的义务教育问题，也带来了异地中考和异地高考问题。"两为主"即"以流入地政府为主、以公立学校为主"政策的实施，保障了农民工随迁子女以公办学校为主接受义务教育。对未能在公办学校就学的，采取政府购买服务等方式，也保障了农民工随迁子女在普惠性民办学校接受义务教育的权利。但这只是解决了农民工随迁子女在流入地接受义务教育的问题。

随迁子女在流入地按照"两为主"原则完成义务教育以后，高中阶段教育及就地高考问题逐步凸显出来，异地中考、异地高考成为流动人口的利益诉求，也成为教育政策、教育实践、教育理论界的热点问题和棘手问题。异地中考、异地高考政策成为当前考量教育是否公平的一个关键变量。异地中考和异地高考是城镇化背景下实现教育公平、促进社会公平、化解社会矛盾、改善社会流动机制的重要手段，教育公平是教育改革的大方向，异地中考和异地高考改革尽管困难重重，但面向未来，必须积极推进。

为推进教育公平，更好地促进人的全面发展，需要为农民工随迁子女建构与城镇居民同样结构完整、上下贯通、种类齐全的教育体系，重点完善教育的层级结构和类型结构，让他们在义务教育之外，在流入地有同等地接受学前教育、普通高中教育、普通高等教育的机会。至于教育投入如何解决、教育成本如何分担，是第二个层次的问题。地方政府不能因为有财政困难和财政压力，就回避此问题。

如何通过异地中考和异地高考改革，完善针对农民工随迁子女的平等性与开放性教育体系，本章下一节将予以详述。

第三节　城镇化进程中的教育机会均等

教育机会均等是公共服务均等化的组成部分，而加快推进公共服务均等化是我国户籍制度改革的核心内容。因此，在城镇化背景下，户籍制度改革与基本公共服务均等化，与推进农村转移人口的教育机会均等具有内在联系，必须放在一起来讨论，并进行联动改革。

城乡二元户籍制度是一种刚性的身份歧视制度，是包括教育二元结构在内的社会二元结构的制度基础。在户籍制度基础上，又衍生出歧视性的劳动就业制度、社会保障制度、教育制度等辅助性制度。户籍制度决定着教育公共服务的分配关系，对城乡居民实行歧视性的差别对待。当前，在城镇内部，外来农民工子女的受教育机会与城镇居民子女有显著差距，主要表现在异地中考、异地高考等问题上。

本节中对教育机会"均等与否"的讨论，主要是针对户籍人口与异地农村转移人口（不是指本地户籍的农业转移人口）的教育机会差异及差距而言的，而"教育机会"主要指农民工随迁子女通过异地中考和异地高考接受城镇高中教育、高等教育的机会。

一、户籍制度与城镇内部教育二元结构

城乡二元结构是中国的基本国情。户籍制度是我国城乡二元结构的制度基础。中国现行的户籍制度是在 20 世纪 50 年代末建立起来的。

城乡二元结构是指由市民组成的城市社会和由农民组成的农村社会的对立结构。这种二元结构以二元户籍制度为核心，包括二元就业制度、二元福利保障制度、二元教育制度、二元公共事业投入制度在内的一系列社会制度体系。这是由身份壁垒、不平等交换、城市化滞后乃至户口、粮食供应、住宅等制度组成的不平等现象。我国城乡分割的二元结构有着特殊的历史背景和发展历程。新中国成立初期，为了把一个贫穷的农业国建设成为强盛的工业国，只能依靠农业和农村为工业化、现代化提供资金积累。为了国家工业化战略的实现，1953 年开始实行的统购统销政策和 1958 年开始实行的城乡分割的户籍制度，使农业和农村处于被剥夺状态，使农民被固定在农村。此后，在这种二元经济结构的长期影响下，我国二元社会结构相继形成，城乡在政治、经济、文化、教育等各个方面的差距越来越大。（刘豪兴，2008）[466-467]

相对于原来计划经济体制下城乡之间壁垒森严来说，改革开放以来，城镇化进程中农民工的城乡流动，在很大程度上起到了连接城乡之间经济和文化的作用，使农民工的职业分工和生活场景逐步向城市转移。在这个过程之中，农民工作为实践主体，逐渐融入城市的社会、经济、文化结构中，对二元结构体系进行一定程度的突破，促进了国家、市场和社会的结构性变迁。（李强，2013）[前言,352]但是这种突破是有限的。

当前我国城镇化已进入提高质量以推进"人的城镇化"的关键阶段，解开身份户籍枷锁、赋予农民与市民同等的生存发展权是社会文明进步的必然选择。目前农民工已成为我国产业工人的主体，城镇户籍制度对外来农民工群体予以"整体排斥"。在城镇化进程中，我国传统的城乡二元结构还未破除，新的"城市内部二元结构"已经成型甚至固化。城市内部教育二元结构是城市新二元结构的组成部分，突出表现在异地中考和异地高考问题上。

20 世纪 90 年代以来，城镇地区对于农村转移人口的歧视性制度有明显改善，逐步放开了一些基本公共服务。例如，在教育方面，"两为主"

政策的实施，保障了农民工随迁子女以公办学校为主接受义务教育，打破了原有户籍制度的二元刚性，逐步缩小了外来人口与当地人口在义务教育阶段的公共服务差距。近些年，公办学校接收随迁子女保持年均百万人以上的增长，截至 2013 年年底，全国义务教育阶段的随迁子女达 1200 万人左右，这些随迁子女超过 80% 在公办学校就读。2014 年颁布的《国家新型城镇化规划（2014—2020 年）》明确规定："将农民工随迁子女义务教育纳入各级政府教育发展规划和财政保障范畴，合理规划学校布局，科学核定教师编制，足额拨付教育经费，保障农民工随迁子女以公办学校为主接受义务教育。对未能在公办学校就学的，采取政府购买服务等方式，保障农民工随迁子女在普惠性民办学校接受义务教育的权利。"（国务院，2014）[23]

但这只是初步解决了农民工随迁子女在流入地接受义务教育的问题。2012 年 8 月国务院办公厅转发教育部等四部委《关于做好进城务工人员随迁子女接受义务教育后在当地参加升学考试工作的意见》之后，尽管各地先后出台了随迁子女升学考试方案，规定了农民工随迁子女可以在流入地参加中考和高考，但许多地区设置了相当严苛的条件。不论是异地中考政策还是异地高考政策，存在的主要问题是对于报考资格设置的"门槛"过高，表现为或明或暗、或直接或间接地与户籍挂钩。流入地政府为农民工随迁子女所提供的是断裂的、不完整的教育体系，教育机会并不均等，城市内部教育的二元结构依然存在，教育的双轨制特征依然存在。

二元教育制度是嵌套在以户籍制度为基础的整个宏观的二元社会制度之中的，破除教育二元结构，还需要教育制度之外的制度创新，特别是户籍制度的改革。

进入 21 世纪，特别是 2012 年以来，我国户籍制度改革步伐显著加快。2012 年 2 月，《国务院办公厅关于积极稳妥推进户籍管理制度改革的通知》发布，提出要分类明确户口迁移政策，放开地级市户籍，逐步实行暂住人口居住证制度等。2012 年 5 月，国务院常务会议讨论通过《国家基本公共服务体系"十二五"规划》，将户籍制度改革视为推进公共教育等基本公共服务全覆盖的重点，明确提出"公共服务将与户籍逐步分离"的目标。2012 年十八大报告中提出，要"加快改革户籍制度、有序推进农业转移人口市民化"。2014 年 3 月，《国家新型城镇化发展规划（2014—2020 年）》发布，要求加快改革户籍制度，创新和完善人口服务和管理制度，逐步消除城乡区域间户籍壁垒，还原户籍的人口登记管理功能，全面推行流动人口居住证制度，以居住证为载体，建立健全与居住年限等条件相挂钩的基本公共服务提供机制，并作为申请登记居住地常住户口的重要依据。积极推进城镇基本公共服务由主要对本地户籍人口提供向对常住人口提供转变。2014 年 7 月，为适应推进新型城镇化需要，国务院出台《关于进一步推进户籍制度改革的意见》，提出了 3 个方面 11 条具体政策措施，标志着中国的户籍制度改革进入一个全新的阶段。2014 年 12 月，国务院法制办公室正式公布了《居住证管理办法（征求意见稿）》。2015 年 2 月，《关于全面深化公安改革若干重大问题的框架意见》中提出要扎实推进户籍制度改革，取消暂住证制度，全面实施居住证制度，建立健全与居住年限等条件相挂钩的基本公共服务提供机制。

自 2016 年 1 月 1 日起，为了促进新型城镇化的健康发展，推进城镇基本公共服务和便利常住人口全覆盖，保障公民合法权益，促进社会公平正义，《居住证暂行条例》开始施行。该条例规定，居住证是持证人在居住地居住、作为常住人口享受基本公共服务和便利、申请登记常住户口的证明。居住证登载的内容包括：姓名、性别、民族、出生日期、公民身份号码、本人相片、常住户口所在地住址、居住地住址、证件的签发机关和签发日期。公安机关负责居住证的申领受理、制作、发放、签注等证件管理工作。

申领居住证，应当向居住地公安派出所或者受公安机关委托的社区服务机构提交本人居民身份证、本人相片以及居住地住址、就业、就读等证明材料。居住地住址证明包括房屋租赁合同、房屋产权证明文件、购房合同或者房屋出租人、用人单位、就读学校出具的住宿证明等；就业证明包括工商营业执照、劳动合同、用人单位出具的劳动关系证明或者其他能够证明有合法稳定就业的材料等；就读证明包括学生证、就读学校出具的其他能够证明连续就读的材料等。未满 16 周岁的未成年人和行动不便的老年人、残疾人等，可以由其监护人、近亲属代为申领居住证。

这些改革措施，为进一步深化异地中考和异地高考改革提供了良好的制度保障。

户籍制度改革与考试制度改革的方向是：取消户籍对于报名资格的限制，建立健全以学籍为主的报考制度，建立健全包容性的考试招生制度，破除教育的双轨制与二元制，打破城镇教育体系的封闭性，城镇教育体系向农村转移人口全口径、无条件完全开放，保障农村转移人口在城镇受教育的机会均等。

二、异地中考与户籍制度改革

在快速城镇化背景下，农村转移人口的规模持续扩大，随迁子女接受义务教育的人数也随之不断增加，加上高中阶段教育的加快普及，随迁子女异地中考、异地高考成为热点问题。为因应这种形势，2012 年 8 月，国务院办公厅转发教育部、发展和改革委员会、公安部、人力资源和社会保障部《关于做好进城务工人员随迁子女接受义务教育后在当地参加升学考试工作意见的通知》，明确要求："各省、自治区、直辖市人民政府要根据城市功能定位、产业结构布局和城市资源承载能力，根据进城务工人员在当地的合法稳定职业、合法稳定住所（含租赁）和按照国家规定参加社会保险年限以及随迁子女在当地连续就学年限等情况，确定随迁子女在当地参加升学考试的具体条件，制定具体办法。"《国家新型城镇化规划（2014—2020 年）》也明确提出"保障随迁子女平等享有受教育权利"，此处所说的"教育"并不仅仅限于义务教育。

截止到 2014 年 8 月，有 27 个省份明确了随迁子女在当地参加中考的政策，有 30 个省份明确了随迁子女在当地参加高考的政策。但这项工作起步不久，相关政策还需要进一步完善。（姚晓丹，2014）

随迁子女异地中考面临的主要问题表现在两个方面：第一，异地中考"门槛"过高。大部分省份规定，随迁子女在流入地参加中考需要提供暂住证、原籍户口、流入地初中学籍证明和父母居住证明以及稳定住所、稳定职业、社保缴纳年限等证明材料。但若在该地区取得初中学籍，根据当地规定则需要其父母提供暂住证、工作证及缴纳社会保险等证明。第二，异地中考限于"局部开放"。很多省市的随迁子女中考政策对于学校类型以"全面开放"为主，而北京、上海、天津等地对于随迁子女的升学考试则仅开放中等职业学校，重庆、福建等地则对随迁子女报考的高中学校类型进行了一定限制，一部分普通高中不对随迁子女开放。（张珊珊，2015）广州市"异地中考"政策于 2014 年 3 月通过，规定"自 2017 年起，符合条件的外来务工人员子女可以在广州市参加中考，入读公办高中。广州公办高中将拿出 8% 的学位，面向非本地户籍学生招生"（刘其劲，2014）。广州异地中考政策开放普高、中职，不像北京异地中考政策只开放中职，也不像上海异地中考政策只对人才居住证持有人员的子女开放普高，其他随迁子女只能报考中职。

户籍制度的"门槛"成为异地中考的主要障碍。户籍制度附加的教育、医疗、社保、居住等诸多社会福利功能，阻碍了城乡统筹，加剧了社会分化。从对教育的影响来讲，以户籍登记地为标志组织中考报名直接将农民工随迁子女排除在城市的高中阶段教育系统之外，影响了农民工随迁子女在城市平等享有高中阶段教育的权利。因此，需要改革户籍制度，剥离附着于户籍上的各种福利与管理功能，打破农民工随迁子女异地中考并继续升学的体制障碍。（吴霓，2011）

户籍制度改革有两个不同的思路：一种是"松绑式"改革，一种是"分离式改革"。松绑式改革是指仍然将户籍与各种社会管理制度捆绑，继续强化户籍的工具性价值功能，以放宽户籍准入和公共服务"扩面"为特征，总的方向是在大部分城镇进一步放宽落户标准、降低落户门槛，扩大城镇户籍人口总量，提高户籍城镇化率。分离式改革是指将附着在户籍上的各种福利进行剥离，加快推进福利去户籍化，形成不以户籍为依据的城镇公共服务供给新机制。

目前的户籍改革思路，着重强调降低大部分各级各类城镇的户籍准入门槛，让更多的流动人口特别是已经在城镇长期居住生活的人落户城市，享受城镇福利。由于我国城镇化发展存在较大区域差异，为解决我国城镇化发展的不均衡问题，当前我国实施的是"差别化落户政策"，即全面放开建制镇和小城市落户限制，有序放开城区人口50万—100万的城市落户限制，合理放开城区人口100万—300万的大城市落户限制，合理确定城区人口300万—500万的大城市落户条件，严格控制城区人口500万以上的特大城市人口规模。据此，各类城镇要因地制宜制定具体的农业转移人口落户标准。

2016年1月1日起施行的《居住证暂行条例》第十六条规定，居住地人民政府应当根据下列规定确定落户条件：

（1）建制镇和城区人口50万以下的小城市的落户条件为在城市市区、县人民政府驻地镇或者其他建制镇有合法稳定住所。

（2）城区人口50万至100万的中等城市的落户条件为在城市有合法稳定就业并有合法稳定住所，同时按照国家规定参加城镇社会保险达到一定年限。其中，城市综合承载能力压力小的地方，可以参照建制镇和小城市标准，全面放开落户限制；城市综合承载能力压力大的地方，可以对合法稳定就业的范围、年限和合法稳定住所的范围、条件等作出规定，但对合法稳定住所不得设置住房面积、金额等要求，对参加城镇社会保险年限的要求不得超过 3 年。

（3）城区人口 100 万至 500 万的大城市的落户条件为在城市有合法稳定就业达到一定年限并有合法稳定住所，同时按照国家规定参加城镇社会保险达到一定年限，但对参加城镇社会保险年限的要求不得超过 5 年。其中，城区人口 300 万至 500 万的大城市可以对合法稳定就业的范围、年限和合法稳定住所的范围、条件等作出规定，也可结合本地实际，建立积分落户制度。

（4）城区人口 500 万以上的特大城市和超大城市应当根据城市综合承载能力和经济社会发展需要，以具有合法稳定就业和合法稳定住所、参加城镇社会保险年限、连续居住年限等为主要指标，建立完善积分落户制度。

落户条件不同，也就意味着不同类别城镇的户籍制度和招生考试制度具有差异性，中小城市和县城的户籍管控、招生考试限制会更加宽松，农村转移人口进入这些城镇教育体系的门槛会更低一些。因此，需要根据新型城镇化与户籍制度改革总体要求，分类制定建制镇和小城市、中等城市、大城市、特大城市随迁子女入学政策。建制镇和小城市要全面接收随迁子女就学，清理、取缔不合理"门槛"；中等城市要积极接收随迁子女入学；大城市要合理确定随迁子女入学条件，安排符合条件的适龄随迁子女入学；特大城市要根据城市发展总体规划、人口控制目标、经济社会发展状况和教育承载力合理安排随迁子女就学。（姚晓丹，2014）这种就学政策的"差异性"在当前是必要的，其本身就是一种调控手段，对于优化我国城镇规模结构布局具有促进作用。（褚宏启，2015a）

松绑式改革尽管"松绑"了，但依然是将福利"捆绑"于户籍之上。因此，未来户籍制度改革的核心要求是实施"分离式"改革，逐步实现户籍与城镇公共服务体系的脱钩，加快推进福利去户籍化，形成不以户籍为依据的城镇公共服务供给新机制。户籍作为社会福利和资源分配的依据属性和载体功能必须改变，比公共服务"扩面"更为重要的是推进公共服务提供机制的改革，要从根本上重视和着力推进住房、教育、就业、医疗等城市福利和保障体系的"去户籍化"进程。户籍制度改革的重点，是要剥离附加在户口上的权益和福利，将教育、就业、社会保障等公共服务制度框架与户籍制度分离开来；同时必须找到一种替代性的人口和社会管理手

段，以保证人口的有序流动，这也是提供公共服务和进行社会管理的基础。（张林山，2015）

这种替代性的手段就是居住证制度。户籍制度改革的一大重头戏就是居住证制度的推行。居住证是为非户籍常住人口提供公共服务的重要工具，随着居住年限的增加，非户籍常住人口可获得的公共服务将愈加接近户籍人口，并最终有望获得当地户籍。这体现了"分期赋权"的思路。

《居住证暂行条例》明确规定：公民离开常住户口所在地，到其他城市居住半年以上，符合有合法稳定就业、合法稳定住所、连续就读条件之一的，可以依照本条例的规定申领居住证。居住证持有人在居住地依法享受劳动就业，参加社会保险，缴存、提取和使用住房公积金的权利。县级以上人民政府及其有关部门应当为居住证持有人提供下列基本公共服务：义务教育；基本公共就业服务；基本公共卫生服务和计划生育服务；公共文化体育服务；法律援助和其他法律服务；国家规定的其他基本公共服务。同时还规定，居住证持有人在居住地享受下列便利：按照国家有关规定办理出入境证件；按照国家有关规定换领、补领居民身份证；机动车登记；申领机动车驾驶证；报名参加职业资格考试、申请授予职业资格；办理生育服务登记和其他计划生育证明材料；国家规定的其他便利。

居住证制度的建立，为落实和完善进城务工人员随迁子女就学和升学考试办法提供了一个新的思路。具体而言，就是要以建立居住证制度为基础，以连续居住年限和参加社会保险年限等为条件，结合随迁子女在当地连续就学年限等情况，使进城务工人员随迁子女逐步享有在当地参加中考、高考的资格。（张珊珊，2015）

当前，在户籍制度不可能马上进行彻底改革的情况下，在教育体制没有根本变动的情况下，在城市教育资源不足的背景下，可以尝试采取过渡性措施来解决随迁子女完成义务教育后的教育问题。以高中教育机会获得为例，首先，按照"在本地居住年限+在当地连续受教育年限"的方法，适度扩大高中阶段"借读""借考""报名""报考"对象的范围。其次，适当扩大中等职业学校招生对象范围。（徐玲，2015）再次，通过扩容改造、新建或扩建公立普通高中，提升公办学校的承载能力。最后，大力发展民办高中。政府通过增加教育财政投入，向这些优质民办学校购买学位或者给予一定的经费补助，从而要求相应的民办学校减免随迁子女的学杂费，以满足随迁子女升入普通高中的需求。（陈旭宽，等，2015）

户籍制度改革、异地中考改革要求中小学生学籍管理制度进行相应的变革。随着学生跨省、跨地域流动的增加，学籍管理工作日趋复杂，建立在户籍制度上的中小学学生学籍管理体制已经不能适应新的形势，传统学籍转接工作模式需要家长在两地往返奔波，办理转学手续，学籍转接工作效率较低、成本较高。改变传统的学籍管理模式和方法，推进中小学学生学籍管理信息化，建立全国统一的中小学生学籍管理系统势在必行。

2013 年 9 月 1 日起，作为电子学籍系统的上位制度的《中小学生学籍管理办法》开始实施，全国中小学生获得终身不变的唯一学籍号。全国统一的学籍信息管理制度建立后，学生学籍号将与身份证绑定，"一人一籍，籍随人走，终身不变"。学籍管理办法对基础教育阶段学生学习资格、隶属关系、学习经历等基本要素信息的建立、审核、转接和监管提出了规范性要求。新生进入幼儿园或小学办完入学手续后，学校就要为其建立学籍，通过电子学籍系统申请学籍号。实行全国学生"一人一号"，对学生进行全国统一编码，每个学生将获得全国唯一、终身使用的学籍号，以此将学生在不同教育阶段的学习经历和学籍档案关联起来。同时，逐步推广使用免费的学生卡，对学生进行电子身份管理，以有效解决虚假注册学籍和跨省、跨地区、跨学校重复注册等问题。此外，还规定了学籍变动，包括正常变动（升级、升学）和非正常变动（转学、休学、复学、出境、辍学、死亡）处置的办法和流程。全国中小学生学籍信息管理系统的建成和应用，实现了对学生数据的动态更新和监管，对学校教学与管理以及教育部门做好经费管理、学生资助、招生入学等工作有很大帮助，尤其是有助于加强对随迁子女的教育服务工作。全国实现统一的学籍管理后，随迁子女无论到哪里，都可以及时、便捷地进入学校就读。此外，统一的学籍管理还可以杜绝教育生均经费拨付的误差，使教育生均经费能够拨付到学生实际上学所在地。

三、异地高考与户籍制度改革

长期以来，在我国高考是与户籍紧密捆绑在一起的，考生必须在户籍所在地报考及录取。高考户籍制度或者说"高考户籍限制"，是中国高考区别于世界各国大学招生考试制度的最显著特征之一。改革开放以来，中国户籍制度开始松动，人口流动现象日益频繁。20 世纪 90 年代后，尤其是进入 21 世纪以来，中国高考制度一方面面临着"高考移民"问题的挑战，另一方面随迁子女异地高考的诉求全面爆发，对高考制度造成了前所未有的冲击。"高考移民"问题的挑战与异地高考问题的冲击，都源于高考制度与户籍紧密捆绑的制度设计。近几年来，"高考移民"问题呈现减缓的态势，然而异地高考却始终是一个重要而棘手的教育问题。按照现行高考户籍制度，随迁子女必须返回户籍地报名，参加户籍地所属省份的高考。可问题的关键在于，在各省份先后进行高中课改并探索高考模式与政策改革，尤其是纷纷进行自主命题的背景下，要求随迁子女返回户籍地参加考试，在很多情况下根本不具有可行性。解决异地高考问题，必须改革户籍制度。

在大规模人口流动的背景下，高考户籍制度遭遇合法性危机。近几年来，中央政府高度重视随迁子女高考问题，教育部等部委及各地相关部门通力合作，协同调研各地实情，探讨随迁子女高考问题的破解策略。经多方多年努力，2012 年终于成为异地高考政策的"破冰之年"，国务院办公厅转发四部委《关于做好进城务工人员随迁子女接受义务教育后在当地参加升学考试工作意见的通知》，其后各地纷纷出台相应报考政策，高考户籍限制总体呈现松绑态势。

截至 2014 年，除西藏外，各地相继出台了异地高考政策，已出台的异地高考政策大致可以分为三类。

第一类，发达地区的高门槛政策。人口流入聚集地的省市，特别是特大城市地区如北京、上海、广州等人口输入省市，异地高考政策除其他省市所具有的一般性条件外，还以随迁子女监护人的社保缴纳年限或积分为限定条件。个别地区甚至限定了异地考生报考志愿的批次，如仅开放高职院校的报考。这种高门槛政策主要是出于巨大的人口压力。

第二类，落后地区的高门槛政策。这种高门槛政策往往是出于"高考移民"的压力。新疆、青海、甘肃等高考人数少且录取分数线较低的"高考洼地"的异地高考方案相对来说比较严格。为了防止"高考移民"，这些地区大多都有关于户口或居住证的限制。"高考移民"一直以来都是一个复杂的问题，即部分考生采取迁徙户口甚至伪造户口与学籍的手段，到高考录取分数线相对低、录取率高的地区参加高考。这种行为大多是非法的、投机的，这种"高考移民"的目的地区大多是中西部教育比较落后、国家政策有倾斜的"高考洼地"。

第三类，大部分省市的"低门槛政策"。此类异地高考政策的规定以异地考生流入地的高中学籍或就读年限为主，其父母在该地有合法稳定的职业、住所即可；条件更为宽松的省份，仅对随迁子女在居住地的高中阶段学习年限有要求。由于此类省市通常有较高的高考录取分数线与众多的考生，高考竞争比较激烈，因此该地区的异地高考政策不会吸引投机性的"高考移民"。（张春雨，陈玺名，2015）但是，这里的"低门槛政策"是打引号的，实际上这些门槛并不低，因为这些门槛还要以其他门槛为前提条件，要完全满足也不容易。有学者认为，相关门槛应紧紧围绕着随迁子女在当地考试和录取的需要进行设置，而非其父母的工作性质、收入、住房等非直接相关条件。当前，各地诸多门槛集中在流动家长身上，让随迁子女来承担流动家长自身的责任，这在某种意义上成为对随迁子女的一种"歧视"，成为一种新的不公平。例如，部分地区企业长年不为众多进城务工人员在当地上社保，在这种情况下，将社保年限设定为随迁子女升学考试资格条件对于进城务工家庭来讲非常不公平。（吴霓，朱富言，2014）

从各地制定出的政策方案来看，"门槛高低各不同"。前两类异地高考政策涉及京、津、沪、粤以及新疆、青海等省份，高考户籍制度基本上"没有实质性松动"；第三类异地高考政策涉及黑龙江、安徽、山东、福建、四川等十余省份，异地高考政策明显松动，但也只是"有限松动"，背后依然有流入地政府利益的理性算计与户籍考生利益的地方保护主义。流动人口对异地高考的"准入条件"有较大异议。

最理想的状态是异地高考"无门槛"，但是需要通过"差别化"（根据区域差异）、"渐进式"改革达成。目前，在制订异地高考政策方案时对各种门槛提出要求是有必要的。

为什么不敢、不能完全放开？在现行分省投放高校招生名额的体制下，如果彻底终结高考户籍限制，必将导致考生"移民"至优质高等教育入学机会丰富的京、津、沪等地区参加高考，同时还将有大量考生迅速"移民"至内蒙古、新疆、青海、西藏等省区参加高考。也就是说，"高考移民"问题必将大量涌现。基于以上分析，若要通过彻底终结高考户籍限制来解决流动人口随迁子女高考问题，还必须同时进行其他配套改革。（韩娟，刘希伟，2014）

异地高考涉及多种利益冲突，其中最主要的是流入地非户籍群体与流入地户籍群体的利益冲突。我国高校招生名额分配到省，异地高考政策意味着农民工子女要占用流入地户籍人口招生名额，给户籍学生带来更大的考试竞争压力和更小的录取概率，引致一些户籍学生家长的激烈反对。另外，异地高考政策会导致流入地中学阶段教育资源的紧张。异地高考的前提条件之一是非户籍学生在流入地上高中，而由于计划生育控制不严，流动人口往往多子女，户籍学生家长认为这会稀释流入地优质基础教育资源，并挤占户籍学生的优质学位名额。而且异地高考要求提升流入地的教育承载力，流入地政府主要担心是否有能力、有财力去承载，最后导致流入地政府具有强烈的地方保护主义动机，深度推进异地高考的动力不足，为流动人口子女设置了较高的报考条件门槛。

当前的异地高考需要进一步深化改革，具体举措如下。

第一，取消根据考生户籍报名招生的方式，使报考资格与户籍分离，与居住证制度挂钩，高考报考制度采用居住证加学籍的方式。户籍制度改革的重点是要剥离附加在户口上的权益和福利，将教育、就业、社会保障等公共服务制度框架与户籍制度分离开来。高考报考制度如果采用的是以户籍为主加学籍的方式，对于本地户籍考生来说，户籍和学籍都是没有问题的，对于参加"异地高考"的考生而言，一般都是跟随父母在流入地上学，有了一定的年限，至少也会上完高中，所以他们的学籍问题也不大，面临的主要问题就是户籍。

在高考户籍制度中，户籍实际上只是实现真正"分区定额"选才的一项工具，如果将来高考报名不再根据户籍，而且依然实行"分区定额"录取，就需要一个同户籍类似的控制工具，这个工具就是居住证。在新型城镇化背景下，应该取消户籍对于高考报名资格的限制，进一步建立健全以"居住证+学籍"为主的高考报考制度。尽管一些省份的异地高考方案绕开了户籍，不再对考生的户籍进行硬性规定，但却必然将原先户籍的控制功能转移到学籍上。这是一个很大的进步。（韩娟，刘希伟，2014）比较稳妥的方式是把学籍和居住证同时作为控制工具。

第二，改革"根据考生户籍确定分省定额指标"的招生录取方式。户籍之所以与高考难以分离，主要原因在于各高校是根据考生户籍分省投放招生定额指标的，这引发了户籍人口与非户籍人口的利益冲突。在当前国情下，出于教育秩序和考试秩序的考量，依然需要分省投放定额指标，但"如何定额"成为改革的切入点和关键点。建议不再像过去那样根据户籍学生的规模定额，而是根据流入地学籍学生的规模定额，以高考报名人数为基本依据确定招生名额，按照一定的比例适当增加流入地的招生规模，消弭户籍人口与非户籍人口在定额问题上的利益冲突。这样，可以为异地高考改革顺利开展奠定重要基础。

第三，取消分省命题的考试方式，实行全国统一命题考试。在全国性人口流动的大背景下，分省自主命题的考试方式会导致试卷内容和分值都有所不同，分数折合的问题难以解决，招生高校很难对考试成绩进行省际比较，各省份相互间也难以认证。而如果实行全国统一考试命题，在当前高考与户籍还没有完全分离的现实情况下，对于"异地高考"的考生完全可以实行异地借考，回户籍所在地进行录取，既不会占用流入地的招生名额，也不会因试卷不同而考虑分数折合的难题。（张妍，2014）更重要的是，实行全国统一考试命题，非常有助于解决"分省投放招生指标"的问题，也非常有助于解决"高考与户籍捆绑"的问题，使得高考如同现在的考研一样，在全国统一考试制度下完全根据学生成绩进行录取，而且完全与户籍脱钩。因此，第三项改革即实行全国统一命题考试，有助于推动前两项改革。

上述三项改革是相互关联的，甚至是互为因果的。在改革时，需要综合推进，单兵独进难以奏效。这三项改革可以为农民工子女的教育机会均等、考试公平奠定较好的制度基础。

第四，中央政府加大对异地高考问题的宏观统筹力度。不应当把异地高考政策制定的权力下放给省级政府，不能把这个"皮球"踢给地方政府，各省的政策往往会更关注本省户籍人口的利益。应当由中央政府制定全国性政策，而且教育部直属高校的招生名额不应该分配给各省，而应该在全国范围内开放，不设置户籍限制，考生可以在全国各地进行报考。这样才能从整体和大局出发，更好维护跨省流动农民工子女的教育权益。（王选辉，葛剑雄，2013）

异地中考和异地高考都对流入地高中教育的发展提出了挑战，要求流入地大力发展高中阶段教育，扩大高中教育规模，提供更多的教育机会，向随迁子女完全开放高中阶段教育。政府可以通过扩容改造、新建或扩建公立普通高中，提升公办学校的承载能力。同时要大力发展民办高中，推进办学体制改革，引导、扶持社会力量重点兴办高中阶段学校，吸收社会资金发展高中阶段教育。鼓励行业、企业兴办职业教育或与中等职业学校开展形式多样的联合办学，引导企业以场所、设备、师资、资金等资源参与学校专业建设、课程开发和教学与管理。政府可以加大购买公共服务力度。

综上可见，异地中考、异地高考的改革，必须与户籍制度改革、中小学生学籍管理制度改革、居住证制度改革、教育投入体制改革等协同推进，有效对接。否则，异地中考、异地高考的改革难以深化和持续，也难见显著成效。

第四节　城镇化进程中的教育空间布局优化

城镇化进程中的人口集聚、产业集聚，使人口与产业的空间布局发生重大变化，这必然导致教育空间布局的变化，也对教育空间布局的优化提出了要求。

一、城镇化对教育空间布局的挑战

概括而言，优化教育空间布局的目的在于，解决传统城镇化存在的问题，助推新型城镇化。教育空间布局的调整优化，要适应新型城镇化的要求，并积极促进新型城镇化进程。

城镇化这一社会变迁本身就是人口与产业在空间布局上的变化，由于政府主导发展模式的粗放性，由于农村转移人口流动在市场机制作用下的盲目性，我国城镇化进程中，在空间布局方面也出现了一些问题。具体表现在以下三个方面。

第一，大量农村人口集聚到城镇，城镇公共服务压力大增，城镇不能为新增人口提供与本地户籍人口同样的公共服务。就教育而言，农村转移人口在城镇的受教育机会问题、城镇的教育资源供给问题特别突出，教育扩容增容的压力巨大。政府主导的城镇化模式导致一些城市"摊大饼"式扩张，加剧了土地粗放利用，城镇教育用地紧缺，威胁到教育安全。教育资源在城镇空间中"总量不足"，是城镇化进程中城镇教育面临的最大挑战。

第二，城镇化的区域发展很不平衡，城镇空间分布和规模结构不合理。就教育而言，教育资源在不同层级城市城镇间的分布很不均衡，优质教育资源往往集中在发达地区，集中在特大城市和大城市，教育资源的分布不均衡所发挥的对于人口流动的引导作用，导致城镇的规模结构更加不合理，导致一些城市出现"城市病"，难以可持续发展。教育资源在城镇空间分布中"结构不当"，是教育布局调整必须解决的问题。

第三，城乡发展依然不平衡，农村发展严重滞后，农村基本公共服务匮乏。大量农村人口离开农村，导致农村人口减少。也导致农村受教育人口减少。农村教育的空间布局需要根据人口变化做出调整，"撤点并校"是相应的举措，但其合理性受到质疑。然而，不论做怎样的调整，城乡教育发展依然不平衡，农村教育发展严重滞后，农村留守儿童的教育问题日益凸显。农村学校在农村地区空间分布上"布局不当"，农村学校与城镇学校在城乡教育空间对比上"差距过大"，或者说农村教育"质量不高"，是新型城镇化进程中需要解决的问题。

总之，城镇公共服务提供不足、城镇空间分布和规模结构不合理、城乡发展不平衡等问题，是新型城镇化需要解决的问题。这些问题在教育上都有突出的反映，表现为教育资源在城镇空间中"总量不足"，在城镇空间分布中"结构不当（布局不当）"，以及农村学校在农村地区空间分布上"布局不当"，农村学校与城镇学校在城乡教育空间对比上"差距过大"。

解决这些问题的基本思路是"优化布局，集约高效"。不仅要优化城市（城镇）内部的空间结构、城镇间的空间结构，还要优化城乡间的空间结构，通过空间变化，提高发展效率，推动城乡一体化发展。就教育而言，不仅要优化城镇内部的教育布局结构，也要优化城镇之间、城乡之间的教育布局结构，使得学校布点更加合理、教育资源配置更加高效，更利于促进城乡教育一体化发展，更好地促进人的发展和社会发展。

二、城镇内部教育空间布局的优化

随着城镇化的快速发展，一方面大量农村人口和学龄儿童转移到城镇，给城镇教育带来了巨大的压力，城镇学校生源不断膨胀，班级规模不断扩大，另一方面农村人口和学龄儿童不断减少，农村"小规模学校""微型班级"大量出现。城乡学校办学规模呈现出"城镇大班化、乡村空校化"的两极分化的态势，我国基础教育进入了大规模学校与小规模学校并存的时代。（范先佐，2014a）

新型城镇化要求城镇政府"完善基本公共服务体系"。面对人口增长压力，城镇政府要根据城镇常住人口增长趋势和空间分布，逐步增加基本公共服务供给，提高城镇居民基本公共服务水平，统筹布局建设学校、文化设施、体育场所等公共服务设施，优化学校布局和建设规模，合理配置中小学和幼儿园资源，在学有所教上持续取得新进展。

人口向城镇集聚，要求优化城镇内部的学校空间布局，增加教育用地，重点解决城镇学校班额过大问题。

城镇班额过大，会增加因材施教难度，很难推进分组教学、探究教学、合作学习，从而影响教学质量提升。我国中小学平均班额远远高于发达国家水平。2010 年我国小学和初中平均班额分别为 38 人和 52.9 人，而 OECD 国家则分别为 21 人和 23 人，我国小学和初中平均班额分别是 OECD 国家平均值的 1.8 倍和 2.3 倍。（冯芳，2014）这说明我国中小学班额之大已经到了非常严重的地步，我们的"普九"是低水平的。而城镇学校的平均班额高于全国平均水平，某些人口大省、某些发达地区、某些县城的平均班额更是远远高于全国平均水平。城镇学校大班额的局面必须改变，班额应该逐渐降低。要做到这一点，需要在城镇新建或者改造更多的学校，而这就需要更多的教育用地。

当前，我国的土地资源极为紧缺，需要节约集约使用城镇土地，为发展教育腾出宝贵空间，同时还需要处理好教育用地总量、增量和存量的关系。

在总量上，要保证教育用地的"相对充足"，即在不浪费的情况下保障教育用地需求。如何确定教育用地总量？不是根据户籍人口适龄儿童数量，而是根据本区域适龄儿童总量（包括流动人口）确定教育规模，进而确定教育用地总量。当教育用地与其他用地发生冲突时，要减少非公益性用地划拨，统筹安排基础设施和公共服务设施用地，应该根据"教育优先发展"的原则，优先安排教育用地。有条件的城镇，可以在城区和郊区为教育发展留出储备用地，以保证将来之需。

在增量上，可以实行城镇教育用地增加规模与吸纳农业转移人口落户数量挂钩政策，保证随教育人口的增加及时对教育予以扩容和增容。

在存量上，要盘活利用已有学校资源，通过重新划片、学区制改革、集团化办学等方式，优化学校布局，提高教育用地使用效率。

总之，在城镇化进程中，要按照"总量够用、增量合理、存量盘活"的原则，实行增量供给与存量挖潜相结合的供地、用地政策，满足城镇教育用地的需求。目前看来，城镇教育用地的缺口还比较大，需要大力增加教育用地。

面向未来，应该根据城镇人口发展趋势，做好城镇整体规划，留出相对充足的教育用地，疏解已有的大班额并考虑将来的教育人口增减状况，确定各级各类教育特别是中小学和幼儿园的用地需求与建设规划。在城镇规划建设中，不论是旧城区改造、城乡接合部改造，还是新城新区规划建设，既要整体控制建设用地规模，又要适度超前考虑学校建设用地规模，加快城市核心区优质教育资源向城乡接合部、向新城新区的延伸覆盖，使优质教育资源布局更加均衡，使班额分布更加平衡，减少大班额数量。（褚宏启，2015a）

在旧城区改造、城乡接合部改造中，要重点做好已有学校的空间改造，统筹规划地上地下空间开发，改造更新教学用房、办公用房和其他教育设施，增大学校容量，优化提升学校服务能力。新城新区建设中，学校建设的标准可以适度超前，为教育未来发展预留空间。

三、农村教育空间布局的优化

优化农村教育空间布局，包括以下两个方面。

一是在农村地区空间分布上，解决农村学校的"布局不当"问题。农村地区受教育人口的减少，要求优化农村教育布局，合理"撤点并校"，重点解决农村小规模学校的发展问题。同时，还要积极发展农村学前教育，建立健全新型职业化农民教育、培训体系。

二是从城乡教育关系上，解决农村学校与城镇学校在城乡教育空间对比上的"差距过大"（或者说农村教育"质量不高"）的问题。加快农村教育事业发展，推进城乡教育一体化发展，缩小城乡教育质量差距，提高农村教育质量和均衡发展水平。农村学校在农村地区空间分布上的"布局不当"，是新型城镇化进程中需要解决的问题。在城乡之间配置教育资源时，重点向农村地区倾斜，在推进义务教育学校标准化建设的同时，特别要注重教育人力资源的倾斜性配置，加强农村教师队伍建设。

在城镇化推进过程中，伴随着农村学校学生数量减少，集中化办学、追求规模效益成为主流政策选择，各地大力推进"撤点并校"，大量农村教学点、村小等小规模学校被撤并。撤点并校利弊并存，在总体上提升了学校规模、教学质量、教学效益，同时，在某些地区由于盲目撤点并校，也带来了新的上学远、难、贵等问题。为此，2012 年《国务院办公厅关于规范农村义务教育学校布局调整的意见》要求："坚决制止盲目撤并农村义务教育学校。已经撤并的学校或教学点，确有必要的应予以恢复。对保留和恢复的村小学和教学点，要采取多种措施改善办学条件，着力提高教学质量。"

在城镇化进程中，要科学编制县域村镇体系规划和镇、乡、村庄规划，合理安排城镇建设、农田保护、产业集聚、村落分布、教育机构（包括中小学校和幼儿园）布点、生态涵养等空间布局，按照发展中心村、保护特色村、整治空心村的原则，在尊重农民意愿、方便学生就读的基础上，调整并确定教育机构的布局结构。在合理撤并农村学校时，要统筹考虑如何积极发展农村学前教育，可以把闲置、废弃的农村小学改造成学前教育机构，防范教育资源流失。

调整优化农村教育布局过程中，在加强农村中小学寄宿制学校建设和中心校建设的同时，要重点办好农村小规模学校。农村小规模学校的存在具有重要价值，有助于解决边远地区学龄儿童上学远、难、贵的问题，为社会弱势群体提供就近入学的机会；农村小规模学校是一种有效的教学组织形式，由于班额较小，教师在教学中易于因材施教，对学生的辅导时间会相应增多，缺乏父母关爱的留守儿童能得到教师的更多关爱；农村小规模学校也是信息的集散地，为乡土文化传承和社区能力建设提供了重要支撑。从城乡一体化发展视野看，农村小规模学校不仅要保留和恢复，更要高质量地发展。在当前社会经济背景下，农村小规模学校是丰富多样的学校发展形态中的一种模式。（褚宏启，2015a）

要真正使农村小规模学校成为"农民家门口的好学校"，需要提升相关教育政策的合力与效力。需要加大公共财政对于农村小规模学校的投入力度；实行宽松的教职工编制标准，增加农村小规模学校教师编制；建立农村教师特殊津贴制度，鼓励优秀教师到小规模学校任教。（范先佐，2014a）提升农村小规模学校教育质量，除了在教育投入上给予倾斜性政策外，还应该在教育的全过程——教育教学、课程资源开发、学校管理、教师专业发展等方面加大支持力度。当前一些地区采取"1+X"的模式，即中心学校与教学点结对，通过强弱捆绑促进小规模学校发展，探索出"教师联校走教""教育发展协作区""学区共同体"等本土化模式。（雷万鹏，2014）这些发展机制打破了学校发展的"空间限制"，使优质学校的教育资源、教育要素可以在学校间自由流动，提高了教育效率。实际上，这是一种"柔性的教育空间布局优化"。

农村小规模学校在空间分布上非常分散，在管理上有一定难度。当前，各地采取的往往是"中心校管理模式"，而不是由县级教育行政部门直接管理。大多数教学点和村小缺乏独立的法人地位，从身份上依附于当地的中心小学，其教师选派、公用经费分配、教学设施供给等都受制于中心小学。身份不平等、权力不对等导致农村小规模学校经费被截留，优秀师资被抽离，教师培训机会被剥夺的现象相当普遍。2013年《教育部关于进一步做好村小学和教学点经费保障工作的通知》指出："中心学校不得以统筹的名义，截留、挤占、挪用、克扣村小学和教学点公用经费"，"中心学校要将村小学和教学点收支情况在会计账目上分校（点）单列反映"。这是一种改革的尝试，但是在农村小规模学校独立身份被遮蔽的制度安排下，在既得利益格局的博弈中，上述政策很难不折不扣地执行。唯有体制创新，将教学点等小规模学校视为与其他学校具有同等法人地位的学校，在人、财、物方面给予同等的政策和制度安排，农村小规模学校才有可能与其他学校一样共享"阳光雨露"，得到更好的发展。（雷万鹏，2014）在与中心校的关系上，农村小规模学校只有"空间上的独立"是不够的，更需要"法律上的独立"，在法律权利上也作为一个独立法人实体，享有相应的自主权。

此外，应该把校车问题纳入农村教育空间布局问题的讨论中来。教育空间布局调整的一个基本要求是方便学生就近入学。但何为方便？何为远近？即便学生家庭住址离学校的空间距离较远，但如果有校车快速接送，则"时间距离"并不远。校车改变了传统农村教育中"方便""就近"的概念，为农村教育空间布局的优化带来了新的思路。

在农村地区，要积极发展校车交通系统，把它作为公共交通系统的重要构成部分，优化交通站点和线路设置，提高覆盖率、准点率和运行速度，强化安全管理和资格准入，有效调控、合理引导教育方面的机动化交通需求。完善学校与村庄的交通网络，改善交通条件，提升服务水平。

四、不同层级城镇间教育空间布局的优化

推进新型城镇化，需要在不同层级的城镇，优化教育的空间布局，重点加强中小城市的优质教育资源建设，增进中小城市的教育吸引力。

不同层级的城镇吸引人口集聚的能力有很大差异。城市和城镇规模越大，其提供的就业机会就越多，提供的基本公共服务就越好，进而吸引农村转移人口的能力就越强。但大量人口向中心城市无序集聚会引发能源资

源紧张、生态环境恶化、交通拥堵严重、房价居高不下、安全形势严峻等"城市病"。而县级城市以下的绝大多数小城镇（东部发达地区如东莞地区的小城镇不属于此列），由于缺乏集聚经济、规模经济等因素，就业机会偏少，基本公共服务供给严重不足，尤其是优质教育资源严重匮乏，导致哪怕放开户籍限制也没有多少农村转移人口愿意到此集聚定居。这决定了以发展小城镇作为我国城镇化的"政策主导"并不可行。

小城镇的增长与发展明显具有粗放特征，达不到合意的规模经济和集聚经济效果，还可能造成严重的环境污染和生态破坏等。许多小城镇不具备城市的功能。小城镇是地域性的政治、文化、医疗卫生、社会治安、农业技术服务等公共服务中心，也可以集中一些初级的、针对人的健康和针对物的服务的服务业，如餐饮、仓储、商贸等服务。但由于规模和服务半径所限，高级的服务业、入门条件较高的行业，特别是针对资产的服务，如会计、法律、学术研究、证券投资等，很难在小城镇集聚。小城镇可以集中工业，但也是有条件的，远离城市群和大城市的小城镇，一般只能有一两个依托当地资源的特色产业，不会大量集中产业。可见，小城镇的功能特点决定了大多数小城镇不会持续、大规模地创造就业岗位。（李强，2013）[269]而没有产业、就业做支撑，小城镇集聚人口的能力、提供公共服务的能力尤其是提供优质教育的能力就没有经济基础。

城乡间与城镇间的人口迁徙，受市场因素影响，生活成本和就业机会是最主要的制约因素。（李铁，2013）[12-13]城镇化进程是一个低成本的人口转移过程。人们更多地选择大城市，因为有更多的就业机会。大城市吸纳就业能力强，聚集效益高，基础设施建设水平高，但居民生活成本、公共管理和服务成本也高。小城市和小城镇吸纳就业能力和聚集效益低于大中城市，但进入门槛较低，居民生活成本较低。我国城镇化发展要从国情出发，正确处理大中城市发展与小城市和小城镇发展的关系，既充分发挥大中城市在吸纳就业方面的作用，又充分发挥小城市和小城镇居住成本低的优势，遵循市场规律，通过合理引导，促进人口流向各类城镇就业和定居。（李铁，2013）[24-25]正确处理规划引导与低成本转移的关系，有序平稳推进城镇化。

基于以上考量，在整个国土的空间布局上，我国新型城镇化发展的基本战略是优化城镇规模结构，促进各类城市协调发展。而优化城镇规模结构的主攻方向、促进各类城市协调发展的战略重点，是加快发展包括县城在内的中小城市。当前，中小城市的城镇化发展水平全面滞后于超大、特大城市，但从人口流动的角度看，大力推动中小城市发展的确可促进人口向城市迁移，实现集聚效应。

因此，需要提升中小城市的引力和拉力，在数量和质量两个层面加强产业和公共服务资源布局引导，鼓励引导产业项目在资源环境承载力强、发展潜力大的中小城市和县城布局，依托优势资源发展特色产业，夯实产业基础。同时，要重点提升中小城市的基本公共服务能力，加强市政基础设施和公共服务设施建设，教育医疗等公共资源配置要向中小城市和县城倾斜，引导高等学校和职业院校在中小城市布局、优质教育和医疗机构在中小城市设立分支机构，增强集聚要素的吸引力。（国务院，2014）[36]

中国人历来有重视子女教育的传统，城镇优质教育资源也是引导人口集聚的重要拉力。农村转移人口向城镇流动的动机，已经从城镇化初期的单一的经济动机，转变为现在的多样化动机，他们更愿意在城镇地区寻求更好的发展机会，更愿意让自己和子女受到更好的教育。在新的城镇化结构布局中，中小城市将会成为教育的新增长极，特大城市、大城市的基础教育优质资源，以及高等教育、职业教育、继续教育资源，应该更多扩散、覆盖到中小城市，中小城市的教育吸引力将大大增加。这样，教育就可以发挥其独特的拉力作用，促进城镇化进程中不同层级城镇空间布局的合理化。（褚宏启，2015a）

大力促进中小城市教育发展，要特别关注"县城"的教育发展。县是我国经济、社会、政治、文化等功能比较完备的行政区划单元。县域经济是国民经济的基层经济，也是国民经济发展的基本支柱和统筹城乡经济社会发展的关键环节。整个国民经济活动的各项指标在一个县市的范围内基本都可以得到反映。在县域这个范围内，既有城镇经济，也有乡村经济；既有第一产业，也有第二和第三产业；多种所有制全面发展，非公有制经济比重高。这些经济的发展都会在不同程度上推动城镇化的发展。县域经济是城镇经济和农村经济的接合部，作为工业经济和农业经济的交汇点，其特殊区位和特殊的部门功能，决定了其在统筹城乡发展进而加速城镇化进程中的重要地位。因此，应该以发展、壮大县域经济为切入点，把农村剩余劳动力就近转移到第二和第三产业，形成县域范围内的劳动力流动。这样既能实现农村人口的转移，兼顾城市化与城乡一体化，又可缓解大城市的压力，减缓农村人口向大城市的高度集中，在一定程度上降低大城市的社会风险。（李强，2013）[前言, 303]

县域经济的发展，县城的产业集聚和人口集聚，需要以"县城教育"

的发展做支撑。县城教育不同于"县域教育",县域教育,是指在县级行政区划内,以县城为中心,以乡镇为纽带,以广大农村为腹地的区域教育,具有区域性、层次性、集聚性和扩散性等特征。在县域范围内,与乡镇教育、村小和办学点相比,县城教育是当地最好的教育,对整个县域教育的发展具有示范和引领作用。一些乡村农民在县城买房居住,主要目的不是就业,而是让子女在县城享受更优质的教育资源,当地相对优质的县城教育成为吸引农村人口集聚的重要因素。县城教育的发展是推进城乡教育一体化发展的关键节点,也是推进城镇化特别是推进"就近城镇化"的一个关键支持因素。

当前,县城教育的发展面临很大的教育人口压力,学校少,班额大,教师缺,经费不足,办学条件需要改善,诸多问题需要解决。而且这些问题单靠教育行政部门自身难以解决,需要县级政府甚至更高层级政府协调编制、人事、财政、土地等管理部门予以统筹解决。

综上,新型城镇化要求教育在城乡之间、城镇内部、农村地区、城镇之间,进行一次历史上从来没有过的空间布局大变化、大调整、大优化,这是城镇化发展的需要,也是教育自身发展的需要。这就要求加强统筹规划和顶层设计,并提供有力的制度保障和资源支持。

五、教育空间布局的统筹规划

优化城镇内部教育空间布局、优化农村教育空间布局、优化城镇间教育空间布局,这"三个优化"不是割裂进行、各自为政的,实际上是"一个优化",是同步进行、一体推进的。

这就要求我们根据教育自身发展的需要,根据新型城镇化的客观需要,根据教育资源承载能力,构建科学合理的教育宏观布局,优化城乡教育空间结构,提高国土空间利用效率,推进城乡教育一体化发展,促进城乡教育要素平等交换和教育资源均衡配置,推动人口与空间的关系布局更加合理、区域教育发展更加协调,增强教育的服务能力,在整个国土面积上形成适应人的发展与国家发展的教育战略格局。

在新型城镇化背景下,统筹规划教育空间布局,需要把握以下三点。

第一,坚守"一个理念"。把"以人为本"作为根本理念融入规划全过程,把有利于城乡居民生存和发展,特别是有利于农村转移人口在城镇过上美好生活，作为衡量规划质量的根本尺度，以促进人的现代化、人的城镇化、农村转移人口市民化作为构建教育空间布局规划的核心。

第二，依靠"两个支点"。城乡二元结构的存在是我国的基本国情，破解城乡二元结构、促进城乡一体化发展是新型城镇化的主要任务。在城乡一体化的认识逻辑和政策框架下，农村不再是被剥夺的对象，也不再仅仅是一个被动的、消极的，被城市反哺、照顾、带动的弱者，而是具有自身优势，成为不可替代的发展主体，城市和农村成为支撑中国发展的"两个共同支点"。城乡一体化是一种重要的理论与政策视角。我国城镇化进程中种种不尽如人意的现象可归咎于诸多原因，但无论如何不应否认，城乡一体化没能及早地成为我国经济社会发展的指导思想是一个主要原因。

在新型城镇化背景下，我国教育改革与发展的基本任务是破解城乡教育二元结构，促进城乡教育一体化发展。城乡教育一体化是指统筹城乡教育发展，整合城乡教育资源，构建动态均衡、双向沟通、良性互动的教育体系和机制，促进城乡教育资源共享、优势互补，推动城乡教育相互支持、相互促进，缩小城乡之间的教育差距，使均衡化的公共教育服务覆盖城乡全体居民，实现城乡教育均衡发展、协调发展、共同发展。（褚宏启，2009）

城乡教育一体化不是城乡教育一样化，不是消灭农村教育的优势与特色，而是要充分肯定、增进、利用这些优势和特色。城乡教育一体化反对脱离城市教育孤立地规划、改革、发展农村教育的做法，在规划教育空间布局时，城市教育和农村教育作为"双支撑点"缺一不可，要在城乡一体的大空间背景下，统筹土地、人才、技术、资金等教育要素，让这些教育要素在城乡空间范围内合理流动，并更多地向农村教育倾斜性投入。

规划教育空间布局，在关注"城与乡关系"的同时，还应该关注"城与城关系"，明确各类城市在教育上的功能定位和分工，加快推进教育的城市群一体化进程，比如京津冀教育一体化、长三角教育一体化、珠三角教育一体化进程。这就需要统筹制定实施城市群规划，推动跨区域城市间教育分工，破除行政壁垒和垄断，促进教育要素自由流动和优化配置。建立城市群教育成本共担和利益共享机制，推进跨区域深度教育合作，促进教育基础设施和教育公共服务设施共建共享，促进优质教育资源高效配置和开放共享，实现城市群教育一体化发展。就从属关系来说，城市群规划只是城乡发展整体规划的组成部分，并不否定"两个支点"的重要性。

第三，力求"多规合一"。规划城乡教育空间布局，涉及教育、人口、人事、土地、投融资、生态环境等方面，涉及诸多政府管理部门，需要加强统筹，防止出现多种规划各自为政甚至相互矛盾的"碎片化"现象。在某个区域范围内，做教育空间布局规划时，既要在"空间"上统筹规划市区、城郊和周边乡村的教育发展，又要在"要素"上统筹规划影响教育发展的各种教育资源（如人、财、物、土地等）；既要把教育的空间规划纳入区域经济社会发展总体规划中，又要与区域内的其他子规划特别是城市规划、土地利用规划等相互衔接。最理想的状况是"多规合一"。

教育空间布局规划要落到实处，真正发挥规划的作用，需要关注以下三点。

其一，科学制定。要完善规划程序，避免个人专断。完善规划前期研究、规划编制、衔接协调、专家论证、公众参与、审查审批、实施管理、评估修编等工作程序，提高规划编制科学化、民主化水平。防止政府主导的规划对于弱势群体的侵权行为。

例如，农村地区的"撤点并校"是典型的教育空间布局调整行为，但过去十多年更多体现为政策主导下的布局调整行为，当前必须建立起政府、家庭与社会平等协商，民主决策的机制。在农村小规模学校的存废、恢复与发展过程中，应当尊重农民意愿，让家长和村民有更多的参与权与发言权。在城乡差异、社会分层与家庭教育需求差异化背景下，政府要充分尊重家长的教育选择权，无论是就近入学还是远距离读书，社会都能提供优质的、有特色的学校供老百姓选择，让农村小规模学校的存在或消失成为一个自然选择的过程，而不是政府武断"为民做主"的过程。（雷万鹏，2014）

其二，动态调整。教育空间布局规划并不是一成不变的。我国城镇化的一个典型特征是人在城乡之间、城市之间动态流动，因此，教育空间布局规划应该根据人口变化情况予以动态调整。需要对区域人口变化情况特别是教育人口变动情况进行监测和预测，作为调整规划的基本依据。要健全人口信息管理制度，完善人口统计调查制度，健全人口变动调查制度。加快推进人口基础信息库建设，分类完善劳动就业、教育、收入、社保、房产、信用、计生、税务等信息系统，逐步实现跨部门、跨地区信息整合和共享，为人口服务和管理提供支撑，为教育布局调整优化提供支撑。

《居住证暂行条例》规定，县级以上人民政府有关部门应当建立和完善人口信息库，分类完善劳动就业、教育、社会保障、房产、信用、卫生计生、婚姻等信息系统以及居住证持有人信息的采集、登记工作，加强部门之间、地区之间居住证持有人信息的共享，为推进社会保险、住房公积金等转移接续制度，实现基本公共服务常住人口全覆盖提供信息支持，为居住证持有人在居住地居住提供便利。

其三，制度保障。政府制定的各种发展规划，在实施中有些会严重失灵，原因主要有三："规划的有限理性；规划文本缺乏法律效力；利益集团复杂、特殊"（杨开忠，2015）。要使规划具有权威性、严肃性，需要提高规划的约束效力，通过"制度约束"刚性推进规划实施。根据规划制定配套政策，建立健全相关制度体系，加强部门间政策制定和实施的协调配合，推动教育、人事、人口、土地、投融资、生态环境等方面政策和改革举措形成合力、落到实处。建立监督和问责制度，加强规划实施全过程监管，严格实行规划实施责任追究制度。总之，需要强化规划管控，解决制度短缺问题，通过制度约束，防止规划失灵。

最后，还需要注意的是，教育空间布局有刚性调整与柔性调整两种方式，前者往往是"机构整合"，如实体性的学区化改革、只有一个法人代表的多校集团化办学、高校合并等，刚性很强，处理不当会伤害、破坏教育生态；后者往往是"机制调整"，并不合并机构，而是通过运行规则的变化带来教育空间布局的优化和区域优质教育资源的共享，如区域性集体备课制度，再如优质校向乡镇薄弱校下达一定比例的招生名额，从而拉动优质教育资源共享。在实际工作中，两种方式可以选择性使用，刚柔相济，更好促进教育空间布局优化，缓解城镇化进程中教育资源、教育生产要素的过剩与短缺问题，提高教育空间的管理效率和效能。

总之，城镇化进程中最"显性"的教育变迁，就是学校（学校是人员、土地、资金等教育要素的集成）在城乡国土上的空间分布变化。但是为了更好地优化学校空间布局，还必须关注空间变化背后的"隐性"的观念、制度等因素。优化教育空间布局，需要以先进的理念为指导，也需要以刚性的制度做保障，要体现新型城镇化的内在要求。

第五节　城镇化进程中的教育管理改革

城镇化进程中的教育目标重构、教育体系完善、教育机会均等、教育布局优化，实质上是要求打破城乡教育二元结构，打破城镇内部新的教育二元结构。这就要求在教育管理上进行深度改革，破解二元分割的制度安排，建构城乡一体化的教育体制机制。

新型城镇化进程中的教育管理改革，既要求破解传统的城乡教育二元结构和制度，更要求破解新形成的城市内部新教育二元结构和制度。而要实现这些目标，政府必须转变教育行政职能，建立城乡一体化的教育管理体制，加大政府统筹规划力度；需要推进户籍制度、学籍管理、异地中考和异地高考改革，确保农业转移人口的教育机会均等；需要完善多元的教育投入体制，积极改革教育人事管理制度，为破解教育二元结构提供财力和人力保障；需要加大利益相关者特别是农村转移人口民主参与力度，以民主化推动城镇化，推进城镇化进程中教育治理的现代化；需要建立健全针对政府的绩效管理和教育问责制度，督促政府切实履行其职责。

同时也要看到，二元教育制度是嵌套在整个宏观的二元社会制度之中的，破除教育二元结构、建构城乡一体化的教育制度，还需要教育制度之外的制度创新与制度支持。现行城乡分割的户籍管理、土地管理、社会保障制度，以及财税金融、行政管理等制度，固化着已经形成的城乡利益失衡格局，制约着农业转移人口市民化，阻碍着城乡发展一体化。教育管理改革需要同这些方面的改革协同推进，否则，教育管理改革孤掌难鸣，即便改革，也难以走远。

城镇化进程中的教育管理改革，涉及多项内容，本节主要讨论教育行政职能、教育管理体制、教育投入制度、教育人事管理、教育民主管理、教育绩效管理与问责等方面。

一、城镇化进程中教育行政职能的重新定位

政府职能也可以称为行政职能或者行政管理职能，是指政府在国家和社会生活中所承担的职责和功能。政府职能是确定政府管理范围和管理程度的重要标准，政府职能的落实情况是政府管理效能的表征和检验尺度。（金太军，等，2002）[4-9]政府职能的核心内容是"管什么"和"怎么管"。传统城镇化的突出问题之一表现为政府职能定位的错乱，而政府职能转变在本质上就是让政府"为所当为"。

我国传统城镇化的核心特征是低成本扩张、强势政府主导，政府行政权力扮演着远比市场因素更为重要的角色。正如美国华盛顿大学陈金永教

授所指出的，中国的社会主义城镇化独具特色，发展的模式与世界"标准"的模式既有共同之处，也有不同的地方。相同的是，城镇化都是由工业化推动的，劳动力由土地密集型农业向城镇工业生产转移。不同的是，推动中国城镇化的基本上是政府，市场只是个配角。（Chan，2010）政府在我国传统城镇化发展中始终占据着主导地位，既是政策的提供者，同时又为政策的有效实施提供制度支撑和权力保障。无论是城镇化政策的制定，还是城市发展与规划，都受制于政府官员的意志。政府主导的城镇化模式有其优势，但也有缺陷，突出表现为政府职能存在越位与缺位现象。政府职能"越位"现象主要表现为政府的经济职能过强，而在经济职能中，微观管理职能过强；同样，在政府的社会职能中，社会管制功能过强，社会服务功能过弱。政府职能的"缺位"主要表现为公共服务供给不足。一些地方政府在政绩和利益的诱导下，缺乏长远考虑，提出过大的发展目标和城镇规划框架，热衷于追求短期的表面"政绩"，盲目攀比和跟风冒进，贪大求洋。由于地方政府片面追求城市规模，片面追求经济增长，将城市作为增长机器，热衷于大广场、宽马路，甚至将城镇化异化为"房地产化"，导致政府无力提供足够的公共服务，忽视了作为城市主体的"人"的发展，甚至用牺牲农村、农民、农民工利益的方式发展城市，造成城乡发展的矛盾。特别是近年来，由于行政垄断与滥用征地权而引发了各种社会冲突。新型城镇化强调以人为本，倡导社会正义，而城乡基本公共服务均等化则是其必要条件，基本公共服务是政府应该提供的公共产品，是民生的范畴，是基于民权的价值诉求。（钱再见，2013）

政府的四大基本职能为公共服务、社会管理、经济调控、市场监督。四大基本职能中，公共服务职能应是其最主要的职能，社会管理职能次之，经济调控和市场监督职能则相对排在后面。而在我国以往的城镇化建设中，政府"越位""缺位"的现象非常严重，不论越位还是缺位，都属于"错位"。政府主导的城镇化有悖于经济发展规律和城镇化建设规律。新型城镇化要求政府职能有根本性的转变，由目前大规模地介入经济领域，尤其是公共投资领域，转为更多地提供社会服务。

从各国城镇化进程看，城镇化是产业拉动、市场主导、自然发展的过程。但是，就公共服务提供而言，提供基本公共服务是政府的职责所在，政府必须发挥主导作用。

政府改革的方向是建设"服务型政府"，一方面，政府要转变行政理念，树立服务意识。另一方面，要确立以公共服务为核心的职能定位，把

"提供基本而有保障的公共服务"作为政府的基本职能，满足人民群众对公共服务的需求，重构公共服务的供给排序，建立完善的公共服务体系，全力助推人的城镇化的实现。新型城镇化改变了以往片面追求发展规模和空间扩张的发展模式，转而以人的城镇化为核心，更加注重人的发展，更加注重公共服务供给质量。

解决"半城镇化"或者"伪城镇化"问题，实现农民工的市民化，完善公共服务供给是关键。根据经济学家阿马蒂亚·森的观点，公共服务具有社会保障的重要功能，能有效改善社会环境和自然环境的差异给人们带来的不利影响，通过完善公共服务可以改善弱势群体自身状况。（森，2001）[50]公共服务缺失是我国城镇化的一大短板，完善的公共服务对实现农民的市民化具有重要的意义。

公共服务是满足公共需求的行为，是为公共利益提供一般性或普遍性服务，是政府公共性的外在体现。从价值层面讲，公共服务是维护基本人权的活动。而基本公共服务，是指建立在一定社会共识基础上，由政府主导提供的，与经济社会发展水平和阶段相适应，旨在保障全体公民生存和发展基本需求的公共服务。国家已明确了基本公共服务的范围和标准。2012年7月，国务院颁发了《国家基本公共服务体系"十二五"规划》，明确指出，基本公共服务范围一般包括保障基本民生需求的教育、就业、社会保障、医疗卫生、计划生育、住房保障、文化体育等领域的公共服务，广义上还包括与人民生活环境紧密关联的交通、通信、公用设施、环境保护等领域的公共服务，以及保障安全需要的公共安全、消费安全和国防安全等领域的公共服务。与此同时，规划制定了基本公共服务的国家标准，从而为推进服务型政府建设提供了科学依据。

教育是政府公共服务的首要组成部分，而且位列"学有所教、劳有所得、病有所医、老有所养、住有所居"等诸项民生事务之首。在新型城镇化背景下，就教育而言，政府的首要职能是为所有城乡居民提供公平有质量的教育服务，尤其是保障农村转移人口的受教育机会均等化，以促进人的全面发展，实现社会公平正义。这是总体要求。

具体而言，与教育公共服务提供相关的、政府应该承担的职能包括：对教育规模、结构、布局等方面进行宏观调控；制定教育政策和法规，规制有效的制度并承担制度推行的责任；制定各类学校设置标准和质量标准；制定教育发展规划；通过公共财政分担学校的教育成本，并通过转移支付促进教育公平；建立支持教育改革和发展的服务体系；组织对各类学校教育质量进行检查评估；等等。在宏观调控、社会责任承担、教育公平环境建设、教育制度和法规健全等方面，政府权能应极大加强。政府职能转变使政府的角色发生了重要变化，政府成为教育体系的构建者、教育服务的提供者、教育公平的维护者、教育条件的保障者、教育制度（政策、法律以及其他规则）的产出者、教育标准的制定者和教育质量的监管者。（褚宏启，2005）

在新型城镇化背景下，政府的上述职能必须进一步强化和落实，并体现出新型城镇化的特殊要求。这些职能如何履行与落实，需要一系列的管理改革做保障。

二、教育管理体制的完善

城镇化本身所具有的复杂性、动态性、跨地域性，要求政府"更有担当，更有能力"。政府需要完善教育管理体制机制，提升管理能力，解决教育城乡分治问题、区域分治问题，从宏观战略层面推进教育发展。

新型城镇化要求构建城乡一体的教育管理体制。政府要统筹城乡教育发展，让农村转移人口得到与城市居民同等的教育服务，同时确保农村居民获得同质同量的教育服务。统筹城市居民和农民工及其随迁子女的教育，打破城市内部针对农民工及其随迁子女的教育制度歧视，建立以常住人口为基准的公共服务提供机制；同时大力发展农村教育，从多方面加大投入和补偿力度，缩小城乡教育供给水平、供给质量和供给标准上的差距，重建农村学校的社会文化资本和支持系统。（褚宏启，2010）

健全城乡一体化的教育管理体制，还必须完善教育规划体制机制，加强教育规划与城乡经济社会发展、主体功能区建设、国土资源利用、生态环境保护、基础设施建设、公共服务供给等规划的相互衔接，推动"多规合一""多规融合"。不同层级的政府需要根据管理权限，分别以全国一盘棋、城乡一盘棋、区域一盘棋的思路，通过顶层设计，加强对于教育体系优化、教育布局调整的统筹规划。

在城镇化背景下，政府对于教育发展的统筹力度需要加大，重点是加强中央统筹、省级统筹、部门联动。中央政府根据新型城镇化总体规划，在国家层面上确定我国教育发展的战略目标和战略重点，规划教育体系优化和教育布局调整的宏观构想，统筹推进农业转移人口市民化的制度安排和政策制定，注重解决农业转移人口跨省流动带来的教育成本分担问题。各级地方政府负责统筹本行政区农业转移人口的教育体系结构与空间布局的调整问题。

除加强统筹外，同级政府不同职能部门之间的协作与联动也需大力加强。以农民工随迁子女教育为例，随着人口向城镇集聚，城镇面临的教育压力越来越大，导致城镇教育用地、教师数量、教育经费短缺，而这些问题，仅靠教育行政部门无力解决，需要规划、土地、编制、人事、财政等政府职能部门协力解决。

在城镇化进程中，提升政府对于教育的管理能力，除上述举措外，还有一个紧迫的问题需要解决。在经济发展速度快、人口吸纳能力强的城镇，由于流入人口多，加上流入地政府按照户籍人口规模确定行政管理机构与编制，导致流入地政府对于辖区内包括教育事务在内的公共事务的管理能力相对不足。因此，对经济总量较大、吸纳人口较多的县城和小城镇，要逐步赋予其与管辖人口规模和经济总量相适应的经济社会管理权限，按常住人口规模确定教育管理的机构设置和人员编制。只有如此，才能适应一些地区快速城镇化的需要。

政府对于教育发展的规划统筹，一个重要工作就是根据新型城镇化过程中经济社会发展的要求和人口变化的趋势，优化教育体系结构，调整教育空间布局。对此，前文已有详述，读者可以参阅。

三、教育投入制度的改进

改革开放以来我国城镇化建设加快推进，但是，因制度因素而形成的城乡二元经济社会结构并没有彻底改变。城乡收入差距从 1990 年的 2.20∶1 上升到 2007 年的 3.33∶1，这一差距近年来虽然有所收窄，但 2012 年这一差距仍为 2.78∶1。同时城乡之间、地区之间还存在公共基础设施及公共服务水平的隐性差距，在很多地方，到目前为止，基本公共服务需求都得不到满足，地区之间及城乡之间的教育资源及教育服务、医疗资源及医疗卫生服务、就业资源及就业服务、社会保障资源及社会保障服务差距非常大。可见，伴随着城镇化的进程，我国地区之间、城乡之间的差距出现了不断拉大的趋势。从国家和省级政府的财政预算、决算报告可以看出，国家在公共事业方面对农村的投入依然偏少，常常是绝对数在上升，但相对比重却在下降。而且出现了"财权层层上收与事权层层下放""财权与事权严重不匹配"的现象，这种情况必须在新型城镇化进程中得到扭转。要实现真正的城镇化、以人为本的城镇化，要实现基本公共服务全覆盖，无论在城镇化硬件建设还是软件建设方面都仍需要较大的资金投入。然而，相比城镇化所需新增的巨量公共投入，地方政府的可用财力增长能力却是有限的。（刘小春，李婵，2014）城镇政府尤其是吸引外来人口较多的流入地政府，缺乏动力和能力向所有常住人口提供均等的包括教育服务在内的公共服务，其深层次原因是流入地政府缺乏财力。户籍制度改革进展缓慢的根本原因在于流入地政府的公共服务提供能力和财政压力。因为如果放开户籍限制，就意味着让农村转移人口与户籍人口享有同样的公共服务，城镇政府的公共支出压力必然陡增，"财政改革制约并影响着各级地方政府职能的转变"（刘义胜，2009）。

现行财政制度、税收制度与城镇化发展严重不相适应。主要表现为：其一，1994年分税制改革之后，主要大宗税种、收入稳定的税种全部划归中央财政，而划归地方的税种大都是税源零散、征管难度高的小税种，即使是共享税也是中央占大部分，中央政府拿走总税收的大部分，地方财政留成比例过低；其二，中央政府的财政转移支付制度以户籍人口为依据，流入地吸纳了大量的农村转移人口，但中央政府没有为这些人口的公共服务提供财力支持（李铁，2013）[63]；其三，分税制导致的地方财力不足催生了地方政府的"土地财政"，地方政府通过一次性土地出让收益来弥补地方财力，对土地出让金有严重依赖，而随着新型城镇化对于土地使用的约束收紧，地方政府的"土地财政"难以为继。这些原因使得流入地政府对农村转移人口的公共服务能力严重不足，缺乏户籍制度改革的积极性。

因此，必须建立健全包括教育在内的农业转移人口市民化成本分担机制，由政府、企业、个人多方共同参与，根据农业转移人口市民化成本分类，明确成本承担主体和支出责任，合理分担公共成本。政府要承担农业转移人口市民化在义务教育、劳动就业、基本养老、基本医疗卫生、保障性住房以及市政设施等方面的公共成本。企业要落实农民工与城镇职工同工同酬制度，加大职工技能培训投入，依法为农民工缴纳职工养老、医疗、工伤、失业、生育等社会保险费用。农民工要积极参加城镇社会保险、职业教育和技能培训等，并按照规定承担相关费用。（国务院，2014）[27-28]

就政府财政制度改革而言，应重点关注下述问题。

第一，在城乡之间、不同层级城镇之间，优化、统筹新型城镇化进程中的资源配置，推进"公共资源配置权下移"和"公共服务统筹权上移"，使公共资源由过去偏重大城市向关注中小城市转换，由过去偏重城市向关注县域和农村转换，由过去偏向户籍人口向关注常住人口转换。

第二，调整和优化支出结构，重点提升城镇基本公共服务水平。政府从竞争领域退出，不再向经济领域投资，而是与建设服务型政府相适应，建立城镇财政公共支出体系。同时，加大调整财政支出结构，压缩一般性的支出，把资金重点投向基本公共服务领域，投向教育服务领域，特别是投向随迁子女教育、农民工职业技能培训、农村教师工作待遇提高等方面。

第三，进一步深化分税制改革。在税收分成上，中央政府要向地方政府让利，增加共享税比重，提高地方政府分成比例。在税制设计上，要稳定地方税基，构建有利于人口城镇化的地方税体系。在税收分成上，中央政府要向地方政府让利，增加共享税比重，提高地方政府分成比例。在税制设计上，要稳定地方税基，构建有利于人口城镇化的地方税体系。根据国际经验，可建立以财产税、房产税为主体税种的地方税体系。特别是在房产投机盛行、房价高涨的背景下，可适时全面开征房产税，将房产税作为地方税种。（褚宏启，2015a）

第四，深化财政体制改革，合理划分事权和支出责任，提升地方财力，形成适应新型城镇化发展的财政制度基础。充分考虑公共事项的受益范围、信息对称性和地方自主性、积极性，合理划分城镇化进程中不同层级政府的事权和支出责任。在保持现有中央和地方财力格局总体稳定的前提下，遵循公平、便利、效率等原则，结合税制改革，统筹考虑税种属性和功能，进一步理顺中央和地方收入划分。

第五，适应人口流动，以常住人口为基础完善转移支付制度，建立财政转移支付同农业转移人口市民化挂钩机制。中央政府的财政转移支付制度以户籍人口为依据，流入地吸纳了大量的农村转移人口，但中央政府没有为这些人口的公共服务提供财力支持（李铁，2013）[63]，"中央请客，政府买单"，这让流入地政府非常为难。有人认为"两为主"的实质是由中央政府将流出地政府的义务教育责任转嫁给了流入地政府。一方面，流入地政府的义务教育责任和经费投入大幅增加，但却因为是经济发达地区，无法得到中央政府的补偿；另一方面，流出地政府由于是农村地区或位于中西部，不仅可以得到中央政府的经费补偿，而且还豁免了对流出儿童的义务教育责任。事权与财权不一致，影响了流入地政府的积极性。（柯春晖，褚宏启，张雪，等，2014）从长期来看，要积极探索教育、医疗、社保等领域中央政府直接补助到人的转移支付形式。中央政府统筹全国财力，为每个国民建立账户，使流动人口无论迁徙到哪个地方，享受公共服务的权利都能得到续接。（王保安，2014）（周幼曼，2014）在教育上，可以建立"学费随学籍走"的经费流动机制，减少流入地地方财政的教育投入压力。通过在全国推行可跨地区结算使用的教育券制度，解决教育经费在区域间的"支出流动"问题。这样可以有效解决城市地区教育经费的不足问题，消除户籍制度对学生自由流动带来的不利影响，进而提高城市接纳农民工随迁子女的积极性。

《居住证暂行条例》规定，县级以上人民政府应当将为居住证持有人提供基本公共服务和便利的工作纳入国民经济和社会发展规划，完善财政转移支付制度，将提供基本公共服务和便利所需费用纳入财政预算。

四、教育人事管理的改革

我国城镇化进程中，城乡教育人力资源供给也面临严峻挑战。教育人力资源供给的基本要求是提供"足够数量"的教师。但目前看来，城乡教育都面临教师缺编问题。

随着城镇化的快速发展，大量农村人口和学龄儿童转移到城镇，导致城镇学校生源不断膨胀、农村人口和学龄儿童不断减少，这种人口转移直接导致城镇学校教师缺编。长期以来，人们更多关注农村教师问题，对于城镇化进程中城镇教师缺编问题关注不够。由于城镇地区流入地教育人口增加导致教师数量不足，而编制管理部门、人事管理部门和财政部门又解决不了教师的编制问题、待遇问题，致使不少学校招聘临时"代课教师"以应急需。这些人员待遇低下、流动性强，其职业素养、社会保障、专业发展都值得忧虑。当前，应加强城镇化背景下城镇地区教师问题的政策研究。

相对而言，政府和学术界对于农村教师问题一直持续关注，相关政策与研究皆比较多。

伴随城镇化进程，农村学龄人口的主动流出与自然减少，导致一些农村学校教师与学生比例失调。部分农村学校教师的绝对数量出现富余，但又出现教师结构性缺编的现象；另一方面，随着农村义务教育布局调整的逐步规范，农村小规模学校数量有所回升，小规模学校教师数量不足问题比较突出。

解决农村地区教师的缺编问题，关键是要完善农村教师配置标准。我国 2001 年的中小学教师编制政策，是按城市、县镇、农村，确定生师比分别为小学 19∶1、21∶1、23∶1，初中 13.5∶1、16∶1、18∶1，呈现出城市、县镇、农村教师编制依次递减的特点。这一编制标准存在明显的城乡倒挂问题，在教师人力资源配置上存在明显的城乡不公平问题。而且，以生师比为标准的教师配置方式，对这些农村教师最直接的影响是"同酬不同工"，小规模学校的教学及相关工作量让教师不堪重负，容易引发焦虑和职业倦怠，影响教师身心健康。针对城镇化进程中农村教育出现的新情况、新变化，农村教师配置标准的调整势在必行。2012 年颁布的《国务院关于深入推进义务教育均衡发展的意见》明确提出：各地逐步实行城乡统一的中小学编制标准，并对村小学和教学点予以倾斜。合理配置各学科教师，配齐体育、音乐、美术等课程教师。重点为民族地区、边疆地区、贫困地区和革命老区培养和补充紧缺教师。然而，实际上各地落实进度相对缓慢。完善农村教师配置标准、解决农村教师数量不足问题的改革方向是：在以"生师比"为主的基础上，引入"班师比"和"科师比"作为辅助配置方式。引入"班师比"有助于缓解小规模学校教师数量不足问题，引入"科师比"有助于缓解大部分农村学校教师结构性短缺问题，因而值得探索。在核算农村教师编制时，需要在重点考虑学生数量的基础上，兼顾学科课程类别、学校类型特点、班级数量等因素，保障农村学校的师资需求。（纪秀君，2014）

近十年来，城乡教师交流问题一直是教育政策与教育研究的热点问题。推进城乡教师交流的目的在于促进城乡教师配置均衡、缩小城乡师资力量差距，主要解决农村学校教师数量不足、质量下降、年龄结构老化、结构性短缺（音体美等学科教师缺乏）等问题。国家和地方层面出台了很多推动教师流动的政策与举措，引导教师从城市到农村、从强校到薄弱学校流动，采取了诸如定期流动、支教、对口支援、教育联盟、走教、送教下乡、优质教师资源辐射等多种方式。但总体看，目前由于缺乏有效的激励保障机制，交流教师的身份、编制、待遇、住房等问题难以得到很好解决，此外，相关政策不具有法律强制性，操作性欠缺，导致参与交流的教师比例小，特别是骨干教师少，教师参与交流的积极性不高，对提升农村教育水平作用有限。在"县管校用"机制下，由于教师身份管理与岗位管理相分离，校长不具有人事聘用权，只有岗位使用权，出现了学校对教师的管理"权威"下降、教师不服从校领导的安排管理、对学校缺少心理归属感等问题。有些地方甚至出现了教育行政部门把到农村任教作为对城镇不合格教师的一种惩罚性措施，规定城镇教师不合格者一律下派到农村任教（史湘琳，2004），这给农村教育带来了进一步的不良影响。

城乡教师交流机制旨在缓解城乡师资差距的燃眉之急，只是权宜之计，非为治本之策。治本之策在于建立面向农村教师的激励机制和补偿机制，实行中小学编制标准、薪酬分配和职称评定"补偿性"向农村地区教师倾斜，真正让教师愿意留在农村、服务农村，这是农村教育固本强基的根本举措。

更为重要的是，在城镇和农村都存在教师缺编的情况下，抽调城镇教师去支持农村学校，会使城镇学校的缺编问题更加捉襟见肘、"雪上加霜"。也就是说，即使城乡教师交流机制能顺畅运行，这种机制所解决的也只是缩小城乡师资力量差距的问题，而不能解决城乡教师总量都缺编的问题。

从根本上讲，解决我国城乡教师总量不足问题的关键是政府要重视教师待遇、放宽教师编制，以吸引足够数量的优秀人才从教。确保城镇和农村有充足的教师，仅靠教育行政部门是不够的，需要相关配套政策的支持和政府人事管理部门、编制管理部门、财政管理部门等多部门的协调配合。

除教师数量问题外，城镇化也对教师质量提出了挑战。例如，在城镇化背景下，城镇教师要学会关爱、教育农民工子女，促进农民工子女在城镇地区的社会融合，培育他们的市民素养；农村教师要学会关爱、教育留守儿童，以弥补家庭教育的不足甚至缺失。这些是对于教师素质的新要求，政府和学校在教师绩效评价、教师培训方案设计中要体现出这些要求。

五、教育民主管理的制度建设

城镇化进程是城乡之间、城镇内部利益格局重新调整的过程。

对于农村转移人口，"基本公共服务均等化"为何迟迟不能实现？为何推进乏力？一个重要原因是他们的话语权不够，民主参与机制缺失。"以人为本的城镇化内在地要求一个更加开放自由的社会与之相适应。对尚处在现代化进程中的中国而言，宏大、系统的城镇化工程更是一个渐进的历史过程，需要更多更大的社会力量参与其中。"（铁锴，2013）"新型城镇化如果离开了对公民权的尊重，没有公共精神的培育和公民参与的扩大，'基本公共服务均等化'就只能是美好的幻觉。"（钱再见，2013）

城镇化与民主化没有同步推进，是我国城镇化进程中的一个突出问题。我国城镇化进程中，在涉及农村土地征用、城镇规划、基本公共服务提供、社区建设与管理等公共事务时，农民、农民工及其子女参与不够，其知情权、参与权、决策权、监督权不能得到有效保障，致使其很多法定权利受到损害，引发诸多社会矛盾。城镇居民是二元社会结构的既得利益者，决策者、两会代表、媒体工作人员、网民等往往都是城市居民，有话语权和决策优势。由于现实存在的利益冲突会导致社会排斥，农民和农民工的利益诉求往往不能得到充分表达和有效整合，他们的权益不能得到有力保障。

在我国城镇化进程及教育行政管理中，利益相关者参与不够或者没有参与，是当前一个最突出的问题。利益相关者有强烈的利益诉求和参与热情，他们的充分参与有利于解决信息不对称问题，有利于形成"激励相容"的共识性决策，有利于决策的理性化、科学化。了解公众需求最有效的方式就是让其参与决策和管理过程。公众很清楚自己需要什么，只有公众参与了的决策才更有针对性，才能更好地解决问题。政府只有采取更多的渠道与公众进行更多的互动，政务公开，广泛听取民意，各种决策才会更加合理。这就要求公众参与政策过程的方式与方法的多元、便捷、公正和公开，这样才有可能真正实现公共政策制定时各种利益的协调和综合。（施雪华，张琴，2014）

新型城镇化进程中，在国家与社会的权力关系上，需要实现国家权力与社会权力的良性互动，维护公民权。新型城镇化不仅是从高度的中央集权到适度的地方分权和城市自治，同时还包括从高度的国家集权到社会权力的扩大、社会自治。社会权力与国家权力是对立的统一，其要义是以社会权力制约国家权力，实质是"以权力制衡权力"。推进新型城镇化，就是要在国家与公民社会的关系上实现还权于民，在物与人的关系上实现人的主体回归。从这个意义上说，新型城镇化是以人为本的城镇化，也就是"扩大公众参与，还权于民"的城镇化，在国家与社会二元互动架构中强调公民本位、权利本位和社会本位，尊重农民和农村转移人口的各种权利，而国家（政府）权力则是有限的，政府只是社会治理主体中的一个。（钱再见，2013）

"治理"的要义在于社会参与。教育治理是指国家机关为了实现教育发展目标，通过一定的机构设置和制度安排，协同各类社会组织、利益群体和公民个体，共同管理教育公共事务、推动教育发展的过程。治理的突出特征是多主体参与，是主体的多元化。治理不是作为单一主体的政府的统治和管理，而是多元主体参与的民主化管理。政治民主化、治理现代化必须与新型城镇化同步推进。重点是完善农业转移人口社会参与机制，具体要求是提高各级党代会代表、人大代表、政协委员中农民工的比例，积极引导农民工参加党组织、工会和社团组织，引导农业转移人口有序参政议政，积极参加社会管理、社区管理、教育管理。

教育治理的本质是民主管理，利益诉求的充分表达与有效整合是民主管理的精髓。

我国城镇化面临的首要教育难题就是如何促进教育公平，缩小城乡间、区域间、学校间的教育质量差距和教育投入差距，特别是解决城镇内部教育新二元结构问题。从管理和治理的角度看，在城乡间、区域间、学校间、人群间的教育差距背后，存在着话语权、决策权的巨大差距，农村地区、落后地区、薄弱学校、弱势群体的话语权不够甚至缺失，是导致教育不公现象持久存在的重要原因之一。教育不公平背后隐藏着社会不公正，教育中弱势群体的声音容易被遮蔽、被掩盖、被忽视。因此，需要建立健全弱势群体有效参与、深度参与教育治理的体制机制。

在城镇化进程中，教育管理要建立民主参与机制，使农业转移人口向政府、向社会充分表达其对于各级各类教育的利益诉求特别是机会诉求，使农民工及其子女（包括留守儿童）充分参与学校内部管理，使他们享有对于教育政务与校务的知情权、参与权、决策权和监督权。教育中的民主参与，将是城镇化进程中破解二元教育结构、实现教育机会均等、提高教育决策民主化科学化水平的关键性制度保障。

民主化是教育治理的典型特征。治理与教育治理不仅"使民主运转起来"，而且使民主形态实现转型和创新。教育治理中的民主是微观层次上的参与式民主，与原有的民主形态相比，这种民主是非国家性民主，是基层民主，是实质性民主。这种民主之所以是实质性民主，是因为它关涉每一个利益相关者的"实体性权利"，与传统的选举民主相比，它更直接指涉个体权利与利益。这种民主是对代议制民主的改进：代议制民主通过曲折的政治选举，最后强调代议者要"为人民服务"，而治理中的协商式直接民主则更多地强调政策议程自下而上的优先性，强调基层微观决策中的"人民自己为自己服务"。例如，在学校管理中教师和学生的民主参与，有利于更直接有效地维护师生的各种实体性权利。

共同治理释放了社会活力，限制了政府不当干预，但这并不意味着政府作用的削弱和退出。在多方参与的共同治理中，政府依然发挥着主导作用，只不过在社会广泛参与的共同治理框架下，政府发挥主导作用的范围、方式发生了重要变化。具体言之，政府在教育治理中的主导作用或"元治理"角色表现在以下几个方面：（1）协调和整合多元主体的利益分歧，特别是户籍人口与农村转移人口的利益冲突，维护公共利益，保证教育领域公共利益的最大化；（2）确定教育发展的方向、目标、标准，解决多元主体的目标分化问题，产出公共政策和制度，为多方主体参与管理提供共同的行动目标和行为准则；（3）进行宏观规划、统筹和调控，解决城镇化进程中教育改革区域化、分散化、碎片化等问题；（4）对教育治理的效果进行问责，通过实体性和程序性规则，对于各相关治理主体进行问责，也对政府自身的绩效进行问责。

要履行好上述职责，政府必须转变教育行政职能，同时要加强自身能力建设，通过建设一个充满现代精神的"服务政府、法治政府、责任政府"来完成其"元治理"的重要使命。（褚宏启，2014a）（褚宏启，2014b）

六、教育绩效管理与问责制度的健全

政府绩效管理是转变政府职能、提高政府效能的重要抓手，绩效管理必然伴随问责。问责制对于问责对象的行为具有良好的导向、监督和矫正功能，是一种有效的管理手段。建立问责制的重要性和必要性已被多国的实践反复证明。我国的政府绩效管理与问责迫切需要由经济增长型绩效管理向服务型政府绩效管理转型。城镇化进程中推进服务型政府绩效管理与问责，是保障和改善民生的迫切要求，是维护社会公平正义的必然要求，也有助于夯实政府的合法性基础。（卢海燕，2014）在城镇化进程中，建立健全政府教育问责制的实践动因或者根本动因在于解决教育发展中的一些突出问题，特别是均等化教育服务的提供问题。

在新型城镇化背景下，完善针对政府的教育绩效管理与问责制度，必须解决"问什么责，对谁问责，谁来问责，怎么问责"等一系列问题。

其一，问什么责？教育问责制之"责"有政府责任和法律责任两层含义，"从最广意义上来看，政府责任是指政府能够积极地对社会民众的需求做出回应，并采取积极的措施，公正、有效率地实现公众的需求和利益。从狭义的角度来看，政府责任意味着政府机关及其工作人员违反法律规定的义务，违法行使职权时所承担的否定性的法律后果，即法律责任"（张成福，2000）。两种责任相互联系，不能履行政府责任，就必须承担法律责任。因此，明确政府的教育责任，并据此进行教育政绩考核，是追究法律责任的前提。

在新型城镇化背景下，政府的教育责任主要是为城乡居民提供更加公平、更高质量的教育服务，具体而言包括诸多需要政府履行的教育行政职能，可大致概括为以下几项：（1）以建设服务型政府为宗旨，重新定位教育行政职能，建立城乡一体的教育管理体制，合理划分各级各类政府权责，不断提高政府推进城镇化进程中教育改革与发展的能力；（2）加大政府统筹规划力度，根据新型城镇化进程中人口流动、产业结构升级调整以及全国城镇化合理布局的要求，优化教育的体系结构，调整教育的空间布局；（3）推进户籍制度改革和学籍管理改革，深化异地中考和异地高考改革，确保农业转移人口的教育机会均等；（4）建立和完善多元的教育投入体制，积极改革教育人事制度，为破解教育二元结构提供相对充足的财力和人力资源保障；（5）在教育治理现代化进程中作为"元治理"角色，推进利益相关者特别是农村转移人口的民主参与力度，推进城镇化进程中教育治理的现代化，以民主化推动城镇化进程中的教育改革与发展。

可以说，在城镇化背景下，对政府进行教育问责的方向、范围已经明确，可以此为基础完善针对政府及政府官员的评估指标体系。重点对不作为、乱作为、决策失误等行为进行责任追究，保障政府各项教育职能落实到位。

其二，对谁问责？当然是对"政府"问责，但是，"政府"严格来讲是一个抽象概念，在我国政治体制和行政体制下，各级党政机关的党政主要领导或者说"党政一把手"，对于城镇化进程中的区域经济社会发展和教育发展具有决定性影响。只对抽象的地方政府进行问责，容易使问责虚化；只对教育行政部门（地方教委或者教育局）及其负责人进行问责，力度往往不够。"项庄舞剑，意在沛公"，政府问责（包括教育问责）的实质和重点是对于党政一把手的问责。2006 年温家宝在题为"加强政府自身建设，推进政府管理创新"的电视电话会议上强调，要"加快建立以行政首长为重点的行政问责制度"。2008 年中央开始选择部分省市和国务院部门开展试点，加快实行以行政首长为重点的行政问责和绩效管理制度。但是，目前存在的一个显而易见又难以解决的问题是，对于地方政府进行问责，行政首长是被问责的对象，那么，实质上是地方一把手的党委书记是否应该被问责？如果应该，书记与行政首长的责任应该如何划分？只有合理划分党政之间的职责、权力和责任，才能避免问责过程中的党政冲突。该问题亟待进一步研究。

其三，谁来问责？"谁来问责"涉及的是问责的主体问题。《国家中长期教育改革和发展规划纲要（2012—2020 年）》（以下简称《教育规划纲要》）明确要求，各级政府要定期向同级人民代表大会或其常务委员会报告教育工作情况，主动接受和积极配合各级人大及其常委会对教育法律法规执行情况的监督检查以及司法机关的司法监督。这体现了建立健全教育问责制的要求。但是，力度还是不够，需要建立健全专门的政府绩效管理与问责机构。我国政府绩效管理体制时至今日仍未理顺，例如，在中央层面，尚未明确政府绩效管理的领导机构，而办事机构则变动频繁。2006年，国务院决定由当时的国家人事部作为政府绩效管理的办事机构；2011年，国务院批准建立政府绩效管理工作部际联席会议制度，联席会议办公室设在监察部。2014 年，国务院又决定，由中央机构编制委员会办公室具体负责政府绩效管理工作。需要尽快健全和规范政府绩效管理体制，具体建议包括：在国务院之下设立政府绩效管理委员会，以便统一组织、指导和协调国务院各部委及各省、市、区的政府绩效管理工作；将地方政府绩效管理领导机构名称统一为政府绩效管理委员会；依法明确国务院政府绩效管理办事机构，保持其稳定性和工作的连续性，并以中央政府绩效管理办事机构及其隶属关系模式，规范地方政府绩效管理办事机构的隶属关系，改变地方政府绩效管理办事机构隶属关系紊乱的格局；在中央和省级政府绩效管理委员会之下设立政府绩效管理咨询委员会，为科学有效地推进服务型政府绩效管理提供智力和技术支持。（卢海燕，2014）

其四，怎么问责？"怎么问责"涉及问责的时间、程序、方法等问题。在问责时间与程序上，应该走向常态化、制度化。我国的行政问责制是在"非典"时期被催生并加速推进的，现在一些地区的行政问责包括教育行政问责依然具有"风暴式""运动式"特点，有相当的人治色彩。这种问责在短期内也有效果，但从长远看，对于地方政府的教育问责的启动及程序，不能由上级政府与领导的偏好来决定，教育问责需要常态化、制度化，需要建立一种长效机制。在问责与考核的方法上，应该由传统的定性考核转向定量考核。传统的定性考核方法存在着相当大的主观性和模糊性，而运用统计方法，根据考核指标体系对地方政府及其领导班子进行定量评价，用数字说话，更具客观性和清晰性。这就要求建立区域教育发展监测制度，严把统计数据质量关。运用统计数据准确与否直接关系到评价的质量，这就要求严把统计数据质量关，提高考核指标数值的准确性，更好地发挥统计数据的管理功能。（褚宏启，2011）

第二章
城镇化与教育的关系

　　城镇化是人类社会发展的重要历史阶段，是全球教育发展与我国教育改革的时代背景。但是，我们对城镇化等一系列概念，经常使用却不知其明确所指；对城镇化这一教育改革的宏观背景，经常可以感受却缺乏系统总结。因此，城镇化到底是什么，城镇化积累了哪些历史经验，城镇化对教育发展与改革提出了什么要求，教育应当如何因应这些挑战，这些都是当下人们论及中国教育改革需要正视、厘清及深刻理解的问题。

第一节　城镇化的内涵与发生机制

　　城镇化是一个多学科关注、多政策聚焦的重要现象，这也导致人们对城镇化的内涵及其发生机制理解的多元性，需要在分析城镇化与教育的关系之前，首先予以厘清。

一、城镇化的内涵

　　"城镇化"（又称城市化）一词从出现至今已有近 150 年的历史，由于城镇化研究的多学科性与城镇化实践的复杂性，关于"城镇化"的界定，一直是众说纷纭。这些定义大致可以分为四类。

其一，城镇化是指人口的城镇化，即农村人口逐渐转变为城镇人口的过程。人口城镇化是对城镇化较为传统的定义，诸多中西方学者均持这一观点。城镇化重要的度量标准"城市化率"便是利用城镇人口占总人口（包括农业与非农业）的比重加以测定的。其二，城镇化是经济生产方式的转变，即各种非农产业发展的经济要素向城镇集聚的过程。这不仅包括农村劳动力向城镇第二、第三产业转移，还包括生产技术与资本向城镇集聚。这一过程主要通过工业化来实现。其三，城镇化是空间城镇化。空间城镇化是城镇化随着经济城镇化与人口城镇化的推进在载体上的变化，即农村地域向城镇地域的转变、农村景观向城镇景观的转变。其四，城镇化是生活方式的变迁，农村的生活方式逐渐为城镇的生活方式所取代。沃斯（Louis Wirth）认为，所谓城市生活方式不仅指有别于农村的日常生活习俗、习惯等，还包含制度、规划、方法等结构方面的内容。这一变迁不仅仅体现为城市文化吸引农村人口进入城市并使其接受城市生活方式，还包括城市生活方式向农村的扩散，使得农村居民的生活方式发生改变。（刘传江，王志初，2001）

虽然，由于学科视角与研究问题的差异，研究者在界定城镇化时会各有侧重，但是总体而论，综合性的城镇化定义日益为研究者所认同。综合性的界定认为，城镇化是指农业人口转化为非农业人口，农业活动转化为非农业活动，农业地域转化为城镇地域，农村生活方式转化为城镇生活方式的综合转换过程。

对于城镇化的综合性理解有利于更为全面地把握城镇化的各种动力与表现，但是仍然需要明确各类型城镇化在城镇化过程中的不同地位。

人口城镇化与空间城镇化是城镇化最为直观的表现。也正因为如此，城市化率（城市人口/区域总人口×100%）与土地利用指标（城市用地占可用地的比重、非城市用地转化为城市用地的速度）是当前衡量城镇化水平最为常见的指标。而人口城市化更是城镇化的核心表现，正如埃尔德里奇（Hope Eldridge）所强调的，"人口的集中过程就是城市化的全部含义"（蔡俊豪，陈兴渝，1999）。可以说，城镇化的丰富内涵都是从人口城镇化衍生而来的：人口城镇化保障了经济生产方式城镇化的劳动力供给，也为工业化与产业结构的变迁提供了土地等要素基础；人口城镇化使城市人口增多、城市规模增大，造成城市地区扩大或设置新的城市，这样就使农村地域转变为城镇地域，形成空间城镇化；农村人口通过城市化改变到城市工作生活，逐步适应并接受不同于农村的城市生活方式，由此带来其生活方式的城镇化。（王桂新，2013）经济生产方式的城镇化是城镇化的根本动力，诸多研究业已表明：正是因为工业化形成的城乡收入差，导致源源不断的农业剩余劳动力向第二和第三产业转移，离开农村进入城镇；也是因为工业化追求集聚效应与规模效应，城市规模不断扩张。生活方式的城镇化是衡量城镇化水平"质"的重要指标。发达国家的城镇化道路已经表明，城镇化发展后期会出现郊区城市化、逆城市化等现象，城镇人口向郊区、农村回流，虽然这一过程中人口不再向城镇集聚，但是城镇的影响仍然发挥着作用，城镇的生活方式深刻影响着郊区与农村。所以，生活方式的现代化最能体现出经济、社会、文化的变迁，体现出城镇化进程中"人"的生存质量。

二、城镇化与城市化的概念辨析

在中国的城市化研究与实践中，对"urbanization"一词一直存在着"城市化"与"城镇化"这两种译法，二者均得到了广泛的认可与使用。那么，这两种译法是否存在意义差异？应当如何选择使用？

辨析这两个概念，需要回到"城镇化"这一概念产生的历史情境之中，其产生与我国当时城市化的现实密不可分。20 世纪 70 年代末 80 年代初，国家提出了"多搞小城镇""积极发展小城镇"等政策，"小城镇战略"在 80 年代成为我国城市化实践的主旋律。据研究者考证，"城镇化"一词最早出现在 1984 年世界银行对中国经济进行考察的背景材料《城镇化：国际经验和中国的前景》一书中。此书译者曾就将"urbanization"译为城镇化还是城市化有过一番讨论。最后，鉴于当时我国处于以农村人口向小城镇转移和集中为主的城市化阶段，再加上国家正在推行"积极发展小城镇、适当发展中等城市、严格限制大城市规模"的政策，"城镇化"似乎比"城市化"更加匹配这一政策，于是便采用"城镇化"一词，随后这一概念被赋予"中国特色"的意涵并沿用至今。（庄西真，2014）

随着人们对城市化概念的本土化与我国城市化道路展开反思，关于城市化与城镇化的概念之争也日益凸显，总体上可以归纳为以下四种观点。

第一种观点认为，"城市化"是更为合理的译法，"城镇化"这一表述会造成概念的混淆。首先，"urban"一词强调的是城市性。一方面，小城镇作为城市的初级形态，并不具有城市性；另一方面，城市性作为一种抽象状态，并不是城镇这一具体外延所能囊括的。其次，城市包括镇的概念，外延更为丰富。我国《城市规划法》就规定："本法所指的城市，是指国家行政建制设立的直辖市、市、镇"。

第二种观点认为，城镇化具有更为丰富的内涵。"城镇"一词本来就包括城（city）与镇（town），所以"城镇化"一词既包括城市化，又包括乡镇化，对于现实更富有解释力。

第三种观点认为，城市化与城镇化可以同时存在，它们所指的是两种不同的发展道路。城市化是指农村人口向城市（特大城市、大城市、中等城市及小城市）集聚。城镇化是指农村人口向镇特别是小城镇转移，而这正是富有中国特色的城镇化道路。有研究者指出，在城市化进程的层级差异越来越明显的当下，一定要区分城镇化（townization）、城市化（urbanization）、都市化（metropolitanization）等概念与阶段。（刘士林，2013）

第四种观点认为，城市化与城镇化的内涵是一致的，不需要专门加以区分。主要原因有三：首先，不管是以城市为中心，还是以小城镇为中心，它们都肩负着同样的历史使命，那就是让人口从农村走出来，从第一产业转向第二、第三产业，这才是城市化的本质内涵。（丁守海，2014）其次，城与镇的边界，特别是小城市与镇的边界，并不是十分清晰的。就各国来看，各国设市的最低人口规模相差仍然很大，如日本为3万人，瑞士为1万人，美国为2500人，丹麦和瑞典为200人，我国1993年标准为8万人。（王克忠，2010）就我国来看，近年来大规模推行撤乡改镇、撤乡并镇、撤县设区，由于欠缺统一标准，没有及时更新，很多镇已经超过市的人口建制。第三，随着多元城市化道路越来越得到认可，"城化"与"镇化"并存并重，区分城市化与城镇化似乎也没有必要了。

关于城市化与城镇化的争论，有以下四点需要明确：第一，城镇化的镇并不是西方城市化进程中郊区城市化所形成的镇，也不是已经形同城市的建制镇。"城镇"的"镇"，其确切内涵不是"城市化"性质的"重镇"的"镇"，而是农村化性质的"乡镇"的"镇"。第二，承认"城镇化"这一概念，并不是否定"城市化"这一概念。城市化是对农业人口转化为非农业人口、农村地域转化为城市地域、农业活动转化为非农业活动、农村生活方式转化为城市生活方式这一过程的抽象概括，不需要对某一国家或者地区的城市化进程的具体现象与过程都进行详细的描述。"城市化"

一词具有广泛的解释力。第三，城镇化是对我国城市化进行的更有针对性、更具特色的概括，明确地指出了我国城市化进程中存在的"大、中、小城市化"与"乡镇化"这两条道路，更能体现我国城市化的历史脉络与可能的道路。第四，赞同使用"城镇化"一词，并不是认为中国的城市化一定要走乡镇化的道路。大城市道路、中等城市道路、小城市道路以及多元化城市发展道路都是中国城市化可能的选择。现实之中，我们的很多分歧之所以产生，是因为反对某种实践或者政策变成了反对某一概念。比如因为反对以发展小城镇为重点而认为"城镇化"这一概念不对，或者因为反对以大中城市为重点推进城镇化而反对使用"城市化"这一概念。

所以，城市化与城镇化在本质上是一致的，城市化属于更为抽象的概念，城镇化则更能体现我国城市化的特征。由于本书的主要议题是中国城镇化背景下的教育改革，所以书中多使用"城镇化"一词以便统一。在论述西方城镇化进程时，为尊重引文作者的原始表述，本书会使用"城市化"这一表述。

三、城镇化的发生机制

城镇化的发生机制是对城镇化起源与发展过程的描述，涉及城镇化的前因动力与后置效应，即什么影响了城镇化与城镇化产生了什么影响。城镇化的发生机制涉及多个城镇化研究的热门议题，如城镇化与经济发展、城镇化与农业发展、城镇化与工业化、城镇化与第三产业、城镇化与人口迁移、城镇化与技术创新等。以下主要关注城镇化与产业结构、人口迁移的关系，以及城镇化的过程与阶段分期。

1. 城镇化与产业结构

早在 17 世纪，英国经济学家配第（Petty，1978）就指出，工业的收入要高于农业，商业的收入要高于工业，这种不同产业间的收入差异会使劳动力向能够获得更高收入的部门流动。后来，英国经济学家克拉克（Clark，1940）分析了 59 个国家在 1958 年的人均 GNP 与三次产业就业比例的关系，进一步证实了配第的观点。克拉克认为随着经济的发展和国民收入水平的提高，劳动力先从第一产业向第二产业转移，当人均国民收入水平进一步提高时，劳动力便向第三产业转移，即作为第一产业的农业劳动力不断趋于减小，而第二、第三产业的就业人数趋于增长。这被后人称为配第-克拉克定理。城镇化在经济学上的本质便是各种生产要素向城市集聚，产业结构的调整是城镇化的主要动力机制。

农业的发展是城镇化的基本前提，随着农业生产水平的提高，农村出现了剩余的粮食与劳动力，这部分剩余劳动力可以依赖剩余粮食进入非农业生产活动。可以说，农业生产力发展产生的这两大"剩余"，是城市形成和城镇化发展的两大前提。（于洪俊，宁越敏，1983）[23-27]

城镇化肇始于工业革命，工业化是城市化的根本动力。其一，工业生产需要生产集聚以减少交易成本，带来集聚效益，这大大加快了城镇化的速度；其二，工业生产需要不断扩大生产规模，城市规模也不断扩大；其三，工业化带来了交通运输方式的改进，使得各种资源可以形成以城市为依托的社会经济系统。同时，城镇化的推进会形成空间上的集聚经济与规模经济，反过来也会促进工业化的深入。但是这种正相关关系也非一成不变的。钱纳里（Hollis Chenery）与赛尔昆（Moises Syrquin）于 1975 年在《发展的型式：1950—1970》一书中指出，工业化与城市化经历的是由紧密到松弛的发展过程。发展之初的城市化是由工业化推动的，工业化通过调整生产的供给结构来满足并适应由城市化引起的各种需求，最主要的如非食品类消费需求、非农劳动力就业需求和资本再分配的需求。随着人均收入的增长，城市居民对服务的需求也相应扩大，单凭工业结构的内部调整已无法适应这一趋势，工业化的速度开始滞后于城市化进程。（曾芬钰，2002）

进入工业化后期，服务业成为独立的第三产业，不断发展壮大，成为推动城市经济发展的重要力量与后续动力。有研究者指出了其中的作用机制：以集聚为特征的城镇提供一定范围内相对密集的人口、相对集中的企业群和相对收入较丰的有旺盛购买力的人群—诱导第三产业发展—为城市提供更多就业岗位，促进城市软硬件设施的完善，吸引人口和生产要素进一步向城镇集中—促进城市化进程。（周毅，2009）

2. 城镇化与人口迁移

农村人口向城市集聚是城市化的核心表现，人口迁移理论也是解释城镇化发展的重要理论资源，其中最为主要的便是二元结构理论与推拉力理论。

1954 年，刘易斯（W. Arthur Lewis）发表《劳动无限供给条件下的经济发展》一文，提出了用以解释发展中国家经济问题的著名的"二元"模型。他把发展中国家的经济结构概括为现代工业部门（城市）与传统农业部门（乡村），传统农业部门存在着大量的低收入劳动力，工业部门可以通过支付与农业部门相同的工资以利用这些劳动力。刘易斯认为，由于工业部门的劳动产出大于工资总量，因而形成剩余产出。如果工业资本家将利润用于再投资，则该部门资本存量及其对劳动的需求将相应提高，农业部门的剩余劳动力会不断进入工业部门。这一过程中工业劳动者的工资和农村劳动者的收入都将随投资增加而逐步提高，工农业趋向均衡发展，城乡也处于平衡发展状态。但是，这一模型自提出以来就饱受争议。费景汉和拉尼斯（Fei, Ranis, 1989）对刘易斯的观点做了修正，认为要使就业转换得以实现，必须保证农业迅速增长到足以满足越来越多的非农产业劳动力对产品的消费需求。因此必须提高农业劳动生产率。这一修正强调了农村与农业生产之于城镇化的价值。这形成了古典经济学的刘易斯-费-拉尼斯二元经济模型。

推拉力理论也是解释城镇化进程中人口迁移的重要学说。20世纪50年代末，伯格（D. J. Bogue）系统阐述了这一理论。所谓推拉力是指：城市以其高就业率、较高的收入和较好的公共设施，对广大农民产生巨大的拉力，促使农村人口向城市集中；农村贫困、落后、经济不发达，产生一种无形的推力，迫使无地、少地的农民向城市移动。城市化就是在这推、拉两种力量的作用下发育、运行、发展的。李（E. S. Lee, 1966）在伯格的基础上又补充了中间障碍因素，主要包括迁移距离远近、物质障碍、语言文化的差异，以及移民本人对于以上这些因素的价值判断。推拉力理论也存在明显的缺陷，如对原居住地和迁移目的地的推拉力缺乏明确的界定，推拉力的大小与相互作用缺少证据等。所以，很多研究者认为，推拉力理论只是提供了分析人口迁移的基本框架。

我国学界多以二元结构理论为基础，认为城乡社会经济的差距所形成的推力和拉力是促使我国城乡人口流动最为主要的原因。李强在2000年与2002年对800名进城务工人员进行的问卷调查发现，来自农村的主要推力是农村收入水平太低、农村缺乏发展机会与农村太穷，来自城市的拉力主要是城市收入水平高与外出见世面。虽然我国的人口迁移亦符合推拉力理论的一般特点，但是中国的推拉模式与国际上相比存在着巨大差异，其中最主要的差异在于户籍制度。户籍是影响中国城乡流动的最为突出的制度障碍，它不仅对推拉发生一般的影响，而且还使推拉失去效力。（李强，2003）

3. 城市化的过程机理

罗西（R. H. Rossi）在《社会科学词典》中指出，城市化具有以下过程：城市化是城市中心对农村腹地影响的传播过程；是全社会人口逐步接受城市文化的过程；是人口集中的过程，包括集中点的增加和集中点的扩大；是城市人口占全社会人口比例的提高过程。（王放，2000）埃尔德里奇回顾了有关"urbanization"的定义后发现，城市化主要包括三大过程。（1）扩散过程（a process of diffusion）。城市化是指城市的某些品质和特征（urban traits and characteristics）向非城市地区逐渐扩散的过程。这些品质和特征主要包括城市道德规范、价值观念、信仰、发明和创新。（2）强化过程（a process of intensification）。城市化是指各种城市行为和素质因不同人群的频繁接触交往而日益增强的过程。（3）人口集中过程（a process of population concentration），即人口学的城市化定义。（刘传江，王志初，2001）美国学者弗里德曼（J. Friedman）将城市化区分为城市化Ⅰ和城市化Ⅱ。前者包括人口和非农业活动在规模不同的城市环境中的地域集中过程，非城市景观转化为城市景观的地域推进过程；后者包括城市文化、城市生活方式和价值观在农村的地域扩散过程。（康就升，1990）我国学者认为，城市化应包括五个层次：第一层次是乡村不断地转化为城市并最终为城市所同化；第二层次是乡村本身内部的城市化；第三层次是城市自身的发展，即"城市的城市化"；第四层次是作为不同学科领域研究对象的城市化；第五层次是最抽象的城市化，即作为城市化整体运动过程的城市化。（高佩义，1991）总的来说，一方面，城镇化过程不仅造就了城镇，城镇在此过程之中不断形成并扩大规模，还深刻影响着乡村，农村快速地卷入城市的社会经济系统之中，为城镇所同化。另一方面，在城镇化过程中，人口、资本、技术等要素向城镇集聚，同时城镇的价值观念、生活方式向农村扩散，城镇的生产技术也扩散至农村，改变了农业生产方式。

还有研究者对城镇化的阶段性规律进行了探索，其中最有影响的便是"诺瑟姆曲线"。美国城市地理学家诺瑟姆（R. M. Northam）将世界各国城市发展过程的轨迹视为一条被拉长的 S 形曲线，大致分为三个阶段：第一个阶段为初级阶段，城市化率在30%以下，城市化速度比较缓慢。在这一阶段，农业在国民经济中占绝大比重，城市人口比重较小。第二阶段是加速阶段，城市化率在30%—70%，城市化加速发展。这一阶段，经济社会活动高度集中于城市，制造业、贸易与服务业等第二、第三产业的就业人数持续快速增长，第二、第三产业增速超过农业且占 GDP 比重越来越高。最后一个阶段是成熟阶段，城市化水平超过 70%，在达到 90% 以后趋于饱和。虽然这一阶段已经达成了高度城市化，但是农村与农业并不会完全消失，城市仍需要农业生产以满足居民生产生活的需求。（刘亚臣，周健，2009）（陈明星，叶超，周义，2011）（见图 2-1）

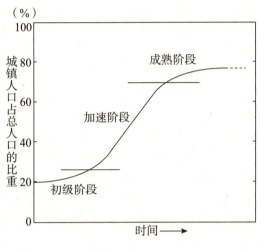

图 2-1　诺瑟姆曲线

第二节　城镇化的历史进程

在不同的发展阶段，推动城镇化发展的动力是不尽相同的，城镇化的速度、规模、质量也迥然有异。对城镇化的历史进程加以分析，我们可以更好地理解教育改革与发展的这一背景。

一、世界的城市化之路

探讨城市化的历史，不免要追溯城市的发展史。距今 5000 年前后，人类的聚落形式开始出现从村落向小城镇和城市的演变。但是农业社会的城市往往是政治、军事、宗教中心，城市消费主要靠农村提供的地租和税赋来支撑，城市的物质设施水平低，与农村差别不大，"乡村在经济上统治着城市"（张润君，2006）[24]，这与现在的城市大相径庭。所以，城市的发展史并不是城市化史，"今天城市规模的扩大和城市数量的激增，与过去的城市发展全然是两回事"（巴顿，1984）[15]。本书赞成诸多研究者的观点，将城市化的兴起定位于18世纪中叶，强调工业革命带来的城市数量的增加与规模的扩大，强调城市功能、地位和作用所发生的根本改变。

按城市化率的发展拐点和主要国家的城市化水平，世界城市化历史可以分为三个主要阶段。

1760—1850年是世界城市化的起步阶段。"产业革命结束了牧歌和田园诗的时代，引起了整个生产方式的变革；小农的分散劳动为社会化大规模的集中劳动所替代；中世纪一个个封闭的经济活动空间，由分工协作联成经济网络；生产领域由地球表面扩展到地球深层；商业活动由国内市场延伸到海外市场；最重要的，是它引发了另一场深刻而广泛的历史巨变——近代城市革命。"（谢文惠，邓卫，1996）[16]18世纪60年代，工业革命首先在英国爆发，资本家纷纷在城市投资工业，使得城市可以为更多的劳动者提供就业机会，同时，因圈地运动丧失土地的乡村破产者和投机分子涌入城市，城市人口迅速增加，传统城市规模扩大，诸多新兴城市兴起。1790—1810年，英国城市人口的比重由1750年的25%左右提高到1801年的33.8%。1851年达到50.2%，基本实现了城市化。（王章辉，黄柯可，1999）[21]

1851—1950年是欧美发达国家城市化快速发展阶段。这一阶段，法国、德国、美国等欧美国家是城市化的主要推动力量。这些国家先后完成了工业革命，城市人口比重大幅提高，1950年，发达国家城市人口的比重已达51.8%。（陈甬军，景普秋，陈爱民，2009）[31]19世纪70年代第二次工业革命拉开序幕，随着生产力的迅速提升和资本主义商品经济的繁荣，城镇化的趋势向世界各地扩展，世界城市化水平由1900年的13.6%提高到了1950年的28.2%。

1951年以来，发达国家进入城镇化新阶段，发展中国家快速城镇化。在这一时期，发达国家进入高度城镇化阶段，城镇化率在1970年达到70%，在2000年达到75.4%。（陈甬军，景普秋，陈爱民，2009）[32]但是，发达国家在进入高度城市化阶段后，出现了城市拥挤、交通混乱、环境恶化等诸多城市问题，于是在20世纪70年代和80年代出现了城市人口向郊区回流的逆城市化现象。但是80年代和90年代大城市又开始复苏，特别是一些老城市通过发展高新技术产业和新型第三产业，创造出更多的就业机会，城市市区的环境和交通得到较好的治理，城市的信息集聚能力和创业机会吸引了大量年轻的专业人员回城居住，这个过程被称为"再城市化"。（李培林，2013）[6]同期，发展中国家普遍取得民族独立，致力于发展经济，城镇化进程加速，城镇化率由 1950 年的 16.2% 提高到 1980 年的 30.5%，2000 年已达 47.2%。（陈甬军，景普秋，陈爱民，2009）[32]但是，发展中国家也出现了大都市与都市群发展迅猛、工业化与城镇化发展不相协调、农村剩余劳动力大量转移等现象，引起越来越多的关注。比如一些发展中国家人口城市化迅速，但是转移人口尚未融入城市，不能享受城市化成果，出现伪城市化；又如拉美发展中国家过量农村人口向城市集聚，但是工业化进程严重滞后，城市难以为迁入人口提供充足的就业机会与必要的生活条件，出现"城市病"，这被称为过度城市化。

一些研究者将发达国家城市化进程划分为集中性城市化、郊区城市化与逆城市化三个阶段，具体又可分为六个时期。（1）绝对集中的城市化时期。在这一时期，城市中心区人口增加，郊区人口减少，城市地区或城市圈人口增加。（2）相对集中的城市化时期。城市中心区人口迅速增加，郊区人口也增加，城市圈人口大幅度增加。（3）相对分散的郊区化时期。城市中心区人口低速增长，郊区人口快速增长，城市圈人口低速增加。（4）绝对分散的郊区化时期。城市中心区人口开始减少，郊区人口低速增长，城市圈人口低速增长。（5）绝对分散的逆城市化时期。城市中心区人口继续减少，郊区人口低速增长，城市圈人口出现负增长。（6）相对分散的逆城市化时期。城市中心区人口大幅度减少，郊区人口也开始出现负增长，城市圈人口负增长。（刘传江，王志初，2001）

纵观世界城市化进程，不难得出两点规律性认识：其一，城市化道路存在明显的阶段性与多元性。就总体趋势而论，城市化速度存在缓慢、加速与放缓等不同阶段（如诺瑟姆曲线将城市化分为初级阶段、加速阶段与成熟阶段），而且在城市化的不同阶段，可能会出现集中型城市化、郊区城市化、逆城市化、再城市化等不同现象，各个阶段的社会问题与经济发展趋势也不尽相同。从国别差异来看，不同国家由于国情不同，往往处于城镇化的不同阶段，面对的城市化问题存有差异，所以并不存在一条普适的城镇化道路。因此，在分析城市化背景下的社会经济问题时，既要尊重城市化的一般规律，又要结合本国城市化的特点，不能简单地提倡"本国特色"，也不能一味"向他国学习"。第二，城镇化与技术革新紧密相连。

城镇化的兴起源于工业革命，机器大生产带来了人口、资本、土地的集聚，带来了城市的革新与扩张。而后续的两次技术革命，便捷的交通、充裕的动力和影响深远的信息技术，进一步加速了工业与服务业取代农业成为主导产业的进程，为城镇化提供了源源不断的动力。生产技术和生产方式的转变，导致分散、落后的手工业生产和以农业为主题的乡村经济发展产生了性质与地域上的变化，人类的生产活动和集聚及人口的增加，城市基础设施的兴建、功能的不断完善以及集聚经济效益的强化，反过来又促进了工业化的发展。这也体现出在整个城镇化进程中教育与科技所扮演的重要角色。

二、中国的城镇化进程与道路选择

前世界银行首席经济学家、诺贝尔经济学奖获得者斯蒂格利茨（Joseph Stiglitz）指出："21 世纪影响世界进程和改善世界面貌的有两件事：一是美国高科技产业的发展，二是中国的城市化进程。"（新玉言，2013）[封面]新中国成立以来，城镇化进程历经曲折，最终发展迅猛，为世界瞩目，业已成为我国各项社会事业改革与发展必须考虑的宏观背景。

1949 年新中国成立以来，中国城镇化的历程可划分为以下四个发展阶段。

第一阶段为 1949—1957 年，这是城镇化的起步与快速发展阶段。在这一阶段，我国国民经济得以恢复并进入稳定健康发展的轨道，特别是1953—1957 年"一五"计划时期，国家进行了大规模的工业化和市政建设，城镇化进入正常上升期。在这一阶段，城镇人口快速增加，1949 年中国城镇人口为 5765 万人，1957 年为 9949 万人，总共增加 4184 万人，增长率为 72.6%。（范恒山，陶良虎，2009）[5]全国新建了 6 个大城市，大规模扩建了 20 个城市，一般扩建了 74 个城市；1955 年颁布的《关于市政建制的决定》和《关于城乡划分标准的决定》，更是从政策角度明确了我国城镇建制的规范。1949 年我国城镇化率为 10.6%，1957 年提高到 15.4%，年均增长 0.6 个百分点，略高于世界平均速度。（陈甫军，景普秋，陈爱民，2009）[40-41]

第二阶段为 1958—1960 年，中国出现了超速城镇化。1958 年，党的八届二中全会上概括提出了"鼓足干劲，力争上游，多快好省地建设社会主义"的总路线,"大跃进"兴起。这一阶段政府盲目推进工业化,超大规模地进行基础建设,导致工业化和城镇化脱离中国农业发展实际,异常发展。这三年,工业产值占社会总产值的比重由 1957 年的 43.84%提高到1960 年的 61.0%,城镇化率由 15.4%猛升至 19.75%。(陈甫军,景普秋,陈爱民,2009)[40-41]

第三阶段为 1961—1976 年的反城镇化阶段。这一阶段出现了两次城镇化水平倒退的现象。第一次发生在 1961—1965 年。1961 年,在"调整、巩固、充实、提高"八字方针的指导下,国家开始调整工农业建设。由于农业减产无力供养庞大的城市人口,国家开始精简城市职工、减少城镇人口,到 1963 年全国共减少城镇职工 1887 万人,向农村迁移城镇人口 2600万人。1961—1965 年,共有约 3000 万城镇人口返回农村,支援农业生产。这一时期,国家还提高了建制镇的标准,由原来的常住人口 2000 人提高到3000 人,使全国城市数减少了 37 座。第二次城镇化水平倒退是在 1966—1976 年。"文化大革命"引发了十年动乱,城市工业建设停滞,知识青年上山下乡与干部下放等政策以及军事工业的三线建设,导致小城镇萎缩,城市人口减少,原有城市承载能力下降,城镇化率由 1966 年的 17.83%下降到 1976 年的 17.44%。

1949—1978 年的 29 年间,中国的城镇化呈现出两个显著特点:第一,城镇化发展过程曲折,城镇化率波动起伏较大;第二,政府对城镇化进程具有决定性的控制力,特别是政府通过对人口"农转非"的制度性控制,对城镇化产生了巨大影响。

第四阶段为改革开放以来,中国的城镇化进入了快速发展时期。这一阶段的城镇化可以划分为四个时期。(1)恢复发展时期(1978—1984年)。家庭联产承包责任制使得农业生产率大大提高,农村经济恢复发展,出现大量农村剩余劳动力,为城镇化提供了有效支撑。(2)平稳发展时期(1984—1992 年)。城市经济体制改革不断推进,特别是进入 20 世纪 90 年代以后,小城镇发展战略的实施、经济开发区的普遍建立以及乡镇企业的兴起(乔小勇,2013),为城镇的发展注入了源源不断的动力。(3)加速发展时期(1992—2003 年)。市场经济体制逐渐建立,一方面城市发展拥有了更为广阔的资源和更为强劲的动力,政府以兴建大中城市、发展小城镇和普遍建立经济开发区为基本途径全面推进城镇化。另一方面大量农村剩余劳动力涌入城市,人口城镇化进程明显加速。(4)统筹发展时期(2003—2012 年)。这一时期亦被称为科学发展时期。经过近 20 年的城镇化，一些矛盾与问题凸显：城乡收入和生活水平差距拉大；城市病初见端倪，而农业发展缓慢；城乡制度壁垒依然严重；土地浪费与环境污染严重；等等。所以这一时期的城镇化追求城市与农村的经济、社会、人口、资源和环境的全面可持续发展。（5）新型城镇化发展时期（2012 年—　）。新型城镇化发展是对强调城乡统筹发展的城镇化道路的进一步深化，从人的城镇化的高度进一步规范我国城镇化的发展之路。2012 年，党的十八大报告提出，坚持走中国特色新型工业化、信息化、城镇化、农业现代化道路。2013 年，党的十八届三中全会通过的《中共中央关于全面深化改革若干重大问题的决定》正式提出，"坚持走中国特色新型城镇化道路，推进以人为核心的城镇化"。随后出台的《国家新型城镇化规划（2014—2020年）》《国务院关于深入推进新型城镇化建设的若干意见》等政策文件，进一步明确了新型城镇化的内涵与推进策略。

中国到底应该走怎样的城镇化发展道路，这是我国城镇化进程中的重要议题。国家的大政方针在不同时期不尽相同，研究者也展开了广泛而又激烈的争论，主要观点可概括为以下四种：小城镇论、大城市论、中等城市论与多元道路论。

1978 年全国第三次城市工作会议提出"控制大城市规模，多搞小城镇"方针。1980 年国务院批准的《全国城市规划工作会议纪要》提出"控制大城市规模，合理发展中等城市，积极发展小城市"。1990 年实施的《城市规划法》正式提出"国家实行严格控制大城市规模、合理发展中等城市和小城市的方针"。其间，小城镇复兴，乡镇企业异军突起，出现农村人口向小城镇集聚的潮流。（李培林，2013）[4] 小城镇战略在 20 世纪 80 年代到 90 年代初期独占鳌头，费孝通先生于 1984 年发表著名的《小城镇 大问题》一文得到了中央的高度关注，在社会上引起了巨大反响，成为探讨小城镇发展战略的扛鼎之作。温铁军总结了一些专家的观点，指出"在现阶段与中国的大中城市相比，小城镇有明显的发展优势"：其一，改革以来，尽管中国城市化进程滞后，但近年来小城镇数量扩张明显，在小城镇的建设方面还是积累了许多经验和教训，因势利导发展小城镇应当说有一定的基础；其二，由于地缘关系紧密，农民进入小城镇比进入大中城市付出的心理成本要低一些；其三，小城镇的发展可以把城乡两个市场较好、较快地连接起来，迅速地促进农村第二、第三产业的发展，由此大量地吸纳农村剩余劳动力，缓解农村人多地少的矛盾，进而促进农业规模效益的提高和农民收入的增长，同时又可以缓解大中城市人口膨胀的压力。（温

铁军，2000）

20 世纪 90 年代，一些学者在反思小城镇模式的缺陷与总结西方城市化经验的基础上形成了大城市论。一方面，小城镇的发展并没有从根本上让农民生活与农业生产有所改观，反而出现了耕地减少、环境污染等问题。另一方面，研究者发现，大城市的快速发展是世界各国城市化初期和中期的共同特征。大城市论者认为大城市的快速发展会产生明显的集聚效应，从而带来更高的规模收益、更多的就业机会、更强的科技进步动力和更大的经济扩散效应。王小鲁和夏小林提出，政府政策应当有意识地推动一些有条件的中小城市加速发展成 100 万—200 万人的规模优化城市。可考虑从现有的 100 万人以下的城市中选择一批基础和发展前景较好者作为重点建设城市，给予一定的投资、就业等方面的鼓励政策，促使其加速发展。（王小鲁，夏小林，1999）

中等城市论是由《经济学动态》编辑部于 1984 年最先提出的。"中等城市论者认为大城市已经出现了诸多城市病，进一步发展能力有限；小城镇由于亦存在投资效益低下、土地浪费严重、布局分散、城市功能不明显、城市建设无序和管理混乱等'农村病'，也不应成为中国城市发展的战略重点。"（范恒山，陶良虎，2009）[102]该观点认为中等城市分布均衡，有利于生产力合理布局，带动农村地区城镇化。而且中等城市兼具大城市、小城市与小城镇的优点，能够趋利避害，在城镇体系中起到承上启下之功效。

但是，以规模为标准的某一"模式"或"道路"，因其在实践中的问题也遭到了实践者与研究者广泛的质疑与批判。在此过程中，多元化的城市发展模式开始逐步得到认同。正如周一星所说的："不存在统一的能被普遍接受的最佳城市规模，城镇体系永远是由大中小各级城镇组成的，而各级城市都有发展的客观要求，所以城市化的模式应该是多元的、多层次的。"（周一星，1992）从宏观政策观之，《中华人民共和国国民经济和社会发展"九五"计划和 2010 年远景目标纲要》提出要"逐步形成大中小城市和城镇规模适度，布局和结构合理的城镇体系"。"十五"计划第一次提出"实施城镇化战略，促进城乡共同进步"，"推进城镇化要遵循客观规律，与经济发展和市场发育程度相适应，循序渐进，走符合我国国情、大中小城市和小城镇协调发展的多样化城镇化道路，逐步形成合理的城镇体系"。党的十六大提出"要逐步提高城镇化水平，坚持大中小城市和小城镇协调发展，走中国特色城镇化道路"。党的十七大报告指出，"走中国特色城镇化道路，按照统筹城乡、布局合理、节约土地、功能完善、以大带小的原则，促进大中小城市和小城镇协调发展"，并强调要"以增强综合承受能力为重点，以特大城市为依托，形成辐射作用大的城市群，培育新的经济增长极"。《国家新型城镇化规划（2014—2020 年）》指出，建立城市群发展协调机制，促进各类城市协调发展。增强中心城市辐射带动功能，加快发展中小城市，有重点地发展小城镇。

三、中国城镇化的现状与问题

回顾新中国成立以来我国城镇化的发展，特别是改革开放以来的城镇化进程，不难看出我国城镇化巨大成就与突出问题并存的现实。

从城镇化的速度与规模来看，中国的城镇化快速推进，不同规模的城镇渐成体系。

改革开放以来，中国的城镇化率从 1978 年的 17.92% 跃升至 2013 年的 53.73%，城镇常住人口达 73111 万人。中国的城镇化率由 2000 年的 36.22% 上升至 2010 年的 49.95%，年均增长率达 1.33%，高于 1980—1990 年 0.68% 的增长率和 1990—2000 年 0.98% 的增长率（表 2-1）。摆脱"城镇化率"的崇拜，可以看到经济城镇化、空间城镇化与文化城镇化的稳步推进，城镇化正在改变国家与个体的生活。经过三十多年的城镇化进程，中国已经初步形成了以超大城市、特大城市和大城市为主导，众多不同等级、不同功能的城镇组成的城镇群（带）或城镇体系（见表 2-2），形成了珠江三角洲城市群、长江三角洲城市群、环渤海城市群等。（王克忠，周泽红，孙仲彝，朱惠霖，2009）[10]值得一提的是，由于长期以来强调小城镇的特色发展，小城镇也已成为中国城镇化的重要力量。

但是，在快速推进的城镇化建设背后也存在诸多隐忧。第一，很多地区对城镇化的本质认识不到位，热衷于大规模的城市建设，忽视城市基本服务的改进、产业发展拉动、人口的市民化与城市制度的改进。第二，各地的城镇化发展水平不一，特别是东、中、西部地区在城镇化程度与模式方面存在着显著差异。2011 年全国城镇化率约为 51%，而东、中、西部地区城镇化率分别为 61%、47%、43%。《国家新型城镇化规划（2014—2020 年）》明确了东、中、西部地区在城镇化进程中不同的战略任务：针对东部地区城市群的发展，提出优化提升东部地区城市群，要以建设世界级城市群为目标，加快形成国际竞争新优势，在更高层次参与国际合作和竞争；针对中西部地区城市群，提出培育发展中西部地区城市群，要在严格保护生态环境的基础上，引导有市场、有效益的劳动密集型产业优先向中西部转移，吸纳东部返乡和就近转移的农民工，加快产业集群发展和人口集聚，培育发展若干新的城市群，在优化全国城镇化战略格局中发挥更加重要作用。第三，各类型城镇发展不协调的现象依然存在："城市病"与"农村病"日益凸显；中等城市发展薄弱，城镇化发展缺乏"中间力量"；小城镇数量增加但是规模较小，发展动力不足。

表 2-1 中国城镇化率 （单位：%）

年份	城镇化率	年份	城镇化率
1978	17.92	1996	29.37
1979	19.99	1997	29.92
1980	19.39	1998	30.4
1981	20.16	1999	30.89
1982	21.13	2000	36.22
1983	21.62	2001	37.66
1984	23.01	2002	39.09
1985	23.71	2003	40.53
1986	24.52	2004	41.76
1987	25.32	2005	42.99
1988	25.81	2006	43.9
1989	26.21	2007	44.94
1990	26.41	2008	45.68
1991	26.37	2009	46.59
1992	27.63	2010	47.5
1993	28.14	2011	51.27
1994	28.62	2012	52.57
1995	29.04	2013	53.73

表 2-2　1978 年与 2010 年我国不同规模城市数量比较　（单位：个）

	1978 年	2010 年
城市	193	658
1000 万以上人口城市	0	6
500 万—1000 万人口城市	2	10
300 万—500 万人口城市	2	21
100 万—300 万人口城市	25	103
50 万—100 万人口城市	35	138
50 万以下人口城市	129	380
建制镇	2173	19410

从城与乡的关系来看，城乡二元格局仍未打破，这不仅阻滞了城镇化的发展，还造成了巨大的社会不公。

长期以来，我国在财政投入上重城市轻农村、重工业轻农业，这使得在新中国成立之初，我国的工业化得以快速起步，城镇化也随着工业化稳步推进，但是也形成了城乡分割的二元格局。改革开放以来，为了推进城镇化，我国在户籍制度、劳动就业制度、社会保障制度、教育制度等方面进行了一系列变革，但城乡壁垒仍未打破。一方面，户籍制度的制约，致使农村人口即使流动至城镇，在城镇生活与工作，也不能享有与城镇居民相同的社会福利与公共服务，无法真正实现市民化，降低了城镇化的质量。另一方面，城乡实现不同的土地制度，农村土地无法自由转让，农村的土地权益无法实现，致使土地资本流动不畅。此外，农村长期处于被牺牲、被忽视的地位，致使农村发展缺乏资本投入，缺乏技术革新，工业化缺少农业发展的有效支持，城镇化发展存在隐患。这三方面都阻滞了我国城镇化的推进。

城乡二元格局更是形成了城乡发展的巨大差距，特别是在城镇化的背景下，城乡发展的差距被进一步拉大，农村与农民日益处于被忽视、被边缘化的位置，形成社会不公。就个体而论，城乡的差距主要体现为收入差距、公共福利差距和发展机会差距。根据国家统计局的数据，2013 年城镇居民人均可支配收入为 26955 元，农村居民人均纯收入为 8896 元。除了收入差距外，城乡居民在教育、医疗、社会保障、住房等各方面均存在着巨大的福利差距与隐形的机会差距，所以从农村进入城市一度被认为是"跳龙门"。近年来，城乡的协调发展日益受到重视，统筹城乡发展、城乡一体化发展成为重要的发展理念，但是缩小城乡差距仍然任重道远。

从人口流动这一核心特征来看，城镇化进程中出现了大规模的人口流动，但"半城市化"人口大量存在。

大规模的人口流动迁移是我国城镇化的显著特征。国家统计局公布的数据显示，2012年我国流动人口数量达2.36亿人，相当于每六个人中就有一个是流动人口。从流动的趋势来看，人口主要是从农村向城市、从欠发达地区向经济发达地区流动，特别是从中西部地区向东南沿海流动。从整个流动群体来看，新生代流动人口已经成为流动人口的主体，家庭化迁移成为人口流动迁移的主体模式。（中华人民共和国国家卫生和计划生育委员会，2013）如此大规模、长距离的人口流动是其他任何一个国家城镇化进程中不曾面对过的现象，充裕的剩余劳动力为我国的工业化与产业结构调整提供了重要基础，但是也引发了诸多的社会问题。深究这些问题的本源，流动人口的"半城市化"正是关键所在。

半城市化是指进城务工人员仅仅实现了职业的非农化转变，但是社会福利仍维持原有的农村水平，生活方式也未发生根本性的变化，并未成为真正意义上的"市民"。以社会福利为例，据人保部与国家统计局调查，2009年进城务工人员参加养老保险、医疗保险、工伤保险和失业保险的比例分别为18.2%、29.8%、38.4%和11.3%。（国务院发展研究中心课题组，2011）再来看公共服务的享有，以教育为例，进城务工人员无法享有与城镇居民同样的接受职业培训的权利，随迁子女在城市接受教育并升学也存在诸多制度瓶颈。所以，有研究者指出，如果按照完全享受城市公共服务的户籍人口计算，中国目前城镇化率不到40%。（新玉言，2013）[2]"半城镇化"甚至是"伪城镇化"的存在，主要原因有三：一为制度因素。由于户籍制度的存在，农村转移人口并没有获得真正的"市民身份"，往往难以享受城镇户籍人口的社会保障与公共服务。二为能力因素。农村转移人口缺乏学历优势和一技之长，难以实现职业上的转化，长期以来只能从事城市低端行业。三为社会心理因素。由于长期的城乡分割，城市居民对于农村迁移人口的接纳水平仍然有待提高，农村转移人口亦需要适应城市的生活方式和文化观念。

我国城镇化的这些特点与问题也会反映在教育事业之中，比如当前教育中存在的城乡差距、区域差距，又如进城务工人员的职业培训与随迁子女的教育问题。同时，一些问题的解决也需要教育的助力，比如劳动者素质的提升、社会的融合，很多研究者认为推动城镇化的良性发展、破除二元格局，教育是重要抓手。

第三节　城镇化与教育的双向互动

城镇化是一场深刻的社会经济变革，处于城镇化浪潮之中的教育面临着机遇与挑战，同时，教育也可能对城镇化发挥或促进或阻滞的双重效应。所以有必要剖析城镇化与教育的双向互动，并进一步反思"城镇化来了，教育准备好了吗"以及"城镇化中，教育能做什么"。

一、城镇化给教育带来的机遇

城镇化是一国一地人口、经济、文化等多方面的系统变革。在巨大的变革之中，教育也面临着发展契机，主要体现在以下三个方面。

城镇化带来人口集聚，为教育提供了集约发展机遇。在农村地域，由于聚落分布的密度低及村级财力的有限性，学校往往是小规模的、分散式的。这些学校因运行的成本高但效益低而使政府缺乏给予财政投入的动力。而且，由于距离等原因，这些学校相互之间也缺乏广泛的交流。所以，这些小规模学校往往存在基础设施严重缺乏、教师队伍结构失衡与补充困难、教师专业发展前景渺茫、教学开展与课程开设缺乏保障等诸多问题。在城镇化背景下，农村人口向城市集聚，这给教育的集约发展提供了契机。在城市，一方面，大量适龄教育人口随着父母迁入城市，城市教育人口增加。另一方面，由于产业集聚，城市内部也形成了功能分区，形成人口集聚的生活区。所以，政府可以在人口聚居区兴办大规模学校，发挥城市学校的规模效益。在农村，教育人口的迁出给农村教育提供了"化零为整"的机会。政府可以此为契机撤并一些就学人口少、办学效益差的小规模学校，兴建基础设施更完善、教师条件有保证、教学质量有提升的较大规模学校。

城镇化拉动经济发展，为教育发展提供了物质基础。从国家层面来看，城镇化与经济发展存在正相关，城镇化已经成为我国经济发展的强劲动力。有研究者利用2000—2009年我国31个省份的城镇化率和人均GDP的面板数据进行分析，发现我国城镇化进程与经济发展水平之间存在长期稳定的均衡关系，我国城镇化率每提高一个百分点，可以维持7.1%的经济增长。在经济平稳快速发展的背景下，政府有更为充裕的财力投入教育事业，才能保证教育经费的"三个增长"与"两个比例"。从个体层面来看，研究表明，家庭收入变动对家庭教育支出影响显著，这种影响远大于对其他消费支出的影响。在城镇化背景下，城乡居民的可支配收入大幅增长，使其可以保证并增加家庭教育投入。特别是对农村家庭而言，大量农村劳动力进入城镇就业，获得较之在农村务工更多的收入，可以保障家庭的教育支出。统计显示，农民总收入显著提高，工资性收入已成为农民增加收入的重要来源，工资性收入占总收入的比重从1990年的20%上升到2008年的接近40%。而未迁出的农民，随着农业产业化的深入，收入也得以稳步增长。

城镇化带来的文化变迁，为教育提供了新的内容与组织形式。城镇化不仅仅是人的流动与物质环境的变化，更是文化的巨大变革。城市文化是以市民性为核心的，以城镇化、工业化与市场化为背景的一系列价值观点、生活习俗、制度规范。相较于农村文化，城市文化更为彰显人的主体性，具有更多的理性精神、更充分的人性和更高的效率，更为趋向现代文明。城市文化随着人口城镇化与经济城镇化产生，但是其扩散速度与影响深度却是难以估量的，甚至远远快于并广于人口城镇化与经济城镇化。列宁曾经说过："与居民离开农业转向城市一样，外出做非农业的零工是进步的现象。它把居民从偏僻的、落后的、被历史遗忘的穷乡僻壤中拉出来，卷入现代社会生活的漩涡中。它提高居民的文化程度及觉悟，使他们养成文明的习惯和需要。"（列宁，1959）[527]教育是城市文化扩展、渗透、传播的重要途径。在城镇化进程中，教育内容发生了巨大的变化，农村生活与农业生产、宗族礼仪与乡土习俗都逐渐淡出教育，取而代之的是城市生产生活。有研究者通过对现行人教版小学语文教材的分析发现，教科书中有关城市知识的比重越来越大。如1—12册教科书选用的素材中，具有城市特征的占27%，具有中性特征的占63%，具有乡村特征的占10%；课文内容中，具有城市特征的占28%，具有中性特征的占61%，具有乡村特征的占11%；插图中，具有城市特征的占22%，具有中性特征的占69%，具有乡村特征的占9%。（颜智敏，2014）此外，城市文化所蕴含的价值观念，特别是对于技术、效率、制度的强调，也影响着教育的组织形式，使教育管理与课堂教学更为重视技术与制度的力量，重视对于投入产出的衡量。

当然，对于这些所谓的机遇也不乏批判者，主要的批评声音集中在两方面：一是城镇化所带来的教育集聚，近似城市学校消灭农村学校，但是一些规模较小的学校仍然具有其政治意义与文化意义，应当保留并壮大；二是教育的内容与组织形式更多反映了城市的特点与要求，对农村生活、农村发展缺乏应有和必要的关注，教育活动独立于农村生活和发展之外，课程远离农村学生的生活经验。这些争论其实都反映了一个核心问题：在城镇化的背景下，城市教育与农村教育到底是怎样的关系？

城镇化是农业人口转化为非农业人口，农业活动转化为非农业活动，农业地域转化为城市地域，农村生活方式转化为城市生活方式的综合转换过程。在这一过程中，必然会伴随着农村人口与农村地域的减少、农村生活方式与文化的变迁。根据诺瑟姆曲线，当城镇化率达到90%，城乡比例将会趋于平衡。这说明，城镇化的进程，必然会带来农村人口、农村地域的减少，甚至是农村文化影响的削弱。但是城镇化并不是消灭农村，因为城镇仍需要农业生产提供原料与生活所需。但是此时的农村与农业生产，已经不再是传统意义上的农村与农业生产，而是渗透着现代城市文明和生产方式。所以，在处理城与乡的关系时，既要摆脱对于农村的怀旧主义，又要防止消灭农村的激进思维。反映在教育之中，城市文化所体现的现代教育必然会取代传统农耕文明的教育。当然，农业生产及其文化具有其必要意义，这是农村地域的教育可以有的特色，但是这并不是要求一国之教育应当立起城市教育与农村教育两个标准。

二、城镇化给教育带来的挑战

城镇化在给教育带来机遇的同时，也对教育提出了巨大的挑战。特别是在我国，城镇化进程中出现的诸多教育问题已经成为教育改革的急中之急与难中之难。总的来说，这些问题可以概括为以下四个方面。

第一，随迁子女与留守儿童教育问题。国家卫生和计划生育委员会2013年9月发布的《中国流动人口发展报告2013》显示，2012年我国流动人口总量已达2.36亿人，占全国总人口的17%，其中80%是农村户籍流动人口。随着大量农村劳动力进城务工，形成了随迁子女与留守儿童两个新的教育群体。根据《2012年全国教育事业发展统计公报》，全国义务教育阶段在校生中，随迁子女共1393.87万人，农村留守儿童共2271.07万人。这两个群体的受教育问题已经成为城镇化进程中的教育热点与难点问题。

对随迁子女而言，其受教育权利与升学权利难以得到保障。一方面，虽然"以流入地为主、以公立学校为主"的"两为主"政策的逐步落实，让越来越多的随迁子女可以进入流入地的公办学校就读，但是，由于随迁子女数量众多，而学校短期内又无法扩容，使得一部分随迁子女仍不得不到低端的民办学校、外来务工人员子弟学校上学。这些学校往往办学条件简陋，安全、卫生等方面存在严重隐患；教师队伍不稳定，教师素质总体不高；学校属于民营性质，必须通过向学生收费维持，在政府没有补助或补助力度不大的情况下，很多学生无法享受免费的义务教育。总体而言，随迁子女在城镇之中难以享受教育过程的公平与教育结果的相对公平。另一方面，随着《关于做好进城务工人员随迁子女接受义务教育后在当地参加升学考试工作的意见》的出台，各地先后出台了随迁子女升学考试方案，逐步放开随迁子女在流入地参与异地中考与异地高考，但许多地区设置了相当严苛的条件，而且一些地区的普通中等教育和普通高等教育并没有完全开放。流入地政府为农民工随迁子女所提供的是断裂的、不完整的教育体系，教育机会并不公平，不利于他们的终身学习和持续发展。

对留守儿童而言，由于父母不在身边，亲情缺失，对其的教育和管理逐渐成为农村突出的社会问题。从就学状况来看，留守儿童是最容易辍学的群体，研究发现在进入初中教育阶段后，留守儿童在校率急剧下降，在完成初中教育方面存在比较明显的问题。（周福林，段成荣，2006）从心理状态来看，实证研究发现留守儿童感到孤独、委屈难过、心理焦虑和抑郁的比例明显高于非留守儿童（王良锋，张顺，孙业桓，2006）（高文斌，王毅，王文忠，等，2007）（刘正奎，高文斌，王婷，等，2007），较非留守儿童更容易出现心理问题（王东宇，王丽芬，2005）。地区性的调查还发现，留守儿童表现出相对较多的违法和违纪行为。（刘霞，范兴华，申继亮，2007）

第二，农村教育发展困顿问题。城镇化背景下，农村教育发展困顿最为核心的表现便是巨大的城乡教育质量差距。这一差距是学生素质、升学机会等最终教育结果的差距，也是课堂教学、学校管理等过程性的差距，更是经费投入、教师资源配置等投入因素与背景因素方面的差距。由于我国城镇化的特点，我们需要从两个角度来动态地理解当下农村教育发展的困顿。

一方面，城镇化进程中存在着严重的城乡分割，政府以"牺牲农村支援城市、牺牲农业发展工业"的策略完成了新中国成立头十年城镇化的"原始积累"。虽然城镇化已经带来了城乡要素更为自由的流动，但是城乡二元格局依然存在，成为我国城镇化重要的历史遗留问题。反映在教育上，城市教育得到政策倾斜，拥有更多的资源与发展机会，而农村教育发展相对落后。从根本上说，二元格局下农村教育的发展困局更多是政府决策的后遗症，并已经形成了顽固的制度壁垒，涉及育人模式与教育质量保障制度、教育投入体制、教育人事制度、教育管理体制与办学体制等相关体制机制。

另一方面，随着城镇化的推进，人口、土地、资本等要素都向城市集聚——城市在国家经济发展与个体的经济生活中处于中心地位，而农村却处于边缘的地位。所以，城市教育在城镇化进程中获得越来越多的重视与资源，而农村却被"掏空"，城乡教育陷入马太效应的恶性循环之中。与城乡教育的二元格局不同，城乡教育的马太效应更多是市场的作用。以教师的"逆向流动"为例，引发这一问题的原因并非城乡教育的分割管理导致的流动不畅，而是农村教师欲追求更高的工资薪酬与更好的工作生活环境而选择向城镇流动。就个人选择来说，这种流动是合法合理的，但是就农村教师队伍建设来说，优秀农村教师外流，加剧了城乡教师队伍的不均衡。

第三，进城务工人员职业教育与培训问题。进城务工人员的大量出现是我国城镇化进程中的重要现象，但其学历与技术水平普遍偏低，既无法满足以工业化带动城镇化进程中产业结构升级对高素质劳动者和技能型人才的需要，也不能为农民工自身快速融入城镇生活、共享城市文明提供有力支撑。统计数据显示，在学历方面，进城务工人员中文盲占 1.5%，小学文化程度者占 14.3%，初中文化程度者占 60.5%，高中文化程度者占 13.3%，中专及以上文化程度者占 10.4%。（王安宁，2013）为农民工特别是新生代农民工提供教育与培训，是提高其专业技能、从业本领和城市生活能力的重要途径，但是据 2012 年国家统计局数据，既没有参加农业技术培训也没有参加非农职业技能培训的进城务工人员占比达 69.2%。（王安宁，2013）

进城务工人员教育和培训效果不理想，究其原因集中于以下四个方面：一是缺乏专门的法律和制度保障，进城务工人员未能平等享受接受培训和教育的权利。二是教育培训的管理体制尚未理顺。农民工的数量和日常管理涉及人口、公安等部门，教育培训涉及人保、教育等部门，经费保障涉及财政、物价等部门，目前各部门还没有形成良好的分工协作体制，多头管理导致信息分散、资源重复浪费，降低了有限资源的使用效益。三是教育培训经费保障不足。企业因为担心进城务工人员跳槽而不愿意进行投入，农民工教育培训经费主要来自政府补贴，经费来源单一且严重不足。四是培训内容低层次且重复严重。当前很多培训内容多是入门门槛不高的低层次技能，而且多有重复，劳务市场上真正需求的电焊、汽修、车辆驾驶等技术含量稍高的技能培训并不多，导致进城务工人员接受培训积极性不高。

进城务工人员职业素养与专业技能的提升不仅仅需要进一步完善职业教育，更需要完善各类继续教育，进一步提高城镇教育体系的开放性，给进城务工人员更为充裕的学习机会，让进城务工人员不受地域之限、经费之限实现终身教育。

第四，教育制度与管理手段滞后问题。城镇化的推进，要求打破城乡界限，加大城乡统筹，让要素可以在城乡之间自由流动；要求加大部门协同，共同应对城镇化中诸多牵一发而动全身的问题；要求把握城镇化中要素流动特别是人口流动的现状并做出预测，做到科学、动态管理。但是，当前教育制度与发展方式仍然存在与城镇化发展不相适应之处。

其一，"分割管理、城市偏向"严重，难以打破城乡二元格局。一方面，政府在教育资源配置过程中对城乡区分对待、"厚城薄乡"的现实仍未得到根本的改变，有限的教育资源被优先分配到城市，导致城乡教育差距仍未缩减；另一方面，教育行政部门在具体管理如目标设定、策略选择与评价考核等诸多方面存在"城市中心"的导向，农村学校不仅获得教育资源不足，还需要与城市学校站在同一条起跑线上，遵守同一个规则，难以实现特色发展与跨越式发展。

其二，各级政府、政府内部各部门之间尚未形成有效的协同联动机制，难以统筹城镇化进程中的教育发展。城镇化进程中的人口流动是区域性的，以跨省流动与跨市流动较为常见，这就使得诸多教育问题往往不是一地之问题，而是牵涉多个属地。譬如，各级政府之间、流入地政府与流出地政府之间尚未建立因应城镇化挑战的教育投入分担与联动机制。一些人口流入大省和市县为了落实随迁子女教育"两为主"政策，不断增加经费支出，财政压力不断增加。以东莞市为例，截至2012年年底，东莞市共有60.91万名非户籍义务教育阶段学生，其中有14.21万在公办中小学就读。如果切实贯彻国家提出的"两为主"政策，东莞市每年还需增加投入约53.71亿元，2012年东莞市财政一般预算收入为356.32亿元，仅此一项就占市财政预算收入的19.6%，加上本地生源义务教育的必需支出，合计教育支出将占市财政预算收入的约40%，如此庞大的支出，东莞市财政将难以承担。而同时中央与省财政转移支付乏力，金额较少，据统计，2009—2011年中央和省对东莞市分别补助13569万元、19965万元、19204万元，仅占东莞市这三年教育投入的2.76%、3%、2.3%。在某一层级政府内部，教育管理部门缺少与相关部门的沟通和联动，致使教育未能与经济发展、土地利用等各类城乡建设规划相互衔接，未能实现"多规合一"，教育规划的系统性、科学性和严肃性都不够，教育优先发展的战略地位在城镇化推进过程中得不到有效落实。

其三，教育管理仍处于静态管理阶段，管理手段无法满足城镇化人口动态流动的需要。在城乡分割时期，农村居民并未大规模地向城市流动，省际流动亦不常见，户籍是教育进行人口调控的重要手段，教育部门通过户籍来估算入学人口、财政投入，并以此来进行教学管理。但是，大量农村人口向城市涌入，使我国目前仍以户籍制为主要工具手段的调控政策显得捉襟见肘（童潇，2012）：教育管理体制缺乏更高层次统筹，普遍呈现出"分散化""无序化"特点，在城镇化的人口快速变动中更容易造成地区间不公平，拉大差距；缺少对学生和教师总量及变化趋势的了解与把握，未能对教育的体系结构进行前瞻性的科学规划；缺乏对学生和教师个体的信息化管理，不利于学校充分了解学生和教师异动情况，也不利于对学生流动和教师交流的科学管理与针对性引导。所以，教育改革必须改变原有以户口为基础的归属地管理，进行动态管理。2014年9月1日起，我国逐步完善全国统一的学籍信息管理系统，中小学生学籍将"一人一号"，全国统一编码。学籍号还将与公安部身份认证系统、税务社保等系统对接，终身使用。这可谓大数据时代教育动态管理的重要改革举措。

三、教育对城镇化的促进与阻滞

教育常常被誉为城镇化的"绿色引擎"，因其能够为产业结构的升级提供技术与人力资本，能够促进农村人口向城市迁移并融入城市社会，从而提高城镇化的速度与质量。但是，现实之中，由于教育政策与实践的方向错误与运行不力，教育对城镇化也可能形成阻滞作用。我们可以从三个方面来理解教育对城镇化的作用。

其一，培育人力资本与生产知识技术。城镇化与产业结构的变迁常常互为因果。城镇化的不断推进，需要产业结构的升级：需要加快完善现代农业产业体系，发展高产、优质、高效、生态、安全农业；需要以信息化带动工业化，以工业化促进信息化，走出一条科技含量高、经济效益好、资源消耗低、环境污染少、人力资源优势得到充分发挥的新型工业化道路；需要加快发展服务业，在保障传统服务业健康发展的同时，发展以金融、信息、保险以及旅游为核心的现代服务业。产业结构的升级需要教育系统的支持：一方面，城镇化要求教育提供更多更高素质的从业人员，其中，通过职业教育培养更多技术工人这一要求更为迫切；另一方面，城镇化要求高等教育发挥科学研究功能，促进产学研的融合，使更多的研究成果转化为现实生产力。但是，从现状观之，当前教育并没有为城镇化提供充裕的技术工人，进城务工人员专业技能缺乏，导致同质性就业与结构性失业，与劳动力市场中技术工人缺乏形成了鲜明对比；高等教育创新性人才培养乏力、技术创新不足、技术转化率低等问题也较为突出，未能给城镇化提供充裕的人才支持与技术支持。

其二，拉动人口流动。正如埃尔德里奇所强调的，"人口的集中过程就是城市化的全部含义"（蔡俊豪，陈兴渝，1999），人口流动是城镇化的核心表现，而教育与人口的流动密切相关。首先，教育可以对人进行现代性的启蒙，使其越来越重视自身的能动作用，而不再受制于现状与社会文化，从而可以自主做出迁移的决策。李（Everett Lee）在《人口迁移理论》一文中认为，迁移者具有选择性的原因是不同的人对流出地和流入地的正负因素评价不同，克服流动障碍的能力存在差异。其中，对其他地方的认知程度以及个人的性格、爱好、敏感程度等是内在于个人素质的因素，个人素质较高，就更容易充分了解外面的世界，也乐于流动到收入较高、对个人素质要求也较高的地方，其向外流动率就较高，反之亦然。（朱妍，2010）[29]其次，工资收入是引起人口流动的重要动因，而受教育程度更高的迁移者往往掌握更多的信息，能够找到更高薪酬的工作，故更有可能选择迁移。复次，教育是农村人口迁往城市的重要机制。教育在当下仍然是农村子弟跳出农村走向城市的重要途径。农村学生考上大学后往往留在城市工作，而非回到农村，形成了农村人口的教育性流动。最后，教育本身也是一种推拉力。城市优质的教育资源有时候是人口向城市集聚或者城市人口内部集聚的重要拉力，在镇区中心造就一所教育质量堪与城市优质学校媲美的学校，其带来的人口集聚效应，甚至远远超过产业集聚带来的人口集聚效应。如中山市财政投入 7000 多万元实施"振兴初中行动计划"，优质教育吸引了农村学生进城就读，绝大多数家庭的成员被带动在城镇就业、生活、消费，形成了以教育为核心的小产业链，带动了城镇房地产开发、餐饮、交通等产业的快速发展。

其三，促进人口融合。城镇化的核心是人的城镇化，而人的城镇化不仅仅是物理空间上的变化，还需要融入城市生活，实现市民化。但是当前进城务工人员存在"流动但不定居，定居但不融合"的现实，而教育可以促进农村转移人口的融合。有研究者对 991 名进城务工人员进行了调查，并按照 2005 年全国 1% 人口抽样调查数据进行加权，最后分析发现文化程度高的进程务工人员较文化程度低的流动人口更容易融入城市。（任远，乔楠，2010）教育之所以能够促进人口的融合，可以从两方面分析原因：一方面，教育可以提高迁移人口的学历水平和职业技能，使其可以在城市拥有更好的职业发展，从而拥有更多的经济资本与社会资本以融入城市生活。姚先国等调查发现，职业培训在统计上对外出劳动力成为生产工人或从事服务业具有显著影响。较之未受过职业培训的劳动力，职业培训对促进接受职业培训的劳动力在服务业就业的作用有近 6 个百分点，而对在工业生产部门就业的促进作用高达 21 个百分点。（姚先国，俞玲，2006）另一方面，非制度化的教育也是社会的"润滑剂"，通过教育可以进一步加强城市文化的浸润，亦可促进社会谅解与文化理解的加深，形成真正的"迁移"。对于随迁子女来说，教育对其城市融合的作用也十分明显：一是学校这个集中的，有目的、有计划并且有明确纪律规范的社会化教育系统有利于他们适应所处社区的环境、语言、流行文化、行为准则；二是城市倾向的课程内容使其更为了解城市的生活方式；三是通过在学校中与当地的学生互动，有利于增强其与当地儿童的同质性。有研究者分别调查了就读于普通公办学校的随迁子女与就读于打工子弟学校的随迁子女，结果发现前者的社会文化适应更好。这也佐证了城镇化进程中教育对随迁子女城市融合的作用。

第四节　城镇化进程中教育改革的方向与任务

"不要因为走得太远而忘记为什么出发"，这是当前流行的一句劝诫，意在提醒人们谨记初衷。城镇化进程中的教育改革亦是如此，改革的顶层设计与具体实施应当明确需要秉承的价值导向与需要着力的任务领域。

分析我国城镇化的相关政策，特别是结合十八届三中全会以来有关推进城镇化的政策表述，不难发现我国城镇化政策与实践的总体方向正在发生转变：从强调物的城镇化转向突出人的城镇化，转变过往"见城不见人"的城镇化发展观，关注城镇化进程中人的价值与发展；从城市优先转向城乡统筹，试图打破城乡二元格局，谋求城乡一体化发展。

一、人的城镇化与教育改革

城镇化并不是简单的农民进城、平地起楼的"造城运动"，城镇化的核心是"人的城镇化"。党的十八届三中全会通过的《中共中央关于全面深化改革若干重大问题的决定》强调："坚持走中国特色新型城镇化道路，推进以人为核心的城镇化"。《国家新型城镇化规划（2014—2020年）》也将人的城镇化作为我国进一步推进城镇化的价值导向。

1. 从物的城镇化到人的城镇化

一国或一地的城镇化主要体现为物的城镇化与人的城镇化两个方面。物的城镇化强调经济城镇化与空间城镇化，重视城镇化带来的物质财富的增长、城镇形态景观的变化与城市规模的扩张，重视土地等资本在城镇化中的动力作用。而人的城镇化强调人的状态是城镇化最为核心的表现，突出人在城镇化进程中的价值与发展。

长期以来，我国的城镇化发展重视物的城镇化，而对人的城镇化有所忽视。对于物的城镇化的推崇，使得我国城镇化在土地转化、城市建设方面突飞猛进，城市面貌日新月异。但是在这种"以物为本"的城镇化发展理念指引下，我国的城镇化也面临诸多困顿，主要有：第一，农村转移人口市民化问题。大量农村剩余劳动力与失地农民涌入城市，但是在追求城市发展规模与速度的当下，其在城市中的融合情况与有质量的生活被忽视，进城务工人员及其随迁子女的"伪城镇化"与"半城镇化"问题严重。第二，城镇化动力问题。城市发展长期依赖于土地等生产要素的大量且粗放的投入，而非人力资源、科学技术等软性资源的投入。过分依赖土地的城镇化引发了诸多问题，如"土地财政"与"拆迁问题"，城市通过低价征用农村的耕地或者集体建设用地资源，获取了大量的资金，通过透支土地红利，推进城市的基础设施建设。这一过程中，由于强拆、补偿金过低等原因，引发了诸多社会问题。第三，城镇化质量问题。虽然城镇化快速推进，但是城市社会发展与经济发展不相协调，教育、科技、文化、医疗卫生、环境保护等社会事业发展严重滞后于经济发展，形成了城市优质教育资源有限、科学技术与经济发展耦合程度低下、文化卫生事业不能满足居民需要、环境保护建设落后等"城市社会落后病"。（范恒山，陶良虎，2009)[68]第四，基本公共服务公平享有问题。在改革开放之前，户籍、教育、就业等诸多方面城乡分割森严的制度使农民长期处于"被牺牲"的地位。改革开放后，这种二元结构仍未根本打破，统筹城乡的发展战略仍未实现城乡居民在发展权利与生活品质上的相当地位，农村人口不能平等享有城镇化的成果。

随着我国城镇化步入中后期，城镇化面对着如何迈过刘易斯拐点、如何扩大内需、如何实现文化的城镇化等现实问题，人的城镇化的重要性日益凸显。《国家新型城镇化规划（2014—2020 年）》强调，城镇化发展需要坚持"以人为本，公平共享"的原则，要"以人的城镇化为核心，合理引导人口流动，有序推进农业转移人口市民化，稳步推进城镇基本公共服务常住人口全覆盖，不断提高人口素质，促进人的全面发展和社会公平正义，使全体居民共享现代化建设成果"。

"人的城镇化重视人的权利、人的福利、人的主体性，以人的全面发展为出发点和最终归宿。"（邬巧飞，2015）它是重内涵、有质量的城镇化，是对过往的"以物为本"的城镇化发展模式的反思与超越。具体而论，人的城镇化关注以下四个方面：其一，人在城镇化中的地位与作用。通过引导人口的合理流动与提高人口素质，为城镇化提供重要动力。其二，城镇化不能仅仅局限于人口的转移与集聚，更要实现转移人口在生产生活方式、生存发展空间上的变迁，使其认同并融入城市生活。其三，让广大农民享受教育的城镇化、医疗的城镇化、社会保障的城镇化、公共服务的城镇化等，让其能够享受到城镇化所带来的资源变迁、向上流通渠道的扩张以及对市场经济适应能力的提升。（方辉振，黄科，2013）其四，提高城市生活的品质，让城镇居民与农村转移人口也能体验城市之幸福。

倡导人的城镇化并不是否定物的城镇化。物的城镇化是人的城镇化的重要基础，在"一穷二白"之时谈人的市民化无疑是痴人说梦。但是，狂热的物的城镇化是一种城镇化上的生产主义，这种生产逻辑将本该是手段的物质生产看作了目的，将本该是目的的人看作了手段，并在商品拜物教、货币拜物教和资本拜物教的观念指引下，将人作为发展的价值目标异化为工具目标。（姚毓春，2014）

2. 人的城镇化与教育能为

人的城镇化的核心理念可以概括为依靠人、发展人、为了人，即城镇化发展要摆脱以往对土地等硬性资源的过分依赖，通过教育与培训，培育人力资本，通过人的发展来推动城镇化，最终实现人的市民化。人的城镇化之关键任务是转移农民的市民化。在我国的城镇化进程中，产生了规模庞大的流动人口，这一人群不仅包括进城务工的农村剩余劳动力，还包括随父母迁入城镇的子女。此外，《国家新型城镇化规划（2014—2020年）》提出到 2020 年，"努力实现 1 亿左右农业转移人口和其他常住人口在城镇落户"。如何使如此庞大的农村转移人口适应、融入城镇生活，从制度身份、职业通道、行为表现等诸多方面实现从农民向市民的转变，这是我国城镇化面临的最大挑战。人的城镇化之主要策略是进行制度创新、提升城镇能力与促进社会融合。人的城镇化需要对原有的制约城乡居民自由流动、阻碍城乡居民公平享有公共服务的制度进行深度变革，需要提升人们适应城镇生活与从事相关职业的能力，需要促进城乡之间、城市内部外来务工人员及其子女与本地居民之间的理解与包容。

人的城镇化需要教育的支持与推动，有学者更是认为，"人的城镇化关键在教育"（万玉凤，高靓，2014）。物的城镇化可以为教育提供重要的物质基础，但也在一定程度上限制了教育的发展空间：一方面，物的城镇化更为重视城镇的物质景观等硬事业，其他软事业的发展被忽视，教育事业便首当其冲。也正因为如此，诸如教育用地被用于招商引资、教育经费被用于城市建设之类的新闻屡见不鲜。另一方面，物的城镇化更为重视土地等硬资本，人的发展所带来的人力资本的增长与科学技术的革新未能得到足够的重视，教育在其中的作用也尚未得到最大限度的发挥。随着人的城镇化逐渐在学术认知与公共政策上占据主导地位，如何促进人的城镇化应当成为教育的应有之义。

第一，教育可以提升居民对城市文明的认知与认同。教育是城镇文化传播的重要途径，通过教育理念、教育内容与教育组织形式等方面的变革，可以使人们在教育过程中浸润在城市文化之中，帮助人们接纳、理解、认同、反思城市文明，加速城镇的文化创新，达成农村的移风易俗。城镇文化的传播不仅仅贯穿于基础教育阶段，还渗透于职业教育、继续教育与高等教育之中。

第二，教育可以提升转移劳动力的城镇就业能力。2012年5月，教育部部长袁贵仁在第三届国际职业技术教育大会上指出："积极稳妥推进城镇化进程，迫切要求通过职业教育使农村劳动力带着技能有序转移到城镇就业，顺利成为新产业工人和新市民。"大量的实证研究发现，通过职业教育与培训，农村转移劳动力可以提升自己的职业素养与专业技能，在城镇拥有更为广阔的职业选择空间与职业发展管道，从而拥有更为稳定的、高质量的生活。

第三，教育可以促进人在城镇化中的社会融合。城镇化带来了人口在城乡之间、地域之间的快速流动，也形成了不同价值观念与生活方式的碰撞与隔阂。教育是社会的润滑剂，其在推进农民工融入企业、子女融入学校、家庭融入社区、群体融入社会方面，应该发挥更大作用。（褚宏启，2015a）

第四，实现教育服务的公平享有。教育作为基本的公共服务与城镇化的重要成果，不应因居民城乡身份、户籍区域的差异而有所不同。人的城镇化要求打破城乡教育的二元结构，实现城乡教育均衡，让城乡居民均可以接受高质量的国民教育，城镇内部随迁子女与当地城镇学生、进城务工人员与当地城镇居民平等享有教育、培训、升学等方面的权利。

二、城乡一体化与城乡教育的一体化发展

城乡一体化作为新时期我们对城乡关系的理解与认识，对教育事业的改革与发展也产生了重要影响。2010年，《教育规划纲要》将"建立覆盖城乡的基本公共教育服务体系，逐步实现公共教育服务均等化，缩小区域

差距"作为教育发展的一项战略目标，并提出"加快缩小城乡差距"，"建立城乡一体化义务教育发展机制"的发展任务。由此，"城乡教育一体化"这一提法在国家政策层面得到清晰体现，并成为我国教育尤其是基础教育和职业教育下一步发展的指导方针与战略任务。

1. 城乡一体化发展

城乡一体化是为破解城乡二元结构提出的新发展观，是我国城镇化的重要发展路向。2007年，党的十七大报告提出"建立以工促农、以城带乡长效机制，形成城乡经济社会发展一体化新格局"，首次使用了"城乡经济社会发展一体化"这一概念；2008年，十七届三中全会通过《中共中央关于推进农村改革发展若干重大问题的决定》，首次提出要建立促进城乡经济社会发展一体化的制度，以从根本上破解城乡二元结构："我国进入着力破除城乡二元结构、形成城乡经济社会发展一体化新格局的重要时期，要建立促进城乡经济社会发展一体化制度"。

总体而论，城乡一体化是指城市与乡村这两个不同特质的经济社会单元和人类聚落空间，在一个相互依存的区域范围内谋求融合发展、协调共生的过程。（朱善利，2013）[2]具体包括以下三个方面的政策含义：其一，需要建立统一的市场，在此之中，人口、资金、信息和物质等要素可以在城乡之间自由流动；其二，需要打破当前巨大的城乡差距，这其中既包括显性的收入差距，又包括隐性的公共服务差距、个人发展差距机会差距；其三，需要充分发挥城市与农村的优势，特别是注重在城镇化的背景下发展农业、发展农村，让城乡在经济、社会与文化上互相渗透、相互融合、高度依存。

城乡一体化并不是要压制城市的发展，延缓城镇化的进程。相反，诸多研究者认为，城乡一体化是城镇化发展的高级阶段，如许经勇就认为城镇化发展需要经历三个阶段。（1）当城镇化处于启动和快速发展阶段，即城镇化的第一个阶段，由于城乡差别异常悬殊，城市对农村人口、产业有很强的吸引力和集聚作用，农村人口与产业迅速地、大规模地向城市集中，城市的发展与繁荣是以农村的相对停滞与萧条为代价的。（2）城镇化的第二个阶段，即为了创造城市化持续健康发展的条件，客观上要求必须把城市化的侧重点，转移到对农村的扩散、辐射、带动作用上。城市是区域经济增长极，能对周边乡村地区发挥辐射、扩散、带动作用，但在发挥这种作用之前，又必须完成一个对周边乡村地区的吸引与集聚过程。只要这个过程没有结束，必然会持续吸引来自周边乡村地区的生产要素，导致周边乡村地区生产要素的流失；只有当这种吸引、集聚达到相当程度时，才会对周边乡村地区产生辐射、扩散、带动作用。目前我国城镇化已到了这样一个阶段，即如果忽视发挥城市对农村的辐射、扩散、带动作用，城镇化就不可能得到持续、健康的发展。（3）城镇化的第三个阶段，人口与产业在城市与乡村之间的转移处于相对均衡状态，城市与乡村的收入水平和生活质量已基本接近，这个阶段是城市化的高级阶段，即城乡一体化阶段。城市与乡村都具有不可替代的作用，城镇化的目标不是消灭农村，而是实现城乡一体。（许经勇，2006）

2. 理解城乡教育一体化

城乡教育一体化是城乡一体化的衍生概念，是打破城乡二元结构在教育事业发展上的重要表征和必然要求。城乡教育一体化旨在统筹城乡教育发展，整合城乡教育资源，打破城乡二元经济结构和社会结构的束缚，构建动态均衡、双向沟通、良性互动的教育体系和机制，促进城乡教育资源共享、优势互补，推动城乡教育相互支持、相互促进，缩小城乡之间的教育差距。（褚宏启，2009）城乡教育一体化，需要进一步明确其中"教育"的范围，以及"一体化"在教育中的政策内涵。

从教育的层级来看，我国的教育体系包括基础教育、职业教育、高等教育、继续教育四大类别。城乡教育一体化主要涉及基础教育、职业教育、继续教育三个类别，涉及的广度和深度在程度上依次递减。其中基础教育制度改革是重点，义务教育制度改革是重中之重。（褚宏启，2010）从教育的空间意义和历史发展来看，城乡教育一体化需要面对两种教育形态。一种是传统的城乡教育二元结构形态，主要表现为城乡之间存在巨大的教育差距，农村学生难以得到相同的教育资源，平等受教育权无法得到保障。另一种是随着城镇化的推进衍生出的更为复杂的城乡教育形态。一方面，城乡教育的历史差距并没有因为城镇化而缩减；另一方面，大量农民进城务工，他们及其随迁子女成为介于农民与市民间的第三类社会群体，形成了"三元社会结构"（徐明华，盛世豪，白小虎，2003），必须解决这一类群体的受教育问题。

城乡教育一体化是手段性表述与目标性表述的统一，即"用城乡教育一体化的手段实现城乡教育一体化的目标"。一体化既是手段又是目标：作为手段，它强调的是城乡教育双向沟通、资源共享、优势互补、互动互助；作为目标，它强调的是缩小城乡教育差距，实现城乡教育公平。城乡教育一体化在一种结构性的框架下思考两种教育的发展和责任，在一种动态性的框架下思考两种教育的互动与互惠。（褚宏启，2010）在此，需要明确以下几点。

其一，城乡教育一体化以教育发展为根本要义。城乡一体化不是城乡的"低层次平衡发展"和"平均主义"，它不是降低城市的地位去屈就乡村，而是将乡村的地位适当提高，使其在市场体制下处于与城市同等的竞争地位。（洪银兴，陈雯，2003）城乡教育一体化需要缩小城乡教育差距，但并不是牺牲城市的教育发展速度来等待农村教育的发展，牺牲城市教育发展的资源来促进农村教育的发展。衡量城乡教育一体化不能仅仅局限于城乡教育差距，还需要关注城乡教育的总体水平。其二，城乡教育一体化并不是城乡教育"一样化"。城乡教育一体化并不是要求农村教育选择城市教育的发展模式，而是强调在保持各自差异的基础之上，互惠互助，共同发展，所谓"各美其美，美美与共"。差异的存在是城乡教育互通有无的基础，但是需要打破由城乡二元制度引发的差异，追求基于城乡各自地域景观、产业经济、文化习俗的特色发展，充分发挥城乡各自优势，协同发展。第三，城乡教育一体化的关键是打破城乡教育的三元结构，使得教育要素可以在城乡之间、城市内部的流动人口与常住居民之间合理流动，优化配置。实现这一目标，需要根本的制度变革。

城乡教育一体化在实践之中仍然存在诸多困境，主要有：第一，国家欠缺对农村教育发展质量的刚性规定，各级政府在发展农村教育上目标不明确、策略不务实的现实依旧存在；第二，对农村教育的优势挖掘不够，导致农村教育一直在追随、赶超城市教育，难以实现跨越式发展；第三，对于城乡教育的真正差距尚未厘清，未找到缩小城乡教育差距的关键点与突破点，导致所谓的"向农村倾斜"犹如"撒胡椒面"，难以取得集约性效果。所以，在推进城乡教育一体化的过程中，需要厘清诸多现实前提，不能使其仅仅停留在学术性的探讨或者政策用语的号召中。

3. 城乡教育一体化的公平内涵

教育公平是城镇化进程中教育改革的重要目标，是衡量改革是否成功的重要尺度。教育公平可以大致分为教育条件公平、教育起点公平、教育过程公平和教育结果公平四个方面。结合城镇化的背景，教育条件公平指城乡教育投入、办学物质条件、师资条件的公平，教育起点公平指城乡之间和城市内部受教育者的机会公平，教育过程公平指城乡学校在教育教学过程中课程设置、先进教学方法使用等的公平，教育结果公平指城乡教育质量的公平。

四种公平的重要性是不同的，城乡教育差距在本质上是质量差距，破解城乡教育二元结构、统筹城乡教育发展的"最后目标"是质量公平或者说结果公平，因此，在制度重要性排序上，与教育质量公平直接相关的学生培养制度和教育质量评价制度被置于中心地位，可以称作核心制度。《教育规划纲要》也把与教育质量直接相关的制度作为核心制度，明确提出："深化教育体制改革，关键是更新教育观念，核心是改革人才培养体制，目的是提高人才培养水平。"这里所讲的人才培养体制包括人才培养模式、教学管理制度、教育质量评价制度等内容，与本书中的学生培养制度和教育质量评价制度的外延是一致的。教育投入、办学条件、教育机会等方面的公平尽管也是城乡教育一体化追求的重要目标，但却是为实现教育质量公平服务的，属于"中间目标"，与此相对应的教育投入制度、教育人事制度、入学招生制度可称为外围制度。

平等原则要求城乡学校为学生提供平等的受教育机会和条件，要求与之相应的入学招生制度、教育条件标准（物质条件和师资条件）必须以平等（均等、一样）为目标，确保城乡每一个受教育者在教育起点、教育条件方面得到无差别对待。城乡教育一体化对于教育条件、教育机会公平的要求是刚性的。城乡教育条件公平、教育机会公平是平等性的公平，要求"一样"，相应的入学招生制度、办学条件标准必须是刚性的。需要注意的是，教育制度改革不能以教育质量平等（均等）为目标。教育结果平等是不存在的，但是教育结果公平是存在的，因为基于教育机会和教育条件平等所产生的教育结果的不平等是公平的。

学生发展水平的差异性亦即教育质量（结果）的不平等、不均等是客观现实，没有绝对的教育结果平等和教育质量均等，学生最后的发展结果都是多种多样、千差万别的，因此不应该要求教育质量评价制度追求绝对的教育结果平等。但这并不意味着教育质量评价制度不能对"教育结果"进行规定和干预，并不意味着不能设定和推行有关教育结果的"教育质量基本标准"。许多国家明确对"教育结果"设定可以测量的基本标准，并要求学生达到此标准。"要求学生达到同样的教育质量基本标准"在制度设计上具有现实性和可操作性，其真实含义为："不是让所有学生的发展水平完全一样（结果均等）"，而是"让所有学生都达到国家规定的、较高的发展标准（都达到统一标准）"。城乡教育一体化对于教育结果公平的要求刚性、弹性兼而有之。城乡教育结果公平兼具平等性公平和差异性公平。教育质量基本标准的要求是刚性的，是城乡所有学生都必须达到的强制性要求，对于所有学生是"一样"的统一性要求。而学生在达到教育质量基本标准后的个性化、多样化发展，则是有"差异"的，是弹性的。与此相应，教育质量评价制度改革既要强调城乡教育质量基本标准的刚性，又需要在此基础上建立多样化、"差异性"的教育质量评价标准和评价模式。

差异原则反映的是"不同情况不同对待"的要求。不同主体因为个体差异具有不同的需求，受教育者的先天禀赋或缺陷以及他们的需求是制度安排必须考虑的前提。教育要根据学生的不同需求提供多样化的教育资源（包括不同的学校类型、多样化的课程内容和教学方法等），以满足学生个性充分发展的需要。这意味着差异和不同，但是也意味着公平。从终极意义上讲，因材施教，让每个学生的个性和禀赋得到充分发展是最公平的（也是最有效率的）。与此相应，在城乡教育一体化过程中，要承认城乡不同区域、不同学校的特点差异，尊重差异，彰显差异，鼓励城乡学校根据各自的实际情况创造性地探索有自己特色的发展道路，最终实现特色发展、优势互补、整体提升。差异原则要求给学生提供多样性的教育，摒弃"提供整齐划一的同质性的教育才是教育公平"的认识。

城乡教育一体化对于教育过程公平的要求是弹性的。城乡教育过程公平是差异性公平，强调"差异"，要求相应的学生培养制度具有足够的弹性，鼓励提供多样化的课程、具有地方和学校特色的课程、多样化的教学方法和教学模式。只有如此，教育教学过程才能焕发出生机与活力，才能满足学生个性化发展需求。当然，教育过程也有一些刚性要求，如开足、开齐课程，学生每天锻炼不少于一小时等，但这些刚性要求相对于教育过程的特色化和多样性要求而言是次要的，是可以兼容在"差异"中的，属于差异中的共性要求。差异性原则也意味着由因材施教带来的学生所享有教育资源的差异性，意味着教育投入、师资条件的不平等（不均等），如残疾学生随班就读、智力超常学生"开小灶"、不同类别学校（如普通高中和职业学校）教育成本不同，等等，都会使学生享有的教育资源不一样，但这种差异是公平的。因此，差异性原则要求在平等性原则的基础上，教育投入制度、教育人事制度能允许这种资源配置的不均等存在，并使之具有合理性与合法性。

补偿原则要求关注受教育者的社会经济地位的差距，关注城乡间和学校间教育资源条件的差距，对落后地区、对薄弱学校、对处境不利的受教育者在教育资源配置上予以额外补偿。补偿原则比平等原则要求更高，在进行资源配置时，对于落后地区、薄弱学校和弱势群体，与其他地区、学校、群体一视同仁还不够，应该多配置资源才算公平，才能真正体现"补偿"的本意。城乡教育一体化进程中，补偿的直接目的和主要目的是实现城乡办学条件均等化。

补偿原则对于教育投入制度、教育人事制度提出倾斜性配置教育资源的刚性要求，需要在制度安排中明确补偿对象、补偿标准和补偿方式。此外，还应建立全国性的和区域性的学校办学条件基本标准，包括校舍建设标准、设备图书配备标准、师资标准、生均经费标准等，为补偿制度的有效实施奠定基础。补偿性公平是为平等性公平尤其是城乡教育条件均等服务的，平等性公平所要求的制度刚性也必然要求与补偿性公平相连的教育制度具有刚性特征。

三、城镇化背景下农村教育的发展路向

农村教育一直是我国教育改革的热点问题与难点问题。可以说，关于城镇化背景下的教育问题，人们更为关注城镇化背景下农业、农村与农民的出路，更为关注农村教育的应为、可为与难为之处。虽然政策主张与学术研究对农村学生基本教育权利的保障、教育资源配置向农村倾斜、农村学校标准化建设等关乎农村教育质量提高的议题多有关注，但是对于"农村应当是什么样的，应当向哪里去"等根本的方向问题却缺乏必要共识与深入追问。

1. 农村教育发展的"离农""为农"之争

关于农村教育发展路向，政策上存在反复，学界亦未达成共识。人们多用"离农"与"为农"来概括两种不同的农村教育发展路向。

"离农"的农村教育强调城市在社会发展中的中心地位，农村教育的内容与组织形式以城市文明为依据，以城市教育为模板，教育的目的是让受教育对象从农村走向城市，从农民变为市民。离农的教育反映了农村中长期存在的"跳出农门"的教育期待，获得了家长、学生、教育工作者的

广泛支持。有研究者通过访谈发现："教育部门领导和校长、老师对于如何使农村学生在农村发家致富的话题不感兴趣，他们反反复复强调'农民的孩子也要上大学，学校就是要想方设法保证和提高升学率，否则学校很难被社会认可'。"（周晔，2013）"为农"的农村教育主张农村教育应当为农村的经济社会发展服务，为农村培养下得去、用得上、留得住的人才。这一倾向多见于国家政策，也得到了许多研究者的认同。如2003年的《国务院关于进一步加强农村教育工作的决定》便强调，农村教育"必须全面贯彻党的教育方针，坚持为'三农'服务的方向，增强办学的针对性和实用性，满足农民群众多样化的学习需求"。又如十七届三中全会强调："发展农村教育，促进教育公平，提高农民科学文化素质，培育有文化、懂技术、会经营的新型农民。"

我们可以从农村教育的战略地位、功能定位与发展策略三个方面进一步辨清这两种取向。

从战略地位观之，离农论者认为，城市文明代表着现代文明，无论是城镇居民还是农村居民，都需要接纳、认同、进入城镇文明体系。教育应当是农村居民融入城市文明的重要动力，应当用现代城市文明充实、改造农村教育。持这种倾向的论者认为"工业化—城市化—现代化"是任何一个以农业为主的传统国家迈向现代化的必经之路，乡村教育的萧条，如同乡土社会的衰落一样，顺乎时势，不可逆转。农村教育的出路和希望不在乡村而在城镇，城市让教育更美好。（胡俊生，2010）（胡俊生，李期，2013）为农论者认为，乡村文明并不是劣势文明，农村更是城镇化不可或缺的部分与持续不断的动力，进言之，城镇化的推进与乡村文化的复兴都需要农村教育的支持。正如有研究者总结的："发展农村教育，全面提升农村人口的整体素质，不仅对农村社会发展有利，而且对城市社会发展同样有利，这是建设人力资源强国的战略需要。在人口可以跨城乡自由流动的背景下，发展农村教育与发展城市教育具有同等重要的战略意义。"（邬志辉，2015）

从功能定位观之，有研究者总结认为，离农教育与为农教育反映了民间教育意愿与政府教育意愿的冲突。（张济洲，2005）离农论者认为，教育的核心功能是人的培养，农村教育的根本旨归是让农村子弟可以享受高质量的教育，使其可以跳出农门，融入城市。有论者质疑为农的教育："要求农村孩子面向农村，参加农业生产劳动，掌握农业生产技术知识，这不是减少甚至剥夺他们走向城市、走向社会上层的机会吗？如果农村教育只追求为农村服务，那么农村孩子永远进不了城市主流文化，实际上剥夺了他们参与城市生活和国家生活的权利，不利于社会阶层公平流动。"（张济洲，2006）为农论者对离农的教育提出了尖锐的批评。他们认为离农的教育主要存在以下两大危害：一方面导致农村精英涌向城市，造成农村人力资源的匮乏，阻滞了农村经济社会的发展，也使得城镇化的推进缺乏来自农村的支持；另一方面，农村学校是农村的文化高地，扮演着保存、革新、发展、传播乡村文化的重任，而消灭农村教育也进一步加速了乡村文化的衰落与农村的凋敝。城镇化的良性发展，农村的再度复兴，都需要农村教育最大化地发挥其社会经济功能。

从实现策略观之，离农教育的特点是农村教育的城镇化，主要做法可以概括为两个方面：在布局上提倡初中进城，小学进镇（乡），统一规划；在教学上体现城市文明与城市发展的要求，在培养目标、教学内容与组织形式上与城市教育一致。为农的教育则号召农村教育的内容与组织紧扣农村孩子的生活实际与农村社区的特点，结合农村的农业生产，利用农村的自然、社会、文化资源，形成具有农村特色的现代教育模式。《国务院关于进一步加强农村教育工作的决定》便指出："农村中小学教育内容的选择、教科书的编写和教学活动的开展，在实现国家规定基础教育基本要求时，要紧密联系农村实际，突出农村特色。"

2. 农村的变迁与农村教育的应有定位

厘清农村教育的发展路向，特别是离农与为农的争议，首要的便是明确城镇化进程中农村正在发生的变化与将会变成的模样。

从人口城镇化与空间城镇化来看，农村正不可避免地走向"萎缩"。随着城镇化的推进，农村人口逐渐减少，农村地域逐渐缩减，这使得人口意义和地理意义上的农村变小了。反映在教育上，则是农村受教育人口的减少与学校服务半径的减小。根据《中国教育统计年鉴》的数据，2000—2010 年，农村小学在校学生数占城乡小学在校学生总数的比例降低了 11.5%，农村初中在校学生数占城乡初中在校学生总数的比例降低了 21.8%。

从经济城镇化来看，农村的生产方式正在发生巨大变革，"改造"与"一体"并存。一方面，肇始于城镇的工业化、市场化等潮流正在深刻影响着农村，农村经济发展的方向不再是提高传统的精耕细作式小农生产的效率，而是在新农村中发展新型现代农业，建立新型产业体系。另一方面，在现代生产之中，城乡的联系更为紧密，城镇化的健康推进需要农村提供原料、人才等多方面的支撑，现代农业产业体系不仅需要立足农村、依靠农村，也需要城市的介入与支持，需要原料、技术、人员等多种生产要素打破城乡的地域阻隔，进行有效整合。体现在教育之中，则是城镇的良性发展离不开来自农村的高素质劳动力，城镇劳动力的培养不仅依靠城镇教育，还需要农村基础教育为人才进入城镇接受高等教育奠定基础，还需要农村职业教育与继续教育对农村转移劳动力进行技术教育与培训；农村要建立现代农业，走农业产业化经营的道路，离不开位于城镇的高等教育提供的人才培养与技术创新，需要更多高校毕业生投身于农村和农业建设。

从文化城镇化来看，城镇的生活方式正在逐渐取代农村的生活方式，乡村文明逐渐式微。在城镇化进程中，高扬人的主体性，提倡理性与效率的城市文明更为趋向于现代文明，乡村文明正在被城市生活方式渗透与改造。费孝通曾经感怀农村的衰落与乡村文化的逝去："不论是好是坏，这传统的局面已经走了，去了。最主要的理由是处境变了。在一个已经工业化了的西洋的旁边，决没有保持匮乏经济在东方的可能。适应于匮乏经济的一套生活方式，维持这套生活方式的价值体系是不能再帮助我们生存在这个新的处境里了。'悠然见南山'的情景尽管高，尽管可以娱人性灵，但是逼人而来的新处境里已找不到无邪的东篱了。"（费孝通，1999）[307-308]

离农论者需要清醒地认识到，城镇化的推进与随之而来的城市教育的扩张，并不意味着农村教育的消亡，人们要警惕"弃乡"的思维。其一，即使在未来二三十年我国的城镇化率达到70%—80%，我国仍拥有数量庞大的农村人口，即使城镇化处于趋于稳定的状态，农村人口仍会占到总人口的10%，这就决定了农村仍将是中国社会的重要组成部分。其二，城镇化并非城镇一家之事，城镇化的健康、有效推进需要高素质的农村转移劳动力，需要现代化的农业。所以，城镇化需要一个更为健康蓬勃发展的农村，需要接受过高质量教育的农村人才。其三，虽然我国的城镇化推进迅速，但是城乡二元结构的破解仍需时日，农业生产的现代化仍有很长的路要走，所以"三农"问题仍是我国城镇化的核心问题，农村教育问题则是重中之重、急中之急。国家仍应把加强农村义务教育放在整个教育的优先位置，对农村义务教育予以倾斜照顾，用更多的精力、更大的财力、更优惠的政策，办好农村中小学。（汪明，2014）综上，城镇化并不是消灭农村教育，而是更需发展农村教育，让农村教育成为农村城镇化的重要突破口，成为城乡城镇化的重要推动力。

为农论者需要明确的是，农村教育不能仅仅服务于农村地域，不能仅仅局限于农村生产生活，农村教育必须进行再造，人们要摆脱"乡愁"的情怀。农村是很多研究者与实践者的成长之地，所以很多人对农村怀有乡愁情结，认为农村教育应当保持其绝对地位，保留其乡土特色。但是人们必须直面城镇化背景下农村人口与地域走向萎缩、农村生产方式正经历再造及农村文化日趋式微的事实，必须清醒地看到正在趋向一体的城与乡。所以，农村需要进行必要的布局调整，并在目标设置、课程开设、教学组织多方面向城镇靠拢，继而在此基础上使农村教育从服务传统农村与传统农业转向服务新农村与现代农业，从服务农村与农业转向服务城镇化背景下趋向一体的城与乡。此外，"为农"并不意味着不"为人"，农村教育不能以牺牲农村学生的发展机会与限制农村学生的发展空间来实现服务农村的目的，而是需要谋求"为农"与"为人"的兼顾。

3. 城镇化背景下农村教育的未来之路

农村教育的发展要让农村人得到充足、自由的发展机会，让其成为新农村建设与城镇健康蓬勃发展的重要力量。所以，在城镇化背景下，农村教育的发展应当坚持以下方向。

第一，农村教育要直面城镇化的现实与挑战，进行非农化改造。从培养目标来看，农村教育不再单一地传授传统的文化知识，培养狭隘的农业生产人才，不再依附于落后保守的农村观念和小农经济意识，而是面向与社会主义市场经济接轨并逐渐迈入全方位的国内国际经济大舞台的新农村，构建与现代化过程相适应的新教育格局，建立新的育人格局。（赵家骥，2013）从教育教学来看，大部分的农村学校将会转变为城市学校，在设施设备、教学内容、教学组织、管理、研训等方面都与城市学校相仿。

第二，农村教育发展要摒弃离农与背农的二元思维，实现城乡教育一体发展。我们必须摆脱以往城乡二元的思维方式，将城镇教育与乡村教育纳入同一个政策考虑框架之中。一方面，要建立城乡一体的培养目标与教育标准，让农村教育与城镇教育归一为以市民化为核心的国民教育。国家对于城乡教育质量缺乏明确的要求，对城乡到底要培养怎样的人、是否需要体现差异、最后如何进行评价衡量等都没有相应的政策要求，政府在支持农村学校建设时，往往容易另立"农村标准"，对于城乡教育质量的差距持一种默认甚至允许的态度。另一方面，要建立城乡一体的教育质量标准与资源配置。应当制定国家质量标准，以此保证农村教育亦能达成国家规定的质量底线。要达到质量标准的要求，政府要在设施设备建设、经费保障、课程建设、教学改革等方面给予农村教育必要的支持。在城乡教育差距日益拉大的背景之下，这就意味着政府应当在资源配置方面向农村倾斜。

第三，充分利用农村比较优势，实现农村教育的特色发展。农村教育发展要顺应城镇化的要求，但是这并不意味着农村教育要与城镇教育一模一样。农村教育应当在保障基本的国民教育的基础之上，谋求自身的发展特色。由于位于农村区域之中，其办学特色可能与农村、农业、农民相关，但是这应当是由学校自主选择的，而不是由学校所在地是农村还是城市决定的。农村教育发展的最终目标，不是旨在满足人们乡愁情结的有农村特色的教育，而是有着学校特色的高质量的国民教育。

具体到各阶段教育，就基础教育而言，无论城市基础教育还是农村基础教育，均属于国家基础教育体系不可或缺的一部分，"必须坚持基础教育的基础性、全面性、普及性，为城乡每一个适龄儿童提供知识、能力和精神发展的基础，使其成为合格的社会主义公民"（张济洲，2005）。所以，农村基础教育的根本功能是为符合社会要求的、符合个体身心发展特点的社会主义公民的全面发展奠定基础，其应当具备与城市基础教育相统一的培养目标、课程标准、质量要求、设施设备配置标准等。就职业教育与继续教育而言，其在人才培养上应当具有两个面向。一是面向新农村与新型现代农业产业体系的建设。留在农村的劳动力在接受职业教育与继续教育之后，能够利用现代农业技术与市场化手段打造现代产业化农业。二是面向工业化与高水平服务业。进入城镇的劳动力通过职业教育与继续教育习得一技之长，增长市民素养，能够在城镇之中谋生并持续锤炼职业技能，从而过上幸福生活。

四、城镇化进程中教育改革的任务与要求

总结城镇化与教育的双向互动，可以归纳出城镇化进程中教育改革的基本任务，主要有以下四项。

其一，破解随迁子女教育问题。随迁子女教育问题的核心是在教育资源稀缺的背景下，其是否可以在迁入地与城镇居民一样平等接受义务教育

并升学。当前我国实行"以流入地接收为主，以公立学校接收为主"的"两为主"政策，形成了制度内公立学校接收与制度外打工子弟学校接收的随迁子女教育格局。对公立学校与打工子弟学校的现状分析显示，应完善"两为主"政策，规范打工子弟学校，切实保障随迁子女接受公平且有质量的义务教育。此外，一方面，需要进一步关注随迁子女的学前教育入学问题，通过给予基本补助、购买服务等方式缓解随迁子女"入园难""入园贵"等问题；另一方面，还需要完善随迁子女异地升学制度，使随迁子女可以在流入地公平地接受高中教育或中等职业教育，并选择进一步升学深造。

其二，提升农村教育质量。通过城乡教育的布局结构调整，因应城镇化带来的人口的集聚效应与动态流动，形成科学、合理的农村教育布局；通过对教育人力资源与教育财政的重新配置，为农村教育的发展提供坚实基础；关注农村中的留守儿童，建立政府、学校、家庭等多方参与的社会支持系统。

其三，为进城务工人员提供有效的职业教育与培训。为了为城镇化提供充足的人力资源，为了更好地实现进城务工人员的市民化，必须完善当前进城务工人员职业教育与培训体系，增加相关投入，遴选有利于增强其市民素养与就业技能的教育培训内容，设计符合其支付能力、时间要求、知识基础的教育培训方式，使进城务工人员可以享有与城镇居民相同的教育培训机会。

其四，建构符合城镇化要求的教育体制机制。在城镇化背景下，教育改革需要破解原有分割、静态、单打独斗的管理格局，构建统筹城乡、动态调节、多方协作的体制机制，特别是：通过建构城乡一体的质量标准，形成缩减城乡教育差距的强力标准；通过在教师编制、准入、培训、薪酬、评价方式上向农村倾斜，提高农村教师岗位的吸引力与教师队伍的整体素质，并通过教师交流进一步激发城乡教师队伍活力；通过财政上的倾斜、加大省级统筹、加强转移支付，为农村教育提供物质基础，建立随迁子女财政投入分担机制与进城务工人员教育培训投入机制；提高政府应对城镇化的教育治理能力与治理机制建设，加大对农村教育的投入，通过办学模式的多样化，促进城乡教育的互动、互帮、互促。

城镇化背景下的教育改革，需要的不是"头痛医头，脚痛医脚"，也不是"表面清理，及时包扎"，亦不是"一味猛药，药到病除"，因为其所面临的问题牵涉甚广，且往往是相互联系的。所以，城镇化进程中的教育改革必须明确以下要求。

第一，重视改革任务的多层次性。一方面，改革不仅需要回应城镇化的要求，还需要作用于城镇化的良性发展。城镇化对教育提出了新的要求，同时，也因为应对不力引发了上述诸多教育问题，迫切需要通过改革来破解。另一方面，教育对城镇化存在或促进或阻滞的作用，成功的教育改革可以通过培育人力资本、优化人口布局结构、促进社会融合等途径引领城镇化的良性发展，甚至成为城镇化的"绿色引擎"。此外，改革不仅需要处理过往城镇化遗留下的历史问题，还需要面对新情况，解决新问题。城乡教育的二元格局是过往城镇化遗留下的重要问题，当下仍然制约着我国教育的良性发展。随着城镇化的深入，这一格局加上马太效应，使得我国农村教育更为困顿。此外，诸多随迁子女教育问题、留守儿童教育问题，则是城镇化带给教育的新问题、新挑战。

第二，重视教育制度的变革。自 1985 年《中共中央关于教育体制改革的决定》发布以来，制度改革一直是我国教育改革的核心任务。越来越多的学者认为，破解城乡教育二元结构，形成城乡教育融通的格局，打造更有利于城镇化良性发展的教育基础，最关键的便是教育制度的变革。特别是当前城乡教育的巨大差距，既源于教育内部的制度安排，如城乡分治的教育管理体制、城乡失衡的教育投入体制、城乡显失公平的教育人事制度等，又有教育外部的制度根源，如城乡分割的户籍制度（对流动人口子女教育的身份歧视）、就业制度，等等。破解城乡二元格局及当前存在的"城市中心"问题，必须进行教育外部制度的变革，给教育改革创造空间；必须破解育人模式与教育质量保障制度、教育投入体制、教育人事制度、教育管理体制与办学体制等相关体制机制中的分割管理顽疾，进行顶层设计。

第三，重视改革的系统设计。城镇化的核心是人口的流动，城镇化的诸多表现可以追溯到人的流动。这也导致了在城镇化背景下，诸多问题不能以孤立、静态的视角观之，在教育领域亦是如此。比如，子女是否可以在城镇接受优良的教育，会影响到家长是否携带其迁往城镇，而这直接影响到农村基础教育学生规模的变化，特别是留守儿童群体规模的变化，甚至还会影响家长做出迁移的决策。所以，改革需要加强顶层设计，从教育系统内外、各级各类教育、教育各环节到各相关利益群体，多方面、多层次、多要素地进行统筹规划，需要加强各级各类政府、政府内部各部门以及学校、家长、社区之间的协作。

　　第四，重视多方利益主体的诉求。随着城镇化的推进，教育改革的利益群体增多分化，导致利益博弈的不断复杂化与持续紧张。所以，在教育改革过程中，需要尊重相关利益主体的利益诉求，厘清利益的边界，通过公开、透明、科学的方式进行协商，构建相应的制度，不能只是从单一主体出发考虑制度的意义。以城镇化进程中的教师人事制度改革为例，改革应尊重并协调政府、城市学校、教师这三个最主要的主体的利益诉求。在教师人事制度重建中，政府关注的是政策的成本收益，旨在实现教育的均衡发展；学校关注的是教师的引入、培训成本，教师流动给学校教学稳定带来的影响；教师关注的是自己的发展，这最为直接地表现为对薪酬和个人发展机会的重视。在现有的政策安排和相关研究中，对国家利益的考量远远胜于对学校与教师个体利益的考量。以城乡教师交流机制为例，政府层面更多是通过政策安排对学校进行"劫富济贫"，对教师进行"强制安排"，这也正是城乡教师交流遭遇困顿的一个重要原因。

第三章
城镇化进程中的随迁子女教育

我国城镇化进程中，大量农村转移人口进入城镇，但城镇教育发展滞后，不能满足农村转移人口的教育需求。农民工随迁子女在城镇接受公平有质量的教育面临诸多挑战，农民工随迁子女教育成为城镇化进程中种种体制矛盾交织的场域，成为一个复杂的社会问题。

第一节　我国随迁子女教育的整体状况

随迁子女是全国流动人口的重要组成部分，分析和概括随迁子女的人口学特征、迁移特征和受教育状况等，有利于随迁子女各方面问题的解决。这不仅关系着随迁子女在流入地接受教育等基本权利的实现，而且关系到其未来的生存发展和长远利益的实现。总体而言，随迁子女规模庞大、增长迅速、分布高度集中，跨省流动随迁子女数量日益增加，他们作为父母的随迁者已属于长期流动的人口。随迁子女教育主要涉及基础教育板块，其中，随迁子女接受义务教育状况有很大改观，但义务教育的前后两个"端口"对于随迁子女依然不能完全开放，随迁子女学前教育和高中教育的机会均等依然是当前需要解决的问题。

一、随迁子女教育问题的产生

"农民工随迁子女"概念由"农民工"概念衍生而来。因此，在对"农民工随迁子女"进行概念界定之前，须对"农民工"概念进行解析。农民在世界诸多国家通常被理解为一种职业，是一种职业概念，主要是指从事农业生产、农业经营并以此为主要谋生手段的人群，与公务员、工人、商人、知识分子等职业并列，并享有法律规定的同等权利。而在我国，长期的历史原因形成的城乡二元经济和社会结构以及与此相对应的户籍管理方式的作用，农民特指非"城市户口"的"农业户口"人口，这样农民内部就分化成了两类不同群体：其一，从事农业生产的人；其二，从事非农业生产但未取得"流入地城市户口"的人。而后一群体，学界对其称谓、表述不一，如流动人口、农民工、外来务工农民、进城务工就业人员等。2006年发布的《国务院关于解决农民工问题的若干意见》中明确使用了"农民工"这一称谓，此后学术界在此概念的理解和运用上逐渐达成共识。由此可见，农民工具有特殊的"两栖"身份，即"农民"与"工"的结合。农民代表了该群体的制度身份，即来自农村，具有农村户籍；"工"是指他们在城市里所具有的职业身份，即从事非农产业的生产劳动。（刘渝琳，2009）[37-38]此种由城乡二元分治户籍管理制度所造成的两栖特征，决定了农民工与城市居民不同的生活样式和生活质量。基于上述认识，本书将农民工界定为具有农业户口却在流入城市从事非农业生产的人员。他们常年或大部分时间从事第二、第三产业劳动，户籍在农村，有承包田，身份仍是农民，不享有城市居民的各种补贴、公费医疗等劳动待遇。（陆学艺，2002）[23-24]

相应地，"农民工随迁子女"则是指随农民工父母一起进城的子女，与其相对应的概念是农民工的"留守儿童"。综合考量学界研究共识、政策规定的一致性以及本研究的需要，本书中的农民工随迁子女教育特指，在农村出生后随农民工父母迁移至城市和父母迁移至城市后在城市出生的0—17岁的具有非流入地户籍的少年儿童所接受的义务教育阶段的学校教育，简称随迁子女教育。鉴于随迁子女占流动儿童绝对多数这一现实，书中"流动儿童"与"随迁子女"在同一意义上使用，不做具体区分。

随迁子女教育问题与流动人口问题相伴而生，是人口流动的派生性社会问题。在工业化和城镇化的拉动下，农村大量劳动力进入城市务工，从而形成了中国历史上最大规模的人口流动潮。从流动人口的总量上看，新生代流动人口已经成为流动人口的主体，流动人口正在经历代际更替。2010年第六次人口普查时，新生代流动人口在流动人口中已经超过半数，总量达1.18亿人。全国流动人口动态监测数据显示，2012年流动人口的平均年龄约为28岁，超过一半的劳动年龄流动人口出生于1980年以后。与上一代相比，新生代流动人口的外出年龄更轻，流动距离更长，流动原因更趋多元，也更青睐大城市。新生代流动人口在20岁之前就已经外出的比例达到75%，在有意愿落户城市的新生代流动人口中超过七成希望落户大城市。据《中国流动人口发展报告2012》预测，流动人口总量将在21世纪中叶达到稳定，农村户籍流动人口规模将达到2.6亿人。（国家人口和计划生育委员会流动人口服务管理司，2012）[3-5]2013年5月，全国妇联发布《我国农村留守儿童、城乡流动儿童状况研究报告》，指出全国流动儿童规模达到3581万人，数量大幅度增长。

相关研究根据2010年全国"六普"数据，对以农民工随迁子女为主体的流动儿童生存和发展状况进行了深入研究，获得了以下发现。其一，全国0—17周岁流动儿童规模达3581万人，在2005年的基础上增加41.37%，且有继续增长的趋势。各年龄流动儿童分布比较均匀，全国0—5周岁学龄前流动儿童、6—14周岁义务教育阶段学龄流动儿童和15—17岁大龄流动儿童的规模分别是899万人、1393万人和1290万人。其二，大多数流动儿童来自农村。在0—17周岁的流动儿童中，户口性质为农业户口的流动儿童占80.35%，非农业户口的只占19.65%。全国0—17周岁农民工随迁子女数量达到2877万人。其三，近半数随迁子女集中在广东、浙江、江苏、河南、四川、福建和山东，这七个省份的流动儿童占全国流动儿童总数的比例之和为45.71%，其流动儿童人数之和达1637万人。其四，全国约八分之一的儿童是流动儿童。部分地区流动儿童占当地儿童总数的比例很高，上海每10个儿童中就有4个是流动儿童。北京和浙江每10个儿童中有3个是流动儿童。城镇儿童中流动儿童比例更高，全国城镇每4个儿童中就有1个是流动儿童。而且，在上海和浙江的城镇，将近一半的儿童是流动儿童。需要关注的是，部分中西部地区的流动儿童在当地城镇儿童总数中所占比例也异常突出，如宁夏、新疆、青海和贵州的比例均超过30%。其五，从流动区域和范围来看，跨省流动儿童占全部流动儿童的30.11%，省内跨市流动儿童占18.80%，市内跨县流动儿童占

12.83%，县内跨乡流动儿童占 38.25%。北京、天津、上海的流动儿童以跨省流动儿童占主导，比例超过 90%；浙江、广东和新疆的比例也比较高。山西、安徽、江西、河南、湖南、四川和贵州等省份省内流动儿童的比例都在 90% 以上，而且以县内跨乡为主。远距离的跨省流动儿童集中流动到东部发达地区。广东、浙江、上海、江苏和北京五省市的跨省流动儿童最为集中，接受的跨省流动儿童占全国跨省流动儿童总数的比例之和达63.18%。安徽、河南、四川、湖南和贵州五个省份共输送了 50.26% 的跨省流动儿童，是跨省流动儿童的重点来源省份。其六，流动儿童多在流入地长期居住学习。流动儿童在户口登记地以外地区流动的平均时间为 3.74 年。0—14 岁流动儿童平均外出流动的时间随年龄增长而增加；由于新增流动人口的影响，15—17 岁流动儿童的平均流动时间比较短。0—6 岁流动儿童在外流动的平均年数占其年龄数的比例高于 50%，说明这些儿童自出生以来至少有一半时间在现住地居住。（段成荣，吕利丹，王宗萍，等，2013)[44-55]

综上，随着城镇化的不断深入，加之人口流动的举家迁徙特征更为突出，随迁子女的规模还将继续扩大，并从西部向东部经济发达地区，从农村向城市聚集，城镇面临的教育压力将越来越大。培养人才、向社会输送合格劳动者向来是教育的基本职能，关乎一个国家劳动者的素质。新型城镇化的核心是人的城镇化。从劳动力供给角度来看，未来中国城镇化潜在的劳动力中，就有今天正在接受教育的"90后""00后"农民工子弟，他们中有超过三成的人是在城镇长大的。这类群体不会回到农村，而城市又没有从人力资本上赋予他们在劳动力市场上的核心竞争力，其生存和发展将面临一系列问题，社会也会遭遇风险。随迁子女教育问题事关教育公平。这一问题产生的根源不在教育，而在于不完整的城镇化。现在农民工在收入、社保、公共服务获取上都处于弱势。若不解决其子女的教育问题，就会产生贫困的代际传递，导致农民工及其子女没有机会按社会流动的方向流动。因此，在社会保障、社会救助、子女义务教育等各种基本公共服务项目中，义务教育应作为首要项目被优先考虑。

随迁子女教育问题的解决，受到主客观多种因素制约，需要各方协同共治。

其一，随迁子女教育问题所涉及的行政区域越多，教育规划和资源配置的协调难度也就越大，二者呈正相关关系。国家和省级地方政府要根据各地随迁子女的构成状况进行有针对性的差异化制度设计。对于北京、天津、上海、浙江等跨省流动儿童集中的重点区域，需要在全国范围内，举全国之力，在教育规划和资源配置等方面进行省际协调和统筹；对于山西、安徽、江西、河南、湖南、四川和贵州等流动儿童以省内流动为主的省份，需在省内、市内和县内加强协调和统筹。

其二，流入地政府对于当地随迁子女的教育需求认识还不到位，低估了问题的严峻性和现实性。如，上海市教委 2010 年在《人民日报》上公布，该市有 40 万外来务工者子女，但是根据"六普"数据估算，上海 2010 年在学校就读的中小学流动儿童已达 80 万人。流入地政府作为解决随迁子女基础教育问题的主要责任主体，应当科学系统地搜集掌握准确的随迁子女相关信息，为随迁子女的义务教育配置适当的资源。同时，对学前教育阶段和义务教育后阶段跨省流动的随迁子女的异地高考问题，即"两端口"问题，应进行系统设计和整体规划。这不仅关系到数量众多的随迁子女及其家庭的核心利益，也关系到近期社会稳定和远期发展大计。

其三，在北京、上海、广州等随迁子女高度集中的特大城市，教育资源的布局和分配调整有其固有的节奏和周期，然而，随着随迁子女生源急剧增长，教育资源的供需矛盾日益突出，短期内流入地有限的教育资源很难满足大规模随迁子女多层次、多样化的教育需求，入园入托难、大班额、就学距离远等各种不利于儿童发展和教育的情况集中出现，随迁子女无法与当地学生一样接受公平有质量的教育。

二、随迁子女接受义务教育的现状

破解随迁子女教育问题的核心是缩小随迁子女与当地学生的教育质量差距，破解城市内部的"新二元教育格局"。在从整体上确保随迁子女获得平等的教育条件及机会的同时，切实保障其接受教育过程的差异性、实现补偿性公平显得更为重要。因此，应通过有效的学校教育，使随迁子女由一个来自外地的"他者"，真正成为流入地"群者"，即适应学校的学习生活，融入学校的主流文化氛围。综而观之，"学校适应"水平及状况是衡量学生学习状况和接受教育质量的核心。"学校适应"是指学生在学校不断地在学习方法、行为习惯、社会交往等方面做出种种调适，从而适应自身所处学校环境，进而进行高质量学习的动态过程。（许传新，2010）与留守儿童和本地儿童相比较，随迁子女的学习状况具有独特性。

1. 随迁子女与留守儿童、本地学生的学习环境适应情况对比分析

学校学习环境是一个内涵非常丰富的概念，包括校舍、师资、教学条件、教学手段、校风、学风等，这些都是影响学生学业成绩的重要因素。相关调查显示，大多数随迁子女的学习环境适应情况良好，但是，随迁子女与留守儿童差异显著，主要表现为：随迁子女当中，对"有些老师讲话，我听不太懂""老师讲授的内容太难，听起来吃力""老师讲课的速度太快，我跟不上""我觉得学习比较吃力"持否定态度的比例分别为77.1%、71.0%、72.9%和60.3%，分别高出留守儿童8.9个、14.7个、11.1个和11.5个百分点。卡方（χ^2）检验结果表明，这些差异在1%的置信水平上显著。再从均值看，随迁子女在上述四个指标上的得分均值依次为4.18分、3.96分、4.01分和3.68分，分别高出留守儿童0.31分、0.44分、0.36分和0.36分。F检验结果表明，这些差异在1%的置信水平上显著。上述分析结果一致表明，随迁子女的学习环境适应情况要好于留守儿童（见表3-1）。（许传新，2010）

表3-1 随迁子女与留守儿童的学习环境适应情况比较

项目	学生类型	完全符合（%）	比较符合（%）	说不清（%）	不太符合（%）	完全不符合（%）	χ^2
有些老师讲话，我听不太懂	随迁子女	5.1	8.8	9.0	16.9	60.2	65.540***
	留守儿童	5.4	13.5	12.9	25.0	43.2	
老师讲授的内容太难，听起来吃力	随迁子女	6.2	9.5	13.3	24.3	46.7	77.994***
	留守儿童	8.2	17.5	18.0	26.3	30.0	
老师讲课的速度太快，我跟不上	随迁子女	6.8	8.6	11.7	22.7	50.2	81.077***
	留守儿童	6.6	16.0	15.6	29.3	32.5	

项目	学生类型	完全符合（%）	比较符合（%）	说不清（%）	不太符合（%）	完全不符合（%）	χ^2
我觉得学习比较吃力	随迁子女	7.3	13.3	19.1	24.9	35.4	42.640***
	留守儿童	11.1	19.0	21.1	24.4	24.4	

注：＊＊＊表示在1%的置信水平上显著。

学生对教师教学方式的适应也是学习环境适应的一个重要维度。教师教学是教师在既定的内外部环境中基于一定的教学认知，通过运用教学方式、方法和手段完成既定教学任务和目标的动态过程。本研究在对随迁子女进行大规模调查时发现，本地学生与随迁子女在对教师教学方式的判断上存在显著差异（$P=0.000<0.001$）。从给教学方式打分的均值来看，本地学生给出的均值为28.68分，而随迁子女为28.01分。从具体维度来看，本地学生与随迁子女在对教师发现式教学方式的判断方面存在显著差异（$P=0.004<0.01$），在对教师讲授式教学方式的判断方面差异不显著（$P=0.109>0.05$）。上述分析结果一致表明，本地学生的学习环境适应情况要好于随迁子女（见表3-2）。

表3-2　不同类型学生对教师教学方式判断的独立样本 T 检验结果

维度	学生类型	人次	均值	标准差	T 值
发现式教学	本地学生	382	14.1440	2.18386	3.939**
	随迁子女	1398	13.6431	2.27131	
讲授式教学	本地学生	381	14.5722	1.96500	1.605
	随迁子女	1396	14.3840	2.04610	
教学方式总分	本地学生	382	28.6780	3.96355	2.927**
	随迁子女	1398	28.0064	4.01491	

注：＊＊表示 $P<0.01$；＊表示 $P<0.05$。

2. 随迁子女与留守儿童、本地学生的学习方式适应情况对比分析

学习方式是学习者在特定学习情境中，为达成一定的目标，完成学习任务而采用的所有交往互动形式与状态的总和。（孙智昌，2010）学习方

式差异在一定程度上反映了学校教学水平、学生学习能力的差异。学习方式是提高学习效率、达到学习目的的重要手段，从某种意义上讲，方法问题即能力问题。在学习型社会，学习的最终目的与其说是掌握某种知识和技能，不如说是学会学习，掌握良好的、适合自己的学习方式。随迁子女对学习方式的适应情况对于其成长和成才至关重要。

从本研究的调查结果看，随迁子女与留守儿童在学习方式适应情况上表现出了非常显著的差异，主要表现为：随迁子女认为"课堂上踊跃发言""按时完成作业""课后经常复习""经常与同学交流学习问题""课前经常预习"符合自己实际情况的比例分别为 39.1%、73.5%、47.4%、45.4% 和 51.6%，分别高出留守儿童 10.5 个、2.7 个、9.5 个、3.9 个和8.4 个百分点。卡方检验结果表明，这些差异在 1% 的置信水平上显著。再从均值看，随迁子女在上述五个指标上的得分均值依次为 2.99 分、4.02分、3.30 分、3.20 分和 3.39 分，分别高出留守儿童 0.39 分、0.13 分、0.26 分、0.16 分和 0.24 分。F 检验结果表明，这些差异在 1% 的置信水平上显著。上述分析一致表明，随迁子女的学习方式适应情况要好于留守儿童（见表 3-3）。

表 3-3　随迁子女与留守儿童的学习方式适应情况比较

项目	学生类型	完全不符合（%）	不太符合（%）	说不清（%）	比较符合（%）	完全符合（%）	χ^2
课堂上踊跃发言	随迁子女	18.8	19.8	22.3	21.6	17.5	66.376***
	留守儿童	23.5	28.6	19.3	20.5	8.1	
按时完成作业	随迁子女	8.8	6.9	10.8	20.9	52.6	46.191***
	留守儿童	6.0	10.7	12.3	29.5	41.3	
课后经常复习	随迁子女	8.7	17.7	26.2	30.5	16.9	36.627***
	留守儿童	9.8	25.9	26.4	27.6	10.3	
经常与同学交流学习问题	随迁子女	12.3	16.5	25.8	23.6	21.8	41.451***
	留守儿童	10.2	24.5	23.8	27.4	14.1	

项目	学生类型	完全不符合（%）	不太符合（%）	说不清（%）	比较符合（%）	完全符合（%）	χ^2
课前经常预习	随迁子女	10.7	13.8	23.9	28.5	23.1	53.766***
	留守儿童	9.0	24.4	23.4	28.6	14.6	

注：＊＊＊表示在1%的置信水平上显著。

掌握和习得更高层次的学习方式，不仅是提高学生思维能力的需要，也是衡量其学习水平的重要标尺。《教育规划纲要》提出要创新人才培养模式，注重学思结合、知行统一，倡导启发式、探究式、讨论式、参与式教学，帮助学生学会学习。以积极的情感体验和深层次的认知参与为核心特征的自主性、合作性、探究性学习方式，更能调动学生最佳的学习状态，促进学生主体性发展。本研究发现，本地学生与随迁子女在学习方式上存在显著性差异（$P=0.022<0.05$）。从学习方式得分均值来看，本地学生的均值为40.47分，而随迁子女为39.51分，本地学生明显高于随迁子女。从具体维度来看，本地学生与随迁子女在探究性学习方式上存在显著差异（$P=0.000<0.001$），前者对探究性学习方式的运用情况要好于后者。而从均值比较来看，随迁子女的学习自主性要略高于本地学生（见表3-4）。

表3-4　不同类型学生学习方式的独立样本 T 检验结果

维度	学生类型	人次	均值	标准差	T 值
自主性	本地学生	382	13.4895	3.00370	-1.769
	随迁子女	1399	13.7734	2.71582	
合作性	本地学生	382	11.9398	2.45250	0.958
	随迁子女	1399	11.8084	2.35368	
探究性	本地学生	382	15.0366	2.99321	6.387**
	随迁子女	1399	13.9328	2.99686	
学习方式总分	本地学生	382	40.4660	7.27218	2.294*
	随迁子女	1399	39.5147	6.84288	

注：＊＊表示 $P<0.01$；＊表示 $P<0.05$。

3. 随迁子女与留守儿童、本地学生的人际交往适应情况对比分析

人际交往适应是学校适应的一个重要方面，是影响个体心理健康的一个重要因素。儿童正处于自我意识发展的关键阶段，自身发展不成熟，情绪性格不稳定，容易产生人际交往适应方面的问题。相关调查结果显示，大多数随迁子女对人际交往的适应情况良好，但是，本研究发现随迁子女与留守儿童的人际交往适应情况存在非常显著的差异，主要表现为：随迁子女当中，认为"我有一种莫名的自卑感""在这里感到人际交往适应困难""不能很好地融入集体学习生活""在这所学校朋友少，有一种孤独感""与同学的交流常常会陷入困境"不符合自己实际情况的比例分别为71.3%、65.2%、66.5%、73.5%和70.4%，分别高出留守儿童34.3个、4.4个、7.1个、1.5个和9.9个百分点。卡方检验结果表明，两个群体在回答上述问题时的差异是真实存在的。再从均值来看，流动儿童在这五个指标上的得分均值依次为4.06分、3.83分、3.82分、4.04分和4.04分，分别高出留守儿童0.81分、0.15分、0.20分、0.04分和0.36分。F检验结果表明，除"朋友少，有一种孤独感"这项指标外，二者在另外四项指标上的得分均值都在1%的水平上存在显著差异。上述结果一致表明，随迁子女的人际交往适应情况要好于留守儿童（见表3-5）。

表3-5　随迁子女与留守儿童的人际交往适应情况比较

项目	学生类型	完全符合（%）	比较符合（%）	说不清（%）	不太符合（%）	完全不符合（%）	χ^2
我有一种莫名的自卑感	随迁子女	5.2	8.3	15.2	18.0	53.3	329.166***
	留守儿童	7.0	17.2	38.8	17.6	19.4	
在这里感到人际交往适应困难	随迁子女	6.4	11.4	17.0	23.5	41.7	28.315***
	留守儿童	4.9	15.7	18.6	28.4	32.4	
不能很好地融入集体学习生活	随迁子女	8.7	10.4	14.4	23.0	43.5	52.995***
	留守儿童	5.8	17.2	17.9	27.4	31.7	

项目	学生类型	完全符合（%）	比较符合（%）	说不清（%）	不太符合（%）	完全不符合（%）	χ^2
在这所学校朋友少，有一种孤独感	随迁子女	7.4	9.5	9.6	18.8	54.7	11.250*
	留守儿童	6.4	9.2	12.4	22.5	49.5	
与同学的交流常常会陷入困境	随迁子女	4.8	7.8	17.0	19.7	50.7	72.701***
	留守儿童	5.7	15.2	18.6	26.3	34.2	

注：*和 * * *分别表示在 10% 和 1% 的置信水平上显著。

人际交往是对学生在学校这个"微社会"中人际关系状况的描述，良好的人际交往是学校教育教学活动顺利进行的重要条件，主要包括师生关系与同伴关系。师生关系是衡量教师和学生学校生活质量的重要指标。青少年学生非常重视同伴群体的交往，将其视为思想和价值观以及友谊和娱乐的源泉，因此，同伴关系亦应作为考量学生被同伴群体接纳程度的指标。本研究发现，本地学生与随迁子女在人际交往上存在显著差异（$P=0.031<0.05$）。从人际交往得分均值来看，本地学生的均值为 22.84 分，而随迁子女为 22.36 分，本地学生明显高于随迁子女。本地学生与随迁子女在同伴关系上存在显著差异（$P=0.008<0.01$），前者的情况好于后者。而从均值比较来看，本地学生在师生关系上情况要略好于随迁子女（见表 3-6）。

表 3-6　不同类型学生人际交往的独立样本 T 检验结果

维度	学生类型	人次	均值	标准差	T 值
同伴关系	本地学生	382	9.4162	1.92021	2.669**
	随迁子女	1399	9.1344	1.80381	
师生关系	本地学生	381	13.4541	2.77415	1.249
	随迁子女	1396	13.2572	2.71366	
人际交往总分	本地学生	382	22.8351	3.96726	2.163*
	随迁子女	1399	22.3631	3.72667	

注：* * 表示 $P<0.01$；* 表示 $P<0.05$。

4. 随迁子女学生与留守儿童、本地学生的行为习惯适应情况对比分析

孩子良好品德及习惯的培养同样不容忽视。养成良好的行为习惯,是每一个学生"成长、成才、成人"的必由之路。随迁子女能否形成良好的行为习惯,也是其适应学校生活的一个重要方面。本研究发现,大多数随迁子女在学校具有良好的行为习惯表现,但是也有不足之处,主要表现在上课讲小话方面,两类学生中,上课从来不讲小话的只占1/10左右。同时,随迁子女与留守儿童的行为习惯适应情况也表现出较大的差异。随迁子女认为自己从没有过"上课迟到""旷课""上课吃东西"行为的比例分别为53.8%、79.6%和62.2%,分别高出留守儿童5.7个、8.1个和7.0个百分点。卡方检验结果表明,这种差异是真实存在的。这说明,随迁子女在学校的行为习惯适应情况要好于留守儿童(见表3-7)。

表3-7 随迁子女与留守儿童的行为习惯适应情况比较

项目	学生类型	经常发生(%)	有时发生(%)	很少发生(%)	从没有过(%)	χ^2
上课迟到	随迁子女	2.1	8.1	36.0	53.8	9.580*
	留守儿童	1.5	9.5	40.9	48.1	
旷课	随迁子女	0.8	3.4	16.2	79.6	19.145***
	留守儿童	1.1	5.1	22.3	71.5	
上课讲小话	随迁子女	11.1	34.9	42.3	11.7	0.303
	留守儿童	10.6	33.1	46.1	10.2	
上课吃东西	随迁子女	2.5	9.1	26.2	62.2	13.375***
	留守儿童	1.9	10.8	32.1	55.2	

注:*和***分别表示在10%和1%的置信水平上显著。

与本地学生相比,随迁子女的日常行为规范亟待加强。本研究发现,59.79%的公办学校教师认为招收随迁子女后,课堂管理难度加大了(见图3-1)。通过访谈我们也发现存在此问题。

访谈者:您认为自学校接收农民工随迁子女后,您的工作负担怎样?

具体体现在哪些方面？

公办校教师：我个人感觉负担有所增加，主要来自两个方面。第一个，随迁子女学业基础较为薄弱。这个是我较为头疼的，需要花些心思和时间去辅导和关注成绩较弱、学习习惯较差的随迁子女；第二个是学生行为习惯养成教育。在随迁子女刚入学的第一个学期，甚至是第一个学年，班主任和科任教师都要反复强调，至少需要一年的时间才能校正过来。当然这与孩子自身素质关系不大，主要是受其生活环境的影响。

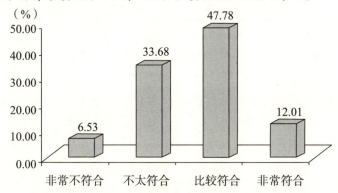

图 3-1　教师在"对农民工子女的课堂管理难度较大"一题上的回答情况

5. 随迁子女与留守儿童、本地学生的学习评价情况对比分析

学生对学校教育的满意度和学生学业质量是衡量学生学校适应水平的关键绩效指标（KPI）。从随迁子女和留守儿童对学校的满意度来看，两者存在显著差异，随迁子女对学校的满意度要高于留守儿童。在对学校满意度的评价中，超过一半（52.8%）的随迁子女表示非常满意和比较满意，而在留守儿童中这一比例为41.4%；13.0%的随迁子女对学校不满意（不太满意和很不满意），而留守儿童中这一比例为28.8%，留守儿童的不满意率大大高于随迁子女（见表3-8）。

表 3-8　留守儿童与随迁子女的学校满意度情况比较　　　（单位：%）

学生类型	非常满意	比较满意	没有感觉	不太满意	很不满意
留守儿童	36	84	88	66	18
	12.3	28.8	30.1	22.6	6.2

续表

学生类型	非常满意	比较满意	没有感觉	不太满意	很不满意
随迁子女	44	70	74	20	8
	20.4	32.4	34.3	9.3	3.7
合计	80	154	162	86	26
	15.7	30.3	31.9	16.9	5.1

注：$\chi^2 = 20.830$；$df = 4$；$Sig = 0.000$

学生学业成绩①是学生学业评价的核心指标。本研究发现，本地学生与随迁子女学生的数学成绩（$P = 0.028 < 0.05$）、英语成绩（$P = 0.000 < 0.001$）均存在显著差异。从均值比较来看，本地学生的数学成绩均值为 51.02 分，英语成绩均值为 51.87 分，均高于随迁子女（分别为 49.78 分和 49.51 分）。这表明，本地学生的数学成绩、英语成绩显著高于随迁子女（见表 3-9）。

表 3-9　不同类型学生学业成绩的独立样本 T 检验结果

维度	学生类型	人次	平均数	标准差	T 值
语文成绩	本地学生	317	49.6896	9.13011	-.0647
	随迁子女	1250	50.0967	10.22248	
数学成绩	本地学生	318	51.0171	8.55457	2.208*
	随迁子女	1247	49.7783	10.28032	

① 在行为及社会科学领域，分数测算与统计，尤其是针对具体学科时，常采用标准化分数。本研究使用的不是学生标准化测验成绩，而是 2011 年度下学期期末考试成绩，鉴于公办学校与民办学校的评分标准和试题难易程度不一，因而需要在统计技术层面将原始成绩转化为标准化分数，再进行统计分析。具体步骤如下：首先将原始成绩转化为 Z 分数 [Z 分数 = （原始成绩-群体分数总平均数）/群体分数标准差]，然后再将 Z 分数转化为 T 分数（T 分数 = 50+10×Z 分数）。本研究中所呈现的学生学业成绩即为转化成标准分后的 T 分数，下同。（参见：吴明隆，2001. SPSS 统计应用实务 [M]. 北京：中国铁道出版社：229-230.）

维度	学生类型	人次	平均数	标准差	T 值
英语成绩	本地学生	318	51.8684	9.69875	3.837**
	随迁子女	1249	49.5142	10.04088	

注：＊＊表示 P<0.01；＊表示 P<0.05。

综上，经过对随迁子女与留守儿童、本地学生这三个群体的对比分析可以发现，与留守儿童和本地学生相比，随迁子女的学习状况呈现出如下整体性特征：其一，随迁子女的学习环境适应情况要好于留守儿童，而本地学生的学习环境适应情况要好于随迁子女；其二，随迁子女的学习方式适应情况要好于留守儿童，本地学生的学习方式适应情况好于随迁子女；其三，大多数随迁子女对人际交往的适应情况良好，随迁子女的人际交往适应情况要好于留守儿童，而本地学生的人际交往适应情况好于随迁子女；其四，随迁子女在学校的行为习惯适应情况要好于留守儿童，而本地学生的适应情况要好于随迁子女；其五，随迁子女对学校教育的满意度高于留守儿童，本地学生的学业成绩显著高于随迁子女。

三、随迁子女接受学前教育和高中教育的现状

相对于义务教育而言，学前教育是终身学习的开端，高中阶段教育是出口端，两者均是国民教育体系的重要组成部分。但从现实的情况来看，随着农村转移人口流动速度不断加快，随迁子女在流入地接受公平有质量的学前教育和高中教育仍然面临诸多挑战。

1. 随迁子女接受学前教育的现状

当前，从国家政策层面来看，学前教育尚未纳入义务教育体系，在各地均是各级教育中的"短板"。根据 2010 年"六普"数据，我国 0—5 岁学龄前随迁子女规模达到 899 万人。近年来学龄前随迁子女规模迅速扩大，与近年的出生高峰叠加，带来大城市入园入托潮，对我国学前教育体系提出了严峻挑战。流入地城市本地居民的子女接受优质学前教育问题——入优质幼儿园难、入园贵等问题也还未从根本上得到解决。加之制度障碍，随迁子女的学前教育问题显得更为严峻，尤其是在一些流动人口高度聚集

的城市。相关研究计算了各省份 3—5 岁幼儿中随迁子女所占的比例，发现全国每 10 个 3—5 岁幼儿中就有 1 个是随迁子女。这一现象在一些大城市中更为凸显，例如上海和北京的这一比例分别高达 44.22% 和 38.13%，相当于每 10 个 3—5 岁幼儿中约有 4 个是随迁子女。

上海市"六普"数据显示，上海市有 45.3 万 3—5 岁儿童（张燕，李相禹，2010），由此可以估算出 2010 年上海 3—5 岁随迁子女约有 20 万人。这意味着，上海 3—5 岁随迁子女中仅有六成左右进入幼儿园，另外四成随迁子女没有机会接受正规的学前教育。此种情形之下，流入地城镇公办幼儿园只能采取限制性供给政策，即对非户籍儿童设置较高的入园门槛。例如，在上海，随迁子女进入公办幼儿园需满足名目繁多且十分严格的条件限制，这些条件限制使大多数从事基层工作的农民工父母望"园"兴叹，而他们往往又无力承担民办幼儿园的高额费用，因此，随迁子女往往要面对被送回老家或进入民办非正规托幼教育机构的两难抉择。

北京市"六普"数据显示，2010 年北京市有入园需求的 3—5 岁儿童达 38 万人，而现有园所能够容纳的儿童数最多为 20 万人，北京市学前教育学位缺口约为 18 万个。尽管北京市政府在 2011 年出台政策，提出 3 年增加学位 7.5 万个，也仍然有约 10 万名适龄幼儿的学前教育需求无法得到满足。没有北京户籍、家庭收入较低的随迁子女将首先被"挤出"幼儿园。

此外，浙江、内蒙古、广东、福建等省份学龄前幼儿中随迁子女也占了较高的比例，分别为 30.13%、23.98%、21.58% 和 21.65 %。（段成荣，吕利丹，王宗萍，等，2013）

随着沈阳市经济的快速发展、城镇化进程的加快和区域开发的推进，社会对学前教育的需求与当前学前教育资源之间的矛盾越来越突出，现有幼儿园资源难以适应城市、农村发展格局的新变化。沈阳市教育局调研发现，沈阳市人口主要呈现城区增长、郊区平稳、农村下降的整体变动趋势，2017 年沈阳全市学前适龄人口的高峰将出现在城区。沈阳市学前教育的发展现状是，资源总量够用，质量偏低；总的发展趋势是，城区缺口将不断扩大，郊区平稳，农村将出现剩余；核心是两个结构不合理：一个是标准化与非标准化幼儿园结构不合理，另一个是公办与民办幼儿园结构不合理（见图 3-2）。（沈阳市教育局，2014）

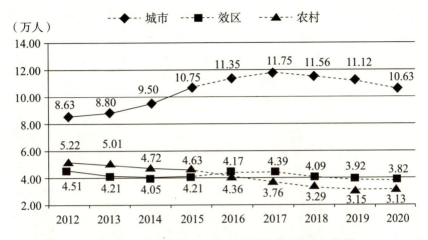

图 3-2   2012—2020 年沈阳市各区域学前适龄人口数量

各级政府要根据学前教育现状和趋势，提前考虑人口的分布、流动走向和出生规模，并将其列入城市总体发展规划，提供相应的资源支撑和制度供给，尽最大努力保障随迁子女接受学前教育的机会。

2. 随迁子女接受高中教育的现状

随着城镇化进程加快，流动人口驻留在流入地城市的时间逐渐变长，长久居住的意愿增强。其子女对义务教育的需求，逐渐转变为对高中阶段教育的需求。高中阶段教育虽然不属于义务教育，但作为衔接义务教育和高等教育的过渡阶段，其重要性不容忽视。国家卫生和计划生育委员会流动人口司组织的相关调研，比较全面客观地反映了当下随迁子女在高中接受教育的现状。（国家卫生和计划生育委员会流动人口司，2014）[78-80]

第一，随迁子女高中阶段教育学龄人口的不在学率较高。

随迁子女高中阶段教育学龄人口的不在学率高达 64.67%，这就意味着相当数量的随迁子女在 15—17 岁没有接受过高中阶段教育就直接参加工作。随迁子女高中阶段在学人口中，39.62% 就读于普通高中，9.79% 就读于中专或职高。而留守儿童高中阶段在学人口中，50.82% 就读于普通高中，5.73% 就读于中专或职高。由此可见，随迁子女更倾向于选择以就业为导向的中等职业教育。

第二，随迁子女高中阶段教育的入学机会低于留守儿童。

在教育机会方面，随迁子女的高中阶段净入学率为 35.33%，毛入学率为 54.22%，均低于全国流动人口子女的平均水平。留守儿童的高中阶段净入学率为 48.98%，毛入学率为 78.35%，均高于全国流动人口子女的平均水平。这表明，就高中阶段教育的入学机会而言，随迁子女的境况不如留守儿童。从性别差异来看，随迁子女中女生高中阶段教育的入学机会比男生多，而留守儿童的情况则与之相反（见图 3-3）。

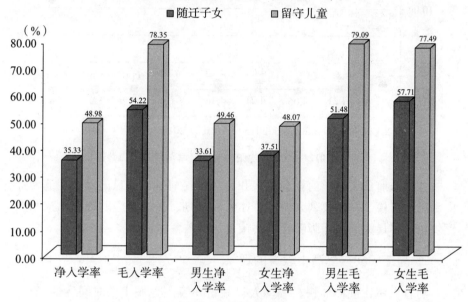

图 3-3　不同类型学生高中阶段净入学率和毛入学率

第三，随迁子女的教育进度要比留守儿童快。

在教育进度方面，随迁子女高中阶段的推迟入学率为 35.69%，略高于全国流动人口子女的平均水平（34.74%），低于留守儿童的平均水平（37.10%）。由此可以初步判断，随迁子女的教育进度要比留守儿童快。但若动态系统地看，由于随迁子女可以转化为留守儿童，"异地高考"政策对随迁子女在流入地参加高考的限制或有条件允许很可能会影响这一转变，从而影响留守儿童的超龄率。

第二节 "两为主" 政策的提出与执行

随迁子女在流入地能否享有平等的接受义务教育的机会，是随迁子女教育问题中最重要的问题。与此密切相关的制度便是当前"两为主"的入学招生制度。道格拉斯·诺斯（D. C. North）认为，历史总是重要的，其重要性不仅仅在于从历史中获取知识，还在于种种社会制度的连续性把现在、未来、过去连接在一起，现在和未来的选择是由过去所型塑的。（诺斯，2008）[1-3]现在的以及面向未来的选择决定于过去已经做出的选择，制度变迁不是骤然发生的，而是许多因素长期累积的结果。制度变迁分析的历史视角有利于认识制度的属性及其演变规律。同样，解决农民工随迁子女义务教育问题的"两为主"政策也不是空穴来风，而是经历了一个长期的制度变迁的过程。本节通过对随迁子女入学招生制度供给变迁的分析，以期对招生制度的问题进行深入的把握，并提出改进建议。

一、"两为主" 政策的演进

随迁子女随农民工家长而流动。纵观我国农民工随迁子女义务教育招生制度演进过程，笔者以人口流动的演进为线索，根据人口流动的不同历史阶段特征和政府对解决农民工随迁子女义务教育入学问题的制度供给作为，将随迁子女义务教育入学招生制度演进历史进程划分为"管控：无制度供给阶段（1949—1989 年）""关注：有条件制度供给阶段（1989—2001 年）""重视：积极制度供给阶段（2001 年至今）"三个阶段。

1. 管控：无制度供给阶段（1949—1989 年）

新中国成立之初，我国公共政策呈现出城乡二元的显著特点，在人口管理上表现为实行城乡分治的户籍管理制度。1957 年的《国务院关于各单位从农村中招用临时工的暂行规定》对农村劳动力实行严格的限制政策，规定城市不得向农村劳动力介绍或提供工作岗位和工作机会。1984 年的

《中共中央关于一九八四年农村工作的通知》发布后，对农村人口的流动限制开始逐步松动。该文件提出，在农民自己解决资金、粮食供给的前提下，允许其进入城镇务工或经商。之后，大量农民纷纷进入城市务工，1989 年出现了第一次"民工潮"，并由此引发了社会管理、交通运输、市场经营等诸多问题。为此，1989 年，国家连续下发了《关于严格控制民工外出的紧急通知》《关于进一步做好控制民工盲目外流的通知》两个文件，要求各地政府严格控制辖区户籍农民盲目外流。这实质上是一种"围堵"的机制，对农民工流动进行严格控制。

由此可见，在第一阶段，相关农村人口流动管理制度经历了限制农民外出流动到有所松动、再到控制农民盲目流出的演变过程，农民流动受到严格的制度限制，即便有流动，也是以个体流动为主。进入城市务工的农民子女在其户籍所在地的农村学校接受教育，相关的教育政策问题尚未形成，制度供给也处于一种缺失状态。

2. 关注：有条件制度供给阶段（1989—2001 年）

市场经济体制的确立和经济的飞速发展对劳动力提出了巨大需求，加之城乡收入的差距较大，对农民工形成了巨大拉力，而国家对农民流动政策的解冻，也进一步促使大量农村剩余劳动力转移至城市。同时，农民工义务教育阶段适龄子女也进入流入地城市，随迁子女教育问题成为较为突出的现实问题。1992 年颁布的《中华人民共和国义务教育法实施细则》，对随迁子女在流入地接受教育做出了明确规定，随迁子女经其户籍所在地的县级教育行政部门或乡（镇）级政府批准，可以在流入地依据相关规定申请借读。1996 年发布的《城镇流动人口中适龄儿童、少年就学办法（试行）》，进一步重申了农民工适龄随迁子女应以在流入地的全日制中小学借读为主的政策；同时，还进一步细化了相关具体政策，指出在条件不具备的情况下，允许随迁子女进入其他教学机构接受相关教育。1998 年发布的《流动儿童少年就学暂行办法》，在已有相关制度、政策基础上，进一步放开了流入地城市为随迁子女兴办学校的办学权，允许企事业单位等非政府组织依法举办招收随迁子女等流动儿童的学校；同时，还强调流入地公办校借读费收取具有非营利性，并进一步明确了随迁子女流出地与流入地政府分别对随迁子女教育所应承担的责任。

在第二阶段，政府将随迁子女教育问题列入政策议题，并进行了相应的制度设计。但随迁子女以非户籍人口身份、以借读的方式进入流入地公办校就读，还要缴纳一定数量的借读费，可以说，此种制度供给是一种具有筛选性、限制性、差别性的制度供给。同时，经济条件困难家庭的随迁子女，因无力承担借读费而被迫进入打工子弟简易学校，从而失去了在流入地平等地选择和接受义务教育的权利。

3. 重视：积极制度供给阶段（2001年至今）

进入21世纪，随着我国经济的快速发展，人口流动日趋活跃，并呈现出流动人口总量急剧增加、向大城市聚集、举家迁徙和长期居住等新特征，其中携子女、配偶一同流动比例高达66%，他们对改善自身待遇和子女教育状况表现出更为强烈的诉求（国家人口和计划生育委员会流动人口服务管理司，2011）[50-51]。随迁子女教育问题成为普及义务教育工作的一个难点和社会关注的问题。2001年《国务院关于基础教育改革与发展的决定》提出了"两为主"政策原则，即以流入地政府管理为主，以全日制公办中小学为主。该政策原则成为解决随迁子女在流入地入学问题的基本原则，为日后其他相关制度、政策的制定和实施确立了政策基调。2003年《关于进一步做好进城务工就业农民子女义务教育工作的意见》在制度设计上进行了较大改进，具体表现为政策对象群体明确指向农民工随迁子女，中止了1989年的"借读"政策，将其改为流入地学校"接收"，有关收取借读费的规定改为制定统一标准。2006年《国务院关于解决农民工问题的若干意见》在坚持"两为主"原则的基础上，进一步强调流入地政府对随迁子女义务教育的责任，要求流入地在制定教育发展规划、教育经费预算时，将随迁子女教育纳入其中，整体规划。2006年新修订的《义务教育法》再次以法律的形式规定了流入地非户籍适龄儿童、少年在流入地平等接受义务教育的权利。2008年国务院义务教育问题常务会议决定，流入地政府要统筹安排，坚持就近原则，以流入地公办校为主，接收符合规定条件的随迁子女入学，免除学杂费，不收取借读费。2014年，按照《国家新型城镇化规划（2014—2020年）》和《国务院关于进一步做好为农民工服务工作的意见》等文件要求坚持"两为主"、完善"两纳入"以解决农民工随迁子女入学问题，即以流入地政府为主、以公办学校为主，同时将常住人口纳入区域教育发展规划、将随迁子女教育纳入财政保障范围。

综上所述，该阶段的相关制度设计体现了两个最为突出的特点：其一，相关政策更加聚焦、政策指向群体更加明确。2003年以后，制度、政策直接指向"农民工子女"。流入地政府在解决随迁子女教育问题中发挥了主体作用，并将这一问题列为流入地重要民生问题和公共服务职责。其二，形成了较为完善的随迁子女入学的"两为主"政策体系。但是，在户籍制度和义务教育管理体制不变的情况下，单独一项政策的完善，并不能彻底解决随迁子女的入学机会均等问题。随迁子女进入公办校就读仍然受到诸多限制，流入地城市随迁子女学校与流入地公办校构成的"新二元"教育格局在短时期内难以彻底打破。

二、"两为主"政策的局限

"两为主"政策虽然在一定程度上缓解了随迁子女教育机会不均等的问题，但依然存在诸多局限和可改进空间。

其一，从制度的性质来看，"两为主"政策并没有改变制度的二元性，仍然有失公平。长期以来，我国义务教育制度是由城市和农村两个相对独立的体系组成的，城乡教育制度供给严重失衡，农村教育制度常处于弱势地位，具有典型的城乡二元分割的"逆公平性"特征，并形成了路径依赖。"两为主"政策是在城乡二元教育体制框架内的一种补救性、滞后性的制度设计。同时，此种制度供给缺乏预测性，是一种盲目的被动性供给。这就造成流入地政府难以预测农民工子女的流动趋势和具体数量，在接纳上很难制订出合适的招生计划。（中央教育科学研究所课题组，2008）而当随迁子女入学潮到来时，公办校往往是被动应对，应对不了便以学位不足为由进行抵制，或推给民办校和自办校。当前，大量的随迁子女就读于教育条件较差民办校和非法打工子弟自办校，由此在城市内部又逐渐形成了新的二元结构，其实质是对原有城乡二元教育结构的复制和强化，随迁子女入学机会和基本教育权利的平等性受到严峻挑战。

其二，从制度供给的数量来看，在不同的历史阶段，随迁子女入学的制度供给与制度需求之间的矛盾均不同程度地存在着。虽然目前我们基本实现了随迁子女义务教育以流入地为主、以公办校为主，但由于流入地政府的教育规划缺乏前瞻性，城市教育布局不够合理，流入地公办校面向随迁子女的教育供给数量有限，导致相当多的随迁子女被迫选择在办学质量较差的甚至是未获审批的非法的民办农民工子女学校中学习。此种"两为主"的制度供给是一种不充分的制度供给。因此，"两为主"政策需通过二次决策来改善制度供给的迟滞和不足，进而实现制度供给和需求的平衡。

其三，从制度供给的效率来看，"两为主"政策实施以来，虽然在随迁子女入学数量上基本实现了"两为主"，但随迁子女的入学机会公平仍然难以保证，入学机会制度供给质量不高。其中，最为突出的问题是流入地公办校总量有限和布局不合理，公办校教育资源供给有限，民办校教育资源供给质量不高，非法打工子弟自办校教育供给质量极差。同时，随迁子女进入公办校仍然受到诸多限制。随迁子女高质量的均等的入学机会，仍然需要通过优化制度设计来逐步实现。

三、"两为主"政策的改进

保障随迁子女入学机会均等重在招生制度设计，应在"两为主"政策的基础上，对招生制度进行改进。优化农民工随迁子女入学招生制度设计的关键是要解决三大基本问题：一是有多少生可以招，即对适龄随迁子女总量规模的准确预测和把握，对应的制度为招生预测制度；二是招收能力如何，即流入地学校的接纳能力及容量，对应的制度为学位供给制度；三是怎么招，即招收的基本条件、程序等制度。随迁子女教育起点的公平亦属于平等性的公平，与之相应的入学招生制度设计应是刚性的。流入地政府和学校应坚持平等的原则和有教无类的教育理念，使随迁子女学生享有平等的受教育的权利和机会。

1. 建立科学的招生预测制度

邓恩（W. N. Dunn）提出，公共政策分析过程包括问题建构、政策预测、政策建议、政策监测、政策评估五个阶段。（邓恩，2010）[12-15]政策预测是其中的关键一环。信息在公共政策分析中具有重要作用，而政策预测分析主要涉及政策行为启动和实施之前信息的产生与转变过程，主要是在选择解决政策问题的方案时使用，对于政策设计科学化具有重要作用。科学有效的预测是以完善的信息管理系统及管理制度为前提的。

农民工随迁子女入学招生制度的设计应在完善相关信息管理系统的基础上，实现对随迁子女数量的科学而准确的预测。

其一，建立农民工就业岗位信息系统。随迁子女要随农民工的迁移而流动，随迁子女的数量取决于农民工的整体数量，而农民工就业岗位的数量是随迁子女数量的重要参考基数。通过向农民工公开就业岗位需求及数量，以经济杠杆有效调控农民工有序流动，不仅可以从源头上减轻流入地的义务教育负担，而且还可以增强随迁子女生源的可控性、可预测性。对此，流入地政府应建设与流出地互动、互通的流入地就业信息系统。流入地政府可以定期向流出地公布工作岗位需求信息，流出地政府以此为依据采取措施对农民工的去向进行引导，使农民工可以合理有序流动，避免因盲目迁移而给其随迁子女的入学带来困难。

其二，建立全国统一的适龄儿童电子学籍管理系统。当适龄儿童进入或者离开流入地某一学校时要对其学籍信息进行及时更新，实现动态管理，这有利于流入地政府和流出地政府掌握随迁子女的总体流动情况，包括随迁子女的数量、年龄结构和地理分布，以便采取相应的对策。

基于以上两大信息管理系统，流入地教育行政部门可以有效预测随迁子女教育需求总量，进而确定教育资源配置的数量，以及不同区域学校的招生数量，以避免由学生流动所带来的资源不足或浪费。

2. 建立学位供给制度

教育行政部门应对目前公办校的学位供给能力进行全面统计和评估，做到心中有数。在此基础上，鼓励公办学校根据学校的教学设施、师资力量等现有条件，充分发掘自身的接收潜能，积极配合当地政府做好随迁子女的入学工作。同时，为弥补公办校学位总体数量的不足，流入地政府对批准接收随迁子女的民办校，应根据其办学条件确定其办学规模和招生人数，并纳入流入地政府随迁子女整体招生计划，从而在流入地形成以公办校接收为主、民办校接收为辅的随迁子女学位供给制度。而对于不符合标准的打工子弟自办校，政府应坚决禁止其招生并予以依法取缔，从入口和源头上进行有效治理。

3. 逐步实现入学招生条件同等

从长远看，当农民工的流动有序合理、总体规模适度的时候，流入地公办校、民办校应无条件接收随迁子女入学。在当前尚未实现流动人口有序管理的背景下，在以公办校为主、民办校为辅的流入地随迁子女招生基本框架下，仍应设置一定的限制条件，作为过渡性措施。具体入学条件有：其一，随迁子女随父母在流入地居住半年以上；其二，随迁子女父母在流入地的就业证明；其三，随迁子女父母的农民身份证明。对满足上述条件者，即可就近安排到公办校就读，并给予与当地学生同等的待遇。当公办校学位不足时，接收随迁子女的民办校应参照公办校入学标准进行接收。

第三节　城市内部的新二元教育格局及其破解

在我国城镇化进程中，农民工的农民身份转化滞后于其就业转移，导致原有的尚未从根本上解决的城乡"二元结构"问题进一步向城市延伸，从而形成了"新二元结构"问题。二元社会的特征主要表现在社会管理权力（政治权利）、社会保障、住房分配、子女入学、就医等方面的差别待遇上。新二元教育格局是原有城乡二元结构和新二元结构的衍生品。在新二元结构中，由于制度供给缺失而导致城市内部农民工随迁子女与户籍人口子女享受不同种类和水平的公共教育服务，进而形成了城市内部的新二元教育困局，给有限的教育资源、教育管理以及社会综合治理带来巨大的挑战。

一、新二元教育格局的形成

农民工随迁子女由于受早期政策、家庭社会经济地位、父母工作场域等多方面因素的影响，其所在流入地公办校通常为城乡接合部地区公办学校甚至是农村公办学校。随着流入地城镇化进程加快、原有居民进入城市，此类学校成为专门或主要集中接收随迁子女的公办学校，其办学水平远不如城区内的优质校。同时，"两为主"政策并不能保证全部随迁子女都能进入公办校学习，比随迁子女公办校办学水平更低的打工子弟学校也承担了随迁子女教育的重任。这样一来，城市内部便形成了"新二元教育格局"，不利于随迁子女接受均等的高质量的教育。

1. "随迁子女公办校"的分化与成形

从接收农民工随迁子女的公办校的发展趋势来看，这类学校在建校之初，其生源主要是本地的适龄儿童。20 世纪 90 年代末，学校开始接收"借读生"，并向外来儿童收取一定数量的借读费。随着城镇化进程加快，外来人口子女不断增多，本地适龄儿童不断减少，学校逐渐成为以接收随迁子女学生为主的公立学校，其最显著的标志通常表现为外来人口子女数量已占到学校学生总人数的七成以上。此类学校在所有接收随迁子女的公立学校中具有普遍性和代表性。

随着"两为主"政策的实施，许多大中城市已实现了多数随迁子女在公办学校就学的目标，比如，2012 年上海、北京和武汉已分别有 50%、60% 和 82% 的农民工子女进入公立学校就读。截至 2014 年年底，全国随迁子女在公办学校就学比例保持在 80%。（国务院，2015）目前，绝大多数流入地政府都划出了一定数量的公办学校专门用于招收随迁子女，即采用集中的方式接收随迁子女。这种接收方式使得城市中出现了一类较为特殊的学校，这类学校的学生绝大多数或全部是随迁子女，本书称之为"随迁子女公办校"。据相关研究发现，武汉市作为全国率先接纳进城务工就业农民子女入学的城市之一，全市现有 313 所公办中小学接收进城务工就业农民子女入学，却没有一所是"重点学校"。（范先佐，2007）

与农村学校相比，随迁子女公办校的硬件设施和师资水平存在一定优势，但与流入地的优质公办校相比，仍然存在较大差距。随迁子女公办校培养的主要是未来的市民而非返乡农民，为此，随迁子女公办校办学应以城市普通学校作为参照系。但是，由于受到多重不利条件的限制，随迁子女公办校的教育质量始终比较低，不利于随迁子女义务教育后升学及融入城市生活。

随迁子女公办校的形成通常是以下三个因素综合作用的结果。

其一，随迁子女规模不断扩大的刚性需求。随迁子女群体最早出现于20 世纪 80 年代，伴随外来人口不断增多及"家庭式流动"的主要特点和趋势，外来人口中既有进城务工的父母，需要接受义务教育的随迁子女。随迁子女公办校所在的社区通常位于城郊、城区或城乡的交会处，此类地区通常是人员复杂的外来人口聚集区，随迁子女规模比较大，义务教育适龄儿童比较多，而社区本地人口不断外迁（主要是向城市中心转移）又造成本地适龄儿童减少，因此，在"就近安置入学""就近入学"的招生原则下，公办学校越来越多地接收随迁子女入学。相关学者根据历年进城务工人员数量，以及国家 1982 年以来历次人口普查及 1% 人口抽样调查数据，运用 Logistic 曲线拟合，对离开户口登记地半年以上的人口数据进行拟合分析，由此推算出未来各年流动人口的数量。到 2015 年、2020 年，12—14 岁随迁子女的规模将分别达到 544.98 万人、627.73 万人，其中，14 岁随迁子女的规模将分别达到 200.62 万人、240.84 万人，其规模呈现出持续扩大的态势（见图 3-4）。（吴霓，朱富言，2014）

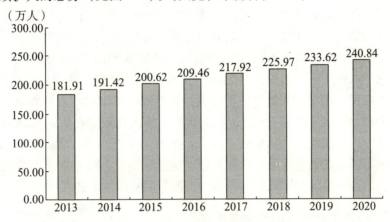

图 3-4　14 岁随迁子女规模预测

其二，学校自身生存发展的需要。由于适龄入学儿童数量整体下降，为更好地满足人民群众对高质量教育的需求和政府对办学效益的追求，从 20 世纪初开始，北京、上海、广州、成都、沈阳等大中城市都着手进行了大规模的"教育布局调整""校间合并"，并规定了义务教育学校的办学标准和基本办学条件、教学班数、学生规模等刚性指标。如果一所学校长期达不到规定的规模要求，就会面临被兼并的命运。而农民工随迁子女公办校之所以得以保留并继续发展的一个重要条件就是随迁子女成为其主要生源，稳定甚至扩大了其办学规模。

其三，教育政策的导向作用。流入地公办学校大规模接收随迁子女的一个主要原因是教育政策的导向作用。随着社会的发展和城镇化进程加快，国家在流动人口政策上出现了由紧到松、由无序到规范、由歧视到公平、由排斥到接纳的趋势。（王兴周，2008）在 20 世纪末，政府对流动儿童进入城市入学持一种"排斥"态度。到 21 世纪初，随着流动儿童规模的不断扩大，为了满足流动儿童接受良好义务教育的现实需要，国家在相关教育政策方面不断"放行"。2001 年《国务院关于基础教育改革与发展的决定》，强调要"重视解决流动儿童接受义务教育的问题，以流入地政府管理为主，以全日制公办小学为主，采用多种形式依法保障流动儿童接受义务教育的权利"。2003 年《关于进一步做好进城务工就业农民子女义务教育工作的意见》第一次把关注的焦点指向进城务工就业农民的子女，强调"一个责任"、两个"一视同仁"，至此，以流入地政府为主承担农民工子女教育责任、以全日制公办中小学为主接收农民工子女入学的处理农民工子女教育问题的"两为主"原则得以明确。2004 年《中共中央国务院关于促进农民增加收入若干政策的意见》要求把进城务工农民子女教育纳入正常的财政预算。2006 年《国务院关于解决农民工问题的若干意见》要求保障农民工子女接受义务教育的权利，明确提出"两为主"的原则，强调将农民工子女义务教育纳入当地教育发展的规划和经费预算中。2006 年国家修订了《义务教育法》，再次明确了流入地政府在解决流动儿童义务教育问题中的责任。从随迁子女公办校接收随迁子女的历史进程来看，其状况与国家的教育政策要求相吻合。随迁子女公办校办学历史和政策实践逻辑的统一是与国家政策的导向和支撑作用密切相关的。

2. 打工子弟学校的产生与发展

20 世纪 90 年代，大量农民工带着适龄子女进入北京、上海、广州等大城市打工。当时的教育法律规定，义务教育阶段适龄儿童在户口所在地中小学就近入学。来到流入地城市后，农民工往往奔走于流入地中小学，为子女寻找入学的机会。然而，高额的赞助费和种种条件限制，使他们望而却步。经济条件较好的农民工倾其所有，通过缴纳高额的赞助费，使子女能够以"借读"形式上学。而对于大多数农民工来讲，则无力为其子女在流入地公办校入学缴纳赞助费。正因为现行义务教育体制把随迁子女拒斥在城市正规学校的校门之外，打工子弟学校才得以产生并发展，成为解决随迁子女就学问题的重要途径之一。从这种意义上说，打工子弟学校的存在具有合理性，但此种合理性是建立在体制不合理的基础上的。

其一，体制外的刚性需求催生了非主流供给。打工子弟学校是存在于国家义务教育体制之外的一种教育机构，是一种边缘化的"义务教育"。它的产生反映出现行义务教育体制在解决流动人口子女就学问题上的乏力，表明这种教育体制已经不能适应当前人口大流动的社会趋势，在面对新问题时无能为力。因为，体制之外的事物的滋生乃是体制本身落后于时代发展的结果，在体制本身不能解决问题的情况下，人们才诉诸体制之外的手段。（吕绍青，张守礼，2001）

随着随迁的农民工适龄子女越来越多，一些有一定办学能力的务工人员开始聘请家乡的退休教师、校长，举办简易打工子弟学校，以满足自己子女及工友子女的上学需求。这类学校的办学条件恶劣，设备非常简陋，最初只有十几个学生。但其低廉收费，能够满足农民工子女的教育需要，因此，后来其生源数量急剧增长，规模不断扩大。以北京市为例，从1998年开始，打工子弟学校数量迅速增加，投资者以老乡为纽带纷纷开设低成本的打工子弟学校，使得打工子弟学校进入了一个蓬勃发展期。

我们的调研对象中有一位来自河南的打工子弟学校举办者周某。他1992年来北京经商，1999年在石景山衙门口村创办了一所打工子弟学校。之后，学校的学生数量逐年增加，到2004年已经突破了1000人。在对相关教育行政部门的访谈中，我们了解到，从1998年到2012年，朝阳、海淀、大兴、丰台等外来人口聚集地区的打工子弟学校的数量每年都在猛增，无序的增长也导致了激烈的竞争。打工子弟学校长期处于体制外，由于没有完善的流动人口管理政策和流动人口社会服务机构，打工子弟学校不能获得合法的办学手续，事实上处于"三不管"的半地下状态。各个学校基本上都是关起门来办学，学校之间很少交流。由于体制壁垒，各个学校和流入地的教育部门也很少交流。

其二，追逐利益成为打工子弟学校发展的内生动力。打工子弟学校在经营模式上多采用"薄利多销"的规模经营策略。虽然打工子弟学校收费低廉，但当学生达到一定数量，学校就能够盈利。在对打工子弟学校的访谈中发现，由于各个地方地价的不同，其旗下的一些分校招足300人就能盈利，而地段较好、房租较贵的学校则需要招500人以上才能盈利。打工子弟学校都属于私人办学，办学者文化程度不高，学校招收的都是农民工子弟，其利益取向部分地影响了学校教育功能的发挥。学校的办学条件极其简陋，教学环境恶劣，教学设施极度缺乏。学校往往缺乏一些基本的教学器材，更缺乏图书馆等教学设施。

打工子弟学校给那些被排斥在现行教育体制之外的随迁子女提供了一个接受低层次教育的场所，有其存在的合理性。但由于国家对打工子弟学校没有任何监督和管理，在这些学校就学的流动儿童的教育与成长被完全置于追求利润的私人操作之下，这对他们的未来发展是极为不利的。这种状况也有悖于《未成年人保护法》。因此，打工子弟学校并不是解决随迁子女教育问题的长远之计，其实质是以另一种形式的不合理来应对现行教育体制的不合理。国家和流入地城市应尽快采取切实具体的措施来解决这个问题。

其三，流入地政府对打工子弟学校的缄默态度与刚性取缔。打工子弟学校产生于体制与政策的真空地带，在发展初期其身份是"非法"的。1998年，国务院颁布了《流动儿童少年就学暂行办法》，指出，流入地政府应该承担流动儿童少年接受义务教育的职责，同时也允许社会组织和个人举办专门招收流动儿童少年的学校或简易学校，并对"简易学校的设立条件酌情放宽"。这一政策规定成为打工子弟合法办学的一个历史转折点。加之政府对"三农"问题日益重视，农民工及其子女作为社会弱势群体开始得到社会和媒体的关注。

到了2001年，打工子弟学校已成为了一支不容忽视的教育力量。2002年4月20日，北京市政府出台《北京市对流动人口中适龄儿童少年实施义务教育的暂行办法》，明确"在流动人口比较集中的地区，有关社会组织和公民个人，可以参照北京市的办学条件标准举办招收流动儿童少年就学的学校"。而此时，打工子弟学校在北京已经经历过一个大发展时期，数量已经达到数百所。2011年北京市取缔了一批打工子弟学校，成为年度教育热点。2011年6月开始，北京市大兴区、海淀区、朝阳区也陆续取缔了一大批非法打工子弟学校。

综上所述，随迁子女义务教育属于政府基本公共服务的范畴，如果随迁子女不能接受公平有质量的义务教育，则有悖于社会主义的办学方向，有悖于教育公平原则。随着国家对教育经费投入的不断加大和政府基本公共服务能力及跨地区教育综合治理能力的提升，非法打工子弟学校作为一个缓冲地带而终将退出历史舞台，符合办学资质的打工子弟学校将被纳入民办教育范畴，得到规范化管理。

二、新二元教育的质量困境

城市内部的二元教育格局，最突出地体现在随迁子女与流入地城市学生所享有的教育质量的差距上。流入地城市学生和随迁子女占有的经费、师资、条件等教育资源存在较大差距。政府应将政策重点转到保障随迁子女享受同等教育待遇、均衡配置教育资源上来。只有认清现实问题，着力提高教育均衡水平，我们才能从根本上破解城市内部的新二元教育困境。

1. 农民工随迁子女的教育起点低

农民工随迁子女的教育起点低，突出地体现在其早期学习技能习得不足，接受的学前教育质量低下。学前教育是正规教育的起点和端口，对培养学生良好的学习与生活习惯、帮助学生尽快适应学校生活等具有基础性作用。学前教育对人一生的发展起着重要作用。从2012年国家人口和计划生育委员会对流动人口的动态监测调查数据来看，学龄前儿童教育并未被纳入公共服务范畴，学龄前儿童入园还存在很大的问题。学龄前随迁子女中，有38.45%没有进入幼儿园接受学龄前教育，有将近一半（46.93%）就读于私立幼儿园，能进流入地公立幼儿园的仅有14.61%；学龄前留守儿童未入园的比例也很高（43.95%）（见图3-5）。（宋月萍，李龙，2012）

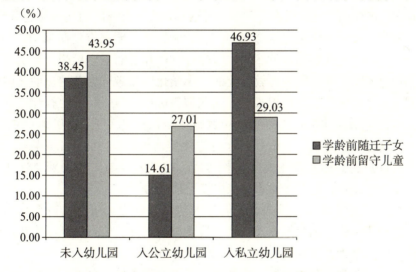

图3-5　学龄前随迁子女与留守儿童入园情况的比较

　　随迁子女教育选择的局限和接受的学前教育水平低的现状，与其家庭社会经济地位、家庭文化社会资本密切相关。胡咏梅等学者研究了家庭社会经济背景及迁移状态对流动儿童学前教育的影响。该研究发现：农业户籍流动儿童接受学前教育的机会显著低于其他户籍的流动儿童；跨省迁移家庭的子女接受学前教育的机会显著低于省内迁移家庭的子女；为子女教育进行储蓄家庭的随迁子女接受学前教育的机会显著高于没有为子女进行教育储蓄的家庭；父母的高学历（专科及以上），尤其是母亲的高学历（专科及以上），能够在一定程度上提高流动儿童的入园率；流动儿童与父母尤其是与父亲同住，能够提高其接受学前教育的机会。（邢芸，胡咏梅，2015）

　　由于随迁子女拥有的家庭社会资本和经济资本的数量均处于流入地城

市的底层水平，农民工随迁子女基本被排斥在城市优质幼儿园之外。虽然所有幼儿园都不会存在显性的歧视农民工子女的现象，但由于大部分正规幼儿园的收费超过了农民工的经济承受能力，无形中就将绝大多数农民工子女拒之门外。区域调查数据调查显示，鞍山、沈阳等地区80%以上的农民工把子女送到利用民宅或一楼商铺而设的不具备基本办学条件、收费低廉、没有办园许可证的幼儿园（俗称"黑园"）。在被调研的幼儿园中，只有17%的幼儿园有专用房，58%的幼儿园是由民宅改建的，而且多数幼儿园面积不足，一个20平方米左右的屋子要容纳15—20个孩子，显得十分拥挤。60%的幼儿园没有专门的户外活动场地；30%的幼儿园靠近马路，噪声较大；46%的幼儿园楼梯没封闭；27%的幼儿园没有消防通道；33%的幼儿园教室光线昏暗。虽然幼儿园都有桌椅和清洁卫生设施，但玩具和图书严重不足。幼儿园教育教学上的"小学化"现象非常普遍。幼儿园的经费全部来自家长交纳的保教费。幼儿园教师中，37%以上的教师具有大专及以上学历；68%的教师受过幼教专业培训，月工资在1000元左右；32%的教师是下岗职工，没有系统的幼教专业知识和技能。（罗英智，李卓，2012）这些幼儿园主要起看护作用，教学内容与方式的随意性非常大，缺乏系统性，随迁子女难以从中接受系统的学前启蒙教育。

此外，还有部分随迁子女未能进入幼儿园学习。政府支持系统的缺乏、群体支持系统的分散以及个体支持系统的单薄，使得随迁子女很少能接受系统的学前教育。（庄甜甜，王奕君，2010）

进入义务教育阶段以后，大部分随迁子女进入城市公办学校学习，但由于未能接受良好的学前教育，没有形成良好的学习习惯，所以需要经历较长的时间才能适应学校生活，部分学生未能按要求掌握小学低年段的课程知识。库尼亚（F. Cunha）等学者的研究发现，在人的生命周期中，早期技能培养的投资回报率很高，会产生未来成功必备技能的几何级增长，但对于这种早期投资不足的补救却很困难。（Cunha, Heckman, Lochner, et al., 2006）这意味着随迁子女公办校若想取得与其他城市学校相同的教育效果需付出更大的努力。随迁子女公办校除了开展正常的教学活动外，还需要在学生学习习惯养成、行为规范教育等工作上花费许多时间和资源，以弥补随迁子女学前教育的不足，这为随迁子女公办校教育质量的提升带来了严峻挑战。

2. 农民工随迁子女的家庭教育缺位

家庭教育在学生的发展过程中是不可或缺的，家庭在自我性别学习中的性别认同、情感学习中的情绪控制、认知与智力学习中的语言、学习中的控制等方面的作用要显著大于学校。（Krumm，1996）家长的教育观念、教育方式、家庭教育环境、家校合作水平等对子女的成长至关重要。

从家庭教育观念、教养方式来看，农民工的家庭教育意识薄弱、方式不当。农民工普遍缺乏对家庭教育的正确认识，认为教育是学校的事情，是老师的责任。很多父母想方设法把孩子送入城市学校，以获得更好的教育，却忽视了自己在教育子女上应承担的责任。正是由于家庭教育意识的薄弱，农民工家长在日常生活中难以做到有意识地在行为、道德、价值观上引导子女。而在儿童社会化的进程中，父母是最重要的参照群体，如果父母对自身的教育角色和功能缺乏认识，就难以为孩子创设一个良好的家庭教育环境。再加上受到工作条件较差、生活压力大、自身文化水平有限等多种因素影响，农民工在对子女教养方式的选择上存在偏差，较多地倾向于专制型和放任型的教养方式。

我们的相关调查显示，在家庭教育中子女与父母的有效沟通是父母对子女进行教育的有效方式和途径，在家庭教育中发挥着重要作用。父母与子女之间存在着血缘关系、伦理关系以及经济上和生活上的依赖关系，因此，父母与子女之间本能地存在着依恋情感。在家庭教育环境中，父母与子女的良性沟通能够营造出一种有利于子女良好的个性品格和行为习惯养成的环境和心理气氛，这对孩子的教育和成长至关重要。从调查的总体学生样本来看，结合独立样本 T 检验和均值计算，流入地本地户籍学生和父母的沟通方式与农民工随迁子女和父母的沟通方式在整体上虽然不存在显著性差异（$P=0.065>0.05$）。但结合均值来看，流入地本地学生和父母的整体沟通水平要略高于农民工随迁子女和父母，尤其在沟通的具体维度上，两者之间存在显著性差异（$P=0.000<0.001$），这表明流入地本地学生对与父母的沟通有正确认识，能够积极、主动地与父母进行沟通（见表3-10）。

表3-10 流入地本地户籍学生、农民工随迁子女与父母
沟通情况的 T 检验结果摘要表

维度	生源类型	人次	平均数	标准差	T 值
沟通认知	流入地本地户籍学生	379	15.2005	3.39497	4.84**
	农民工随迁子女	1398	14.2668	3.31084	
沟通方式	流入地本地户籍学生	379	15.9551	3.27579	-1.567
	农民工随迁子女	1398	16.2461	2.92930	
不良沟通	流入地本地户籍学生	379	13.0792	2.62851	1.212
	农民工随迁子女	1398	12.9006	2.52194	
沟通方式总分	流入地本地户籍学生	379	44.2348	7.79637	1.849
	农民工随迁子女	1398	43.4134	7.19675	

注: **表示 $P<0.01$。

同时，通过访谈了解到，农民工所从事的职业大多工作强度大、工作时间长，因此，他们没有多余的时间和精力放在子女的教育上。农民工与其随迁子女缺乏良好的沟通，这一观点得到了进一步印证。

访谈者：你希望爸爸妈妈能够做点什么，你们会更开心呢？

学生1：多陪陪我们。

学生2：多陪陪我们。

学生3：爸爸妈妈多陪我们聊天什么的。

学生4：我希望爸爸妈妈别把工作看得特别重，不把我们放在眼里。

学生5：让爸爸妈妈和我们真心地聊一聊自己的心里话。

家长与学校的合作与沟通是对学校教学与学生管理的重要补充，也是家庭教育的重要环节，在学生的教育和成长中发挥着关键作用。对不同生源类型的学生家长进行比较，百分比同质性卡方检验表明，公办校内流入地本地户籍学生家长与农民工随迁子女家长在与教师沟通方面存在显著差异（$P=0.000<0.001$），流入地本地户籍学生家长要比农民工随迁子女家长更为重视家校沟通。从与教师沟通的频率来看，在每周一次维度上，流入地本地户籍学生家长占10.29%，而农民工随迁子女家长占8.30%；在每月一次维度上，流入地本地户籍学生家长占33.51%，而农民工随迁子女家长占17.83%。此外，还有高达5.27%的农民工随迁子女家长不认识孩子的教师。45.71%的教师认为招收农民工随迁子女入学后家校沟通压力

随之增大。通过对公办教师的访谈进一步证实了农民工随迁子女家长在与学校及教师合作方面有所欠缺。

家长有效配合学校对学生的学习进行监督辅导有利于学生取得学业进步。对不同类型的学生家长进行比较，百分比同质性卡方检验表明，公办校内流入地本地户籍学生家长与农民工随迁子女家长在检查子女作业的频率上存在显著差异（$P = 0.000 < 0.001$），这反映出家长对学生学习的关注程度不同。流入地本地户籍学生家长要比农民工随迁子女家长更为关注学生的作业。其中，在每天都检查的选项上，流入地本地户籍学生家长占32.8%，而农民工随迁子女家长占20.7%。此外，还有高达13.7%的农民工随迁子女家长不检查子女作业（见表3-11）。

表3-11　不同类型的学生家长检查作业情况的对比　　　（单位：%）

检查作业频率	流入地本地户籍学生家长	农民工随迁子女家长
每天都检查	32.8	20.7
有时候检查	57.4	65.6
基本不检查	9.8	13.7

注：$\chi^2 = 25.361$；$df = 2$；$Sig = 0.000$。

从家庭教育资源环境来看，家庭教育资源作为一种外在的客观的教育要素，对儿童的认知、情感与社会性的发展都有着直接影响。顾明远教授认为，所谓的家庭资源就是指教育的条件，即教育过程中所占有、使用和消耗的人力、物力和财力资源，是教育人力资源、物力资源和财力资源的总和。（顾明远，1998）[376]蒂奇曼（J. D. Teachman）从教育社会学角度出发提出的教育资源的概念是建立在其研究的主要假设之上，即父母的社会经济地位越高，有越多的能力与动机来提供教育资源，进而提高子女教育成就。他认为父母提升家中的物质环境，将能提升子女的学习动机与成效。蒂奇曼理解的教育资源指的是父母用来促进子女学术技能、动机及导向的人文及物资资源。（Teachman，1987）邬志辉教授的调查研究显示，受家庭经济条件限制，许多农民工随迁子女在家中连必要的学习场所都没有。在所调查的学生家庭中，有24.80%的学生家里只有一个房间，有15.60%的学生家里没有用于学习的书桌，有57.20%的学生没有单独用于学习的书房。（刘善槐，邬志辉，2013）由此可见，农民工随迁子女家庭文化资本和经济资本的占有量较低，导致其教育功能未能充分发挥，而学校教育由于缺少有效的家庭教育的支撑而未能产生良好的效果，最终阻碍了随迁子女教育质量的提升。

3. 农民工随迁子女学校的硬件设施与师资相对薄弱

缩小农民工随迁子女教育质量差距涉及教育系统内外诸多要素。而学校的办学硬件条件和师资队伍水平则是两大关键指标。硬件设施是学校开展教育活动的重要条件保障，教师是学校教育教学活动的重要组成部分。本书在此部分所考察的随迁子女学校主要是指随迁子女公办校、政府批准的招收农民工随迁子女的民办校（合法的打工子弟学校）。未经政府批准的打工子弟学校因不符合办学资质，最终将会被取缔，故不列入本书研究内容。

其一，从办学硬件条件来看，随迁子女公办校弱于流入地区域内的优质公办校，好于专门的民办打工子弟学校。

在我国"以县为主"的义务教育管理体制框架下，即便是均位于流入地城市内，不同区县、不同区域、不同级别的学校的财政投入水平差别也很大。大型流入地城市内的学校一般有省（自治区、直辖市）直属校、市（地级市）直属和区（县）直属等若干个类别，不同的行政隶属关系使得这些学校获得的财政投入各异。通常学校隶属的政府行政级别越高，获得的财政投入也越多。受城市内区（县）经济发展水平的影响，不同学校获得的财政支持也不同。民办校的主要财政来源是学生学费，一般不会获得地方财政教育拨款，经费捉襟见肘。优质公办校、随迁子女公办校、民办打工子弟学校在经费水平上的差异最终造成不同学校的硬件设施等差距悬殊。城市内部存在许多"薄弱学校"，主要分布于城郊、城中村或城乡接合部。这类学校主要是接收农民工随迁子女的公办校和民办打工子弟学校。大量的农民工子女进入学校后，原本充足的校舍、运动场地等变得拥挤，导致这些学校的生均硬件条件与城市其他学校相比显得更为薄弱。

即便如此，随迁子女公办校的办学硬件条件仍然要好于政府批准的民办打工子弟学校。我们的相关调查显示，从生均校园占地面积来看，样本校公办小学与民办打工子弟学校的生均校园占地面积差距很大，2009—2011 年的生均校园占地面积差距比分别为 3.43、3.94、4.06。这表明公办校与民办打工子弟学校的生均校园面积差距很大，民办打工子弟学校的基本建设经费投入远远低于公办校，而且，这种差距呈现逐渐拉大的趋势。

调查数据显示，公办小学与民办打工子弟学校的生均校舍建筑面积差距较大。其中，2009 年公办小学生均校舍建筑面积是民办打工子弟学校的

1.61 倍，2010 年公办小学生均校舍建筑面积是民办打工子弟学校的 1.85 倍，2011 年公办小学生均校舍建筑面积是民办打工子弟学校的 1.91 倍。这表明公办小学与民办打工子弟学校的生均校舍建筑面积差距十分巨大，民办打工子弟学校的基本建设经费投入远远低于公办小学（见表 3-12）。

表 3-12　两类学校小学阶段办学条件差距

项目		2009 年	2010 年	2011 年
生均校园占地面积	公办学校（平方米）	15.30	15.64	15.11
	民办打工子弟学校（平方米）	4.46	3.97	3.72
	差距比	3.43	3.94	4.06
生均校舍建筑面积	公办学校（平方米）	6.09	6.22	6.01
	民办打工子弟学校（平方米）	3.77	3.36	3.15
	差距比	1.61	1.85	1.91

其二，从师资队伍水平来看，随迁子女公办校弱于流入地区域内的优质公办校，好于专门的民办打工子弟学校。

城市中各公办学校的累积优势不同，对优秀教师的吸引力也各不相同。城市内部普遍存在教师单向流动的现象，优秀的教师愿意往好的学校流动。大学应届师范毕业生在选择就业岗位时，往往会把学校的师资、生源、地理位置等作为主要参考指标，优质学校对优秀的师范毕业生更具吸引力。

新教师对城市学校教师岗位的选择方式以及骨干教师的单向流动方式导致随迁子女公办校教师紧缺。（刘善槐，邬志辉，2013）面对不断增大的生源压力，随迁子女公办校为了正常开展教学活动，不得不大量聘用代课教师，甚至在个别学校代课教师的比例已经和学校在编教师"平分秋色"。但是这一做法最大的问题在于代课教师队伍不稳定和人员经费不确定。代课教师更换频繁，学校必须在短时间内找到新的代课教师，这必然影响教学活动的正常开展。与此同时，流入地政府并没有专门的经费用于支付代课教师的工资，这就使得随迁子女公办校被迫从学校的公用经费中支出，并且挤占办公费、培训费等经费，从而在一定程度上影响了学校的正常运转。总之，学校发展优势上的累积效应导致随迁子女公办校的师资较为薄弱，而这也成为制约随迁子女公办校教育质量提升的关键因素。

与随迁子女公办校相比，民办打工子弟学校的师资水平更加不容乐观，民办打工子弟学校的教师专业化发展水平较低。我们所开展的相关调查的结果显示，从参与调查的教师年龄结构看，教师年龄以31—40岁为最多，占36.1%，整体分布呈现正态分布，结构比较合理。公办校、民办打工子弟学校40岁以下的教师比例分别为67.1%、72.6%。民办打工子弟学校有超过七成的教师均为年轻教师，教师年龄结构亟待优化。从教师学历结构来看，同质性百分比卡方检验表明，公办校与民办打工子弟学校的教师学历分布存在显著差异（$P=0.000<0.001$），公办校的教师学历结构总体优于民办打工子弟学校。公办校中具有本科学历的教师比例达到82.2%，而民办打工子弟学校仅为51.1%，而且民办打工子弟学校中大专以下学历的教师比例为14.1%。民办打工子弟学校教师的学历水平迫切需要提高。从教师职称结构来看，公办校的教师职称结构呈现出较为合理的正态分布特征，其中初级职称教师占29.8%，中级职称教师占47.4%，高级职称教师占18.1%。同质性百分比卡方检验表明，公办校与民办打工子弟学校的教师职称结构存在显著差异（$P=0.000<0.001$）。民办打工子弟学校具有初、中、高级职称的教师比例远低于公办校，而且未评职称的教师比例高达41.0%。由此可见，民办打工子弟校的教师职称结构严重失衡（见表3-13）。

表3-13　两类学校教师职称结构的对比　　　　　（单位:%）

类别	公办校	民办打工子弟学校
未评职称	4.7	41.0
初级职称	29.8	22.1
中级职称	47.4	26.8
高级职称	18.1	10.1

注：$\chi^2=78.810$；$df=3$；$Sig=0.000$。

民办打工子弟学校的社会保障水平低下。调查数据显示，在参与调查的民办打工子弟学校教师中，已经与校方签订用人合同的占63.57%，尚未签订用人合同的占36.43%。调查数据显示，校方为13.78%的教师缴纳了社会保险，而86.22%的教师尚未办理社会保险；校方为13.73%的教师缴纳了医疗保险，而86.27%的教师尚未办理医疗保险。教师在打工子弟学校从事教育教学工作缺乏相应的社会保障，成为导致学校教师队伍不稳定的重要原因。

三、破解新二元教育格局的可行路径

新型城镇化的核心是推进人的城镇化，推动农民向市民的实质性转变。其首要任务就是改革户籍制度，把依附于户籍上的社会保障和社会福利开放给外来常住人口，实现城镇化地区包括农民工等常住人口在内的基本公共服务均等化。这是国家战略层面以新型城镇化破解城乡二元结构的大逻辑，也是以破解城市内部新二元教育格局的总体战略路径。因此，推进面向城镇化流动人口（包括农民工随迁子女）的一系列配套性基本公共服务的体制改革与机制创新则成为破解新二元教育问题的可行路径。

1. 建立促进流入地随迁子女与本地学生一体化发展的教育管理体制机制

流入地政府应加强宏观统筹区域教育发展的能力，做好顶层设计，积极致力于促进随迁子女与本地学生一体化发展的教育管理体制机制建设，为随迁子女公办校的发展营造良好的政策环境，为其质量提升提供必要的资源支持。流入地政府应在资金投入、硬件设施和教师配置等方面为随迁子女公办校的质量提升提供全方位的政策支持。

其一，将随迁子女教育纳入流入地中长期教育发展规划，并给予配套政策支持。流入地政府要将包括随迁子女在内的常住人口纳入区域教育发展规划，将随迁子女教育纳入财政保障范围，加大财政奖补力度。中央财政以奖补资金的方式，对各地促进农民工随迁子女接受义务教育工作予以奖励性支持，主要支持东中部地区接收随迁子女较多的省份。2008—2014年，中央财政累计投入奖补资金 340.51 亿元，其中，2014 年达 99.62 亿元。各流入地政府在用好中央财政奖补资金的同时，应根据财力情况，给予相应奖励资金配套支持。

其二，优化随迁子女在流入地辖区的就学布局结构，加大对教育辖区学校间、学校内生源配置的统筹力度，促进生源多样化。政府应坚持扩容与优化结构布局并举的思路。在扩容上，要不断扩大流入地城区公办学校的教育容量，启动实施"全面改薄"工作，即全面改善流入地随迁子女公办校薄弱的基本办学条件，将解决大班额问题作为重点任务之一，采取新建、改扩建等措施，对随迁子女公办校进行改造，扩大其教育容量。同时，还要加大对不同规模流入地城市教育承载能力的谋划，加快小区配套学校建设，满足随迁子女入学需求。在优化就学区域布局上，在注重招生规模的同时，要改变随迁子女过于集中的现象，分散随迁子女公办校的教育压力。随迁子女过度集中于同一区域或同一学校的弊端在于，随迁子女群体丧失了深入接触流入地城市同龄人的生活和理解城市主流文化的机会，不利于其在城市的生存与发展。为此，流入地教育行政部门可增加招收随迁子女的公办学校的数量，降低每个公办校随迁子女的比例，有计划地对随迁子女的就学流向进行科学干预。同时，在公办校内部，加大校内融通力度，把随迁子女与城市学生统一编校编班，以随机分配学校和班级的方式接收随迁子女。学校要加强对城市学生的教育，使他们能够在心理和行为上接纳这些随迁子女，尽可能在生活和学习上帮助他们，充分发挥对随迁子女的带动效应，促使随迁子女更快地融入学校与城市生活。

其三，建立优质资源共享共建机制。充分发挥城市优质学校教育资源对随迁子女公办校的带动作用。可通过名校办分校、集团化办学、学校发展共同体等多种形式把优质学校与随迁子女公办校横向联合在一起。把对随迁子女公办校发展的促进作用作为考核流入地优质学校的重要内容，使城市优质学校有动力帮助随迁子女公办校共同发展。积极鼓励两类学校开展教师间的教学、教研交流，鼓励城市优质学校教师定期到随迁子女公办校进行交流任教，带动随迁子女公办校教师的专业化发展；选派随迁子女公办校教师到优质校进行观摩访学，参与优质校备课、上课、评课等常规教学与教研活动，提升其教学水平。

2. 建立利于流入地随迁子女与本地学生多元化发展的育人模式

随迁子女公办校应激发教师的学习动力，提高教师的整体素质，创设适应随迁子女群体特征的育人模式，这是破解新二元教育格局的核心环节。

其一，切实提高教师专业发展水平，提升随迁子女教育质量。提高教师整体素质有两条基本途径：一是教育部门利用市场规律吸引高素质的教师进入学校；二是学校利用激励机制提升教师的学习动力，促进教师不断发展。提升教师发展动力的关键在于使外部的评价制度能够与教师个体内在的价值认同相吻合。（刘善槐，邬志辉，2013）流入地政府首先要按城市学校统一标准为随迁子女公办校配置硬件和核定教师编制，以"利益补偿"的方式吸引部分优秀教师。流入地政府可以通过提高待遇等方式来吸引一些优秀教师，逐步改善教师结构。同时，还要注重制度激励，发挥公办学校教师对随迁子女教育的积极性。公办校应根据随迁子女综合素质的提升状况，对承担随迁子女教育教学任务的教师进行表彰，并将此作为绩效工资考核的重要参照指标。随迁子女公办校应改革当前的教师教学绩效评价模式，把单维的终结性评价制度变成终结性评价与多维增值性评价相结合的评价制度。在当前阶段，针对随迁子女学习基础薄弱的现实，基于学生的起点和客观环境，学校应提倡多维增值性评价，综合评价教师对学生各个方面的提升所起的作用，激发教师专业发展的内生动力。

其二，依托随迁子女的优秀个性品质，开发特色校本课程。为提高教育教学的针对性，随迁子女公办校应基于随迁子女的群体特征进行科学的课程设计。研究发现，随迁子女群体具有许多发展优势。他们的适应能力强，自主性强，有吃苦耐劳的精神，身体素质普遍较好。学校可以根据他们的这些优势，提炼学校特色并开发系列校本课程，使学生在校本课程的学习中获得正向激励，进而引导学生把学习校本课程获得的信心迁移到其他课程的学习中，发挥以点带面的积极作用。

其三，根据随迁子女的认知特点，转变教师教学方式，因材施教。随迁子女公办校也应让教师转变观念，克服在教学方式上"以城市学生为中心"的取向，基于随迁子女的特点设计教学内容和教学方式。随迁子女的教育起点低，学前教育缺失或效果较差，小学一年级的教师应调整教学内容，把起点放低，在学习习惯、生活习惯、文明礼仪等薄弱环节进行重点强化；在教学中把进度放慢，让随迁子女逐渐适应，然后再依据具体情况进行调整。随迁子女公办校还应适当发挥学校教育的社会功能，弥补随迁子女教育资源的不足。如公办校可在课后安排统一的场所让学生完成作业，并且安排专门的老师进行有针对性的指导，使学生能够及时地消化和吸收所学知识。

3. 构建流入地社区、学校、家庭的协同化教育共治格局

教育是促进公平的有效途径，但是教育的功能也是有限的。家庭社会经济地位是影响随迁子女教育的结果公平的关键变量，学校教育可以改变随迁子女的学习状况，但无法给农民工家长带来直接的影响，无法改变随迁子女家庭的社会经济地位。因此，随迁子女教育公平的真正实现，需要政府发挥制度变革的主体作用，需要政府致力于城乡分治的户籍制度、流动人口管理制度等教育外部制度的系统性配套改革。随迁子女的健康成长问题，不能只依赖于学校教育。只有构建起社会、学校、家庭一体化的教

育格局，才能从根本上破解随迁子女教育难题。

其一，政府要强化基本公共服务职能，积极促进农民工市民化，改善随迁子女家庭教育条件。从长远来看，要想彻底解决农民工随迁子女教育问题，就要改革当前的户籍制度，剥离依附在户口上的各项权益差别，使户籍回归其本来的人口统计与管理功能，形成城乡一体化、待遇统一的人口管理制度，实现包括义务教育在内的全国居民的基本公共服务均等化。从当前来看，一是要建立"居住地人口治理模式"，以子女教育、住房、社会保障等为重点，推进常住人口基本公共服务均等化，逐步淡化户籍属性及其福利分配的双重标准，使符合条件的人口均享有同等权益，使农民工享有与流入地居民均等的基本公共服务。二是要完善以社区为基础的农民工流动人口服务管理体系，提升对农民工的服务、管理水平，形成以社区居民委员会为基础，公安、计生、劳动保障、社会组织等为补充的管理格局，并着重加强对农民工聚集区的管理。三是要加强对农民工的职业技能培训和就业服务，提升农民工家庭的发展能力。一方面，发挥流入地继续教育机构的作用，建立农民工专业化培训机制，提升其就业能力；另一方面，加强劳动力市场规范化建设，为农民工提供就业信息和咨询等服务。上述举措不仅可以有效促进农民工社会经济地位和社会融入水平的提升，而且对于促进随迁子女的社会融合和教育公平大有助益。上述举措可以提高农民工的社会权益保障水平，提高其社会经济地位和家庭发展水平，有助于随迁子女家庭教育条件的改善。

其二，流入地学校要拓展其社会功能，积极承担家校合作驱动者的角色。随迁子女公办校应提升农民工家庭的家校合作意愿和能力，探索行之有效的家校合作策略。实现家校教育的交互强化是开展家校合作的重要目标。学校应积极发挥家校合作的驱动者角色，把提升农民工家庭的合作意愿和能力作为工作重点，积极采取调查摸底、举办家长学校、成立家长委员会、开展主题活动、开展网络在线实时交流、开设家长交换日等多种有效方式，实现家校合作效能最大化，有效弥补随迁子女家庭教育的不足。

4. 积极推进民办打工子弟学校转型与规范化发展

民办打工子弟学校的未来发展应着眼于转型与规范这两大任务。所谓"转型"，一是将政府批准的打工子弟学校纳入民办学校的管理范围；二是实现其教育层次类型转型。打工子弟学校退出历史舞台是必然趋势。具有办学实力的打工子弟学校可根据新生代农民工职业技能培训的需要，开设职业技能培训学校，如举办高职、普通高校二级学院等应用技术性院校，向农民工传授职业技能。所谓"规范"，一是加大对民办打工子弟学校的扶持力度，实现公办校与民办校的均衡发展。《教育规划纲要》提出，要清理并纠正对民办学校的各类歧视政策，制定完善的促进民办教育发展的优惠政策，健全公共财政对民办教育的扶持政策。政府委托民办学校承担有关教育和培训任务，拨付相应教育经费。对于政府批准的招收随迁子女学生的民办校，为政府承担了随迁子女义务教育责任，有权获得与公办校相同的财政支持。政府可以通过"购买学位"、加大经费投入等多种形式支持随迁子女民办校的发展，还可以通过专项经费资助、出租、转让闲置的国有资产等，不断提高民办校办学条件，以确保民办校的办学经费和办学条件达到公办校的水平。比如，广东省财政 2012 年安排经费 5000 万元资助和奖励民办教育，有相当一部分经费用于资助主要招收随迁子女的民办学校和民办幼儿园。广州、深圳、东莞等地都设立了民办教育发展专项资金。深圳 2012 年颁布了《深圳市民办学校实施义务教育阶段学位补贴试行办法》，规定各区按小学不超过每人每年 5000 元、初中不超过每人每年 6000 元的标准给予学位补贴（以上学位补贴已包含深圳免费义务教育财政补助）。受委托学校的收费标准低于补贴标准的，最高补贴额度为其收费标准。受委托学校的收费标准高于补贴标准的，其差额部分由家长缴交。

第四节　随迁子女教育异地升学制度的探索

随着新型城镇化向纵深方向发展，"两为主"政策得到深入落实，农民工随迁子女在流入地接受义务教育的问题基本得到解决。但随着随迁子女义务教育阶段的学习逐渐完成，其在流入地继续升学的需求与现实政策的供给之间的矛盾日益激烈，引起了社会的高度关注。据 2010 年全国第六次人口普查数据显示，全国高中阶段适龄（15—17 周岁）随迁子女规模达到 1128 万人。（全国妇联课题组，2013）这一庞大群体在流入地参加升学考试的需求亟待满足，迫切要求政府在政策方面有重大突破。为此，2012 年 8 月 30 日，国务院办公厅转发教育部、国家发展和改革委员会、公安部、人力资源和社会保障部等四部委联合发布的《关于做好进城务工人员随迁子女接受义务教育后在当地参加升学考试工作的意见》，要求地方在制定相关政策时要根据城市功能定位、产业结构布局和城市资源承载能力，根据进城务工人员在当地的合法稳定职业、合法稳定住所（含租赁）和按照国家规定参加社会保险年限及随迁子女在当地连续就学年限等情况，确定随迁子女在当地参加升学考试的具体条件。在这一背景下，全国各地陆续出台了允许随迁子女在流入地参加升学考试的政策方案，由此拉开了探索随迁子女教育异地升学制度的序幕。

一、随迁子女异地升学的重要性和复杂性

通过有效的制度设计保障随迁子女在流入地城市接受更高层次的教育，是依法保障和落实公民平等受教育权的客观需要。教育公平是民主社会的基本特征，受教育权是每个公民最基本的权利。从随迁子女异地升学制度需求来看，主要集中在异地中考和异地高考两个层面。关于随迁子女异地中考和异地高考哪个重要、哪个先解决的问题，学界见仁见智。本研究认为，异地高考是随迁子女异地升学最终所要实现的政策目标，以解决异地高考问题为重点和突破口，进而形成倒逼机制，可以有效引导异地中考问题的解决。鉴于此，本研究着重从异地高考来探讨随迁子女异地升学问题。从公民平等受教育权的角度来看，农民工随迁子女异地高考诉求的重要性、合法性是毋庸置疑的。《教育法》明确规定："公民不分民族、种族、性别、职业、财产状况、宗教信仰等，依法享有平等的受教育机会。"法律规定的"平等的受教育机会"也正是农民工随迁子女要求实现异地高考的重要法理依据。从应然的角度，没有人能否定这个依据。

对异地高考持反对意见的群体，其理由往往并不是否定法律之规定，而是过多强调教育资源分配的现实差异及产生的问题，如扰乱既定高考秩序、影响城市稳定发展以及其他层面的诸多历史原因、客观现实条件等。事实上，根据《教育法》第九条的规定，不仅仅是农民工随迁子女可以提出异地高考的正当性诉求，任何一个公民都可以要求在受教育权面前人人平等，而不会因为户籍或任何其他条件受到限制。这也是各地政府尤其是"北上广"等地带有诸多严格限制的异地高考政策一出台就招致激烈批评的直接原因。在异地高考政策中强加诸多限制性规定的做法与《教育法》

的规定是冲突的。

民众对教育公平的期望与对僵硬体制的批评集中到一起，使得以异地高考为主题的相关教育改革充满了悬念与张力，也足见其复杂性。诚然，拷问异地高考政策的合法性与实施困境是极为必要的，但更需要冷静的、理性的审视，从而避免陷入脱离实际的理想主义与不考虑改革过程复杂性的简单主义。社会学家默顿（R. K. Merton）认为，"一个社会问题的基本要素构成，是人们普遍持有的社会标准与现实的社会生活状况之间的根本不一致"。（默顿，2001）[53]异地高考政策作为一项系统政策，难以推进的症结在于异地高考的实施涉及不同利益群体，其本质是高考利益的重新配置，已经成为一个具有结构性、复杂性的社会问题。我国异地高考政策实施的复杂性表现在传统户籍制度的固着性、地方政府决策的自利性和利益群体关系的非线性三个方面。（陈斌，2015）

其一，传统户籍制度的固着性。历史发展至今，户籍制度仍旧与我们的生活息息相关，它既是人口统计与管理的制度，又是各项政策法规的制定依据。"它是一种贯穿整个社会、确立和制约社会结构、涉及诸多领域的综合性社会制度。"（陆益龙，2003）[64]户籍制度对高考制度改革而言更是关键制约因素，是解决异地高考问题的瓶颈。我国长期以来实行的是"户籍+学籍"的高考报名制度，随迁子女已经在流入地接受多年义务教育，但因户籍限制而不得不回原籍参加考试。由此导致的教育环境的再一次变化和教育内容的脱节，无疑将给随迁子女带来巨大的心理负担。

其二，地方政府决策的自利性。从我国高考招生制度的历史与现实来看，在现有顶层制度仍然实行计划招生、高校缺乏招生自主权的现实条件下，期望地方政府出台相应的政策来解决全国性的"平等的受教育机会"问题，显然是不可能的。国家教育部乃至更高的国家权力机构应是"异地高考"问题的解决者和第一主体，其次才是地方政府。而从"经济人"角度来看，地方政府一定会基于本地居民利益，行使广泛的自由裁量权，将本地利益诉求隐性融入异地高考政策的制定和实施过程中，从而表征出其在决策过程中的自发性。北京、上海、广州作为我国经济最发达的几个地区，教育资源相对丰富，城市化率也居全国最高水平。这就涉及一个问题，这些地区将来的城市化将怎样发展。如果高考制度比较宽松，肯定会有大量的人口涌入这些城市。导致城市超速度发展、病态发展，这样会带来灾难性的后果。（潘旭涛，冯霜晴，2013）从相关异地高考实施方案上看，越是经济发达地区和高等教育资源丰富的地区，其异地高考的门槛越是高不可攀，其本质上是为了维护本地区的利益。

其三，利益群体关系的非线性。异地高考是一个复杂的系统。系统内存在宏观、中观、微观三个层面非线性的、不确定的利益博弈。宏观上的博弈存在于以教育部为代表的中央政府和地方政府之间；中观层面的博弈突出表现在政府和流入地学校之间；微观方面的博弈则表现在政府和进城务工人员、本地人口以及高考移民三大利益群体之间，三个层面的利益博弈均呈现极强的复杂性。（许衍琛，2014）社会各界不仅清醒地意识到解决异地高考问题的复杂性，而且正在设法解决它，这是好事却非易事。异地高考这一根源于社会发展不均衡、关涉各方面改革与利益重新分配的重大问题，不仅需要相当长的时期来逐步解决，而且也无法达到绝对的公平。高考这种牵涉面广、规模巨大的高利害考试，牵一发则动全身。但是，打破地域界限、破除地方保护主义是一种必然趋势。这是面对异地高考问题必须持有的理性认识。随迁子女异地升学制度，不只是单纯的教育问题，而是涉及城市管理、社会保障、户籍制度、资源配置、招生考试制度等诸多方面的复杂社会问题。中央和各地政府应将强制度性制度变迁和诱导性制度变迁有机结合起来，为制度设计和执行提供推力和拉力，在制定具体政策时着眼于事物整体以实现最优目标，攻坚克难、统筹考虑、因地制宜，兼顾各方利益，力求多方共赢，实现随迁子女异地升学制度设计目标的"帕累托最优"。

二、各地随迁子女异地升学政策的实践与成效

异地高考政策作为一项公共政策，是借助公共权力调整公共利益的政府行为。异地高考坚持国家宏观统筹、试点先行、稳步推进的原则。从异地高考政策的生成过程来看，首先是各地根据自身情况进行自主探索。教育部从 2011 年开始在各地进行调研，征求地方对于异地高考的意见。袁贵仁部长在 2012 年"两会"期间表示异地高考方案进入冲刺阶段，并且承诺最多 10 个月就会出台。2012 年 8 月 30 日国务院办公厅转发教育部等四部委《关于做好进城务工人员随迁子女接受义务教育后在当地参加升学考试工作的意见》（下文简称《意见》），要求各地年底前出台随迁子女升学考试的具体方案。从各省份出台随迁子女升学考试方案的时间看，绝大部分省份按时出台了相关方案。截至 2012 年 12 月 31 日，有 21 个省份出

台了随迁子女在当地参加义务教育后升学考试工作方案。其中，江西于2012 年 11 月 28 日出台了相关方案，北京、上海、广东、重庆、河北、湖南、安徽、山东、浙江、江苏、河南、湖北、陕西、甘肃、贵州、四川、广西、吉林、辽宁、云南等 20 个省份于 2012 年 12 月出台了相关方案。2013 年 1 月 1 日以后，又有黑龙江、山西、内蒙古、宁夏、海南、福建、新疆等 7 个省份出台了相关方案。此外，2013 年天津在当地的中考中招办法中对随迁子女在流入地参加升学考试的"门槛"进行了明确；2013 年青海在原《青海省普通高考报名条件补充规定（暂行）》的基础上，以补充条款的形式明确了外省随迁子女在青海参加高考的条件。至此，除西藏外，其余 30 个省份均以文件或其他形式公布了随迁子女在流入地参加升学考试相关政策。

从随迁子女在当地参加义务教育后升学考试的放开时间看，有 20 个省份在 2013 年开始实施或分步实施随迁子女在当地参加义务教育后升学考试方案。此外，有 9 个省份在 2014 年开始实施或分步实施随迁子女在当地参加义务教育后升学考试方案（见表 3-14）。

表 3-14　全国各省份随迁子女在流入地参加升学考试方案摘要

省份	方案名称	政策主体	颁布日期	实施日期
北京	《进城务工人员随迁子女接受义务教育后在京参加升学考试工作方案》	市教委、市公安局、市发展改革委、市人力资源和社会保障局	2012 年 12 月 29 日	2013 年开始分步实施
上海	《进城务工人员随迁子女接受义务教育后在沪参加升学考试工作方案》	市教委、市发展改革委、市人力资源和社会保障局、市公安局	2012 年 12 月 27 日	2013 年开始分步实施
广东	《关于做好进城务工人员随迁子女接受义务教育后在我省参加升学考试工作的意见》	省教育厅、省发展改革委、省公安厅、省人力资源和社会保障厅	2012 年 12 月 29 日	2013 年开始分步实施

续表

省份	方案名称	政策主体	颁布日期	实施日期
重庆	《重庆市外来务工人员随迁子女在重庆参加普通高考方案》	市政府办公厅	2012 年 12 月 26 日	2013 年
河北	《关于做好进城务工人员随迁子女接受义务教育后在当地参加升学考试工作的实施方案》	省教育厅、省发展改革委、省公安厅、省人力资源和社会保障厅	2012 年 12 月 17 日	2013 年 1 月 1 日
黑龙江	《关于进城务工人员随迁子女在我省参加升学考试工作的实施意见》	省教育厅、省发展改革委、省公安厅、省人力资源和社会保障厅	2013 年 1 月 22 日	2013 年
湖南	《关于做好进城务工人员随迁子女接受义务教育后在当地参加升学考试工作实施办法》	省教育厅、省发展改革委、省公安厅、省人力资源和社会保障厅	2012 年 12 月 24 日	2012 年 12 月 24 日
安徽	《关于进城务工人员随迁子女接受义务教育后参加升学考试工作的暂行意见》	省教育厅、省发展改革委、省公安厅、省人力资源和社会保障厅	2012 年 12 月 31 日	2013 年
山东	《关于做好进城务工人员随迁子女接受义务教育后在当地参加升学考试工作的实施意见》	省教育厅、省发展改革委、省公安厅、省人力资源和社会保障厅	2012 年 12 月 5 日	2014 年
浙江	《关于做好外省籍进城务工人员随迁子女接受义务教育后在我省参加升学考试工作的实施意见》	省教育厅、省发展改革委、省公安厅、省人力资源和社会保障厅	2012 年 12 月 28 日	2013 年

省份	方案名称	政策主体	颁布日期	实施日期
江西	《关于做好外省籍务工人员随迁子女就地参加高考工作的实施意见》	省教育厅、省发展改革委、省公安厅、省人力资源和社会保障厅	2012 年 11 月 28 日	2014 年
江苏	《关于做好来苏务工就业人员随迁子女参加升学考试工作的意见》	省教育厅、省发展改革委、省公安厅、省人力资源和社会保障厅	2012 年 12 月 28 日	2013 年
河南	《关于进城务工人员随迁子女接受义务教育后在当地参加升学考试工作的实施意见》	省教育厅、省发展改革委、省公安厅、省人力资源和社会保障厅	2012 年 12 月 31 日	2013 年
湖北	《关于进城务工人员随迁子女接受义务教育后在我省参加升学考试实施办法（试行）》	省教育厅、省发展改革委、省公安厅、省人力资源和社会保障厅	2012 年 12 月 31 日	2013 年
陕西	《进城务工人员随迁子女义务教育后在陕参加升学考试方案》	省教育厅、省发展改革委、省公安厅、省人力资源和社会保障厅	2012 年 12 月 31 日	2014 年可参加初中毕业学业考试；2016 年起，可参加普通高校招生考试及录取
甘肃	《关于做好进城务工人员随迁子女接受义务教育后在我省参加升学考试工作的实施方案（试行）》	省教育厅、省发展改革委、省公安厅、省人力资源和社会保障厅	2012 年 12 月 31 日	2013 年

续表

省份	方案名称	政策主体	颁布日期	实施日期
贵州	《贵州省外来人员随迁子女报考普通高等学校暂行规定》	省教育厅、省发展改革委、省公安厅、省人力资源和社会保障厅、省监察厅	2012 年 12 月 27 日	自 2014 年高考报名时开始执行
四川	《四川省进城务工人员随迁子女在当地参加升学考试实施方案》	省教育厅、省发展改革委、省公安厅、省人力资源和社会保障厅	2012 年 12 月 31 日	2014 年
广西	《关于外来务工人员随迁子女和外省户籍学籍迁入人员在广西参加升学考试的意见》	自治区教育厅、自治区发展改革委、自治区公安厅、自治区人力资源和社会保障厅	2012 年 12 月 30 日	2013 年 10 月 1 日
山西	《进城务工人员随迁子女接受义务教育后参加升学考试工作的实施方案》	省教育厅、省公安厅、省人力资源和社会保障厅	2013 年 1 月 1 日	2013 年起，可在就读地参加中考；2014 年起，可就地参加高考
内蒙古	《关于区外务工人员随迁子女在我区参加中考和高考工作的意见》	自治区教育厅	2013 年 3 月 15 日	2013 年起，可以参加当年中考；2014 年，可参加普通高考

省份	方案名称	政策主体	颁布日期	实施日期
宁夏	《关于进城务工人员随迁子女考生在我区参加普通高考报考条件的规定》	自治区教育厅、自治区发展改革委、自治区公安厅、自治区民政厅、自治区人力资源和社会保障厅、自治区国土资源厅、自治区住房和建设厅、自治区农牧厅、自治区工商行政管理局、自治区林业局	2013 年 1 月 3 日	2014 年
海南	《关于做好外省籍务工人员随迁子女在我省接受义务教育后参加我省普通高考工作的实施方案（试行）》	省教育厅、省发展改革委、省公安厅、省人力资源和社会保障厅	2013 年 1 月 9 日	2014 年 1 月 1 日
吉林	《进城务工人员随迁子女在吉林省参加升学考试（高考）工作实施方案》	省教育厅、省发展改革委、省公安厅、省人力资源和社会保障厅	2012 年 12 月 25 日	2013 年 1 月 1 日
辽宁	《关于进城务工人员随迁子女在辽宁省参加中考和高考实施方案（试行）》	省教育厅、省发展改革委、省公安厅、省人力资源和社会保障厅	2012 年 12 月 27 日	从 2013 年高考开始施行
福建	《关于做好进城务工人员随迁子女接受义务教育后在当地参加升学考试工作的实施意见》	省教育厅、省发展改革委、省公安厅、省人力资源和社会保障厅	2013 年 1 月 15 日	2014 年

续表

省份	方案名称	政策主体	颁布日期	实施日期
云南	《关于做好随迁子女接受义务教育后在云南参加升学考试工作的实施意见》	省教育厅、省发展改革委、省公安厅、省人力资源和社会保障厅	2012 年 12 月 31 日	2013 年
新疆	《来疆务工人员随迁子女在新疆参加普通高考工作实施方案（试行）》	自治区教育厅、自治区发展改革委、自治区公安厅、自治区监察厅、自治区人力资源和社会保障厅	2013 年 3 月 13 日	2014 年
天津	天津市在"中考中招""春季高考""高职招生"等招生办法中规定：符合条件的随迁子女可以参加中等职业学校招生考试、春季高考和高职院校自主招生	市教委	2013 年初	2013 年
青海	《〈青海省普通高考报名条件补充规定（暂行）〉补充条款》	省高等学校招生委员会	2013 年初	2013 年

从各地随迁子女在当地参加义务教育后升学考试方案的发布单位看，有 73.3%（22 个）省份以教育厅（委员会）、发展改革委、公安厅（局）、人力资源和社会保障厅（局）等四部门作为方案的主要设计者。贵州、新疆等地除了上述四部门外，还将监察厅作为制定方案的主要力量。而宁夏除了上述四部门之外，还将民政厅、国土资源厅、住建厅、农牧厅、工商行政管理局、林业局作为重要制定者。此外，内蒙古仅以教育厅作为政策方案的设计者。

从各省异地高考方案来看，随迁子女就地参加高考所应具备的条件不

尽相同，主要涉及对随迁子女和家长的条件限定。（陈斌，2015）

其一，从对学生的条件限制来看，主要包括学生户籍、学籍和学习经历等三个方面（见表3-15）。研究发现，在全国30个省份出台的异地高考工作方案中，有73%的省份要求学生必须提供流入地学籍，如河北省规定考生须提供"高中段学籍证明"。有60%的省份要求学生必须在流入地具备3年学习经历，如吉林省规定"随迁子女在我省普通高中阶段有完整学习经历"，山东省要求"具有我省高中段学籍并有完整学习经历"。可见，在异地高考方案中，完整的高中学籍和连续的3年高中学习经历是大多数省份要求学生具备的基本条件，是随迁子女在流入地参加高考必须跨越的"门槛"。另外，有10%的省份要求学生必须提供流入地户籍证明方可就地参加高考，如青海省提出"外省到青海省参加高考的随迁子女，必须具备户籍条件"。

其二，从对家长的条件限制来看，主要包括户籍、居住证（暂住证）、合法稳定职业、合法稳定住所、缴纳社会保险五个方面（见表3-15）。从全国30个省份制定的异地高考方案来看，70%的方案对家长的职业提出了明确要求，60%的方案对家长的住所提出了明确要求。有30%的方案要求家长需提供有效的居住证明。北京规定在京参加高等职业学校考试的学生父母持有有效的北京市居住证明。有37%的方案要求学生家长需缴纳一定数额的社会保障金，如广东要求"按国家规定参加社会保险累计3年以上"，天津要求"按国家规定参加社会保险"。此外，还有个别省份的方案对家长的户籍提出了相应要求。

表3-15 异地高考准入条件及比例

报考条件	随迁子女家长					随迁子女		
	户籍	居住证	职业	住所	社保	户籍	学籍	3年学习经历
所占比例（%）	3	30	70	60	37	10	73	60

数据来源：根据全国各省（自治区、直辖市）教育部门官方网站数据整理。

异地高考方案是为解决农民工随迁子女不能在流入地顺利继续升学的问题而制定的。农民工及其随迁子女是异地高考政策的直接利益相关者和受益者，他们对异地高考政策的评价，是考量异地高考政策成效的关键要素。2013年有一份《关于农民工对异地高考政策反响的调查报告》（冯帮，崔梦川，2013），通过对北京市大兴区200名农民工的调查发现，农民工群体对异地高考政策的反响集中体现在三个方面。

其一，农民工对异地高考政策的了解程度很低。调查结果显示，仅有17.8%的农民工了解并且很关注异地高考政策，61.3%的农民工不清楚异地高考政策，甚至从未听说，只有少部分农民工表示很关注此政策。

其二，大多数农民工对异地高考"准入条件"存有较大异议。《意见》中将异地高考"准入条件"规定为"根据进城务工人员在当地的合法稳定职业、合法稳定住所（含租赁）和按照国家规定参加社会保险年限及随迁子女在当地连续就学年限等情况，确定随迁子女在当地参加升学考试的具体条件"。针对"准入条件"中对农民工家长提出的三个限定条件的调查显示，66.5%的农民工比较赞同父母在流入地要有稳定的职业和收入；超过一半的农民工不赞同父母在流入地要有合法稳定的住所；近70%的农民工反对家长必须按规定缴纳一定年限的社会保险，仅有30.4%的农民工对此表示"赞同"。农民工的态度表明了他们对有关家长的限定条件还存在不少意见，绝大多数农民工不赞同对家长设置过多条件。这些农民工的真实感受更多地受到限制条件本身的不可控性和不易操作性的影响。一是家长在流入地合法稳定的工作和收入的标准难以界定。二是合法稳定的住所不易保障和认定。进城务工农民工多租住廉租房，廉租房的合法稳定性无法保障。三是按规定缴纳一定年限的社会保险对农民工来说存在很大困难。据相关规定，社会保险由用人单位缴纳，劳动者个人不能缴纳。被用人单位设卡刁难和大量没有单位依托的农民工都是没有机会参加社会保险的。

其三，农民工大都认为异地高考政策不能很好地解决高考公平问题。异地高考政策改革，在一定程度上打破了以往高考的考试和录取模式，以期在目前教育资源有限的情况下，实现地区性高考公平，推动教育公平的进程。但调查结果发现：农民工们对此并没有足够的信心，绝大多数农民工并不认为异地高考政策能够很好地解决高考的公平问题。其中，只有39.9%的农民工认为"能够解决，这是促进高考公平的新举措"，60.1%的人则表现出了消极情绪。

综上所述，国家将异地高考政策制定权下放到地方，并且对在异地参加高考的条件也没有明确的规定，这就给异地高考政策的实施带来了很多的不确定因素。很多农民工都表示担心地方政府拖延，不能按时完成任务、出台具体的操作性政策，最终导致"守顶效应"。异地高考政策中提出了"三大条件"，分别涉及随迁子女本身、随迁子女父母和城市这三个方面。社会公众大多表示这些条件过多、过严。通过调查了解到，农民工们对于这"三大条件"的态度表现出高度一致性，即大都可以接受对学生本人设定条件，但大多不赞同对于随迁子女家长的要求，特别是对"家长必须按规定缴纳一定年限的社会保险"这一条件持有异议，更不赞同考虑城市对父母行业及父母群体的要求。

针对异地高考方案，有学者认为，由于各地异地高考方案中存在着准入"门槛"的设置差异较大、放开的口径尺度大小不一、尚未实现多元利益相关主体的多方参与、尚未凝聚全社会共识等问题，致使这一惠民政策在实施上还存在诸多需要完善之处。随着城镇化的不断推进、流动人口及其随迁子女数量的不断增加，教育资源如何统筹将面临更严峻的挑战。（吴霓，朱富言，2014）还有专家认为，应从城市发展的长远视角进行评价，解决教育公平不能全指望异地高考方案，还需推进高考改革。推进异地高考，针对不同的地区应该有不同的时间点和路线图。把开放高考的问题放在整个的社会发展大背景下、在一个更长的时间跨度上去看，才能有一个客观和理性的评价。

三、随迁子女异地升学政策的改进路径

异地高考问题不仅是重要的教育问题，更是复杂的社会问题。其政策的制定与执行涉及多元利益主体。改革举步维艰，挑战颇多。不仅需要中央和各级政府部门的顶层设计和全面统筹，还要兼顾改革的力度、速度、幅度和社会的认可度、可承受程度。同时，还需为实现不同利益群体间的对话与协商创造平台和空间。具体而言，可以从以下几方面加以改进。

第一，加强沟通，努力构建多方参与决策机制。

在异地高考的实施过程中，不同利益群体的"趋利性"固然存在，但阻碍政策有效实施的根源在于各级政府部门、随迁子女家庭、流入地家庭，以及流入地公办学校等不同利益相关者间缺乏平等、有效的对话机制，导致彼此掌握的信息不对称。因此，中央和地方政府需在全面协调、科学决策的基础上，建立让异地高考的不同利益相关群体了解并共同参与政策的制定和实施，有效保障多方的教育知情权、参与权、表达权和监督权。

同时，为不同利益群体，尤其是随迁子女家庭与流入地家庭创设便利、有效的交流机制，实现平等对话，尽可能消弭因信息不对称导致的意

见分歧，实现由对随迁子女的围堵向疏导转变，由关注城市居民利益视角向关注外来移民权利视角转变，逐步提升政策的正效力，实现政策实行成本最小化，收益最大化。（陈斌，2015）

第二，统筹规划，合理配置流入地教育资源。

首先，以常住人口为统计口径，将随迁子女纳入本地的教育规划中，根据当地经济社会发展的态势，科学预测本地适龄高中阶段人口的发展趋势，以现有办学条件和教育教学水平所能够提供的学位数量为依据，对高中阶段教育的供给与需求变动状况做出科学判断，并进行资源的合理配置，满足随迁子女在流入地参加升学考试的需求。

其次，引入教育券理念，解决教育经费在区域间的"支出流动"问题。随迁子女可凭教育券在全国任何一个地区就学，国家根据学校提供的教育券进行财政拨款。这既可以有效解决城市地区高中阶段教育经费的不足，也可以消除户籍制度对学生自由流动带来的不利影响，进而提高城市接纳随迁子女的积极性。

另外，加大招生计划的宏观调控力度，对接纳随迁子女参加高考数量较大的省份，根据相应报考和招生比例，适当增加招生计划指标。（吴霓，朱富言，2014）

第三，注重调研，建立科学的信息监测机制。

要客观认识随迁子女在流入地参加升学考试问题的背景，必须正视中考和高考适龄随迁子女这一群体的客观存在，客观统计随迁子女的数量，准确把握他们的未来变动趋势，以便为在流入地参加升学考试政策的制定提供依据。对随迁子女做到"底数清""情况明"。这需要"对随迁子女在流入地的基本情况进行系统了解，全面掌握其分布、规模、流动的稳定性、受教育过程的变动等信息，了解他们对普通高中和职业学校的需求倾向，及时准确地把握他们对高等教育的需求信息"，尤其是在明确开放高考的前提下，更要使异地中考政策与之科学配套。科学预测流入地的接纳"容量"，做前瞻性规划。对随迁子女的规模变动趋势和教育需求，完全可以进行前瞻性预测。"各地应科学预测本地适龄高中阶段人口的分布及发展变化趋势，以现有办学条件和教育教学水平所能够提供的学位数量为依据，科学布点，合理整合，对高中阶段教育的供给与需求变动状况做出科学判断"。各地还应系统评估随迁子女在流入地升学考试政策的利弊情况。"对于随迁子女高中阶段教育需求不能满足所造成的影响进行系统分析，全面评估在流入地升学考试政策的利弊，以不断改进在流入地升学考试政

策。"（吴霓，朱富言，2011）[173]

第四，因地制宜，建立各省份报考准入资格动态调整机制。

首先，各地应淡化将户籍作为异地高考报考条件的观念。长期以来，户籍束缚着随迁子女就地接受教育和考试录取的权利。因此，应着力解放思想观念，开放异地高考大门，打破高考与户籍制度之间捆绑式的关系，可尝试将"户籍+学籍"调整为"居住证+学籍"或者"多年纳税证明+学籍"，以解决随迁子女就地参加考试录取的问题。

其次，逐步探索对随迁子女在流入地报名资格实行量化管理制度。例如，上海等地就按照积分制的要求对随迁子女的各项申请条件进行相应赋分，对申请资格实施弹性管理，尽量避免人情因素。

此外，努力实现高等职业学校与普通本科院校间的有效贯通，使部分学业优秀的学生可实现从高等职业学校向本科院校的升迁。在流入地高职院校就读的学生在符合规定条件和标准的情况下，可申请到普通本科院校继续学习，努力实现"优者有其学"。

第五，立足长远，建设现代考试招生制度体系。

破解异地高考难题的长远之策就是严格按照《教育规划纲要》所确定的高考改革精神，切实推行"政府宏观管理，专业机构组织实施，学校依法自主招生，学生多次选择"的高考改革路径，真正实行"分类考试，综合评价，多元录取"。如此一来，异地高考问题就会迎刃而解，无须各地自行出台方案。因此，要解决异地高考问题，就必须系统推进高考改革，建立现代招生考试制度体系。

第四章
城镇化进程中的农村教育发展

城镇化并不只是新建城镇、扩张城镇、发展城镇，农村的发展与兴盛是城镇化良性发展的重要组成部分。城乡教育的关系亦是如此。在城镇化进程中，农村教育与城镇教育同样承担着提高国民素养、助力城镇化发展与人的城镇化的重任。同时，农村教育还被赋予提高农村生活品质、复兴农村文化、维护教育公平等多重使命。但是将目光聚焦于我国城镇化进程中的农村教育则不难发现，由于城乡二元制度安排的长期作用，再加上城镇化使教育资源向城镇集聚，农村教育长期落后、发展缓慢、问题突出，甚至日益凋敝，城乡教育质量差距越来越大。提高农村教育质量，特别是提高农村义务教育质量，已经成为我国城镇化进程中教育改革的重要议题。基于此，本章对于农村教育的讨论，主要关注农村义务教育的发展问题。

第一节 城乡教育均衡发展与布局调整

教育质量的提升已经成为我国教育改革与发展的核心议题。《教育规划纲要》强调："把提高质量作为教育改革发展的核心任务。树立科学的质量观，把促进人的全面发展、适应社会需要作为衡量教育质量的根本标准。树立以提高质量为核心的教育发展观，注重教育内涵发展……把教育资源配置和学校工作重点集中到强化教学环节、提高教育质量上来。"在我国教育的现实背景下，提高教育质量这一目标表述带有明确的"缩小差距""促进均衡"的政策意图，带有强烈的公平指向。

一、城乡义务教育的质量差距与制度归因

城乡义务教育质量存在差距，这似乎已经是无须证明的命题。我们的生活经验和真实的调研数据均可以成为佐证。聚焦于重要且较为可靠的教育质量衡量指标——学生发展，可以发现城乡教育质量的差距非常明显。如北京市义务教育教学质量分析与评价反馈系统2006—2009年的调查数据表明，城乡学生的学业总体水平之间的差异逐渐缩小，但在优秀水平上，城市学生的比例要高于农村学生；城乡学生在某些学科的某些内容领域或能力领域有显著差异，尤其是综合运用知识解决问题的能力，城市学生的水平要高于农村学生（王云峰，何光峰，2012）。

除了学生学业表现以外，我们还可以在学生的学习技能与兴趣、身体素质、社会性发展等多个方面看到城乡的差距。如有研究者基于1985—2005年全国五次学生体质监测数据对城乡学生体质差异进行统计分析，发现城市学生在身体形态、身体功能、速度素质方面好于乡村学生，而在耐力素质、力量素质方面差于乡村学生；城乡学生的耐力素质、体重、胸围指标差值呈逐渐加大趋势。总体而论，城乡学生的身体素质差异正在逐渐增大（孟欢欢，成聪聪，2011）。我们不能将所有的差异都归因为教育，但是教育在其中发挥的作用却毋庸置疑。

当前诸多研究者将城乡义务教育的质量差距归因为城乡二元的制度安排。这些制度既包括教育内部的制度根源，如教育管理体制、教育财政体制，也包括教育外部的制度根源，如户籍制度和就业制度（褚宏启，2009）。褚宏启教授还列出了形成城乡教育差距、制约城乡教育一体化的明晰的教育内部制度清单，包括：学生培养制度、教育质量评价制度、教育人事制度、教育投入制度、入学招生制度、办学制度和教育管理制度（褚宏启，2010）。

制度安排中"城乡教育分割""重城镇教育、轻农村教育"的合法性，

依赖两个基本的逻辑起点。一是对城市教育优先发展的默许。新中国成立后的很长一段时期内，我国社会经济发展的总体取向便是优先发展工业、优先发展城市。在教育领域，则是确立了"城市教育优先"的城乡教育发展取向，并由此形成了"城市教育靠国家、农村教育靠集体"的教育供给方式（邵泽斌，2010a）。1953年12月14日《人民日报》发表的社论《切实整顿和改进小学教育》便指出，"当前国家建设的首要任务是发展工业，工矿地区和大城市都是生产发展先进的地区，按一般规律，这些地方的教育往往跟着生产发展的需要，发展快一点。正因为这样，政务院的指示规定今后国家把小学教育的重点放在工矿区和城市。在农村要提倡民办小学"（人民日报，1953）[16]。1955年，时任教育部长的张奚若在第一届全国人民代表大会第二次会议上指出，"在国家人力、财力有限，不能实施普及教育的时候，首先在人口集中、经济较发达的地方办学，还是合理的"（张奚若，1955）。进入20世纪90年代，这样的取向仍然可见诸政策，如1992年发布的《关于搞好城市教育综合改革试点工作的意见》强调，"改善城市教育的整体结构，首先必须保证实施九年义务教育，使城市基础教育不仅要在普及程度上高于农村，而且在全面贯彻教育方针、克服片面追求升学率的倾向、提高教育质量等方面在全国起到示范作用"。二是对教育不均衡发展的推崇。1962年教育部出台《关于有重点地办好一批全日制中小学的通知》，要求在中小学中挑选一批学校作为重点，重点扶持，重点发展。重点学校制度正式建立。突出重点的不均衡发展，或言之"梯度发展"，逐渐为人们所接受。1985年《中共中央关于教育体制改革的决定》指出："不仅要承认全国各省市区之间经济、文化发展的不平衡性，而且要承认在一个省、一个市、一个县范围内的发展也是不平衡的。所以必须鼓励一部分地区优先发展起来，同时鼓励先发展起来的地区帮助后进地区，达到共同的提高。"1986年颁布的《义务教育法》及其实施细则以法律的形式明确了"分地区、有步骤地普及义务教育"。这些政策都体现出，所谓的"不均衡"作为一种颇有效率的发展取向，受到了较高推崇。上述两种取向的叠加，让城乡教育的不均衡发展成了诸多政策的价值定位，也让公众对此习以为常。

随着城镇化的推进，破解城乡二元格局已经成为经济社会改革的重要内容，教育制度中明显的"城乡分割"已经开始不断消减，城乡教育均衡发展与一体化发展也成为热门的政策话语。但需要警惕的是，在城镇化进程中，"重城轻乡"的制度取向仍然存在，这就导致在新时期，城乡教育质量的差距并没有显著缩小。

新时期"重城轻乡"的渊源主要有两个方面。一是政府经济功能的职能定位与以物为本的城镇发展观。政府机构的基本职能是提供公共服务，但是随着改革开放的深化推进和社会主义市场经济体制的建立完善，地方政府却更多担当着经济活动主体的角色，公共服务和社会建设职能相对偏弱（邬志辉，2013）。而且，长期以来，我国的城镇化发展追求经济发展与国内生产总值的增长、城市形态的变化、城市规模的扩张，忽视人力资本在城镇化中的作用，忽视城市公共服务的提供。在这种定位下，经济发展，或者更明确地说，对国内生产总值的追逐成为地方政府改革的价值取向，政府总体上并没有将教育放在优先发展的战略地位上。相较于教育的发展，地方政府更为关注的是经济的发展，相较于农村，地方政府更为关注的是城市的扩张与发展。有的地方政府，甚至把自己当成了企业或公司。因此，期望政府能把农村教育放在重要地位、积极推进城乡教育一体化只能是幻想。

二是"城市教育中心"的制度设计。在城乡二元结构中，城市教育中心的价值取向是以牺牲农村教育发展城市教育，将有限的教育资源投向城市，表现为一种变相的双轨制（王本陆，潘国琪，刘伟，2004）。随着城镇化的推进，这种"城市教育中心"的制度设计更为隐晦。如教育行政部门在管理目标设定、策略选择与评价考核等诸多方面均以城市教育的现状与诉求为设计蓝本，农村学校不仅获得的教育资源不足，还要与城市学校站在同一条起跑线上，遵守同一个规则，这其实是一种不公平的单轨制。

从制度变革的角度来看，缩小城乡教育差距，需要破解城乡二元的体制机制，消除城乡教育双轨制，使城乡教育在国民教育体系中居于同等地位、获得同样重视；需要建立起城乡教育一体化的体制机制，在办学条件标准、招生入学制度等方面奉行平等原则，维护城乡教育的起点公平；需要尊重城乡教育差异，鼓励城乡学校根据各自的实际情况创造性地探索具有自己特色的发展道路，最终实现特色发展、优势互补、整体提升；需要切实奉行补偿原则，向农村教育倾斜，偿还历史欠账，特别是对于教育投入制度、教育人事制度提出倾斜性配置教育资源的刚性要求，在制度安排中明确补偿对象、补偿标准和补偿方式（褚宏启，2010）。

二、城乡义务教育均衡发展的倡议与探索

随着教育公平理念的深入人心，对教育不均衡现象的批评、对教育均衡发展的企盼已成为学术研究与政策实践中的热点问题。据统计，重要报纸与期刊直接或间接对教育不均衡现象进行讨论与批评的文章，从1990年的4篇增加到2005年的303篇，2009年则达到523篇（温丽萍，2011）。在《教育规划纲要》中，"均衡"一词共出现11次，不难看出"教育均衡"在当前教育改革中具有重要意义，而城乡教育均衡发展更是重中之重、急中之急。

1. 教育均衡、城乡义务教育均衡与城乡教育一体化的政策话语

面对城乡教育质量存在的巨大差距，发展农村教育、支持农村教育的倡议早已有之，但是从对比城乡教育、重申其互动关系的角度出发，从而提倡城乡教育均衡发展，则是近十年来的政策主张。

2002年，《教育部关于加强基础教育办学管理若干问题的通知》提出，"积极推进义务教育阶段学校均衡发展"，主要关注"坚持义务教育阶段公办学校就近免试入学……城市地区要结合城区改造和学校布局调整，有计划地在义务教育阶段举办九年一贯制学校，以扶持、联合、兼并等多种形式加快薄弱学校改造，建立校长、教师定期流动机制，努力扩大义务教育阶段优质学校的规模，满足人民群众对高质量教育的需求"。可见，"教育均衡"一词在提出之初，主要关注的是校际差距与校际均衡。2005年《教育部关于进一步推进义务教育均衡发展的若干意见》明确了教育均衡发展旨在"缩小差距""提高质量"，提出了在经费投入、师资配置、教学指导、弱势群体就学与监督评估等方面的措施，并将教育均衡扩展到城乡教育均衡与区域教育均衡。

教育均衡这一政策话语的出现，一方面是因为我国已基本普及九年制义务教育，使得教育质量与公平成为教育改革与发展的重要主题；另一方面是因为教育在区域之间、城乡之间与学校之间的差距日益扩大，需要及时遏制。但是此时的政策话语"尚未触及城乡二元体制和区域发展不平衡等深层次矛盾，没有上升为中央和各级政府及职能部门的整体推动的基本政策"（阮成武，2013）。

2010 年，《教育部关于贯彻落实科学发展观进一步推进义务教育均衡发展的意见》明确将义务教育作为教育改革与发展的重中之重，把均衡发展作为义务教育的重中之重，要求"地方各级教育行政部门要以提高教育质量为核心，通过制度建设和机制创新，整体提高教育教学水平"，"省级教育行政部门要加大指导和统筹力度，制订和完善本地区义务教育学校基本办学标准，完善出台支持薄弱地区义务教育均衡发展的政策措施，加强对义务教育均衡发展状况的督导和监测，督促本行政区域内教育行政部门切实履行推进义务教育均衡发展职责"，并提出了更为全面的一揽子政策措施。《教育规划纲要》提出，"均衡发展是义务教育的战略性任务"。为贯彻落实《教育规划纲要》，国务院于 2012 年 9 月出台了《国务院关于深入推进义务教育均衡发展的意见》（以下简称《意见》）。《意见》强调，"深入推进义务教育均衡发展，着力提升农村学校和薄弱学校办学水平，全面提高义务教育质量，努力实现所有适龄儿童少年'上好学'，对于坚持以人为本、促进人的全面发展，解决义务教育深层次矛盾、推动教育事业科学发展，促进教育公平、构建社会主义和谐社会，进一步提升国民素质、建设人力资源强国，具有重大的现实意义和深远的历史意义"。《意见》指出，教育均衡发展的基本目标是："每一所学校符合国家办学标准，办学经费得到保障。教育资源满足学校教育教学需要，开齐国家规定课程。教师配置更加合理，提高教师整体素质。学校班额符合国家规定标准，消除'大班额'现象。率先在县域内实现义务教育基本均衡发展，县域内学校之间差距明显缩小。到 2015 年，全国义务教育巩固率达到 93%，实现基本均衡的县（市、区）比例达到 65%；到 2020 年，全国义务教育巩固率达到 95%，实现基本均衡的县（市、区）比例达到 95%。"《意见》还明确指出了达成教育均衡发展要着力改革的七个领域，即推动优质教育资源共享、均衡配置办学资源、合理配置教师资源、保障特殊群体平等接受义务教育、全面提高义务教育质量、加强和改进学校管理、加强组织领导与督导评估。

可见，进入这一阶段，义务教育均衡发展已经成为重要的政策话语，成为统领教育改革与发展的重要导向，并呈现出三个特点：第一，从更高的高度定位义务教育均衡发展。在之前的政策文件中，教育均衡发展更多的是教育系统内部旨在缩小教育差距的一项工作内容，而此时教育均衡发展已经逐渐上升为我国教育发展的战略性任务。第二，从更为宽广的视野理解义务教育均衡发展的必要性。除了缩小教育差距的现实意义外，义务教育均衡发展关系到学生基本受教育权的保障，关系到教育事业的健康发展，关系到和谐社会的建设，关系到国民素质的提升与人力资源强国建设。第三，从更为明确的路径破解义务教育均衡发展的难题。总体而论，随着政策的演进，政策形成的措施日益多样化、明确化，特别是《意见》不仅指出了教育均衡发展的基本目标，还将原先的措施领域扩展到教学的改进与学校组织管理的变革。

具体到城乡义务教育均衡的政策话语，通过梳理不难发现政策安排上的两个侧重，即"保投入"与"重倾斜"。一方面，农村教育投入是城乡教育均衡发展政策在很长一段时间内的首要关注点。农村教育落后的重要原因之一便是农村教育投入长期不足。在"农村教育农民办"的号召下农民的教育负担严重，而在后期"以县为主"的教育投入体制下县级财政依然财力不足。有鉴于此，《教育部关于进一步推进义务教育均衡发展的若干意见》便将办学条件的改善与教育经费的保障作为推进义务教育均衡发展的各项工作之首，要求"各级教育行政部门要在当地政府统一领导下，会同各有关部门，优先保障推进义务教育均衡发展所需资金，要切实落实教育经费'三个增长'和新增教育经费主要用于农村的要求，在经费投入上对薄弱学校的改造采取倾斜政策，城市教育费附加要优先用于薄弱校改造"；"省级教育行政部门要会同有关部门，进一步调整教育经费支出结构，重点支持农村地区、贫困地区、少数民族地区的义务教育发展，加大对经济困难地区的教育专项转移支付，督促辖区内中小学生均公用经费基本标准和预算内生均公用经费拨款标准的落实"；"县级要加强对各项教育经费的统筹，千方百计加大对农村学校和城镇薄弱学校的投入，切实改善农村学校和城镇薄弱学校的办学条件"。2005 年 12 月，国务院发布《关于深化农村义务教育经费保障机制改革的通知》，将农村义务教育全面纳入公共财政保障范围，建立中央和地方分项目、按比例分担的农村义务教育经费保障机制；国家全面免除农村义务教育阶段学生学杂费，向全国农村义务教育阶段学生免费提供教科书并对家庭经济困难的寄宿学生提供生活补助。另一方面，向农村倾斜是城乡教育均衡发展政策的显著特点。如在经费方面，中央财政加强了对中西部地区义务教育的转移支付，率先在农村推行免费义务教育、免费提供农村义务教育教科书与扶持农村家庭经济困难学生等政策；在师资配置方面，2006 年教育部等四部委联合启动实施"农村义务教育阶段学校教师特设岗位计划"，同年教育部实施"城镇教师支援农村教育工作"，2007 年在六所教育部直属师范大学实施师范生免费教育政策，等等。

城乡教育一体化是在新时期对城乡教育均衡发展更为具体、更具深度的解读。在当前的教育政策话语中，城乡教育一体化与城乡教育均衡发展经常交替出现。有研究者认为"城乡教育一体化不仅提出了城乡教育均衡发展的目标，更重要的是提出了实现目标的新模式和新战略。正是在此意义上，城乡教育一体化比'城乡教育均衡发展''缩小城乡教育差距'有更多的内涵"（邵泽斌，2010b）。笔者认为，两者都是对农村教育落后这一现实状况的回应，但是教育均衡更为关注缩小差距，而城乡教育一体化更为关注在此过程中城乡关系的转变，城乡教育一体化的提出无疑给城乡教育均衡发展提供了新的站位与新的思路。首先，城乡教育一体化的出场主要源于经济与社会领域城乡一体化发展理念的提出，这使城乡教育的一体化发展不再局限于教育系统内部，拥有了更为宽广的经济与社会改革背景，触及了城乡教育差距的根本解决之道，即城乡二元结构的破解与新型城乡关系的建立。其次，城乡教育一体化的提出使得城乡教育均衡政策在举措上更为强调城乡教育的互动互促与共同发展，诸如城乡教师交流、优质教育资源共享等举措受到了更多的重视。党的十八届三中全会通过的《中共中央关于全面深化改革若干重大问题的决定》已明确提出，"统筹城乡义务教育资源均衡配置，实行公办学校标准化建设和校长教师交流轮岗"。

2. 城乡义务教育均衡发展的价值取向与评价标准

虽然城乡教育均衡已经成为重要的政策话语，但是如何理解教育均衡，政策并没有给出明确的解释。关于教育均衡，引用率最高的为研究者翟博给出的定义。作为国内较早研究教育均衡问题的学者，他认为教育均衡可以从三个层面观之：从个体看，教育均衡指受教育者的权利和机会的均等；从学校看，教育均衡指区域间、城乡间、学校间以及各类教育间教育资源配置均衡；从社会看，教育均衡指教育所培养的劳动力在总量和结构上与经济、社会的发展需求达到相对的均衡（翟博，2006）。这一定义不难理解，但是"均等""配置均衡""供需均衡"等词汇仿佛仍然未能解释什么是均衡与如何衡量均衡。基于城乡义务教育存在巨大差距这一基本事实，学术界对城乡教育均衡进行了更为深入的探讨，虽未对义务教育均衡发展的明确定义达成共识，但是却指明了城乡义务教育均衡发展的价值取向。

第一，城乡教育均衡发展并非限制发展，而是共同发展。发展是教育事业永恒的主题，均衡发展不应是"削峰填谷"，而应是"造峰扬谷"。均衡发展不能通过限制城市教育、牺牲城市教育来达成"低水平的均衡"，而应当强调在发展互动中达成"高水平的均衡"。"高水平的均衡"意味着城市学校仍能得到应有的支持，并发挥其优质资源的辐射作用，助力农村教育的提升；同时政府应大力扶持农村学校，促进农村学校的加速发展。

第二，城乡教育均衡发展并非追求平均，而是量力而行。城乡义务教育均衡发展不是追求在经费投入、师资配备以及教育结果等方面的完全一致。一是因为考虑到区域社会经济发展、学校发展程度、家庭文化资本、个体性格特点与能力等多方面的差异，达成平均无疑是"痴人说梦"。二是当前城乡义务教育已然存在巨大差距，平均并不能缩小差距，反而会让农村教育越落越远。城乡义务教育的均衡发展需要政府在资源配置等方面奉行"补偿原则"，向农村倾斜。

第三，城乡教育均衡发展不是划一发展，而是特色发展。城乡教育均衡发展并不是以城市教育为唯一模式，然后让农村教育步其后尘。这样的农村教育只能永远处于追赶的位置，而不能实现跨越式发展。城乡教育均衡亟须农村挖掘自身优势，形成学校特色，从而与城市学校"各美其美"，最终"美美与共"。

那么，该如何评价城乡教育均衡发展的程度呢？诸多研究者提出了教育均衡的评价标准。如姚继军与张新平认为城乡间教育均衡发展指数包括城乡间入学率均等指数、城乡间升学率均衡指数、城乡间师生比均等指数、城乡间教育投入均等指数（姚继军，张新平，2010）。翟博认为城乡教育均衡可以与受教育机会均衡、教育资源配置均衡、教育质量均衡构成二维体系。从受教育机会看，可以用学生入学率、城乡学生入学率差异、城乡男女入学率差异等来测度；从教育资源配置看，可以用公共教育经费、生均教育经费、生均预算内教育经费投入、学校校舍面积、图书资料仪器和教师合格率等测度；从教育均衡的结果看，可以用学生毕业率、辍学率、巩固率、教育普及率等测度（翟博，2007）。薛二勇认为，区域内义务教育均衡发展的假设指标主要包括两类，即体现政府职责的义务教育资源配置均衡指标（教育经费、教育设施、教师队伍）与体现教育发展水平的义务教育质量均衡发展指标（学校管理、教育效果）（薛二勇，2013）。但是，细观这些评价指标，不难发现两点问题：一是人们在衡量城乡教育均衡时普遍存在着将"均衡"理解为"均等""平等"的情况。研究者或者仅仅在字面上认为"均衡"比"均等"含义更丰富，但在实际论述中仍将各项客观指标的"均等"配置作为衡量"均衡"与否的标准（周序，杜菲菲，杨振梅，2014）。二是硬件条件、经费投入、有关教育普及程度的统计数据成为城乡教育均衡评价的首要指标。这事实上形成了以高位标准衡量硬条件、以底线标准衡量教育结果的评价怪圈。

笔者在此无意构建一个系统化的城乡教育均衡发展评价标准，但是认为几点需要厘清：

第一，评价的最终落脚点应当是学生的发展。虽然经费投入、师资配置等都是影响一地城乡教育能否达成均衡的重要因素，但是它们都可以作为背景性、投入性、过程性因素，最终都会通过教育的结果体现出来，即体现为学生的发展水平，特别是学生的学业水平。因此，判断城乡教育是否均衡发展，不应该看城乡学校的楼是否盖得一样崭新、设备是否一样先进、老师学历是否一样高等表象，而应该看城市与农村孩子的发展水平是否均衡。

第二，评价的不同类型应当严格区分。现有的教育均衡发展评价，一类关注均衡的程度，或言之，更为关注结果；另一类关注的是促进均衡的举措，即各类政策手段存在与否及其有效性如何。这两类评价不应该混淆，更不应该置于同一评价框架之中。

第三，评价的标准应当更加多维。评价城乡教育均衡发展应当形成三个标准：一是底线标准，即所有的学校都应达到的办学要求与学生培养质量要求，这样方能形成对各类投入与教学过程的更具强制力的规定；二是特色标准，为了达成更为高位的均衡，需要鼓励城乡学校挖掘自身特色，为学生提供更为适合、更具个性的教育；三是保障标准，如果前两个标准在评价对象上更多聚焦于学校或者学生，这一标准则更为关注政府在促进城乡教育均衡发展方面的角色与作为，这一标准要求政府设定均衡目标，出台促进均衡的有效举措，并据此对政府进行督导评估。

3. 城乡义务教育均衡发展的地方探索及其深化

有研究者指出，转变教育发展方式存在三条路径，即结构路径、技术路径和制度路径，分别关注教育结构的调整、教学模式的改革、教育管理方式的转变，其中优先事项是教育类别结构和专业结构的优化、教师教学技能的改进、教育评价制度与问责制度的完善（贾继娥，褚宏启，2012）。以此审视城乡教育均衡发展，特别是地方政府为实现教育均衡发展所做的探索，教育布局调整属于结构路径，设定教育均衡标准与督导评价制度属于教育管理方式的转变，建立学校帮扶制度、促进农村教学提升属于技术路径。结构路径会在后文进行分析，所以在此不予详述。

在技术路径方面，地方政府探索建立城乡学校帮扶与资源共享机制。这一机制旨在发挥城市教育的示范、辐射作用，一方面共享学校的教学设施设备、课程资源、活动资源以提升教学的硬件基础，另一方面通过教师在教育教学教研等方面的帮扶与互动，促进农村师资力量的提升。如上海于 2006 年采取"区对区"对口合作形式，九个中心城区（当时卢湾区尚未合并）与九个郊区县签订合作协议，从管理、教研、科研到教师培养等方面进行交流、合作，促进资源与经验的分享，整体促进郊区县教育发展。为促进学校间的教育资源共享，上海各区县还积极探索区域、学校之间的联动发展。如浦东新区着力于机制建设，形成了"委托管理、合作办学、城郊结对、集团办学"等多种模式，推出"局镇合作"和"办学联合体"两项新举措，调动了镇政府的积极性，促进了城郊学校的互动交流和联片发展。又如东莞 2012 年实施初中学校"1+1"结对帮扶行动计划，按照强弱联合、以强扶弱、共同提高的工作思路，督促各结对学校制定工作方案，促进结对学校共同提高；同时，建立局领导分片联系和校际联盟制，将全市 33 个镇街（含松山湖）分成七个校际联盟片区，各片区成立机构、制定方案，广泛开展各类交流互助活动，促进片区内各初中学校资源共享，全面提升初中教育办学水平。

在制度路径方面，地方政府探索形成义务教育督导评价机制。以成都市为例，为促进校际均衡发展，2010 年，成都市完善了义务教育校际均衡监测指标体系，重点对区（市）县域内义务教育学校之间的资源配置状况进行年度监测和分析，强化各级政府在缩小义务教育阶段校际差距上的责任，指导各级政府科学制定缩小校际差距的办法措施。2011 年，成都市研制城乡教育一体化发展监测评价指标体系并开展试测评。指标体系重点导向"市域统筹"，关注从学前教育到终身教育各阶段，开展涵盖教育"起点公平、过程公平和结果公平"等核心环节的年度监测和分析评价，引导市域统筹资源配置，促进"全域成都"教育高位均衡、优质发展。

这些举措虽然取得了一定效果，但是仍需指出，客观上，城乡之间的教育质量差距并没有根本性的改变：一方面，长期以来形成的"城市优先"的教育资源配置方式的体制惯性，使得构建有效的支持农村教育的体制机制尚需一个凝聚共识、完善制度的过程（邵泽斌，2010b），缩小原有差距的任务也十分艰巨；另一方面，在城镇化的背景下，随着城市教育资源的集聚，教育均衡发展似乎面临着更大的困境。

要解决这些问题，第一，必要的资源投入是基本前提。为缩小城乡教育差距，政府必须补足历史欠账，使得农村学校的办学条件与投入水平达到基本标准，这样方能谈提高教育教学质量，不然教育均衡发展只能是一张空头支票。第二，明确的均衡标准与评价机制是重要保障。只有形成明确的标准，政府与学校才能知晓努力的方向；只有形成严格的评价机制，政府与学校才会有所作为。教育均衡的评价一定要落在学生的发展上，针对不同主体和内容，形成底线标准、特色标准与保障标准。第三，教育教学是关键环节。总体而论，农村学校的硬件设施正在稳步提高，但是相较于硬件设施的改善，教师教学理念、教学方法与技巧等方面的提升更是当务之急，政府应为农村学校教师提供更多富有针对性的培训，对城乡教师之间的帮扶与交流提供更多的支持。第四，激活存量资源是可能动力。城乡教育均衡需要在配置资源时向农村倾斜，但是也需要"从资源均衡配置走向更加积极的资源激活，特别是要激活教师的潜能、各类办学条件资源与组织资源"（周兴国，2013）。政府与学校应当注意挖掘农村教师、办学环境等方面的潜在优势，并以此形成特色。

三、城镇化背景下的义务教育学校布局调整

教育布局调整是促进城乡教育均衡的重要选项。布局调整旨在通过教育资源在城乡区位上的调整，达成教育资源的公平、有效配置。

1. 义务教育学校布局调整的进程

改革开放以来，我国义务教育学校布局调整经历了三个阶段[①]。

第一阶段为 1986—1993 年。1986 年颁布的《义务教育法》指出，"地方各级人民政府应当合理设置小学、初级中等学校，使儿童、少年就近入学"，并对义务教育的管理和经费筹措做出了规定。各地根据《义务教育法》撤并规模较小学校，整合农村教育资源。

第二阶段为 1994—2000 年。1993 年颁布的《中国教育改革和发展纲

---

① 此进程分段主要参考雷万鹏的研究。参见：雷万鹏，2010. 义务教育学校布局：影响因素与政策选择 [J]．华中师范大学学报（人文社会科学版）(5)：155-160.

要》要求"各级教育部门和学校必须努力提高教育经费的使用效益。要合理规划教育事业的规模，调整教育结构和布局，避免结构性浪费"。1998年的《关于加强大中城市薄弱学校建设，办好义务教育阶段每一所学校的若干意见》规定，"对一些办学条件和办学水平在短时间内难以有明显改变的薄弱学校，要通过合理调整学校布局，予以撤销或与办学水平较高的学校合并"。根据《中国教育统计年鉴》的数据，2000年的全国小学学校数从1993年的696681所下降到553622所，减少了20.5%；普通中学学校数从1993年的82795所下降到77268所，减少了6.7%（中华人民共和国国家教育委员会计划建设司，1994）[2]（教育部发展规划司，2001）[2]。

第三个阶段为2001年至今。这一阶段的义务教育学校布局调整主要集中在农村地区，政策实施备受争议。此次布局调整肇始于2001年颁布的《国务院关于基础教育改革与发展的决定》。文件的第十三条规定："因地制宜调整农村义务教育学校布局。按照小学就近入学、初中相对集中、优化教育资源配置的原则，合理规划和调整学校布局。农村小学和教学点要在方便学生就近入学的前提下适当合并，在交通不便的地区仍需保留必要的教学点，防止因布局调整造成学生辍学。学校布局调整要与危房改造、规范学制、城镇化发展、移民搬迁等统筹规划。调整后的校舍等资产要保证用于发展教育事业。在有需要又有条件的地方，可举办寄宿制学校。"但是随着农村学生人口的减少，加上"以县为主"的教育管理体制下农村教育财政投入的严重不足，农村出现大量设施设备差、师资力量薄弱、班额学额不足、办学效益较差的小学校（常被称为"麻雀学校"）与教学点。以广东省湛江市为例，2005年，小学在校学生为107万人，2009年减至83.7万人。2009年，湛江市有小学2155所，其中"麻雀学校"1117所，且全部在农村，占全市小学总数的52%。该市坡头区两所"麻雀学校"官渡镇大龙小学和龙头镇那洋小学，分别只有学生52人和38人。大龙小学每个年级只有1个教学班，一至六年级的学生数分别为3、5、8、5、11、20人。那洋小学一至五年级学生数分别为2、3、5、7、21人，六年级没有学生（杨天平，2013）。因此，各级政府尤其是县级政府对办学效益的追求就成为农村中小学布局调整的初始动力（范先佐，2006）。此次布局调整旨在通过较大规模的撤销、合并、改建、迁建、新建、扩建与重建，消灭规模较小的学校与教学点，从而整合优化农村教育资源，让重组后的学校可以发挥规模效益，整体提升农村学校的办学条件与教育质量，缩小城乡教育质量差距。

毋庸置疑，这一轮学校布局调整的确在一定程度上整合了农村教育资源，改善了办学条件，优化了教师配置，使得一些农村学校终于有了"大校园""新设备"与"好老师"。有调查发现，6 省区受调查者中，分别有78.7%的教育行政人员、64.7%的中小学校长、52.4%的学校中层干部和47.6%的教师认为农村中小学布局调整促进了教育质量的提高，同时，有51.9%的家长认为孩子的学习成绩提高了，49.4%的学生认为自己的学习成绩提高了（《中西部地区农村中小学合理布局结构研究》课题组，范先佐，2010）。

但是布局调整引发的一系列问题也不容忽视。在政策执行方面，一方面，学校的撤并缺乏明确的标准。有研究者便诘问："小学就近入学、初中相对集中"，那么小学多远算"就近"？初中多大规模算是"相对集中"？"农村小学和教学点要在方便学生就近入学的前提下适当合并"，那么家校距离多远算"适当"？（邬志辉，王存，2009）另一方面，一些地方政府在实际执行中缺乏深入调研和论证，或实行"一刀切"，或贯彻"长官意志"，引发公众不满。在学生就学方面，由于撤并后学生上学路程普遍变远，一些非寄宿学生需要步行或者乘坐交通工具上学，存在诸多安全隐患。庞丽娟教授披露的数据显示，苏北 3 个县 1 个乡镇的 1200 名小学生，每天往返路程超过 5 公里的约为 40%，超过 10 公里的有近 10%；贵州、宁夏、甘肃等地有近 1/3 的学生每天单程超过 3 公里，近 1/8 的学生单程在 5—10 公里（庞丽娟，2006）。华中师范大学课题组的调查指出，74.0%的行政人员、77.5%的学校校长、70.5%的学校中层干部、69.8%的教师和 62.1%的教辅人员认为学生上学路程太远是当地农村中小学布局调整后存在的最主要问题（袁桂林，李洪玲，2012）。对于寄宿生来说，寄宿的生活条件也不容乐观，甚至食品安全与基本营养都难以保证。而且寄宿生长期远离家庭与亲情，其心理健康也令人担忧。由于以上原因，农村辍学率开始出现反弹。

在学校教学方面，出于规模效益的考虑，一些地区出现了"巨型学校"，但是设施设备与教师队伍不足，导致"大班额"的现象严重，教学质量仍然难以保证。

在家庭与乡村方面，学校撤并带来了交通费[①]、住宿费、生活费等教育附加费用，而且部分家长还要进县镇租房陪读，这都给农村家庭造成了较重的经济负担。随着学校的撤并，乡村也丧失了重要的文化中心，加之大量家长进县镇陪读，乡村日渐凋敝。根据 21 世纪教育研究院的调查，在 2000—2010 年，我国农村平均每一天就要消失 63 所小学、30 个教学点、3 所初中，几乎每过 1 小时就要消失 4 所农村学校（佚名，2012）。这一数据被诸多媒体广为报道，引发了公众对于布局调整的广泛关注。

面对布局调整存在的突出问题，国家陆续出台政策进行纠偏。2010 年中央一号文件强调："农村学校布局要符合实际，方便学生上学，保证学生安全。"《教育规划纲要》也明确提出"适应城乡发展需要，合理规划学校布局，办好必要的教学点，方便学生就近入学"。2012 年 9 月，国务院办公厅出台《关于规范农村义务教育学校布局调整的意见》，坦陈了这一阶段农村学校布局结构调整使得"农村义务教育学校大幅减少，导致部分学生上学路途变远、交通安全隐患增加，学生家庭经济负担加重，并带来农村寄宿制学校不足、一些城镇学校班额过大等问题"。《意见》强调"农村义务教育学校布局，要适应城镇化深入发展和社会主义新农村建设的新形势，统筹考虑城乡人口流动、学龄人口变化，以及当地农村地理环境及交通状况、教育条件保障能力、学生家庭经济负担等因素，充分考虑学生的年龄特点和成长规律，处理好提高教育质量和方便学生就近上学的关系，努力满足农村适龄儿童少年就近接受良好义务教育需求"，在实施过程中要科学制定农村义务教育学校布局规划，办好村小学和教学点，努力解决撤并带来的校车安全、"大班额"等诸多问题，开展农村义务教学学校布局调整专项督查。

时任教育部基础教育一司副司长的王定华在接受访谈时说："教育部根据国办文件的精神，也正在对后续的工作提出更加明确、具体的要求，对于各个省、自治区、直辖市的方案要进行重新审视，各省要在修订之后上报国家教育体制改革领导小组办公室来审核，审核备案之前，各省一定要停止撤并学校和教学点。"他还强调，在撤并过程中，"该设置就设置，该保留就保留，学生的发展需要是最高原则"，"如果由于学生过少，教育

[①] 华中师范大学课题组调研发现，被调查学生平均交通费用为每月 126 元，占家庭月收入的 8.7%。参见：雷万鹏，徐璐，2011. 农村校车发展中的政府责任：以义务教育学校布局调整为背景 [J]. 中国教育学刊（1）：16-19.

质量难以保障，撤并这个学校也要经过严格的程序，包括要进行论证，要听取村民的意见，要解决后续可能的问题，如果是多数的村民不同意，这样的学校就不能撤并"，"1—3 年级的学生原则上都要在村里边来上学，不搞寄宿制更不搞长途跋涉，不要把学生很多的时间和精力花在上学的路上，小学高年级的学生也是尽量地不寄宿，确有寄宿的要解决他们的实际问题，初中的学生选择寄宿或者是走读"（周逸梅，2012）。

2. 城镇化视野下义务教育学校布局调整的困局

关于第三阶段义务教育学校布局调整的是与非，各界争论不休。有研究者就认为布局调整并未达成合理配置教育资源、提高教育质量与促进教育均衡的目的。也有普通大众表达自己的观点："事实上，还未撤点并校之前，很多孩子就更愿意舍近求远。（在我小学时期）的同学之中，就有不少是放弃邻近的村小而来完小就读的。撤点并校以后，条件差的村小都并入了完小，而在资源集中以后，完小也进一步得到了扩充。"（金晶，2012）在此，作者无意探讨布局调整的是与非，而旨在分析城镇化进程中教育布局调整的存在问题与应有之义。

城镇化带来了规模巨大的人口流动，学生也是流动人口的重要组成部分，学生的流动给农村、县镇和城市的教育带来了显著的连锁效应。其引发的问题，或已经成为以往教育布局调整的直接原因，或加剧了布局调整现存的问题，或应成为今后布局调整的题中应有之义。

在农村，由于低生育率以及孩子随着家长迁出农村，农村学龄人口逐年减少，尤其是中西部地区农村中小学普遍出现了生源不足现象。以安徽省安庆市桐城某学校为例。2005 年，学校还有 100 多人，每班平均 10 多个学生。2011 年 9 月新学期开始时，4 个年级仅各剩 1 名学生，现在整个学校只有 1 名学生 12 名老师（叶琦，2013）。据统计，2000 年至 2010 年的 10 年间，农村小学在校生人数下降了 11.5%，初中在校生人数下降了 21.8%。农村学校"空心校""闲置校"频现。这也成为 2001 年至今的农村义务教育学校布局调整的直接动因。

在县镇，学龄人口逐年增加。小学阶段县镇学龄人口占总学龄人口的比例从 2000 年的 20.7% 增长到 27.9%，初中阶段县镇学龄人口占总学龄人口的比例从 2000 年的 27.6% 增长到 2010 年的 46.1%（见表 4-1）。如前所述，县镇学龄人口增长是诸多因素共同作用的结果，但其中很重要的一个原因便是周边农村学生进镇上学，这在一些人口省际外迁较少的县镇更为显著。

表4-1　2000—2010年城乡小学阶段与初中阶段学龄人口占总学龄人口的比例（单位：%）

年份	小学阶段学龄人口			初中阶段学龄人口		
	农村	县镇	城市	农村	县镇	城市
2000	65.3	20.7	14.0	55.6	27.6	16.8
2001	68.6	18.0	13.4	48.5	34.9	16.6
2002	67.0	18.9	14.1	47.1	36.0	16.9
2003	65.8	18.8	15.5	47.7	35.0	17.3
2004	65.6	18.1	16.3	48.9	33.8	17.3
2005	64.0	20.1	15.9	45.1	38.1	16.8
2006	62.3	22.7	15.0	43.2	40.8	16.0
2007	59.2	24.1	16.7	39.2	42.5	18.3
2008	57.3	25.2	17.5	37.0	43.8	19.2
2009	56.1	26.2	17.7	35.6	44.9	19.5
2010	53.8	27.9	18.3	33.8	46.1	20.1

数据来源：根据2000—2010年《中国教育统计年鉴》整理。

　　农村学生进镇上学的动力主要来自两个方面。一是县镇较之农村具有更为优质的教育资源，农村家长为追求优质教育就送孩子进县镇就学，这是教育引力。在一些镇特别是中西部地区的镇，其自身的产业集聚并不足以吸引周边农村的劳动力进镇工作，但是学生首先进镇就在一定程度上带动了家长进镇打工，出现了"小手拉大手"的现象。二是行政力量主导撤点并校，农村学校迁入县镇，农村学生"整体进镇"，这是行政拉力。如西部某省2009年基础教育工作会议决定，全省按照"高中向城市集中、初中向城镇集中、小学向乡镇集中、教学点向行政村集中"的原则，展开中小学布局大调整的工作（万明钢，白亮，2010）。不少地区政府和研究者更是明确提出了"农村小学进镇、初中进县"的主张（胡俊生，2010）。

　　县镇学龄人口激增，导致县镇教育资源紧张，部分地区的县镇出现大型学校、巨型学校，县镇成为大班额的"重灾区"。根据2010年《中国教育统计年鉴》的统计数据，县镇普通小学大班额（暂定为45人以上）的比例高出城市1.72%，高出农村38.39%；县镇普通初中大班额（暂定为55人以上）的比例高出城市12.11%，高出农村11.48%。一些县镇学校，特别是优质学校，班额已经到了无处可扩的境地，有校长坦言，只能把功能室改造为教室以扩大招生规模。

在城市，随迁子女的大量涌入导致一些大城市学龄人口增长迅速。激增的随迁子女给城市的教育布局提出了新的挑战。一方面，原有的学校规模难以适应日益增长的学生规模，新建与扩建学校迫在眉睫。以苏州市为例，苏州市公办学校随迁子女的绝对数量呈逐年增加趋势，但据不完全统计，目前依然存在着近 10 万个学位的缺口。另一方面，随迁子女流动性较强，但是城市学校的建设涉及土地划拨、基础建设、师资配备等一系列问题，历时相对较长，这种"快"与"慢"的矛盾给教育管理带来了持续压力。同时，"人口流动引起了人们对教育观念的改变，既包括流动者自身对教育需求的变化，更促使他们对子女教育的观念转变"（石人炳，2005）[125]。这又使得大众对优质城市教育资源的需求也日趋强烈，供需矛盾日益尖锐。

当然，城镇化并不只是人口的流动，更是城乡形态转变及其互动关系变革的重要动力。城镇化要求传统的、自给自足的自然村落生态按照现代化的进程进行逻辑重构，不仅在经济上要实现农业的产业化，在地域上实现农村人口向城市人口的转化，在其他领域要求实现组织目标的高度集中化，在教育领域亦如此。

3. 走向"城乡联动、动态规划"的义务教育学校布局调整

在城镇化的背景下，政府应当树立"城乡联动、动态规划"的义务教育学校布局新思维。

从三个阶段的布局调整可以看出，政府在布局调整时往往是分立地对待城乡教育，或在农村进行小学校的撤销与兼并，在城市进行薄弱学校的改造，或如 2001 年以来政府更为关注农村教育布局的调整。但是，在城镇化背景下，城乡的联系日益紧密，学生的流动会在农村、县镇与城市形成巨大的连锁反应，比如农村学生进城上学可能会导致农村学校由于生源不足被撤并，而大城市学校由于随迁子女大量涌入导致教育资源供给明显不足，又如农村学校的撤并可能导致县镇学校"大班额"情况日趋严重。所以在进行布局调整时，必须坚持"城乡一盘棋"，一方面要求在政府学校建设的规划、投入、建设时全面考虑城乡生源的变化情况，另一方面要求城乡有关部门通力协作，共同布局。

城乡联动的教育布局要综合考虑农村实际，慎重选择"进城"或"留

村"，切不可一刀切、一味否定。一方面，不能简单地否定农村学校进城的趋势。在过去的教育布局调整中，出现了农村学校向城镇迁移、农村学校模仿城镇建设的趋势，很多研究者对此加以否定。一些研究者带着满满的"乡愁"，认为这会导致农村教育的凋敝。提倡"初中进城"的山东省平原县，由于尝试教师支教、增加投入等手段改变农村教育收效漫长，而且农村教师和生源流失明显，才不得不选择通过"学校城镇化"破解城乡教育差距之困，突破城镇化进程带来的城乡教育的马太效应（胡俊生，司晓宏，2009）。而且，在一些经济发展水平较高、交通较为便利的地区，这样的"学校城镇化"的确有利于发挥学校的规模效益，更有利于农村学校与城市学校站在同一条起跑线上。另一方面，要多方面考虑农村学校留村的价值。城镇化会造成资源向城市集聚，但是农村的发展是城镇化的重要保障，城镇化并不是要消灭农村，而是要实现农业的现代化、产业化，建立新型农村。在这一过程中，学校当然是必要的配套设施，甚至是重要的文化传播、渗透场所。

总之，农村学校的发展路向，要综合考虑当地经济社会发展水平与自然条件，要横向对比多种布局方案的利弊，要纵向考察布局调整前后教育教学水平与学生发展水平的变化，要广泛听取学校、家长、农村社区对布局调整的意见与要求，做好顶层设计，审慎实施相关举措。

此外，学校布局还应重视"动态规划"。人口流动是城镇化最为核心的表现，包括学龄人口在内的人口的大规模流动是我国城镇化的重要特点。学校的布局一定要及时回应人口的变化，不然就会造成教育资源的严重浪费，屡见报端的希望小学被废弃的事件正是缺乏动态规划的真实写照。

如何做好"动态规划"？其一，要搜集学龄人口的变化信息。基于已经投入使用的学生学籍系统和当地的出生率信息，对学龄人口的总体数量、迁入迁出数量、变化趋势等进行统计分析，并据此对教育资源的配置、教育布局结构的调整进行预判与科学规划。其二，要统筹各项事业发展规划。在制定中长期城镇化发展规划时，提前规划教育用地，加大教育财政保障力度，以应对未来可能出现的学生数量变化，科学合理地预留未来教育发展的空间与投入。其三，要关注城镇化发展的不同阶段。随着我国城镇化的不断推进，特别是国家对新型城镇化的倡导，我国有可能会较快进入逆城镇化、郊区城镇化等阶段，这必然会导致学龄人口的大规模变化，需要政府结合经济与社会发展形势做好预判，提前规划。

第二节　农村留守儿童教育

近年来，随着我国经济社会的发展和工业化、城镇化进程的加快，一些地区的农村劳动力外出务工，但受工作、居住、教育、照料等客观条件限制，有的人选择将未成年子女留在家乡交由他人监护照料，导致农村出现大量留守儿童。农村劳动力外出务工为我国经济建设做出了积极贡献，对改善自身家庭经济状况起到了重要作用，客观上为子女的教育和成长创造了一定的物质基础和条件，但也导致部分儿童与父母长期分离，缺乏亲情关爱和有效监护，出现心理健康问题甚至极端行为，遭受意外伤害甚至不法侵害。这些问题严重影响儿童健康成长，影响社会和谐稳定，引发各方高度关注，社会反响强烈。

2014 年 7 月发布的《国务院关于进一步推进户籍制度改革的意见》提出了"努力实现 1 亿人落户城镇"和"建立新型户籍制度"两大目标。从户籍制度改革意见可以看出，城乡二元的户籍制度产生松动并逐步瓦解，农业人口向城镇人口转移的制度阻力减少，同时教育、医疗等配套措施的全面跟进也有助于解决随迁子女的教育问题。在户籍制度改革的影响下，农村劳动力会更多地向城市转移，但由于流动人口经济条件不足、住房紧张、工作流动性大等原因，很多家长仍很难把孩子带到身边上学。留守儿童的教育问题在未来一段时间内仍很严峻，将继续成为政府、教育行政部门高度关心和重视的一项重要工作。

2004 年"中国农村留守儿童问题研究"研讨会的召开标志着留守儿童问题正式进入政府的工作日程，此次研讨会成为有关留守儿童问题的报道、研究和干预"升温"的重要推力。2011 年《中国儿童发展纲要（2011—2020 年）》着重强调了留守儿童工作的重要性，提出"健全农村留守儿童服务机制，加强对留守儿童心理情感和行为的指导，提高留守儿童家长的监护意识和责任"。2013 年发布的《教育部等 5 部门关于加强义务教育阶段农村留守儿童关爱和教育工作的意见》指出，要"高度重视留守儿童工作，明确留守儿童工作的基本原则，切实改善留守儿童教育条件，不断提高留守儿童教育水平，逐步构建社会关爱服务机制"；要求各部门明确责任，努力做到政府主导、统筹规划，家校联动、形成合力，社会参与、共同关爱。由此可以看出，留守儿童问题已日益受到政府的重视，政府已要求妇联组织、关工委组织、共青团组织、社区和村组等社会各界力量共同配合，以解决留守儿童的教育问题。2016 年 2 月，发布的《国务院关于加强农村留守儿童关爱保护工作的意见》指出，加强留守儿童关爱保护工作要坚持家庭尽责、政府主导、全民关爱、标本兼治的原则，完善农村留守儿童关爱服务体系。

随着留守儿童规模的逐年扩大，留守儿童的教育问题也引起学术界的普遍关注。进入 2000 年以后，尤其是 2004 年以来，留守儿童问题逐渐成为我国社会科学研究的一大热点，相关研究成果的数量不断攀升，研究视角呈多元化。有研究认为，从产生背景来看，我国的留守儿童是在工业化、城镇化进程中产生的，与人口流动有直接关系。从留守儿童产生的具体原因来看，主要包括制度上的阻隔以及流动人口经济承受能力较低等。在经济条件上，流动人口收入低，无力带子女进城。在工作性质上，外出务工人员流动性大，就业不稳定（辜胜阻，易善策，郑凌云，2006），无法为随迁子女提供稳定的学习和生活环境。从地域分布来看，我国留守儿童最集中的地区是农村。

一、留守儿童的基本情况

认识留守儿童教育问题，首先需要对留守儿童的概念进行明确界定，了解全国留守儿童的规模，同时分析留守儿童的地区分布特点。

"留守儿童"一词第一次出现是在 1993 年（上官子木，1993）。在之后的 10 年里，有关留守儿童的研究与报道并不多，只是每年零星出现一些。留守儿童的概念最早由一张提出。他认为，留守儿童是指"父母在国外工作、学习而被留在国内的孩子"。（一张，1994）这与现在的留守儿童的概念在具体含义、产生背景与原因以及相应影响等方面都存在巨大差异。

关于留守儿童的概念界定，主要涉及以下几个问题。

一是父母外出打工与监护人的情况。有的研究者认为只有父母双方都外出打工才算是留守儿童，也有研究者认为只要有父母其中一方外出就算是留守儿童。我国关于留守儿童的政策话语也在逐渐发生变化。《2014 年全国教育事业发展统计公报》将留守儿童界定为"外出务工连续三个月以上的农民托留在户籍所在地家乡，由父、母单方或其他亲属监护接受义务教育的适龄儿童少年"。2016 年出台的《国务院关于加强农村留守儿童关爱保护工作的意见》明确规定，留守儿童"是指父母双方外出务工或一方外出务工另一方无监护能力、不满十六周岁的未成年人"。其中不再规定父母务工时间，同时对父母一方外出务工增加了"另一方无监护能力"这一条件，对留守儿童的概念做了进一步规范。根据监护人的不同，留守儿童的监护类型可以分为以下四种：隔代（祖辈）监护、单亲（父亲或母亲）监护、上代监护（亲戚或邻居）和同辈（哥哥姐姐或自我）监护。有调研发现留守儿童以单亲监护为主，在某社区的监护人中单亲监护占到了 79.2%；其次是隔代监护，占 16.9%；上代监护、同辈监护的情况虽然存在，但数量不多，约占 3.9%（叶敬忠，王伊欢，2006）。不同监护人的情况会对留守儿童产生不同的影响。

二是父母外出打工时间的长短。即父母外出多长时间的孩子算是留守儿童？有的外出务工人员是短时间外出；还有迁徙式的，农忙时返乡进行农田劳作，农闲时就外出打工；还有的是常年在外，只有过年时回家一次。段成荣将留守儿童与父母分离的时间设置为连续半年以上。（段成荣，周福林，2005）一项心理学测试发现，5 年是一个拐点，留守时间为 5 年以上的儿童心理失衡得分显著高于留守时间为 1 年、2 年、3 年和 4 年的儿童，而后面几个群体之间无显著性差异。（胡心怡，等，2007）关于留守儿童父母外出打工时间的长短并没有严格的规定，应根据不同的情况对留守时间进行划分，分析父母外出时间对留守儿童产生的影响。

三是留守儿童的年龄限制。即什么年龄阶段的孩子算是留守儿童？全国妇联在 2008 年发布的《全国农村留守儿童状况研究报告》将留守儿童界定为 17 周岁以下的未成年人，并对其进行年龄分层，将留守儿童分为幼儿（0—5 周岁）、义务教育阶段儿童（6—14 周岁）和大龄儿童（15—17 周岁），清晰地梳理了这三部分儿童各自的生活境况、面临的问题和需求。吴霓的课题组还对留守儿童年龄的下限进行了界定，即 6—16 周岁的儿童。（吴霓，2004）综上所述，虽然具体年龄界限不同，但研究者普遍同意留守儿童应该是 18 周岁以下的未成年人。也有研究者专门研究义务教育阶段的留守儿童，不关注 0—6 岁阶段的留守儿童。《国务院关于加强农村留守儿童关爱保护工作的意见》将留守儿童的年龄界定为 16 周岁以下。本节重点关注的是义务教育阶段（即 6—16 周岁）留守儿童的教育问题。

关于我国留守儿童的规模，目前尚无官方说法。2016 年 3 月 29 日开始，民政部、教育部、公安部会在全国范围内开展一次农村留守儿童摸底排查工作，摸清留守儿童底数，建立农村留守儿童信息库。（教育部，2016b）目前被普遍引用的是全国妇联在 2013 年发布的有关留守儿童报告中的统计数据：全国共有农村留守儿童 6102.6 万人。（全国妇联课题组，2013）《2014 年全国教育事业发展统计公报》显示，全国义务教育阶段在校生中农村留守儿童共 2075.42 万人。其中，在小学就读的有 1409.53 万人，在初中就读的有 665.89 万人。（教育部，2015a）袁贵仁同志在十二届全国人大四次会议上指出，我国目前大约有 2.4 亿农民工，约有 6000 万留守儿童，其中义务教育阶段就有 2400 多万人。

从 2000 年开始，学者们根据人口普查的数据推测了留守儿童的数量，由于统计时间、统计口径、对留守儿童范围的界定不同，其统计结果也有差异，总体来说留守儿童总数较大。段成荣根据 2000 年人口普查的抽样数据算出留守儿童数在全国儿童总数中所占比例是 8.05%，依此推测全国 14 岁及以下的留守儿童数为 2290.45 万人，17 岁以下的留守儿童数为 2443 万人。而根据 2005 年全国 1% 人口抽样调查的抽样数据，推测出 0—17 岁全国留守儿童规模达到了 7326 万人。（段成荣，杨舸，2008）留守儿童占全国儿童的比例较高，这与我国城镇化的快速发展密切相关。

农村留守儿童在我国各省份呈现出不同的分布特点。段成荣和周福林利用 2000 年人口普查数据考察我国留守儿童的空间分布状况，认为我国人口主要是从农村向城市流动。四川、江西、安徽、湖南等经济比较落后的省份的青壮年劳动力大量向沿海地区流动，从而导致这些地区形成了规模庞大的留守儿童群体。上述四个省份的留守儿童数在全国留守儿童总数中所占比例分别是 14.94%、8.45%、7.58%、7.46%，尤其是江西、四川、重庆等省份的留守儿童数占该省份儿童总数的比例为 20% 左右。广东和海南也是留守儿童比较多的省份，其留守儿童数占全国留守儿童总数的比例分别为 10.28%、6.38%（见表 4-2）。（段成荣，周福林，2005）

表 4-2　2000 年留守儿童的地区分布　　　　　（单位：%）

省份	该省份留守儿童数占全国留守儿童总数的比例	该省份留守儿童数占本省份儿童总数的比例
北京	0.27	3.26

省份	该省份留守儿童数占全国留守儿童总数的比例	该省份留守儿童数占本省份儿童总数的比例
天津	0.08	1.08
河北	1.01	1.50
山西	0.58	1.57
内蒙古	0.55	2.51
辽宁	0.74	2.27
吉林	0.41	1.90
黑龙江	0.64	2.21
上海	0.25	2.89
江苏	4.68	7.41
浙江	3.40	9.14
安徽	**7.58**	**11.55**
福建	3.76	10.88
江西	**8.45**	**19.38**
山东	1.50	1.77
河南	4.46	4.24
湖北	5.92	10.40
湖南	**7.46**	**12.53**
广东	**10.28**	**11.62**
海南	6.38	12.62
广西	0.23	2.52
重庆	6.22	22.32
四川	**14.94**	**18.71**
贵州	4.41	9.55
云南	1.67	3.43
西藏	0.07	2.07
陕西	2.06	5.30

省份	该省份留守儿童数占全国留守儿童总数的比例	该省份留守儿童数占本省份儿童总数的比例
甘肃	1.29	4.37
青海	0.22	3.80
宁夏	0.12	1.78
新疆	0.36	1.50

2005 年段成荣和杨舸估算了全国农村留守儿童的地区分布等基本情况，可以看出四川的农村留守儿童数量最多，达 792.60 万人，占全国农村留守儿童总数的 13.52%。安徽和河南的农村留守儿童数量也分别达到570.82 万人和 480.38 万人。四川、安徽、河南、广东、湖南和江西的农村留守儿童数在全国农村留守儿童总数中所占的比例已达到 52.01%。除此之外，广西、湖北、贵州和江苏的农村留守儿童数量也排进了全国前 10位（见表 4-3）。（段成荣，杨舸，2008）

表 4-3　2005 年各省份农村留守儿童数及占全国农村留守儿童总数的比例和农村留守儿童数占该省份农村儿童总数的比例

省份	该省份农村留守儿童人数（万人）	该省份农村留守儿童数占全国农村留守儿童总数的比例（%）	农村留守儿童数占该省份农村儿童总数的比例（%）	省份	该省份农村留守儿童人数（万人）	该省份农村留守儿童数占全国农村留守儿童总数的比例（%）	农村留守儿童数占该省份农村儿童总数的比例（%）
北京	3.64	0.06	8.61	湖北	358.33	6.11	39.76
天津	3.32	0.06	5.16	湖南	**399.97**	**6.82**	**37.64**
河北	122.79	2.09	10.39	广东	**431.26**	**7.36**	**32.73**
山西	47.38	0.81	8.34	广西	359.44	6.13	36.92
内蒙古	26.91	0.46	11.45	海南	16.25	0.28	11.99
辽宁	45.75	0.78	12.85	重庆	220.61	3.76	49.90
吉林	18.57	0.32	6.35	四川	**792.60**	**13.52**	**47.04**

省份	该省份农村留守儿童人数（万人）	该省份农村留守儿童数占全国农村留守儿童总数的比例（%）	农村留守儿童数占该省份农村儿童总数的比例（%）	省份	该省份农村留守儿童人数（万人）	该省份农村留守儿童数占全国农村留守儿童总数的比例（%）	农村留守儿童数占该省份农村儿童总数的比例（%）
黑龙江	24.75	0.42	6.82	贵州	334.69	5.71	33.59
上海	3.01	0.05	11.60	云南	144.47	2.46	14.20
江苏	279.66	4.77	37.54	西藏	8.07	0.14	9.34
浙江	116.93	1.99	26.07	陕西	153.50	2.62	24.01
安徽	**570.82**	**9.74**	**42.81**	甘肃	152.39	2.60	23.61
福建	152.55	2.60	32.25	青海	10.76	0.18	9.77
江西	**373.37**	**6.37**	**42.75**	宁夏	15.62	0.27	11.85
山东	169.33	2.89	14.76	新疆	24.01	0.41	5.60
河南	**480.38**	**8.20**	**24.08**				

　　全国妇联对 2010 年第六次人口普查资料进行研究后发现，留守儿童高度集中在中西部劳务输出大省，广东、江苏等东部发达省份的留守儿童比例也很高。留守儿童在各省份的分布很不均衡，主要集中在四川、河南、安徽、广东、湖南等省份，其留守儿童数在全国留守儿童总数中占43.64%。重庆、四川、安徽、江苏、江西和湖南的留守儿童数占该省份儿童总数的比例已超过 50.00%，湖北、广西、广东、贵州的留守儿童数占该省份儿童总数的比例超过 40.00%。（全国妇联课题组，2013）

　　综合以上分布情况可以发现，留守儿童集中的省份有以下特点：第一，留守儿童最为集中的地方是中西部地区劳务输出大省、以农业为主的省份，如四川、安徽、河南、江西、湖南、湖北等。在这些省份中，大量的劳动力向城市转移，导致子女滞留在家乡。这些省份的农村留守儿童应该成为我们关注的重点。第二，人口流入数量和流出数量均较多的省份，如广东、江苏、海南等。虽然吸引了全国各地的众大的流动人口，但由于其省内区域发展不平衡，省内的劳动力流动也很频繁，所以产生了很多留守儿童。第三，一些邻近发达地区的省份的外流劳动力较多，因而也产生了留守儿童。如广西、贵州等。而且这些省份的社会发展水平较低，农村的卫生基础设施、教育条件较差，可能会使农村留守儿童面临更多的问题。

二、留守儿童的学校教育

儿童时期尤其是义务教育阶段是人一生的生理、心理发展的关键时期，父母的陪伴与教育对儿童的健康全面发展来说至关重要。留守儿童由于缺乏父母的关怀，可能在人身安全、学业发展、心理健康等方面存在问题，迫切需要得到家长和教育部门的关注。就教育而言，留守儿童由于缺乏帮助和有效监管等，其学业发展可能受到影响。同时囿于农村教育的整体质量不高，教师没有足够的精力和能力关注留守儿童，导致农村学校对留守儿童的支持乏力。政府可以通过建设寄宿制学校、提升教师教育教学能力等方式，加大农村学校对留守儿童的教育和关爱力度。

1. "留守"状态对儿童学业产生影响

父母外出打工，提高了对子女接受教育的支付能力，能为留守儿童提供更好的经济条件和物质支持，因此留守儿童的受教育机会没有受到很大的影响，甚至比其他儿童更有保障。研究发现，留守儿童的入学机会并没有因父母外出而降低，这主要是由于父母外出带来了一定的经济收益，提供了入学的经济保障。但入学机会所受的影响在不同的情况下有不同的表现，与母亲一起的留守儿童的受教育机会得到改善，但与父亲一起的留守儿童的受教育机会显著减少，女孩的受教育机会明显少于男孩。（杨菊华，段成荣，2008）进入初中教育阶段后，留守儿童在校率急剧下降，在完成初中教育方面存在比较明显的问题。（周福林，段成荣，2006）初中辍学儿童中有很大一部分就是留守儿童。由于生活上缺乏父母关爱、学业上没有父母监督与帮助，同时有些外出打工的父母认为"上不了学，今后跟爸妈一起外出打工挣钱"，这些情况极易使一些成绩不好的学生产生厌学情绪和"读书无用"的想法，使得初中教育阶段的部分留守儿童学业成绩下降、学习兴趣降低，使得辍学打工的留守儿童增多。

对于留守儿童与非留守儿童在学业上是否存在显著差异，不同的学者持有不同的观点，同时随着研究的深入与细化，对留守儿童的不同情况进行分类，可发现不同地区、不同监护条件下的留守儿童的学业成绩会受到不同程度的影响。

一种观点认为，留守儿童在学习兴趣、学业行为和学业成绩上与非留守儿童没有显著差异。吴霓等分别从甘肃省、河北省、江苏省抽取了5个县的一至九年级在校生进行调查，发现农村留守儿童与非留守儿童在学习兴趣上没有显著差异，留守儿童中喜欢学习的比例为80.7%，非留守儿童中喜欢学习的比例为77.2%，在对自身学习成绩的认识上也没有显著差异。但是，在学习上遇到了问题，留守儿童选择的第一倾诉对象是教师，比例为67%；第二为同伴，比例为24.1%；选择家人的比例为6.1%。（吴霓，2004）中央教育科学研究所教育发展研究部课题组发布的中国农村留守儿童问题研究第一期调研报告证实：留守儿童与非留守儿童在学习兴趣和对自身学习成绩的认识上没有显著差异；农村留守儿童成长、发展中呈现的主要问题是由监护人文化素质较低导致的留守儿童在家无人辅导功课的问题，由缺乏亲情抚慰导致的生活问题，以及由缺乏完整的家庭教育导致的心理问题。（中央教育科学研究所教育发展研究部课题组，2007）

另一种观点认为，父母外出务工对留守儿童的学习造成了很大的冲击，产生很大的影响，且留守儿童的学业成绩普遍较差。2004年一项以湖北省某县一所中学为例的研究认为，留守儿童单亲教育、隔代教育、寄养教育相当普遍，从而导致许多留守儿童出现逃学、厌学、学习适应不良等问题。据调查，在校就读的留守儿童中有46%的学生成绩较差，有42%的学生成绩中等偏下，有10%的学生成绩较好，仅有2%的学生成绩优秀。（程良道，2005）朱蕴丽、潘克栋在2005年总结江西省于都县"留守孩关爱工程"的做法时，发现家长双方或一方长期在外打工，孩子的学习无人问津，致使大部分孩子成绩平平，少数孩子有厌学、逃学现象。加之年龄偏小、自觉性较差、自律意识不强、学习目的性不明确，他们都无心读书。再加上代管或监管人文化素质偏低，难以履行代管或监管义务，势必影响教学质量和孩子全面素质的提高。（朱蕴丽，潘克栋，2005）叶敬忠认为留守儿童在学习上存在学习态度不端正、学习成绩容易下滑等问题。（叶敬忠，王伊欢，张克云，等，2005）。周宗奎等对湖北省留守儿童进行的调研发现，78.4%的教师认为"父母外出打工以后，孩子的成绩差了"，只有9.3%的教师不同意这一说法。多达54.5%的教师认为"父母去打工的孩子学习成绩一般较差"，对此表示不太同意的教师占26.5%。（周宗奎，孙晓军，刘亚，等，2005）

2007年之后，对留守儿童的研究更加细化和科学，研究者更多地关注影响留守儿童学业成绩的深层因素，发现父母在对留守儿童的影响有所不同，母亲往往起到更关键的作用；同时影响留守儿童学业成绩的因素很复杂，不能笼统地说留守儿童的学业成绩就比非留守儿童的差。如吴映雄等对甘肃、宁夏、云南、四川、广西五省份的小学四年级、六年级学生及初中一年级、三年级学生进行了抽样调查，发现父母外出打工并不必然导致留守儿童的成绩下降，而打工的父母返回家乡也未必能提高孩子的成绩。（吴映雄，杜康力，2014）

综上所述，不能武断地得出留守儿童的学业成绩比非留守儿童的学业成绩差的结论，但不可否认的是"留守"对儿童的学业确实产生了较大的影响。由于缺乏父母的教养，儿童在学业上失去帮助，而很多隔代教养的祖辈人对孙辈的教育不严格，对儿童学习的监管不力，这些都会对留守儿童的学业成绩产生不利影响。

2. 留守儿童对农村学校教育提出挑战

尽管留守儿童的学业成绩并不一定低于非留守儿童，但不容忽视的是留守状态给儿童带了较大的影响。留守儿童的很大一部分的时间是在学校度过的，学校在留守儿童教育上负有不可推卸的责任。学校尤其是教师应该更加关注留守儿童群体，努力弥补家庭教育缺失可能给他们带来的消极影响，采取各种措施提高留守儿童的学习积极性，建立良好的师生关系。但由于留守儿童数量众多，并且集中在农村地区，很多农村学校留守儿童的比例很高，学校在留守儿童的教育上感受到很大的压力，经常出现"支持乏力"的现象。

由于我国中西部经济发展差距较大，城乡之间差距较大，农村义务教育在基础设施建设、师资力量、教育教学质量等方面都远远落后于城市，有些农村学校只能达到"保安全、保工资、保运转"的条件，学校没有精力和财力去关注和解决留守儿童问题，尤其是留守儿童的心理健康问题。

学校对留守儿童教育支持乏力首先是因为教师的工作负担过重，时间与精力不足。留守儿童集中在农村学校，且有些地区学校中留守儿童的比例达到一半以上。教育应该做到家校结合，而留守儿童的家庭教育缺失，学校教师（尤其是寄宿制学校的教师）则需要承担更多的工作（包括原本属于家庭教育的部分），对教育教学方式、家庭作业布置、学生的学习和生活习惯养成等方面都要予以关注，甚至还包括对家长开展教育，借助家长会等契机帮助监护人树立科学的教育观，协力促进留守儿童健康发展。留守儿童的心理特点决定了学校需要在课程设置、学生管理、家庭个性问题的解答等方面给予他们特殊的关注。由于家庭生活不完整，留守儿童尤其需要专业心理指导教师的情感抚慰、困惑解答。而这些在许多学校都是最为缺乏的环节。有研究发现：四川省某区的一所中学共有学生1279人，父母均在外的农村留守儿童有481名，占农村留守儿童总数的50%。全校800名学生住校，但学校无专业生活教师，留守儿童的生活教师由教学教师兼任。在保健教师配备方面，中学只有一名校医，很多学校甚至连校医也没有。全区仅有一两所学校有专业的心理辅导教师，儿童的健康发展难以得到保障。（王正惠，2011）农村留守儿童群体很难接触到心理咨询课程，学校所能提供的仅仅是班主任的全班集体交代式的套词，缺乏系统性的课程布局。从现代教育的发展要求来看，这些显然是落伍的，是无法满足孩子们的身心成长需要的。

其次是因为农村教师能力不足，整体素质有待提升。目前我国农村学校存在教师质量不高、结构性缺编等问题。农村教师的学历水平较低。研究发现，2007年河南省农村小学教师中具有专科学历的占55.16%，比城市低32个百分点；初中教师具有本科及以上学历的占25.85%，比城市低38个百分点。农村中小学教师中50岁以上的占33.50%，由民办教师转正的占1/3左右。另外，农村教师的学科结构矛盾也比较突出，音、体、美教师比较缺乏。（蒋笃运，2009）这样的教师队伍状况很难满足提高农村教育教学质量、促进学生全面发展的要求。对于西部农村而言，目前中小学教师队伍的数量缺口已经不大，但教师队伍的整体水平则无法与城市相比，表现为：学历层次偏低；职称层次偏低；教师培训机会不均等；教师结构性缺编现象严重；县域内教师资源配置和管理体制存在缺陷，城乡之间教师合理流动困难，不合理流动现象严重；教师年龄存在老化现象，中青年骨干断层。（令平，司晓宏，2010）以上也是目前我国农村教师队伍存在的普遍问题，农村学校的吸引力不足，且优秀教师不断流失，导致农村教师整体质量不高，完成基本的教育教学任务已经耗费了教师们大部分的精力，留守儿童的教育问题更对他们提出了严峻的挑战。

3. 加大学校对留守儿童的关爱力度

关怀和被关怀是孩子的基本情感需求，如果家庭不能满足孩子对关怀的需求，就需要从其他途径寻求有力的责任者来满足孩子的情感需求。

在家庭功能不健全的情况下，学校应成为留守儿童社会化过程中一个极其重要的关怀者，要加大对留守儿童的关爱保护力度。农村学校要扎实围绕"关爱工程"做好多方面的工作，发挥主阵地的作用。

第一，建设一批农村中小学寄宿制学校。学校是负有培养人这一特殊使命的机构，当然也是留守儿童的教养主体，理应全面承担起对孩子的教育与管理责任，使他们公平地接受教育。要弥补留守儿童家庭教育方面的缺失和保证他们公平地接受教育，建设好农村寄宿制学校不失为一种好的选择。寄宿制学校可以解决留守儿童无人照看、学习和安全得不到保障的问题，解除进城务工农民的后顾之忧。因此，在推进义务教育均衡发展的过程中，应在有条件且必要的地方改扩建一批农村中小学寄宿制学校，同时加强对寄宿制学校教学、生活、安全方面的管理。

第二，加强对留守儿童的心理健康教育。在学校安排专门的心理健康教师，加强对留守儿童心理状态的关注和疏导。一方面，在中小学开设心理健康课程，对学生进行心理素质教育。课程不仅仅是普及心理学的有关知识，更重要的是对学生进行心理训练、心理指导。心理健康教师应将心理知识融入有趣的游戏和活动中，引导学生积极、主动地参与，尤其要激励留守儿童参与其中，让他们在有趣的活动中体验参与的快乐，提高抗挫折能力和自我心理调节能力，减少心理障碍及其他心理问题，培养他们对集体的依恋和归属感，形成积极的情感体验，全面提高自身的心理素质。另一方面，学校要通过在学科教学中渗透心理健康教育、设立心理咨询室、开展心理咨询和心理辅导等方式使留守儿童心理教育落到实处。

第三，提升农村教师教育能力，全面开展留守儿童教育工作。加强对农村留守儿童相对集中学校教职工的专题培训，着重提高班主任和宿舍管理人员关爱、照料农村留守儿童的能力。将留守儿童教育工作作为农村学校教育的重点，从学校管理层面予以高度关注，学校应有专门的机构和人员负责与留守儿童家庭的联系，实施全天候跟踪管理，并协调各方的关系，如建立留守儿童的专门档案，包括孩子的姓名、监护人姓名、委托监护人的联系方式等，建立与留守儿童父母及监护人的联系卡；加强留守儿童与父母的联系，让外出务工家长定期与子女通电话；加强家校联系，让外出务工家长随时与班主任进行沟通，以制度形式保障与留守儿童父母及监护人的经常性联系，以充分发挥学校教育的主体作用，帮助留守儿童克服各种困难。

三、留守儿童的家庭教育

2014 年 10—12 月，"上学路上"公益组织对我国东部、中部、西北、西南的六个省份的农村留守儿童进行了问卷调查，发布了《中国留守儿童心灵状况白皮书（2015）》。白皮书显示，中国有近 1000 万留守儿童"一年到头见不到爸妈"，有一半以上的农村儿童每年与父母见面的次数少于 5 次，导致留守儿童的烦乱度提高、愉悦度降低，表现为伤心、害怕、紧张、忧愁、心烦意乱等消极情绪。（李亦菲，2015）家庭教养缺失是留守儿童可能出现的问题的主要根源，在家庭教育上，父母要努力给予留守儿童更多的关爱，承担起家庭对留守儿童的监护责任。

1. 留守儿童心理健康存在隐患

在个体的早期成长与发展过程中，父母的陪伴与养育有助于帮助儿童建立信任感与安全感。留守儿童的教育问题本质上来说是由于父母教养的缺失，造成留守儿童安全感的缺失。有研究显示，留守儿童与非留守儿童的安全感差异显著，与父母分离时的年龄越小，分离时间越长，一年内相处时间越少，孩子不安全感倾向的可能性则越大（曹中平，杨元花，2008），隔代教养和独立生活的留守儿童的安全感显著好于寄养儿童。

心理问题是留守儿童教育中最为突出和关键的问题，留守儿童往往因为缺乏完整的家庭教育而产生心理问题，孤独感、敏感、忧虑等情绪更为明显。家长外出务工时，孩子与家长唯一的沟通方式是打电话，而在电话中父母更多地关注孩子的学习，对其心理状态的关注不足。祖辈与孩子之间存在着巨大的代沟，平时的情感沟通不足。由于缺乏倾诉的对象和家人的引导，留守儿童对外界的认识容易产生偏差，心理压力较大，性格发展不健全，产生明显的心理缺陷。

留守儿童的心理问题首先表现为行为失范。大多数留守儿童正处于身体和心理快速发展的阶段。他们一方面对外界充满了好奇心，迫切希望长大、多接触社会，另一方面由于缺乏父母的亲情关爱和引导教育以及必要的道德约束，又极易受到社会不良现象的影响，在道德观念和道德行为上出现偏差。有研究表明，长期留守会导致留守儿童学习成绩不理想、逃学、辍学、纪律观念差、迷恋网吧等，或因隔代抚养、代管或无人抚养而缺乏应有的教育和监督。(徐阳，2006)(胡枫，李善同，2009) 有些留守儿童行为失范情节严重，有些甚至走上了犯罪的道路。

留守儿童的心理问题还表现为容易产生孤独感等情绪。留守儿童比非留守儿童更容易产生心理上的孤独感、自闭、自卑、冷漠等情绪，较非留守儿童更容易出现心理问题。调查表明，有55.5%的"留守孩"表现出任性、冷漠、内向、孤独，长期与父母分离使他们在生理上和心理上的需要得不到满足，消极情绪一直困扰着他们，使他们变得自卑、沉默、悲观、孤僻，或表现出任性、暴躁、极端的性格。(谭深，2011) 黄艳苹等对不同留守类型的儿童进行心理健康诊断测验（MHT），研究结果发现，留守儿童与曾留守儿童的健康状况较差，留守儿童与非留守儿童的差异达到显著水平；在留守儿童中，同辈或者无看护下的留守儿童的健康状况最差，有单亲看护的留守儿童的健康状况较其他留守类型儿童要好。(黄艳苹，李玲，2007) 由此可见，与非留守儿童相比，留守儿童更容易出现心理问题，应引起足够的关注。

总体来说，留守儿童或多或少都会因父母离开而产生心理不适，而且父母离开的时间越早、外出的时间越长，对留守儿童的心理健康影响越大。留守儿童的心理问题日益受到政府部门、学校和家长的重视。

2. 留守儿童身体安全存在隐患

我们经常能够看到有关校车事故、儿童溺水等惨剧的新闻报道，其中很大一部分事故发生在留守儿童的身上。由于监管不力，留守儿童比一般儿童面临更大的安全隐患。

第一，留守儿童面临被拐卖的危险和溺水的风险。留守儿童因年龄小、防范意识不强，容易受到不法分子的蒙骗，或是因独自上学而被拐卖。同时由于缺乏家庭、学校和社区的有效监管，留守儿童的人身安全缺少保障，非常容易成为被侵害的对象。公安部门的统计数据显示，被拐卖的儿童群体中，流动儿童人数最多，留守儿童次之。留守儿童因缺乏必要的监护，容易到山塘、水库、河流等地方游泳。特别是在炎热的暑假，留守儿童常常独自或三五成群地去游泳。因疲劳、水性不熟而又无人监护，留守儿童很容易发生溺水伤亡事故。而相当一部分监护人只是有时会注意甚至根本不关注留守儿童的安全问题，使得很多留守儿童缺乏应对突发事件的能力，各种伤亡事故时有发生。

第二，留守儿童面临道路交通安全问题。撤点并校之后许多学生上下学路程普遍变远，道路交通安全存在隐患。2011 年全国有学生上下学接送车辆 28.5 万辆，其中符合国家标准的校车只有 2.9 万辆，占 10.2%。（刘利民，2012）由于农村道路条件较差，校车车况良莠不齐，交通状况复杂，交通违法现象时有发生，学生上下学途中的安全难以保障。这一问题应得到更多关注。

第三，中学阶段的留守儿童由于处于青春期，加之手机、网络信息的影响，会更早地接触性知识，却得不到正确的教育与引导。由于隔代抚养，祖辈文化程度较低，只能解决孩子最基本的温饱问题，对儿童的教育能力不足，导致留守儿童性教育令人担忧。有学者在四川省绵阳市、广元市、成都市郊县等地的 10 所中学随机抽取从初一至高一的学生（11—16岁）作为样本，经调查研究发现：农村留守儿童的边缘性行为明显多于非农村留守儿童，而获得抚养人给予的性安全教育及自我性保护指导则明显少于后者（王进鑫，2008）。

3. 家庭教育缺失带来教育问题

家庭教育的缺失是导致留守儿童教育问题的首要和直接原因，主要表现为监护人监管不力和亲子互动中断。留守儿童的主要特点是与父母的分离，父母外出打工直接影响到留守儿童的学习和生活。家庭、学校、社会共同组成了儿童成长的环境。在留守儿童家庭中，父母不应该因为不在孩子身边而推诿责任、放弃行动，而应该积极采取更多的行动来弥补家庭拆分给子女带来的伤害。

由祖辈监管和父母单独一方监管是最常见的两种留守儿童监护形式，由祖辈监管常会出现溺爱、教育无力、沟通不畅等问题，而父母单独一方又没有足够的时间和精力对儿童进行教育。监护人监管不力导致了各种留守儿童问题的出现。

祖辈监护人教育水平较低，没有能力教育留守儿童。调查表明，74.96% 和 84.20% 的留守儿童的祖辈只有小学及以下文化程度（全国妇联，2008），他们根本就没有能力在学习方面给予留守儿童辅导与帮助。同时由于祖辈年纪大了，在家务、农活较忙时，他们还需要儿童的帮助，有的家庭甚至出现留守儿童"逆向"监护祖父母的现象。由于义务教育阶段的儿童学习缺乏自觉性，家庭教育缺失，许多留守儿童不能按时完成作业，逃学事件频发，学习成绩受到影响，进而产生一系列的教育问题。

许多留守儿童中还存在父亲或者母亲一人外出打工的情形，这就形成了一种特殊的"单亲"教育，而在家的父亲或母亲需要承担农活、家务等，便没有足够的时间关注孩子的教育问题。而监护人的性别对儿童也有不同的影响，研究发现母亲的监护效果最佳，也最为关键。

家庭教育的缺失、亲子互动的中断会带来各种留守儿童的教育问题，而且分离时儿童的年龄越小、分离时间越长，所造成的问题越严重。父母的外出造成亲子互动的中断，父母无法第一时间了解孩子的生活、学习、心理状况并予以指导，留守儿童也无法随时与父母沟通、寻求支持和帮助，而打电话时父母也只是问一些类似"最近学习怎么样""考了多少分"等学习上的问题，很少关心孩子的心情和遇到的困难。这一方面是因为外出父母缺乏意识，对子女的心理健康不够重视，另一方面是因为他们缺少教导留守子女的方法，心有余而力不足。因此，政府和社会各界应该加强宣传和引导，提升留守子女父母的教育能力。

4. 强化父母对留守儿童的监护责任

解决留守儿童的教育问题，需要其父母承担起对留守儿童的教育责任。

第一，留守儿童父母应转变观念，认识到除了为儿童提供物质条件，对儿童的关爱更为重要。很多农民工总是告诉孩子，父母辛辛苦苦外出打工都是为了给孩子创造好条件，偶尔回家也是给予孩子物质补偿，而令他们想不明白的是孩子并不理解他们的苦心，不能好好学习。父母要想履行好教养之责，首先需要转变观念，认识到孩子更需要的是父母的关爱，需要成长过程中父母的陪伴，需要家庭的温暖。因此，如果父母都外出务工，就应该充分利用农忙季节、春节返乡等机会，多向老师和监护人了解孩子在学校和家里的学习、生活情况；在打电话与孩子交流沟通时，不要只关心孩子的学习，还要关心孩子的生活和心理状态，让孩子感受到父母的关爱、家庭的温暖。

第二，落实家庭监护主体责任。监护人要依法尽责，在家庭发展中首先考虑儿童利益；加强对家庭监护和委托监护的督促指导，确保农村留守儿童得到妥善的监护照料、亲情关爱和家庭温暖。如果条件允许，应尽最大可能降低母亲的"外出打工率"。因为不管是照顾孩子饮食起居，还是教育孩子，母亲更有优势。已有的研究也发现母亲在留守儿童教育方面的作用显著大于父亲。母亲的陪伴使孩子有安全感，母亲是孩子天然的倾诉对象。母亲丢下孩子外出打工，对孩子的身心健康成长弊大于利。

第三，从根源上减少留守儿童的产生。一方面，改善城市农民工子女就学条件并降低入学门槛，让进城农民工可以带着孩子一起到城里上学；另一方面，鼓励农民工回乡创业，实现农民工就地就近转移，这样父母就可以同时实现陪伴孩子和赚钱养家的目标，降低留守儿童比例。各个家庭要根据自己的实际情况，妥善解决孩子的教育问题，以促进孩子健康发展为主要目的，努力承担起教养的责任和义务。

四、建立留守儿童关爱服务体系

留守儿童的教育问题在受到社会各界关注的同时，也存在被夸大的现象。我们要警惕留守儿童被污名化的倾向，正确看待留守儿童教育过程中可能存在的问题。除了学校和家庭外，留守儿童教育问题还需要政府、群团组织、社区等多个主体的参与。各级政府、教育行政部门要制定有针对性的政策，群团组织应开展关爱服务和互助活动，社区等社会力量应积极参与、多方合作，共同建立留守儿童的社会关爱服务体系。

1. 警惕留守儿童被污名化的倾向

戈夫曼（E. S. Goffman）将"污名"引入心理学的研究领域，他将"污名"定义为个体的一种不被信任和不受欢迎的特征，这种特征降低了个体在社会中的地位，使他从一个完美的、有用的个体变成了一个有污点和丧失了部分价值的人。污名是社会对某些个体或群体贬低性、侮辱性的标签。（Goffman，1963）[1-10] 目前我国留守儿童面临被污名化的危险。留守儿童被贴上各种标签：厌学、违反纪律、心理扭曲等。这些标签并不符合绝大多数留守儿童的现状。还有一些媒体报道，出于对留守儿童这一群体的高度同情和关怀，片面夸大留守儿童的问题，将个别事件夸大成普遍情况，给社会造成了不良印象，形成了对留守儿童的偏见。

一些以留守儿童为对象的研究常戴着"有色眼镜"去研究和分析问题，将留守儿童定位为问题儿童。任运昌在对西部 10 个省份 46 个区县农村的田野调查中发现，一些受访者对留守儿童各方面的表现忧心忡忡。他们基本上把留守儿童当成问题儿童看待，常常说他们厌学违规、素质低下、心理扭曲，极个别者甚至使用相当过激的言辞表达严重偏离事实的主观判断。（任运昌，2008）对近 400 篇相关学术论文的跟踪研究则发现，约 1/4 的文章对留守儿童的负面特征有夸大其词的倾向。谷子菊的研究发现，"留守儿童"这个标签被贴在父母外出工作而自己留在原籍的学生身上，他们的思想行为、生活方式等都被冠以"留守儿童"特有的"标准"——成绩差、攻击行为、性格缺陷、内向、自卑等。（谷子菊，2009）

留守儿童被污名化的原因有很多，一方面是关于留守儿童的研究近年来才受到重视，很多研究不规范，往往以偏概全，没有严密的逻辑论证，研究结论过于武断。同时随着留守儿童问题的热化，文献传讹的现象时有发生，不少人人云亦云夸大留守儿童的问题，很多错误的推断或研究结论被一再传抄，使人们形成了对各种留守儿童问题的错觉。另一方面是媒体为了吸引眼球、博得关注，或者是出于对留守儿童群体的过度关注，重复报道、重点报道留守儿童的犯罪行为，夸大留守儿童的心理问题。

留守儿童被污名化使整个社会对留守儿童形成了一种刻板印象和认知偏见，对留守儿童十分不公平。留守儿童难以承受污名化标签之重。首先，污名化会加重留守儿童的心理负担，有可能发展为自我"内化"标签。由于留守儿童的心理发展尚未完成，对是非曲直的分辨往往需要借助他人的判断，社会给留守儿童贴的标签往往容易内化为留守儿童"自我标签"，对留守儿童产生消极暗示，引导留守儿童向错误的方向发展。其次，污名化易导致教师、留守儿童家长和代理监护人丧失教育信心，进而影响留守儿童自身的自尊与自信，甚至给留守儿童的身心带来毁灭性打击。尤其是对留守儿童心理问题的错误判断，会导致留守儿童与教师、家长之间产生心理鸿沟和误会，导致教师与家长对一些问题处理不当，引发更为严重的后果。最后，污名化会影响留守儿童人际关系的健康发展。被污名化的留守儿童往往在同伴关系上受到影响，严重者可能会形成留守儿童的非正常小团体，容易导致失范行为的产生。

留守儿童问题的产生原因十分复杂，学术研究和新闻报道要努力从多个角度对留守儿童问题进行客观、公正的分析。

留守儿童的父母外出务工会产生很多结果，其积极影响包括：第一，增加家庭经济收入，产生经济效应。尽管大多数家长希望陪在孩子身边，监督其学习，但是仍有很多人选择外出务工，其原因是家庭没有足够的金钱负担孩子的教育支出。父母外出打工会使家庭收入增加，这将有利于儿童的教育发展。而许多研究都忽视了这一正效应，每当提及此问题便首先表现出悲观的态度。第二，由于父母不在身边，很多孩子变得更懂事、更成熟。许多留守儿童能够体会到父母外出务工的辛苦，通过经常的电话沟通也能够调整自己的心理状态，他们会将对父母的思念之情转化为学习的动力，在学业和生活上表现得更为优秀。由此看来，留守儿童父母的外出务工既有正面的经济效应以及帮助儿童更快成长的积极影响，又带来了父母教养缺失这一消极影响，这两方面交互作用于儿童身上，会产生多种结果。

因此，我们一方面要关注留守儿童中存在的各种问题，另一方面也要分清真问题与伪问题，警惕留守儿童被污名化的倾向。有关留守儿童的学术研究要规范，要遵守学术道德，揭示问题既要客观全面，又要注意选择角度，避免对留守儿童造成伤害。新闻媒体要加强正面宣传和引导，切忌捕风捉影，夸大事实。

2. 建立完善的留守儿童关爱服务体系

从目前留守儿童的教育状况看，虽然各级教育部门、学校、妇联等做了大量工作，但针对留守儿童的关爱服务体系尚未真正建立起来。关爱留守儿童的工作缺乏制度保障，政府的政策帮扶力度不足，物力、财力、人力尚不能支持农村学校去满足留守儿童的发展需求。同时，关爱留守儿童的工作缺乏绩效评估机制，政出多头但成效不显著导致很多情况下留守儿童教育不可避免地沦为一项"慈善事业"。

解决农村留守儿童的教育问题是一项复杂系统的工程，需要各主体、各部门通力协作，建立起一个社会支持网络。从2007年开始教育部就高度重视农村留守儿童关爱服务体系建设，要求逐步形成留守儿童教育的社会支持网络，以解决留守儿童在亲情关怀、生活照顾、家庭教育和安全保护等方面的突出问题。这一网络有国家、群体和个人的共同参与，涵盖司法、妇联、教育、工商、文化、物价、公安、民政等各个部门，这些社会支持系统之间的协调尤为重要。流出地政府可成立专门的领导协调小组，加强对留守儿童教育工作的管理。在政府统一领导下，各部门密切配合，齐抓共管，将留守儿童教育工作作为流动人口综合管理的重要内容，多层次、多渠道地加以解决。

2016年，国务院《关于加强农村留守儿童关爱保护工作的意见》提出了完善农村留守儿童关爱服务体系的要求，分析了家庭、各级政府、教育行政部门、学校、群团组织、社会力量等主体在关爱留守儿童方面的职责。除了家庭要强化对留守儿童的监护职责、学校要加大对留守儿童的关爱力度外，各级政府、教育行政部门、群团组织、社会力量应大力配合，合理解决留守儿童的教育问题。

在政府层面，要落实县级人民政府、乡镇人民政府（街道办事处）和村（居）民委员会的职责。县级人民政府要结合本地实际制定切实可行的农村留守儿童关爱保护政策措施，认真组织开展关爱保护行动，确保关爱保护工作覆盖本行政区域内所有农村留守儿童。乡镇人民政府（街道办事处）和村（居）民委员会要加强对监护人的法制宣传、监护监督和指导，督促其履行监护责任，提高监护能力。县级民政部门及救助管理机构要对乡镇人民政府（街道办事处）、村（居）民委员会开展的监护监督等工作提供政策指导和技术支持。

在教育行政部门层面，教育行政部门要支持和指导中小学校加强心理健康教育，促进学生心理、人格积极健康发展，及早发现并纠正学生的心理问题和不良行为；做好法制宣传和安全教育，帮助学生增强防范不法侵害的意识、掌握预防意外伤害的安全常识。

在群团组织层面，各级工会、共青团、妇联、残联、关工委等群团组织要发挥自身优势，积极为农村留守儿童提供假期日间照料、课后辅导、心理疏导等关爱服务。工会、共青团要广泛动员广大职工、团员青年、少先队员等开展多种形式的农村留守儿童关爱服务和互助活动。妇联要依托妇女之家、儿童之家等活动场所，为农村留守儿童和其他儿童提供关爱服务，加强对农村留守儿童父母、受委托监护人的家庭教育指导，引导他们及时关注农村留守儿童身心健康状况，加强亲情关爱。残联要组织开展农村留守残疾儿童康复工作。关工委要组织、动员广大离退休老同志，协同做好农村留守儿童的关爱与服务工作。

在社会力量层面，要加快培育社会工作专业服务机构。公益慈善类社会组织、志愿服务组织。民政等部门要通过政府购买服务等方式支持这些组织深入城乡社区、学校和家庭，开展农村留守儿童监护指导、心理疏导、行为矫治、社会融入和家庭关系调适等专业服务。充分发挥市场机制的作用，支持社会组织、爱心企业依托学校、社区综合服务设施举办农村留守儿童托管服务机构。财税部门要依法落实税费减免优惠政策。

同时，完善留守儿童的关爱服务体系还要建立相关的监督评价机制、激励惩罚机制，对各主体关爱留守儿童的举措和行为进行评估，尤其是要将学校和教师的关爱留守儿童的行动纳入其绩效考核中，使关爱留守儿童活动落到实处。

总之，留守儿童教育问题的解决需要多方参与，应形成政府为主导、学校为主体、家庭为关键、社会各界综合参与的留守儿童关爱服务体系，形成立体化、全方位的育人网络，保障留守儿童的全面健康发展。

第三节 农村教师队伍建设

农村教师是农村教育发展的核心因素，农村地区教育质量的总体状况在一定程度上取决于教师资源的分布形态和发展水平。对于农村教师的界定，研究者一般从地域、职能和对象三个角度进行考虑。本节关注的农村教师主要是在广大的县以下的乡镇和村落义务教育阶段学校任教的教师。随着新型城镇化的推进，人口的向城性流动导致农村学校的规模逐渐变小，大量寄宿学校产生，农村留守儿童数量剧增。在这一新的社会背景下，农村教师队伍建设与农村教育现实需求间的矛盾被进一步凸显和放大。

一、农村教师队伍的基本情况

本部分深入分析了农村教师在学历、职称和待遇三个方面存在的突出问题，以期探索出促进农村教师发展的合理途径。

1. 农村教师学历较低

在当今社会，学历当然不能完全代表能力，但可以在一定程度上反映一个人的综合素质。接受过高等教育的教师，虽然并不一定比未接受高等教育的教师道德高尚，但很可能有更强的学习能力和更广博的见识。这种学习能力和见识，对于教师的专业发展和素质提升至关重要。在现阶段，就我国农村教师水平的现实情况而言，一个最基本的困境是，与城市教师相比，农村教师的学历明显偏低。

虽然近年来，城市和农村中小学教师的学历都有明显提高，但是城乡教师的学历差异仍然十分显著。2011年教育部师范教育司司长许涛在介绍我国教师队伍建设进展情况的新闻发布会上指出，农村小学、初中教师的学历合格率分别达到 99.3%、98.0%，具体地说，专科以上小学教师的比例达到 71.2%，本科以上初中教师的比例达到 54.8%，均显著高于 2010 年，但仍然明显低于全国教师的平均比例。（郝孟佳，2011）东北师范大学农村教育研究所课题组在 2014 年发布了《中国农村教育发展报告 2012》。报告指出，我国农村教育发展走势良好，农村义务教育教师素质全面提升。镇和村屯学校教师学历为本科及以上的比例分别为 61.83% 和 66.14%，而 2001 年我国中小学教师的学历为本科及以上的比例为 12.56%，提升幅度为 50 个百分点左右。但从城乡比较的角度看，农村教师的学历水平较城市教师还有一定差距。城市学校教师学历为本科的比例高达 78.30%，较农村学校教师高出十几个百分点。单从学历比较来看，城乡教师的差异十分显著（$F = 101.462$，$P < 0.001$）。（邬志辉，秦玉友，赵忠平，2014a）

王鹏炜等根据《陕西省教育事业统计年鉴 2008》测算得出，陕西城市初中教师本科率为 73.81%，而农村初中教师本科率仅为 42.19%，两者相差达 31.62 个百分点；城市小学教师本科率为 34.10%，而农村小学教师本科率仅为 10.12%，两者相差 23.98 个百分点。（王鹏炜，司晓宏，2011）唐绍菊 2009 年对四川绵阳的调研也发现，城市和农村教师的学历层次具有较大差异，并且能够明显看出高学历教师主要集中在城市。农村教师所提高的学历基本上都是通过函授以及各类水平参差不齐的成人考试获得的，比如某镇中心小学 38% 的教师通过学历提高班达标。（唐绍菊，2010）许多成人进修含有水分，教师很难学到扎实的教育教学理论知识，在专业能力上也很难有所提升。以成都市 2013 年的义务教育阶段数据为例，虽然城乡学校教师队伍学历达标率相差不超过 5 个百分点，但从高一级学历的教师比例可以看出城乡间师资质量的差距：城区小学比农村小学高 35.5%，城区初中比农村初中高 47.1%。2008 年北京市的一项调查显示，在北京远郊区县的中小学中，大量农村初中教师以业余或函授的形式取得高层学历，几乎没有受到过系统的学科训练，而且有些学科所教非所学的比例较大（国家教育发展研究中心，2008）[128-129]。而且部分教师参加在职学历进修也只是为了应付职称评聘和职务晋升，并无心提高真才实学。因此很多农村教师虽取得了学历，但业务能力却很难有实质性的提高。

这种学历上的落差，导致城乡教师队伍的发展潜能存在差距。学历是农村教师质量提升道路上的第一道屏障，也是非常难以克服的一道屏障。

2. 农村教师职称偏低

教师的职称结构一方面可以反映教师的教学水平和从业能力，能够作为衡量其教育教学质量的标准，另一方面由于教师职称与教师工资水平挂钩，且在一定程度上代表教师的高低级别，因而也是激励教师努力工作的一个重要动力。虽然各地陆续出台了一些倾向于农村教师获评高级职称的政策条文，但实际上多年来农村教师的职称评定工作仍然困难重重。2007年，山东省普通中学专任教师中拥有中学高级专业技术职称的比例为13.35%，城市普通中学专任教师中拥有中学高级专业技术职称的比例为19.25%，而农村普通中学专任教师中拥有中学高级专业技术职称的比例仅为8.14%。山东省小学专任教师中拥有高级职称的比例为1.58%，城市小学专任教师中拥有高级职称的比例为2.07%，农村小学专任教师中拥有高级职称的比例仅为1.25%。（张雷，2011）而唐绍菊2009年的统计也发现，四川省绵阳市全市小学教师中拥有中学高级职称的有62人，而高级职称教师主要集中在城区学校。（唐绍菊，2010）实际上，近年来农村教师的职称在不断提高，只是城乡差距并未缩小。东北师范大学农村教育研究所发布的《中国农村教育发展报告2011》显示，从城市到县城，再到乡镇，中教高级教师所占比例不断减少，城市初中中教高级教师所占比例为18.77%，县城初中为16.98%，而乡镇初中只有10.77%。（邬志辉，秦玉友，2012）[53] 而隐藏在高级职称所占比例差异明显背后的，是城乡教师在职称晋升时间上的差别。城市、县城和乡镇初中学校教师获得中教高级职称时的平均年龄分别为38.97岁、39.02岁和40.86岁，相对应小学教师获得小教高级职称时的平均年龄分别为32.98岁、32.24岁和35.71岁。城乡教师的职称晋升时间总体呈递增趋势，村屯学校教师花费的时间最多。（秦玉友，赵忠平，2014b）

2012年教育部等五部委联合发布的《关于大力推进农村义务教育教师队伍建设的意见》指出，要研究符合村小和教学点实际的职务（职称）评价标准，职务（职称）晋升向村小和教学点专任教师倾斜，以使农村教师能够获得更加平等公正的职称评定机会。

3. 农村教师待遇过低

首先，城乡教师待遇差距过大。教师待遇是教师职业吸引力的重要组成部分，同时也是教师全心全意投入教育教学工作的物质基础。长期以来，我国城乡义务教育学校教师收入差距过大、农村教师大量流失已经成为一个普遍存在的严重问题。工资待遇低是农村教师职业缺乏吸引力的重要原因。以同届毕业、同职称的教师为例，农村教师的工资与本地区城镇教师相差 300 多元，与发达地区城镇教师相差 1000 多元，而工资以外的福利差距更大（王瑞珍，2008）。

农村中小学教师收入水平低下，是造成农村教师队伍不稳定、农村学校难以吸引优秀人才的主要原因。联合国教科文组织国际教育计划研究所原所长菲利普·库姆斯（F. H. Coombs）更是认为，"允许教师工资落后于其他人员的工资是自取失败，因为这样的结果是丢失很多最好的教师，然后补充以才能较差者"（库姆斯，2001）[152]。从义务教育均衡发展的角度看，只有提高贫困地区、农村地区学校教师的待遇，才能吸引和留住优秀教师，并为教师合理流动提供长效保证。

其次，农村教师工资经常被拖欠。我国农村义务教育实行新的管理体制后，管理主体基本实现了由"以乡镇政府为主"向"以县政府为主"的转变。截止到 2003 年 4 月底，全国已有 98% 的县将教师工资管理上收到县，有 94% 的县将教师人事管理上收到县，收到了较好的效果，尤其是基本解决了拖欠教师工资的问题。但这个单方面的管理体制改革依然难解义务教育投入总量不足和结构失衡之结，"小马拉大车"的局面没有发生根本性变化，县级财政难当重任。20 世纪 90 年代中期以来，县级财政赤字一度高达 40% 以上，县级统筹尽管可以在一定程度上使县内的贫富差别得以平衡，但仍无补于一个县财政的绝对匮乏，许多县级政府已经成为教育政府，教育投入占县财政的 40% 以上，早已不堪重负（曾天山，2003）。

近年来农村教师的工资拖欠问题虽然得到了一定程度的解决，但在不少地区是老账解决了又添新账，工资拖欠问题依然存在。再加上农村正在全面进行税费改革，势必会给现有的农村教育投资格局带来很大的冲击。在农村地区，教育费附加是补充教师工资不足部分的经费来源，而农村教育集资则是改善校舍和办学条件的主要经费来源。由税费改革造成的农村教育经费缺口仅靠地方财政是难以完全弥补的，如果没有中央财政的大幅度转移支付，农村教师的工资拖欠问题会更加严重。因此，以县为主只能是管理体制的要求，投入体制还必须是政府为主、各级分担。（王世军，2004）

二、农村教师队伍的数量与结构

近年来，我国城乡教师队伍结构性失衡严重。本部分深入剖析新形势下农村教师队伍在数量和结构上出现的诸多问题及其原因，寻求平衡教师资源配置的途径。

1. 农村教师队伍数量与结构存在的问题

第一，专任教师老龄化现象严重。当前，农村教师年龄呈现老龄化趋势，农村小学教师表现得尤为明显。这种现象在社会上被叫作"爷爷奶奶教小学，叔叔阿姨教初中，哥哥姐姐教高中"。农村教师老龄化问题严重的主要原因有两方面。一是在"文化大革命"期间出现了"小学不出大队，初中不出联队，高中不出公社"的特殊的教育现象，使大量的高中、初中毕业生走上了教育岗位。虽然这部分教师在特殊的时代、艰苦的环境中为我国的教育事业做出了不可磨灭的贡献，但随着社会的发展与进步，他们已进入职业生涯中的"老期阶段"，很难适应当下课程与教学改革的新要求。（肖正德，2012）二是由于城乡教育在办学条件、教育教学环境、福利待遇等方面存在较大差距，致使新毕业生不愿意到农村任教，新补充的年轻教师一般至少会在镇上的高中教书；而现有农村教师则呈现由边远贫困乡村向乡镇流动、由乡镇向县城流动、由县城向地级市或省会城市流动的态势，且数量在逐年增加。

这一现象在各个省份均有体现。如张雷 2007 年对山东省农村教师的调查发现，城市普通初中专任教师中年龄在 50 岁以上的占 5.45%，农村普通初中专任教师中年龄在 50 岁以上的占 7.91%；城市小学专任教师中年龄在 50 岁以上的占 9.85%，农村小学专任教师中年龄在 50 岁以上的占 25.94%，占农村小学专任教师总数的 1/4 以上。（张雷，2011）王鹏炜和司晓宏根据《陕西省教育事业统计年鉴 2008》测算得出，陕西省农村教师队伍目前面临着年龄老化的突出矛盾。2008 年，陕西省农村小学教师队伍中 50—55 岁的教师占 18.07%，46—50 岁的教师占 13.30%，而城市小学教师队伍中相应年龄段的教师的比例仅分别为 7.85% 和 8.81%。（王鹏炜，司晓宏，2011）教师年龄结构不合理的情况使得近年形成了一个教师退休高峰，而教师招聘数量低于减少数量，致使教师缺口扩大。

以上情况反映出农村中小学教师队伍缺乏新生力量，当老教师退休后，原有教师队伍非常容易出现断档。良好的新生力量补充机制是建立一个稳定的教师队伍的关键，而如果连一个稳定的教师队伍都无法建立，那么农村教师整体的专业发展则更加无从谈起。

第二，农村教师存在部分超编、结构性缺编的困境。在我国大部分省份的农村地区，随着近年来农村人口的城镇化加快，随迁农民工子女数量增多，农村学生数量逐年减少，从生师比来看，农村教师在总量上存在超编现象。根据对历年《中国教育事业统计年鉴》的分析，可以发现，无论是在中西部地区还是在发达的东部地区，都普遍存在教师超编的情况，而且超编数量巨大（见表4-4）。（唐松林，聂英栋，2012）在城镇化进程中，农村学生进县镇就学导致县镇中小学的师资配备更显不足，而农村中小学的教师却因学生数减少而"被超编"。2001年《国务院办公厅转发中央编办、教育部、财政部关于制定中小学教职工编制标准意见的通知》要求城市、县镇和农村的小学生师比分别为19、21、23，初中生师比分别为13.5、16、18。以2000—2010年小学生师比的变化为例，农村小学的生师比持续走低，县镇小学的生师比虽有所降低，但是降幅小于农村（见表4-5）。

表4-4　我国农村初中教职工超编情况　　（单位：人）

地区	现有		测算数	超缺编
	学生数	教职工数（专任教师）	应配编	
中部	8855652	581123	491981	89142[+]
东部	6345747	434990	352542	82448[+]
西部	5441018	327838	302279	25559[+]

表4-5　2000—2010年农村、县镇、城市小学生师比

年份	农村生师比	县镇生师比	城市生师比
2000	23.12	21.45	29.04
2001	22.69	19.99	25.80
2002	21.90	19.85	25.34
2003	21.09	19.57	23.42

年份	农村生师比	县镇生师比	城市生师比
2004	20.28	19.33	21.72
2005	19.47	19.42	24.33
2006	18.96	19.63	29.36
2007	18.38	19.50	28.25
2008	17.76	19.20	27.99
2009	17.15	18.74	28.38
2010	16.77	18.73	29.24

数据来源：根据 2000—2010 年《中国教育统计年鉴》整理。

虽然从总体来看，我国各地的农村教师超编现象严重，然而由于多年来，在教师补充过程中政府总是优先满足城市的需要，所以我国部分偏远地区仍然存在教师编制不足的情况。比如，四川省广安市 4 个城郊乡镇初中的生师比分别为 13.8、14.7、14.2 和 15，相反，在广安市 4 所偏远乡镇的小学和初中的调查中却发现小学生师比都在 30 以上，最高达 37.7，初中生师比都在 22 以上，最高达 24.5。（冯文全，夏茂林，2009）有学者已经指出这种教师编制标准是不符合城乡中小学布局、规模、生源等客观实际的。其执行的结果会导致城乡中小学教师不仅在数量上安排不合理，出现城乡教师多少不均，而且也造成城乡教师在质量上的差距拉大。（马佳宏，2013）

虽然许多在语文、数学等基础学科任教的教师相对富余，部分教师没有编制，但是英语、音乐、体育、美术等学科的教师人数却不足。（连文达，2014）张华是某东部经济发达省份一所乡村完全小学的校长。这所学校有 6 个年级，每个年级一个班，共有 117 名学生。按照规定的生师比，学校只能配备六七名教师，而学校实有在编教师 9 人，属于人员超编学校。但 9 名教师要完成 6 个班级的语、数、英等 9 门学科的教学任务，又是远远不够的。更让张华头疼的是，英语、音乐、美术等学科专业性更强些，个别老师被"赶鸭子上架"勉为其难；若遇到个别老师有事有病请假，临时应急更是排不开。（焦海洋，2015）为开齐课程，一些教师只能教非所学，教育教学效果较差。

总体来看，由于我国近年城镇化进程加快，农村教师超编和缺人仍然是阻碍农村教师队伍建设中的一大难题，而且这一问题还引发了农村学校聘用大量民办教师的现象，加剧了农村教师队伍的不稳定。

2. 农村教师资源配置不公的原因

第一，教师编制标准的科学性不够。农村教师学科结构失衡主要有以下几个原因：一是音、体、美等专业毕业的新教师比较好找工作，他们自然会选择办学条件、福利待遇较好的城镇学校，而偏远、落后的农村学校少有人问津。二是目前城乡中小学教师编制遵照国家统一的生师比标准，一些农村学校无法配齐配足专任教师，这对一些学生人数少的农村小学更为不利，以致形成了语文和数学等大学科教师过剩、其他专业课教师不足的困境。（连文达，2014）另外，因为学生总体人数少，一些农村小学不能足额配齐各门课程的专任教师，以致出现一名教师包教一个班、各门课程都得由一人承担的窘况。

第二，教师编制被其他组织或个人占用，但却不来学校教书。这种在编不在岗的现象并不少见，各个省份基本上都有。据《山西青年报》报道，2003年山西全省有14656名教师在编不在岗。（唐松林，聂英栋，2012）这严重影响了教师队伍的补充，一些真心希望并且能够到农村任教的教师没有编制，享受不到正规的教师待遇，而没有在岗位上有所付出的教师却领着来自纳税人所交税款的薪水，这是农村教师待遇不公的体现。农村教师编制标准低于城市，有些地方还随意占用教师编制；由于体制不顺，教育部门不能有效地管理和配置教师资源，该出的出不去，该进的进不来；一些地方出台的政策没有得到很好的落实，致使有的学校几年都无法补充合格的师范毕业生。新毕业的大、中专院校毕业生宁愿出去打工，也不愿意到边远山区学校任教。

我国现有政策对这一问题有所回应，教育部等五部委2012年发布了《关于大力推进农村义务教育教师队伍建设的意见》，要求编制配备切实保证农村学校师资需求。具体要求逐步实行城乡统一的中小学编制标准，对农村边远地区实行倾斜政策。落实国家有关文件规定，对寄宿制中小学、乡镇中心学校、民族地区双语教学学校、村小及教学点、山区湖区海岛牧区学校等实施特殊师资配备政策。按照国家基础教育课程改革要求，补足配齐农村音体美、英语、信息技术、科学课程等紧缺学科教师以及心理健康教育教师。同一县域内中小学教职工编制可以互补余缺，县级教育行政部门统筹使用本地区中小学教职工编制。严禁任何部门和单位以任何理由任何形式占用或变相占用农村中小学教职工编制。

第三，以县为主的教育管理体制重心过低。我国基础教育长期以来实行以县为主的管理体制，这一体制已经被许多专家学者所诟病。由于教育管理体制重心过低，各县之间难以统筹调配，同一县域内的中小学教职工编制才可以互补余缺，教师资源难以得到有效的公平分配和均衡统筹。

3. 平衡城乡教师资源配置的途径

第一，提高教师编制标准的科学性和针对性。在目前教师总量偏大的同时，教师编制使用又存在着严重的区域性不平衡，如城市、城镇、平川地区教师超编，农村贫困地区、边远地区和山区教师严重短缺等。针对这些实际情况，应充分发挥编制管理的调节平衡作用，区别对待，有效调节，促进教师的合理流动，特别是向农村地区的流动，从而不断提高师资的使用效益，实现师资的合理配置。

一方面，要将城乡倒挂的编制标准转变为向农村倾斜。应充分考虑我国农村、山区地广人稀、居住分散、交通不便、学校规模较小的实际情况，适当放宽农村地区特别是贫困、边远地区中小学教师的编制配置标准。建立城乡中小学教师编制标准与计算办法双轨制，即城市和县城地区按生师比配编，乡镇根据学校实际规模分别采取生师比或班师比配编，而乡镇以下规模的学校和教学点则采取班师比配编，适当增加农村中小学教师的编制数量，向音体美等薄弱学科倾斜。（王凯，2011）目前，北京市已经采取了相关措施，向京郊区县引入音体美学科教师。

另一方面，有关部门应当着手探索更为科学合理的编制机制，考虑到城乡教师和不同学科教师工作量的差异，以及许多教师由于编制限制同时在校内兼任服务岗的情况，笔者认为应当探索改变传统的仅以生师比为标准的教师编制方法，逐步综合考量教师的校内兼职情况和工作量，使用以教师工作量为基础的、更加科学灵活的教师编制新方法。已经有学者进行了各科教师工作量的统计。（刘善槐，邬志辉，史宁中，2014）然而是否应摒弃单纯的生师比标准转而采用单纯的工作量标准，笔者认为需要谨慎。

第二，建立更加灵活的编制管理机制。一方面，责任要上移，实行省级统筹机制，另一方面，权力、权限要下放，将编制管理权限交给县里。省级管理部门根据中央有关定编原则，制定出定编指导性意见和最低编制保障线，把核编权限下放到县。各县可依据省里制定的编制标准，结合本县财政状况、本县教育事业发展需要及生源变化情况核定本县教职工编制，并报省市编制、教育、财政等部门备案。（朱永新，2008）

部分省份已经开始探索更加灵活的教师编制管理机制。2012 年 3 月，湖北省政府发布《关于创新农村中小学教师队伍建设机制的意见》，在全省范围内建立起省级统筹的中小学教师补充新机制，落实"国标、省考、县聘、校用"的教师管理制度。2013 年 4 月，国家教育体制改革领导小组办公室专门编发简报《湖北把加强农村教师队伍建设作为推进义务教育均衡发展改革试点核心任务》，推广该省经验。成都市针对城乡教师结构不合理、农村教师缺乏的现状，创新"县管校用"的教师管理制度，动态配置教师资源，以干部互派、教师交流的形式，推行干部教师轮岗交流，建立完善市域范围内教师和校长定期交流机制，使得城乡学校中高级职称教师比例及骨干教师比例大致相当。"县管校用"的教师管理制度实质就是推动教师从"学校人"向"系统人"转变，从"定点贡献人"向"多点贡献人"转变，从而促进教师城乡流动，推动城镇化进程中城乡教育的均衡发展。

第三，建立和完善义务教育经费保障机制。以县为主，多方支援，确保教师工资按时足额发放。实行以县为主的农村义务教育管理体制，将农村教师工资收归县级财政统一发放，是确保教师工资发放的一项重大举措。但是，这一体制的实施必须与建立规范的农村教育投入机制和财政转移支付制度密切结合，坚持以县为主、多方支援，明确中央、省、市、县各级政府分担教师工资的比例，建立相应的监督报告和责任追究制度，以真正解决教师工资拖欠问题。

三、农村教师队伍的质量与专业发展

农村教师质量偏低已经成为制约农村教育改革与发展的瓶颈。相当一部分农村教师的教育观念滞后，教研能力弱，职业倦怠严重，培训质量不高。提升农村小学教师队伍的质量需要制度层面的调整与保障措施的完善。

1. 农村教师专业发展乏力

教师专业发展或称教师专业成长，是指教师内在专业性结构不断更新、演进和丰富的过程。教师专业发展既包括教师的学科专业性发展，也包括教师的教育专业性发展，国家对教师任职既有规定的学历标准，也有必要的教育知识、教育能力和职业道德的要求。教师专业发展是通过专门培养培训和终身学习，逐步习得教师专业发展所需要的师德、知识、技能与能力及其在实践中不断提高自身的从教素养，从而成长为一名合格教师或者优秀教师，并随着社会与教育的变革而持续发展的过程。（黄白，2008）目前我国农村教师专业发展存在诸多问题，教师想要顺利实现专业发展困难重重。

第一，教学观念保守，专业能力不足。首先，部分农村教师专业知识不足前文中已经阐述，我国农村教师学历普遍低于城市教师，且存在大量代课教师。农村教师质量参差不齐。如张曦 2009 年对北京市平谷区的调查发现，农村中小学教师队伍整体存在知识结构老化、知识面窄的问题。50%以上的教师认为从教多年，仍急需补充基础文化知识，否则很多时候无法回答学生在课堂上提出的问题；40%以上的教师对所教学科的发展和前沿知识知之甚少或不甚了解，不能在课堂上向学生传授课外知识，而且由于对相关学科知识知之甚少，就难以进行有效的知识整合，也很难做到分层教学，满足各个层次学生的需求。（张曦，2009）

其次，我国中小学教师长期受到应试教育体制的束缚，农村学校教师尤为严重。毕竟对于大部分农村学生来说，只有"考上大学"才能走出大山，改变命运。因而无法摆脱的现实是，农村教师的教育观念相对保守。邓泽军对西部农村教师进行调查时发现，农村教师的教育观念较为陈旧和落后，大多数以片面追求学生分数为主要目的，比较忽视学生综合素养的培养，普遍认为只有对学生多进行作业训练，甚至实施"题海战术"，才能提高学生学习成绩。（邓泽军，等，2013）[80]

最后，教师普遍在教育理论知识方面不够精深，尤其对先进的教育思想和新课改理念缺乏全面深入的领会和把握，对于新课程的理解还停留在表面，甚至还不太清楚新课程的三维目标。（邓泽军，等，2013）[80]代礼胜的个案调查发现，许多农村教师是中等师范学校毕业，在中师学的更多的是"术"，即教书的具体方式方法，比如如何板书、如何把粉笔字写好等，而不是其背后的"理"。（代礼胜，2011）对于新课改的理念基础，如若没有基本的把握和了解，则会对教师的教学产生较大影响，而教师的专业发展也会支撑不够，后劲不足。

第二，教研能力弱，反思意识不强。教育研究和教学反思对教师而言是非常重要的两项活动，只有勤于教学反思，有能力、肯花心思进行教育研究，教师的教育教学才能逐步改进，更加切合学生实际，促进学生发展。然而农村教师开展教育研究的状况却不容乐观。李青柳等对重庆市Y村的农村中小学教师进行了关于"校本教研"和"新教学理论的关注情况"的调查，在调查中发现只有5.0%的教师曾经进行过校本教研，有14.5%的教师竟然不知道校本教研是什么，甚至某小学教师在接受访谈时直接表示没有听说过"校本课程"。对于"新教学理论的关注情况"，有7.2%的教师表示经常关注，有57.0%的教师从不关注或认为不需要关注。（李青柳，2013）西部农村教师从未发表过论文和著作的教师比例占到49.0%，尤其是38.0%的教师写过论文但未发表。（邓泽军，等，2013）[121]虽说影响文章能否发表的因素众多，但不可否认教研能力和教研成果意识在其中起着非常重要的作用，农村教师的教研能力仍然有待提高。

第三，职业倦怠严重，缺乏自我发展规划。职业倦怠严重、专业发展动力缺乏在很大程度上是农村教师专业发展的现实障碍。许多农村教师的专业发展动力不足，缺乏职业规划。部分农村教师仅将自己的工作当作谋生的手段，没有充分认识到自身肩负的责任与使命，没有意识到自我发展的意义与价值，导致工作业绩平平，难以在工作中找到乐趣（杨同林，2011），更难说拥有晋升的动力。代礼胜在个案分析中发现农村的M教师当教师的原因仅仅是因为"当初念的是师范"，而要当教师也仅仅是为了"混个铁饭碗"。（代礼胜，2011）邓泽军2013年的调查结果显示，只有不到1/3的西部农村教师有比较明确的专业发展规划，还有部分老教师对新课程改革持排斥态度，认为新课程改革是给教师增加负担。（邓泽军，等，2013）[121]没有动力，何谈发展。农村教师职业倦怠严重、发展动机不足，值得政府部门和社会各界高度重视。

第四，农村教师培训机制不健全，经费投入不足。目前，农村教师的培训机会少，时间短。农村教师的进修和培训多在校内进行，到校外参加培训学习的机会很少。特别是大多数农村学校由于公用经费严重不足，教师工资的发放都难以保障，根本无力考虑教师的培训进修。培训经费的短缺导致教师参加培训需要自己承担大量费用，也影响了教师的培训积极性。（王泽德，赵上帛，2011）另外，农村教师培训缺乏针对性、内容缺乏时效性。例如，农村小规模学校面对的对象多为留守儿童，培训应重点帮助教师解决对学生情感关爱等问题；小规模学校教师少，培训应重点培养教师具备全科教学能力。（高政，刘胡权，2014）农村学校普遍缺乏学习资源，农村教师又长期得不到进修学习的机会，导致农村教师难以不断更新自身教育观念和知识结构，难以适应教育教学改革与发展的要求。农村教师培训机制不健全及培训经费短缺成为制约农村教师专业发展的瓶颈，严重影响了农村基础教育的发展。

2. 农村教师专业发展存在困境的原因

首先，缺少政策支持和制度保障。对于部分有上进心、希望在专业发展上有所收获的农村教师来说，他们所面临的最大困难恐怕是低工资和高额培训费用之间的冲突。一方面，农村教师待遇明显低于城市教师，部分教师甚至难以养家糊口。另一方面，许多培训对农村教师并未完全开放，有些培训甚至收费高昂，使得农村教师接受培训的机会更加缺乏。

长期以来，农村教师工资普遍偏低，而更加令人痛心的是，农村教师还经常面临工资被拖欠的情况。2003 年 9 月《国务院关于进一步加强农村教育工作的决定》发布，随后中央召开了全国农村教育工作会议。此后拖欠教师工资这一情况有所好转，但形势依然严峻。"据教育部统计，截至2003 年 10 月，全国累计拖欠中小学教职工国标工资共 15415 亿元，其中2003 年 1—10 月新欠 1974 亿元，比 2002 年同期减少 324 亿元。"（肖存，2003）

当前，教师工资问题受到了国家的高度重视，绩效工资制度也在全国中小学逐步推广实行，农村教师的待遇得到了较大程度的提高，但是就整体而言，农村教师的工资水平还是不高，依然低于城市同类教师的工资水平，经济较落后地区的农村教师的工资水平更是远远落后于经济发达地区同类教师的工资水平，教师工资待遇的城乡差别、区域差别仍然较大。而由于区域条件的特殊性，农村学校特别是农村薄弱学校的教学条件和生活条件与其他地方相比就存在更大的差距了。（朱庆菊，2011）调查发现，北京市平谷区的农村中小学教师的结构工资与城市学校中小学教师仍有一定差距。以平谷区的农村学校张各庄中学为例，该校的所有教师都没有课时费，补课的费用为每课时 10 元。而城镇普通中学呼家楼中学的二级教师的课时费为每课时 20 元，补课费用为每课时 40 元。（张曦，2009）由此可见农村教师与城市教师的工资的巨大差异。

与农村教师的低工资形成鲜明对比的是，教师进修学习的费用非常高。根据北京师范大学教育学院发布的《2003 年中国中小学教师教育现状调研报告》统计，农村教师自己承担全部继续教育费用的比例是 79.3%，而县城教师则为51.0%，省城教师则只有34.8%。（石英德，2005）马文起在调查中了解到，函授学习、自考、脱产进修等提高学历的方式的费用都很高，以自考来说，光学费就要4000元。而且除了脱产进修这样的学习，其他方式基本上都只是为了混文凭而已，对自身的知识增加没有多大帮助，对教师技能的提高也不明显。（马文起，2008）

针对性和实效性是校长培训工作的生命线，因此，校长培训应根据校长的实际需要、社会和教育发展的要求，不断开发出富有针对性和实效性的培训内容。然而，一些培训机构的培训内容局限于教育部和省里规定的培训计划中的内容，并未根据社会和教育发展的要求做出相应调整。

总体而言，一方面，教师培训经费的自筹比例大，"工学矛盾"突出；另一方面，农村教师福利待遇低，生活条件差，心理压力大。（李军，2010）二者相互作用，阻碍了农村教师的专业进修。

其次，缺乏合理的激励评价机制。一些地方政府和学校习惯于像在经济工作中抓国内生产总值一样在教育工作中抓升学率，并以此作为考核教育部门和学校工作的主要指标。这无疑助长了应试教育的倾向。（续梅，2006）许多学校和地方政府部门对教师进行评价和考核时，基本以学生学习成绩为主要指标，而忽视教师的努力程度、专业发展情况等。更有甚者，一些农村中小学的校长习惯于运用行政化的管理方式，专制作风严重，导致学校管理封闭、落后。这些学校对教师专业发展的考核手段较为单一，一般采取由校长主持的自上而下的封闭式评价方式。这种评价方式主观性强、随意性强，并且轻过程、重结果。（张曦，2009）有的校长甚至说："不管新方法、老方法，只要能提高考试成绩，就是好方法；不管年轻教师，还是老教师，只要能提高学生的学习成绩，就是好教师。"（李虎林，2010）在这种情况下，农村教师必然会急功近利，使用"题海战术"，加大学生作业量，片面追求学生成绩，而无暇顾及学生全面发展和自身专业发展。

目前城乡教师评价仍然存在一定的问题，这些问题在农村学校更为突出。在评价内容上，农村中小学的教师评价具有典型的终结性评价的特点。评价过多地重视评价的结果，较少关注教师专业发展的过程。这是很多教师对评价感到不满的重要原因之一。当前，很多农村中小学跟随教育大潮，也都进行了学校内部管理体制改革，如实行教职工聘任制、结构工资制和末位淘汰制等。大部分学校对教师从"德、能、勤、绩"几方面进行考核，这种考核看似全面，最终还是等同于只看"绩"。因为在"德、能、勤、绩"的考核中，以相当大的权重把"绩"计入个人总评。也就是说，学校过分看重学生的学习成绩，以及片面地评价教师的课堂教学成绩。

在评价标准和方式上，农村中小学现有的教师评价采用的是单一标准和详细的量化评价的方法。学校按照上级部门制定的统一标准和指令，或者学校领导制定统一标准，采用单一的标准来衡量和评价教师的工作状况。在评价过程中，学校进入了过分强调量化、追求"科学性"和"精确性"的误区，忽视了教师劳动的特殊性和复杂性。整个评价的实施是自上而下的、单向性的、指令性的和强制性的。这种忽视教师之间差异的评价不尽合理，因为这有可能误导教师的行为，使部分教师为了迎合评价，只求做好评价中看得见的事情，而忽视那些很重要却很难量化的教育行为。教师被动参与，只能自己承受或者向同事抱怨不公平的评价结果。这种评价制度采用的是以行政手段为主的模式，缺乏教师的民主参与。（江静，2008）

最后，农村教师的工作和生活压力大，可用于专业发展的时间有限。相对于城市教师而言，农村教师工作压力可能更大，任务更重。笔者在北京市区县调研时发现，由于农村学生家长的城市生活经验不足，且大多忙于养家糊口，无法顾及子女教育，所以，有的农村学校教师需要花许多心思培养学生良好的生活习惯，如饭前洗手等。有的教师坦言，为了让学生"成人"已经投入了大量的时间精力，超长的课时就更加让人不堪重负。程墨等人的调查发现，有超过40%的农村教师反映没有充足的学习时间。因为教学任务重，教师长期超负荷工作，如在农村一些地区，除去早、晚自习，中学教师平均每周要上15节课，多的达到24节；小学教师的课时数更多，平均每周16节，多的甚至达到30节，根本没有时间提升自己的专业素质。（程墨，肖昌斌，曾宪波，2006）临时紧急处理学生的各种突发情况、教会学生基本生活技能已经占去教师许多时间，再加上超长的课时数，教师已经疲惫不堪，自然无心也无力考虑自身的专业发展问题。

家庭生活也带给农村教师不少压力。张曦的调查发现，许多教师是单职工家庭，即自身是教师，配偶是农民，这导致他们的基本生活维持在较低水平，家里的农活会占用他们较多的精力和时间。（张曦，2009）部分教师的居住地与学校相距较远，教师路上奔波时间长，身体容易疲累，正常的备课时间都不能充分保证，自身专业发展更是无法顾及。

3. 促进农村教师专业发展的对策

首先，建立严格的农村教师职业准入制度。要严把教师入口关和质量关，才能从源头上阻止不合格教师进入农村教师队伍。为了持续提高教师质量，必须改变我国一次教师资格认证定终身的状况，变一次性资格考核为多次考核，探索教师资格分级认证制度。另外，要建立长效机制确保优秀师资持续输入农村学校。一是要出台专门的农村教师培养政策，要通过定向培养的方式，为农村地区输送大量师资；二是要提高农村教师工资待遇，在确保城乡教师获得同等工资待遇的前提下，加大针对农村教师的专项补助，要针对农村教师尤其是边远农村地区的教师发放津贴或额外补贴，以此来提升农村学校的吸引力；三是要进一步加大"特岗计划""免费师范生"等"补偿性"政策的实施力度和范围，要努力规避这些政策实施过程中的"失范"行为，确保这些政策能够发挥其应有的作用。（邹奇，苏刚，2016）当前，农村教师队伍建设除了要清退"民转公"教师外，还要有一个长效的"不合格教师退出规则"。对于教师资格证书即将到期的教师，为使他们取得新的教师资格证书，要尽量为他们提供不断学习的条件和机会。不学习、不进取或不能继续取得教师资格证书的教师，应自然流入人才市场，以后与其他人一样，可以在重新取得相应证书后进入教师岗位，也可以进入其他行业。这样，"铁饭碗"式的教师终身制被彻底废除，国家可以通过提高教师资格制度的政策效力，对农村中小学教师的专业发展产生长效的激励作用。（于伟，2007）

其次，建立科学的农村教师评价机制。对农村教师建立多维增量的形成性评价体系，把学生的相对进步作为考评的核心指标，充分考虑农村偏远地区的客观物质条件，充分调动农村教师的发展积极性，激发农村教师的发展潜能。评价主体采用多元评价方式，应让学校领导、被评教师本人、同事、学生及家长等人员共同参与评价，提高农村社区对教师评价的参与度，这可以使教师从多渠道获得反馈信息，更好地反思和改进教育教学。（孟引变，2009）评价内容不仅要评价教师在知识、技能、智力等方面的素质，而且要评价教师的情感、态度等因素，做到教学素养、师德素养和个性素养并重。（江静，2008）还应增加教师对留守儿童身心健康关注度的考核，确保农村各类学生的全面发展。评定职称时，要实行有差别的倾斜政策。农村教师与城市教师分开评定职称，实行农村教师职称考核指标单列，并适当为农村学校增加高级职称指标，逐渐提高农村学校高级教师的比例，优化农村教师队伍的职称结构，推动农村教师队伍专业化发展。各省级人民政府可按照国家有关规定对在农村学校长期从教的优秀教师予以表彰，鼓励和引导社会力量建立专项基金给予教师物质奖励，在评选、表彰教育系统先进集体和个人等方面向农村教师倾斜。

最后，加强建设农村教师培训制度。把农村教师培训纳入基本公共服务体系，保障经费投入，确保农村教师培训时间和质量。整合高校、县级教师发展中心和中小学校优质资源，建立农村教师发展支持服务体系。全面提高农村教师信息技术应用能力，积极利用远程教学、数字化课程等信息技术手段来破解农村优质教学资源不足的难题，同时建立支持学校、教师使用相关设备的激励机制并提供必要的保障经费。加强乡村学校音体美等师资紧缺学科教师和民族地区双语教师培训。按照农村教师的实际需求改进培训方式，采取定岗置换、网络研修、送教下乡、专家指导、校本研修等多种形式，增强培训的针对性和实效性。从 2015 年起，"国培计划"集中支持中西部地区农村教师培训。建立对农村教师培训质量的监控和评估制度，将教师培训纳入教育督导检查范围，加强对本地区农村教师培训的监督和管理。通过构建农村教师培训制度，加强农村中小学教师培训的时效性和针对性，提高农村教师的专业素质和教学能力。

四、农村教师队伍的流动

教师流动是社会流动的一种，是教师从一种工作状态到另一种工作状态的变化。良性的教师流动，是指"通过教师劳动力的自由流动，一方面，可以使教师能够根据自身业务特长，灵活自由地选择教师职业、学校和教学岗位，充分发挥教师资源的最大效益；另一方面，可以不断调整教师队伍，使更多高素质的人不断进入教师队伍，能够满足教育事业近期和长远的发展需要，而教师流动如果呈现出盲目性、单向性和失范性的特点，则属于非良性流动"（彭礼，周益霞，2011）。而所谓逆向流动，就是高质量教师从薄弱学校流向优质学校、从农村学校流向城市学校或者从落后地区的学校流向发达地区的学校。这种流动是单向的甚至可能是失范的流动。农村教师逆向流动严重是影响农村教师队伍稳定的又一重要因素。

农村教师流动基本以逆向流动为主。有学者对近 30 年有关农村教师流动的研究进行梳理后发现，农村教师流动基本呈现以下特点：在流动方向上，一般都是从边远落后地区流向经济文化发达地区，从工作条件差、收入待遇低的地区流向工作条件好、生活待遇高的地区，从县城向省会城市流动，从中西部地区向沿海发达地区流动；在年龄结构上，以中青年教师为主，年轻教师比年老教师更容易流动；在能力结构上，高学历高职称教师流动多，流动教师往往具有较高的学历和较强的工作能力；在学科结构上，以热门专业教师和主课教师为主，主要集中在英语、中文、计算机等少数几个专业上。（彭礼，周益霞，2011）

1. 农村教师逆向流动严重

农村教师流出比例大，永久性流失问题严重。随着我国城镇化进程的加快，渴望从农村走向城市的不只有普通农民，还有许许多多的农村教师。城镇化使农村优秀教师进一步短缺。"农村流向城镇，中小城镇流向城市，市县流向省会城市，边远落后地区流向经济文化发达地区"，这是城乡教师的流动趋向。在我国一些经济欠发达地区，中小学优秀教师的流失越来越严重，个别学校甚至闹起了"师荒"。

李腾云的调查发现，"十五"期间，从娄底市农村义务教育教师流动的整体情况来看，五年间农村义务教育学校共流入教师 3529 人，占教师总数的 13.8%；共流出教师 1688 人，占教师总数的 6.6%。且教师临时性流失堪忧，永久性流失严重。（李腾云，2006）王淼对湖南省通道侗族自治县的调查发现，2008—2011 年来该县流动教师总数为 317 人，平均每年有8%的教师在流动。其中流入教师 176 人，流出教师 99 人，离退休的农村教师 30 人，在职死亡的农村教师 12 人。从农村教师流动情况来看，流入教师多于流出教师，但事实上永久性流失教师多于流入教师。（王淼，2014）蒲敏簪关于西北贫困地区农村教师流动次数的调查表明：未曾流动过的城市教师占城市教师总数的 62.72%，农村教师占农村教师总数的30.28%；流动过一次的城市教师占城市教师总数的 18.12%，农村教师占农村教师总数的 17.25%；流动过两次的城市教师占城市教师总数的10.10%，农村教师占农村教师总数的 25.71%；流动过三次的城市教师占城市教师总数的 9.06%，农村教师占农村教师总数的 26.76%。（蒲敏簪，2012）由上述调查结果可以看到，农村教师流动比例明显高于城市教师，且流出数目远远高于流入数目，教师永久性流失问题严重。长此以往，农村学生所能拥有的教师资源会越来越少，其未来发展问题令人担忧。

除了流出数量大以外，农村教师流出的另一个明显特点就是流出层次高，流入层次低。李腾云的调查发现，娄底市中青年骨干教师流失严重，而年龄、知识结构老化的教师流而不动；在短时间内，流入者在数量、学历、能力、水平上都不足以填补流出者留下来的空缺，使农村教师规模呈现逐渐萎缩的趋势，严重影响了农村学校教育教学的质量。（李腾云，2006）2008—2011 年湖南省通道侗族自治县的农村学校共有流动教师 317 人。其中，40 岁以下 310 人，占流动教师总数的 97%；40 岁以上 7 人，占流动教师总数的 3%。中青年教师是农村教育的骨干力量，又是农村学校教师流动的主体，其外流趋势明显。从职称情况看，2008—2011 年，农村学校流出具有高级职称的教师 2 人，具有初级、中级职称的教师 135 人，占流出教师总数的 99%；而流入的教师均是应届的本科、专科毕业生，无职称。（王淼，2014）

2. 农村教师逆向流动的原因

农村教师逆向流动的原因多种多样。美国心理学家、管理学家赫茨伯格（F. Herzberg）提出了激励的双因素理论，该理论的主要内容是将影响人行为的因素分为保健因素与激励因素。保健因素是指满足人的基本需求，如一个小康的生活。而激励因素则是指更高一层级的促进，是在基本要求之外的因素，含有自我实现的成分。在一定条件下，保健因素与激励因素可以互相转化。（彭波，2011）许多有能力的教师都会考虑向县镇、城市流动，其原因大体上可以按照赫茨伯格的理论分为两个方面：一方面是为了生存，考虑县镇、城市更好的薪酬福利待遇和基础设施条件；另一方面是为了发展，主要考虑自身的发展以及子女今后的教育问题。

教师的生存与发展需求是其逆向流动的重要动因。农村教师向城镇流动，其首要目的应当是满足其生存需求。这种生存需求首先表现为物质需求。对长三角地区农村教师的调查显示，物质追求成为其外流的加速剂。77.3% 的农村教师把物质追求作为外流的主要因素。48.8% 的农村教师将经济追求放在外流原因的第一位。（黄东有，2012）孙炎等人利用 AHP 法分析影响农村教师流动的因素，发现除政策因素外，工资是最关键的因素。（孙炎，尚娜，何洋，2011）虽然绩效工资制度已经实行，但城乡教师待遇仍然存在差距，许多教师因为不满农村学校的薪资待遇，而向城市学校流动，以追求更好的物质条件和生活质量。

当然，物质需求并不是农村教师唯一的生存需求。除了工资和福利外，教师还需要有顺畅的交通条件，以方便与家人团聚或者照顾自己的子女。郭正对农村小学的调查发现，有 61.43% 的教师认为从原供职校坐车回家极不方便，而且车费较贵。生活和交通上的不便引起了流动教师对原供职校的不满。有一位教师在调查中提到，其流动愿望强烈的主要原因在于家庭住所与工作地较远，夫妻分居，无力顾及家庭，造成夫妻关系恶化，也使得自己工作时心不在焉。（郭正，2011）除了希望实现自己的教育理想、展现自己的教育才能外，许多教师之所以选择教师这一职业，是因为从事教师职业能够使自己生活稳定，能够顾家。然而农村教师却由于交通不便等原因无法实现这一原初设想，自然会产生调离原供职学校的愿望。

在满足了生存需求的基础上，教师开始追求发展。农村教师倾向于往城市流动，满足基本生活需要、追求更好的生活质量是其原初动力。在此之上，教师仍然有自我实现的渴望，主要体现为期望自己能够获得更大的平台、更好的发展，期望子女能够获得更好的教育。

首先是为了个人的专业发展。从学校管理上来说，许多农村学校的管理理念落后，农村教师的教学自主权总会受到学校相关规定的干扰与制约，教师无法创造性地开展教学实践。而且，大部分农村教师往往是被领导、被支配和服从的角色。（黄东有，2012）管理方式欠妥、学校领导官本位思想严重也导致学校教师人际关系不和谐。从发展条件上来说，农村中小学在整个教育体系中处于不利地位，限制了农村教师的发展提高。农村教师在职称评定、晋级、学习、进修等各方面都比不上城镇教师，农村学校给教师提供的工作、学习条件与机会是非常有限的。（石英德，2005）

其次是为了子女的教育。许多农村教师为了给子女提供优良的学习环境、更好的教育资源以使其在激烈的升学竞争中取得优势，往往希望从农村走向县镇或城市。由于许多农村初高中数量少、教育质量差，部分农村教师的子女便选择在当地县镇甚至城市的学校上学。这些教师一般会抓住机会向城镇调动，以更好地照顾子女，促进子女的学业发展。

3. 促进农村教师良性流动的策略

"人往高处走"，对更高的生活质量和更好的职业发展的渴望，是人的正当动机，也是教师的正当追求。一味要求教师无私奉献、鞠躬尽瘁，只能适得其反。促进农村教师良性流动的策略主要包括以下两个方面。

第一，建立健全教师交流制度，培养教师对交流政策的认同感。总体而言，要想实现教师交流，需要进一步探索建立教师管理数据库，明确教师交流主体（包括特级教师、市区级学科带头人、市区级骨干教师和教研员），同时可鼓励离退休后身体健康且仍有能力的优秀教师到农村学校、新开办学校任教。要确定交流比例，保障参与交流的教师数量。如北京市顺义区以每年5%的比例，安排城区优秀教师到农村学校支教，农村教师到城区学校学习培训，建立起城乡教师合理使用机制，促进教师资源的合理流动。此外，交流周期应当尽量固定。北京市顺义区提出每四年为一个周期，教师在本单位工作三年，在农村学校工作一年。[①]

城乡教师交流还应强调教师对交流活动的观念认同和文化认同。教育行政部门要尽力避免把交流变成一种强迫性的制度规范，而要在提高教师的思想认识和道德觉悟的基础上，使他们对城乡教师交流制度形成更深刻的理解和认同。为此，教育行政部门应加强社会宣传和舆论导向，形成一种良好的社会风气和舆论氛围，从思想、态度和价值观层面提升教师的觉悟，使支援农村、参与城乡教师交流成为一种具有特殊荣誉感和使命感的工作，激励更多的城市教师自觉、主动地服务于农村教育事业。教育行政部门还应改善农村学校的物质环境和文化环境，使城市教师和高校毕业生对农村文化和农村学校产生亲近感、认同感，从而建立起文化认同、观念认同。这将有助于促进农村教育的发展，为农村教育吸引和留住更多的优秀教师。

第二，提高农村教师工资待遇，实施贫困和边远农村地区教师特殊津贴制度。在解决拖欠教师工资问题的同时，要不断提高农村教师的待遇，特别是贫困和边远农村地区教师的工资待遇。这对于稳定农村教师队伍、吸引合格师资到农村任教具有重要意义。在现有条件下，首先应采取措施保证农村教师工资标准不低于国家标准，地方性津贴补助不低于当地国家公务员的水平，尽快做到城乡教师执行同一工资标准。在此基础上，进一步加大对贫困和边远农村地区教师的扶持力度，由中央和省级政府拨款建立贫困和边远农村地区教师特殊津贴制度。（田慧生，2003）

在提高农村教师待遇、满足农村教师基本生活条件方面，湖北省起到了良好的表率作用。湖北省在全国率先开展农村教师周转房建设，2007—2010年，省级财政共投入资金1.1亿元，争取中央试点经费6000万元，推动全省投入资金近5亿元，新建和改造教师周转房57万平方米、近2万

---

① 本部分内容来自北京市顺义区教委提供的内部资料。

套，免费提供给城乡交流教师、特岗教师和无房教师使用，未来4年将再建2万套。2011年，湖北省政府将这项工作纳入利民惠民的十件实事之一。同时，建立教师与当地公务员津补贴联动机制，建立农村教师津补贴制度，各地按高于城区教师绩效工资12%以内的水平确定农村教师津补贴标准。湖北省已在着手研究长期在农村从教的优秀骨干教师的特殊津补贴制度，初步考虑是，按农村教师总数的10%的比例，按照相关的评审程序，给予从教10年以上的农村优秀骨干教师每人每月2000元的特殊岗位津贴。

第四节　农村教育投入保障

本森（C. Benson）认为，评价教育财政制度运行绩效的标准主要有：教育经费是否充足，教育资源分配是否公平以及教育资源配置效益如何。（卡诺依，2000）[526]也就是说，一般从"总量、结构、效率"三个维度对教育资源配置的状况进行衡量。本节在梳理农村教育投入政策演进过程的基础上，分析农村教育投入在总量、结构、效率三个方面存在的问题及其原因与对策。

一、农村教育投入的政策梳理

教育投入是教育事业发展的基本条件，是缩小城乡教育差距、实现城乡义务教育均衡发展的物质保障。农村义务教育在全面建设小康社会、构建社会主义和谐社会的事业中具有基础性、先导性和全局性作用。

但长期以来，我国义务教育财政管理体制一直是低重心、分散型的，在承认和接受各种差别的前提下，实行分级管理。从新中国成立之初到改革开放前夕，政府在使用财政拨款举办中小学的同时，大力提倡城市企业和农村社队举办中小学。1985年，国家将义务教育财政管理和筹资责任下放到地方政府，同时又引入多元化筹资机制以弥补地方政府义务教育财政经费投入的不足。鉴于人们对义务教育财政公平的强烈诉求，2001年中央在农村税费改革中取消了面向农民的教育集资和教育费附加，对义务教育财政体制进行了重大调整。（范先佐，等，2011）[260-261] 2001 年发布的《国务院关于基础教育改革与发展的决定》和 2002 年发布的《国务院办公厅关于完善农村义务教育管理体制的通知》确立了"在国务院领导下，由地方政府负责、分级管理、以县为主"的农村义务教育管理体制，逐步将农村义务教育纳入公共财政保障范围。各级人民政府按照新增教育经费主要用于农村的要求，进一步加大了对农村义务教育的投入力度，实施了国家贫困地区义务教育工程、全国中小学危房改造工程、国家西部地区"两基"攻坚计划、农村中小学现代远程教育工程、"两免一补"政策等，农村义务教育事业获得了快速发展。但是，农村义务教育经费保障机制的问题仍然没有解决，农村教育负担仍然较重。2005 年发布的《国务院关于深化农村义务教育经费保障机制改革的通知》要求按照"明确各级责任、中央地方共担、加大财政投入、提高保障水平、分步组织实施"的基本原则，逐步将农村义务教育全面纳入公共财政保障范围，建立中央和地方分项目、按比例分担的农村义务教育经费保障机制。2015 年发布的《国务院关于进一步完善城乡义务教育经费保障机制的通知》提出，"建立城乡统一、重在农村的义务教育经费保障机制。统一城乡义务教育'两免一补'政策，统一城乡义务教育学校生均公用经费基准定额，巩固完善农村地区义务教育学校校舍安全保障长效机制，巩固落实城乡义务教育教师工资政策"。建立城乡统一、重在农村的义务教育经费保障机制，是在基本公共服务领域主动适应新型城镇化建设和户籍制度改革、守住民生底线的重大体制机制突破，是健全城乡义务教育发展一体化、推动农业转移人口市民化的重大制度创新，是我国义务教育发展史上的一个里程碑，对于促进教育公平、提高教育质量、实现相关教育经费可携带，都具有十分重要的意义。

由于我国社会仍然是一个典型的二元结构社会，城市与农村实行着两种不同的体制，农民在收入远远低于城市个人所得税征收标准时，还一直在缴纳各种税费，而政府却基本没有为农民提供最基本的公共服务。教育、卫生等农村公共服务一直没有被真正纳入财政体系。我国 70% 的人口在农村，农民是中国最大的弱势群体。（杜育红，2006）在我国向现代社会迈进的过程中，在全面建设小康社会与和谐社会的过程中，农村教育是现代社会公共服务最应该覆盖的部分，各级政府、各个政府部门、社会各界应该摆脱各种利益的羁绊，以农村义务教育投入体制的建立为突破口，改革以财政体制为核心的各类体制，实现农村教育的长期稳定和可持续的发展。

二、农村教育投入的总量分析

1. 农村教育投入不足

我国是一个发展中国家，属于穷国办大教育，因此，无论教育投入总量还是生均经费水平，都不可能很高，都与发达国家存在较大差距。由于整体教育投入水平不高，加之教育投入结构不合理，导致农村义务教育经费短缺的问题愈加突出。1998 年我国义务教育阶段的学生超过 1.9 亿人，非义务教育阶段的学生只有 2435 万人，但当年国家财政性教育经费用于义务教育的比例约为 52.9%，其中全国预算内教育经费中用于义务教育的比例只有 49.9%。从农村基础教育的情况看，1998 年农村义务教育阶段的学生有 1.23 亿人，占当年全国义务教育阶段学生的 65%，而农村基础教育投入占全国基础教育投入的比重约为 56%，这说明农村基础教育投入与其负担的任务极不相称（余桔云，2003）。根据《教育部国家统计局财政部关于 2014 年全国教育经费执行情况统计公告》，就生均预算内教育事业费而言，农村普通小学为 7403.91 元，而全国普通小学平均为 7681.02 元，农村小学相对前一年的增长率为 8.01%，也低于全国普通小学的平均增长率（11.29%）。也就是说，农村小学的生均预算内教育事业费低于全国平均水平，同时增长速度也低于全国平均增长速度。农村普通初中生均公共财政预算教育事业费、农村普通小学与普通初中的生均预算内公用经费也呈现出同样的趋势。

2. 农村教育投入不足的原因

在行政集权与财政分权的制度背景下如何提供义务教育，西方的公共财政理论并未给出答案。虽然经过了 30 多年的实践探索，但是在理论上，我国农村义务教育投入责任在政府间应如何分配仍然没有一个明确的答案。在我国的 M 型层级结构下，农村义务教育投入的责任主体与预算制度的矛盾难以克服。一方面，农村义务教育经费以基层政府为主，就会导致预算约束僵化，教育经费分配不均，社会整体效率没有保障；另一方面，农村义务教育经费负担主体上移，地方政府预算约束软化，对地方政府代理农村义务教育的监管成本和绩效激励成本增加，同时地方机会主义行为和绩效损失严重，集权成本超过收益，得不偿失。"以县为主"的管理体制，把过去主要依靠农民办教育转变为政府办教育，促使农村义务教育投入体制由依靠征收教育费附加和农民集资的体制转变到由县财政拨款的体制上来。这一体制实施后，相当一部分县财力不足的问题日益凸现，于是出现了农村义务教育中"小马拉大车"的异常现象。县级财政能力受本辖区内乡级经济发展的高度影响。如果改革前县级财力不足，乡、村两级普遍存在义务教育资金缺口，那么将农村义务教育的统筹层次提高到县级财政后，也只是将乡、村两级的资金缺口集中到了县级财政，总量不足的问题并没有得到真正解决（孙志军，杜育红，2010）。

分税制改革使得新增财政收入更多流向较高一级政府，但各级政府的责任没有做相应调整，使得财权和事权不匹配，县级政府无法承担起义务教育的责任。分税制改革后，中央和省级政府的财政状况好于县级以下政府，因此，中央与省级政府应该加大对义务教育的转移支付力度，或者更为明确地提出中央与省级政府应该成为义务教育投入的主体（杜育红，2005）。按照《义务教育法》的规定，我国义务教育实行"地方负责，分级管理"的体制，谁办学谁出钱。有关研究表明，中国 2/3 的人口在农村，乡镇一级政府承担了绝大部分的义务教育投入。目前在我国义务教育的投入中，乡镇负担 78%，县财政负担 9% 左右，省级负担 11%，中央财政负担甚少。中央和省级的教育事业费大部分用于高等教育，对义务教育只承担补助贫困地区和少数民族地区的责任。问题在于：中央和省级政府掌握了主要财力，但基本摆脱了负担义务教育经费的责任，县、乡两级政府财力薄弱，却承担了绝大部分义务教育经费。中央政府和地方政府在财权责任和财权能力方面的严重失衡，是农村义务教育经费短缺的制度性原因。

3. 解决农村教育投入不足的对策

根据规范的理论分析不难发现，当前我国各级政府间事权及支出责任划分的错位现象比较严重。如本应该由中央和上级政府做的事情下移到基层政府，如社会保障、计划生育等，而应该由下级政府决定的事情，上级政府又替下级政府决定了。事权及支出责任划分不清，导致各级政府讨价还价，相互推诿，使某些责任难以落到实处。新一轮财税体制改革应当以优先调整事权、带动财力重新配置为改革重点，同时应当继续坚持与社会主义市场经济基本适应的以分税制为基础的财税体制。针对现存的政府事权不清、收支结构不合理、地方债务风险突出等问题，应在维持宏观税负和中央财力集中度基本稳定的前提下，以中央政府上划部分事权为突破口，深入推进财税体制改革，优化收支结构，促进政府职能转变，增强中长期财政稳定性和可持续性。

我国区域经济与财政发展的严重不均衡和重城市轻农村的财政政策，是导致教育尤其是义务教育在区域间、城乡间发展不平衡和公平缺失的根本原因。为缩小区域间、城乡间教育发展尤其是义务教育发展的差别，促进教育公平，中央和省级政府加大了转移支付力度，但仍然存在一些问题。对一般性转移支付而言，它照顾了原财政体制下的利益格局，发达地区获益较多，农村地区处于不利地位。另外，一般性转移支付中没有规定农村义务教育应占的比例，地方政府拨款随意性较大，用于农村义务教育的份额难以保证。在义务教育专项转移支付方面，一是力度太小，二是制度不够规范，使得义务教育财政转移支付对农村义务教育的平衡效应不大（谢延龙，2004）。为此，需要加大中央和省级教育财政转移支付力度，建立规范的农村义务教育财政转移支付制度，保证农村义务教育的健康发展。

具体来说，近期内，应按照修订后的《义务教育法》和国务院的相关规定，实行义务教育经费由省级政府统筹，农村义务教育所需经费由各级财政分项目、按比例分担的体制。条件成熟时，实行按中央和省级政府制定的义务教育阶段办学标准，以县级政府为单位按影响教育经费需求与供给的因素，测定义务教育经费标准需求和标准财政供给能力，其经费的存量与增量缺口由市级、省级、中央财政逐级转移支付填平补齐。在当前农村义务教育转移支付制度尚未完全规范化的情况下，一方面，国家要积极推进一般性转移支付制度的改革，在一般性转移支付中，按一定比例分离出农村义务教育经费；另一方面，要以农村义务教育专项转移支付为主，加大中央和省级财政对农村义务教育转移支付的规模。

三、农村教育投入的结构分析

1. 农村教育投入配置不合理

1985 年以来，我国农村义务教育的投入体制一是地方负责、分级管理，二是多渠道筹措教育经费。这一制度设计的焦点在于教育经费的总量增长，即如何筹措更多的经费支持教育事业的发展，基本没考虑城乡间的差距问题（谢延龙，2004）。在此制度下，广大农村地区实际上是"县办高中，乡办初中，村办小学"，而城市学校有国家财政资助，有限的资源优先分配到城市。近年来，中央采取了有力措施，加大了对农村义务教育的投入，虽有明显效果，但从总体上看，农村义务教育投入依然得不到有力保障。就全国范围而言，1993 年，城市小学生均经费为 476.1 元，而农村为 250.4 元；城市初中生均经费为 941.7，而农村为 472.8 元。到 1999 年，两组经费数据的差距都进一步扩大，绝对金额分别为 1492.2 元、476.1 元和 2671.1 元、861.6 元。如果将比较的单位下移到省级行政区，那么城乡之间的极差将更加令人惊异。1993 年，上海市小学生均经费高达 879.2 元，而安徽省农村小学生均经费只有 125.6 元，相差 7 倍；北京市初中生均经费为 2157.7 元，而贵州省农村初中生均经费为 214.1 元，相差 10 倍。至 1999 年，全国范围内的极差同样进一步拉大，小学生均经费的城乡差距扩大到 11 倍（上海市为 3556.9 元，贵州省农村为 323.6 元），初中生均经费的城乡差距则扩大到 12 倍（北京市为 5155.2 元，贵州省农村为 416.7 元）（余桔云，2003）。2006 年实行农村义务教育经费保障新机制后，城乡差距有所缩小，但仍然存在。从全国范围来看，2011 年普通初中的各项生均教育经费支出与农村初中的各项生均经费支出的比值均大于 1.00，其中生均公用经费和生均基建支出差距更大，同样的结论也适用于普通小学和农村小学（见表 4-6）。

表4-6　2011年生均教育经费城乡对比

项目	普通初中（元）	农村初中（元）	普通初中/农村初中	普通小学（元）	农村小学（元）	普通小学/农村小学
生均教育经费支出	8179.04	7439.40	1.10	6117.49	5718.96	1.07
生均教育事业费支出	7965.06	7267.07	1.10	6014.54	5632.41	1.07
生均人员经费支出	5063.20	4715.41	1.07	4140.85	3990.75	1.04
生均公用经费	2901.85	2551.67	1.14	1873.69	1641.66	1.14
生均基建支出	213.98	172.32	1.24	102.95	86.55	1.19
生均预算内教育经费支出	6743.87	6376.46	1.06	5061.64	4847.80	1.04
生均预算内教育事业费支出	6543.02	6207.14	1.05	4964.13	4764.66	1.04
生均预算内人员经费支出	4497.47	4250.47	1.06	3598.92	3481.74	1.03
生均预算内公用经费	2045.55	1956.68	1.05	1365.20	1282.92	1.06
生均预算内基建支出	200.86	169.31	1.19	97.51	83.15	1.17

数据来源：《中国教育经费统计年鉴2012》。

2. 农村教育投入配置不合理的原因

2001年，《国务院关于基础教育改革与发展的决定》提出，实行"以县为主"的农村义务教育管理体制。2003年，随着农村税费改革的深入，"以县为主"的新体制在全国推开。2005年发布的《国务院关于深化农村义务教育经费保障机制改革的通知》提出，要建立中央和地方分项目、按比例分担的农村义务教育经费保障机制。但由于我国现有的财政体制对省级以下政府的各种财政权限划分并无明确规定，省级以下政府的财权事权划分相对不清，因此中央和省级政府补助经费在省级以下各级政府进行分配时存在诸多问题。特别是当教育筹资责任上移到省级政府和中央政府之后，基层政府的教育投入努力程度有所下降，对教育的投入会更多地依赖上级的转移支付。

不少学者利用财政分权理论对政府间的职能划分以及转移支付的"粘蝇纸效应"进行分析，试图设计更好的机制来解决农村地区义务教育投入在地区均衡和投入充足性方面的平衡问题。研究发现，在不少地区的确存在"粘蝇纸效应"，即省内转移支付对教育经费支出的影响大于地方自有收入对教育经费支出的影响，县级政府倾向于把上级的转移支付用于教育事业（朱庆环，成刚，田立新，2013）。同时，专项转移支付对教育经费支出有显著影响（朱庆环，2014）。

3. 解决农村教育投入配置不合理的对策

随着我国农村义务教育经费保障新机制的实施，当前我国义务教育面临的主要问题是：各级财政如何组合才能更好地促进城乡教育的均衡发展。传统的财政分权理论认为，作为典型的地方公共物品，义务教育由地方政府提供效果更好，但实证研究对此没有一致的结论。"省管县"所代表的分权体制和省级统筹所体现的集权"新机制"，哪一种更有利于实现公共教育服务的均等化？有实证研究表明，分权明显的"省管县"的财政体制并不能有效缩小城乡义务教育经费的差距，而集权取向的"新机制"能有效促进城乡教育均衡（成刚，孙晓梁，孙宏业，2015）。农村义务教育经费保障新机制强调"省级统筹"，省级政府能有效促进城乡教育均衡，为此需要适度提供省级政府财政统筹分配权，加强对农村地区学校的扶持力度（成刚，孙宏业，2015）。"省级政府教育统筹"主要是指在我国现行行政区划下，省、自治区、直辖市政府在中央政府的统一领导下，立足本地区实际，全面贯彻党的教育方针和国家教育法律和政策，自主确定教育改革和发展目标、规划和重点工作，切实履行促进教育发展、不断满足现代化建设和人民群众日益增长的教育需求的职责（桑锦龙，2014）。就目前而言，要想真正解决农村义务教育问题，必须进一步明确各级政府的职责。新的农村义务教育经费保障机制虽然明确了农村义务教育的责任由多级政府分担，但分担的方式、分担的比例并不明确。这必然导致农村义务教育投入随意性大、各级政府财力与责任不匹配等问题。

要改变这种状况，当务之急是要尽快明确各级政府对农村义务教育投入的责任和负担的比例。在这个过程中要注意以下三个问题：第一，在各级政府对农村义务教育的投入上，必须重点强化中央和省级政府的投资责任，改变当前上述两级政府在义务教育公共投资中比例过低、作用较小的状况。第二，国家应制定农村义务教育最低财政标准，对低于最低财政标准的县乡，则由中央和省级财政自上而下地通过建立规范化的转移支付给予财政支持（谢延龙，2004）。第三，在农村义务教育阶段教师的工资发放上，要本着谁出台教师工资和津补贴标准，谁主要负责的原则进行。

四、农村教育投入的效率

1. 农村教育投入效率不高

衡量教育资源配置的效率高低，主要有两种指标：一是教育的成本—收益分析，即教育的外部经济效益，主要用私人收益率或社会收益率衡量；二是教育的成本—效益分析，即教育的内部效率，主要用辍学率、重读率、考试合格率来衡量（杨秋林，陈维青，陈全民，2005）。

从教育经费的三级支出结构来说，义务教育既是居民个人发展的基础，又是国家发展的基础，义务教育比其他教育具有更高的效益，教育资源应优先配置于义务教育。根据《中国教育经费统计年鉴》的数据，1999年，在我国教育经费支出中，义务教育经费所占比重为 56.2%；在预算内教育经费支出中，义务教育经费所占比重为 57.4%。而高等教育却由政府承担了 70.0% 以上的经费。2001 年，大学生均拨款近 9000 元，而小学生均拨款只有 530 元。由此可见，我国教育资源的配置很难说是有效率的。

从义务教育经费的内部使用结构来看，也存在一些不合理的地方。第一，在义务教育总投资中，教育事业经费与教育基本建设投资比例不协调。基本建设投资比例偏低，农村中小学的校舍建设几乎是由农民自筹资金解决的。第二，在农村义务教育事业费中，人员经费挤占公用经费现象严重，导致很多学校的教学条件无法保证。第三，从农村义务教育学校布局来看，存在着布点多、规模小、办学效益差的问题。由于过分强调就地就近入学，各村都办小学，造成学校数量偏多，规模偏小，人财物使用不经济。因为学校规模虽小，却是五脏俱全，为保证学习教学、科研、后勤服务正常运转的人员、机构、仪器等必须齐全。因此，当学习平均规模小时，单位办学成本较高，导致投资效益差，资源利用率低，造成了投资的浪费。而农村中小学布局调整以来，大量被撤并的学校长期闲置，又造成了新的浪费，影响了教育经费的使用效益。

2. 农村教育投入效率不高的原因

县级财政管理存在的问题主要体现在两个方面。一是县级财政教育投入缺乏有效监控。目前主要采用法定的"三个增长"来衡量县级教育投入状况，但"经常性财政收入"是一个很不准确的概念，在监督县级教育投入时缺乏必要的约束力。有调研发现，某县一年的本级财政收入只有2000多万元，在计算教育投入时，只以这2000多万元的本级收入为基数，而该县一年的财政支出大约为2亿元（杜育红，2006）。也就是说，"三个增长"在该县根本起不到监督作用。二是县级财政预算制度不规范。一方面，县级财政预算过程不透明；另一方面，由于预算方法不科学，使得在经费短缺的情况下依然出现了大量的浪费现象。

由于缺乏足够的统计信息，所以无法准确获取教育经费供求状况和支出结构。一方面，无法测算不同地区农村义务教育投入的需求总量以及分项的支出结构。明确各级政府分担责任的一个技术前提是，能够清晰地计算各地区农村教育经费需求的总量及各专项支出的总量。在此基础上，才能进一步讨论如何根据各级政府的财力分担这些支出项目。另一方面，无法分析各级财政的支出结构及其财政供给能力。尤其是到了县级财政，很难分清转移支付来源于中央还是省级财政。另外，在说明县级财政困难的时候，许多地方往往是将可支配财力或被挤财政收入作为指标，而不是将总的财政支出作为指标。税费改革以来，县级财政往往会说，由于取消了教育费附加和教育捐集资，教育经费缺口有多少（杜育红，2005），但实际上，改革后，两税的税率提高了，预算内收入增加了，而增加的部分应该有一部分用于教育，但很少有县级财政提到这一点。

3. 解决农村教育投入效率不高的对策

在现行的财政体制下，提高农村教育投入效率，应当改革预算管理体制，建立县级教育转移支付账户，教育经费统一由各级财政管理。在财政预算体制不完善的情况下，农村义务教育转移支付经费被挪用的现象比较严重，不仅一般性转移支付中应该用于教育的不能按足够的比例拨付给教育部门，就连专项教育转移支付资金也经常被挪用或挤占。不少研究发现，在县级财政获得的上级政府转移支付已经大幅增加的同时，教育经费占全县财政支出的比例反而下降，也就是说，农村义务教育经费投入出现了"挤出效应"（张欢，张强，朱琴，2004）（曾明，张光，2009）。关于教育专项转移支付的相关研究也得出了一致的结论。有学者认为，从财政体制改革的走向看，应该实行财政统一管理（杜育红，2005）。但在基层财政预算管理体制不健全的情况下，应在县级财政设立独立的教育转移支付账户，由教育部门直接管理。

第五章
新生代农民工的职业教育

　　城镇化的核心是人的城镇化，本质是农业人口向城镇非农产业的转移和集中，推进农业转移人口市民化，促进其真正融入城镇。《中华人民共和国国民经济和社会发展第十三个五年规划纲要》提出新型城镇化建设重大工程的重要内容是，推进1亿左右农业转移人口和其他常住人口在城镇落户，引导约1亿人在中西部地区就近城镇化。新生代农民工是农业转移人口的重要组成部分，其在数量、流向、结构等方面的特征代表着人口流动迁移新的变动趋势。国家统计局发布的《2015年全国农民工监测调查报告》显示，2015年农民工总量为27747万人，群体以青壮年为主，40岁以下农民工所占比重为55.2%，30岁以下农民工所占比重为32.9%。（国家统计局，2016）未来二三十年，我国仍处于城镇化快速发展阶段，转移劳动力规模将持续增长，农民工市民化进入关键阶段。根据国务院农民工办课题组的研究推测，根据目前我国农村剩余劳动力供应特点，综合中长期经济增长对劳动力的需求，以及中国人口结构变化等因素，"十三五"期间每年将新增农民工350万—450万人，2020—2030年每年将新增农民工200万—300万人，到2030年前后农民工累计将达到2.9亿人以上，农民工峰值估计为3亿人左右（国务院农民工办课题组，2013）[15]，新生代农民工将占据农民工群体的绝对主体地位。

　　同其父辈相比，新生代农民工在成长经历、个人诉求、文化素质、身份认同、社会心态、生活方式、价值取向、行为逻辑等方面有了新的特点，他们中的很多人已同土地分离，其中有一部分人是随着父辈迁移到城市的，在城市出生或者成长，生活经历与成长经历同城市里的孩子没有什么区别，对城市的认同感和依恋程度远高于老家（刘俊彦，2007）[43]，渴望融入城市生活。虽然他们往往接受过九年义务教育或相对更高一点的教育，普遍拥有一定的学历，但大多数缺乏职业技术技能，初入城市只能从事低技能或无技能的工作，很难通过提升自身的人力资本改变所处的弱势社会地位。与此同时，与他们在城市中的弱势社会地位形成反差的是，这一庞大的劳动力群体逐渐成为城市经济建设的主力，为城市现代化的发展做出了不可磨灭的贡献。

世界主要国家都将职业教育与培训、就业服务作为提升弱势群体就业能力，使他们获得有薪收入、融入主流社会，进而改善全国的劳动力质量、提高劳动生产率、增强国家竞争力的重要政策措施。（Thomas-Breitfeld，Liu，2003）因此，国家应改善新生代农民工群体的职业教育状况，帮助这些有理想、有朝气、有活力的年轻人提升工作技能，助推他们沿着以技能求生存、求工作并融入城市的轨道发展，为他们构建一个可以向上流动的职业阶梯，实现他们的城市梦。这不仅关系到这个年轻群体的未来，更关系到我国高技能人才短缺的治理，以及技工大国、技能强国、和谐社会的建成，并将对未来经济社会发展产生全局性、战略性、历史性的影响。

本章中所讲的"新生代农民工职业教育"是指以新生代农民工为对象，以促进其实现非农职业转换为目的，以适应职业岗位要求的多种形式的就业能力为主要内容的教育与培训。为与国家政策相对应，本章重在研究农民工职业教育与培训政策。本章数据来自于教育部哲学社会科学研究重大攻关项目招标课题"城市化进程中的新生代农民工职业教育与社会融合问题研究"，课题组于 2010—2014 年在河南、福建、广东、山东、安徽、河北、山西、江西等地，按照多层分层不等比随机抽样方法，就新生代农民工职业教育与社会融合问题进行问卷与访谈，共获取新生代农民工数据库样本 6289 个，样本年龄均值为 26 岁，男性占 58.1%，女性占41.9%；未婚者占 55.5%，已婚者占 41.9%，其他情况占 2.6%。

第一节　新生代农民工的基本特征

2010 年 1 月 31 日发布的 2010 年中央一号文件《中共中央国务院关于加大统筹城乡发展力度进一步夯实农业农村发展基础的若干意见》首次使用了"新生代农民工"的提法，并着力解决新生代农民工问题，让新生代农民工市民化。新生代农民工在城市获得市民化待遇，完成家庭的永久性迁移，实现社会阶层的纵向流动，是我国提高城镇化发展质量、保持经济社会发展动力、实现经济社会可持续发展的战略重点。

与传统农民工相比，"新生代"不仅意味着年龄的更迭，更意味着观念、知识和技术能力的更迭。与第一代农民工相比，新生代农民工所成长的社会环境与家庭环境已发生根本改变。他们没有感受过计划经济时期严格的城乡分割限制，对农村和城市有着不同于前辈的社会认知、认同度和工作生活期望值，从而导致他们具有新的个人行为导向，展示出不一样的群体特征。他们更加注重体面就业和发展机会，逐步由生存型向发展型转变：其流动目的由以经济动因为主向经济、社会、发展等多种动因转变；流动方式由个体劳动力流动向家庭式迁移转变；流动形态由频繁的"钟摆式"流动向在城市稳定生活、稳定工作转变；流动意向由"外出务农、返乡养老"向扎根城市、融入城市社会转变。在情感上，他们一方面对家乡的认同越来越淡，另一方面还没有真正确立起对城市社会的认同，因此，他们进入了社会认同的丧失和重构的艰难阶段，有可能成为一群没有认同或认同内卷化了的无"根"漂泊者。同时，他们这一群体出现了情感需求强烈、相对被剥削感强化和放大、群体内向化和孤立无助感加重、市民化愿望迫切、职业技能提升乏力、就业待遇预期高等特点。作为一个规模与日俱增的年轻群体，他们会对城乡发展产生新的影响，提出新的挑战。

一、就业质量不佳

就业质量是考核劳动者就业状况的指标维度，主要包括就业结构、劳动关系、工资收入、劳动时间等。从整体来看，新生代农民工的就业质量不佳。当前新生代农民工的职业以生产或加工工人（32.2%）和专业技术人员（14.8%）为主，第三产业就业者占47.0%，多从事批发零售业、住宿餐饮业、交通运输业、采矿业和美容美发业。就业行业主要为制造业（39.5%），多数新生代农民工就业于私营企业（40.7%）和个体企业（19.9%），五成以上的新生代农民工的工作单位规模在100人及以上，55%的新生代农民工的职位为普通员工。当前我国新生代农民工的就业结构相对单一。

劳动关系是雇员与雇主为实现生产过程所结成的社会经济关系，是一种最重要、最基本的经济关系。农民工群体的劳动关系不够和谐。在劳动合同签订方面，61.3%的新生代农民工为正式工或长期合同工，13.7%的新生代农民工为短期合同工，无合同临时工仅占9.8%，自主经营的新生代农民工占15.3%。新生代农民工劳动合同签订率相对较高。在工资是否由集体协商确定方面，仅22.3%的人选择"是"，41.5%的人选择"不是"，另有36.9%的人表示"不知道"。农民工中不是工会成员的比例约为43.1%，反映出当前基层工会实效有限，"工会是工人群体利益表达的集体工具"的价值还未充分发挥。

在每月休息时间方面，每月能够休息8天以上的新生代农民工的比例仅为3.2%，能够休息8天整的新生代农民工的比例为9.5%，休息4—8天、≤4天、没有休息的新生代农民工的比例依次为18.9%、54.8%和13.6%。当前近六成的新生代农民工每周工作时间在6天左右，而每周都没能及时休息的农民工的比例也不容忽视，过度劳动现象明显。

当前，新生代农民工的平均工资为2838元。技能缺失已经成为制约农民工就业与向上流动的最重要原因。农民工自述找工作时面临的前三个困难分别是：缺乏专业技术与技能、缺乏相关工作经验、文凭低。知识、技能、经验不足已经成为农民工就业的最主要障碍。

二、职业教育明显不足

新生代农民工接受教育的平均年限为10.98年，职前教育水平与职后教育水平均以初中毕业为主（见表5-1）。绝大多数新生代农民工具有农村就学经历，90.7%的人在农村完成小学教育，78.3%的人在农村完成初级教育。新生代农民工的成绩在班级中多处于中等（45.9%）或中等偏下（29.4%）。较之父辈农民/农民工，新生代农民工接受过较高层次教育的比例明显提升，这为他们更好地适应城市的工作和生活奠定了一定的基础。

表5-1　新生代农民工群体职前教育水平与职后教育水平比较　（单位:%）

	小学及以下	初中	普通高中	中职	大专/高职	本科及以上
职前教育水平	7.0	48.2	15.0	15.9	12.2	1.8
职后教育水平	4.3	40.5	15.1	16.3	20.3	3.6

从受访者对自己职业技能的评价来看，63.9%的受访者认为自己具备职业技能，而其余36.1%的受访者则认为自己不具备特别的职业技能。职业资格证书是表明劳动者具有从事某一职业所必备的学识和技能的证明，新生代农民工中有70.4%的人没有职业资格证书，13.3%的人具有初级职业资格，9.3%的人具有中级职业资格，仅有7%的人具有高级及以上职业资格。同时，农民工接受职业教育远远不足，仅有16.3%的农民工接受过中等职业教育。

三、工作稳定性偏低

工作流动（job mobility 或 turnover）是指雇员从一个工作单位转换到另一个工作单位，或者说是雇员的雇主发生了变化。根据新生代农民工的群体特性，新生代农民工的工作流动可以理解为新生代农民工个体在不同工作组织（单位）类型或职业或行业之间进行自愿性或非自愿性工作转换，即人们通常所说的"跳槽"。劳动者适当的工作流动，有利于提高其人力资本水平和劳动所得，但过度的工作流动则会产生诸多负面的结果。比如不利于劳动者工资水平的提高、不利于其自身专用性人力资本的积累、使雇主对雇员产生坏的印象进而拒绝向员工提供培训和晋升机会等。对新生代农民工而言，过高的工作流动频率还易引致阶层"固化"、代际收入差距扩大等，并对流入地和流出地的社会管理造成较大的影响。

据教育部哲学社会科学研究重大攻关项目招标课题"城市化进程中的新生代农民工职业教育与社会融合问题研究"的调研显示，新生代农民工平均更换工作3.2个。在全部样本中，没有更换工作的人占比为21.61%，更换过一个和两个工作的人所占比例依次为 12.42% 和 22.90%，43.08% 的人更换过三个及以上的工作。工资低、工作太辛苦、没有发展前景是新生代农民工转换工作的三大主要原因。在工作流动质量方面，35.43% 的人第一份职业为生产或加工工人，36.87% 的人从事制造业，在经过频繁的工作转换后，32.18% 的人为生产或加工工人，39.53% 的人从事制造业，可见，多数新生代农民工的工作流动仅为职业上的横向平移而非纵向提升，这不利于他们职业技能和工作经验的积累，也反映出当前新生代农民工的工作稳定性偏低。

从技能形成与使用的特点看，技能的可转移性与新生代农民工的高流动相关。但是技能形成还具有持续性和可积累性的特点，技能的形成与提升是持续的过程，新生代农民工的频繁流动会打断这一过程，造成技能积累的中断，导致新生代农民工培训的重复化、表面化。只要工作的工种不发生改变，工人每到一个新的企业都要重新接受上岗培训，培训的内容没有实质性的差异。工人在技能尚未提升时再次发生流动，其技能水平会始终保持在初级水平。这种状况，对企业而言，会造成培训的浪费；对新生代农民工而言，会造成接受较高水平技能培训机会的缺失，不利于其实现更高质量的就业和社会融合。

四、就业渠道"强关系化"

就业渠道影响着劳动者个体的就业质量。不同的就业渠道，在一定程度上会降低劳动者的工作搜寻成本，但不同就业信息的质量差异，也会带给劳动者不同的就业风险。相比来说，政府提供的就业信息更为可靠，用人单位在劳动合同签订方面较为规范。一旦发生劳务纠纷，政府也方便介入。当前，新生代农民工的就业途径显示出"强关系化"，主要的途径是通过朋友介绍（22.86%）、单位直接招工（19.65%）和亲戚介绍（16.76%），而政府职介、政府安排、社区就业服务站分别占就业途径的 3.45%、1.17%、0.91%，可见，通过亲戚、朋友介绍已经成为农民工最主要的就业途径，而政府安排和政府职介是最不常用的就业途径。"强关系"的就业途径，会带来同质化的就业信息，使农民工的工作类型与同伴趋同。农民工使用政府提供的就业媒介比例较低，一方面可能是因为政府的就业服务缺位，另一方面也可能是因为政府提供的就业服务并不符合农民工的个体需求。

五、社会保障参保率不高

在职业搜寻和就业过程中，与老一代农民工相比，新生代农民工更加注重工作和生活质量，即非工资收益。数据显示，在工作满意程度方面，当前新生代农民工对同事关系、老乡间的相互照应、下班后的休闲生活、住所与工作单位之间的通勤等最为满意（见表5-2）。

表5-2　新生代农民工工作与生活满意度

项目	排名
同事关系	1
老乡间的相互照应	2
下班后的休闲生活	3
住所与单位之间的通勤	4
对目前工作的总体感觉	5
管理人员的态度	6
学习新东西、新知识的机会	7
企业提供的生活条件	8
社会福利保障	9
工作强度	10
个人上升空间	11
工资待遇	12

注：在问卷中，各个项目有"非常满意""满意""一般""不太满意""很不满意"五个选项。排序时，先将选择"非常满意"和"满意"的比例加总，得到各个项目的满意度比值，再根据此比值的大小进行排序。

调研发现，新生代农民工的社会保障参保率较低，大多数人对于社会保险的参保流程、个人和单位的缴存比例、未来的收益等内容并不了解。访谈发现，工人们往往并不希望缴纳社会保险，工厂在与工人签订"自愿放弃保证书"后，工厂将本应为工人缴纳社会保险的费用以现金形式发放给工人。尽管工人会有一些短期的经济效益，但从长远来看，工人的社会保障权利受到了严重侵害，养老和失业的风险全部需要由其本人承担。完善的社会保障体系是实现社会融合的重要条件之一。农民工在缺乏保障的环境下工作和生活，将直接影响到他们在工作城市的安全感，进而对其社会融合产生消极影响。

六、城市归属感缺乏

社会融合是一个逐步提升的过程，心理融合是社会融合的最高境界。本研究使用城市归属感、社会距离和城市定居意愿三个指标来测量农民工的心理融合程度。调查发现，有超过四成的人对目前所居住城市的归属感一般，对流入地基本没有归属感的人还是比较少的。虽然有 18.2% 的人并不同意自己是所在城市的一员，但还是有超过 77.0% 的人认为自己是所在城市的一部分。大部分青年农民工的生活态度是积极的，对所在城市充满了热情。在社会距离方面，大部分被调查者在其所居住的城市里并没有明显地感受到受歧视或遭受不公正待遇，只是他们觉得有时候城市居民会对他们不太礼貌、不太尊重。缺乏归属感是新生代农民工不断流向其他城市或省份的内驱力之一，在客观上对其社会融合造成了消极影响。调查发现，大部分新生代农民工不愿意留在所在城市，只有近 31% 的人明确表示愿意长期居留在所在城市。进一步的调查发现，新生代农民工大部分还是倾向于留在城市中的，除了所在城市之外，家乡的城镇以及别的城市是他们的首选。

第二节　新生代农民工职业教育的问题与归因

新生代农民工具有强烈的融入城市的愿望，却被制度排除在城市外。职业教育是提高农民工素质、增强其就业竞争能力、增加其就业机会、实现其社会纵向流动的最直接有效的途径，是关爱弱势群体、解决"三农"问题、全面建成和谐社会的重要举措。准确把握新生代农民工职业教育中存在的突出问题，并对这些问题进行归因，是改进教育质量的关键。

一、新生代农民工职业教育的重要性

新生代农民工正在改变中国经济社会的基本格局，并将对未来经济社会的发展产生全局性、战略性、历史性的影响。新生代农民工职业教育问题既涉及城镇化进程中的宏观战略问题，也包含事关农民工理性选择的微观问题，加强与改进新生代农民工的职业教育具有重要意义，具体表现在以下几个方面。

第一，加强和改进新生代农民工职业教育，是根本解决"三农"问题、改变城镇化"夹生"状态的需要。

"三农"问题的核心是农民问题，而农民问题的一个重要表现、重大课题就是农民工问题。随着城镇化的持续推进，城乡劳动力流动壁垒逐渐被打破，农民工成功进入城市，但他们难以实现职业非农化、生活方式城市化和身份市民化，因此城市内部又形成了新的二元结构。一方面是在城市的农民工无法享受到建立在户籍制度之上的就业、教育、培训、医疗、住房和社保项目等社会公共服务；另一方面是各省市以及城乡之间公共服务的数量与质量仍然存在较大差异，跨地区的社会保障福利无法接续，造成地区之间、城乡之间的各种问题盘根错节。改革户籍体制，即解决流动人口的基本公共服务问题。如果不能从根本上消除农民工融入城市的体制障碍，不能给农民工提供与"市民"相同的公共服务，不能帮助农民工找到最适合自身才能的工作，不能给农民工提供支持性的培训和学习条件，不能帮助农民工保有与经济发展匹配的能力，就极易导致农民工群体缺乏城市生活的知识和技能，不能完成社会融入。这种情况下的城市化是不完全、不彻底、"夹生"状态的城市化，起不到减少农民数量、使土地向务农劳动力稳定流转集中的作用，也会削弱劳动力在城乡间流动的驱动力，减缓中国经济的增长步伐。

第二，加强和改进新生代农民工职业教育，是转变经济发展方式、促进经济结构调整、培养高素质劳动者的战略需要。

随着我国经济发展方式的转变和经济结构的进一步调整，许多劳动密集型企业的生产技术含量有了明显的提升，对劳动者的技能、素质也提出了更高的要求。近年来频频发生的"民工荒"，其实质上是"技工荒"。中国人力资源市场信息监测中心数据显示，我国拥有技术等级职业资格的求职者比重始终低于对技术等级职业资格有所要求的企业比重，各技术等级和技术职务的人才需求均大于求职人数。其中，高级技师、技师、高级专业技术职务尤为突出，岗位空缺数与求职人数的比率长期处于高位，表明高技能人才严重供不应求（见表5-3）。一些地方的农民工就业市场对农民工素质的要求已经出现了向技能化、差别化、知识化等专业型转变的趋向，而农民工的整体素质依然停留在传统的体力型层面，从而导致其就业选择范围狭窄，就业同质化严重。一旦就业形势发生变化，这类农民工的就业压力就会增加。实施培养新生代农民工的职业教育与培训，培养农民工的专业技能、从业本领和城市生活能力，将极大地提高农民工的科学技术素质，对推动社会经济发展具有重大而长远的意义。

表 5-3　我国企业技术人才需求及市场供给情况　　　（单位：%）

项目	类型	2009 年	2010 年	2011 年	2012 年	2013 年第一季度	2014 年第一季度	2015 年第一季度
企业人才需求	对技术等级有明确要求的企业比重	50.50	49.30	54.20	55.90	57.80	52.80	52.60
市场人才供给	具有某种技术等级的职业资格的求职者比重	47.10	48.60	54.10	54.70	55.70	54.70	51.50
各技术等级求人倍率	初级工（职业资格五级）	1.38	1.47	1.45	1.47	—	—	—
	中级工（职业资格四级）	1.39	1.48	1.54	1.65	—	—	—
	高级工（职业资格三级）	1.57	1.63	1.71	1.81	2.10	1.80	1.93
	技师（职业资格二级）	1.84	1.87	1.88	2.32	2.31	2.01	2.11
	高级技师（职业资格一级）	1.86	1.89	1.76	2.18	2.72	1.91	1.93

项目	类型	2009 年	2010 年	2011 年	2012 年	2013 年第一季度	2014 年第一季度	2015 年第一季度
各技术职务求人倍率	技术员（初级职称）	1.42	1.53	1.53	1.48	—	—	—
	工程师（中级职称）	1.44	1.59	1.60	1.61	—	—	—
	高级工程师（高级职称）	1.90	1.87	2.34	2.59	2.13	1.81	2.25

注：求人倍率是指岗位空缺数与求职人数的比例。

数据来源：中华人民共和国人力资源和社会保障部中国人力资源市场信息监测中心发布的《部分城市公共就业服务机构市场供求状况分析》。

第三，加强和改进新生代农民工职业教育，是我国职业教育、继续教育改革与发展的内在要求。

由于各种复杂因素的影响，我国农民在向城市转移过程中呈现出与其他国家农民不同的特点，即职业转变与身份转变相分离。这种分离使中国农民不能直接转化为城市市民，而是出现了"农民工"这种"似农非农"的特殊形式，农民工的职业教育问题因此而产生，直接影响我国经济社会的现代化进程。

国家对农民工职业教育与培训非常重视，出台了《国家新型城镇化规划（2014—2020 年）》《2003—2010 年全国农民工培训规划》《国务院办公厅关于切实做好当前农民工工作的通知》《中等职业教育改革创新行动计划（2010—2012 年）》《国务院关于加快发展现代职业教育的决定》《国务院办公厅关于进一步做好农民工培训工作的指导意见》《国务院关于进一步做好为农民工服务工作的意见》等若干重要政策，但政策执行不到位、培训供给不足、培训绩效不佳等现象仍然存在。目前，农民工职业培训体系非常薄弱，存在断裂、缺失，需要整合、完善甚至重构；人力资源和社会保障、农业、教育、扶贫、科技、工青妇等各部门职业培训的"九龙治水水不足"现象较为严重；国家每年投入数以亿计的培训资金，但培训绩效整体欠佳；政府公共培训供给不足，效果不好；企业培训主体缺位，培训监管缺失；农民工个体缺乏培训热情。各种各样的现实问题都需要从制度和政策两方面予以破解。

第四，加强和改进新生代农民工职业教育，是体现公平正义、改变千千万万普通劳动者个体命运的迫切需要。

新生代农民工是我国社会结构中的"弱势群体"，职业培训与继续教育作为一种与经济社会发展联系最直接、最密切的教育类别，是帮助农民工增进劳动技能、获得向上流动机会、实现社会融合的最直接、有效方法。通过职业教育引导农民工积极融入社会，有利于调动农民工的积极性和创造性，为社会发展增添新的活力，有利于防范农民工因长期处在边缘状态而影响到社会稳定的风险，确保社会运行的安定有序。

新生代农民工职业教育意义重大，但实施起来并不容易。与正规的全日制职业教育不同，新生代农民工的职业教育的实施难度更大。我国新生代农民工约有1亿人，需要培训的人数较多；群体来源背景、流入城市后居住情况较为复杂，不利于统一、集中管理；新生代农民工就业具有临时性、季节性、流动性等特点，不便于统一职业教育授课时间。另外，新生代农民工的文化基础不同，有的农民工接受过高中教育、中职教育，而有的农民工文化水平较低。有的农民工需要高水平的专业技能培训，有的农民工则需要进行文化素质补偿教育。这进一步增加了农民工职业教育的复杂性。

二、新生代农民工职业教育存在的问题

1. 接受职业培训比例低

54.9%的农民工表示，在参加第一份工作前没有接受过任何职业培训；2010—2013年新生代农民工接受流出地政府、流入地政府组织的培训的比例相当低（见表5-4）。这说明大多数新生代农民工尚未接受正规职业教育或培训就直接进入了劳动力市场。

表 5-4 2010—2013 年新生代农民工接受职业培训状况

类型	流出地政府培训	流入地政府培训	企业培训	自费培训	没有参加任何培训
应答数（人）	247	210	2638	428	3012
比例（%）	3.93	3.34	41.95	6.81	47.90

从受访者对自己职业技能的评价来看，63.9%的受访者认为自己具备职业技能，而其余36.1%的受访者则认为自己不具备特别的职业技能。从职业技能的获取途径来看，很大一部分人是在工作中学习摸索，占33.3%；排在第二的是通过技校、职高、中专获取职业技能，占21.9%；排在第三的是自己拜师学艺，占11.6%；而通过流出地政府组织培训获取职业技能的仅仅占1.2%，排在最后。

2. 政府组织培训效果不好

参加过流出地政府组织的职业技能培训的农民工中，认为培训内容"很不实用"或"不太实用"的占21.7%。培训中主要存在的问题是"实践操练不到位""培训时间太短"。农民工普遍反映培训质量不高。

43.0%的人表示政府提供的培训在15天以内，高达73.9%的人表示企业培训少于15天。在培训内容、培训教学设备、对就业的帮助程度、培训效果满意度上，流入地政府组织的职业培训虽然明显优于流出地政府组织的职业培训，但是依然落后于社会培训机构提供的收费性职业技能培训。除了培训补助不够之外，23.7%的参加过政府组织的职业技能培训的人认为这类减免学费的职业培训的教学方式不合适，另有20.1%的人认为教学设备设施不好，这一问题在流出地政府组织的培训中表现得更加严重。职业学校本应是新生代农民工职业教育与培训的主力军，应发挥更大的作用，然而事实是，职业学校主要以学历教育为主，较少参与对农民工的培训。

3. 企业培训内容低端化严重

相比而言，参与过企业培训的农民工比例较高，近半数（42.0%）表示接受过企业培训。企业培训以一般性岗前培训为主，讲授安全生产以及与工作相关的操作说明，而高水平的技术培训与管理培训远远不足（见表5-5）。在开展培训活动的企业中，针对新生代农民工技能的培训并不多，培训质量也较差。培训内容主要集中在：上岗前的行业安全培训（特别是与安全生产密切相关的采掘业、建筑业等行业）；与完成工作密切相关的上岗培训，比如流水线上每一道工序的具体操作步骤的讲解；宣传本企业文化与价值观的培训，例如餐饮等服务业每日将员工聚集在一起，以唱歌、跳舞、喊口号等形式来提升员工团队精神与企业忠诚度。调研发现，真正的技能培训年均不足 3 次，技能培训时间年均不足 12 天。虽然简单初级培训可以帮助农民工应对当前的工作需要，但是无法为农民工继续胜任本职工作或发展职业能力提供长久的保障。

表 5-5　新生代农民工参加企业培训的类型

类型	一般性岗前培训	技术培训	为提高管理能力的管理性质培训	宣讲企业文化的讲座	教人适应城市生活的引导性培训	文化知识类补习培训	其他培训
应答数（人）	2581	941	654	661	162	350	557
比例（%）	43.7	15.9	11.1	11.2	2.8	5.9	9.4

4. 培训阻碍因素多

调研显示，农民工找工作时遇到的前三个困难分别是：缺乏专业技术与技能、缺乏相关工作经验、文凭低。由此可见，农民工群体已经认识到知识、技能、经验的不足已经成为其就业的最主要障碍。新生代农民工群体普遍对培训持积极态度，有 60.6% 的人认为"培训对找到更好的工作有帮助"，57.8% 的人认为"培训对我未来的发展很重要"，赞同"培训对增加收入很重要"和"我需要参加培训"的比例为 52.2% 和 59.6%。同上一代农民工"赚钱养家"的进城务工动机明显不同，新生代农民工进入城市不再只是为了找到一份可以糊口的工作，工作不再仅仅是谋生的手段。他们迫切需要在工作中获得知识和技能，获得在城市中向上流动的人力资本。

在"严重阻碍农民工接受职业培训的因素"中，前三位依次为"培训费用太高""工作忙，没时间和精力参加"与"培训内容不实用"。这突出反映了农民工职业培训中存在经费、时间、质量等多方面问题。这些阻碍因素导致农民工群体接受职业教育与培训偏少。

三、新生代农民工职业教育问题的归因分析

职业教育与培训是帮助弱势群体提升人力资本，进而获取有薪职业、有质量就业，达成社会融合目的的最有效手段。目前，提供给农民工的优质教育资源远远不足，主要是因为现行体系存在管理统筹疲软、需求错位、经费效益不高、资源整合不力、福利制度分割等诸多问题。

1. 管理统筹疲软

农民工工作涉及方方面面，单靠一个部门很难协调。负责全国农民工工作的机构是人力资源和社会保障部农民工工作司，相对其量大面广的管理服务对象来说，其机构规格、人员编制、职能设置都有待进一步理顺。承担新生代农民工职业教育和技能培训任务的部门很多，多头管理、统筹力度不够的问题比较突出。如农业部负责实施"农村劳动力培训阳光工程"（简称"阳光工程"）、人力资源和社会保障部实施"农民工职业技能提升计划"（简称"春潮行动"）、国家扶贫办实施贫困地区劳动力转移培训"雨露计划"、科技部实施农村科技培训"星火计划"、中央统战部牵头实施建筑业农民工培训"温暖工程"，除此，全国总工会、共青团中央、全国妇联都有农民工职业培训的项目或计划，各省市还单独安排了名目繁多的农民工培训项目。每个部门对农民工培训的内容、时间、工种目录、补贴标准、补贴方式都有各自的规定。

各个培训项目由不同部门依托各自的系统来实施，缺少有效的统筹管理体制和运行机制，而且培训资金分割、培训资源分散，使现有教育培训资源难以发挥出最大效益。

2. 职业培训需求错位

城镇化、现代化进程加快，农民工自身发展过程中出现内部分化，这些都对职业教育提出了挑战。现有的职业教育和培训更多的是政府主导项目，往往缺少差异化和针对性的培训需求分析。一部分职业教育和培训项目的内容和形式的单一，无法真正满足新生代农民工的培训需求，间接影响到培训的接受度与满意度。已经接受过职业培训的农民工反映培训内容

不实用、教学方式不合适、教学设备设施不好、培训老师素质不高、实践操练不到位、培训时间太短。这些都是农民工职业培训中的问题所在。农民工职业教育与培训的供求关系的不平衡，表面上是由于政府和个人的培训信息不对称，实际根源则是政府组织机构基本上沿用韦伯式的官僚层级制，职能岗位绩效与项目执行绩效考核取决于直接上级。要改变这种不平衡状态，就需要强化政府社会管理职能和公共服务职能，变"职能导向"为"需求导向"，使得政府各个部门能够最大限度地满足公众的需求（何精华，2008）。

3. 经费整体效益不高

经费是开展农民工培训的保障。我国农民工人均教育经费整体偏少。目前我国已经建立了以政府财政投入为主、用人单位和农民工个人分担的农民工教育培训经费投入机制。2011年各级财政共安排农民工培训资金约80亿元，其中就业专项资金用于农民工培训的资金约52亿元，占65%（Grannovetter，1973），但是与2.7亿农民工的培训需求相比，我国农民工人均教育培训经费投入整体偏少。（国务院农民工办课题组，2013）同时，由于多头投入、资源分散、条块分割，缺少有效的统筹管理体制和运行机制，使得有限的投入和经费难以发挥整体效益。目前农民工培训资金来源主要有三类：一是中央财政专项资金，"阳光工程"属于此类；二是没有专项拨款，但有固定渠道，如"雨露计划"资金来自国家扶贫资金，"星火计划"资金来自国家星火计划资金；三是没有固定财政资金渠道，全国总工会、共青团、妇联的培训资金靠多种渠道筹集，教育部的转移培训则主要是利用自身教育资源配合各有关部门开展培训。虽然部分地区探索了"来源不变，渠道不乱，各记其功，捆绑使用"模式，但是因为各项目计划经费与下达时间均不固定，县域政府权限过低，难以跨部门、跨地区有效统筹，仍不能有效提高资金使用效益。此外，农民工培训经费来源单一。农民工培训资金主要来自中央财政、地方财政，用人单位与劳动者个人各自承担的比例不均。特别是很多地方没有按照规定比例将企业职工教育经费用于一线职工的教育和培训，部分企业的新生代农民工也未能在接受职业教育过程中享受正式职工的同等待遇，不能与企业正式职工同等地得到培训经费。

4. 培训资源整合不力

在流出地培训中，各个部门主要以各种工程或计划的形式对农民进行培训，在基层承担教育任务的主要有教育部门主管的职业学校、劳动部门管理的技工学校、农业部门管理的农业广播学校，它们又各自组建了一系列教育机构。各个部门的教育资源不整合、不融通。由于部门分割，教育部门主管的绝大多数职业学校的办学功能被定位为正规学历教育，人力资源和社会保障等部门大量的培训经费和培训任务往往委托自己部门主管的职业学校或培训机构，而不交给教育部门主管的职业院校，这样一来，实际上在我国职业教育中占主体地位的职业院校被推到一边，对新生代农民工在职培训没有起到应有的支柱作用。一些地方政府部门主导下的培训，由于培训内容与主管部门的职责紧密相连，培训内容功能定位不清，选择委托的培训机构实力不一，所以培训质量存在差异。

除"星火计划""阳光工程"外，"春潮行动""雨露计划"等培训的对象基本都是转移就业的农民工，各项目培训对象交叉、内容重复、标准不一，工种设置、教材内容等却基本相同；具体项目的管理、投入不一，相对分散，导致不同项目的同一工种培训补贴标准各异。这些培训项目不足以提供市场需要的技能培训，不利于提高农民工、培训机构和基层实施部门的参与积极性，特别是吸引不到优秀的职业教育与培训机构参与。公办、民办培训机构规范有序、公平竞争的秩序尚待建立，民办培训机构缺乏政策支持、难以获得项目委托、优质社会教育资源未得到充分调动等现象急需改变。企业是农民工培训的重要平台和载体，在岗培训是提高农民工技能素质的重要环节，但是目前对企业在农民工培训中的责任缺乏明确的法律和制度规定，对企业承担农民工培训缺乏有效的政策激励。

便捷有效的职业指导工作是帮助新生代农民工获得准确培训资讯的途径。信息的阻塞已成为阻碍农民工参与培训的重要原因之一。在被问到"为什么没有参加政府组织的培训"时，48.1%的被访者回答"我不知道有这样的培训"，9.9%回答"我知道有培训，但不知道怎么报名"。他们最期望的获取相关信息的方式依次是"用人单位的通知"（26.6%）、"网络查找"（14.5%）。政府组织培训多通过电视媒体、报纸、官方网页等形式进行宣传，与农民工日常生活信息接触渠道不对接，导致农民工获取培训信息不畅。从目前的情况看，获取相关信息依旧是新生代农民工的个体行为，相关部门没有发挥促进就业和培训工作的作用。此外，新生代农民工获取信息的方式较为传统。随着科技的不断进步，新的信息传播方式也应当运用到农民工培训与就业信息的传递之中。

5. 福利制度跨地区分割

人口流动是城镇化的常态，但是目前流入地与流出地的福利制度还存在差异，无法满足流动人口的需求。例如，在培训方式上，72.7%的农民工希望在流入地进行培训，希望培训与企业生产实际相结合，但是目前培训项目多在农民工的流出地设立，采取自上而下的方式层层下达培训指标，由于农民工长期不在家乡，导致流出地政府难以找到合适的学员进行培训，而真正需要培训的学员在流入地却难以得到培训。

长期以来，我国公共服务的统筹层次低，形成了以地方政府为主的公共服务供给模式，即满足公民权利的公共产品供给呈现出区域化和地方化的格局。这一格局对于跨省流动农民工在就业地的市民化最为不利。有研究表明，城市政府为农民工提供公共服务的意愿依隶属关系由近向远递减，即首先解决本市农村进入城市的农民工，其次是本省的农民工，最后才是外省的农民工。这无形中为新生代农民工的自由流动设置了障碍。

如果全面放开接纳农民工，向其提供均等的教育、卫生和保障性住房等公共服务，地方政府的财政压力又会比较大。在计划经济时代，各级行政管理机构关注的只是其管辖范围内的常住人口，所有建立在户籍制度基础之上的工作、教育、培训、医疗与其他公共服务只提供给常住人口，且福利支出责任主要由省级及以下政府承担，政府支出占大头。目前，附着在城镇户籍上的福利或者公共服务包括就业扶持政策、教育、公共卫生服务、社会保障和保障性住房等，地方政府的财政预算基本上是以户籍人口为基数的，并没有计算农民工人数。经济发达地区吸纳了大量的外来流动人口，在促进这些人口的培训等公共服务方面缺乏稳定的中央与地方分担机制，导致流入地政府的培训学费补贴只面向本地户籍人口，而将非本地户籍农民工直接排除在外。此外，如果让过多的农民工享受原本由本地居民享受的公共服务，有可能稀释本地居民享受的服务的数量和质量，会遭到本地居民的反对，这也是地方政府制定相关政策时不得不考虑的重要因素。

6. 劳动力市场多元化分割

我国的劳动力市场分割具有多元化的特点，体现在区域、职业、行业、部门、城乡等多个方面，而户籍制度进一步固化了分割程度，使其具有明显的制度性。作为"理性人"，就业个体在一切社会活动中会自发地采取成本小、收益大的行为策略，以实现自身效用最大化。在现实中则体现为，在一级劳动力市场的强稳定性和二级劳动力市场的强灵活性的拉推效应下，为追求更多的分割性收益，就业个体会争相向经济发达地区、优势行业、垄断部门流动。毋庸置疑，对就业个体而言，其在一级劳动力市场就业的可能性越大越好；对整个国家而言，在一级劳动力市场就业的人口比例越大，公民的福利效用则越多。

然而，一级劳动力市场核心岗位的有限性使其就业吸纳能力有限，劳动力过多地聚集在该劳动力市场无疑提高了竞争程度，竞争效应和渗漏效应使他们成功就业的概率降低，就业环境相对变差，劳动报酬降低，劳动关系不和谐概率提高，过度教育和过度技能现象凸显，继而影响个体的就业质量。此外，考虑到雇主"偏好"、自身就业能力相对不足等因素，比如学历、资格证书相对于大学毕业生等青年群体处于劣势地位，新生代农民工更多地处于二级劳动力市场，或者是一级劳动力市场中的非正规部门（岗位），因此就业质量整体不高。

第三节　新生代农民工职业教育的改进对策

农民工职业教育与培训具有较强的外部性，符合国家和社会的公共利益，应该从国家和社会发展的战略与全局高度明确农民工职业教育与培训是国家公共教育服务的重要组成部分，是一项重要的社会公益事业。建议政府主动服务于城镇化发展和供给侧结构改革的大局，统筹把握农村劳动力转移就业的力度和节奏，将农民工职业教育和技能培训纳入国家职业教育和培训总体规划；修改完善相关的法律法规，对新生代农民工接受职业教育与培训做出更为明确的规定，依法保障其接受教育与培训的权利；充分发挥主导作用，明确政府建立和发展农民工职业教育与培训体系的职责，将农民工职业教育和技能培训纳入国家职业教育和培训总体规划，明确职业教育和培训的目标。进一步改进新生代农民工职业教育，需要在教育体系建构、教育模式改善、教育过程监测、教育经费保障、相关制度支持等方面进行探索。

一、制定农民工中长期职业教育和培训规划

由教育或者人力资源和社会保障部门主导，相关政府部门参与，企事业单位、职业学校、培训机构、农民工代表等方面人士共同参加，制定我国农民工中长期职业教育和培训规划，明确职业教育和培训的目标，着重培养农民工的专业知识、技能与综合就业素质，提高就业能力。立足终身教育，构建立体化、网络化的职业教育和培训体系，使农民工从普通工人向技术工人逐步转变，满足城镇化建设和发展的需要。

有序推进全国职业教育和培训机构的布局与结构调整，有计划、有步骤地建立和完善全方位、多层次、多形式的职业教育和培训体系。第一，以行业专业教育和培训标准为依据，建立规范的教育和培训市场准入标准，明确职业教育和培训的目标、内容与标准。第二，建立农民工就地转移或就业后失业者免费参加职业教育和培训的制度，将培训资金列入各级政府的财政预算中，确保经费投入、使用到位。第三，建立农民工在职教育和培训中政府、企业、个人的责任分担机制，通过提高企业税收减免比例、在企业设立专项培训补助等方式，鼓励和监督企业加大对农民工培训的投入，确保企业培训投入落到实处。第四，建立国家农民工培训基金，实行中央和省级两级政府统筹，进一步推行"职业教育和培训卡"制度，对农民工培训进行直接补贴，扩大农民工自主选择培训的范围。"职业教育和培训卡"由国家人力资源和社会保障部门或者教育部门牵头负责，规范量化并对农民工信息进行分类管理（登记入卡），为有职业教育和培训需求的农民工办理和发放，全国通用。（张红，2013）

二、统筹农民工职业教育与培训的管理部门

在农民工职业教育与培训的管理上，应统筹管理，明确责任。根据相关法律法规和国务院"三定"方案（定职能、定机构、定编制），近期可由人力资源和社会保障部农民工司作为农民工职业教育与培训工作的综合管理部门，并建立部门协作机制，负责牵头制定农民工职业教育与培训的管理办法，规范农民工教育与培训工作；负责牵头制定农民工职业教育与培训规划，不断完善农民工培训补贴政策；负责组织和指导农民工职业资

格培训和鉴定工作、在职培训工作等。教育部、人力资源和社会保障部、农业部、工业和信息化部、科技部、财政部、国务院扶贫办等按照农民工职业教育与培训规划，具体负责不同阶段的农民工职业教育与培训工作，如教育部门主要负责农村初、高中毕业生通过接受中等职业教育实现带技能转移的政策制定和组织实施，农业部门主要负责涉农培训的政策制定和组织实施等。在未来，要着眼于打破各个部门的人为划分，加强部门之间的政策协作、措施协同、管理协调，避免出现部门相互分割、各自为战的状况。建议由教育与人力资源和社会保障部门统一成立职业教育委员会，将区域内的学校职业教育、职业培训、继续教育与培训统整起来，可逐步探索在省级统筹上迈出一步，努力实现学校学历职业教育与非学历职业培训一体设计和推进。

三、创新职业培训的人才培养模式

创新人才培养模式，重在培养就业能力与社会能力。国家应重新定位职业教育在促进农民工社会融合中的作用。当前，国家在定位职业教育的发展时，存在着一些偏差。如 2010 年发布的《教育规划纲要》指出，职业教育要着力培养学生的职业技能和就业创业能力，并将职业教育定位为"缓解劳动力供求结构矛盾的关键环节"，并没有对大量青年农民工的综合能力培养予以足够的关注。

职业学校要转变教育观念，始终坚持全人教育的理念。在职业教育的课程体系设计中，要将重点从仅关注其某项技术的培训，转为培养青年学生的职业发展能力和应对社会变化的适应能力。针对培训内容与实际需求相脱节的问题，建议职业学校充分重视培养新生代农民工的综合能力，设计出符合青年心理特点的能力提升课程，重点培养他们的社会交往、表达沟通、换位思考、解决问题的能力。职业学校在课程设置上要体现出多元化。针对新生代农民工的社会能力存在的主要问题，进行课程改革，优化课程设置，在短时间内提高其融入城市的能力。

鼓励各地积极探索新生代农民工职业教育的学分制管理制度。（张红，2013）新生代农民工为了提高就业技能和生活水平，既有接受职业学历教育的愿望，也不希望影响工作和收入。对新生代农民工的中等职业学历教育要推行工学结合的办学模式，使农民工边学习边工作，实现本职工作与专业学习的无缝对接。为此，各地教育部门要在部分具备条件的地方选择一批中等职业学校作为试点，探索新生代农民工职业教育的学分制管理制度，要科学设置公共课、专业课和实践课的比例，确定农民工能接受的学费标准，同时将农民工在本职工作岗位上的生产劳动作为专业实训、实习环节的重要内容，科学考核其成果，合理评定其成绩。对于农民工已经掌握的所学专业的知识和技能可以通过考试等方式认定学分，对在工作岗位上做出突出成绩的及获得较高等级职业资格证书的农民工，可以奖励一定的学分。明确农民工只要在规定的时限内获得了规定的学分，就可以毕业并获得相应的学历证书。

四、建立教育过程的动态监测机制

建立新生代农民工职业培训供需共享数据库。面向企业和新生代农民工开展定期培训需求抽样调查，及时摸清新生代农民工培训需求的基本情况，了解供需双方的最新动态，为国家制定相关政策、组织开展农民工培训工作提供信息支持。建立全方位的培训需求动态分析模式，要做好培训前的农民工需求调查，尤其是关注新生代农民工在利益诉求、职业愿望、价值取向、未来发展等方面的特殊需求；定期开展企业需求调查，以掌握职业工种、技能水平等方面的市场需求及变化，并对未来发展趋势做出预测和判断；建立培训中和培训后的动态监控机制，及时了解新生代农民工及其所在部门培训需求的变化状况；整合各类培训机构数据，特别是培训投入资金、培训人数、培训机构、培训后就业情况等重要数据。在建立完善新生代农民工培训需求和供给动态监测机制的基础上，制定科学合理的培训规划，改变现行的按指标下达培训任务的状况，切实提升培训的吸引力。

五、完善农民工职业教育投入制度

改革财税体制，完善流入地吸纳人口的激励机制。把常住人口作为财政支付的依据，逐步调整各级政府之间的财政分配关系。建立政府、企业、个人共同参与的农民工职业培训成本分担机制，明确中央和地方政府在农村人口转移方面的财政支出责任，并建立起与常住人口规模相适应的一般转移支付制度，设立针对城镇外来农民工的包括培训在内的公共服务专项转移支付制度。

统筹资金，设立农民工职业教育与培训专项资金。中央政府应加强对教育、科技、扶贫、工青妇等不同部门或团体的资金管理的方向性指导，提高资金投向的科学性；地方政府应依法监管包括财政性教育经费、企业按规定提取的职工工资培训费、失业保险费中用于转业训练的费用、就业经费中用于就业训练的费用、农村科学技术开发技术推广资金中可用于农村职业培训的经费、扶贫和移民安置资金中用于农村劳动力培训的经费以及其他可以用于职业教育的经费，运用绩效评价、专项审计等手段对上述经费进行有力的监管，发挥出资金使用的最大效益。

此外，根据中央、地方和社会各界对农民工职业教育与培训的资金投入、分配和使用情况，承担农民工职业教育与培训任务的机构、师资及设施情况，以及已接受教育培训的农民工人数、技能水平和就业情况等，建立科学的农民工职业教育与培训的投入办法。

六、统整农民工职业教育资源

职业教育是教育体系中同外部劳动力市场联系最为直接和紧密的领域，应置于终身学习体系和学习型社会框架之中进行统筹。根据《国务院关于大力发展职业教育的决定》《现代职业教育体系建设规划（2014—2020年）》等政策的精神，充分发挥职业教育联席会议的作用，加大对职业教育工作的统筹力度，健全农民工职业教育与培训体系，共同推进新生代农民工职业教育工作。

一是打通人力资源和社会保障部门管理的技校与培训机构、教育部门管理的职业高中和中专的界限，建立统一的农民工职业教育与培训准入资格、师资、财政补贴、课程、鉴定等方面标准。出台面向农村的职业学校生均经费标准指导意见，将新生代农民工职业教育与培训经费纳入预算。

二是促进公办、民办职业培训机构共同发展，加强对民办培训机构的资格认定和质量监督，鼓励民办培训机构积极参与到农民工培训工作中来。

三是统筹不同层次的职业教育，组织各类职业学校通过与行业、企业、社区合作，对已经转移到城市就业的农民工进行适合其岗位需要和学习意愿的中等职业学历教育、职业技能培训、职业资格证书培训等，提高农民工的职业素质和就业能力。鼓励高等职业院校面向已进城的农民工举办多种形式的高端职业技能培训。协调共建职业教育与普通教育、继续教育等教育阶段相互融通的制度环境，使中职教育与高职教育、学校学历职业教育与非学历职业培训、职业教育与普通教育有机融合，形成有利于从业人员接受职业教育的灵活制度，建立四通八达的"立交桥"。这样一来，即使人们错过某一阶段的学习，也有机会补偿，不会因为进入职业教育而永远错过升学"直通车"。

四是明确受益与责任相匹配的原则，明确企业参与职业教育改革和发展的主体地位，探索混合所有制方式，企业以资金、技术、专业人才（双师型师资）、实习岗位等多种形式参与职业教育的办学、课程改革、专业设置等。

五是在终身学习的大背景下探讨企业、培训机构、职业学校间学习成果互认与积累的实现途径，使新生代农民工在不同学习地点获得的知识与技能能够有效转化和衔接。

七、加强就业服务与技能人才奖励制度等相关制度建设

新生代农民工职业教育涉及方方面面，绝不仅仅是教育领域内部的事情。顺利推进新生代农民工的职业教育，需要就业制度、户籍制度等其他领域制度的改革作支撑。

积极培育统一的劳动力市场，推行集体协商制度。应加强制度设计与制度衔接，加强劳动力市场法治建设，使新生代农民工能在不同地区、职业之间高效通畅流动，减少农民工流动的阻力与成本，比如农民工离开时，各类保险福利能顺利接续，其随迁子女能平等、及时地入托就学等。完善就业服务，保障就业渠道、增加就业机会、拓展就业信息、增进就业指导、维护就业权利等，使农民工充分就业的概率增加、抵御失业风险的能力增强，进而提高他们的就业稳定性、人力资本积累水平和社会融合质量。重视工会的作用，积极推进新生代农民工所在地区、行业、企业的"建会"和"入会"工作，在建立集体协商制度时将员工接受培训的权利与员工履行为企业服务的义务纳入其中，建立企业和员工之间关于培训权利与义务分配的制度化的契约。

加大对技能型人才的奖励力度，如对获得行业标准认定的技能标兵、技能大赛获奖者等给予荣誉奖励、政府特殊津贴等，并通过农民工获取信息的主渠道如手机短信、微博等新媒体进行广泛宣传；特别是对获得高层次技能资格认定的农民工，重点在入户、教育、医疗、住房等公共服务政策上加大准入力度，开辟其获得与城市居民同等待遇、实现市民化的可行通道。

畅通新生代农民工从迁移流动到落户定居的制度渠道。首先，降低入户门槛，要把具有稳定劳动关系、在城镇已经购置房产并缴纳一定年限社会保险的新生代农民工及其直系家属转化为城镇居民。其次，全面推行居住证制度。明确居住证持有者的基本权益，保障其与户籍居民平等享有基本的公共服务。再次，制定积分落户的办法。在居住证和户籍两种制度之间建立联系与流动的通道，降低居住证转为常住户口的门槛。积分量化的指标可以包括工作年限、文化程度、技能水平、参加社会保险情况、投资规模、纳税额度、遵纪守法情况等。

第六章
城镇化进程中的教育制度改革

城镇化是我国目前和今后很长一段时间内社会经济发展的主要趋势，同时必然会对教育制度改革提出新的要求与挑战。《教育规划纲要》把改革创新作为教育发展的强大动力，指出："教育要发展，根本靠改革。要以体制机制改革为重点，鼓励地方和学校大胆探索和试验，加快重要领域和关键环节改革步伐。创新人才培养体制、办学体制、教育管理体制，改革质量评价和考试招生制度，改革教学内容、方法、手段，建设现代学校制度"。在《国家新型城镇化规划（2014—2020年）》两万多字的全文中，共提到"制度"一词90次，强调要"强化政府的顶层设计，尊重市场规律，统筹推进人口管理、土地管理、财税金融、城镇住房、行政管理、生态环境等重点领域和关键环节体制机制改革，形成有利于城镇化健康发展的制度环境"。

城乡教育二元结构本质上就是制度问题。城镇化进程中的教育制度改革，直接目标是破解城乡教育二元结构，建立城乡一体化的教育体制机制，为城乡教育均衡发展、为农村转移人口市民化、为人的城镇化和现代化扫除制度障碍。

本章主要关注城镇化进程中教育制度的改革，包括教育管理体制、办学体制、教育质量保障制度、考试招生制度、教育人事制度和教育投入制度的改革。对每个制度改革的阐述，分别从义务教育、学前教育、职业教育和继续教育等维度予以展开。

第一节　教育管理体制改革

教育管理体制在内涵上有广义和狭义之分。广义上，教育管理体制是国家组织和管理教育的形式、方法和制度的总称（顾明远，1989）[1772]；指现代国家为履行其教育职能而建立的由机构、规范以及所运用的手段等一系列要素构成的整体（张斌贤，1996）[1]；为"大管理"的概念，包括办学体制、投入体制、教师人事制度等。在本节中，对教育管理体制采用狭义层面的理解，即教育管理体制主要涉及各级各类政府和教育行政部门对教育的行政管理制度。总体而言，我国的教育管理体制实施中央、省市、县级、乡镇各级政府分层管理体制，义务教育实行"以县为主"的管理体制，学前教育管理重心不明确，职业教育与继续教育存在多机构管理、职责划分不明确等特点。我国的教育管理体制亟待改革。《教育规划纲要》指出，要"深化教育管理体制改革，提高公共教育服务水平。明确各级政府责任，规范学校办学行为，促进管办评分离，形成政事分开、权责明确、统筹协调、规范有序的教育管理体制"。

一、问题与挑战

城镇化进程的不断加快，对原有的城乡二元、城乡分割的教育管理体制提出了挑战。我国必须破除现有城乡二元管理体制的弊端，构建一系列新的制度，以适应并促进城镇化的发展。目前我国教育管理体制存在的问题主要包括：一是城镇化对城市教育管理带来冲击和影响。大量随迁子女进城，现有的城市教育资源无法满足新增入学、入园学位要求，许多城市、县城学校出现了日益严重的"大班额"现象，给教育管理带来挑战。二是城镇化对农村教育格局、教育生态的改变。农村学校出现了城镇的"大班额"和巨型学校、乡镇的寄宿制学校以及乡镇以下的"小规模学校"（村小、教学点）并存的格局。三是职业教育、继续教育的管理体制尚不能满足农民工接受培训的需求，职业教育管理缺乏合力。

1. 人口涌入给城市教育管理带来冲击

随着城镇化进程的加快，大量适龄儿童随着进城农民工举家搬迁进入城市，随迁子女人数呈现持续增长态势，远超现有教育资源的数量和新增教育资源的配套速度，城市教育资源整体呈现相对不足状态。据教育部统计显示：全国义务教育阶段在校生中，随迁子女为1294.73万人。在小学就读955.59万人，在初中就读339.14万人，随迁子女的队伍仍在壮大。（教育部，2015a）由于农民工进城多集中在城乡接合部，随迁子女也随之分布不均，在一些人口较为密集的区域，人口的增长已经严重超出了城市学校的承载和容纳能力，入学压力逐年加大，已有教育资源有限，教师数量不足，教育经费短缺，城市幼儿园、城市学校出现"大班额"困境。虽然新建学校或改扩建学校不断投入使用，但原来按常住人口规划的学校布局和办学规模已难以适应新的形势，再加上新建住宅小区配套建设中小学落实不到位，建校、建园的速度远远跟不上学生的增长速度。城市学校还要十分关注随迁子女的教育融入问题，针对随迁子女的特殊情况开展教育管理。同时由于父母工作变动频繁，随迁子女具有一定的流动性，有些学生转入、转出手续不全，增加了学校教学管理和学籍管理的难度。

2. 人口外流给农村教育格局带来改变

大量农村学生到乡镇或城里上学也给农村教育格局带来了改变。一方面，学校布局调整之后，乡镇地区出现规模较大的寄宿制学校或"中心校"；另一方面，乡镇以下出现了如农村小学或教学点的"小规模学校"。随着城镇化的进程，农村学校出现学生外流，村小或教学点规模缩小，甚至出现空壳化现象。这种小规模学校具有重要价值，有助于解决偏远地区适龄儿童上学问题。在管理上，"以县为主"的管理体制往往由于管理幅度过大而无法顾及小规模学校。部分地区推行"中心校管理模式"，形成"县级教育行政部门—乡镇中心校—村小—教学点"的垂直式分包分管教育模式，这一模式适应了规模较大的县区进行教育管理的需要，缓解了县教育局行政管理幅度不足的困难，也适应了财权、事权从乡镇上移至县以保障义务教育投入和善治的现实。同时村小和教学点等小规模学校的独立地位应得到确保，防止小规模学校在教师选派、公用经费分配、教学设施供给等方面依附于中心校，从而受到制约。

农民工外出务工造成大量儿童留守农村，其教育问题也逐渐凸显。由于缺乏父母的陪伴，留守儿童的身心安全、学业发展、心理健康等容易产生问题，需要更多的关注，各级教育行政部门和管理者应充分关注这一群体。

3. 农民工培训管理尚未形成合力

目前，我国农民工培训管理工作存在以下问题：新生代农民工的培训工作主要由农业部、教育部、人力资源和社会保障部、全国总工会、国务院扶贫办、全国妇联、共青团、发展改革委、财政部等多部门共管，各部门对培训内容、专业、补贴费用等各方面的要求均不相同，使得培训资源过于分散，形不成合力。政府行政部门没有形成统一的农民工培训管理机构，缺乏有效的保障机制和配套措施。参与培训的部门较多，也让农民工眼花缭乱，不知道自己到底该参加哪个部门组织的培训。政府出台的相关政策对新生代农民工、用人单位、各类培训机构参与或组织培训的激励功能不强，尚未形成合理的、多元化的资金投入机制；各级地方政府及相关部门对新生代农民工培训工作的开展还处于初始阶段，计划性不强，工作和组织保障机制有待于进一步完善；各级各类相关培训机构很多，良莠不齐，缺乏统一领导和监督，因而没有形成完善的培训网络。（孙金锋，杨继武，2012）此外，相关部门之间各自为政的问题也越发尖锐，管理缺乏合力。目前我国职业教育管理部门分为教育行政管理部门、劳动与社会保障部门、行业主管部门和企业。职业教育资源行业分割、部门分割、地区分割、所有制分割严重，使资源难以完全按照教育规律和市场机制进行优化配置和整合。同时继续教育也没能有效满足农民工接受教育和培训的需求，而正式的职业教育尚未向农民工开放，农民工培训管理成效甚微。

二、义务教育管理体制改革

我国目前的义务教育实施"国务院领导，省、自治区、直辖市人民政府统筹规划实施，县级人民政府为主"的管理体制，管理重心过低，难以统筹协调。接受义务教育是每一个适龄儿童享有的权利与应尽的义务。城镇化进程中，一方面，大量学龄儿童跟随父母进城，给城镇教育带来了巨大的压力，城镇学校生源不断膨胀，班级规模不断扩大；另一方面，农村地区人口和学龄儿童不断减少，农村小规模学校、微型班级、学校空壳化现象大量出现。针对这种现象，中央和地方各级教育行政部门都出台了各种措施，如针对随迁子女的"两为主"政策，将随迁子女全面纳入义务教育，针对农村学生减少实行"撤点并校"的布局调整等，目前义务教育管理体制改革已有一定成效，但随着城镇化的进程，仍有很多问题亟待解决。

1. 探索城乡一体义务教育管理体制

我国特有的城乡二元户籍制度人为地将城市与农村分割成两个独立的部分。国家的各项社会保障政策措施都向城市倾斜，造成我国农村与城市之间差距明显，反映在义务教育上就是城乡不均衡。随着城镇化的推进，城市内部形成新的教育二元结构和制度，随迁子女无法享受与本地学生同等的教育服务。要破解城乡教育的二元结构，需要探索建立城乡一体的义务教育管理体制。

建立城乡一体的义务教育管理体制，一方面政府要统筹城乡教育发展，努力打破城乡界限，建立覆盖城乡、布局合理的义务教育公共服务体系。提升农村教育质量，保障其与城市教育达到相同的质量标准。采用多种方式促进优质教育资源的共享，使得农村儿童和城市儿童都能够平等地享有优质的教育资源，从而实现城乡义务教育的均衡发展。另一方面，政府要统筹规划，更加灵活地配置教育资源，根据经济发展趋势和人口变化趋势调整教育布局。同时加强中央和省级统筹力度，加快编制、基建、人事、财政等不同部门的联动，协力促进城乡义务教育的均衡发展。

随着学生跨省、跨区域流动，原有的传统学籍管理模式已显现出成本较高、效率低下的问题。实现城乡一体的教育管理体制需要教育信息技术的支持，应实行全国统一标准的电子学籍管理系统，实现对学籍的网络化动态管理。（中央教育科学研究所教育发展研究部课题组，吴霓，2007）实行一人一籍，籍随人走，为随迁子女在不同城市入学提供便利，为学校学籍管理和教学管理提供支持。实行电子学籍制度，要尝试破除户籍壁垒，建立以纳税人身份为主体的义务教育体制，流动人口可以凭借纳税、租房合同等有关手续提出入学申请。

2. 推动乡镇、省级政府承担义务教育之责

在管理主体上，中央、省、市各级财政对义务教育的支持力度很小而且不明晰；乡镇政府在义务教育中承担的义务和责任界定不清晰，办学积

极性较低；而作为义务教育管理主体的县级政府可以调控的资源非常有限，其调控力度和调控成效都相对有限，导致了农村和城市教育发展的不均衡。（褚宏启，2010）

因此，推动义务教育管理体制改革，在发挥县级政府教育管理之责的同时，一要注重发挥乡镇一级政府的教育管理之责。相对于其他层级的政府部门来说，乡镇政府是基层政府部门，能够直接接触到农村义务教育的方方面面，能全面了解农村义务教育实施过程中存在的问题，做到及时发现问题、解决问题。按照《义务教育法》的规定，乡镇政府应组织本乡（镇）适龄儿童和青少年入学，依法抓好控流防辍工作。同时乡镇政府要合理调整农村地区中小学的布局，努力改善办学条件；维护学校治安和正常教学秩序，治理好校园周边环境；（张先容，2009）尤其要关注留守儿童的教育问题，关注中心校和各村小的学校管理，促进农村义务教育有序发展。二要进一步推进提高义务教育管理层级，尝试推进"省级统筹"。各级政府要明确职责，中央主要负责规划指导，统筹跨省的随迁子女的流动，通过转移支付等方式保障随迁子女的教育经费；省级政府进行条件保障，通过提高义务教育管理的层级，推动省级政府承担义务教育之责，对本省内跨区域的随迁子女的流动做好统筹规划，保障对各区县的义务教育投入；地市层级从战略的高度，统筹整个区域的教育发展，对区域城乡教育可持续的协调发展进行科学合理的规划，发挥本区域教育优势，与其他区域协调教育资源的配置，实现优势互补。

3. 落实与改进随迁子女接受义务教育的"两为主""两纳入"政策

保障随迁子女接受义务教育是《义务教育法》的规定，也是推进教育公平的必然要求。由于城市教育资源有限，随迁子女接受平等、公平的教育难以得到有效落实。流入地公办教育资源有限，无法切实落实"两为主"（以流入地政府为主、以公办学校为主）政策，尤其是在流入人口较多的一些城市，随迁子女的数量已经超过当地儿童，原有的教育资源无法满足其入学需求，学位严重不足。同时随迁子女的流动性较大，有效的预测与监督机制尚未建立，"两纳入"（将常住人口纳入区域教育发展规划、将随迁子女教育纳入财政保障范围）政策的实施还需要时间，短时期内城市义务教育资源紧张的局面难以有效破除。

保障随迁子女享有平等的义务教育入学机会，迫切需要深化教育管理体制改革。第一，坚持"两为主"政策，强调落实流入地政府和公办学校对随迁子女的教育责任。第二，明确流出地政府的职责。目前对流出地政府责任的规定不明确、不具体，给流入地政府的管理工作带来了不少困难。建立健全流入地与流出地政府的合作机制。流出地政府应当做好流出随迁子女以及回流随迁子女的统计与信息传递，以便流入地政府改进随迁子女教育。第三，针对公办教育资源不足的困境，应发挥民办教育的作用，政府可以向民办学校购买学位。截至2014年年底，全国随迁子女在公办学校就学比例保持在80%左右。此外，政府购买的民办学校学位不断增加，2014年达到124.6万个（张爽，2015）。

对接收随迁子女的学校提出要求，要为随迁子女创造平等的教育环境，帮助其尽快融入学校生活。随迁子女进入城市学校后，学校应将其与城市学生统一管理、统一编班、统一教学、统一安排活动，在评优奖励、入队入团、课外活动等方面一视同仁。开学后学校应将随迁子女的教育教学情况纳入教师学期考核，完善农民工家庭联系制度，使学校、教师、家长及时了解学生的学习和生活情况，增强学校、家庭的教育管理意识。同时，采取有效措施优化学生关系，教育其他学生尊重、关心每一位随迁子女，帮助随迁子女克服心理障碍，尽快适应新的学习环境。

4. 建立健全农村留守儿童管理制度

目前，我国对随迁子女接受义务教育有诸多规定，但是留守儿童的义务教育尚未得到足够重视，针对留守儿童义务教育管理的规定与政策尚未明确。留守儿童的教育是城镇化进程中一个不可忽视的结构性教育问题。各级政府和学校都要积极探索留守儿童管理的新途径和新办法，严格责任追究，切实履行好管理和教育留守儿童的责任。

首先，政府应加强政策和资金支持，高度重视留守儿童的教育问题，在政策上向农村学校、薄弱学校倾斜，加大投资力度，提升农村学校的设备水平和师资力量，加强对留守儿童的管理，建立留守儿童档案并设专人负责。其次，农村学校应在现有资源的基础上，根据学校留守儿童的基本情况加强管理，班主任应关心、关爱留守儿童，尤其关注其心理健康状况。学校还可配备专业的心理教师。再次，建立家校合作机制，加强留守儿童、学校和外出务工家长之间的联系，促进留守儿童健康成长。

三、学前教育管理体制改革

学前教育是国民教育体系的基础，《教育规划纲要》明确了 2010—2020 年学前教育的发展任务："基本普及学前教育，重点发展农村学前教育。"《幼儿园教育指导纲要（试行）》要求："城乡各类幼儿园都应从实际出发，因地制宜地实施素质教育，为幼儿一生的发展打好基础。"《幼儿园工作规程》规定："幼儿园是对三周岁以上学龄前幼儿实施保育和教育的机构，是基础教育的有机组成部分，是学校教育制度的基础阶段。幼儿园一般为三年制，亦可设一年制或两年制的幼儿园。幼儿园可分为全日制、半日制、定时制、季节制和寄宿制等。上述形式可分别设置，也可混合设置。"以上这些规定，都为学前教育的改革与发展提供了重要依据。

目前我国学前教育实施"地方负责，分级管理"的管理体制，各级政府管理职责不明确，同时学前教育管理责任主体重心过低，统筹协调和财政保障能力严重不足，管理体制改革滞后。目前学前教育仍是我国教育体系的薄弱环节，一方面，学前教育未被纳入义务教育，社会对学前教育的关注度相对较低，我国学前教育管理体制改革远远落后于义务教育管理体制改革，学前教育管理紊乱，运行机制落后。另一方面，学前教育领域存在多头管理，责任主体不清。长期以来公办幼儿园数量不足、布点不均衡，一些较为贫困和偏远的地方甚至连一所正规幼儿园都没有，适龄儿童的入园率无法保证。另外，贫困家庭子女由于家庭经济困难，难以承担相关的教育费用，往往难以接受正规的学前教育。

1. 坚持学前教育归口教育部门统筹管理

我国大多数地区的学前教育还存在着"职责不清，多头管理，有利则管，无利不管"的管理乱象，同时相关部门之间缺少沟通和联动，导致管理效率低下。特别是近年来，城镇及农村民办园数量激增，一些地方的工商、民政等部门越权对民办园进行审批，向民办园收取审批、年检、税收等费用，教育部门很难协调解决。

针对管理混乱现象，应明确各级政府的学前教育办学责任。坚持学前教育归口教育部门管理的原则，实行地方负责、分级管理、有关部门分工配合的管理体制，明确管理责任，完善管理机构，同时对其管理情况进行定期或不定期抽查，并建立合理的管理评价体系和相应的奖惩机制。庞丽娟等人的研究发现，当前我国学前教育管理体制面临的突出问题表现在：政府主导发展学前教育的职责不明确，管理体制改革严重滞后；不同层级政府间职责不明确，权责配置不合理；学前教育管理的责任主体重心过低，统筹协调和财政保障能力严重不足。因此，改革完善我国学前教育管理体制的政策要坚持"省级统筹，以县为主"，提升学前教育责任主体重心。改革的重点在于实现管理主体重心和财政保障重心的"双上移"；改革的关键在于抓住中央、省、县三级政府之间的权责利关系及其调整，并注意发挥地市和乡镇的职能。（庞丽娟，范明丽，2013）

实现学前教育管理主体重心的"上移"有利于统筹协调城乡学前教育资源，提升学前教育资源保障能力。一方面，保障城镇适龄学前儿童平等地接受学前教育，尤其是保障随迁子女进入正规的幼儿园就读；另一方面，增加农村学前教育资源，提升农村幼儿园的办学条件与办学水平，保障农村地区，尤其是偏远山区儿童平等地享受学前教育。

2. 出台保障随迁子女学前教育权益的政策法规

目前关于随迁子女接受义务教育已有相关规定，但保障随迁子女接受学前教育的法律和政策尚未出台，随迁子女这一弱势群体的学前教育权利尚未得到立法支持。"在立法问题上，我国可借鉴国际上学前教育立法的成功经验，通过制度完善与优化，明确'弱势补偿'的具体措施，保障所有儿童均能接受基本的、有质量的学前教育，努力促进教育起点的公平。"（罗英智，李卓，2012）同时借鉴义务教育阶段"两为主"的政策措施，发挥流入地政府和公办园对随迁子女学前教育权益的重要保障作用，同时加强对民办园的管理和监管，使随迁子女接受平等的学前教育。

根据农民工这一群体流动性大、难以预测的特点，可尝试推行"学前教育券"制度。在户籍制度尚未彻底改革的背景下，根据"弱势补偿"的原则，借鉴西方发达国家的经验，为符合一定条件的、有适龄幼儿的家庭提供"学前教育券"，其子女进入幼儿园后可用"券"抵消部分教育费用，以此来保障随迁子女接受有质量的学前教育。

3. 建立促进农村学前教育发展的体制机制

农村学前教育是我国普及学前教育的薄弱点，应确立农村学前教育发展的重要地位，并在相关法律和政策中予以刚性规定。研究发现"当今世界主要国家和地区政府均明确以优先普及农村学前教育为基本战略方向，通过确立政府主导地位等方式大力推动农村学前教育普及，取得了显著成效"（夏婧，庞丽娟，李琳，2014）。《教育规划纲要》提出的发展农村学前教育的基本工作思路是：把发展农村学前教育纳入社会主义新农村建设规划，努力提高农村学前教育普及程度，着力保证留守儿童入园。

确立大力发展农村学前教育的战略，提高农村学前教育普及程度，是缩小城乡学前教育质量差距、促进教育公平的现实要求。

第一，要强化政府的主导地位。有研究发现，由于农村学前教育中政府的缺位与失位，社会力量成为农村学前教育的主导力量，民办幼儿园异军突起而管理失范，社会力量办园缺乏规范的制度保障，学前教育的普惠性等公共属性削弱（李少梅，2013），因此农村学前教育迫切需要强化政府的主导地位，加强学前教育发展政策的顶层设计，加强农村学前教育督导机制建设，强化政府主管部门的服务意识、质量意识，提升农村学前教育的质量。

第二，要采取多种措施保证留守儿童接受学前教育。城镇化进程中产生了大量留守儿童，研究发现，0—5岁农村留守儿童已经达到2342万人，在农村留守儿童中占38.37%（陈红梅，阎瑞华，2014）。如此庞大的留守儿童群体的学前教育问题尚未得到有效解决。农村留守儿童家庭条件差，且农村学前教育资源严重不足，留守儿童入园问题堪忧。因此应建立农村留守儿童学前教育公共服务体系，完善政府职能，加强投入，逐步推进城乡学前教育一体化。

四、职业教育与继续教育管理体制改革

我国职业教育与继续教育管理体制亟待改革。职业教育由教育行政管理部门、劳动与社会保障部门、行业主管部门、企业等机构分条块管理，存在着明显的多头管理、职能交叉的特点。继续教育由行业、部门、高校、培训机构开展，政府统筹、部门负责、分类指导、规范办学、质量评价等相关机制尚未形成。

我国农民工规模较大，职业培训被认为是提升农民工人力资本、提高收入的一条重要途径。在当代社会，个人的受教育程度日益成为影响其收入水平的一个关键因素。有研究发现：职业培训可显著提升农民工工资，

但不同类型职业培训存在较大异质性，技能型培训的作用最明显，参与多次培训或职业培训的时间较长，才能对农民工工资增长带来实质性影响。（宋月萍，张涵爱，2015）因此，提升农民工的技能水平和促进农民工的市民化迫切需要对农村转移人口进行培训。

职业教育是推进产业结构优化升级、转变经济增长方式的重要保障，是缓解劳动力供求结构矛盾的关键环节。职业教育对于城镇化建设具有重要作用，它直接为经济发展提供人力支持，在职培训和技能培训有助于大量失地农民、离乡农民工实现再就业。在一定意义上说，职业教育质量的高低直接影响经济发展的整体实力，影响城镇化的速度和效益。

《教育规划纲要》指出，"继续教育是面向学校教育之后所有社会成员的教育活动，特别是成人教育活动，是终身学习体系的重要组成部分"。研究发现，改革开放以来，我国专业技术人员继续教育、成人教育、自学考试、函授、远程教育、社区教育、职工教育以及扫盲、老年人教育、全民阅读、终身教育等方面的政策法规在制定、修订或废止过程中不断发展和完善，体现了从满足国家需要到关注人的全面发展、从学历补偿到素质提升、从集权管理到简政放权、从分散立法到综合立法、从重城市到面向农村和新型城镇化的价值逻辑。（杨向卫，2014）

农村剩余劳动力转移、失地农民培训、进城务工人员的培训与融合都要求职业教育的城乡统筹发展。但在社会转型过程中，我国职业教育和继续教育管理体制仍存在不适应经济和社会发展对人才培养的要求，亟须进行改革。

1. 理顺农民工教育管理体制

我国农民工职业教育和继续教育管理上的突出问题是多部门参与和部门之间的"各自为政"，很大程度上与政府主导作用的发挥不足有关。理顺农民工教育管理体制，应从以下两个方面入手。

其一，由政府牵头，建立专门部门，统筹协调各个职能部门的关系。职业教育内部的中职、高职分属不同教育部门管理，职业教育与职工培训分属教育部门和劳动部门管理，这种管理上的条块分割势必给城乡职业教育统筹带来困难。同时我国多个部门都参与了针对农民工的教育和培训，造成政出多门、多头管理等问题，导致继续教育类别结构发展不够完善、专业结构发展不平衡、层次结构发展不协调、空间布局结构不均衡。（甘琼英，何岩，褚宏启，2013）因此，政府应牵头建立专门的部门，综合协调教育、劳动人事、财政、民政、农业等部门的农民工教育和培训资源，在一定程度上消减教育部门无法有效协调其他部门的弊端。在我国农民工职业教育资源少、管理不规范的现实背景下，这样的制度设计是非常必要的。

其二，开展农民工职业培训和继续教育，要理顺输入地政府与输出地政府的关系。"现行的规定与做法更多的是强调输出地职业教育与培训，关注的重点是农民工转移到输入地城市前的职业教育与培训，没有将农民工进入城市之后的教育培训工作进行政策层面的顶层设计与统筹管理，这在一定程度上影响了农民工市民化的进程与质量"。（马建富，2014）一方面，输出地对农民工培训质量不高，且没有针对性；另一方面，输入地政府企业缺乏培训意识，导致对农民工的教育培训成效不佳。理想的做法是，构建输入地和输出地政府相衔接的职业教育与培训体制。输出地主要侧重于职前通识性知识的培训，包括基本文化知识、相关就业政策法规等；输入地政府则根据人才需要结构进行技能型培训，输入地由于经济发达、职业教育水平较高，应更多地承担对农民工的补偿性教育。

2. 推进校企合作管理制度化

2010 年国务院办公厅《关于开展国家教育体制改革试点的通知》指出，"创新政府、行业及社会各方分担职业教育基础能力建设机制，推进校企合作制度化"。我国职业教育中的校企合作效果堪忧。一方面，职业学校学生的（绝大部分是农村生源）技能学习与实践缺少企业支持，很多实习学生沦为企业的廉价劳动力；另一方面，新生代农民工入职后的职业培训需要职业学校配合时，职业学校往往又面临着教学实训转型、培训能力不足等新问题，制约了学校培训职工的预期效果。推进校企合作是职业教育的关键环节，也是提升职业教育与培训成效的重要途径。

推进校企合作制度化，首先需要相关制度的刚性规定。制度的构建是产教融合发展的主要趋势。教育部门、就业部门、产业部门以及雇主组织之间的密切合作已成为职业技术教育改革与发展的重要保证（吴雪萍，2004）[18]。目前，我国已经有一些关于校企合作的相关规定，如 2007 年颁布的《国家税务总局关于印发〈企业支付学生实习报酬税前扣除管理办法〉的通知》以及 2010 年颁布的《教育规划纲要》和《中等职业教育改革创新行动计划（2010—2012 年）》，都对职业教育中的校企合作做出了明确的规定。但我国职业教育，尤其是农民工职业教育中的校企合作力度不够，且存在明显的地区差异，校企合作的育人合力发挥不足。这就需要地方各级政府高度重视职业教育的校企合作，根据本地实际制定地方的政策条例，使校企合作落到实处。

其次，建立校企互信，促进产教融合。职业学校和企业要通过多种方式建立校企互信，实现双赢。现实中往往出现这样的矛盾：职业教育学校生源不足，农民工找不到合适的培训机构和工作单位，而企业出现"用工荒""技工荒"。其原因往往在于职业教育、企业、农民工之间没有建立"连接"。正规职业教育面向人人，向农民工开放，为想要接受职业教育和培训的农民工提供学习机会；农民工职业培训和继续教育要进一步提升水平，建立健全合作发展机制，加强新生代农民工职业教育管理，提升新生代农民工教育质量；企业要树立长期的战略发展观念，政府应运用奖励政策和制度鼓励企业参与校企合作，同时要发挥市场机制的作用。

3. 建立城乡一体的职业教育发展机制

目前城乡二元的职业教育管理体制不利于城镇化的推进，国家要统筹城市职业教育和农村职业教育的协调发展。"城乡职业教育统筹是职业教育发展的新思维，它着重于打破城乡二元分割分治的管理体制，把城市和农村的职业教育放在一个统一的大系统中，统筹规划、合理布局，建立城乡统一的职业教育与培训体系、劳动用工和就业管理制度，促进城乡劳动力的公平竞争、平等就业，推动农业、工业和服务业劳动力的平衡协调发展。"（邬志辉，2012）

建立城乡一体的职业教育发展机制，要确立"面向农村"的职业教育新概念，大力发展农村职业教育。城镇化的快速发展，对从农村转移出来的劳动者的素质提出了更高的要求。由于城乡教育发展水平差别较大，相对于城镇居民而言，农村转移进城人员的整体素质和技能水平比较低，他们很难就地转入对技能要求更高的工作，开拓新的就业空间，这就制约了他们的生存和发展能力以及生活水平的提高，使他们难以适应城镇化建设的需要。因此，农村职业教育应该积极为农村劳动者及其他社会成员提供多种形式、多种层次的职业教育和职业培训，对他们进行现代生产技术、信息技术、安全生产、环境保护、法律法规、心理健康、职业道德等方面的培训。

建立城乡一体的职业教育发展机制，要以城乡一体化发展为目标，对城乡职业教育发展进行战略规划，使二者能够协同发展，最终实现办学效益的最大化。建立健全城乡职业教育服务体系，教育行政部门应与其他政府部门强化沟通与交流。在职业教育管理体制改革工作中，政府应推进自身宏观管理职能的发挥。成都市坚持把职业教育的发展作为建立公共服务保障体系的重要内容，坚持大力发展农村职业教育成为农促教育政策的主旋律。成都市 65% 以上的高中阶段生源在农村，普及高中阶段教育的重点和难点在农村，突破口在中等职业教育，特别是农村中等职业教育。通过统筹城乡职业教育，打通不同地域、类型、层次职业教育的壁垒，建立起成都区域内开放的职业教育体系，方便初中毕业生跨区域选择各类职业学校就读，健康地推进区域内职业教育招生工作。同时建立优质职业教育资源共享平台，提高全市职业教育资源的使用效益，解决郊区（市）县，尤其是边远地区学位不足的矛盾，满足农村地区初中毕业生对优质职业教育的需求。同时成都市还探索了职业教育投资机制改革。为加快推进统筹城乡教育综合改革试验区建设，促进中等职业教育健康发展，成都市出台了《中等职业教育券发放实施办法》，从 2009 年 9 月 1 日起正式实施。每人每年 1200 元的中等职业教育券可以惠及成都市 89000 余名中职学生。

五、教育管理体制改革的未来走向

城镇化对教育管理体制改革提出了新的要求与发展方向，对管理民主化的要求更高。改革的最终目标是实现城乡教育管理的一体化。

其一，推进教育管理的民主化。目前我国教育管理的民主化程度严重滞后于城镇化的发展速度。从长远来看，民主化是城镇化进程对教育管理的必然要求。党的十八届三中全会正式提出"推进国家治理体系和治理能力现代化"，教育治理也引起研究者的广泛关注。在城镇化背景下，教育管理体制的改革要"以共治求善治"，"治理的典型特征是多元主体参与的共同治理，即'共治'。共治是路径，善治（good governance，'好治理'）是目标"。（褚宏启，2014a）城镇化进程中的教育管理涉及多元主体，如随迁子女、留守儿童、农民工、教师、学生等，对他们的管理就要关注到其声音（voice）。对农民工的教育管理不能只是教育行政部门的"一厢情愿"，而应该聆听当事人的意见和想法，了解他们需要什么样的培训，什么形式的教育会更吸引其参与，教育仍存在哪些问题等。对随迁子女的教育管理则需要其家长的参与。针对随迁子女的特殊性，学校应为其提供有针对性的教育内容和教育方法，如有的随迁子女不会说普通话，有的没有英语基础，这都需要学校有针对性地去对待。城镇化的本质与核心是实现人的城镇化，推进教育管理的民主化是实现人的城镇化、坚持以人为本的内在要求，只有让利益相关者，尤其是弱势群体发出自己的声音，才能从本质上真正地实现城镇化。

其二，实现教育管理的城乡一体化。城镇化的目标之一是实现教育的城乡一体化，因此需要促进教育管理的城乡一体化，摒除城乡教育管理的界限，以城带乡，促进农村教育管理的发展。制定城乡统一的教育规划并实施动态监测，加强政策的顶层设计，实现多部门协作的教育发展机制，实现教育管理部门的内部协作。针对新形势、新问题，增加新的教育管理机构，规范机构设置，优化编制配备。按照镇（街）学校数、在校生数、教师数三项指标，核算教育管理部门行政编制标准，以优化管理幅度，提高管理效能。赋予各级政府及教育行政部门适度的管理权限，实现教育管理权、责、利的统一。

第二节　办学体制改革

办学体制反映了国家对办学主体及其办学资质的制度性规定，体现了学校由谁办、办什么的制度安排。通过办学体制改革，可以激发与教育相关的行为主体参与办学和投资办学的积极性，改变原有的教育管理模式，开发、重组已有和潜在的教育资源，形成新的教育体制，催生学校发展的内源性动力。（胡卫，等，2010）[1-2] 目前我国办学体制的现状是以公办学校为主，民办学校和私立学校发展缓慢，社会力量办学需要进一步加强。

城镇化进程中，人们对优质教育资源的需求与有限的教育资源之间的矛盾日益突出，迫切需要形成多元化的办学体制，鼓励与引领民办教育、私立学校的发展，促进城乡教育的共同发展。《教育规划纲要》指出，"坚持教育公益性原则，健全政府主导、社会参与、办学主体多元、办学形式多样、充满生机活力的办学体制，形成以政府办学为主体、全社会积极参与、公办教育和民办教育共同发展的格局"。针对公办学校，要积极深化办学体制改革，增强办学活力，提高办学效益，"各地可从实际出发，开展公办学校联合办学、委托管理等试验，探索多种形式，提高办学水平"。针对民办教育，要"大力支持民办教育，鼓励社会力量办学，依法管理民办教育"。

一、问题与挑战

城镇化进程中随迁子女、农民工的流动，对办学体制的开放性和灵活性提出了要求与挑战。原有的以政府办学为主导的办学体制无法满足人们多元的教育需求，迫切需要深化办学体制改革，促进办学主体的多元化，提升公办、民办学校的办学活力。

1. 城乡公办学校和民办学校之间的互动受到制度制约

公办学校是国家和地方政府所办的学校的通称，其经费来自政府拨款或地方居民所纳税款。政府教育行政部门确定办学方针和原则，统一教学计划和教学大纲，聘任校长和教师。（顾明远，1998）[1058]私立学校或民办学校是指由个人或社团开办的学校。城镇化进程中，学校可以划分为城市公办学校、农村公办学校、城市民办学校和农村民办学校。不同类型的学校共同承担着教育责任，学校之间互通有无、互助互惠有利于城乡教育均衡发展，有利于促进城镇化的发展。但是目前不同类型学校之间的互动受到制度制约。

其一，城乡公办学校之间差距悬殊，尚未建立健全城乡学校互动的办学机制。其二，城市内部公办学校之间存在差异，形成新二元教育格局，尚未建立健全城市内部公办学校互动的办学机制。其三，公办学校与民办学校各自为政，尚未建立两者之间互动的办学机制。总体来讲，城乡之间、公办学校与民办学校之间的互动受到制度约束。要探索多种形式的办学体制，提高学校的办学水平。

我国各地已经进行了办学体制改革实验，探索了改革的方法和途径。如北京市推行名校办分校、城乡一体化、一校多址、九年一贯对口直升、优质学校捆绑普通学校等多种方式；吉林省推行多形式、多类型的大学区制，整合区域教育资源。但目前来看，办学体制改革尚有很大空间需要拓展，城乡学校、城市内部学校的互动互惠机制还未建立，因此，应加大公办学校办学体制改革力度，扩大学校的自主权，以政府为主导，建立促进城乡学校、公办学校和民办学校交流互动的长效机制。以探索城乡学校合作为抓手，采取多样化的办学形式，切实缩小城乡教育质量差距，推进城乡教育一体化发展，促进城乡教育公平。

2. 城乡民办教育发展不足

由于教育资源有限，单纯依靠政府和公立学校无法满足人民日益增长的教育需要，应改革办学体制，鼓励与支持多主体办学。鼓励民办教育发展，为社会提供多样化的教育与培训。通过多样化的教育与培训，不断满足农村高中应届毕业生和其他社会成员接受更高一级教育的愿望。要加大农民工职业培训力度，通过政府支持、市场运作，充分发挥社会各方面参与培训的积极性，建立促进农民工培训的多元投入机制，提高农民工技能水平和就业能力，促进农村劳动力向非农产业和城镇转移。

城镇化背景下，民办学校的发展对于解决随迁子女和农民工的教育问题、扩大优质教育资源、促进教育公平具有十分重要的作用。但由于我国民办教育起步较晚和发展较慢，民办教育发展中存在顶层设计与整体规划不够、法人属性存在争议、产权及合理回报不明确、办学自主权落实不到位、教师权益保障不力、内部法人治理结构不完善等问题。（周海涛，2014）政府对民办学校的监管有待进一步加强，对民办学校要"分类管理，差别化扶持"（董圣足，2015），对"营利性"和"非营利性"民办学校进行分类管理，坚持教育的公益属性，突出教育的育人功能。

3. 打工子弟学校的存在与发展面临困境

打工子弟学校是在城镇化进程中因城市学校无法完全吸纳随迁子女而产生的一种办学形式，是在我国社会转型过程中，基层民众为自行解决子女入学问题而举办的特殊性质的学校。这些学校长期独立于城市和农村两重教育管理体制之外，被称为教育的第三类结构，非"公"非"民"，法律地位难以界定（高莉，李刚，2011）。大部分打工子弟学校收费低、办学灵活、办学条件差，仅能维持日常运作。打工子弟学校尚未获得合法地位，很多地方政府采取"不鼓励，不支持，不取缔，但出现任何事故打工子弟学校必须担当全责"的默许政策，也有地方政府采取了刚性的取缔政策。打工子弟学校只有在法律框架下实现办学性质、办学功能的转型才能获得生存和发展，政府部门要加强监管，帮助其转变为民办学校或者其他类型的合法学校。

4. 农民工教育培训机制尚未理顺

城镇化进程需要更多的专业人才，对农民工的教育培训需要政府、企业、正规职业教育和继续教育部门的多方参与。目前对农民工的教育和培训成效不理想，很重要的原因就是参与主体与培训形式单一。政府在农民工教育和培训中的主导地位发挥不足，企业在农民工教育和培训中的作用尚未得到有效发挥，正规的职业教育和继续教育尚未向农民工开放。正规的职业教育生源不足，而很多农民工有接受技能培训的需求，两者之间未能实现有效对接。职业教育应该为减少农民工失业或底层就业设置安全网。同时要加强对城市继续教育的研究，解决社区学院能否向农民工开放、怎么开放等问题。

二、义务教育办学体制改革

近十年来，我国义务教育均衡发展在政策层面，从"效率优先"的重点发展转向"公平取向"的均衡发展；在实践意义上，由普惠式均衡走向多样化优质均衡。（杨小微，2014）"公平取向"和"多样化优质均衡"都对义务教育办学体制改革提出了新的要求，这也是城镇化对义务教育的总体要求。为实现城乡学校均衡发展，完善多元化的办学体制，实现教育多样化的优质均衡，让各个群体，尤其是随迁子女和留守儿童享受均衡化、高水平的义务教育公共服务，义务教育学校的办学体制改革势在必行。义务教育办学体制改革主要包括：其一，深化公办学校办学体制改革，主要是探索建立城乡学校互惠互动的机制；其二，积极鼓励与扶持民办学校的发展，发挥民办学校在解决随迁子女接受义务教育问题中的作用，提升民办学校教育水平，加强支持和监督力度；其三，加强对打工子弟学校的监管，采取多种措施，促进打工子弟学校向合法化的民办学校转化。

1. 探索城乡学校互惠互动的新机制

以促进城乡教育统筹发展为目标的办学体制改革形式多样，虽然名称各异，但共同的显著特征是以城乡学校合作为抓手，在行政力量的推动下，实现校际教育资源共享和跨校人员联动，形成城乡学校资源共享、人员互动、管理一体的运行机制，从而实现城乡学校共同发展。其实质是城市校对农村校进行帮扶，从而实现城市校反哺农村校。

各地在实践中探索出了许多城乡学校合作的新模式，总结起来大致有以下五种。第一，名校集团化模式。这种模式采用"一个法人代表，多个法人单位，一套领导班子，一种管理模式，多个学校校区"。这种模式本质上是一种"以强带弱"式的市场主导型改革，它在促进优质教育资源迅速扩张的同时也存在一系列问题，如优质教育资源的稀释、学校发展的同质化等。第二，委托管理模式。这种模式通常采用优质教育资源"整体进驻"的方式，将城区学校先进的教育理念与实践直接"植入"被托管学校。由托管双方的教育行政部门牵头确定对口的市区优质学校和农村薄弱学校，市区优质学校根据农村薄弱学校的办学情况制定"托管方案"，农村薄弱校接受市区优质校的委托管理，对学校进行全面改造，最终借助第三方评估机构对托管学校的教育改革效果做出评估。第三，手拉手模式。这种模式通过城乡学校"联谊"，实现城市校对农村校的帮扶。这种帮扶往往具有单向性，对于城市学校只讲贡献不求回报，城乡学校合作缺乏长效的激励机制。第四，结合式发展模式。这种模式通常以一所优质校为龙头校，结合若干农村校或薄弱校组成学校共同体，各校保持独立法人地位，人、财、物和事分置。此种帮扶模式对行政干预的依赖性较大，如果没有政府的考核评价，就很难保证优质校对薄弱校的帮扶落实到位。第五，一校多校、一校多区模式。这种模式是以一校多区的方式推进优质教育资源均衡化，也是利用名校的品牌效应扩充优质资源。这一方式在人口激增的地区更为常见。

2. 鼓励与扶持民办学校发展

城镇化进程中，大量农业人口进入城镇，为民办教育发展带来难得的机遇。政府应当按照建设服务型政府的要求，切实履行统筹规划、政策引导、监督管理和提供公共教育服务的职能，从制度上保障民办教育的地位，规范民办教育的管理行为，推动民办教育的发展。2012年发布的《国务院关于深入推进义务教育均衡发展的意见》指出，在公办学校不能满足需要的情况下，可采取政府购买服务等方式保障进城务工人员随迁子女在依法举办的民办学校接受义务教育。各地政府也通过购买学位的方式扶持招收随迁子女的民办学校发展，同时也满足了随迁子女的教育需求。如广东省财政2012年安排经费5000万元资助和奖励民办教育发展，有相当一部分经费用于资助主要招收随迁子女的民办学校。广州、深圳、东莞等地都设立了民办教育发展专项资金。深圳市已向民办学校购买义务教育学位5.1万个。

鉴于民办教育的重要作用，促进民办教育的发展成为办学体制改革的主要任务之一。第一，应把握阶段发展特征，对民办学校"求同存异"，实施差别化管理，给予民办学校充分的办学自主权，对营利性民办学校和非营利性学校实行差异化财政扶持和税费优惠政策，创造有利于民办教育发展的环境。第二，完善法律法规，提供政策保障，消除显性和隐性的壁垒，为民办学校发展扫除制度障碍。第三，明确学校产权归属，推进分类管理，落实民办学校的优惠政策，吸引民间资本投资教育。第四，落实办学自主权，凸显特色。民办学校拥有更大的灵活性和办学自主权，政府应充分保证和落实民办学校的办学自主权，发挥市场的作用和优势。

3. 加强对打工子弟学校的监管

随迁子女就学途径一般包括：公办学校、民办公助学校、民办学校（含打工子弟学校）等。其中民办学校往往收费较高，让随迁子女望尘莫及。公办学校教育资源有限，且城市学校布局面临老城区建设用地资源紧张，拆迁困难，难以新建、改扩建学校并增加学位等问题，因此公办学校接收随迁子女的空间往往受到限制。民办公助学校只需要缴纳一定的借读费就可以入学，往往受到随迁子女的欢迎，但这类学校资源也有限。打工子弟学校是在城镇化进程中应运而生的产物，这些学校以收费低廉、办学灵活为主要特点，一定程度上解决了随迁子女义务教育问题，但是很多学校设施简陋，缺乏必要的办学条件，缺乏办学资质，无证办学现象频发，政府应加强对其的监管和改造，取缔一部分缺乏办学资质、没有办学条件的打工子弟学校，扶持和改造符合办学规定的打工子弟学校，使其合法化，成为具备办学资质的民办学校。

三、学前教育办学体制改革

《教育规划纲要》指出：到 2020 年，普及学前一年教育，基本普及学前两年教育，有条件的地区普及学前三年教育。同时，政策要向农村欠发达地区倾斜，将学前教育发展融入社会主义新农村和新型城镇化的规划建设当中，努力打造社会各界共同参与的办园体制。作为《教育规划纲要》的补充，2010 年出台的《国务院关于当前发展学前教育的若干意见》要求把发展学前教育摆在更加重要的位置，坚持公益性和普惠性，努力构建覆盖城乡、布局合理的学前教育公共服务体系，保障适龄儿童接受基本的、有质量的学前教育；必须坚持政府主导、社会参与、公办民办并举，落实各级政府责任，充分调动各方面积极性。之后，国家又先后出台《幼儿园工作规程》《中小学幼儿园安全管理办法》和《3—6 岁儿童学习与发展指南》等文件，确定了学前教育的发展目标，对学前教育机构的建设提出了要求，指明了学前教育的发展方向。

研究发现，我国学前教育办学体制改革经历了公办园为主体的办园格局（1979—1992 年）、集体办园突出的多元格局（1993—2003 年）、民办园为主体的多元格局（2004 年至今）三个阶段。从 2004 年开始，全国民办园总数已经超过公办园总数，2011 年全国幼儿园总数为 1668 万所，其中民办园 1154 万所，公办园整体呈减少趋势，民办园整体呈增长趋势。（罗曼，2014）城镇化背景下，大量随迁子女进入城市给城市学前教育体系造成压力，农村学前教育发展缓慢且困难重重，学前教育资源不足在根本上制约着学前教育的健康发展。

1. 坚持公办民办并举的办园体制

《国务院关于当前发展学前教育的若干意见》指出：坚持政府主导，社会参与，公办民办并举，落实各级政府责任。一方面大力发展公办幼儿园，提供"广覆盖、保基本"的学前教育公共服务；另一方面鼓励社会力量以多种形式举办幼儿园，通过保证合理用地、减免税费等方式，支持社会力量办园。引导和支持民办幼儿园提供普惠性服务。

近年来，尤其是《教育规划纲要》发布之后，发展学前教育被提到历史的新高度，受到前所未有的关注，学前教育发展迅速。然而，"冰冻三尺非一日之寒"，学前教育发展的问题仍很突出。由于地方政府对学前教育的重视度不足，很长时间内缺乏统一的领导部门管理学前教育事务，在办学体制多元化的情况下，民办学前教育机构大量涌现，政府缺乏管理经验，对民办学前教育机构的管理存在各管理部门权责不清、管理依据不明等问题，出现多头审批、多头处理或无人审批、无人处理的尴尬局面。大量非法民办学校存在，幼儿园安全问题频频出现，师生权益得不到有效的保障。因此，解决学前教育的问题，关键要发挥政府的主导作用，提升政府管理水平。大力发展公办幼儿园，加大政府投入，新建、改建、扩建一批安全、适用的幼儿园。不得用政府投入建设超标准、高收费的幼儿园。中小学布局调整后的富余教育资源和其他富余公共资源，优先改建成幼儿园。鼓励优质公办幼儿园举办分园或合作办园。制定优惠政策，支持街道、农村集体举办幼儿园。同时，要加强对民办幼儿园的扶持和监管力度，取缔无资质的非法民办幼儿园，支持和引导符合办园条件的民办幼儿园发展。发挥市场的作用，鼓励社会力量举办幼儿园，积极扶持民办幼儿园特别是面向大众、收费较低的普惠性民办幼儿园发展。采取政府购买服务、减免租金、以奖代补、派驻公办教师等方式，引导和支持民办幼儿园提供普惠性服务。民办幼儿园在审批登记、分类定级、评估指导、教师培训、职称评定、资格认定、表彰奖励等方面与公办幼儿园具有同等地位。增加优质学前教育资源，提升学前教育服务水平。如东莞市探索镇村合作办园、公办民管、民办园举办公办班等办园模式，有效扩大公办和普惠性幼儿园的比例，提升村（社区）集体办幼儿园的整体水平。湖北积极落实政府主导、社会参与、公办民办并举的办园体制。湖北各县级人民政府将幼儿园用地统一纳入本地土地利用总体规划，优先保障和满足幼儿园合理用地需求。探索公办、民办学前教育机构合作办园，鼓励推进优质园办分园和股份制办园，走连锁化、集团化、品牌化道路。积极研究制定支持民办幼儿园发展的具体政策，鼓励社会资金投入发展民办教育事业。

2. 完善农村学前教育发展的体制机制

《国务院关于当前发展学前教育的若干意见》十分关注农村学前教育的发展，指出要努力扩大农村学前教育资源。要求各地把发展学前教育作为社会主义新农村建设的重要内容，将幼儿园作为新农村公共服务设施统一规划、优先建设、加快发展。各级政府要加大对农村学前教育的投入，从 2010 年开始，国家实施推进农村学前教育项目，重点支持中西部地区；地方各级政府要安排专门资金，重点建设农村幼儿园。乡镇和大村独立建园，小村设分园或联合办园，人口分散地区举办流动幼儿园、季节班等，配备专职巡回指导教师，逐步完善县、乡、村学前教育网络。改善农村幼儿园保教条件，配备基本的保教设施、玩教具、幼儿读物等。创造更多条件，着力保障留守儿童入园。发展农村学前教育要充分考虑农村人口分布和流动趋势，合理布局，有效使用资源。

我国农村学前教育发展存在种种问题和阻碍，集中表现在投入不足、幼儿园性质单一、师资结构不合理、规模参差不齐、教学内容安排不合理、设施简陋、城乡发展不均衡等问题（张银爱，高丽芳，2014）（石丽娟，刘京花，2013），办学体制上主要是以村办园为主，办园性质单一，市场机制在一定程度上失灵，政府对农村学前教育重视不足，导致农村学前教育发展缓慢。《教育规划纲要》指出："采取多种形式扩大农村学前教育资源，改扩建、新建幼儿园，充分利用中小学布局调整富余的校舍和教师举办幼儿园（班）。发挥乡镇中心幼儿园对村幼儿园的示范指导作用。支持贫困地区发展学前教育。"各级政府应在加大投入的基础上，重点建设农村幼儿园，着力保障留守儿童接受学前教育，努力实现《教育规划纲要》普及学前教育的目标。

3. 建立城乡统筹的学前教育发展机制

在城镇化大背景下，学前教育的发展不能短视，而应建立与强化城乡统筹的学前教育发展思路，破除城乡二元体制下学前教育发展的障碍，落实学前教育普惠性发展。城镇幼儿园建设要充分考虑进城务工人员随迁子女接受学前教育的需求，农村学前教育要着力保障留守儿童入园。

城乡统筹意味着要统一预测与计划、统一实施与指挥、统一掌控为一体的通盘筹划、全面规划与安排等内涵。城乡学前教育统筹发展是针对城乡学前教育分割发展的现状提出来的，其最终目的是要缩小由城乡学前教育发展带来的城乡教育差距，实现教育公平。各级党委、政府、人大和政协是统筹城乡学前教育的主体，有责任、有义务通过制定制度、调配资源、优化管理运行机制，缩小区内园与园的办学差距，办好每一所幼儿园，推进区域内学前教育的均衡发展。

四、职业教育与继续教育办学体制改革

《教育规划纲要》指出，在职业教育方面，要"调动行业企业的积极性。建立健全政府主导、行业指导、企业参与的办学机制，制定促进校企合作办学法规，促进校企合作制度化"。《国家新型城镇化规划（2014—2020年）》十分关注对农民工的职业教育和继续教育，指出要"加强农民工职业技能培训，提高就业创业能力和职业素质"。关注政府、企业、高等学校、各类职业院校和培训机构等多元主体在促进农民工职业教育和

培训中的作用，"整合职业教育和培训资源，全面提供政府补贴职业技能培训服务。强化企业开展农民工岗位技能培训责任，足额提取并合理使用职工教育培训经费。鼓励高等学校、各类职业院校和培训机构积极开展职业教育和技能培训，推进职业技能实训基地建设"。

1. 发挥政府在农民工职业培训中的主导作用

新生代农民工的职业培训与继续教育应以政府为主导，强化政府组织领导和提供服务的责任。新生代农民工的职业培训属于准公共产品，存在着严重的市场失灵，应明确政府作为责任主体的职能。（潘寄青，沈涛，2012）政府的宏观导向与协调，是培养大量有一技之长的新生代农民工的重要保障。政府的主导作用主要体现在两个方面：其一，在促进新生代农民工职业培训中发挥主导作用，包括提供必要的制度安排，进行规范化的组织领导，在培训过程中提供全面服务；其二，在组织协调新生代农民工职业培训中发挥主导作用，包括要建立政府、市场、社会三方结合的市场机制，要营造公平竞争的市场环境等。

为促进新生代农民工职业培训，政府可以在很多方面做出努力（王成辽，2011）（刘松颖，2013）（张文婷，2012）：第一，加强顶层设计，制定符合农民工特点的职业培训形式，提升职业教育和继续教育对农民工的吸引力；第二，对职业教育和继续教育的机构加强监管，制定农民工培训的标准，对培训机构的师资力量、培训内容、培训设施加以规定，完善新生代农民工教育培训的相关法律法规，为农民工参与职业教育和继续教育提供制度支持和法律支撑；第三，多种方式对农民工参与职业教育和培训进行支持。加大对农民工教育培训的投入力度，完善多种形式的培训补助，推广远程教育培训方式，利用大数据时代的特点，使农民工可以在空余的时间实现自主学习，完善资格准入制度，将培训与行业资格、技术资格证书制度挂钩，真正很好地解决农民工教育培训问题。

农民工职业培训涉及多个主体，组织协调各主体之间的关系显得尤为重要，这一工作责无旁贷地落在了政府身上。政府要搭建平台，将农民工与企业、市场、教育培训机构相联结，实现信息的共享与互通有无。其一，政府应着重在市场机制的建立、发展完善市场和形成公平有序竞争环境方面发挥重要作用。市场机制的引入避免了农民工培训服务上的垄断，引入市场竞争机制，破除不利于市场竞争的体制性障碍，健全相关政策，努力营造一个公平公正、竞争有序的市场环境。其二，政府要引导各主体发挥作用，通过政策倾斜和资金支持等方式鼓励和引导社会力量开展职业培训，鼓励和引导社会力量进行监督；要针对农民工职业培训推出一定的激励政策，鼓励企业和个人通过各种形式提供资金和多种形式的赞助，多渠道地筹集培训经费，并建立相关的培训基金；要引入市场机制，充分发挥农民工个体、用人单位、营利机构的各自功能，提高培训的实效性（熊惠平，2010）。其三，关注农民工自身的因素，对很多农民工来说挣钱是第一位的，而参与培训需要花费过多的直接成本或间接成本，让很多农民工望而却步。新生代农民工自身条件阻碍其顺利参加培训，政府应该站在农民工的立场上，关注农民工的想法，采取措施激励农民工参与教育培训。

2. 强化企业开展农民工岗位技能培训的责任

城镇化背景下，企业的发展越发注重"研发"推动的企业内生性发展，人力资本的作用更加重要，因此，企业必须高度重视职工的培训。企业对农民工的职业培训和继续教育重视程度不够，很多企业的农民工流动性大，且农民工培训往往存在"高培训意愿与低参培率""多元化培训需求与单一化培训现状""重技能培训与轻能力素质培训"并存的矛盾困境，加之培训耗费大量人力、物力资源，导致企业往往倾向于直接使用廉价劳动力，而不愿意培训劳动力。然而，在后人口红利时代即将到来的情况下，加强农民工的职业培训显得尤为重要。

企业是农民工开展工作的场所，强化企业在开展农民工岗位技能培训方面的责任，对促进农民工的职业教育和继续教育的发展十分关键。首先要放眼长远，转变观念。企业对新生代农民工培训的热情低，最根本的原因是观念与认识问题，很多企业认为培训没有用处或者是一个亏本的买卖，自然不愿意在农民工培训上花费心力。然而，以可持续发展的眼光来看，新生代农民工培训对企业的发展有长远的影响。制造业与建筑业是新生代农民工就业的重要领域，一些高瞻远瞩的企业很早就开始重视新生代农民工培训问题，并取得了卓越绩效。制造行业的伟创力是这方面的代表，该公司将新生代农民工技能提升作为部门经理的一个重要考核指标（张华初，陈友国，2005）。其次，解决农民工培训的资金问题，除了政府出资补贴之外，可以借鉴德国的经验，通过销售所得利息、租赁和红利、发行信用券、银行贷款、失业保险金提取等途径筹集，将新生代农民工培训投入纳入运营成本（付薇，李旭，2014），对表现优秀的农民工实行绩效加薪、职位变动。同时，激发新生代农民工培训的主人翁意识，鼓励他们通过自主出资、分期付款、小额免息贷款等形式支付培训费用。

3. 鼓励正规职业院校、高等学校向农民工开放

农民工的教育培训最终还要落实到教育机构上，正规的职业院校尚未完全放开，教育体系开放性不足，尚未做到学校和市场之间"来去自由"。大多数农民工学历较低，很多只有初中文化水平，经过几年社会打拼之后，很多新生代农民工想回到学校，学习专业知识，取得学历证书，得到社会认可，但这个愿望现在还很难实现。因此，应鼓励正规的中职、高职等职业院校和高等学校向农民工开放，让他们有机会提升自己。

一方面，实施校企合作，联合培养，推进校企合作办学制度化。发挥行业在预测人才需求、制定职业标准、指导专业设置、深化教学改革、开展质量评价等方面的重要作用，明确企业支持校企合作的社会责任。积极鼓励中等职业学校与企业合作办学，推动职业学校资源整合和重组，走规模化、集团化、产教结合、产学研结合的办学路子。职业院校和企业之间形成链条式培养。企业还可以请职业院校培训教师给农民工做培训，或者让农民工到职业院校接受一段时间的继续教育，使职业院校与企业形成真正的对接，从而形成有效的供应链模式。

另一方面，积极鼓励职业院校跨区域联合办学。以广东省为例，2007年广东省专门出台了《推进珠江三角洲地区与东西两翼山区联合发展中等职业教育的意见》，大力推动粤东西北农村地区与珠三角职业教育发达地区合作开展多种形式的联合办学。中职学校与高职学校结对，在教学管理、专业与课程建设、师资培训、设施设备、实习就业等方面给予帮助，缓解了农村地区专业师资薄弱和学生实训实操条件不足等困难，让一些学生在本地就能享受到优质的职业教育，提高了学生的培养质量和就业率。

五、办学体制改革的未来走向

联合国教科文组织在《教育：财务蕴藏其中》中提出终身教育是与生命有共同外延并已扩展到社会各个方面的连续性教育。终身教育是不断造就人、不断扩展其知识和才能以及不断培养其判断能力和行动能力的过程。在终身教育理念下，学校可独自满足人生所有教育需要的理性主义幻

想已经破灭。（联合国教科文组织，2008）[90,92]终身教育是对终身学习需求的回应，世界银行报告《全球知识经济中的终身学习：发展中国家的挑战》认为终身学习的框架涵盖从婴儿到退休的整个生涯的学习，包括正规、非正规和非正式的教育与培训。（世界银行，2005）[3]在终身教育与终身学习的理念下，每个人的学习既包括正规的学校学习，也包括非正规的但有组织的、持续性的学习活动，还包括不属于正规或非正规的所有的有目的的学习活动。在此理念下，总体而言，我国办学体制的改革方向是更加多样、更加灵活，满足人们多种多样的学习需求。

以多元的办学体制应对多样化的教育需求。城镇化对办学体制的影响很大程度上体现在"多样性"上。一方面是人群的多样化，人口的流动使新的特殊群体产生，如随迁子女、留守儿童、农民工等，每一个群体对办学体制都提出了挑战，城市和农村原有的办学体制迫切需要改革。另一方面是需求的多样化，转型时期的社会对办学体制提出新的要求，以往以公办学校为主的办学体制缺乏灵活性，民办学校发展不足，不能满足教育的需求。不同的人群对办学体制提出了不同的需求，优质教育资源不足，城乡教育差距悬殊，随迁子女和留守儿童对优质教育资源产生需求，新生代农民工对职业教育和继续教育产生需求，等等。

为满足多样化的教育需求，必须建立多元的办学体制。多元办学体制首先体现为公办学校和民办学校共同发展，公办学校发挥主导作用，同时也要充分发挥民办学校的作用，利用社会力量办教育，吸收社会资金办学，扩大优质教育资源。其次，正式教育机构与非正式培训机构共同发展，正规的学历教育无法满足农民工教育培训的全部需求，应该引导非正式的培训机构的发展。关注非正式培训机构的作用，加强监管，注重引导，促进多元化的办学体制改革。

第三节　教育质量保障制度改革

党的十八届五中全会提出，"十三五"时期我国社会发展要"以提高发展质量和效益为中心"，具体到教育，特别强调要"提高教育质量"。2013 年，《教育部关于推进中小学教育质量综合评价改革的意见》提出：

基本建立体现素质教育要求、以学生发展为核心、科学多元的中小学教育质量评价制度，切实扭转单纯以学生学业考试成绩和学校升学率评价中小学教育质量的倾向，促进学生全面发展、健康成长。通过建立有效的国家培训体系，发挥企业对农民工的培训作用，规范培训管理，严格培训考核制度，提升农民工接受职业教育和继续教育的质量，促进农民工的市民化，实现其城镇化与现代化。袁贵仁部长在 2016 年全国教育工作会议上的讲话就是以"全面提高教育质量，加快推进教育现代化"为主题，指出全面贯彻党的教育方针，紧紧围绕提高教育质量这一战略主题，以立德树人为根本任务、以促进公平为基本要求、以优化结构为主攻方向、以深化改革为根本动力、以健全法制为可靠保障、以加强党的领导为坚强保证，加快推进教育现代化，为全面建成小康社会发挥关键支撑作用。

对教育质量的理解存在多种观点。首先，教育质量是一个多维的概念，包括与教育相关的诸多方面，如课程与教学、教师与学生、建筑与设施、仪器与设备等。其次，教育质量是一个多层次的概念，涵盖学习者终其一生所接受的正规和非正规的不同层级、不同类型的教育和培训活动。再次，各教育利益相关者对教育目的有不同的期许，因此对教育质量的理解和侧重点存在明显差异。（中国教科院教育质量标准研究课题组，2013）然而，尽管对于教育质量有多种理解，最终的落脚点都在学生的全面发展上。近年来，尤其是城镇化背景下，学术界和教育实践领域对于教育质量保障关注度日益上升，然而无论是理念的确立，还是政策的出台，抑或是标准的制定，教育质量保障无疑都是一个涉及方方面面的系统工程，涉及教育的各个环节、正规或非正规的教育培训形式和各教育利益主体。

一、问题与挑战

城镇化进程中，教育质量保障制度建设面临新的挑战：其一，教育质量标准和教育监测评价制度不符合转型时期的社会需求，迫切需要建立城乡统筹的教育质量标准，建立系统的教育监测评价制度；其二，农村教育质量亟待提升，要利用小规模农村学校的特点，实施教育教学改革，关注留守儿童教育问题，提升农村教育质量，缩小城乡教育差距；其三，实现农民工的市民化困难重重，随迁子女城市入学往往存在跨文化适应障碍，难以实现与本地学生的融合。

1. "人的城镇化"对教育质量标准和监测制度提出新的要求

城镇化的本质和核心要求是实现人的城镇化，这一要求对以往"城市中心""城市霸权"及城乡二元的教育质量标准和监测评价制度提出挑战，同时对现存的"应试教育"盛行、只关注升学率的教育实践敲响了警钟。

教育质量标准决定了要培养什么样的人，用什么内容去评价教育成果，这对于教育发展十分重要。在教育质量标准的确立上，城市往往拥有"话语霸权"，城市标准往往成为所有学生的产品标准。如果把农村学生的培养标准定义为"新型农民"，这是走向了另一个极端，是给教育打上了阶层和职业的标签，这也是不可取的。在快速城市化背景下，农村人口向城市大量转移，农村学校之"新型农民"的培养目标明显落后于社会现代化进程。（褚宏启，2009）（褚宏启，2010）已有的教育质量标准上的城乡壁垒会进一步加深城乡的二元结构对立，不利于城镇化的发展，农村教育成为城市教育歧视的对象，农民工培训不到位，与经济社会快速城镇化脱节。教育的产出标准应该是宽泛的和基础性的，是为学生在城乡生活做准备的，应"以人的全面发展作为城乡学生的共同培养目标和教育质量基本标准的衡量维度"（赵茜，2011），建设城乡一体化的教育质量标准。

长期以来，"学业成绩""升学率""行政绩效"等替代了教育质量，学生与教师的根本利益和发展需求被严重忽视。教育评价虽然一直强调学生的全面发展，然而在教育实践中仍旧有不少人坚持应试教育，以考试得分为手段，以把少数人从多数人中选拔出来送进大学为唯一目的，许多地方以升学率作为评价学生、教师、学校的主要标准，社会各界、用人单位、学生和家长难以对教育质量进行监督。"应试教育"的指挥棒不适应城镇化的发展需求，迫切需要修正。

2. 城乡教育质量差距进一步扩大

城乡教育质量差距表面上是公平问题，本质上是质量问题。在城镇化的冲击下，农村教育产生很多问题，如学龄儿童大量外流，办学效率低下；撤点并校影响下，优秀教师流失和必要的教育投入不能到位，致使农村学生难以享受到优质的教育，影响教育公平；由于优质师资和优质生源的双重流失，导致农村教育质量下滑等（虞小强，陈宗兴，霍学喜，2011）。而与农村教育相比，城市教育由于人口集聚，办学效率和社会效率较高，但也产生大班额、教育资源不足等问题，城乡教育质量差距进一步扩大（马壮，2014）。

首先，在农村落后地区，先进的教育教学理念并没有得到有效落实。其次，在教学方式方法上，农村学校也落后于城市。农村学校教学方式依然是以传统的教师讲授、题海战术、机械地死记硬背等为主，而小组合作、探究性学习等新课程所倡导的教学方式在实际教学中所占的比例甚少。而且农村现代化信息技术设备的应用较少，白板或者班班通常被当作娱乐设备，未能发挥应有的功效。而在城市学校，教师接受新课程培训的机会多，新课程理念、新课程教学方式的实施推行得相对较好。再次，教育教学效果上城乡差距显著。农村学校的隐性辍学率较高，巩固率较低。调查显示，城区学校学生在探究性、知识的广度和深度、综合运用知识的能力上均明显优于农村学校的学生。在农村，中心学校、村小和教学点之间教学质量差异也非常大。

3. 农民工市民化和随迁子女社会融合难度大

在城乡二元结构和户籍制度的影响下，农民工和随迁子女作为从农村地区迁移到城市的流动人口，不仅实现了地理意义上的迁移，更重要的是要实现市民化和社会融合，才能真正意义上实现城镇化，而这也是城镇化背景下提升教育质量的应有之义。

农民工市民化是指进城务工人员享受与当地市民同等的待遇与服务。市民化本身就是衡量教育质量的重要因素。研究发现，每年多市民化 1000 万人口（700 万农民工加上其抚养人口）可使经济增长速度提高约 1 个百分点；农民工市民化将促进居民消费和固定资产投资增长，降低经济增长对出口的依赖程度；可以提高服务业比重，优化经济结构，加快农民工市民化步伐是促进我国发展方式转变的重要途径。（国务院发展研究中心课题组，2010）尽管农民工实现市民化有诸多好处，但实际上困难重重。由于农民工多从事务农工作，已有的教育水平与自身素质并不高，要实现农民工的市民化需要借助教育、培训的力量。从教育的视角来看，农民工市民化困难的主要原因在于人力资本投资不足，职业教育提升乏力（刘传江，2010）。一方面，农民工接受职业技能培训可提升自身素质。由于农民工已有的受教育质量往往较低，而随着产业的升级换代，企业对高技术劳动力的需求也越来越多，农民工对高质量的职业教育和继续教育的需要日益迫切，作为城市的"边缘人"，他们无法靠自己的力量提升教育质量，这些需要政府发挥更大的作用。另一方面，通过非技能性的培训，帮助农民工习得城市生活方式，提升其市民素质，从而提升其现代性，可实现农民工与当地市民的融合。

随迁子女城市入学往往存在跨文化适应障碍，难以实现与本地学生的融合。在保障随迁子女有学可上的基础上，确保他们能够融入当地学校、幸福成长则是更深层次的问题，也是提升教育质量不可回避的问题。在城镇化进程中，随迁子女的社会融合问题应该受到足够的关注，接收随迁子女的学校应该在促进其融入学校方面做出努力，从教育内容、教育方法、心理辅导、家校合作等多个方面开展活动，帮助随迁子女与当地学生融合，克服制度障碍，提升随迁子女的教育质量。同时加强对流入地城镇学校的监督评价，把促进融合作为衡量学校质量的重要指标。

二、义务教育质量保障制度改革

义务教育作为国家、家庭和社会必须保障的国民教育，具有强制性、公益性、普及性，义务教育的质量关系到国家和社会的长远发展和持续发展。因此，关注义务教育质量保障制度意义重大。城镇化背景下，义务教育质量保障制度还应该从以下几个方面进行完善：第一，建设城乡一体化的义务教育质量标准与监测评价制度；第二，提高农村义务教育质量，关注留守儿童，缩小城乡义务教育质量差距；第三，关注随迁子女义务教育社会融合，保障随迁子女接受均等化的义务教育服务。

1. 构建城乡一体的义务教育质量保障制度

我国尚未建立起一套城乡一体化的教育质量标准，已有的《中小学教育质量综合评价指标框架》只是从品德发展水平、学业发展水平、身心健康水平、兴趣特长养成和学业负担状况五个方面对学生的基本情况设置指标，未能形成更加上位、更加概括的质量标准框架。有研究认为："我国在制定教育质量国家标准时要转变政府职能，从直接管理转向宏观指导；关注学生个体发展，充分发挥标准的改进功能；因地制宜，建立适合本国国情的管理模式；民主决策，鼓励各利益相关者共同参与标准制定。"（中国教科院教育质量标准研究课题组，2013）城镇化背景下，我国义务教育质量指标体系的建立不能忽视城乡教育质量差距较大的事实，要关注城市学生、农村学生两种群体的不同情况，重视随迁子女、留守儿童等多种利益相关者，构建城乡一体的义务教育质量标准。

与教育质量标准密切相关的是义务教育的质量监测和评价制度。2015年4月，国务院教育督导委员会办公室印发《国家义务教育质量监测方案》，决定在全国开展义务教育质量监测工作，这标志着我国义务教育质量监测制度的建立。该监测方案坚持、倡导科学全面的教育质量观，测试科目除了语文、数学、科学以外，还包括体育、艺术、德育；测试过程中除了要求学生完成相关学科的测试卷或现场操作以外，还对学生、教师、校长进行相关的背景信息调查，以了解学生的情感态度、学习时间投入、学习习惯与方法以及学校教育教学过程中的各种问题。这对教育教学改革实践有重要导向作用，也意味着教育质量监测是推动考试评价制度改革、实施素质教育、更新教育观念的重大突破口。由于搜集了相关背景信息，所得到的数据信息能够为研究城市和农村义务教育问题提供实证依据。在以后的教育监测中，也可以重点关注留守儿童、随迁子女等特殊群体的教育成果，以科学的质量检测服务于城镇化进程中的义务教育，以促进其协调、可持续发展。

2. 着力完善农村义务教育质量保障制度

城镇化进程中，义务教育最突出的问题就是农村义务教育质量普遍不高，且随着农村中小学布局结构的调整，农村义务教育呈现出新的特点，如教学点、小规模学校的产生。因此，要关注农村中小学学校和教学点建设，着力提升农村义务教育的质量，缩小城乡差距，促进教育公平。农村教育的城镇化已成为农村教育不可逆转的发展趋势，也将是农村教育突破长久以来形成的城乡二元分隔、改变农村教育发展总是滞后于城市教育的一条有效途径。（张侃，2014）要充分利用农村基础教育的小规模的特点，优化组合已有的教育资源，推进"小班化"教学，以先进的教育理念与方法、更合适的师生比、更好的人均教育资源分配、更良性的师生互动和教学效果，促进农村义务教育质量的提升，逐步改变农村义务教育的弱势地位，最终实现城乡义务教育的均衡发展。

留守儿童是目前农村中小学教育中一个庞大的群体。留守儿童教育过程中父母的缺失，对农村义务教育提出了更多的要求，对农村义务教育的质量也产生了重要影响。针对农村中小学留守儿童的现实状况，学校和教师要充分意识到留守儿童的特点，有针对性地开展教育工作，通过多种方式加强家校合作，最大限度地弥补父母缺失对学生产生的不利影响。增加心理老师，加强对留守儿童的心理疏导，促进留守儿童的全面健康发展。

3. 构建促进随迁子女社会融合的体制机制

城市在制度上的封闭性，将随迁子女限制在社会底层的位置上，而由于其父母的社会经济地位，随迁子女群体处于弱势的地位，在融入城市的过程中有许多困难，在学校中与本地学生难以融合，不利于其接受均等的义务教育。

随迁子女根据其接受义务教育的学校类型可以分为两类。一类是进入城市公办学校就读的随迁子女。公办学校要对随迁子女与城市学生一视同仁。在教育过程方面，要针对这部分学生的实际，完善教学管理办法，做好教育教学工作。学校要做到对进城务工就业农民子女与城市学生一视同仁。学校要加强与进城务工就业农民子女家庭联系，及时了解学生思想、学习、生活等情况，帮助他们克服心理障碍，尽快适应新的学习环境。另一类是在打工子弟学校或民办教育机构上学的随迁子女。在"两为主"的政策下，可能会出现"政府失灵"的状况，无法吸纳足够的随迁子女进入公办学校，在这种情况下，要完善相关政策，保持教育的公益性，允许公益的、非营利的民办教育机构为农民工子女提供合适的、高质量的义务教育。政府一方面通过购买服务、财政补贴、政策倾斜等方式支持民办学校的发展；另一方面要加大监管力度，引导民办教育机构提升教育质量。民办教育机构要加强对随迁子女的心理辅导，配备专门的心理老师，关注随迁子女的健康全面发展。

三、学前教育质量保障制度改革

学前教育质量保障制度建设要关注以下几个重要问题：其一，学前教育的质量标准和质量观发生偏差，建立城乡一体的学前教育质量标准；其二，城乡学前教育质量差距很大，农村幼儿园发展刚刚起步，学前教育质量堪忧；其三，城市出现一些无资质、不符合办学标准的民办幼儿园、"黑园"，应加强监管，提升民办园的教育质量。

1. 建立城乡一体的学前教育质量保障制度

学前教育质量标准对学前教育事业的实践和未来发展具有较强的导向

作用，《教育规划纲要》提出，要"制定学前教育办园标准，建立幼儿园准入制度"。目前我国各地普遍使用和参照的质量标准是各地教育行政部门颁布的幼儿园验收标准，这些质量标准过于关注园所管理，其次是人员条件和物质条件等内容，相对忽视了教育活动、教育质量的内容。同时，这些质量标准没有统筹城乡幼儿园、公办和民办幼儿园，城镇化迫切要求建立一套城乡一体化的学前教育质量标准。

其一，质量标准设立城乡幼儿园都应达到的基本目标，包括对幼儿园班级人数、师幼比、教师资格、教师培训等方面的要求，保障农村幼儿园教师质量。同时，质量标准还应树立科学的学前教育观，目前我国学前教育的质量观存在偏差，幼儿园教育"小学化"现象十分严重。根据学前教育的基础性内涵，幼儿教育并不是以小学的"读写算"为主要任务，更不能以幼儿会写多少字、会背诵多少古诗词或者会做多少算术题为衡量标准，其主旨在于使幼儿健康快乐成长，为其身心健康发展打下坚实的基础。幼儿园教育的"小学化"现象压抑了幼儿的好奇心和求知欲，不利于幼儿的身心健康发展。要明晰教育目标，优化教育内容，规范办园行为，坚持寓教于乐，让孩子们在游戏和生活中健康快乐成长。

其二，城乡一体不等于城乡一样，学前教育质量标准要体现城乡幼儿园的特殊性。如，在幼儿园课程设置、教学方式的选择等方面，在满足基本要求的前提下，可能有城乡的特色。幼儿园选取的教育内容需是广泛的、启蒙性的，符合学前儿童天性和身心特点的，如儿童画、手工；教育教学活动的组织要以游戏和主题活动的形式进行，如角色游戏、结构游戏等，在幼儿与教师的互动中启发幼儿去感知、创造，切实落实"生活即教育，游戏即工作"的理念；教育管理和幼儿发展评价要以促进幼儿身心健康发展为目的，突出学前教育在人生发展中的基础性地位和奠基性作用（崔国富，耿海英，2013），参照教育部下发的《3—6岁儿童学习与发展指南》所设计的健康、语言、社会、科学、艺术方面的五大学习与发展领域，全面地评价幼儿的发展水平。

2. 着力完善农村学前教育质量保障制度

2012年颁布的《国家教育事业发展第十二个五年规划》把学前教育归属于基本公共教育服务，提出要建立"广覆盖、保基本、多形式、有质量的学前教育体系"，同时要保障随迁子女和留守儿童接受高质量的学前教育。

近年来，学前教育得到重视，城乡幼儿园都得到发展，但是城乡学前教育质量仍存在不小差距。一方面，要关注农村学前教育的发展。农村幼儿园处于起步阶段，首先要实现"量"的满足，让农村适龄儿童"有园上"，吸引社会力量创办幼儿园，同时要关注"质"的提升，加强政府的监管力度，提升农村学前教育质量。此外还要着重关注留守儿童的入园问题。另一方面，提升城市学前教育的质量，加强城乡学前教育交流与沟通，关注随迁子女的学前教育问题，以普惠性为导向，支持小规模幼儿园的发展。幼儿园要坚持保教并重的原则，遵循学前教育发展规律，以游戏为基本活动形式，寓教于乐。加强城乡学前教育之间的交流，动员和组织幼教研究人员和示范幼儿园通过对口支援等形式支持农村学前教育发展。

3. 完善城市民办幼儿园的质量监控机制

民办幼儿园占据着我国学前教育的半壁江山，城镇化进程中，城市民办幼儿园在解决随迁子女学前教育的需求上做出重要贡献。但是，民办幼儿园同时存在许多问题，许多民办幼儿园没有办学资质，教学设施不齐全，教育教学条件差，师资队伍不稳定，收费低，被称为"黑园"。由于公办幼儿园无法满足公众需求，很多私立幼儿园收费高昂，因此"黑园"往往成为进城农民工的选择，政府应加强对城市民办幼儿园的质量监控，保障随迁子女享受平等的学前教育权利。

民办园的办学资格、办学质量、经费投入与使用等都应列为各级政府管理和督导的内容。教育行政部门要对各级民办园的保教质量、服务意识等担负起切实的管理、引导和评估责任，进一步规范对民办园的管理，帮助民办园依法办园。同时，城市地区要通过制度创新，制定合理的人口导入政策，采取"积分制"等机制，逐步解决外来务工人员随迁子女的学前教育需求。

四、职业教育与继续教育质量保障制度改革

实现人的城镇化的关键是农民工群体的城镇化，而农民工群体城镇化的关键在职业教育和继续教育。目前我国尚未建立健全有效的农民工培训机制，职业教育和继续教育整体质量不高，课程和教学内容不能适应农民工的需求，教育水平、师资水平不能满足农民工培训的教育教学要求，职

业教育和继续教育的针对性与实效性不强，不能给农民工培训提供有力支持。城镇化背景下，对农民工的职业教育和继续教育迫切需要提高教育质量，建立健全相关的质量保障制度。

1. 建立有效的农民工培训机制

2010 年颁布的《国务院办公厅关于进一步做好农民工培训工作的指导意见》指出要创新农民工培训机制。其一，政府层面要组织协调有关部门建立培训项目管理制度，完善政府购买培训成果的机制，保证承担培训任务的院校、具备条件的企业培训机构及其他各类培训机构平等参与招投标，提高培训质量。其二，发挥社会各界力量。鼓励有条件的地区探索推行培训券（卡）等有利于农民工灵活选择培训项目、培训方式和培训地点的办法。充分发挥社会各方面参与培训的积极性，建立促进农民工培训的多元投入机制。其三，发挥正规职业教育作用。落实好中等职业教育国家助学金和免学费政策，力争使符合条件的农村劳动力尤其是未能继续升学的初中、高中毕业生都能接受中等职业教育。逐步实施农村新成长劳动力免费劳动预备制培训，将正规职业教育向农民工开放。

2. 将农民工培训纳入企业技术技能积累体系

企业应成为新生代农民工培训的主体，但目前企业培训的主体意识尚未形成，企业培训成本高，企业存在差异性，培训缺乏政策法规支持等。要破解企业培训的困局，需要提升企业培训的主体意识，给予企业培训更多支持。首先，强化企业的培训责任，企业要把新生代农民工培训纳入职工教育培训计划，确保其享受和其他在岗职工同等的培训待遇。要关注该群体培训需求的多元化以及从生存性需求到发展性需求的变化趋势，给予其更多的人文关怀。其次，实现企业培训的多种途径。鼓励大型企业自行开展新生代农民工培训，积极开展资格培训、证书培训、上岗培训等。对于有能力的企业，支持其创办企业大学或培训中心、农民工夜校等教育培训机构，探索企业办学的新路径。加大企业同职业院校的沟通与合作。再次，落实企业培训资金。拓展企业培训的资金来源，在保障企业按照职业教育法规规定足额提取职工工资的 1.5%—2.5%用于员工培训之外，探索将失业保险金等多渠道资金用于员工培训的可行性，在企业层面进行整合使用。（和震，李晨，2013）

3. 通过职业培训制度使农民工进入社会中间阶层

城乡二元背景下，我国社会阶层的分布呈现"金字塔"形，底部代表社会中下层，其中就包括人口巨大的农民和农民工群体。目前，从农村进入城市的农民工已有1.5亿人以上，加上在本地打工的农民工，我国农民工人数应在2.6亿人以上（李强，2013）[437]，但研究证明，农民工即使脱离农业生产、进城打工，他们在整体社会结构中的地位并没有明显变化，特别是在城市中，他们仍处于金字塔底端的位置。因此，应关注农民工职业教育和继续教育的质量，通过职业技术资格制度、证书制度等，让农民工进入专业技术人员队伍，让农民工从社会底层上升到中间阶层，这不仅有利于提升农民工的生活水平与生活质量，也有利于社会的稳定与和谐发展。

通过职业技术认证和证书等方式，实现农民工自身的转型，提升其社会阶层，关键在于职业教育和继续教育的质量。2010年《国务院办公厅关于进一步做好农民工培训工作的指导意见》指出，要创新农民工培训机制，加大农民工培训资金的投入，同时也强调要完善企业与院校联合培训的机制。让培训计划与农民工技术考级相结合，在相应的培训的基础上，通过严格的技术评价，给予合格者相应的证书认证。这一方面有利于企业招收需要的技术人才，另一方面可提升农民工参与职业培训和继续教育的积极性，帮助他们发展成为专业技术人员，提升其社会地位，促进其向上流动。

五、教育质量保障制度改革的未来走向

教育要以育人为本，育人首先要解决的是"培养什么人"的问题，即教育的标准，这也是教育质量保障制度改革首先要明确的问题。2015年以来，核心素养进入我国教育界的视野并迅速成为新热点，培养国民具备"核心素养"成为21世纪的育人目标。

经合组织（OECD）和欧盟理事会（Council of the Enropean Union）都对核心素养进行了研究与界定。1997年12月，经合组织启动"素养的界定与遴选：理论和概念基础"（Definition and Selection of Competencies：Theoretical and Conceptual Foundations，DeSeCo）项目，在持续多年的讨论和

研究之后，将有关学生能力素养的讨论直接指向"核心素养"，认为核心素养是指覆盖多个生活领域的，促进成功的生活和健全的社会的重要素养。该项目构建了一个分别涉及"人与工具""人与自己"和"人与社会"三个方面的核心素养框架，具体包括"互动地使用工具""自主行动"和"在异质群体中工作"共三类九种核心素养指标条目。（张娜，2013）2006 年 12 月，欧洲议会（European Parliament）和欧盟理事会通过了关于核心素养的建议案，向各成员国推荐母语、外语、数学与科学技术素养、信息素养、学习能力、公民与社会素养、创业精神以及艺术素养八大核心素养体系，每个核心素养均从知识、技能和态度三个维度进行描述。在这一建议案中，核心素养被定义为：在知识社会中每个人发展自我、融入社会及胜任工作所必需的一系列知识、技能和态度的集合。（The European Parliament and Council of the European Union，2009）我国研究者在此基础上，也提出了对核心素养的认识。辛涛、姜宇、刘霞认为，核心素养就其内涵而言，应当以个体在现在及未来社会中应该具备的关键能力、知识技能及态度情感等为重点；就学科属性而言，核心素养并不指向某一学科知识，并不针对具体领域的具体问题，而是强调个体能够积极主动并且具备一定的方法获得知识和技能，从人的成长发展与适应未来社会的角度出发，跨学科跨情境地规定了对每一个人都具有重要意义的素养；就功能指向而言，核心素养的功能超出了职业和学校的范畴，不仅仅限于满足基本生活和工作需要，而是更有助于使学生发展成为更为健全的个体，能够更好地适应未来社会的发展变化，能够达到促进社会良好运行的目的。（辛涛，姜宇，刘霞，2013）褚宏启认为核心素养是少数"关键素养"，不是"全面素养"；核心素养同时反映"个体需求"和"社会需要"；核心素养是"高级素养"，不是"低级素养"，甚至也不是"基础素养"；核心素养要反映"全球化"的要求，更要体现"本土性"的要求。（褚宏启，2016a）从国际和国内对核心素养的研究与重视程度来看，培养国民的核心素养成了 21 世纪教育成功与否的重要标准，无论是学前教育阶段，还是义务教育阶段，核心素养的培养超越学段限制、超越学科要求，教育要培养学生的核心素养，让学生走出学校后更好地适应社会，促进个人成功和社会发展。在农民工培训中，职业教育、继续教育也要关注核心素养的培养，提升职业教育与继续教育的质量，建立上下联动、普职融通的现代职业教育体系。

在培养核心素养标准的指导下，教育质量保障制度改革还要关注对教育质量的督导评价和监测，关注过程性评价与发展性评价，督导监测结果要为进一步提升教育质量服务。公平越来越成为城镇化背景下对教育质量的重要诉求，要缩小城乡教育质量差距，促进农村教育发展，实现城乡教育的一体化发展。城镇化背景下，教育质量保障制度改革要为实现教育的优质化、促进国民核心素养的提升、促进教育公平服务，继而实现城乡教育一体化发展，最终促进个人和社会的全面发展。

第四节　考试招生制度改革

考试招生制度是国家基本教育制度。改革开放以来，我国考试招生制度不断改进完善，初步形成了相对完整的招生考试体系，为学生成长、国家选才、社会公平做出了历史性贡献，对提高教育质量、提升国民素质、促进社会纵向流动、服务国家现代化建设发挥了不可替代的重要作用。2014 年发布的《国务院关于深化考试招生制度改革的实施意见》提出，2014 年启动考试招生制度改革试点，2017 年全面推进，到 2020 年基本建立中国特色现代教育考试招生制度，形成分类考试、综合评价、多元录取的考试招生模式，健全促进公平、科学选才、监督有力的体制机制，构建衔接沟通各级各类教育、认可多种学习成果的终身学习"立交桥"。

本节主要关注在城镇化背景下，考试招生制度应该如何进一步深化改革，主要涉及义务教育、学前教育、职业教育和继续教育，关注中考和高考两大考试类型，重点关注义务教育阶段择校问题、随迁子女的入学问题与异地中考和异地高考问题、农民工接受职业教育和继续教育等问题。

一、问题与挑战

城镇化背景下，大量学龄儿童和农民工从农村流入城市，对原有的考试招生制度造成冲击和挑战，原有的城市优质教育资源无法满足入学需求，随迁子女异地中考和异地高考面临难题，职业教育尚未完全向农民工开放，考试招生制度迫切需要改革。

1. 优质教育资源紧缺引发入学难题

随着城镇化的发展，城镇教育面临规模严重不足的压力，农村人口不断向市、镇集中，势必引起市、镇数量增加及规模扩大，居住在市、镇地区的人口占总人口的比例增长较快。这一过程会促使大量学龄儿童向城镇聚拢。"人口流动引起人们对教育观念的改变，既包括流动者自身对教育的需求的变化，更促使他们对子女教育的观念改变。"（石人炳，2005）[125] 人们对优质教育资源的需求与有效的教育资源之间的矛盾引发了各个阶段的入学难题。

优质教育资源紧缺在各个教育阶段有不同体现：在学前教育阶段主要是"入园难、入园贵"，在义务教育阶段为"择校"问题严重、"学区房"现象等，在职业教育上表现为新生代农民工接受职业教学和继续教育困难等。而优质教育资源不足同时也引发人们追求优质教育资源的热情，进城的随迁子女入学困难，难以享受与本地学生同等的入学机会，且很多地区无法实现异地中考和异地高考，教育机会不均等；另一方面，农村教育质量不高，出现"马太效应"，农村教师质量进一步降低，大量农村学生涌入城市，给城市教育带来压力。

2. 异地中考和异地高考政策落实艰难

虽然从中央到地方各级政府都在制定有关异地中考和高考的政策，但就实施情况来看，效果并不乐观。

当前异地中考政策规定的缺失与不完善，在一定程度上让大量的农民工子女在城市接受高中阶段教育的希望落空，在给农民工家庭造成诸多不便、增加诸多负担的同时，也影响着普及高中阶段教育这一指标的实现。当前农民工子女在城市接受完初中教育后通常面临四种选择：留城念高中或中职、留城就业、回原籍念高中或中职、回原籍就业。如果农民工子女回原籍参加中考，由于各地课程改革程度和教材存在较大差异，教学内容难以衔接，返乡后可能很难适应当地中考，一个直接的后果便是很多学生不得不在初二就要返乡适应原籍的中考模式。（吴霓，2012）当前的教育资源配置体制不合理，户籍制度制约异地中考的推行，以升学率为主的教育评价体系对流动儿童存在隐性歧视。

由于高中阶段教育属非义务教育，且由于高中阶段教育与高考制度紧密相连，当前大部分城市的高中阶段教育资源相对短缺，农民工子女即使在城市继续接受教育，也需要在流入地和流出地两地间办理诸多烦琐的手续，同时需要缴纳高额的"借读费""赞助费"等，高考还必须回原籍参加。异地高考政策难以落实，原因主要有以下几点。第一，问题产生的宏观背景是不公平的城乡二元户籍制度。当今我国的高校招生政策和户籍紧密捆绑在一起，可谓"户籍高考制"，现行户籍制度成为随迁子女在城市参加高考的"显性"制度屏障。第二，直接原因是不合理的分省高考招生政策。招生指标的不合理分配使随迁子女异地参加高考受阻，而提前分配招生指标加大了不同省份之间指标调配的难度，同时，分省高考自主命题导致随迁子女极难回原籍参加高考，制度设计滞后使随迁子女异地借考的可行性大打折扣。第三，政策执行不佳的根本原因在于存在地方保护主义。异地高考政策触及流入地居民的利益，遭到强烈反对。我国高校招生具有强烈的地域性，异地高考政策无法给流入地政府带来利益，反而增加当地的教育承载力，导致流入地政府动力不足。第四，问题难以解决的深层根源是不均衡的教育资源配置格局。我国高校招生名额分配的省际差异非常明显且范围广泛，深究其因，可以归结为高等教育资源（主要以高校结构和布局为表现形式）在不同省份之间的严重不均衡配置。（葛新斌，尹姣容，2014）

解决进城务工人员随迁子女教育考试问题具有重要意义，各级政府要主动创造良好的社会环境，保障随迁子女的平等受教育权，使流动儿童能在流入地顺利接受初中后教育。而在现在的情况下，问题的解决不可能一蹴而就，要循序渐进。

3. 正规职业教育机构未向农民工开放

目前我国正规的职业教育体系尚未向农民工开放，现代教育体系要求可进可出、可上可下、纵向衔接、横向融通，而很多学生一旦离开学校，很难再次回归教育系统，难以享受到教育晋升的机会。尤其是对新生代农民工，他们中很多人在义务教育结束后就进入劳动力市场，还有一部分是在完成普通高中教育之后进入劳动力市场，而他们没有足够的技术，只能从事劳动密集型的工作，劳动报酬低，晋升空间狭窄。而正规职业教育，包括中等职业教育和高等职业教育并未向农民工开放，还是主要招收应届毕业生，但生源不足。因此，正规职业教育向农民工开放一方面可解决职业教育生源不足的问题，另一方面能够提升农民工的职业技能。

农民工入学问题不理想很重要的制度因素是国家职业资格证书和专项

职业能力证书不健全，行业没有准入制度，这样就缺乏对农民工参与职业教育和继续教育的指导作用，缺乏农民工与企业之间的桥梁，职业资格证书制度的缺失不利于城镇化的发展。

二、义务教育招生制度改革

随迁子女教育问题日益受到全社会的关注，根据国家"两为主"政策，公办学校是随迁子女教育的主要载体。《教育规划纲要》指出，要完善学业水平考试和综合素质评价，为高中阶段学校招生录取提供更加科学的依据，着力解决择校问题。实行优质普通高中和优质中等职业学校招生名额合理分配到区域内初中的办法。义务教育阶段不得设置重点学校和重点班。在保障适龄儿童少年就近进入公办学校的前提下，发展民办教育，提供选择机会。义务教育阶段招生制度的改革首先要解决随迁子女的入学问题，民办学校面向随迁子女招生。优质中学向农村学校分配名额，促进教育公平。

1. 完善公立学校针对随迁子女的招生办法

2014 年，国务院正式发布了《关于深化考试招生制度改革的实施意见》，其中指出要"进一步落实和完善进城务工人员随迁子女就学和升学考试的政策措施"。《教育部办公厅关于做好 2016 年城市义务教育招生入学工作的通知》规定各省（区、市）教育行政部门要按照国务院《居住证暂行条例》要求，研究建立以居住证为主要依据的随迁子女入学政策，切实简化优化随迁子女入学流程和证明要求，提供便民服务。学校要实行混合编班和统一管理，促进随迁子女融入学校和城市生活。学校要按照"一人一籍、籍随人走"原则，在学生实际到校报到后，使用全国中小学生学籍信息管理系统，做好随迁子女的学籍转接和管理工作。（教育部，2016a）该要求强调要简化优化随迁子女的入学流程和证明要求，将随迁子女与本地学生混合编班，有利于随迁子女的社会融合，保证了随迁子女的受教育权。

2. 民办学校面向随迁子女招生

城镇化进程中，城市公办教育资源不能满足随迁子女的教育需求，因此，要借助民办学校的力量解决此问题。而民办学校一般学费较高，随迁子女无法负担。政府购买学位是政府以契约的方式向民办学校购买学生的入学名额，以保证学生平等入学的权利。政府通过购买学位的方式使民办学校面向随迁子女开放招生，学生到民办学校读书，学费由政府支出，因此，无论是公办还是民办，对学生来说得到的政府补贴、支持是一样的。这是现阶段解决随迁子女城市入学的途径之一。

政府购买民办学校教育服务时，要做到公开、透明。核算民办学校的办学成本，确定政府补贴的标准，如果民办学校的学费标准很高，而政府补贴有限，随迁子女即使到这样的民办学校读书，自己所承担的学费支出也可能比较高。因此，政府在购买学位时，应事先对民办学校办学质量、办学条件、办学成本进行第三方评价、核算，并公开进行招标和举行听证会，以确定购买的对象和标准。

3. 优质中学向农村学校、薄弱学校分配名额

义务教育阶段招生制度要体现公平性，遵循补偿性的原则，城市优质高中向农村初中、薄弱初中分配名额，积极探索普通高中招生制度改革，促进教育公平。目前我国各省市都在探索优质高中名额分配办法，如：北京市 2015 年优质高中名额分配比例提至 40%；广东省将优质公办普通高中招生指标按地区分配名额；河南省也着力深化考试招生制度改革，完善学业水平考试和综合素质评价制度。进一步改革高中阶段学生招生考试方式，完善优质高中招生名额均衡分配到初中的办法。义务教育择校问题产生的直接原因是优质教育资源的有限性，学校之间发展的不均衡。研究发现，我国当代义务教育择校问题有着深厚的体制根源、驳杂的利益纠葛和复杂的引发机制。从某种程度上讲，变革这些体制基础、消解这些引发机制、理顺这些利益关系，已经超越了择校政策本身，甚至超越了教育政策本身。（邵泽斌，张乐天，2013）因此，对于义务教育阶段中小学招生办法的改革，应关注择校难题，坚持免试入学、就近入学、划片入学的原则，做到阳光招生，确保招生工作在社会监督下进行，对违规考试、乱收费等行为严肃查处。同时，要做到教育资源均衡化，办好每一所义务教育学校，为招生入学工作打好基础。

三、异地中考与异地高考改革

农民工随迁子女接受义务教育后的升学问题，主要体现在"初中升高中"和"高中升大学"两个层面，反映在考试制度上，则涉及"异地中考"和"异地高考"的问题。

1. 探索完善异地中考政策

2012 年国务院办公厅颁发了《关于做好进城务工人员随迁子女接受义务教育后在当地参加升学考试工作的意见》，该意见指出要坚持有利于保障进城务工人员随迁子女公平受教育权利和升学机会，有利于促进人口合理有序流动的原则，统筹考虑进城务工人员随迁子女升学考试需求和人口流入地教育资源承载能力等现实可能，积极稳妥地推进随迁子女升学考试工作。教育部办公厅《关于做好 2014 年高中阶段学校招生工作的通知》中进一步要求各地积极稳妥、有序地落实本地区进城务工人员随迁子女参加中考、接受高中阶段教育的相关政策。

截至 2016 年，我国各省份都已出台了相关文件，明确了随迁子女在流入地接受义务教育后参加中考、接受高中阶段教育的相关政策。从整体上看，我国各地随迁子女异地中考的政策逐步完善，改革成效也逐渐显现，但是异地中考政策仍存在门槛过高和开放范围过窄的问题。

其一，异地中考门槛过高。从各地情况看，教育行政部门在允许进城务工人员随迁子女在流入地参加中考的同时，都结合当地情况设定了一些具体的报考条件。大部分省份规定，随迁子女在流入地参加中考需要提供暂住证、原籍户口、流入地初中学籍证明和父母居住证明、稳定住所、稳定职业及社保缴纳年限等材料。上海则以持上海市居住证和积分作为准入"门槛"，规定持上海市居住证和积分达到标准分值人员的随迁子女，可在上海市居住证登记所在区县或就读学校所在区县参加本市中等学校高中阶段招生考试。广东省授权各地市在"学生在各地市有三年完整的初中学籍"的基础门槛上自行制定异地中考政策。随后，广深等地普遍追加了"三个三"的门槛，即三个条件（具有合法稳定职业、合法稳定住所并连续持有效居住证）均满三年或以上。但由于进城务工人员一般从事建筑行业、搬运行业、家政行业等技术含量较低、体力劳动为主、工资待遇较低的职业，这些职业特点决定了他们难以有持续的工作和稳定的住所，很难达到"三个三"政策的门槛。还有的地区虽然未设定更多条件，但也隐含着诸多环环相扣的隐性条件，即隐形门槛。（张珊珊，2015）

其二，异地中考限于"局部开放"。虽然很多省市随迁子女中考政策关于学校类型的规定以"全面开放"为主，而北京、上海、天津等地对于随迁子女的升学考试则仅仅开放中等职业学校。通过对各地的异地中考方案进行分析可以发现，越是随迁子女多的城市，其门槛越高，开放的范围越窄，因此，对异地中考政策要根据不同地区的特征，分阶段有步骤地放开。

2. 逐步放开异地高考政策

近年来，随着人口的大量迁移，流动人口随迁子女异地高考成为一个客观的、不能回避的现实问题。在教育部的强力推动下，全国各地纷纷推出异地高考新政，然而任何教育改革势必要打破旧的利益格局，建立新的利益分配格局，异地高考政策的落实仍面临重重困难。

《教育规划纲要》明确提出"研究制定进城务工人员随迁子女义务教育后在当地参加升学考试的办法"。2011年3月，教育部表示正在调研随迁子女异地高考方案。2012年，教育部披露了异地高考的准入条件，从家长、学生和行业发展三个方面做出了规定，并且要求各省市在2012年年底前出台异地高考方案，随后，各省市区陆续公布了各自的异地高考方案。高考户籍制度是引发异地高考问题的一个重要因素，在现有户籍制度下，不同地区的人口流动差异是在制定改革方案时必须考虑的因素。2013年，河北、辽宁、吉林、黑龙江、江苏、浙江、安徽、河南、湖北、湖南、重庆、云南共12个省（市）组织实施随迁子女在当地参加高考，虽然当年随迁子女参加异地高考的人数并不多，但毕竟开启了改革的进程，意义非同小可。从2014年开始，北京、天津、山西、内蒙古、上海、福建、江西、山东、广东、广西、海南、四川、贵州、陕西、甘肃、青海、宁夏、新疆等地也迈出了解决异地高考问题的步伐。至此，解决异地高考问题的省份（自治区、直辖市）已经达到了30个。与2013年异地高考遇冷不同，2014年异地高考报名人数达到了5.6万，较2013年的4440名增加了近12倍。（陈竹，2014）截至2016年，我国各省份都相继出台了异地高考政策。

纵观我国各省份的异地高考政策，仍存在门槛过高、隐形歧视等问题，异地高考政策实施障碍重重。目前的异地高考政策都对考生及其家庭进行了限定。经济发达地区，如北京、上海、广州等地，随迁子女数目过多，异地高考政策实施压力大，条件不足，其政策往往严格限定，有的还规定了考试报考志愿的批次。而我国西部地区，由于考生人数少，录取分数线低，存在防止非法"高考移民"的压力，因此，随迁子女异地高考政策的制定要同时考虑避免"高考移民"，异地高考政策的出台要十分审慎。对于大部分省份，异地高考政策则主要对考生父母的工作性质、收入、住房情况进行规定，很多农民工无法满足这些要求，随迁子女也就无法在流入地参加高考。这对随迁子女考生是不公平的。造成这一问题的原因，是我国目前的异地高考与招生录取政策仍与户籍制度绑定，国家统一命题与分省自主命题并存，招生录取分省定额，各省之间情况千差万别，存在利益冲突。因此，放开异地高考政策要逐步实施，根据不同地区的随迁子女情况、高考考生情况确定。

异地高考政策涉及多个利益群体的博弈，异地高考政策执行困境的破解需要多方联动，系统推进。分省管理的户籍制度，分省定额、划线录取的高考招生办法等都是造成异地高考问题难解决的原因。欲破解异地高考的难题，要从相关的问题着手，多管齐下。首先，要改革户籍制度，剥离户籍所附着的教育功能。其次，采用逐步放开的办法，使异地高考不再成为问题。通过阶段性目标的设置与实现，推进异地高考政策的落实。再次，改变招生录取方式和考试方式，由"根据考生户籍确定分省定额指标"转变为"根据各省考生人数比例"设定，由分省命题改为全国统一命题。

3. 优质高校向农村学校分配招生名额

2015 年政府工作报告提出，"要畅通农村和贫困地区学子纵向流动的渠道，让每个人都有机会通过教育改变自身命运"，这体现了党和政府对教育公平、对农村和贫困地区学生高等教育入学机会的高度重视。

《国务院关于深化考试招生制度改革的实施意见》指出："增加农村学生上重点高校人数。继续实施国家农村贫困地区定向招生专项计划，由重点高校面向贫困地区定向招生。部属高校、省属重点高校要安排一定比例的名额招收边远、贫困、民族地区优秀农村学生。2017 年贫困地区农村学生进入重点高校人数明显增加，形成保障农村学生上重点高校的长效机制。"2015 年，教育部下发通知，对重点高校招收农村学生工作进行全面部署。通知要求，2015 年农村贫困地区定向招生专项计划安排招生计划 5 万名，实施区域为 832 个贫困县以及重点高校录取比例相对较低的河北、河南、四川等 10 省份。（教育部，2015b）一系列向农村学校倾斜的政策，有利于增加农村学生接受高等教育的机会，促进教育公平。

四、学前教育招生制度改革

学前教育是教育的起点，学前教育的均衡发展，有利于提升全民素质、促进社会和谐发展。《教育规划纲要》提出，到 2020 年普及学前一年教育，毛入园率达到 95%，基本普及学前两年教育，有条件的地区普及学前三年教育。学前教育的普及率，是评估"入园难"问题缓解程度的实效性指标。2009 年，我国学前教育三年毛入园率仅为 50.9%，2014 年达到 70.5%，提高了 19.6 个百分点。2014 年，全国在园幼儿达到 4050.71 万人，比 2009 年增加 52.41%。（万玉凤，2015）以《教育规划纲要》的颁布为契机，各地政府出台政策解决入园难问题。城镇化进程中，学前教育招生制度改革要关注两个群体的入园问题：一是公立幼儿园资源向随迁子女开放，政府通过向民办园购买服务的方式，保障随迁子女接受学前教育；二是促进农村学前教育发展，保障农村幼儿享受到平等的接受学前教育的机会。

1. 公立学前教育资源向随迁子女开放

2001 年教育部颁布的《幼儿园教育指导纲要》和 2003 国务院转发各部门的《关于幼儿教育改革与发展的指导意见》都涉及采取措施确保流动人口的子女享有接受幼儿教育的机会的内容。（韩世强，2010）公益普惠的学前教育公共服务资源配置，是解决"入园贵"问题的基本路径和重要手段。公办幼儿园是公益普惠的学前教育公共服务资源的主要支柱，对于确保学前教育的科学发展、平抑幼儿园收费具有重要的作用。针对学前教育资源需求大的情况，各级人民政府应安排专项建设资金，有计划地建好一批公办幼儿园，努力扩大公益性、普惠性办园资源。城区在进行旧城改造、新区建设和城中村改造时，优先规划和预留幼儿园建设用地。城镇幼儿园的建设，充分考虑进城务工人员随迁子女接受学前教育的需求。

随迁子女是一个城市学龄前儿童的重要组成部分，各级地方政府有责任为随迁子女提供充足而有质量保证的学前教育机会。有研究发现，农民工子女入园率较高，但绝大多数选择的是条件较差的私立园或"黑园"（马国才，王留柯，2011）。农民工家长送孩子入园的主要目的是学习知识与技能，农民工家庭能为孩子提供的学习资源很少，建议将农民工子女教育纳入地方政府教育发展整体规划之中，大力发展公办幼儿园，积极扶持民办幼儿园，为农民工子女接受高质量的学前教育创造条件。改革政府教育财政投入和拨款机制，提高教育拨款的公平性。国家要求各地区坚持统一规划办园、统一条件入园、统一标准收费的"三统一"原则，努力畅通农民工子女就学绿色通道。

广州市开展市属公办幼儿园招生改革，将市属公办幼儿园由以往招收机关干部子女为主改为面向社会，电脑派位，逐步实现公共教育资源向社会开放、公平公正。广州市招考网研发"广州市属公办幼儿园电脑派位招生服务平台"，顺利完成2013年市属公办幼儿园面向社会电脑派位招生工作（派位比例不低于70%），2014年派位比例达85%，2016年派位比例达90%以上。在市属公办幼儿园招生改革的带动下，各区纷纷开展本区域公办幼儿园电脑派位（或其他公平公开方式）招生工作，打破了几十年来群众小孩难以进入优质公办园的局面。

上海市对于低收入家庭子女、农民工子女入园实行适当减免入园费用、给予财政补助或规定公办幼儿园拨出一定名额接纳符合条件的贫困家庭幼儿和农民工同住子女等政策优惠，让政府投入真正公平地惠及每位儿童。要积极推进实现户籍和非户籍常住人口子女在学前教育领域的同城待遇、机会均等和保障条件均等。

2. 鼓励民办园招收随迁子女

地方政府应积极扶持和发展由私人、企业或社会团体合法创办的民办幼儿园，通过减少民办园的部分负担降低其办园成本，促使其降低收费标准，最终减轻农民工子女接受学前教育的负担。为此，建议地方政府划拨专项经费，设立农民工子女教育基金，对接收随迁子女的民办幼儿园给予补助与扶持。同时，政府教育部门应全力规范民办幼儿园的办园标准，对办学者、教师素质及教育教学质量实施有效监控和管理，以保证随迁子女能够接受科学适宜的学前教育。此外，对尚未具备办园资格的园所，要积极督促其整改，当其达到办学标准时予以正式注册，而对坚持不整改、不合标准的"黑园"要坚决取缔。2011—2014年，四川省新建、改扩建公办幼儿园 1925 所,增加幼儿班 1.29 万个,通过政府购买服务、减免租金、政府与社会资本合作、派驻公办教师、培训教师等方式,扶持发展普惠性民办园 2117 所。公办幼儿园、普惠性民办园覆盖率大幅提升,"入园难"问题得到有效缓解。

3. 保障农村幼儿入园接受教育的权利

关注农村学前教育发展,重点加快农村公办幼儿园建设步伐,各地优先安排在每个乡镇至少建设 1 所中心幼儿园,对农村中小学布局调整后富余的校舍,优先改扩建为幼儿园。鼓励有条件的农村小学举办相对独立的附属幼儿园。同时,在农村地区通过购买服务,促进民办园的发展,扩大招生,提高农村幼儿的入园率。我国各地就农村幼儿园出台了各项举措。据人民日报报道,截至 2013 年 6 月,福建省财政已下达 4 亿元补助资金加快公办幼儿园发展,重点支持全省新建和改扩建 358 所公办幼儿园,在农村小学或教学点附属幼儿园新增 1830 个班,增加 10 万个公办园学位,加快解决城乡接合部"入园难"问题和提高农村幼儿入园率。(钟自炜,2013)同时关注农村幼儿园的教育质量问题,通过教师培训,提升学前教育质量。2011 年以来,国家实施面向全体幼儿教师的"国培计划",中央财政投入 17 亿元,培训中西部农村幼儿教师 58.5 万人次,带动各级政府加大对幼儿教师培训的投入力度。

五、职业教育与继续教育招生制度改革

新型城镇化的本质内涵是"人的城镇化",主要是指农民工群体的城镇化,而农民工城镇化的关键在于对其进行职业教育与继续教育。2014 年 6 月颁布的《现代职业教育体系建设规划(2014—2020 年)》指出,要"充分发挥职业教育就业导向作用,引导农村剩余劳动力向城镇和非农产业有序转移。重点加强农民工、农民工子女和城市转岗就业人员的职业教育和培训"。

1. 完善中职学校面向农民工及随迁子女招生的方法

目前不少地区初中毕业生减少,中职生源不足的问题比较突出。同时,随着产业升级,社会对农民工职业技术与职业素养的要求提升,农民

工迫切需要接受培训，因此，中职学校在招生上要进一步扩大范围，拓宽生源渠道。随着城镇化的进程，职业学校的招生范围逐渐扩大，2011 年，招收往届生和城乡劳动者比例超过 25% 的有河北、山西、海南、青海、宁夏等 9 个省（区、市），其中超过 30% 的有吉林、黑龙江 2 省，超过 40% 的有福建省、广西壮族自治区。这类中职教育中包括招收青年农民接受中职学历教育、招收进城农民工和企业职工接受中职学历教育、招收进城务工人员随迁子女中的初中毕业生在流入地接受中职学历教育、面向初中流失学生开展中职招生和教学工作。可见，农民工参与中职教育日益得到关注，中职要向农民工及随迁子女开放，为他们的发展提供机会。

2. 继续教育、正规职业教育向农民工开放

我国农民工的职业培训现状不容乐观，中国新生代农民工平均受教育年限为 9.8 年，比上一代农民工的平均受教育年限提高了 1 年，但 78% 的新生代农民工受教育水平仍停留在义务教育（64%）和普通高中教育阶段（14%）。70% 以上的农民工没有接受过职业培训。2016 年，教育部、中华全国总工会印发了《关于农民工学历与能力提升行动计划——"求学圆梦行动"实施方案》，提出到 2020 年，在有学历提升需求且符合入学条件的农民工中，资助 150 万名农民工接受学历继续教育，使每一位农民工都能得到相应的技术技能培训，能够通过学习免费开放课程提升自身素质与从业能力。

我国的职业教育和继续教育要以职业岗位和就业为本位，深化职业学校入学招生制度改革，规范招生管理秩序。各省（区、市）要针对本地产业发展规划和经费来源情况，公开遴选参与农民工培训的院校（含普通高校、开放大学、独立设置的成人高校），确定学历继续教育招生专业和计划、非学历培训项目与规模。普通高校、开放大学、成人高校在现有政策框架内，采用全国成人统一考试招生、网络教育自主招生等方式择优录取。各地工会和企业要做好生源发动、推荐组织等工作，并尽可能为农民工提供便捷的学习条件。实行职业继续教育注册入学制度，让正规的职业教育向农民工，尤其是新生代农民工开放，为学习者提供灵活多样的学习选择。

农民工的职业教育与继续教育通过建立学历与非学历教育并重，产教融合、校企合作、工学结合的农民工继续教育新模式，提升农民工学历层次和技术技能水平，帮助农民工实现体面劳动和幸福生活，有效服务经济

社会发展和产业结构转型升级。新生代农民工接受职业教育是融入社会及城镇化的需要,是产业转型升级的需要,同时,农民工通过职业技术培训,提高自己的知识和技能,会得到人力资本投入的丰厚回报。

同时,职业教育和继续教育还要开发与岗位紧密对接的专业课程,不断优化专业和课程设置,努力实现学历教育和培训课程紧密对接行业需求、岗位要求、职业标准和生产过程。推行校企合作培养模式和基于信息化的混合式教学模式,根据农民工成长规律和工作岗位的实际需要,与企业共同研制工学结合的人才培养方案,建立校企双导师制和弹性学制,真正实现校企一体化育人。建立多元化的农民工继续教育质量保障体系,教育行政部门要完善教学质量监管制度和公示制度,建立农民工和用人单位参与教学质量评价的机制,开展满意度测评工作。保证农民工参与职业教育和继续教育的效果。

3. 推行职业资格证书制度,形成促进招生规模扩大的倒逼机制

职业资格证书制度是企业、职业院校和农民工职业教育之间的桥梁。目前由于制度不完善、农民工自身认识不足、就业时没有相关要求、不知道如何获取、害怕花钱等原因,很少有在岗农民工持有职业资格证书。《国家新型城镇化规划(2014—2020年)》提出:鼓励农民工取得职业资格证书和专项职业能力证书,并按规定给予职业技能鉴定补贴。根据2012年覆盖全国26个省份、3050位农民工的问卷调查数据,42.99%的农民工没有掌握任何专业技能,35.70%的农民工有技术但没有职业资格证书,10.23%的农民工具备初级职业资格证书,7.98%的农民工已经获得中级职业资格证书,只有3.10%的农民工持有高级职业资格证书。(孙铭含,2015)不难看出,目前我国农民工的专业技能水平还比较低,农民工职业资格证书并未能大范围地普及,且农民工获得的职业资格证书等级并不高。我国职业资格证书制度健全与否直接影响农民工职业资格认证的发展步伐。我国职业资格证书制度起步较晚,发展的时间不够充分,一些制度法规上存在漏洞,监管体制不尽完善,这些也直接导致了农民工"获证难"、农民工职业资格证书的正规性、适用性不能得到保障等问题。可见,推行职业资格证书制度尤为重要。

职业资格证书制度包括专业标准、行业要求等方面的内容,还要与就业挂钩,进而促使农民工自主完成相应教育与培训,获得证书;推动企业等用人单位为农民工提供相关培训机会,雇佣有相关技能证书的农民工,

进而促进职业教育与继续教育招生规模的扩大，同时也对职业教育和继续教育的质量有更高的要求。由此，职业资格证书制度形成一种倒逼机制，促进农民工接受职业教育与继续教育。

其一，职业资格证书制度促使农民工接受职业教育和继续教育。推行职业证书资格制度，能够调动新生代农民工参加职业教育的积极性。如新就业或者重新就业人员必须具有相应的国家职业资格证书，已经就业的新生代农民工必须在三年内保证一定的时间到职业学校学习等规定，可以从制度上使新生代农民工意识到如果没有一定的素质和技能就无法在城市立足，从而转变观念，主动参加农民工职业教育与培训。另一方面，参加职业教育和继续教育也能够有效地促进农民工自身水平和素质的提升，有利于其实现城镇化与现代化，整体推进城镇化水平。

其二，职业资格证书制度促使企业为农民工提供职业培训机会。雇佣的农民工必须具备相应的职业资格证书，也迫使企业为了让员工获得证书而提供培训机会，可以催生一些培训、就业一体化的企业，大部分培训机构采取订单式培训模式。这些培训机构在了解了农民工和企业的需求之后，有针对性地开展培训，农民工经过培训之后，可以迅速进入相关企业，避免了找工作的时间差。

其三，职业资格证书制度能够有效扩大职业院校的招生规模，同时促使企业与职业院校合作，提升农民工培训水平。首先，职业院校培训重心下移。职业院校应建立专门机构，搭建企业和院校的沟通平台，及时了解企业的用工需求和农民工的多样化需求，并根据经济结构调整、技术进步和劳动力市场变化，及时调整专业设置和教学内容，加强特色专业建设，增强对经济社会发展的适应性。其次，企业要有计划地对新生代农民工进行职业教育及培训，使农民工与其他职工一样享有接受职业教育及培训的机会。同时，企业要积极与职业院校配合，及时反馈企业对所需职工的素质需求，由职业院校提供订单式服务，开发符合企业实际情况的、特色化的新生代农民工培训项目。（王岚，朱静然，2014）职业资格证书制度是农民工实现阶层流动的重要途径，深入推行职业资格证书制度有利于农民工职业教育和继续教育的发展，有利于提升农民工职业教育及培训质量，具有十分重要的作用。

六、考试招生制度改革的未来走向

　　总体看来，城镇化背景下，考试招生制度改革的未来走向是实现不同地区、不同群体之入学机会的均等化，教育体系向整个社会开放，实现教育公平。其一，义务教育向随迁子女开放，促进随迁子女与城市本地学生接受公平的义务教育。随迁子女进入城市学校就读，应享受与本地学生平等的受教育机会，在教育过程中不受歧视，要通过多种方式保障随迁子女均等的受教育权利，实现幼儿园、中小学和高等教育阶段享受公平的受教育机会。其二，均等的考试机会向随迁子女开放，促进异地中考与异地高考政策的落实，同时招生政策向农村地区倾斜。《教育部关于做好2015年普通高校招生工作的通知》指出，要深入推进高校考试招生改革，进一步促进入学机会公平，要提高中西部地区和人口大省高考录取率，增加农村学生上重点高校人数等要求。其三，职业教育与继续教育向农民工开放。促进进城农民工进入正规的职业学校，享受公平的继续教育权利。通过职业资格证书制度，倒逼用人单位和职业院校为农民工提供有针对性的、高质量的职业培训，提升农民工的职业技能，促进农民工的城镇化。其四，公平的教育机会向全社会开放，促进东中西部地区、城乡之间的公平。由于地区差距、城乡差距过大，目前我国东中西部地区和城乡之间在入学机会方面存在显著差异，出现了义务教育择校问题、农村学生考入重点高校的比例下降等问题，考试招生制度改革应遵循公平的原则，促进不同人群的教育机会的公平，尤其是保障农村学生、留守儿童的平等受教育权。

第五节　教师人事制度改革

　　教师是教育事业发展的重要人力资源，教师人事制度究其本质便是对教师这一重要资源进行配置的相关规则（曹原，李刚，2011）。《教育规划纲要》指出，应健全教师管理制度，建设高素质教师队伍，努力缩小学校之间、城乡之间、区域之间教育发展的差距。针对当前城镇化背景下的教师人事制度改革，本节将突出三个主题（即义务教育、学前教育和职业教育与继续教育）和两个支点（农村和城市），从教师人事制度包含的教师编制制度、教师选聘制度、教师培训制度、教师交流制度、教师薪酬制度、教师评价制度等方面展开分析。

一、问题与挑战

城镇化进程中，实现教育改革的有效推进，急需破除制度性障碍，其中教师人事制度无疑是重点内容。当前，我国教育系统的人事制度改革已经在全国范围内掀起了高潮。然而，教师人事制度改革牵扯面广，在推进过程中面临着各种问题和挑战。

1. 农村学校教师发展困难重重

农村教师数量存在过剩与不足并存的问题。城镇化推动大量农村学龄儿童转移到城镇，农村中小学和幼儿园不断萎缩，甚至因生源短缺被迫撤并。随着农村学校数量在学校布局调整过程中逐渐减少，农村学校富余教师数量不断增加，富余教师的安置逐渐成为一个复杂问题。（赵忠平，秦玉友，2013）与此同时，农村撤点并校使得学生的上学距离增加，因此农村地区兴建了大量寄宿制学校，这又造成了教师数量相对紧缺，工作量过大的问题。农村地区小规模学校"一师一校""一师多科"现象越发明显，我国以师生比为标准的教师配置方式造成小规模学校教师数量不足。近年来，随着大量农村青壮年到城市就业，农村地区的留守儿童数量不断增加，给留守儿童身心关爱的重担进一步增加了教师的工作负担。由于办学条件差、工资待遇低、编制紧缺，新毕业教师不愿到农村学校任教，农村优秀教师也想方设法调到城镇学校，使得农村学校难以招揽和留住优秀教师，教师数量严重不足。

目前，农村教师的素质和水平成为城乡教育存在差距的关键性因素。农村教师整体专业素质偏低，且师资水平参差不齐，其专业结构、职称结构、学历结构、教育教学能力等方面都与城市学校存在很大的差距。另外，农村教师的工资待遇无法得到保障，许多贫困地区教师基本上发的是"基本工资"，很多福利待遇落实不到位，造成农村教师工资水平明显低于城市地区，甚至出现城乡教师"同学历"，但"同工不同酬"的现象。农村教师老龄化的问题突出，这反映出农村学校教师队伍补充困难，新生力量缺乏的问题。

2. 城市学校教师数量和质量都不容乐观

随着城镇化进程的加快，随迁子女义务教育阶段"两为主"政策的落实和义务教育后异地升学政策的完善使农村学生在城市接受教育成为可能。大量随迁子女涌入城市就学，使得城市幼儿园和中小学的学生数量迅速增加。2014年，已有超过八成的义务教育阶段随迁子女进入城市公办校就读（张婷，2014）。然而，我国每年对教师编制的核定多以户籍学生的数量为依据，这导致许多城市学校的教师数量短缺，无法满足大量随迁子女的教育需求。因此，一些城市学校为了维持正常教学活动，聘请大量编制外的代课教师来弥补学生人数增加带来的教师数量缺口。然而，代课教师却始终徘徊在教育体制的边缘，教师队伍不稳定且流动性大、工作任务繁重、缺乏组织归属感，教师素质、培训机会、薪酬福利等与编制内教师存在巨大差距。代课教师存在的诸多问题直接影响了教师队伍的建设和教学质量的提高。

3. 农民工培训中"双师型"教师严重不足

城镇化推动大批农民工进入城市，农民工整体素质偏低日渐成为国民经济可持续发展和构建和谐社会的严重障碍。因此，通过发展职业教育，对新生代农民工进行人口红利的"二次开发"，有助于提高其就业能力，从而帮助其更好地融入城市。然而，目前职业教育和继续教育中存在一个薄弱环节——师资队伍建设。在开展农民工培训的过程中，教师队伍方面存在诸多问题，如教师队伍不稳定、教学内容脱离实际、教学模式单一等。因此，国家、企业和学校要想承担起开展农民工培训的责任，需要通过大力加强"双师型"教师队伍建设，为提升农民工质量提供师资保障。目前，"双师型"教师队伍中师资数量不足、结构不够合理、总体素质偏低、教学能力欠缺、实践专业技能较弱、专业带头人缺乏、"双师"名不符实等问题日益凸显，已经成为制约职业教育发展和新生代农民工培训质量的瓶颈。

二、义务教育教师人事制度改革

城镇化进程中，随迁子女大量涌入城市中小学校，对流入地的教育资源带来了极大挑战。城市学校出现教师短缺现象，难以适应城镇化进程中学生跨区域流动带来的新建校、学校规模扩张、新增宿舍和食堂等变化。另一方面，随着向城市聚集的农民工人数逐年增多，农村学生数量不断减少，农村学校呈现规模小、分散广的态势，农村教师结构性短缺、素质不高、待遇低下等问题日渐突出。

近年来，国家推出一系列政策加强城市和农村中小学教师队伍建设，例如，国务院于 2015 年 6 月印发了《国务院办公厅关于印发乡村教师支持计划（2015—2020 年）的通知》。然而，教师资源均衡配置的许多现实问题仍然没有得到妥善解决，本部分将以教师人事制度为切入点，针对教师编制制度、教师补充制度、教师培训制度、教师交流制度和教师薪酬制度展开深入分析。

1. 修订城乡教师编制标准，保障城乡学校教师供给

随着城镇化的持续推进，当前教师编制管理机制已经无法适应城乡学校的变迁。农村学生规模逐年减小，导致农村、山区大量分布分散的、小规模学校的局面将长期存在。目前的教师编制制度存在编制偏紧、偏向城市、城乡倒挂的问题，造成农村中小学特别是小规模学校教师数量政策上超编而实际编制紧缺、结构性缺编的现象普遍存在。更有甚者，一些市县由于经费不足或管理不规范，屡屡出现"占编""压编""有编不补""在编不在岗"等问题。由于大量随迁子女从农村转入城市，城市教师缺编严重，且编制核定滞后，编制动态管理机制并未完全落实。目前，许多城市和农村学校为了确保学校教学的正常运转，不得不大量聘用代课教师。当前，我国中小学教职工编制管理体制为多部门治理，主要涉及编制、教育、财政、人社等部门。多部门参与的编制治理场域内，权力分布不均衡问题凸显，部门之间缺乏衔接，机构编制、人事招录、管理调配、财政保障相互独立，缺乏有效协作，难以形成有效的编制管理运行机制。我国编制管理更多遵循行政管理逻辑而非教育发展逻辑，这是导致编制核定滞后、管理失范、存量调整困难的重要体制机制障碍。（李廷洲，薛二勇，

赵丹丹，2016）

因此，推动教师编制制度改革适应义务教育发展的新形势变得至关重要。一方面，建立国家中小学教师"双轨制"编制标准并依此对城乡教师编制进行统一核定。主要内容为："城市和县城地区按师生比配编；乡镇地区根据学校实际规模分别采取师生比或班师比配编，而乡镇以下规模小的乡村学校和教学点则采取班师比配编；并适当增加农村中小学教师的编制数量。"（韩小雨，庞丽娟，谢云丽，2010）另外，应在科学计算工作量的基础上，依据课程设置、学生数量、年级分布等参数核定基本编制（刘善槐，邬志辉，史文宁，2014）。教师编制标准应由城乡倒挂转变为向农村倾斜，适当放宽农村地区特别是贫困、边远和民族聚集地等特殊地区和学校的师资编制标准，重点解决教师全覆盖问题，确保乡村学校开足开齐国家规定课程。通过加强监督，禁止各市区在有合格教师来源的情况下"有编不补"，长期聘用代课教师，以及变相占用农村教职工编制。

另一方面，健全教师编制动态管理机制，确保基本编制和附加编制的有机结合。基本编制应保证满足中小学教师的基本需求人数，而附加编制是学校因某些特殊情况所必须增加的教师人数。由于农村人口向城镇持续聚集，城市和农村学校及学生的数量在不断发生变化，因此，实施附加编制可增加教师编制的弹性，顺应教育发展的实际需求。在留守儿童与流动人口子女集中的学校附加机动编制以满足教育教学需求、教师培训和交流需要。城市和农村中小学教师附加编制应每2—3年核定一次，"省级编制部门应结合本地实际，按照总量控制、城乡统筹、结构调整、有增有减的原则，调整完善并核定本地区中小学教职工编制标准及总额"（李宜江，2013）。

2. 建立农村教师补充机制，引导教师去农村校任教

随着城镇化的推进，农村地区持续存在教师数量不足、结构性紧缺等问题。在总体数量不足的情况下，农村教师还存在队伍不稳定的问题，主要表现为教师的"逆向流动"。教师"逆向流动"即由农村向城市流动、薄弱学校向优质学校流动，大量农村优秀教师流失，加剧了义务教育发展的不均衡。农村学校每年调出的教师数一直大于调入的教师数，并且调出的教师大多年富力强，教授主要学科和紧缺专业。可见，农村教师数量整体上处于逐年减少、持续流失的状态。另外，农村教师资格审查机制不健全，导致农村教师队伍封闭性老化、整体素质偏低。

国家应鼓励省级人民政府建立统筹规划、统一选拔的农村教师补充机制，为农村学校持续输送大批优秀高校毕业生。各省市积极推进免费师范生政策，吸引优秀师范毕业生到农村学校任教。高校毕业生取得教师资格并到农村学校任教一定期限，按有关规定享受学费补偿和国家助学贷款代偿政策。另外，扩大农村教师特岗计划实施规模，重点支持中西部老少边穷岛等贫困地区补充农村教师，适时提高特岗教师工资性补助标准。各地采取有效措施鼓励城镇退休的特级教师、高级教师到乡村学校讲学。政府应为农村学校吸引高校毕业生和优秀教师人才提供物质基础和制度保障。

3. 构建城乡教师培训体系，提高培训质量，增加经费投入

目前，我国城乡中小学教师培训工作在改革与发展过程中仍然存在一些现实问题。总体来看，培训体系不健全，培训内容缺乏针对性和实用性，培训模式单一、方法滞后，培训者素质和能力不高，未能满足参培者多样化和个性化的需求。特别是具有独特问题和困境的农村教师，"难以在培训过程中形成学员与培训者、培训材料之间的深入对话"（陈向明，王志明，2013）。另外，对于随迁子女就读的城市公办学校教师，缺乏针对随迁子女特点的教育教学模式的培训。农村学校和打工子弟学校培训经费仍然不足，导致教师的培训和进修机会远远少于公办学校教师，也没有像公办学校那样形成制度，严重制约了教师培训工作的开展。

针对师资队伍培训存在的问题，应在 2011 年《教育部关于大力加强中小学教师培训工作的意见》所提要求的基础上，进一步采取措施切实促进教师的专业发展。根据城市学校、农村学校和打工子弟学校三类教师的不同特点和培训需求，努力从培训课程、培训教材、培训方式、培训者等多个环节入手，全面提高教师培训的质量。加强农村教师和打工子弟学校教师培训的经费投入，建立由中央、省、市、县共同分担的经费保障体制，把乡村教师培训和打工子弟教师培训纳入基本公共服务体系，确保教师的培训质量和时间。积极开展农村学校、打工子弟学校与城市公办校、名校的合作交流，充分利用校外优质资源。按照农村教师和打工子弟教师的实际需求改进教师培训方式，采取顶岗置换、网络研修、送教下乡、专家指导、校本研修等多种形式，增强培训的针对性和实效性。鼓励农村教师和打工子弟学校教师在职学习深造，提高学历层次。对于教授随迁子女的教师，需要通过培训具备新的素养，使得在教育过程中能改变学生的方言，培养学生良好的学习习惯和生活习惯等，促进城乡青少年的融合。

4. 完善城乡教师交流制度，促进城乡教育均衡发展

由于我国城乡二元发展模式，农村教师长期存在数量不足和质量不高的现实问题。为了扭转这一局面，国家自 1996 年起出台了一系列政策法规促进和规范教师交流制度，但是政策实施的效果不甚理想。目前，城乡教师交流政策目标定位不够清晰，缺乏明确、具体的交流程序和要求，交流教师工作、生活、待遇上的配套措施不完善，考评标准不完善、不统一，城乡之间明显的差异制约着教师参与交流的意愿。许多教师交流是迫于行政命令，教师从城市到农村的流动动力不足。"城乡教师交流制度在实践中较易走向形式化和表面化，从而阻碍城乡教师资源的均衡发展。"（叶飞，2012）

为了解决这些问题，国家首先要全面推进义务教育教师队伍"县管校聘"的管理体制改革，为组织城市教师到乡村学校任教提供制度保障。另外，从政策、制度层面切实加强对农村教育的财政投入，尽可能弱化城乡二元结构。各地政府须在财政经费资助下，建立长期稳定的工资福利和补贴政策，以保障交流教师的收入待遇。教育行政部门还应进一步规范和强化支教教师的绩效考核机制，制定具体的考核标准并严格执行。城市中小学教师晋升高级教师职称，应有在农村学校任教一年以上的经历。再者，增强城乡教师交流途径和方式的多元性，比如定期交流、跨校竞聘、学区一体化管理、学校联盟、对口支援、乡镇中心学校教师走教，不仅推动城镇优秀教师到乡村学校交流轮岗、支教讲学，也应鼓励城市优质学校接受农村教师入校工作和学习。通过这些措施，可以促进城乡教师的双向交流互动。

5. 改革城乡教师薪酬机制，提高农村教师福利待遇

目前，我国城乡教师工资收入总体水平仍然偏低，在分行业从业人员平均工资水平中排名一直靠后，且差距呈现出一种扩大趋势（安雪慧，2014）。城乡二元结构在教师收入方面体现明显，农村教师收入水平明显低于城市教师，无法留住优秀教师。2006 年之后，中小学教师工资主要由四个部分构成：岗位工资、薪级工资、绩效工资和津贴补贴。其中岗位工资和薪级工资为基本工资，执行国家统一的政策和标准，城乡差别不大。然而，教师绩效工资、津贴补贴和社会保障等辅助性工资没有统一标准，由于农村地区经济落后、地方财政困难，农村教师的津补贴收入远低于城

市教师。（范先佐，2014b）另外，城乡中小学校代课教师工资与编制内教师相比差距较大，"同工不同酬"的现象大量存在。目前推行的学校绩效工资制度流于形式，分配仍然过度依赖职称和职务，存在对岗位责任、业绩与贡献体现不够以及平均主义分配倾向普遍等问题。（蔡永红，梅恩，2012）

国家应切实提高中小学教师工资水平，提高津补贴的额度和比例，特别是大幅度提高乡村教师生活待遇，落实城乡教师同工同酬，甚至农村教师的工作待遇要高于城市教师。比如，全面落实集中连片特困地区农村教师生活补助政策，依据学校艰苦边远程度施行差别化的补助标准，中央财政继续基于综合奖补，对长期在农村学校任教的优秀教师给予物质奖励和颁发荣誉证书。国家还应建立省级统筹的义务教育学校教师工资保障机制，将"以县为主"的财政负担上移至省级政府，尽可能减弱农村地区工资经费的短缺程度。中央政府应强化财政转移支付，确保省级政府建立健全城乡教师医疗、养老和失业等社会保障制度，缩小贫困地区与发达地区中小学校教师工资待遇的差距。

三、学前教育教师人事制度改革

近年来，随着城镇化进程的加快，随迁子女中学龄前儿童比例增大，现有的城市幼儿园无法满足所有适龄儿童的入园需求。每年当地政府都会增设一些幼儿园来缓解这一矛盾，另外，大量以收托随迁子女为主、形式多样的民办幼儿园应运而生。同时，农村适龄儿童人数减少，且居住比较分散，导致农村幼儿园数量稀少且规模较小、开办简陋。目前，学前教育成为我国国民教育体系中的"短板"，而农村幼儿园和民办幼儿园又是短板中的"短板"。随迁子女和农村学龄前儿童的受教育质量堪忧，这对学前教育教师人事制度建设提出了严峻的挑战。

近年来，学前教育教师队伍是整个教师队伍中最薄弱的环节，一直存在编制紧缺、质量不高、待遇偏低等诸多问题。国家出台了一系列政策，如2012年的《幼儿园教师专业标准（试行）》《国务院关于加强教师队伍建设的意见》《教育部中央编办财政部人力资源社会保障部关于加强幼儿园教师队伍建设的意见》，2013的《幼儿园教职工配备标准（暂行）》等。这些政策就补足配齐幼儿园教职工人数、落实幼儿园教师在工资和职称方面的待遇，维护幼儿园教师权益，完善师资培养培训体系，提高学前教育教师队伍素质等方面提出了一系列要求。但是，学前教育教师队伍的数量和质量这一核心问题仍然未能得到全面、彻底和妥善的解决。

1. 实行幼儿园教师编制单列，补齐城乡教师缺口

目前，幼儿园中有编制的公办教师比例较低，农村和民办幼儿园教师大多没有编制，以聘用的临时教师为主。造成这一现象的主要原因在于，2001年出台的《国务院办公厅转发中央编办教育部财政部关于制定中小学教职工编制标准意见的通知》，仅限定了中小学教师的编制，并没有将幼儿园教师包括在内，只对其核岗而未定编。因此，"十几年来，全国幼儿园教师编制只出不进，只减不增"（汪丞，郭跃进，伍香平，2014）。编制不足直接导致了城乡幼儿园普遍存在师资严重缺失的现象，幼师比过高，班额过大，教师工作积极性低，保育和教育质量无法得到保障。另外，幼儿园教师编制并没有单列，长期与中小学教师混在一起，幼儿园教师无法确保自身的国家教师身份，其社会地位和福利待遇也难以企及中小教师。

为缓解幼儿教师编制存在的问题，应积极推行幼儿园教师编制单列政策。在修订《全日制、寄宿制幼儿园编制标准》的基础上，明确城市和农村公办幼儿园专任教师的编制标准，核定并补齐幼儿园教师的编制，严禁挤占和挪用幼儿园教师编制。探索面向全体无编制幼儿园教师的人事代理制度，特别是农村的在岗不在编教师和民办幼儿园教师，保障这类教师在待遇、职称等方面的权益，使之与编制内教师基本持平。同时，出台相应政策明确幼儿园教师的正式教师身份，"确保幼儿园教师依法享有与中小学教师同等的法律身份和社会地位，享有同样的基础教育教师该享有的社会、政治、经济待遇"（庞丽娟，韩小雨，2010）。这些举措对于稳定学前教育教师队伍，实现城乡幼儿园教师均衡配置具有极大的促进作用。

2. 制定幼儿园教师资格标准，确保教师入口质量

目前，幼儿园教师存在任职资格不达标和师资结构不合理的现象。从全国范围来看，仍有相当大比例的幼儿园教师尚未获得教师资格证书，而民办幼儿园教师无证上岗的现象更为普遍。另外，城市和农村幼儿园教师学历层次分布不均，农村幼儿园教师与城市幼儿园教师相比总体学历偏低，许多农村幼儿园教师甚至存在"学历达标专业不对口"的问题。幼儿园教师资格制度存在的缺陷严重阻碍了教育教学质量的提升。

建立和完善教师资格准入制度，才能确保幼儿园教师队伍的整体素质和质量。我国一直没有出台专门的幼儿园教师职业标准方面的政策或文件，当前幼儿园教师资格标准设定笼统宽泛。因此，有必要将研究制定并推行科学合理的《幼儿园教师职业资格准入标准》提上议事日程。各教育主管部门应严格按照幼儿园教师资格标准，招聘录用具备资格的新教师，要求在岗幼儿园教师限期取得幼儿园教师资格证书，并定期对幼儿园教师的资格进行审核，缓聘、转岗甚至解聘不合格的教师。

3. 提升幼儿园教师薪酬待遇，均衡城乡工资水平

目前，全国城市和农村幼儿园教师的工资待遇普遍低下，并且教师工资由于所在区域和办园体制的不同存在较为突出的不均衡现象。一般说来，幼儿园教师的工资差异体现为，"农村比城市低，民办园的比公立园的低，一般园比示范园低，公办无编制的比有编制的低"（郭莉，2012）。农村幼儿园教师每月工资大约仅相当于城市教师工资的五分之一。无编制幼儿园教师每月工资一般只是有编制幼儿园教师的一半甚至三分之一，且没有分房、职称评定、进修学习、评奖等机会。幼儿园教师工资待遇低下，直接导致教师的频繁流动和大量流失。

各级地方政府应加强对幼儿园的财政投入力度，确保幼儿园教师享受与中小学教师同等的工资待遇和社会福利。明确幼儿园教师的工资标准，逐步实现城乡幼儿园教师同工同酬，确定公办幼儿园无编制教师和民办幼儿园教师的最低工资标准、财政补贴额度和社会保障制度。对农村、山区、偏远地区教师实行薪资补助和优先晋升职称的政策，为其提供充足的社会生活保障。只有切实提高幼儿园教师的工资水平，才能吸引更多的优秀人才投身于学前教育事业，实现学前教育教师队伍的稳定。

4. 建立幼儿园教师培训制度，提升城乡教师素质

目前，农村和民办幼儿园教师整体专业素质不高，急需通过培训实现专业发展。然而，一些地方幼儿园教师培训经费还未列入政府预算，导致幼儿园教师在职培训机会较少。与城市幼儿园相比，农村和民办幼儿园教师参加培训的机会更是普遍缺乏，他们基本被排除在教育行政部门组织的教研活动之外。同时，现有培训的实施效果也不理想。总的来说，幼儿园教师培训内容与实际脱节，培训形式单一，培训对象缺乏层次性，忽视了不同类别幼儿园教师的需求差别。

在农村和民办幼儿园教师短缺的情况下，对在岗教师进行继续教育和培训则成为提高幼儿园教师素质的重要途径。首先，完善幼儿园教师在职培训经费保障机制，各级财政应在政府预算中单独设立幼儿园培训专项经费。其次，健全幼儿园教师培训体系，各级政府应将幼儿园教师培训纳入当地教师培训规划，明确规定其培训经费、目标、内容、机制等，并加大对农村和民办幼儿园教师的培训力度。再次，还应鼓励城镇师资力量较强的幼儿园派出部分教师到农村和民办幼儿园支教或传授经验，开展现场指导、经验交流等活动，针对农村和民办幼儿园教育和管理方面的薄弱环节，提出一些切实可行的意见和建议。

四、职业教育与继续教育教师人事制度改革

随着城镇化推进和产业结构升级，大量农民工涌入城市的同时，企业却不断出现"技工荒"。农民工普遍存在职业能力欠缺和实践技能不足的问题，因此，通过职业教育和培训对农民工进行"回炉锻造"至关重要。目前，为农民工提供培训的主要有三类主体，即政府、学校和企业。其中学校既包括公办学校，如技工学校、中等职业学校和高等职业学校，还包括民办机构，如就业培训中心、民办教育培训机构。人才培养的关键在于教师。由于农民工所从事的工作具有很强的实践性和操作性，提供培训的教师不仅需要掌握扎实的专业理论知识，还需要具备熟练的专业实践技能。可见，建设一支高素质的"双师型"教师队伍对提升农民工培训质量起着决定性的作用。

然而，从城乡农民工培训师资队伍的资格准入机制、在职培训机制、评价考核机制三个方面来看，至今还没有建立起规范的符合"双师型"教师专业成长规律的专业发展制度。目前，虽然国家颁布了《中等职业学校教师专业标准（试行）》，但它还仅仅是一个面向教师个人专业发展的指导性标准，并不是一个针对城乡职业教育和继续教育教师培养与任用的强制性标准。从农民工培训教师专业发展的制度建设而言，还存在一系列的问题需要解决。

1. 制定严格的农民工培训教师准入机制

目前，农民工培训教师的资格标准尚未真正建立起来，现有的标准也

并未体现出职业教育和继续教育的内涵和特点。在农民工培训过程中，学校教师重理论知识传授、轻动手实践操作的问题凸显，而政府和企业的培训教师更多地偏重经验介绍，缺少知识凝练和理论提升，理论和实践并重的"双师型"教师数量较少且整体质量偏低，阻碍了"双师型"教师队伍的建设。

为了培养适应当前社会和企业需求的农民工，构建具有职业教育和继续教育特色的教师资格机制已经迫在眉睫。一方面，国家应建立规范和严格的"双师型"教师资格准入标准，对"双师型"教师不仅应有学历要求，还应要求其具备3—5年的专业实践经历。另一方面，国家、企业和学校应加大招聘和引进兼职教师的力度，邀请学校、企业和社会中实践经验丰富的名师专家、高级技术人员及能工巧匠对农民工开展培训。通过聘请高素质的教师，真正达到提升农民工培训质量的目的。

2. 建立有效的农民工教师培训制度

目前，大多数农民工培训教师专业技能不娴熟，要么缺少实践经验，要么缺少理论积淀，急需通过培训提升各方面能力。近年来，"国家加大了职业教育和继续教育教师的培训力度，对提升教师的教学理念和教学技能有一定的促进作用"（张桂春，2013）。然而，职业教育和继续教育的教师培训普遍存在重形式、轻实效的倾向，缺乏建设"双师型"教师队伍的培训计划和培训针对性，动手实践场所稀缺且条件简陋。

为此，有必要建立有效的"双师型"教师培训制度，培养教师具备理论水平、实践能力和专业技能的多元素养。除了传统培训，应强化校企合作的培训模式，让企业参与到教师培训中，比如，采用专任教师定期到企业顶岗工作的方式，加强教师的专业技能训练和实训设备操作练习，了解行业新信息、新技术和新趋势。职业教育和继续教育教师通过各类培训，逐步实现从"教学型"教师转变为"双师型"教师。

3. 健全"双师型"教师评价和激励体系

目前，我国大多数的职业教育和继续教育还没有走出普通教育的影子，仍不同程度地照搬普通教育的评价模式。"双师型"教师理论知识和专业技能的评价盲点普遍存在，教师在教学和实践上的能力值无法准确衡量。"双师型"教师的考核评价体系尚未建立起来，处于发展目标不明确、考核标准不清晰、能力强弱无区别的状态。在此评价模式中，"双师型"

教师所具备的技术能力被忽视，对其职称评定和待遇提升不起任何作用，使得普通教师对发展成"双师型"教师没有主动性和积极性。

为促进农民工培训的整体质量，应建立规范的"双师型"教师评价体系和激励机制。在坚持能力本位观的同时，要提高对"双师型"教师专业技能水平的考核力度。将"双师型"教师的考核评价与待遇地位的提高直接挂钩，确保合格的"双师型"教师在社会福利、职称评定、工资待遇、评优评奖、进修培训以及社会地位等方面都优于普通教师。通过突出"双师型"教师的优势地位，激励职业教育和继续教育教师努力发展成为"双师型"教师，保证"双师型"教师队伍的稳定性和吸引力。

五、教师人事制度改革的未来走向

总体而言，城镇化影响下的义务教育、学前教育以及职业教育和继续教育教师人事制度改革需要加强国家和教育行政部门在统筹、管理、经费等方面的支持。国家和教育行政部门应该增加教师编制数量，规范教师资格标准，提升教师薪酬待遇，完善教师培训系统，严格教师评价体系。在此基础上，真正实现整个教育系统的教师人事制度城乡一体化发展。

第一，大力补充城乡教师的数量，吸引优秀教师进入城市和农村学校任教，提高农村学校音乐、美术和体育等学科教师的比例。完善城乡教师交流制度，采用有效措施鼓励优秀教师去乡村学校支教和帮扶。规范城乡代课教师管理制度，将代课教师纳入教师体系中，保障代课教师的合法权益，保证代课教师的质量，合理稳妥地清退不合格代课教师。

第二，实现城市和农村学校教师、公办和民办学校教师资源配置均衡化发展。城镇化的持续推进，对农村和城市的教师发展同时带来了严峻挑战，然而教师资源配置的城乡差距仍然没有得到较为显著的改善。城乡二元结构背景下的教师资源均衡配置并不是"削峰填谷"，而是在促进城市学校教师发展的同时，逐步缩小农村学校与城市学校在教师队伍建设上的差距，实现城乡学校教师联动发展。目前，民办打工子弟学校和民办幼儿园的合法地位尚需认定，其教师的合法权益无法得到保障。国家应加大对民办学校发展的重视程度，建立健全民办学校管理体制和投入机制，确保民办学校教师的工资标准、专业发展、社会保障与公办学校教师保持一致。

第三，实现农民工培训教师素质的全面提升。当前，新生代农民工已然成为推动经济发展、创造社会财富的生力军，其就业技能和素质高低直接关系到现代经济转型和产业结构升级。应建设高素质、多元化的农民工培训师资队伍，努力帮助农民工由当前的廉价劳动力发展成为技能型人才。因此，建设一支数量庞大的"双师型"教师队伍成为重中之重。通过拓展现有师资参加校内外实践的渠道，实现普通职业教育师资向"双师型"师资转变；通过加大兼职教师引进力度及实施相应管理改革措施，建设专兼结合、结构优化的"双师型"教师队伍；通过改革职业教育师资培养模式，建立"双师型"教师专业标准，以资格认证确保入职教师的双师素质。

第四，开展事业单位人事制度改革，推进聘用制和人事代理制度，逐渐消弭体制内外的差别待遇，解决全国教师缺编的问题。在公立学校，政府部门应严格按照"新人新办法，旧人旧办法"和"定编定岗不定人"的原则；在民办学校，代课教师入职也可以在聘用制的前提下探索人事代理制，尝试和公办学校的用人制度接轨；在待遇上，除社会保险之外，有编教师和代课教师采用同一套考评机制，福利待遇趋于一致，保障代课教师的正当权益。

最后，建立合理的城乡教师薪酬制度，提高教师工资水平，建立贫困地区教师的特殊津贴制度，形成有效的教师激励机制。政策上应按照地域条件、人口密度和经济发展水平等维度对全国农村教师日常生活和工作所需基本工薪做出明确统一规定，实行"中央定标、省级统筹、县级补贴"的机制，确保全国范围内城乡教师基本工资收入的均衡化。依据农村的具体情况，分级设定农村教师津贴标准，保证教师待遇向条件较差地区的农村教师倾斜。通过制定合理的薪酬策略，吸引、保留优秀教师并激励他们努力工作。

第六节　教育投入制度改革

教育投入制度是指关于教育经费的来源、负担主体、筹措、有效配置与管理使用的制度规范，关系到教育发展能否获得充足的经费保障、能否发挥有限教育资源的最大效应并充分实现教育公平。

新型城镇化的核心是人的城镇化。无论是农民工市民化，还是农村人口就近就地城镇化，或是流动人口享受户籍人口同样待遇的公共服务，都离不开财政投入（杨志勇，2014）。因此，要实现人的城镇化，需要解决公共服务均等化所需大量资金投入的来源和配置问题。在推进新型城镇化的过程中，应根据城镇化规划，统筹考虑农民"农转非"时保障基本公共服务均等化所必需的各项成本支出，并纳入城镇化资金供给和配置以及相关财税体制改革的大框架中统筹考虑。这意味着，除了在观念上、政策上充分重视人的城镇化和市民化，更重要的是要把人的城镇化和市民化作为一个大的财政问题予以统筹解决（中国金融40人论坛课题组，2013）。在推进城镇化的过程中，随迁子女能否获得公平的教育机会，农民工能否接受基本的职业技能培训，能否获得公平的职业发展机会，关乎农民工在城市的发展，也关乎城镇化的质量。因此，要解决城镇化进程中基本教育公共服务均等化的问题，必须改革教育投入制度。

城镇化进程中的教育投入制度改革问题实质上是城镇化进程中教育成本分担问题。它涉及两个问题：一是教育公共服务的成本是由流入地政府承担还是由流出地政府承担？二是各级政府在教育公共服务中各自承担什么财政责任？教育投入制度改革可以从人群和教育层级两个思路加以考察。从人群角度来看，新型城镇化的核心是人的城镇化，推进新型城镇化需要解决好相关人群的教育成本分担问题，也就是城镇化进程中随迁子女、农民工、留守儿童等群体的教育公共服务均等化问题；从教育层级来看，即义务教育投入制度、学前教育投入制度和职业教育与继续教育投入制度改革的问题。本书前面几章分别从人群角度对随迁子女、留守儿童和农民工等相关人群进行了专门论述，同时第四章的第四节对农村教育投入体制进行了专门讨论，其中覆盖留守儿童教育投入问题。本部分从教育层级的视角探讨城镇化进程中义务教育、学前教育、职业教育和继续教育的教育投入制度的改革，主要涉及随迁子女义务教育投入制度、学前教育投入制度和农民工培训经费分担机制。

义务教育首先要解决的是随迁子女教育成本在流入地和流出地的责任划分问题，其次需要关注的是义务教育成本在不同层级政府间的责任分担问题。

学前教育投入制度需要分析政府在学前教育发展中的责任问题。由于学前教育是非公共产品，学前教育成本不能仅靠政府单方面、直接负担，要尝试借助市场、社会和家长等多方力量，政府可通过购买社会服务的方式间接提供学前教育服务。

职业教育和继续教育虽然与学前教育一样同为非公共产品，但是，相对于学前教育，职业教育和继续教育的教育成本分担除了政府、市场、社会和家长，还涉及企业。政府在职业教育和继续教育成本中的负担内容、负担比例都是值得探讨的问题。

一、问题与挑战

当前，我国城乡教育差距巨大，优质学校和优质教育资源集中在城市地区，各级各类教育尤其是学前教育、义务教育和职业教育在城乡间发展很不均衡，教育二元结构现象突出（成刚，2011）。自 1994 年实施分税制以来，我国初步建立起了适应社会主义市场经济体制的财政体制框架，增强了中央财政的宏观调控能力，促进了财政税收的稳定增长。然而，由于现行财税体制存在诸多不完善之处，财权和事权不对称、税制结构不健全、支出结构不合理、转移支付不规范等问题日益凸显，这些问题不仅直接影响地方财政能力和财政运行状况，而且造成地方城镇化建设资金供给不足，供求矛盾突出（钱杰，2015）。城乡公共产品和公共服务的差距进一步拉大。城乡差距不仅表现在收入水平上，而且表现在公共产品和公共服务水平上。大量农民流向城市，支撑了经济社会的繁荣发展，但多数农民工为了享受包括教育在内的城市公共服务，往往要背上比城市居民重得多的公共服务支出负担，从而进一步降低农民工的生活水平（杨志勇，2014）。近年来，义务教育虽已覆盖全国，但农村优质教育资源有限，教学点分布不合理，许多村庄甚至没有教学点。农村学生为了得到较好的教育，只能在路途遥远的城里就读。家长为此需额外负担陪读、交通等远比城市居民高的成本。

1. 基本公共教育服务投入责任主体不明晰

从规范的角度来看，农村义务教育经费保障新机制和城市义务教育免除学杂费在很多方面仍然不规范，包括地方政府间义务教育财政筹资责任划分问题、地方义务教育投入激励不足问题、义务教育投入公平问题、众多的义务教育专项经费分配依据及管理问题、义务教育筹资责任上移带来的决策与管理成本增加以及效率损失问题、义务教育的财政责任如何在各级政府间细分的问题。根据义务教育的性质，政府应为流动人口子女公平接受义务教育提供财政保障，而我国的政府包括中央、省、市、县、乡镇五个层级，义务教育财政责任在中央政府和地方政府，以及地方各级政府之间如何划分尚不明晰。也就是说，究竟由哪级政府来为流动人口子女义务教育买单？虽然政府原则上规定保障流动人口子女的受教育机会是流入地政府的责任，但是在教育经费并没有根据受教育者而划拨的前提下，流入地和流出地政府对这部分群体的教育投入都缺乏激励。从财政分权理论来看，这些都是地方政府在提供公共服务时产生了外溢效应，因此会导致公共服务提供水平偏离最优结果（郑磊，2015）[5]。

2. 省级以下财政体制亟待改革

有效推进城镇化建设，破解城镇化建设资金困局，关键在于深化财税体制改革，明确界定中央与地方关系，放开市场准入限制，逐步建立多元化、可持续的资金保障机制。尽快研究建立与新型城镇化建设相适应的地方税收制度体系，启动新一轮分税制改革。明确中央和地方的事权划分，在此基础上调整中央与地方政府税收划分，使地方的财权和事权更为对等。加快省以下财政体制改革，赋予县乡两级基层政府更多的可支配财力，进一步提高地方政府可支配财力。同时，加大新型城镇化专项转移支付力度，建立新型城镇化公共服务中央和地方成本分担机制（杨志勇，2014）。赋予地方政府一定范围内的税收立法权，完善地方税收制度（中国金融40人论坛课题组，2013）。建立一些符合"农转非"人口群体特征的特殊性制度，如重视并保障失地农民的发展性需求，建立专项基金用于失地农民就业指导、技能培训、社会救助等。

3. 农民工培训投入总量不足，配置不均

当前，政府的培训资金投入未达到应有的水平，相关研究报告显示，中央财政用于补贴农村劳动力转移培训的经费仅有"阳光工程"的2.5亿元，地方配套的资金也仅为6亿多元，这对于解决2亿多农民工的职业技能培训经费问题来说是杯水车薪（黄锟，2008）。同时，农民工培训投入存在严重的公平缺失现象，主要表现为城乡差异和地区差异。由于经济发达地区享受了我国大部分的社会公共品的投资，而广大农村地区只享受很小一部分，农民工培训在一些偏远地区很难开展起来。农民工培训投入总

量不足、配置不均主要有两个方面的原因。一方面，中央与地方政府不协调。农民工培训的投入问题之所以没得到很好的解决，还应归因于中央与地方政府间的合作缺位。虽然政策规定中央政府对农民工培训投入应起到主导地位，地方政府要给予辅助，但是，没有一条细则是阐述中央政府与地方政府在农民工培训投入上的比例关系，一些地方政府借此搞机会主义，把农民工培训的投入责任抛给中央政府，从而导致农民工培训经费不足。并且，由于中央和地方政府的利益和目标不尽相同，对于财政资金的使用，中央和地方的支出偏好顺序可能不一致，在监督机制不健全的情况下，难免会出现地方政府为了实现自己利益的最大化，而消极对待农民工培训投入的问题（江霞，2013）。另一方面，农民工输入地与输出地不合力。地方政府对于农民工培训与自身利益的关系具有功利性认识。根据我国地区经济发展不平衡的特点，欠发达地区往往是农民工的主要输出地，在财政紧缺的状况下，当地政府不愿意承担更多的培训任务；而输入地政府则认为农民工的流动性很强，投入的回报率很低且会加大财政支出，导致农民工输入地政府对农民工培训的热情不高。

二、义务教育投入制度改革

一个完善的义务教育财政制度应该是经费充足、分配公平、使用有效的制度，应该是覆盖全体人口、城乡统一的制度。在具体的制度和政策设计层面，为保证教育经费的充足性，应确定基本义务教育经费保障水平的标准；为保证经费的公平配置，需要确定经费供给的分担责任及具体的分配方式，而均等化的实现机制主要依赖于明确各级政府的责任、建立规范的转移支付制度以及县级政府在辖区内公平地分配经费；为保证经费的有效使用，需要对经费使用进行监测与评价。

1. 加强省级统筹，建立财权与事权对等的城乡义务教育投入体制

要保证包括流动人口子女在内的所有适龄儿童都能公平接受义务教育，基本出路只能是对各级政府之间的责任关系进行全面调整。因县级政府无法承担起协调城乡（特别是省域内城乡）教育差距的重任，而省级政府具有的财政能力是实现城乡教育一体化的主要保障，因此，可以在财政能力较强的地区实施以省级政府为主的教育投入体制，而在财政能力较弱

的省份，建立省级政府和中央政府共同承担大部分教育投入的机制。从我国财政收入分配的格局和多年的实践看，这种调整和改革的关键是，省级政府应该成为义务教育最主要的财政责任承担者。让省级政府成为义务教育最主要的财政责任承担者，其中的政策含义，是尽可能通过上收义务教育事权，将县区基层政府承担的义务教育责任逐步上移至省级以上人民政府，从而尽可能保证义务教育经费投入的稳定来源。

2. 强化顶层设计，确定城乡义务教育经费保障标准

设定省内义务教育投入标准，包括最低保障标准和均等化标准。设计和实施平衡城乡教育差距的转移支付制度也是缩小城乡教育投入差距的保障。基本义务教育经费保障标准应该是为保障基本义务教育服务水平所需经费的标准，它不是最低保障标准，而是为完成义务教育所规定的各项标准内容所需的经费水平。因此，对经费保障标准的界定和测算应该以保障义务教育服务的各项内容为主要依据。同时，应考虑不同地区生活成本差异、学校规模因素、需特殊对待的群体（贫困家庭学生、残疾学生、少数民族学生等），针对不同因素提出不同的标准。

3. 深化预算改革，积极推进公平取向的学校拨款方式改革

2006年以来，全国范围内推行的学校预算改革对加强资金使用的计划性和规范性起到了一定的作用，进一步的学校预算改革应该从以下几个方面加强。第一，预算编制的科学性与合理性。学校预算改革实质是以学校为基础的预算，这需要按照基本支出经费和项目经费的基本分类，对学校实际支出需求进行科学合理的测算。第二，加强预算的透明性与公开性。公开透明的财政预算可以保障公民的知情权和参与权，规范政府行为，提高政府治理能力。为此，需要确立科学的评估体系，扩大公开范围和内容，完善法律法规体系，提高预算的质量和获取的便利性，同时扩大参与式预算。第三，加强预算的约束性。一个科学合理的预算应该是具有约束性的，不仅对学校的收支计划具有约束性，更重要的是对政府的义务教育投入具有约束性。第四，预算涵盖范围需要进一步扩大。基本支出预算应该涵盖维持学校正常运行的所有经费，属于经常经费性质的都应归入基本支出预算。项目经费预算的编制应充分考虑本地区和学校的发展规划。在完善学校预算制度的基础上，设计一个用于指导资金在县内学校之间分配的拨款公式。拨款公式可以按照多因素、多政策目标参数的方式，遵循公

平性原则。

4. 加强监督机制，完善义务教育的监测与评价体系

在现行的体制框架下，构建一个自上而下的义务教育经费监测与评价体系，并加强对地方政府教育投入的监管力度，是对"以县为主"义务教育财政和管理体制的一个重要补充。针对我国义务教育财政在当前及今后一段时期的政策目标，监测与评价体系的主要内容应该包括：各级政府义务教育投入努力程度、教育经费分配公平性、教育经费使用效率。

三、学前教育投入制度改革

学前教育是基础教育的重要组成部分，对巩固和提高九年义务教育的质量与效益，全面提升国民整体素质具有基础性、全局性和先导性的作用。但是，学前教育投入体制存在财政投入总量不足，地区之间投入差异大；成本分担不合理，家庭和基层政府负担过重；不同层级政府职责不明确，责任主体重心过低；财政资金分配不公平，资金使用效率不高；学前教育机构收费混乱，收费水平差异大等问题（田志磊，张雪，2011）。自2010年以来，国家不断加大对学前教育的财政投入力度。然而，由于学前教育长期被边缘化，我国学前教育财政投入长期严重不足，历史欠账严重，短期的巨大投入难以满足事业发展的需求；有限的学前教育财政投入还存在着严重的区域投入结构、机构投入结构和教育要素投入结构的不合理问题，东、中、西部地区财政投入差距显著，城乡生均财政投入差异巨大，农村地区、边疆地区、贫困地区、民族地区学前教育财政投入严重不足；不同性质的公民办幼儿园间投入差异明显，中央和地方财政均主要投向公办园，而一些公办性质园与民办园所获财政支持十分有限；并且，重园舍建设轻教师队伍建设，重基础设施投入轻教师培训提高，长期以来幼儿园教师的培训经费始终未制度化地纳入财政预算中（庞丽娟，2014）。这不仅表明财政投入效率低，而且严重地制约了我国普惠性学前教育资源的有效扩大和质量提升，进一步加剧了区域、城乡间学前教育事业发展的不均衡。

1. 调整各级政府权责关系，上移财政保障重心

目前，我国学前教育实行的是"地方负责、分级管理"的财政投入体

制，这种体制固然可以发挥地方各级政府在兴办学前教育上的积极性，但各级政府缺乏明确分工与权力制衡使得农村学前教育的责任逐层下移，导致财权和事权的失衡。2003 年颁布的《关于幼儿教育改革与发展指导意见的通知》指出："乡（镇）人民政府承担发展农村幼儿教育的责任，负责举办乡（镇）中心幼儿园，筹措经费，改善办园条件。"这进一步指出了乡级政府在农村学前教育经费投入中的责任，而县级政府的责任只是规划和管理。在乡级政府财政权力弱化，县级财政主要投向义务教育的情况下，完全依靠乡级财政的农村学前教育将很难发展。

由于分税制改革、农村税费改革后乡镇政府可支配财力大幅下降，难以充分承担起学前教育投入的主要责任。当前我国学前教育投入体制改革的重心应该是财政保障重心以中央支持下的地方政府为主，且应根据各地经济社会发展水平有所区别，经济社会发展水平越落后的地区，财政保障的重心应越高。在经济社会发展水平较差的农村地区和中西部地区，则需大大加强省级统筹的力度，以通过政策倾斜、专项支持、转移支付等手段促进区域学前教育事业的均衡发展（庞丽娟，范明丽，2013）。具体来说，第一，在中央与地方的关系上，遵循"地方为主、中央奖补"的原则，加大中央对中西部农村学前教育的转移支付力度。第二，在省与县的关系上，遵循"省级统筹、以县为主"的原则，加大省级政府对省内各县学前教育投资的统筹力度。适当扩大省级政府在区域经济和社会发展方面必需的权限，为其承担学前教育的主要管理职责提供保障。第三，在县与乡的关系上，建立"以县为主、乡镇辅助"的财政体制，明确县级政府是农村学前教育发展的第一责任主体（雷万鹏，张婧梅，2011）。在加强县域统筹规划、集中管理的基础上，重点科学规划并制定县域学前教育财政预算，争取在县域内实现对学前教育经费支出的区域结构的合理规划。对财力不足、发展困难的乡镇，要着重给予必要的财政倾斜性支持（庞丽娟，范明丽，2013）。

2. 构建政府主导、多元参与的投资体制

约翰斯通（D. B. Johostone）的成本分担理论所依据的价值基础是：教育是有投资、有收益的活动，能满足多个主体的需要，其收益人包括国家、受教育者个人、纳税人（雇主）、企业、家庭、学校，根据利益获得原则和能力支付原则，教育的成本必须由这些主体分担。农村学前教育在幼儿发展、妇女就业、消除贫困等方面都具有不可忽视的作用，会带来个

体、家庭和社会效益。政府增加投入是解决当前农村学前教育经费不足问题的关键，家庭和社会对农村学前教育成本的分担也是必不可少的。在目前趋势下，政府财政应该分担更多的经费，同时，家长通过支付学费承担部分学前教育经费，这不仅符合教育的利益获得原则，也符合我国的经济发展现状。因此，应该根据办学标准、财务开支等因素测算公办园和私立园的办学成本，并依据各地农村经济发展状况、家长的承受能力及教育成本确定收费标准。建立相关的收费标准和监管机制，防止学费过高带来的入学困难和学费过低带来的恶性竞争。此外，随着学前教育需求的增加，社会力量办学成为我国农村学前教育发展不可或缺的部分，在此背景下，应该继续鼓励和扶持社会各界兴办农村学前教育。在非营利原则下，给予民办园在评级分类和财政性经费的分配上与公办园平等的地位，同时在土地规划、税收征收等方面提供优惠政策。

面对日益强烈、多层次、多样化的学前教育公共服务需求与供给数量不足、质量不高、方式单一、效果不理想的体制矛盾，单纯依靠政府供给机制很难解决问题，而完全依靠市场机制又难以保障学前教育公平的底线需求。因此，当前我国学前教育公共服务的均等化与多样化需求迫切要求改革单一的学前教育公共服务供给机制，政府与市场、社会应发挥各自优势，多元合作，首先发挥政府的主导作用，同时引入市场竞争机制和社会志愿机制，通过政府购买、补助、教育券、合同外包等多种方式，鼓励和引导市场、社会多元主体参与服务与生产的积极性（庞丽娟，冯江英，2014）。另外，还可以通过财政补贴、税收优惠、用地优惠（邬平川，2014）以及派驻教师等政策，吸引社会资本投入学前教育。

3. 优化财政投入结构，单项列支学前教育投入

优化并构建合理的学前教育财政投入结构是缓解当前我国学前教育财政投入严重不足、提高财政投入效率与效益的重要手段。具体来说：第一，加大中央财政对中西部地区学前教育的转移支付力度，并对农村地区、边疆地区、贫困地区、民族地区实行制度化的专项经费投入；第二，构建以优先发展公益性和普惠性幼儿园为主的公共财政投入结构；第三，打破公民办壁垒，重点加大对各类性质的普惠性幼儿园的投入力度；第四，制定分类别、分人群、分区域的幼儿园教师财政投入保障与分担机制。（庞丽娟，2014）

明确规定在中央和地方各级政府财政性教育预算中单项列支学前教育

投入，并明确逐步加大各级政府教育财政性投入中学前教育经费的比例。首先，明确将学前教育经费从中小学教育经费预算中独立，在国家财政性教育预算中单项列支学前教育投入，实行学前教育财政投入单列制度。其次，逐步提高对学前教育的投入比例，组织研究学前教育经费应占国内生产总值的比例和学前教育预算内事业性经费应占教育预算内事业性经费的比例，从根本上解决学前教育财政投入的稳定性与力度问题，使学前教育事业发展有长远可靠的制度化、稳定化的财政投入保障。（庞丽娟，2012）

四、职业教育与继续教育财政制度改革

城镇化进程中，不仅要考虑进城农民的生存保障等经济需求，还要考虑他们在技能提升方面的发展需求。据《2012 年全国农民工监测调查报告》显示，六成农民工只有初中文化程度，且多数农民工未受技能培训。就农民工培训而言，现有培训大多注重职业技能培训，忽视文化融入、风俗适应等方面的培训。为此，需要加大对外来务工人员的综合培训力度，提升其职业技能等硬件，同时增强其在文化融入、风俗适应、生活方式、工作方式等方面的能力，使其真正扎根城市、融入城市。

1. 健全农业转移人口市民化公共成本的分担机制

首先，进一步明确各级政府的主要职责。中央政府主要负责制定基本公共服务全国最低标准，承担基本公共服务成本，增加对接受跨省农业转移人口较多省份的支出补助；省级政府主要负责制定本省（区、市）公共服务标准，承担公共服务成本省级负担部分，增加对接受跨市农业转移人口较多城市的支出补助；城市（含区县）政府要承担公共服务成本市（县）级分担部分，以及基础设施建设和运营成本。其次，进一步完善财税制度，以常住人口作为财政分成依据，调整各级政府之间的财政分配关系。再次，健全中央和省两级专项资金转移支付制度，对吸纳农业转移人口较多的城市给予资金补助。（顾仲阳，2013）最后，建立健全财权与事权相匹配的财政管理体制，确保基层政府具备提供公共服务和以一定财政资金调配人口空间分布的能力。

2. 建立跨省市的异地职业培训贴补与转移机制

在教育部制定全国统一的电子学籍管理系统后，建议进一步规范学员

在职业教育与培训阶段的学籍注册问题，建立中等职业教育学生学籍、短期职业培训学员学籍、自考学历教育学籍注册等相衔接的统一制度，并以实际注册学生人数（本地的和流动的）作为各级政府分担和分配教育经费的依据。在分税制的前提下，中央应当对跨区域流动性强的农民工职业教育与培训的事权问题承担起责任。对于跨省流动的农民工的职业教育与培训，属于流动性高的事权，实行中央和地方平均分担教育经费的制度，中央对流入地政府实行财政转移支付制度；对于省内跨行政区流动的农民工的职业教育与培训，由省和流入地平均分担教育经费，省级政府要加大统筹和转移支付力度。

设立农民工职业教育与培训专项资金。从中央层面把分属于不同部门管理的农民工职业教育与培训资金统一到专项资金账户，同时加强对分散于教育、科技、扶贫、工青妇等不同部门和团体的管理资金的方向性指导，加强投向的科学性，发挥资金使用的最大效益。修改政府就业专项资金使用规定，提高职业技能鉴定补贴标准，扩大补贴对象范围，支持实训基地建设，资助贫困家庭学生接受职业教育和培训。要明确按财政收入的1%确定各级政府对职业教育的投入，城市教育费附加的20%以上安排用于职业教育，提高政府对职业教育培训机构的经费补贴。督促企业依法按照工资总额的1.5%—2.5%计提培训经费，并将其中的60%用于生产一线职工。加大对职工教育经费、就业补贴等专项资金的管理、监督和保障工作，加强执法监察，督促企业对职工培训经费进行专户储存，专款专用于职工技能培训，对不履行义务的企业追究法律责任。

3. 建立多元的农民工培训经费筹措机制

农民工培训经费来源单一是影响农民工培训发展的重要原因。农民工培训资金主要来自中央财政、地方财政，用人单位与劳动者个人各自承担比例不均。很多地方没有按照2010年《国务院关于加强职业培训促进就业的意见》的规定比例将企业职工教育经费用于一线职工的教育和培训，部分企业的新生代农民工也未能在接受职业教育的过程中享受正式职工的同等待遇，不能与企业职工同等地得到培训经费。应加大对农民工职业技能培训的投入力度，改变传统的政府投入为主的筹资机制，积极引导社会资本流入，同时加强对培训资金的监管力度，保证培训基金专款专用。

建立多元化筹措新生代农民工职业教育经费的新机制，进一步加大政府投入力度，以中央政府财政投入为主渠道，逐步建立各级政府分层次、按比例筹措资金的制度，坚持进行多渠道经费筹措，逐步完善用人单位、受教育培训者和社会共同分担的多渠道筹措机制。财政部会同教育部、人力资源与社会保障部、农业部等相关部委出台面农职业学校的生均经费标准指导意见，敦促各省财政厅会同教育厅、农业厅等相关厅局出台本省的相关标准，将新生代农民工职业教育培训经费纳入预算，为农民工职业教育投入提供制度化保障。（和震，2012）

五、教育投入制度改革的未来走向

城镇化建设事关国家现代化大局，城镇化进程中的财税体制改革要做到"以人为本、上收事权、下放财权、顺应市场"。

第一，以人为本。新型城镇化是以人为中心的城镇化，公共产品和公共服务的提供，都必须以人为中心。为适应人口流动的新形势，必须对财政支出做出相应的调整，改变过去以户籍人口为依据，按照农村人口和城市人口确立不同的支出标准的做法。（杨志勇，2014）在跨区域基础设施建设方面，中央财政应加大教育投入。同时，探索建立跨省的义务教育经费转移支付机制，完善流动儿童教育的经费保障机制。改变目前中央财政的"进城务工农民工随迁子女奖励资金"的分配方法，变奖为补，根据流入地义务教育阶段在校农民工随迁子女实际数量划拨，采取中央财政转移支付措施，合理分担农民工子女义务教育经费。国家和省要进一步加大对地方的支持力度，逐步建立中央适当补助，流出、流入地的省、市、县三级政府合理分担的机制，根据各市教育人口比重结合经济发展增量制定动态标准，不断调整，从而调动流入地政府的积极性，切实落实均衡教育发展的财政保障。

第二，上收事权。随着城镇化的不断推进，对农村人口市民化过程中涉及的社会保障、公共医疗和义务教育等，中央需要加大财政转移支付力度，以保障实现基本公共服务均等化。合理设计教育分级管理体制，落实投入主体，避免城镇化发展中教育投入与管理真空状态，避免"穷县办穷教育，富县办富教育"。加大省级政府对省域内义务教育的财政统筹力度，加大县域政府对学前教育的财政统筹力度。

第三，下放财权。在上收事权的同时，中央应适度下放部分财权，以稳定地方财源。可考虑提高地方在共享税中的分成比例，同时，加快构建地方税体系，赋予地方一定税收管理权限（任晓，2013）。围绕推进基本公共服务均等化和主体功能区建设，完善转移支付制度，增加一般性特别是均衡性转移支付规模和比例，调减和规范专项转移支付。针对学前教育投入总量不足、地区投入和要素投入结构不合理的问题，应加大中央财政对中西部地区学前教育发展的一般性转移支付力度，保障农村地区、边疆地区、贫困地区、民族等地区学前教育发展所需的基本经费投入，以增强中西部地区地方政府推动本地区学前教育尤其是普惠性学前教育发展的能力（庞丽娟，2014）。同时，要增加专项投入的方式和类别，针对地方学前教育发展中亟须解决的关键问题，如校舍建设与维修等，设立特殊项目经费，一次性将相关专项资金提前拨付到位，专款专用。

第四，顺应市场。充分发挥市场的作用，使市场在资源配置中的决定性作用得以发挥。构建政府、企业、个人多主体共同参与的成本分担机制（辜胜阻，曹誉波，李洪斌，2013）。财政投入政策主要应发挥导向作用，而不能成为替代市场配置资源的工具。采取包括政府和社会资本合作（PPP）、政府购买服务等在内的多种形式，激发社会资金对学前教育的投资（陈龙，2015）。分学段制定教育经费分担机制，作为公共产品的义务教育应由政府财政负担，作为准公共产品的学前教育应以政府财政为主、家庭承担为辅，作为准公共产品的职业与继续教育应由政府、企业和个人负担。尽管农村成人培训专业人力资本投资属性较强，但在经济转型特定时期，培训外溢性巨大（杜育红，2013）。因此，应加大中央和省级政府的转移支付力度，并完善多元投入体制。对于具有较强一般人力资本属性的培训，以政府投入为主；本着受益原则，随着培训专业性人力资本属性的增强，个人和用人企业所承担成本比例应有所上升，政府通过对接受培训的农村劳动力提供补贴等方式，从内到外解决农村劳动力培训动力不足的问题。

第七章

城镇化进程中教育改革的个案研究

　　北京市作为我国首都，是全国的政治中心、文化中心、国际交往中心和科技创新中心，其产业发展与人口集聚的进程远远领先于全国平均水平，一些学者认为北京市城镇化已经进入"郊区化"阶段。北京市独特的社会与经济发展水平不仅决定了其城镇化进程的特殊性，也决定了其教育事业变革的特殊性。因此，关注北京市的城镇化进程，梳理北京市城镇化与教育的关系，探索北京市城镇化进程中教育变革的路径与可能，就显得迫切和重要。

　　为了调查城镇化进程中的教育改革，课题组首先在全北京市9个区、111所学校进行了大规模的问卷调查和田野调查，之后在某2个区重点开展了6次大规模调研，分别进行了问卷调查和访谈。问卷调查对象逾万人，访谈对象逾千人。

　　本章将根据已有研究和调查结果，在梳理北京市城镇化历史与现状特点的基础之上，分析在北京市城镇化进程中需要重点关注的教育问题，最后为教育改革如何适应并促进城镇化进程提出相应的政策建议。

第一节 北京市城镇化的发展及其对教育的诉求

2015 年，我国的城镇化率为 56.1%，而北京市的城镇化率已经高达 86.5%，该数值远远超出了全国平均水平，也与高收入国家的城镇化水平相当。2015 年 11 月 17 日，经国务院批准，北京市撤销密云县、延庆县，设立密云区、延庆区。按照相关要求，撤县设区后，其行政区域与之前相同。至此，北京最后两个县也改为市辖区。北京市的城镇化进程具有特殊性。为了突出首都核心功能，北京市未来发展的总方向是进行人口疏解。本节将在梳理北京市城镇化的历史、描绘其现状的基础之上，初步总结北京市新型城镇化对教育所提出的新要求。

一、北京市城镇化的历史进程

从世界各国经验来看，城镇化是人类生产和生活活动区域在空间上的集聚，是传统农村型社会向现代城市型社会转型的主要内容和表现形式，是劳动、土地等生产要素从传统农业向制造业和服务业转移，提高资源要素配置效率，改善居民生活环境和生活条件的过程。（郭光磊，等，2013）[1]简单地说，城镇化与产业集聚和人口集聚密不可分。而产业集聚亦与人口集聚相生相伴。

城镇化率即一个地区城镇常住人口占该地区常住总人口的比例。统计数据表明，新中国成立以来，北京市每年年底的人口总数除少数波动外，基本呈现持续增长趋势，从 1949 年的 420 万人增长到 2008 年的 1695 万人，60 年的时间内，人口总数增长为初始数值的 4 倍，增速不可谓不惊人（见图 7-1）。

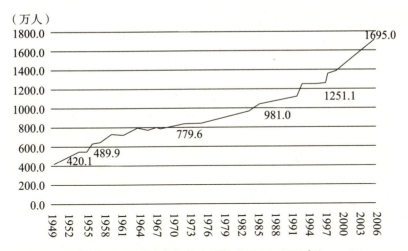

图7-1 北京市年底总人口数（1949—2008年）

注：年底总人口数据1981年以前为户籍人口数，含暂住人口，1982年以后为常住人口数。

资料来源：《新中国六十年统计资料汇编》。

同时，北京市的城镇化率也在显著提高，60年间增长了1倍有余（见图7-2）。

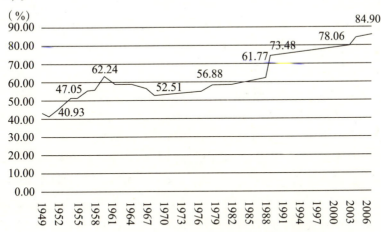

图7-2 北京市城镇化率变动趋势（1949—2008年）

注：城镇化率由"城镇人口/年底人口总数"测算得出。

资料来源：《新中国六十年统计资料汇编》。

城镇人口和乡村人口分开来看，可以发现，1949—2008年北京市内所增长的主要为城镇人口，数量从178.7万人飙升至1439.1万人，而农村人口并无显著增长，60年来仅增长64.1万（见图7-3）。

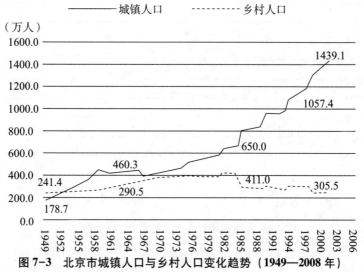

图7-3　北京市城镇人口与乡村人口变化趋势（1949—2008年）

注：年底总人口数据1981年以前为户籍人口数，含暂住人口，1982年以后为常住人口数。

资料来源：《新中国六十年统计资料汇编》。

图7-3较为清晰地呈现了1949—2008年北京市城镇人口和农村人口的变动情况。现有研究将北京市城镇化的历史进程划分为四个阶段。①

第一阶段可以总结为恢复和初步发展时期（1949—1956年）。这一阶段，新中国刚刚成立，国民经济开始恢复，北京市开展大规模的经济建设，工业化的水平开始快速提升，北京地区的城镇化处于起步阶段，第一批外地人员来到北京新成立的大学、机关、工厂等部门工作，在这期间，北京市的人口增长197.1万人，同时期城镇人口增加149.4万人，北京人口的城镇化率从1949年的42.50%增加到1956年的53.10%。

第二阶段为曲折调整和发展时期（1957—1978年）。其中1957—1961年为过度城镇化时期，在这期间，受"大跃进"的影响，北京市城镇人口和城镇化率快速提高，1957年到1960年间，北京的城镇化率从55.10%上升到62.20%，而城镇人口增长111.2万人，农村人口相应减少，北京市进入过度城镇化阶段。1961—1978年北京市城镇化进程缓慢。其中在1962—

① 前三阶段主要参考：张鑫洋，2014. 北京特色城镇化模式研究［D］. 北京：首都经济贸易大学：15-16.

1966 年，北京市城镇化率由 58.13% 下降至 56.18%。1966—1977 年，受"文化大革命"影响，工业和农业生产停滞不前，至 1977 年，城市化率下降到 20 多年前的水平。（杨黎源，2007）总体来说，1961—1978 年，北京市城镇化率从 62.20 下降到 55.00%，而在"文化大革命"最初爆发的几年内，北京市城镇化率最低曾一度跌至 52.26%。

第三阶段为快速发展时期（1978—2010 年），这一时期属于城镇化高速发展阶段。一直以来，我国的城市户口伴随着相应的社会医疗、教育等福利待遇，而农村户口则没有相应的福利，国家曾一度限制城市户口的开放。这样一种城乡二元的户籍制度一直是我国城镇化的最大阻力之一。进入 20 世纪 80 年代，随着改革开放，城市开始实行经济改革，对劳动力的需求也逐步增大，户籍制度变得相对宽松。1984 年 10 月 13 日，国务院发出《关于农民进入集镇落户问题的通知》，要求各级人民政府积极支持有经营能力和有技术专长的农民进入集镇经营工商业，公安部门应准予其落常住户口，统计为非农业人口，口粮自理。这一政策虽然几经曲折，但随着我国经济社会发展，农民进城就业也逐步从受排斥、限制、歧视走向开放、平等、保护，农民劳动就业权和职业自由选择权得到了应有保障。（杨黎源，2013）此外，随着改革开放的深入，农村人口迁入条件放宽，20 世纪 80 年代后期，大批农民开始进入北京打工，北京甚至还形成了"浙江村"等农民工聚集区，这使得北京郊区的城镇也开始迅速发展。这段时期，北京市城镇化率从 1979 年的 56.90% 迅速提高到 2000 年的 77.50%，年均提高 1.40 个百分点。其中，在 1990 年突破了 70.00% 之后，增速有所下降，1990—2000 年间北京市城镇化率年均提高约 0.40 个百分点，这也符合城市化发展的一般规律。（常艳，2014）

随着我国社会主义市场经济体制全面建立，市场经济改革逐步深化、对外开放进一步深入，推动了北京城镇化进程。2000 年后，国家开始实行城乡统筹发展和区域协调发展战略，由此，农民进城就业政策由歧视限制转变为全面开放，农民的劳动就业权得到了保障。特别是《国民经济和社会发展第十个五年计划纲要》的发布，为取消农民进城的就业限制奠定了政策基础。这一时期，中央政府放弃了限制大城市的政策，并于 2001 年正式宣布了"大中小城市和小城镇协调发展"的新政策。（万广华，蔡昉，2012）[18-23] 对农民工进城的政策，也从仅仅是允许逐渐转变为鼓励和支持，北京城市化速度进一步加快。在此宏观背景下，2001—2010 年，北京市城镇化率从 78.06% 提高到 85.99%，年均提高约 0.90 个百分点，城镇化仍处于快速发展阶段。

第四阶段为城镇化速度放缓与质量提升时期（2010年至今）。从2010年开始，北京市的人口增长速度开始逐年放缓。随着城镇生活成本的提高以及交通设施的初步完善，北京"郊区化"的逆流开始逐步涌现。由于北京市的人口调控政策，北京市常住人口的增量在近几年逐年下降。人口数量增长的城镇化进程已经告一段落，促进农业转移人口市民化、提高全民素质的新型城镇化进程已经全面展开。北京市的城镇化进程进入从数量增长到质量提升的新时代。

总体而言，北京市的城镇化进程与中央政策和国民经济发展高度相关，从新中国成立初到21世纪的最初10年，北京市的城镇化率曲折上升，完成了从42.54%到84.90%的质的跨越，已经进入高度城镇化阶段。

二、北京市城镇化的现状与问题

北京市城镇化进程历史悠久，单位国土面积上人口数量巨大，区域发展很不平衡。目前，北京市已经出现城镇化进程减缓的情况。农村、郊区、城乡接合部地区主动城镇化也成为协调区域均衡发展的新型城镇化模式。控制人口规模、加强协调发展将成为北京市城镇化进程的未来趋势。

1. 城镇人口增速从无序过快到逐步放缓

21世纪的前10年，北京城镇化进程再次加速，在2005年就已经超越了80.00%的临界点，2009年年底，北京市实际常住人口总数为1972万人，已经突破了国务院批复的《北京城市总体规划（2004—2020年）》所确定的到2020年北京市常住人口总量控制在1800万人的目标，更大大突破了北京"十一五"规划末常住人口1625万人的控制目标。（黄海，张舵，2011）目前，北京已经进入城镇化的后期阶段。一些学者认为，北京的城镇化的推进可能是一个缓慢的过程，中间夹带着"逆城镇化"的情况。随着私人交通和公共交通的迅速发展，且中心城区的房价过高，城镇人口居住地与工作地的距离也开始增加，越来越多的人开始转移到郊区甚至农村居住。

2010年到2014年间，北京市常住人口呈现缓慢上升趋势，其中城镇常住人口平均每年增长46.2万人，农村人口平均每年增长4.7万人。除

2014 年农村人口有所减少外，无论城镇还是农村，其常住人口均有所增长（见图 7-4）。

图 7-4　2010—2014 年北京市城镇人口与乡村人口变化趋势

资料来源：2010—2015 年《北京统计年鉴》。

虽然北京 2010—2015 年的人口仍然有所增加，但增长速度明显放缓。在 21 世纪的前 10 年，北京市的城镇化率增长了 9.45%，而在第二个 10 年的前半段，北京市的城镇化率仅增长了 0.51%，甚至城镇化率在 2012 年有所回调（图 7-5）。这也符合一般国家城镇化发展进入成熟阶段的普遍规律，城镇化进程与逆城镇化的流动将形成合力，共同决定北京市城镇化发展的方向。

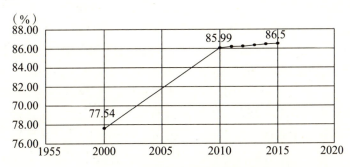

图 7-5　2000—2016 年北京市城镇化率变化趋势

注：1978—2010 年为趋势线，2010—2015 年的数据为实际统计数据。

资料来源：2014 年之前的数据来源于《北京统计年鉴》，2014 年和 2015 年数据来源于《北京市 2014 年国民经济和社会发展统计公报》，网址为 http://zhengwu.beijing.gov.cn/tjxx/tjgb/t1381082.htm。

近两年北京市出台一系列相关政策限制人口无序过快增长，以期控制人口规模，实现可持续发展。2014 年 7 月，《国务院关于进一步推进户籍制度改革的意见》要求创新人口管理，加快户籍制度改革，全面放开建制镇和小城市落户限制，有序放开中等城市落户限制，合理确定大城市落户条件，严格控制特大城市人口规模。根据综合承载能力和经济社会发展需要，以具有合法稳定就业和合法稳定住所（含租赁）、参加城镇社会保险年限、连续居住年限等为主要指标，合理设置积分分值。按照总量控制、公开透明、有序办理、公平公正的原则，达到规定分值的流动人口本人及其共同居住生活的配偶、未成年子女、父母等，可以在当地申请登记常住户口。2010 年起，北京市的进京指标每年限制在一万人。2015 年初，人社局更是将进京指标较 2014 年缩减了 17%，2015 年，北京市实行促进"以业控人"的人口调控目标，鼓励用人单位更多吸纳北京户籍的劳动者就业，进京指标基本针对高层次专业技术型人才。（吴为，2015）从数据上看，北京市的人口调控政策已经初见成效。

2. 城镇化发展不平衡

总体来说，北京市的城镇化发展很不平衡。根据 2012 年 7 月北京市委发布的《北京市主体功能区规划》，北京市全市可分为四类功能区域，包括首都功能核心区、城市功能拓展区、城市发展新区以及生态涵养发展区，覆盖全部辖区面积，总面积 16410.5 平方公里。其中：首都功能核心区包括东城区和西城区，共 32 个街道，常住人口 216.20 万人，土地面积 92.4 平方公里。城市功能拓展区包括朝阳区、海淀区、丰台区、石景山区，共 70 个街道、7 个镇、24 个乡，常住人口 955.45 万人，土地面积 1275.9 平方公里。城市发展新区包括通州区、顺义区、大兴区（北京经济技术开发区）以及昌平区和房山区的平原地区，共 24 个街道、56 个镇、1个乡，常住人口 541.8 万人，土地面积 3782.9 平方公里。生态涵养发展区包括门头沟区、平谷区、怀柔区、密云区、延庆区以及昌平区和房山区的山区部分，共 14 个街道、79 个镇、15 个乡（含昌平区的 7 个镇，房山区的 1 个街道、9 个镇和 6 个乡），常住人口 247.8 万人，土地面积 11259.3平方公里。（首都之窗，2012）其中，首都功能核心区以及城市功能拓展区统称为"城六区"。

从城镇化率来看，现阶段郊区城镇化率明显低于城市中心区。从人口总量的分布来看，目前城市功能拓展区的海淀、朝阳、丰台和石景山人口较多，在 2014 年达到 1055 万人，城市发展新区的昌平、顺义、通州、大兴的常住人口数量紧随其后，2014 年常住人口总数为 684.8 万，而生态涵养发展区的房山、门头沟、怀柔、平谷 4 个区的常住人口最少，仅为190.4 万人，且人口密度明显低于其他几个功能区域。虽然核心功能区的人口仅稍高于生态涵养发展区，但由于其土地面积最小，人口密度为各区域之首（见表 7-1）。（黄荣清，2008）

表 7-1　北京各区域常住人口　　　　　　　　（单位：万人）

区域	1982 年	1990 年	2000 年	2005 年	2009 年	2013 年	2014 年	2015 年
首都功能核心区	242.0	234.0	211.0	205.0	211.1	221.2	221.3	220.3
城市功能拓展区	284.0	399.0	639.0	748.0	868.9	1032.2	1055.0	1062.5
城市发展新区	278.0	315.0	368.0	439.0	491.7	671.5	684.9	696.9
生态涵养发展区	121.0	135.0	139.0	146.0	183.3	189.9	190.4	190.8
合计	925.0	1083.0	1357.0	1538.0	1755.0	2114.8	2151.6	2170.5

资料来源：1982 年、1990 年、2000 年的常住人口数据来自黄荣清发表于《人口研究》的《是"郊区化"还是"城市化"？——关于北京城市发展阶段的讨论》一文；2009 年、2013 年、2014 年的数据来自《北京统计年鉴》；2015 年的数据来自北京市统计局网站发布的北京市 2014 年、2015 年国民经济和社会发展统计公报。

从城市人口占总人口的比例来看，2014 年，北京市总城镇化率达到86.41%，城镇化综合发展水平较高。但从图 7-6 可以清楚地看出，不同区域的城镇化发展差异较大，首都核心功能区与城市功能拓展区的城镇化率基本达到 100.00%，而生态涵养发展区、城市发展新区的城镇化率则分别为 61.50% 和 69.72%，均未达到 70.00%。

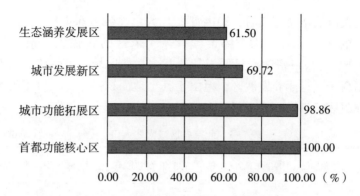

图7-6　北京市各区域2014年城镇化率

资料来源:《北京统计年鉴》。

　　不同区的城镇化发展也不均衡,以生态涵养发展区的门头沟、怀柔、平谷、延庆、密云为例,门头沟区的城镇化率在2014年已经达到86.27%,接近北京市平均水平,但其他4个区的城镇化率较低,其中延庆县的城镇化率刚刚超过50.00%(见图7-7)。

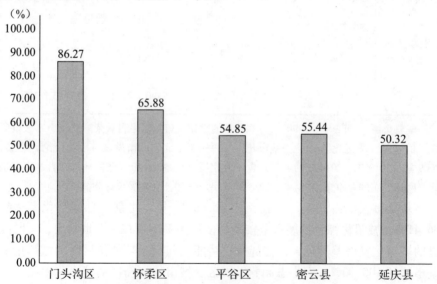

图7-7　2014年北京市生态涵养发展区内各区城镇化率

资料来源:《北京统计年鉴》。

　　综合来看,近年北京市城镇化的整体趋势为:离城市中心越远,城镇化程度越低。这一特征符合区域发展规划专家弗里德曼(J. Friedmann)所提出的"核心—边缘"模型。根据核心—边缘理论,在区域经济增长过程中,核心与边缘之间存在着不平等的发展关系。总体上,核心居于统治地位,边缘在发展上依赖于核心。(汪宇明,2002)但为了实现均衡发展,促进北京市城乡一体化进程,北京城镇化的发展路径需要从集中走向分散。

3. 城乡接合部与农村地区主动城镇化进程加速

北京市城市发展已经进入成熟阶段,近年来,在进一步城镇化的同时,逆城镇化现象初露端倪。一方面,农村的人口、就业和居住向城镇聚集的"城镇化"进程仍然会缓慢进行,而另一方面,城市的人口、就业和居住向乡村扩散的"郊区化"现象已悄然兴起(赵军洁,黄福水,刘晴,2013)[42],且有可能在未来几年中有所加速。

城镇化的高级阶段和最终目标是实现城乡一体化。即城市居民和农村居民享受平等的公共服务和居住环境。而这一过程的实现,需要城乡之间的双向互动。一方面是城市的郊区化扩散,城市管理和公共服务职能向农村地区延伸覆盖;另一方面是农村的城市化、城镇化转型加快。城乡两个作用力的对接,才能真正推动城乡一体化。城乡统筹、以城带乡主要表现在:(1)城市产业和功能向郊区的扩散和转移,既有产业经济项目,也有商贸服务、科技、教育、文化、卫生、居住等功能区在郊区的布局;(2)城市管理职能向郊区的延伸,特别是规划、建设、土地、市政等城市管理职能由过去只管城区延伸到整个郊区;(3)城市公共服务向郊区的覆盖,包括公共基础设施和各项社会事业发展的投入向郊区的倾斜。强化乡镇统筹、完善体制支撑。(张文茂,2013)

目前现实中的主要矛盾是郊区传统农村的经济社会结构转型滞后,农村的城市化、城镇化转型滞后。城镇化是人口集聚和产业集聚的过程,但部分郊区、农村仅有大量人口集聚,却没有相应的产业集聚,劳动力从事的一般都是低端的行业。北京市农村尤其是城乡接合部地区是流动人口聚集的主要场所,2010年,有60%以上的流动人口聚居在城乡接合部地区,但城乡接合部的公共服务等问题多年来却始终没有得到解决(余钟夫,2012)[12],这些地区存在着市容脏乱差,难以管理整治,人员就业不充分、福利待遇不完善等诸多问题。2013年北京人口发展研究中心的报告指出,北京市农村人口城镇化的进程有待向纵深推进。(北京人口发展研究中心,2014)[6]

就北京郊区的情况看,农村城镇化转型有两种基本形态:一是建设城镇化社区；二是建设新型农村社区。郊区新城对广大郊区农村的辐射作用会不断强化，接纳农村人口和中心城区人口的能力也将不断增强。郊区新城最终将成为郊区城市化和城市郊区化的交汇点和双向载体。（张文茂，2009）北京要建设中国特色国际城市，加快农村的城镇化转型仍然是现阶段的主要任务。目前，北京市城乡接合部和农村已经开始主动城镇化，一些村庄首先开展了就地城镇化进程，如北京市郑各庄村、草桥村、高碑店村等，这些地区的实践证明，城乡接合部和农村地区主动城镇化可以有效促进当地经济发展，促进农民市民化。城乡接合部和农村地区主动城镇化已经成为北京市城镇化进程的重要组成部分，是北京市城乡一体化的重要途径。

三、北京市城镇化的政策改革

在 2013 年 12 月 22 日开幕的中共北京市委十一届三次全会上，北京市委书记郭金龙向全会做市委常委会工作报告时指出，人口无序过快增长问题，已严重影响到北京的可持续发展、首都形象和人民群众的生产生活，必须痛下决心进行治理。同时，北京市市长王安顺在做关于全市经济社会发展工作的报告时指出，坚决控制人口过快增长，是解决北京交通、环境等许多问题的关键，也是中央对北京市提出的明确要求。王安顺特别强调，面对人口资源环境矛盾，北京将坚持打持久战、攻坚战，务求每年都有新突破、新进展，积小胜为大胜，积跬步至千里，提高城市可持续发展水平。（梁景和，2015）[65]

总体来说，北京市目前处于严格控制人口规模阶段，北京市的城镇化进程面临全面转型。2014—2016 年两年多的时间内，关于北京未来发展与城市建设的政策陆续出台，深刻影响着北京市的城镇化进程。

1. 疏解非首都核心功能

2014 年 2 月，国家主席习近平在北京市考察工作时强调，建设和管理好首都，是国家治理体系和治理能力现代化的重要内容，并对北京市未来发展提出了五点要求。一是明确城市战略定位，坚持和强化首都全国政治中心、文化中心、国际交往中心、科技创新中心的核心功能，深入实施人文北京、科技北京、绿色北京战略，把北京建设成国际一流的和谐宜居之都；二是调整疏解非首都核心功能，优化产业特别是工业项目选择，突出高端化、服务化、集聚化、融合化、低碳化，有效控制人口规模；三是提升城市建设特别是基础设施建设质量，形成适度超前、相互衔接、满足未来需求的功能体系，遏制城市"摊大饼"式发展；四是健全城市管理体制，提高城市管理水平，尤其要加强市政设施运行管理、交通管理、环境管理、应急管理，推进城市管理目标、方法、模式现代化；五是加大大气污染治理力度，应对雾霾污染、改善空气质量的首要任务是控制 PM2.5，要从压减燃煤、严格控车、调整产业、强化管理、联防联控、依法治理等方面采取重大举措。（王梅，2014）其中，疏解非首都核心功能，就是指疏解北京除了政治中心、文化中心、国际交往中心和科技创新中心以外的其他非首都核心功能。

张高丽 2015 年指出，要按照"严控增量、疏解存量、疏堵结合"方式稳步推进非首都功能疏解工作。（张高丽，2015）北京市 2015 年政府工作报告指出：按照严格控制增量，有序疏解存量，对不符合首都城市战略定位的功能和产业，逐一列出清单，拿出具体方案，尽快组织实施，确保取得实质性进展。未来 5 年里，北京市将通过"禁、关、控、转、调"5 种方式来完成疏解非首都功能目标。

到 2016 年，疏解非首都核心功能的相关政策处于不断完善与落实之中。具体来说包括以下内容。一是行政事业服务机构的转移。北京市政府聚焦通州，加快市行政副中心的规划建设，计划 2017 年取得明显成效。二是产业结构布局的调整和优化。2014 年起，北京制定实施了新增产业禁止和限制目录，在第一年就关停退出一般制造业和污染企业 392 家，搭建了 30 个产业疏解合作平台，拆除中心城商品交易市场 36 个。（人民日报海外版，2015）三是教育、医疗等社会公共服务功能向北京市郊区和周边分散。通过各种方式，将部分教育医疗资源转移到北京之外。2015 年 8 月 28 日，北京市教委出台《北京市贯彻落实〈国务院关于加快发展现代职业教育的决定〉实施意见》（以下简称《意见》），要求调整北京职业教育规模，尤其是中等职业教育部分。其中规定：到 2020 年，北京现有的 116 所中职校将缩减至 60 所，几近一半；高等职业学校数量保持相对稳定。除了职业教育外，北京市属高校也位列北京教育资源疏解计划中，其他部属高校亦不允许再在城六区之内进行扩建。

以上"疏解"和"管控"的相关措施，确实有助于解决"大城市病"问题，可能会缓解北京市的人口密度和资源压力，但同时必须警惕过度分散人口同样容易失去人口集聚优势。北京大学国家发展研究院周其仁教授指出："并不是人口密度高了城市一定会乱，经验证明城市的合理加密可能更加有序，这取决于我们的观念、知识和管理能力。"（蓝颖春，2016）疏散非核心功能绝不是"摊大饼"，更为重要的调整结构，提高质量，建立优质城市群。

2. 京津冀协同发展

从 2014 年 2 月 26 日习主席讲话到年底的中央经济工作会议，再到 2016 年的两会，"京津冀协同发展"作为国家重大战略之一，一直是人们关注的热点问题和研究的重大课题。从本质上讲，京津冀协同发展是有助于疏解非首都核心功能的一项关键举措。由于该项目牵涉三省市，影响范围大，持续时间长，因此有必要进行专门阐述。

2014 年 2 月 26 日，国家主席习近平视察北京，把京津冀三地协同发展提升到重大国家战略的位置。由此，以北京启动疏解非首都功能为开端，三省市各就各位，朝着目标同向、措施一体、作用互补、利益相连的道路迅速前行，迎来崭新的发展阶段。

在 2015 年 2 月中央财经领导小组第九次会议中，习近平指出，疏解北京非首都功能、推进京津冀协同发展，是一个巨大的系统工程。（邓琦，金煜，2015）2015 年 3 月 23 日，中央财经领导小组第九次会议审议研究了《京津冀协同发展规划纲要》。中共中央政治局 2015 年 4 月 30 日召开会议，审议通过《京津冀协同发展规划纲要》。该纲要指出，推动京津冀协同发展是一个重大国家战略，核心是有序疏解北京非首都功能，要在京津冀交通一体化、生态环境保护、产业升级转移等重点领域率先取得突破。这意味着，经过一年多的准备，京津冀协同发展的顶层设计基本完成，推动实施这一战略的总体方针已经明确。

2016 年 2 月，《"十三五"时期京津冀国民经济与社会发展规划》（以下简称《规划》）出台，这是我国第一个跨省市的区域规划。《规划》指出，到 2020 年，北京市城镇人口总量控制在 2300 万人。"城六区"常住人口比 2014 年下降 15 个百分点，减至 1084.855 万人。同时《规划》也构建了京津冀协同发展的蓝图，即到 2020 年，京津冀地区整体实力进一步提升，经济保持中高速增长，结构调整取得重要进展；协同发展取得阶段性成效，首都"大城市病"问题得到缓解，区域一体化交通网络基本形成，公共服务共建共享取得积极成效，制约协同发展和要素流动的体制机制障碍逐步得到破解；生态环境质量明显改善，生产生活方式绿色、低碳水平上升；人民生活水平和质量普遍提高，城乡居民收入较快增长，就业、教育、文化、社保、医疗、住房等公共服务体系更加健全，基本公共服务均等化水平稳步提高。京津冀地区协同发展，不仅有助于治理首都"大城市病"，也有助于打造优质城市群，提升京津冀地带的国际影响力，实现多地共赢的新局面。

3. 居住证制度与积分落户改革

一直以来，我国的城乡户籍制度在客观上管理甚至限制了人口流动。以北京为例，北京市的户籍人口数量远远小于常住人口数量，户籍人口的城镇化率远远低于常住人口的城镇化率。以2014年为例，北京市的常住人口总量为2151.6万，而户籍人口总数仅为1333.4万，户籍人口总数只达到常住人口总量的61.97%。为了促进基本公共服务均等化，在吸引外来人才入京的同时解决现有城市人口较多等问题，北京市根据国家发改委等11部门下发《关于开展国家新型城镇化综合试点工作的通知》及《国家新型城镇化综合试点方案》，开始探索户籍政策改革。

2014年12月4日，国务院法制办公室就《居住证管理办法（征求意见稿）》向社会公开征求意见。2015年10月21日，国务院颁布《居住证暂行条例》，并于2016年1月1日起实行。2015年12月10日，《北京市居住证管理办法（草案送审稿）》公布，向社会公开征求意见。该文件主要明确了北京市居住证申领条件及落户准则等问题。其中来京人员办理暂住登记已满半年，并符合在京有稳定就业、稳定住所、连续就读条件之一的，可以向居住地公安派出所或者受公安机关委托的社区（村）服务机构申请办理北京市居住证。居住证制度旨在建立一种"户口不迁、关系不转、双向选择、来去自由"的人才柔性流动机制，能够为外来人才在京创业和工作提供更加公平均等的社会服务，为其创造良好的工作环境。同一时间向社会各界征求意见的还有《北京市积分落户管理办法（征求意见稿）》。在该征求意见稿中，符合以下5项要求的人员可以申请积分落户：（1）持有北京市居住证；（2）年龄不超过45周岁；（3）在京连续缴纳社会保险7年及以上；（4）符合本市计划生育政策；（5）无违法犯罪记录。在以上五项要求基础之上，合法稳定就业指标、合法稳定住所指标、教育背景指标、职住区域指标、疏解行业就业指标以及创新创业指标等六项指标成为积分落户的关键指标。

除此之外，北京市也在研究完善促进人口转移机制，研究户随人走的迁出政策和鼓励户籍外迁政策（韩建平，2015），从而建立更加完善的户籍制度。

总体而言，北京市的户籍改革不只是以人口调控为最终目的，而是一种出于促进公共服务均等化，减缓首都"大城市病"多方因素的综合考虑，抑或是各利益相关群体相互博弈的最终结果。

四、北京市的城镇化进程与教育改革

教育是公共服务的重要组成部分，也是决定城市乃至国家发展的基石。北京市城镇化的迅猛发展，一方面为城市教育带来了资源集聚效益，一方面也使得农村教育资源不可避免地流失，对当地的教育提出了新的考验。教育如何应对城镇化进程中出现的新情况、新问题，更好地为城镇化进程服务，走出一条高效的、集约的、共赢的教育事业与城镇化共同发展之路，是值得思考和深入研究的问题。

1. 城镇化进程与随迁子女教育

适龄随迁子女的涌入加大了城市教育资源供给的压力。在北京市人口流动过程中，随迁子女一直是教育领域的重点关注对象。统计数据表明，近年来，非京户籍学生数目仍然不断增长，2010 年到 2013 年，非本市户籍学生数量从 488520 人增长至 663396 人，2014 年下降至 6497657 人，各学段非京籍学生数量如图 7-8 所示。

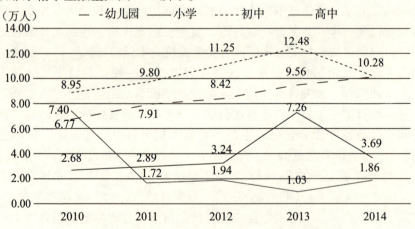

图 7-8　2010—2014 年各学段非京户籍学生数

数据来源：《北京统计年鉴》。

为了适应并调整城镇化进程，北京市从 21 世纪初开始出台流动儿童教育政策。2002 年，结合国务院《关于基础教育改革与发展的决定》，北京市出台了《对流动人口中适龄儿童少年实施义务教育的暂行办法》。2004年，北京市发布了《关于贯彻国务院办公厅进一步做好进城务工就业农民子女义务教育工作文件的意见》。2008 年，为贯彻落实《中华人民共和国义务教育法》和国务院有关文件精神，北京市发布《进一步做好来京务工人员随迁子女在京接受义务教育工作的意见》。2009 年北京市人民政府办公厅发布了《关于贯彻国务院做好免除城市义务教育阶段学生学杂费工作文件精神的意见》，指出要贯彻免除义务教育阶段学生学杂费的政策精神，治理教育乱收费现象，保障学生的合法权益。

相关政策的颁布逐步完善了流动人口随迁子女在京接受义务教育的管理体系。随着城镇化进程的加快，北京市近年部分抬高了流动儿童的入学门槛。2012 年之前，非本市户籍适龄儿童、少年需要在本市接受义务教育的，需持家长在京居住证明、户口簿等，经暂住地街道办事处或乡、镇人民政府确认后，开具在京借读证明。2012 年，北京市教委出台了《北京市教育委员会关于 2012 年义务教育阶段入学工作的意见》，提高了非京籍学生在本市就读的门槛，由原先的"两证"改为"五证"，即由其父母或其他法定监护人持本人在京暂住证、在京实际住所居住证明、在京务工就业证明、户口所在地乡镇政府出具的在当地没有监护条件的证明、全家户口簿等证明、证件。2013 年、2014 年的相关政策也延续这一规定。2014 年的政策还要求各区建立非本市户籍适龄儿童少年接受义务教育证明证件材料联网审核机制。《中共北京市委教育工作委员会北京市教育委员会北京市人民政府教育督导室 2015 年工作要点》中要求完善非本市户籍适龄儿童接受义务教育证明证件材料审核工作，落实好义务教育免试就近入学政策。

这一系列政策的出台虽然规范和强化了非户籍适龄儿童的统一管理，但也在客观上增加了非京籍随迁子女在京公立学校接受义务教育的难度。造成部分学龄儿童不得不选择进入一些办学条件简陋、缺乏合法办学资质的打工子弟学校学习。（北京人口发展研究中心，2014）[19]与公立学校相比，北京市的打工子弟学校存在办学条件差、师资水平低等问题，无法满足城镇化进程中的教育需求，难以帮助实现城市居住人口市民化的城镇化理想。

以上分析表明，北京市城镇化的进程中大量涌入的人口，以及不断聚集的产业和公共服务对于北京市的教育在如何接纳吸收以及妥善安排随迁子女教育方面提出了新的挑战，北京市一方面要根据人口流动速度适度缩紧或放宽政策，在一定程度上作用于城镇化进程，但更重要的是需要尽力保障适龄儿童的受教育权，让每一位适龄儿童都能接受公平、合格的教育以适应现有的城镇化进程。

2. 城镇化进程中农村教育质量问题

农村教育质量保障困难重重。随着人口、产业不断向城镇聚集，教育资源也开始在城镇集中，经济在城镇产生规模效应，但农村教育却有诸多弊端，主要体现在硬件的落后和优质教师资源的流失两个方面。

随着城镇化进程的加速，农村地区的人口减少，农村学生数目不断减少，北京市农村学校尤其是小学也随之进行了布局调整。学校布局调整使得基础教育产生了规模效益，然而却为一些村镇的学生上学造成了不便，如何在效益和惠及率方面做出更加平衡的决定，仍然是需要关注的问题。

另一个重要问题是农村师资问题。随着城镇化的进程，许多教师由农村向城镇流动，造成农村学校存在缺编情况，且大部分流动教师为优秀教师甚至骨干教师，这使得农村学校遭受很大损失。由于缺乏学科带头人和优秀教师、教研员，农村教师在职业晋升和培训方面也落后于城市教师。虽然北京大部分区都有相关的政策条文规定教育投入和教师工资要向农村倾斜，但综合来讲，城镇教师所享受的福利待遇仍然远高于农村教师。

3. 城镇化进程与农民工职业教育和农民继续教育问题

城镇化的一个重要内容是人的城镇化，包括随着城市周边农地征用而被动实现城市化的"户籍农民"和为了更好的生计而主动迁入城市的外来农民工。（严瑞河，刘春成，2014）一方面，随着城镇化的发展，农民工大量涌入城市，引发了农民工市民化以及社会融合的问题。提升农民工的职业技能和就业能力，让他们更加适应城市生活，需要进一步完善农民工在职培训及市民化教育。

另外，考虑到城镇化的另外一个重要方面——农村主动城镇化，农村当地农民的培训与在职教育也亟待发展。可以说，农村主动城镇化是北京市城镇化进程的主要组成部分，也是实现城乡一体化目标的重要途径。而主动城镇化的实现除了产业集聚、经济发展外，还有一个不可忽略的关键部分，即人的素质的提升。这就要求一方面农村当地义务教育水平首先能够达到全市平均水平，另一方面，农村当地的农民培训和职后教育体系要有充分发展。

从教育的角度促进城乡一体化，促进北京市城镇化健康发展，需积极推进教育体制机制适配。城镇化进程所引发的与教育系统有关的问题，对于北京市的教育发展来说，既是挑战，也是机遇。

第二节　北京市城镇化进程中的随迁子女教育

随迁子女的教育问题可以说是北京市城镇化进程中面临的一大教育难题。随着城镇化进程的发展，适龄随迁子女人数不断增加，北京市原有的教育资源存量难以满足教育需求，随迁子女教育的公平性与优质性受到严重挑战，主要表现为：从入口上，部分随迁子女难以进入公立学校就读，而部分打工子弟校办学条件尚不达标，导致随迁子女无法享受与本市户籍学生同等的教育资源；从教育过程来看，随迁子女的教育基础薄弱，许多流动儿童首次从农村迁移到城市，其原有认识和经验与城镇儿童大不相同，但现有的教学内容和教学方式完全基于城镇儿童的生活经验，与随迁子女的教育背景和学习经验难以匹配；从出口上，2011 年之前，北京市教育系统仅接纳义务教育阶段的随迁子女，而流动儿童初中后教育未被重视，许多学生虽然在北京初中就读，但无法参加之后的升学考试，一些无法回到流入地考试的学生初中毕业后无学可上，成为社会的潜在不稳定因素。直至今日，接受义务教育后的升学问题仍然未能解决。

随着随迁子女教育问题的日益突出，北京市教委从 2002 年开始陆续出台了系列政策。如针对流动儿童上学难问题，2002 年 4 月北京市政府办公厅转发了市教委制定的《北京市对流动人口中适龄儿童少年实施义务教育的暂行办法》，要求落实随迁子女教育责任"以公办学校为主，以流入地政府为主"的"两为主"政策。针对随迁子女接受义务教育后的教育问题，北京市在 2012 年出台了《进城务工人员随迁子女接受义务教育后在京参加升学考试工作方案》。

总体而言，北京市在随迁子女教育问题上做出了有益的尝试，相关政策体现了义务教育的公平性，但优质性仍然不足。

一、北京市城镇化进程对随迁子女教育的挑战

流动人口的大量涌入，适龄随迁子女人数的迅速增长，不仅对北京市原有学校的容纳能力提出了挑战，也对学校系统的教育内容、教育过程及方法提出了新的要求。如何做到既保证原有市民所享受的教育资源与教育

质量不受影响，又保障数量不断增长的随迁子女的公平受教育权，是北京市的教育发展所面临的严峻考验。

1. 学校资源有限难以适应随迁子女教育需求

近几年北京市实施调控人口规模的政策，但事实上，虽然北京市人口增速有所下降，应当接受义务教育的适龄随迁子女数量却仍然在增加。以小学阶段为例，2010 年到 2014 年，北京市非本市户籍小学生数量由 2.68 万人增长到 3.68 万人，增加了 1.30 万人左右，平均每年增长约 0.32 万人。从全口径的学生数目来看，北京市 2010 年到 2014 年学生数目由 65.33 万人增长到 82.12 万人，在读生人数增加了 16.79 万，平均每年增加 4.20 万人左右（见图 7-9）。然而与之不匹配的是，全市的学校数量并没有明显增加，2010 年到 2014 年，北京市的小学总数从 1104 所下降至 1040 所，在 2013 年回弹至 1093 所后，又在 2014 年下降到 1040 所（见图 7-10）。且通过对学校占地面积的梳理，发现小学校舍占地面积也并没有增加。[①] 通过数据对比可以发现，北京市小学生人均所享受的教育资源的确越来越少。

图 7-9　2010—2014 年非北京市户籍小学生数及全口径在读生数
数据来源：2011—2015 年《北京统计年鉴》。

---

① 参见 2011—2014 年《北京统计年鉴》。

图 7-10　2011—2015 年北京市小学数

数据来源：2010—2014 年的数据来源于 2011—2015 年的《北京统计年鉴》，2015 年的数据来源于 2015—2016 学年度北京教育事业发展统计概况。

2014 年和 2015 年北京市小学生数量仍在增长，根据北京市 2015 年义务教育阶段入学工作时间安排，北京全市小学入学信息集中采集于 2015 年 5 月 31 日结束。截至 6 月 2 日，北京全市共对 159766 名儿童进行了信息采集，其中京籍 99673 人，非京籍 60093 人。2015 年与 2014 年同期数据相比，保持基本平稳。① 非京籍学生数的迅速增长，使得部分京籍学生家长认为自己所享有的教育资源被稀释，对外地家长及生源产生了严重的不满情绪。

从生师比来看，从 2010 年到 2014 年，北京市小学生师比从 13.4 增加至 14.4（见图 7-11），教师的负担有所加重。除此之外，许多地区和学校还存在结构性缺编等问题，部分学校引入临时教师或代课教师，又造成了管理上的新问题。有关教师的问题将在第三节重点介绍，此处不再展开。

---

① 资料来源：北京市教委官方微博，2015 年 6 月 3 日发布。

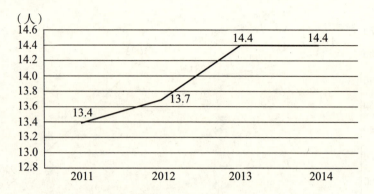

图 7-11　2010—2014 年北京市小学专任教师负担学生数

数据来源：《北京统计年鉴 2015》。

2. 民办学校办学条件参差不齐，自办校的基本办学条件难以保障

2010 年，非本市户籍适龄儿童、少年在本市接受义务教育，只需要家长在京居住证明、户口簿等"两证"，而到 2012 年，北京市教委扩大了非京籍学生在本市就读的条件，由原先的"两证"改为"五证"，这一举措造成部分适龄儿童无法进入公立学校转而选择进入民办学校就读，部分经济状况较差的家庭不得不选择不具备合法办学资质的学校。

公立学校的有限资源与随迁子女日益增长的教育需求之间的矛盾，促进了民办学校的创立。近年来，北京市在民办学校就读的学生数量飞速增长。以小学学生数量为例，2010—2014 年，在民办学校就读的非本市户籍学生从 2.91 万人上升至 6.76 万人，这一数量在 2014 年有所减少（见图7-12）。

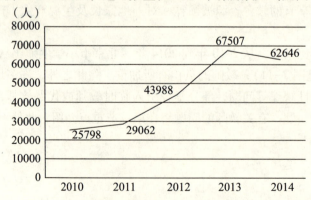

图 7-12　北京市非本市户籍适龄儿童在民办学校就读数（小学）

数据来源：《北京统计年鉴 2015》。

令人欣慰的是，与全市总体小学数量不同，这几年间，民办小学的数量迅速增长。2010—2014年间，民办小学的数量从21所增长至65所，平均每年增长11所（见图7-13）。

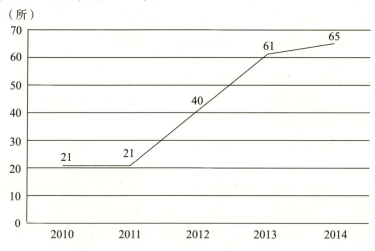

（所）

图7-13　2010—2013年北京市民办小学数

资料来源：2011—2014年《北京统计年鉴》。

在种类各样的民办学校中，有一种特殊的民办学校，它们是专门针对适龄流动儿童的打工子弟学校。1994年，一位跟随丈夫一起到北京打工的农民李素梅创办了北京的第一所打工子弟学校，随后，越来越多的打工子弟学校诞生。打工子弟学校成为随着城镇化浪潮涌入北京的农民工家长们较为实用的选择。从其诞生背景来看，打工子弟学校许多是农民自办校，在办学之初并没有合法的办学手续。随着打工子弟自办校的不断发展和随迁子女数量的不断增加，一些发展较早、资源相对较多的自办校慢慢获得了合法的办学资质，成为自办校中的"规范校"，然而，仍有一部分不合条件的打工子弟学校因为种种原因无法关停，继续招收学生。大量涌入北京市的流动人口家长中，经济条件较好的家长可能会帮助子女选择进入优质的民办学校或规范校，而许多进城务工的农民工家长受限于经济水平、证件不齐全等因素，只能选择条件较为简陋、收费相对低廉、没有合法办学手续的打工子弟自办校。

虽然打工子弟学校的创立在一定程度上缓解了教育资源紧缺的问题，满足了适龄儿童接受义务教育的需求，但是相关问题也随之而来。首先，从硬件上，许多打工子弟自办校办学条件不足，甚至没有足够的安全保障。北京的打工子弟学校一般都是私人办学，且办学者没有足够的资金和条件满足现有的办学标准，因此有相当一部分学校没有合法的办学手续，也面临着随时被取缔的危险。（刘慧涵，2010）正是由于许多打工子弟学校缺少基本的安全保障，不满足合法办学的条件，2011 年北京市政府紧急关停了一大批打工子弟小学，此事件在网络上引起激烈讨论。2011 年 8 月16 日，北京市教委召开新闻发布会就该问题进行解释，并称大兴、朝阳和海淀将共关停 24 所打工子弟学校。截至 2011 年 8 月 31 日，大兴、海淀和朝阳三区实际停办拆迁打工子弟学校 20 所，受影响学生 10500 名，而这些学校中有许多是规范校。（向明明，2012）

打工子弟学校，尤其是未获得合法办学资格的学校除了安全隐患等问题外，还存在一个严重的问题，即无法为在其中就读的学生建立学籍。目前全国建立了统一的电子学籍登记平台，一人一号，终身使用，可以说，学籍伴随一个学生的成长全程。没有学籍，学生的学历就难以被承认，学生的教育衔接就存在障碍。这也从一个角度说明打工子弟学校的管理仍然不够规范。

从软件上来看，打工子弟学校还存在师资力量不强、没有合理优质的教师来源等问题。由于没有监管和规范，教学质量也就没有相应的规范，而且教师的教育经验不足，北京教育科学研究院研究员文喆指出，这些（打工子弟）学校教师的工资太低，很多教师不合格，使得儿童实际上是在勉强接受不完全的教育，而不是接受合格的教育。（文喆，2012）不仅如此，由于教学任务繁重但工资普遍较低，打工子弟学校的教师流动性很大（刘慧涵，2010）。中央教科所 2008 年考察了教师的流动频率，发现公办学校教师平均教龄为 13.24 年，其工作过的学校数平均为 1.95 所，公办学校多数教师流动性小，工作稳定。相比之下，获准打工子弟学校和未获准打工子弟学校教师平均教龄分别为 8.8 年和 4.77 年，但其平均工作的学校数分别为 2.22 所和 2.13 所，也就是说，获准打工子弟学校教师平均 4年多换一所学校，而未获准打工子弟学校教师流动更加频繁，平均 2 年多就换一所学校，教师队伍非常不稳定。（中央教育科学研究所课题组，2008）这些因素都影响着学生的正常成长。

目前北京市对打工子弟学校的管理还不够规范，区政府责任过重，而市级政府统筹不足，尚缺乏合理的管理手段和管理方式。

3. 随迁子女学生学习状况与京籍学生差距较大

随迁子女学生学习状况与京籍学生差距较大。其原因首先在于适龄随迁子女的学业基础较差，已有学习经验与流入地现行教学内容和课程体系不匹配。根据奥苏贝尔（D. P. Ausubel）的有意义学习理论，有意义学习就是符号所代表的新知识与学习者认知结构中已有的适当观念建立非人为（非任意的）和实质性的（非字面的）联系的过程，就是符号或符号组合获得心理意义的过程。（陈琦，刘儒德，2007）[158]要想获得有意义学习，现有的教学内容应当与学生已有的经验相联系，这样学生才能真正地接纳吸收新知识。然而这对农民工随迁子女来说似乎是一种奢求。无论是进入打工子弟学校还是公立学校的农民工随迁子女，他们基本来自农村，在进入城市之前，大多数在流出地接受农村小学教育。流出地农村学校的条件、师资力量较弱，很多农村学校无法开齐规定的课程，尤其是英语、自然等学科，一些农村小学三年级以后才会开设这类课程，而部分农村学校甚至完全没有条件开设这类课程。与此形成明显对比的是，大部分北京公办学校从一年级起就会开设相关课程。城市学校存在课程目标与农民的现实需求相互冲突，刚性的课程设置剥夺了学生的发展机会，课程资源缺乏，课程内容"城市中心"取向严重、脱离农村实际等问题。（皮武，2011）课程结构和师资力量的差异造成了农民工随迁子女学生与京籍学生学业基础的差距。而教师则一般会依据已有的教学经验和当地学生的经验来选择授课难度和方式。有研究者调研发现，某校四、五年级的学生中，有几个学生就是因为英语的原因而被学校留级。（杨宏娟，2014）同时，由于教材不同，学生在转校时还会出现教学内容无法衔接的现象，再加上城乡语言的差异，种种因素形成阻碍的合力使得农民工子女在取得学业成功的道路上困难重重。

而从学习方式来看，随迁子女原有学习方式与城市的教学方式不匹配。学习方式是学习者在特定学习情境中，为了达到一定目标，完成学习任务而采用的所有交往互动形式与状态的总和。（孙智昌，2010）传统的学习方式往往是机械学习，学习者一般被动接受现有知识，很少参与到发现知识、掌握知识的过程中，主动地建构知识。在这种状态下，学习者往往是封闭的、被动的，难以生成主动性和创造性，而北京市的教育水平处于全国领先地位，教育理念往往强调"生本课堂""以学生为中心"等，这样的学习环境对于许多随迁子女而言是陌生的，他们需要在教师的帮助下，主动积极地调节原有的学习方式，才能逐步适应新的学习环境。

4. 随迁子女存在社会适应与社会融合问题

根据社会心理学的相关观点，群体身份作为一种情感归属，是个体发展过程中必然形成的一种身份意识。流动儿童从农村来到城市，其生活环境发生了巨大的变化，为了生活，他们不但需要本身随着环境变化和限制进行自身调节，还需要反作用于现有的环境，达到与环境的和谐共存，达到交互式的良好互动状态。（王天琪，2013）这样才能有良好的群体归属感，获得自我的身份认知。

然而，这一过程的实现对于年幼的学生来说十分困难。首先，随迁子女与北京市本地学生的文化背景、学习特点、心理健康和行为特点都存在巨大差异，研究显示，流动儿童与北京儿童和留守儿童相比，社交焦虑、孤独感最强。（蔺秀云，方晓义，刘杨，2008）流动儿童的口音、衣着等都很容易成为当地儿童歧视的因素。可以说，流动儿童在与北京本地儿童的社会比较中，面临不同程度的社会认同威胁，这直接影响着流动儿童的群际交往及其社会融入（罗云，王海迪，2011），而城市教师的生活经验与人生价值都是城市文化及中产阶级取向，很难站在流动儿童的角度来理解他们（王红丽，2014）。在公办学校的随迁子女，面对老师和当地学生两方面的不理解和压力（刘海瑞，2014），其社会融合和心理适应状态可想而知会不如人意。在学校内部，他们需要不断调适自己以适应背景多元的学生和老师群体，在学校外，还要忍受当地人的歧视。有调查显示，超过25%的家长反映子女向其抱怨遭遇过歧视，75%左右的随迁子女均表示受到过歧视，这些歧视现象和社会排斥严重影响到随迁子女的自尊和健康成长与发展。（刘霞，2008）而受歧视知觉作为危险性因素对流动儿童的社会融入有显著的负面影响。从年龄段来看，初中阶段的流动儿童在受歧视知觉上显著高于小学阶段流动儿童。从学校类型来看，公立学校流动儿童的受歧视知觉显著高于打工子弟学校儿童。（郝振，崔丽娟，2014）

进城农民工家庭存在严重的教育缺失问题，随迁子女的家庭教育无法为其社会适应与社会融入提供帮助。显而易见，农民工在背井离乡的情况下进入北京，大多数人只能选择从事低端行业，他们每天需要付出大量的时间和精力去赚取微薄的收入以养家糊口。大部分农民工家庭不只养育一个孩子，因此在每个孩子身上投入的时间和精力非常有限。此外，农民工的文化程度相对较低，教育方式比较极端和粗暴。（刘海瑞，2014）许多家长并不关心孩子的学业水平，更遑论关心子女的心理状况和社会适应情况。物质资本和社会资本相对匮乏的农民工随迁子女的家庭教育，需要和其学校教育一起，共同受到社会和政府进一步关注。（刘谦，冯跃，生龙曲珍，2012）此外，还有调查显示，不同类型学校的农民工家长对子女的学业关注程度差异显著，未获准农民工子弟学校家长的关注程度最低。（中央教育科学研究所课题组，2008）一般而言，将学生送到未获得合法办学资格的农民工学校的学生家长一般都不具备相关的证件，也没有较好的经济收入和保障，这一结果从侧面印证了许多文化程度低、收入水平不高的农民工家长家庭教育确实具有落后性。

总的来看，随迁子女在社会和学校中可能面临歧视和不理解，而在家庭生活中又极易缺少关爱。随迁子女的社会融合情况如果不被重视，不仅不易于随迁子女的城市融入，反而可能带来新的社会问题。

5. 随迁子女接受初中后教育存在困难

流动儿童的初中后教育问题是现在饱受关注并且备受争议的一个话题，目前尚未得到较好解决。目前，北京市的流动儿童接受完义务教育后，一般面临着两种选择。一种是继续留在北京，这样，他们未来会面临三个问题。一是升入普通高中存在户籍障碍，目前北京市普通高中只接纳有本地户籍的初中毕业生，而未向外地户籍学生开放。二是借读费用昂贵，少数学习成绩优秀的流动儿童有幸进入城市高中学习，但要交纳高昂的借读费，这虽然是政府许可收取的费用，但考虑到农民工家庭的经济状况，许多家庭无法支付。三是高考政策限制。全国大部分城市现在仍然执行按户籍所在地报名参加高考的原则，北京也不例外，流动人口随迁子女在京尚不能参加普通高考，这也就中断了很多学生的"大学梦"。2012 年之前，有许多学者提议高职院校对随迁子女开放。如杨东平对北京市农民工子女初中后教育意愿进行了调查，发现农民工子女对参加中职教育有很强的需求，劳动力市场对技术工人有很强的需求，同时北京市中职教育也有很强的供给能力。（杨东平，王旗，2009）综合学者意见和现实情况，2012 年后，北京市的高等职业院校和中等职业院校开始对外地户籍子女开放，但调查显示，政策制度层面仍存在随迁农民工子女接受职业教育的障碍。这种障碍主要表现在"入学门槛"和"高额学费"两个方面：由于大部分学生父母职业身份的尴尬地位，随迁农民工家庭很难符合北京市职业高中的入学条件；另一方面，职业教育需要收取高额的学费，而随迁农民工子女因为户口的限制很难申请到国家助学金。（刘雪雯，2013）有学者指出，这种制度使得留在北京的流动儿童初中后不再上学而成为"童工"的可能性非常大。（张绘，2013）

随迁子女初中后教育的另一种选择是回到家乡继续学习，但是这也面临制度上的障碍和实际操作中的困境。首先，农民工随迁子女面临学籍问题。许多在打工子弟学校（无论是否取得合法办学资质）上学的学生并没有取得学籍，因此其回到家乡后，初中学历并不被承认，于是家乡的高中也不会接收他们。而另外一部分取得学籍的随迁子女回到家乡后则会面临在流入地接受教育和家乡教育之间的衔接问题，因为除了两地之间的教材、课程以及教育教学方式之间存在很大的差距之外，对于已经在城市完成义务教育的农民工随迁子女，尤其是对于出生在城市、从小生活在城市的农民工随迁子女来说，他们将可能不再适应家乡原有的教育方式。（王红丽，2014）调查发现，有的学生"原来在北京学习特别好，四面墙都是奖状，后来回老家上，老家的教材难，初中差点没考上，玩电脑，逃课打架"（刘雪雯，2013）。由于前途迷茫，很多学生在初二下学期就开始处于迷茫的状态，没有了奋斗目标，学习热情也随之下降，有的甚至在半路中断在该校的学习（杨宏娟，2014），丧失了对未来的希望和前进的动力。

高考和中考的开放在一定程度上会稀释北京市本地学生的教育资源，所以受到当地人的强烈反对。此外，在等待异地高考政策的人群中，不仅有真正意义上的随迁子女，还有希望获得在北京参加高考的机会的人，也就是高考移民。一旦开放，则可能在短时间内迅速涌入大量高考移民，后果同样不堪设想。

二、北京市随迁子女教育改革的举措与成效

为解决日益突出的随迁子女教育问题，北京市进行了积极的尝试。北京市以兼容并包的态度，从市级层面和区级层面颁布了一系列政策，努力为更多的随迁子女提供公平、优质的教育。大部分随迁子女能够在北京市的公办学校上学，有调查显示，2013 年，在公办学校就读的随迁子女达33.9 万人，占随迁子女总人数的 70% 左右。北京政府更是加大教育经费支出，资助贫困学生，兴办学校，提供取暖、办学设备等。（蒋坤，2013）

本书的这一部分梳理了北京市政府以及各区教委的相关政策材料①，总结了北京市随迁子女义务教育的相关政策和改革成果。

1. 落实政府职责，为随迁子女提供更优质的教育资源

《北京市教育委员会关于 2015 年义务教育阶段入学工作的意见》指出，非本市户籍的适龄儿童少年，因父母或其他法定监护人在本市工作或居住，需要在本市接受义务教育的，由其父母或其他法定监护人持本人在京务工就业证明、在京实际住所居住证明、全家户口簿、在京暂住证、户籍所在地街道办事处或乡镇人民政府出具的在当地没有监护条件的证明等相关材料，到居住地所在街道办事处或乡镇人民政府审核，通过审核后参加学龄人口信息采集，并到居住地所在区教委确定的学校联系就读；学校接收有困难的，可申请居住地所在区教委协调解决。各区政府按照北京市非本市户籍适龄儿童少年接受义务教育证明证件材料审核指导要求，结合实际制定并公布实施细则。各区应建立非本市户籍适龄儿童少年接受义务教育证明证件材料联合审核机制。可见，北京市积极保障符合条件的随迁子女受教育权，并且尽力提供优质的教育资源。

一方面，扩大公办校的接收能力，保障随迁子女平等接受义务教育的权利。随着随迁子女的大量涌入，其对教育资源的需求增加，目前北京现有的教育资源难以满足随迁子女的教育需求。针对这一情况，北京市制定了相关政策，通过扩大总量、优化存量的方式，提高公办学校接收能力；坚持以公办学校为主招收随迁子女；市级财政支持随迁子女学生总数超50%的公办校，总体来说，保持随迁子女就读公办学校的比例在70%以上。各区积极响应政策号召，制定具体细则。朝阳区坚持公办学校接收为主，并通过建立生源调控机制、推进新校舍建立、学校改建扩建扩大公办学校的接收能力，不让一名随迁子女失学。东城区提出保证随迁子女接受义务教育的权利，坚持"三同"原则，即：同进公立学校、同等待遇、共同成长，对符合条件的随迁子女入学做到"零拒绝"。海淀区坚持公办学校接收为主，通过新建学校，提高公办校的接收能力，将随迁子女教育纳入区域教育整体规划。丰台区按照"进得来、留得住、学得好"的要求，克服困难积极接收，使外地借读生和本地生享受同等的受教育权利。大兴区则

---

① 北京市教委材料来自北京市教委网站，各区材料收集自各区教委相关科室的汇报材料。

保障区域内符合条件的来京务工人员随迁子女在本地平等接受义务教育，并以公办学校接收为主；按照就近入学、分流协调入学、自主择校入学等入学方式安排入学，同时扩大公办校的接收能力。房山区坚持农民工子女义务教育与当地学生一视同仁，将农民工子女义务教育纳入教育发展规划，根据区域人口变化情况，合理配置义务教育资源，依法保障农民工子女全部接受义务教育。

另一方面，进一步明确政府职责。随迁子女教育问题涉及多部门的合作与协调，为了防止"九龙治水，各管一头"的现象，北京市各区明确了政府职责，同时明确各部门之间的分工，以促进随迁子女接受义务教育。东城区加强政府统筹，完善体制机制：积极发挥区政府在接收来京务工人员随迁子女接受义务教育工作中的主导作用；设立区政府领导小组，指导组织相关委办局明确责任；安排随迁子女就近入学，将随迁子女入学工作作为政务公开的重要内容进行解释。房山区规定做好外地来京务工人员子女义务教育工作需要各级政府和部门通力合作，区、乡两级教育行政部门在加强内部协调与沟通的同时，还按各自工作职责主动协调区流管办、公安、消防、卫生、民政、财政、建委、城管、发改委、乡镇政府等有关部门，争取支持与帮助，形成一个"各负其责、齐抓共管"的管理体系与机制，确保外地来京务工人员适龄子女全部接受义务教育。可见各区注重相关部门分工协作，形成合力，保障随迁子女入学问题顺利解决。

2. 增加随迁子女的教育投入，规范民办校和自办校办学

打工子弟学校的创立与存在有其合理性。为保证义务教育整体水平，满足随迁子女的教育需求，北京市同样支持自办校和民办校办学。各区加大对民办学校承担义务教育工作的支持力度，进一步提高民办校的办学条件，扩充教育资源，对缓解随迁子女入学压力起到重要作用。

首先，各区在财政经费上不同程度地支持接收随迁子女的打工子弟自办校。朝阳区规定加大经费投入，为民办校和自办校发展提供经费支持。丰台区积极落实民办学校、已审批自办校减免借读费、学杂费、经费拨发及经费预算等相关工作。顺义区改善民办校的办学条件，应免尽免，应补尽补，确保随迁子女享受与本地学生同等的各项教育经费支持。密云区扶持民办学校（含自办学校）接收进城务工随迁子女接受义务教育。东城区规定接收随迁子女的学校"硬件改善优先、师资配比优先"，保障接收来京务工人员随迁子女接受义务教育的公办学校的经费，免除来京务工人员

随迁子女借读费和杂费；将市区财政为来京务工人员随迁子女所拨款项专款专用。朝阳区免费接收随迁子女入学接受义务教育，与户籍生统一标准拨付经费。海淀区加大对接收随迁子女50%以上的公办校的投入，对农村地区或农村籍随迁子女免除部分杂费。丰台区进一步完善对随迁子女教育的专项资金投入机制，每年新增的教育专项经费要向以接收随迁子女为主的学校倾斜，帮助其改善办学条件。顺义区对民办学校义务教育阶段学生课本费、杂费进行补贴，经费纳入区财政保障体系。

在民办学校的管理上，各区严格管理，把控自办校办学标准。北京市通过派驻公办教师、配备教育教学设备设施等多种途径，支持民办校和自办校改善办学条件，规范办学。丰台区要求职能部门密切配合，提升民办学校、已审批自办校的教育教学水平；在人才引进、教师招聘等政策上给予扶持；搭建民办校与民办校之间、民办校与公办校之间的交流平台，提升民办学校的教育教学水平；加强整改指导，依法规范和清理未经审批自办校。房山区规定乡镇教委要及时协调有关部门解决自办学校和民办中小学校出现的各种问题；自觉接受各级政府、区教委等相关部门的指导与监督；对区域内自办学校的设立、开办、清理及运行情况提出意见和建议；自办学校的管理纳入本辖区教育事业发展总体规划，对计划保留的自办学校要从政策上、物质上给予大力支持与帮助，协助其改善办学条件、提高教育质量；对存在安全隐患、办学条件差、质量低下的自办学校提出整改意见，指导并协助其消除安全隐患，改善办学条件；对不符合本地区教育发展规划，确无保留必要的自办学校，报教委审核同意后依法予以取缔。取缔前妥善安排学生进入本辖区其他学校就读。顺义区民办学校评先享受与公办学校同等待遇；民办学校教师享受与公办学校教师同等评优、评先及奖励待遇；建立对民办学校的规范管理机制，先后下发《关于加强民办学校安全管理工作的意见》《关于在民办学校和幼儿园安装技术防范系统的意见》《关于加强民办学校及幼儿园安全管理工作的通知》《顺义区民办培训学校管理办法》及《顺义区教委关于加强民办教育机构年检工作的通知》等一系列文件，加强对民办学校的管理力度。大兴区成立了大兴区民办教育服务中心，加强安全管理和全面管理，改善条件，规范办学。朝阳区扩大委托民办数量，扶持民办校、自办校，规范办学，加大监督力度，坚持"扶持一批、规范一批、分流一批"的原则，加大对自办学校规范管理的力度，严控非法自办校，加快对非法自办校的取缔速度，并加强安全检查；将办学规模较大、办学条件相对较好的自办学校列为重点规范校，研究制定民办校办学条件标准，对现有学校办学条件进行评估，按标准分三年逐步完善设施设备配备；关注自办校安全防护工作，适时给予安全防护设备的支持，引导自办校提升安全防护能力。朝阳区还于 2013 年研究出台了《关于促进义务教育阶段民办学校办学水平的工作办法》，通过公办小学与 8 校 18 址专门接收随迁子女的民办学校开展手拉手活动、加大干部教师培训力度、加强教育教学研究指导，提升了承担随迁子女义务教育工作的民办学校办学水平。

3. 建立异地中高考招生制度

2008 年两会期间，全国人大代表有关"应有条件允许外来务工子女在流入城市就地参加高考"的建议产生了广泛的社会影响，并影响到社会政策的一系列变化和调整（马晓娜，2015），开放中考、高考制度已经成为随迁子女教育发展的一个趋势。目前北京对随迁子女接受高中教育和高等教育开始进行尝试。北京市 2012 年底颁布《进城务工人员随迁子女接受义务教育后在京参加升学考试工作方案》，规定自 2013 年起，凡进城务工人员持有有效北京市居住证明，有合法稳定的住所，合法稳定职业已满 3 年，在京连续缴纳社会保险已满 3 年，其随迁子女具有本市学籍且已在京连续就读初中 3 年学习年限的，可以参加北京市中等职业学校的考试录取。其中来自农村的学生和学习涉农专业等符合相关规定的学生享有北京市中等职业教育免学费和国家助学金政策。学生从中等职业学校毕业后，可按照有关规定参加高等职业学校的考试录取。自 2014 年起，凡进城务工人员持有有效北京市居住证明，有合法稳定的住所，合法稳定职业已满 6 年，在京连续缴纳社会保险已满 6 年，其随迁子女具有本市学籍且已在京连续就读高中阶段教育 3 年学习年限的，可以在北京参加高等职业学校的考试录取。学生从高等职业学校毕业后，可以参加优秀应届毕业生升入本科阶段学习的推荐与考试录取。

简单地说，北京市于 2013 年针对父母有住所、有稳定职业、有社保，自身有学籍的随迁子女开放中等职业院校入口，于 2014 年开放高等职业院校入口，并大胆尝试开放了针对高职应届毕业生的本科入口。但这一要求大多数随迁子女仍然不能达到，据统计，2014 年北京的高职考试，共有 409 名随迁子女考生提出申请，而最终通过审核的仅有 114 人，被淘汰者主要是被"在京连续缴纳社会保险已满 6 年"的条件挡在门外。由此可见，北京的异地高考过渡政策由于其地域的特殊性而条件严格，适用面还很小。（周桐，2014）但作为在城市流动人口、城市原住居民等不同利益群体的博弈结果，这一过渡方案仍然可以说是一个大胆的尝试。

异地高考过渡方案的出台是解决城乡教育一体化进程中高中阶段教育问题的有力举措，但并不是终极目标，在绝大多数人的观念中，中等职业教育比普通高中教育低一等，很多农民工子女也并不满足于仅接受职业教育，成为新的打工者，他们希望接受普通高中教育，进而接受高等教育。如果仅仅把农民工子女与职业教育联系在一起，仍然不平等、不公平，政府应该通过制度建设让每一个学生都有机会接受需要的教育，这才是在城乡一体化进程中保障了教育的机会公平。

三、北京市随迁子女教育的政策建议

解决随迁子女的教育问题，保障随迁子女享受优质教育是一项长期而艰巨的任务，须不同利益群体进行博弈，还要防范"高考移民"等不合理现象的产生。

1. 开展融合教育，提高随迁子女教育质量

北京市在公办学校就读的非京户籍学生人数逐年增加。虽然接收随迁子女的公办校与农村学校相比，在基础设施和师资水平方面存在一定优势，但是，受多重不利条件的限制，接收随迁子女的公办校的教育质量仍然处于城市义务教育的末端，不利于随迁子女义务教育后升学及融入城市生活。（刘善槐，邬志辉，2013）为了促进随迁子女的教育融合，提高随迁子女教育质量，应当加强学校的课程开发，注重家校合作，合理评价学习过程等。

一是需要鼓励学校开发特色校本课程。进一步加强课程改革，在落实国家课程的基础上，积极探索和开发地方课程和校本课程，通过传承、发展、创新、提升四种方式充分提升随迁子女教育质量。随迁子女群体具有适应能力强、吃苦耐劳、身体素质较好等发展优势，学校可以结合本校随迁子女特色，提炼并开发系列校本课程，在校本课程中锻炼培养随迁子女的自信心，从而以点带面，带动随迁子女综合素质的全面提高。对于随迁子女数量较多的公办学校，教师在教学方式方法的选择上，应当尽量择取易于随迁子女接受的教育方式。尤其对于部分起点较低的随迁子女，应当

给予足够的耐心和包容，分层设计教学目标和教学方法，鼓励、促进随迁子女的学习水平在适应的基础上逐步提升。

二是需要加强家校合作。一方面，由于部分流动儿童少年家长文化素质不高，大部分家长工作时间比较长，无法正常辅导孩子的学习，家里也不一定有良好的学习环境，因此，有条件的学校不妨对流动儿童少年实行寄宿制管理。同时加强家校合作，加强对家长的教育培训，提高家庭教育质量，使得家庭教育与学校教育相互促进。另一方面，一些随迁子女的家庭中没有专门学习所必需的物质条件，如独立的书桌、板凳等，因此，学校可以考虑提供放学后的学习场所，以供有需求的随迁子女随时学习，在一定程度上改善其学习环境。

三是建立专项基金。针对随迁子女融入当地文化、当地教育困难等问题，提供资金支持。鼓励各地区各校对随迁子女的融入教育进行探索与研究。加强对接收随迁子女学校的教师融入教育方面的培训，鼓励教师在评价上增加适应性和多样性，在教学方法上既要照顾到他们的特殊要求，又要在教育期望、学习奖励等方面和本地学生一视同仁，平等对待。同时将随迁子女融入教育的情况纳入政府的考核内容中。

最后，在建立学生培养质量的监测与评价制度方面，应不仅看重学生的学习结果，更应关注学生的增值性评价，考察随迁子女学业进步程度和生活融入程度，多方位评价接收随迁子女较多的公立学校的教育质量。

2. 深化户籍制度改革，完善随迁子女异地升学制度

促进教育的均衡优质发展，提高随迁子女的教育质量，需要从户籍制度入手，继续深化户籍制度改革，促进二元社会管理体制的整体变革，把随迁子女教育问题纳入城市经济与社会发展的统一规划当中。随着城市化进程的不断推进，家庭化流动的比例越来越高，相当数量的适龄儿童少年也加入了流动人口的行列，而且在城市的滞留时间也越来越长。

"两为主"政策使得城乡二元户籍制度对于学籍管理制度的束缚有所松动，但这一政策还不彻底，它只涉及义务教育，在一定程度上解决了农民工子女义务教育的入口问题，但却没有解决出口问题。北京市 2012 年年底颁布《进城务工人员随迁子女接受义务教育后在京参加升学考试工作方案》，规定符合条件的随迁子女可以参加北京市中等职业学校的考试录取。然而，广大农民工和农民工子女可以在流入地接受职业教育和培训，这是解决城乡教育一体化进程中随迁子女高中阶段教育问题的有力举措，但并

不是终极目标。在绝大多数人的观念中，中等职业教育比普通高中教育低一等，很多农民工子女也并不满足于仅接受职业教育，他们希望接受普通高中教育，进而接受高等教育。如果仅把农民工子女与职业教育联系在一起，仍然不公平，政府应该通过制度建设让每一个学生都有机会接受需要的教育，这才是在城乡一体化进程中保障了教育的机会公平。（冯晋婧，2011）此外，课题组调研发现，即使是符合中等职业学校入学考试相关规定的学生也十分有限，部分区的职业院校并未接收过随迁子女。随迁子女初中后教育仍然是一个问题。

为了促进教育公平，提升教育质量，北京市应当进一步放开随迁子女异地升学制度。可以首先为部分成绩优秀或有某方面特长的外地学生打开本地普通高中的升学入口。首先给予一小部分随迁子女公平参与普通高中考试录取的机会。在试点改革的基础之上，逐步探索一整套完备的随迁子女异地升学考试制度。

3. 加强对打工子弟自办校的扶持与管理

加强民办学校的资金扶持，有调查显示，公办小学与民办小学的生均公用经费差距在 10 倍以上，民办小学的教育公用经费投入不足，远远低于公办小学的教育公用经费投入。（卢伟，2013）

在坚持"两为主"政策的前提下，应不断提高公办校接收能力和农民工子女教育的质量，改善民办校自办校的教育条件。打工子弟学校对于缓解随迁子女入学压力有重要意义，但需要对民办和自办的打工子弟学校进行规范。对打工子弟学校的管理应采取分步实施、逐步规范的政策。首先，根据《民办教育促进法》精神，适当降低办学标准，制定过渡性政策，逐步规范并承认打工子弟学校的法律地位。其次，对于合法办学的打工子弟学校，通过民办公助形式，给予一定力度的资金扶持，同时利用政策指导、经费资助、评估（将评估结果公布社会）等手段对打工子弟学校进行规范和综合管理，并规定在一定期限内，最终达到《民办教育促进法》的要求。（王唯，2003）政府应不仅支持已审批自办校达到教学标准、改善教学环境，还要有针对性地扶持一批有一定硬件基础、生源较多的未审批自办校，减少公办学校的招生压力，灵活应对随迁子女每年的人数变化。

在软件结构上，一方面要完善学校课程设置，要反映农民工随迁子女的文化差异，满足多元化的需要；同时将农民工随迁子女的学习质量与教师绩效相结合，改善教师待遇，完善校内教师劳动关系管理和教师专业发展等涉及教师长远利益的管理制度。总体而言，对待打工子弟自办校，应当"软""硬"两手都要抓。

4. 加强教育投入，保障当地人继续享有优质的教育

改革一般可以分为"存量改革"和"增量改革"。增量的改革不触及原始群体的利益，只是增加了新生群体的利益。存量改革则不同，它剥夺原始群体的利益，将之赋予另一部分群体，势必引起原始群体的矛盾和不满。如果不扩大公办学校的办学规模，提升办学条件，不增加优秀师资，而单纯通过扩大班容量的方式接收随迁子女，势必影响北京本地学生的利益，必将导致北京市家长和学生的不满。因此，北京市和各区政府，应当进一步加大教育投入，明确有哪些教育经费的增加是因为随迁子女人数的增加等，以缓解原始利益群体的不满，获得北京市当地人民的理解。

总体来说，北京农民工随迁子女教育问题极为复杂，任务极为艰巨，单靠北京市及各区政府的力量难以彻底破解这一难题。中央政府要在国家层面，坚持全国一盘棋，统筹好输出地、输入地政策间的衔接协调、责任分担。有针对性地增加随迁子女的教育投入。加大公办学校内随迁子女的专项经费，通过减免借读费、学杂费，经费拨发及经费预算确保随迁子女享受与本地学生同等的各项教育经费。同时，还需要继续增加自办校的教育投入。

第三节　北京市城镇化进程中的农村教育

城镇化进程中不仅有产业的聚集和人口的聚集，还必然伴随着优质教育资源向城市中心的集聚。这种集聚一方面为城市的教育发展带来了规模效益，但同时加剧了城乡办学水平和教育质量的差距，突出了人民群众不断增长的高质量教育需求与供给不足的矛盾。

2011年起，北京市政府开始意识到问题的严重性，花大力气进行教育资源优质均衡的系列建设。经过几年的实践，北京市全部16个区于2015年5月一次性通过了教育部的义务教育均衡指标体系检测的验收，为义务

教育均衡发展立下了新的里程碑。然而，这还远远不是城乡义务教育均衡之路的终点。本章的农村教育相关内容主要聚焦于义务教育。

一、北京市城镇化进程对农村义务教育的挑战

城镇化进程中，在人口向城镇集聚的同时，农村地区的人口和资源也在逐步流失，其教育资源亦渐显匮乏，产生了新的教育问题。

1. 农村学校数量减少，寄宿生健康和心理问题需要关注

首先是农村的学校数量不断减少的问题。随着城镇化的进程，越来越多的人口向城市中心流动，乡村的适龄儿童数目不断减少，许多学校存在招不到学生的问题。出于降低教育成本和增加规模效益的考虑，2001 年起，随着教育部颁布《国务院关于基础教育改革与发展的决定》，全国的义务教育学校布局调整正式展开，全国的农村学校迅速减少，北京市也不例外。数据显示，2008 年到 2011 年，北京市乡村小学减少 142 所，占2008 年北京市乡村小学总数的 32.2%。（见图 7-14）到 2012 年，《北京市统计年鉴》取消了关于乡村教育的相关数据的统计，在《2014—2015 学年度北京市教育事业统计资料》中，北京市农村学校为 236 所。虽然北京市减缓了撤点并校的速度，但农村学校数目仍在减少，部分农村学生面临无法在家门口上学的问题。

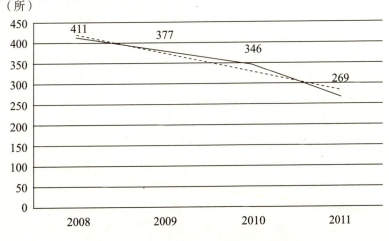

（所）

图 7-14　2008—2011 年北京市乡村小学数

　　另一个需要关注的是寄宿制学校建设与寄宿生身心健康发展问题。农村寄宿制学校是指为了适应农村人口居住分散的特点，解决学生上学远的困难，为保证农村适龄儿童、少年完成义务教育而建立的一种办学模式。（董世华，2012）农村寄宿制学校是为了整合教育资源，提高教育的规模效益。如 2005 年房山区开始酝酿房山区教育史上规模最大的一次布局调整：将山区中学一次性外迁，将山区小学一次性集聚，充分利用富余资源发展山区学前教育和成人教育。到 2008 年，房山区新建和改建了 4 所千人规模寄宿制中学，使之成为当时房山区办学条件最好的学校。同时，房山区将 31 所山区小学合并为 14 所寄宿制小学。（魏晔玲，2008）农村学校布局调整及撤点并校的实施和集中寄宿制学校的建立在一定程度上保障了办学条件的标准化，但也带来许多新的问题。许多儿童从小学开始便离开父母，寄宿在农村的寄宿制学校里面，回家一次很不方便。据统计，2007年，全北京地区的小学有 8794 名寄宿生，寄宿生比例占小学生总人数的 4.88%。到 2010 年，北京地区的小学寄宿生增至 10192 人，占学生总数的 6.43%。三年间增加 1.55%。（董世华，2013）2013 年，北京市仅怀柔和延庆两县就有 25 所农村寄宿制学校。（沙怡梅，赵耀，徐筠，等，2013）沙怡梅等从这 25 所寄宿制学校中抽取 5 所学校对学生的营养情况进行了调查，发现北京郊区农村学生维生素 A 营养状况低下。（沙怡梅，赵耀，徐筠，等，2014）除了营养问题外，这些寄宿生也面临着许多心理问题。他们全天在学校，除了上课，大量的课外时间没处打发，枯燥的课外生活可能造成学生学校生活单一，使学生感觉上学没意思。大多寄宿制学校是半封闭或全封闭式管理，学生只有周末才可以回家。想念家人、不善于交往、对集体生活不适应等心理负担无时无刻不侵蚀着学生幼小的心灵，影响着学生的身心健康。（赵瑞瑞，2015）在学习和人际交往方面，北京地区部分寄宿中学生在学习的计划性、坚持性、主动性方面存在问题或不足，多数学生对待学习缺乏计划。有 25.8% 的学生觉得学习没有乐趣。北京地区寄宿中学生中有近 30.0% 的学生自信心不足，自制力不强。同时，寄宿学生人际交往能力不是很强，有 61.3% 的学生在受到同学嘲笑时会采取回敬的方式，有 41.8% 的学生经常或有时对父母发脾气。（陈虹，吴为，2005）此外，寄宿制学校还存在指导教师与专业教师比例配置不当、学校安全存在隐患等风险。

　　虽然北京地区寄宿制学校的硬件设施良好，生均住宿面积不断增加（董世华，2013），学校的管理制度较为严格、教育理念比较新颖，但是学生来源参差不齐，教师质量也有差距，可以说，寄宿制学校中的学生群体是值得持续关注和深入研究的对象。

2. 城乡教育均衡仍有提高空间

北京市绝大部分学校的办学条件已经达到《北京市中小学办学条件标准》。北京市的教育水平和城乡学校的水平远远领先绝大部分城市，北京市也是第一个全部区通过教育部义务教育均衡指标体系验收的地区。但客观地说，北京市的学校教育仍然未达到高水平的优质均衡。

一般认为，教育公平包括起点公平、过程公平和结果公平。从起点公平来说，北京地区学前教育发展不够均衡，目前北京市京郊城镇化进程中学前教育仍表现出教育资源总量不足、"入园难"问题突出、户籍适龄儿童入园需求尚未得到解决、常住适龄儿童学位缺口较大的问题。（梁景和，2015）[211]课题组在大兴区调研时，看到某镇中心幼儿园门口已经贴上告示，声明幼儿园学位已满，不能再招收新生。除了入园难，学前教育的质量也令人担忧，首都师范大学李昕等的调研显示，京郊某地区专任教师严重不足，教师学历层次存在较大差距。老城区的城市专任幼儿教师以专科毕业生为主，专科学历的专任教师占54.3%，而农村专任幼儿教师则以高中毕业生为主，高中学历的专任幼儿教师占54.5%。城乡专任幼儿教师资源配置的差异和幼儿园硬件上的差异，导致了城乡幼儿教育质量的差异（梁景和，2015）[212]，学前教育的不均衡，造成了城乡农村小学生在入学时起点的不公平。

北京市农村学校的办学条件仍然有提升的空间。2014年北京市农村小学达到体育运动场办学标准的比例为93%，覆盖校园网的农村小学比例为92%。2014年，北京市城镇和农村小学的校均藏书量分别为29353册和13296册，校均电子藏书量分别为198GB和32GB，校均固定资产值分别为1634万元和562万元（见表7-2）。虽然教育均衡并不是一味追求平等，但目前城镇学生所能享受到的教育条件仍然远远好于农村学生。

表7-2　北京市小学城乡办学条件指标比较

指标	城镇小学	农村小学
校数（所）	804	236
在校学生数（人）	757471	63681

指标	城镇小学	农村小学
专任教师（人）	44226	5208
体育运动场馆面积达标校数（所）	639	219
建立校园网校数（所）	763	216
校均图书藏量（册/所）	29353	13296
校均电子藏书量（GB/所）	198	32
校均固定资产总值（万元/所）	1634	562

数据来源：《2014—2015 学年度北京市教育事业统计资料》。

3. 城乡师资配置不均

城乡教育差距中师资条件差距比硬件条件差距对教育质量的影响更大，也更难解决。农村教育质量提升的重心和难点是师资水平的提升。但北京市目前在城乡教师人力资源规划方面缺乏统筹安排，导致农村地区教师资源薄弱。

概括地说，在教师选聘制度上，存在教师资格审查机制不健全以及教师编制缺乏弹性等问题，出现了农村教师队伍封闭性老化、结构性短缺、教师"终身制"缺乏激励机制、"代课教师"待遇不公等现象。在教师绩效评价制度上，存在评价标准不健全，对农村教师的绩效评价不合理，职称名额少、晋升难等问题。在教师培训制度上，存在培训内容背离农村教师需求、培训的成本负担缺乏制度安排等问题。在教师调动上，存在农村教师"逆向流动"的问题，即优秀的农村教师向城市流动，致使农村学校成为城市学校的人才输送基地，加剧了城乡教育的不均衡发展。在教师薪酬制度上，存在农村教师工资福利缺乏长效保障机制的问题，包括"以县为主"的政策难以保证贫弱县的教育经费投入等问题。

具体地说，首先是新教师引入与教师队伍结构合理性问题。北京市农村地区存在严重的结构性缺编，小科目教师数量严重不足。音乐、美术、体育、科学等小科目教师难以引进，很多农村学校为了完成教育部对课程"开足开齐"的要求，安排主科教师兼任小科目课程，导致小科目课程教学质量总体较低。

然而北京市新教师引进大多要求北京户籍，外地人才难以进入教师编制。为了考察新进教师的户籍来源情况，课题组在调查问卷中设计了"本区过去三年新进教师来源情况"一题，统计发现，新进教师的户籍来源比例最大的是本市户籍，少数外地户籍；其次为全部是本市户籍；再次为外地户籍为主，少数本市户籍。可见，新进教师的主要户籍来源为北京本市户籍。外地优秀教师受制于户籍限制，难以进入北京地区的教师队伍当中。

其次是农村教师激励问题。教师激励可以分为物质层面的激励和非物质层面的激励。物质层面的激励主要在于工资水平、工作津贴、日常福利等。课题组的调查显示，物质补贴未对北京市农村教师起到激励作用。虽然大部分地区设置了农村教师专项津贴，但是额度很小。而实施绩效工资后，农村教师的补助反而再度减少。北京市某区某教委领导在访谈中提到：没有绩效工资前，农村补助对教师城乡流动是比较有利的，最多的农村补贴可达每月850元。但是绩效工资后，这部分补贴降为每月150元或100元，对于教师流动的调节作用明显下降。

绩效工资的实施不但没有考虑加大对农村偏远地区教师的补助力度，反而降低了金额，这对农村学校"留住骨干教师""引进优秀教师"政策实施更加不利。2015年笔者在台湾山区小学调研时发现，台湾农村教师的专项补贴每月5000台币（约1000人民币）起，且随在任年限每年增长2%，如果学校设立在山区，则根据海拔还会有相应增长，山区教师工资最多每月可比城市教师高出3200—3500元人民币，北京市现在的150元农村教师专项津贴，对于吸引优秀教师来说，实在是杯水车薪，无济于事。

对于教师的非物质激励，可以从职称评定、教师培训、专业发展等方面来考察。城乡教师的职称评定方面，城市教师的职称获得情况优于镇区教师和农村教师，初级、中级职称的教师以农村教师居多，而城市教师中有高级职称的教师达到30.96%，农村则只有18.44%（见图7-15）。

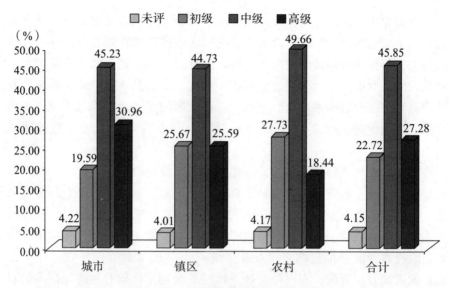

图7-15 教师的职称结构及城乡对比

在骨干教师城乡分布上，城市的国家级骨干教师和市级骨干教师的比例最高，农村没有国家级的骨干教师。仅有10%左右的区级和校级骨干教师。农村普通教师的比例高于城市。镇区的区级骨干教师比例最高，可见，骨干教师的城乡分布存在明显差距（见表7-3）。

表7-3 骨干教师结构及城乡分布 （单位:%）

级别	城市	镇区	农村	合计
国家级	0.17	0.08	0.00	0.12
市级	2.60	2.28	0.80	2.20
区级	16.46	16.78	14.02	16.13
校级	12.24	6.11	12.15	10.48
普通教师	68.53	74.76	73.03	71.08

造成这种现象的直接原因是现有教师职位职称晋升评审标准对农村教师不利。北京市及各区在制定教师职位晋升标准时，都从教师的基本素养、教师的教龄及业绩等级方面来考查教师，没有考虑到农村偏远山区教师受制于教学条件落后、信息不通畅、生源质量较差、学历进修机会少等特殊因素，对农村偏远山区教师的特殊因素给予照顾，导致农村教师在职位职称晋升评选中处于不利位置。

此外，农村教师缺乏专业发展的条件保障和途径也是造成城乡教师水平差距的重要原因。课题组就"现在很多教师想到外面参加培训，但是学校经费不足"一题对全市 11 个区的教师展开调研，结果发现，城市校长更倾向于认为教师培训经费比较充足，而农村校长更倾向于认为教师培训经费不足。同时，我们发现，选择"教师培训经费不足"一项的校长在城市、镇区和农村的占比分别为 53.33%、68.79% 和 77.27%（见图 7-16）。

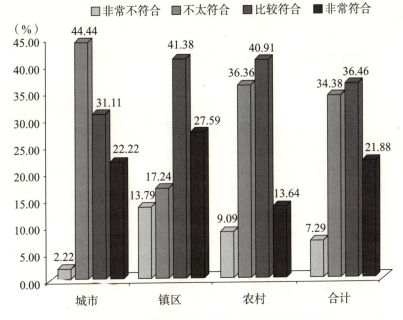

图 7-16　学校教师培训经费的充足情况及城乡对比

由于物质激励和非物质激励不到位，农村地区很难引入新教师，难以留住优秀老教师。尤其是当前部分农村学校按编制标准教师数量已配齐，部分学校因为合并师资还大量超编。但由于地理位置相对偏僻，交通不够便利，教师待遇低等原因，优秀教师流出较多，使骨干教师和学科带头人严重缺乏。

调研组在北京 D 区调研时，许多校长反映，农村学校更像"教师培训基地"，教师在这里成长，当成为骨干教师，能够独当一面时，往往会选择向城市流动，而不是继续留在学校任教。当被问到为何希望向城市校流动时，教师们主要提到两点。一是家一般都在城市而不是农村附近，学校离家远，不方便照顾孩子，下班时间如果赶上堵车则路途时间过长。城市优质校的教师子女有条件直接在优质校就读，而在农村校任教的教师，虽然家也在城市，但其子女却不能享受城市校教师可以享受的便利条件，同为教师，对此感到非常不公。

有趣的是，我们在访谈中也发现了优秀教师由城市向农村流动的情况，"我的孩子已经上高中了，我就愿意随着我这种心意，我离家比较近一点，所以我就是沿着这个轨迹来调动的"。可以发现，教师的调动和教师自己孩子的成长有密切的关系，解决教师子女的受教育问题也许是防止农村教师流失的一个新的视角与思路。

二、北京市农村义务教育改革的举措与成效

2015 年 5 月，国务院教育督导委员会办公室组织检查组深入北京 16 个区的 247 所学校评估义务教育均衡发展情况，北京市 16 个区全部达到评估验收的标准，公众满意度达到 85 分，一次性通过验收。北京坚持"创首善，建一流"，以"公平、优质、创新、开放"为目标，以教育民生观为指针的教育综合改革"北京理念"，赢得了教育部、教育督导团专家组的好评。（李培，2015）必须承认，北京市近年来对于城乡义务教育均衡发展所做的努力具有重大意义。北京市实现教育均衡的种类和方法多种多样，各区领导在近年来也都进行了有意义的尝试。

1. 加大投入，保障办学条件硬件水平

加强组织保障、确保经费投入，是北京市推动义务教育优先发展的重要抓手。2011 年，北京市政府与教育部签署推进义务教育均衡发展备忘录。同年，全市 16 个区（县）政府分别与市政府签署推进义务教育均衡发展责任书，承诺 2015 年全市所有区（县）实现县域义务教育基本均衡。之后，北京市逐年提高教育经费，投入总量从 2010 年的 202.00 亿元增长为 2013 年的 364.00 亿元，3 次上调定额标准；2012 年市、区（县）两级财政义务教育经费投入达到 301.89 亿元，小学、初中阶段生均预算内教育事业费达 2.04 万元和 2.88 万元。2013 年小学、初中生均教育事业费支出分别达到 2.17 万元、3.25 万元，生均公用经费分别达到 0.99 万元、1.37 万元。同时，市、区（县）政府按照各负担 50%的经费投入比例安排义务教育阶段"两免一补"资金。新增教育经费事业费 70%用于支持区（县）基础教育事业发展，重点用于农村义务教育。教育费附加 60%向财力薄弱

区和农村学校倾斜。教育经费投入总量、各级各类生均教育事业经费和生均公用经费逐年增长且位居全国前列。

在办学条件标准化建设方面，市政府于 2012 年下发《北京市中小学建设三年行动计划（2012—2014 年）》，实施城乡新区中小学建设工程、中小学数字化教育资源共享工程、农村学校办学条件提升工程等，全市新建中小学 200 余所，进一步优化中小学教育资源配置和学校布局，提升了中小学办学条件和现代化水平；以优化中小学教育资源配置和学校布局调整为导向，新一轮基础教育设施专项规划编制工作也已启动开展。（佚名，2014）

2. 多种形式探索义务教育优质资源均衡共享

北京市没有采取削峰填谷的办法，而是另辟蹊径发展出许多义务教育优质资源均衡共享的方式，努力实现城乡教育的优质均衡。

北京市扩大义务教育优质资源的做法可以总结为两种形式：增量推进和存量盘活。"增量推进"包括新建、改扩建学校，尤其是近年来新建了许多城乡一体化学校。"存量盘活"主要是指整合已有教育资源，通过教育集团化、名校办分校、学区化管理等创新管理模式扩大优质义务教育资源的覆盖和辐射范围。截止到 2015 年 5 月，北京市各区通过完善学区制，组建教育集团、集群、协作区、联盟等方式优化区域资源，描绘了一幅幅以公平、优质、均衡为特征的"北京教育新地图"，让老百姓享受到了教育综合改革的红利。（北京日报，2015）

具体地说，首先是教育集团模式。对于教育集团化办学，目前学界并没有统一的定义，而在各地的实践中，操作方式也是五花八门，各有名目。教育集团化办学的目的在于利用集群内部的各种资源，促进优质教育资源的共享，并形成集群内的课程和活动特色。不同教育集团的模式和操作实践差异很大，从北京市的实践情况来讲，基本可以分为两种模式。一是跨学段的集团化办学，如北京市朝阳区陈经纶中学，其主要特点是具备良好的内部衔接，初中高中的教师可以一起举行跨学段教研等活动，从而明确不同学段各自学科能力培养的要求。二是同学段邻近学校的集团化办学，如北京市朝阳区芳草地教育集团，其指导策略为"文化凝聚、旗舰示范、特色共创、规划导向、标准导行、课程共建、资源共享、层级负责"（刘飞，2013）。各区内部几乎都有自己的教育集团。东城区分八大学区以品牌校为龙头，捆绑两个邻近的普通小学，形成"1+2"模式的"优质教育资源带";采取"大年级组制"将一所优质校与一所薄弱校联盟结对，实现软硬件优质资源"大通道"。顺义区则搭建起组团式发展平台，以高中学校带动义务教育学校、以城区学校带动农村地区学校、以规范达标学校带动相对薄弱学校，通过搭建组团，学校共享共建信息平台，借助组团开展课题研究，推进改革实验；依托组团，实现城乡学校资源共享。西城区原有四大教育集团，分别由北京四中、八中、实验二小、北京小学四所名校牵头，通过引领、帮扶、共建等方式，带动成员校整体提升，从而扩大基础教育阶段优质教育资源覆盖面，减少校际差距，促进全区教育高端均衡发展。（张熙，拱雪，左慧，2012）在原有四大教育集团基础上，西城区2014年又增加3个教育集团，每个教育集团有选择地纳入4—6所学校，探索横向研训一体、纵向学段衔接。（蔡继乐，施剑松，2014）丰台区率先立项的是方庄教育集群和东高地教育集群项目，这两个集群现已成为教育部和北京市教委的实验区。其中，方庄教育集群以北京市第十八中学为龙头，涵盖28所中小学、幼儿园、职业学校、校外机构及优质民办教育机构，以"打造方庄教育生态，引领教师专业成长"为导向，不断创新教育发展的新思路和新途径。集群内的各校资源共享，开发了区域特色课程"新音乐教育"、以棋类为主要项目的益智类校本课程等。如今，方庄教育集群已走过以资源共享为主要功能的初级形态、以课程为中心的区域教育共同体的中级形态，正走向以打通各学段学生出口为核心的区域教育共同体的高级形态。东高地教育集群包含1所中学（北京市航天中学）、5所小学和1所校外教育机构，集群以航天科技教育为特色，借助东高地科技馆（钱学森青少年航天科学院）的航天科普资源优势，开展了一系列活动。丰台区2014年已经有8个教育集群，"十三五"初期再建成4个教育集群，届时，丰台区教育集群总数将达到16个。各区所设教育联盟数量繁多，与之类似的还有教育联盟、协作区、手拉手、共同体等，在此不再一一赘述。

其次是名校办分校模式。北京市"名校办分校"政策是2004年北京市教育大会大力倡导的。2005年后，在北京市政府鼓励"名校办分校"的政策刺激下，北京市各区都不遗余力引进名校，使北京"名校办分校"呈现迅猛发展之势。"十一五"末北京共建24所名校分校，其中中学16所、小学6所，九年一贯制学校2所，提前实现了《首都教育2010发展纲要》提出的在远郊区建成20所左右的名校分校的目标。近年来，北京许多名校接连跨区设立分校，名校间的地盘扩张竞赛正在改写北京教育的地图。

（尹玉玲，2014）2014 年，40 所京城名校分别在各个区开办分校。新开办的"名校分校"包括清华附中丰台分校、北京四中房山分校、北京一零一中学怀柔分校、北京翠微小学北校区等。目前的名校办分校，多多少少都带有地方政府"主导"的因素，甚至是教育主管部门大力推动、大力支持的结果，表现出"政策明确、反应迅速、运行快捷、宣传紧跟"等特点，在较短时间内，分校就纷纷"挂牌"。这种政府主导的名校办分校，可以分为两种模式。一是在远郊区新建校舍成立分校。名校与分校间通过互派骨干教师到对方学校挂职、听课，参加对方的教科研活动，通过名师带徒、网上交流等形式全方位合作。另一类分校则是在原有普通学校基础上改建的。名校向分校输入教育品牌及教学管理，分校负责提供校舍、教学设备等硬件设施。（吴颖惠，2014）这也可以简单地分成"分区"型和"挂名"型。这些办学模式中不同程度地存在着"直营"和"加盟"的形式。（尹玉玲，2014）看到家门口原来的普通学校骤然间升级为名校分校，对家长、学生和社区而言，是一件大喜事，暂时满足了社区居民"上名校"的愿望，扩大了优质教育资源的覆盖面，在一定程度上解决了人民群众"上好学难"的问题。

再次是学区化管理。学区化管理同样建立的是多边协作组织和资源共享机制，强调学区内各学校在教育硬件资源上的共享，课程资源的共享，特级教师、高级教师在学区内跨校兼课和指导交流这类的人力资源共享。（中央教育科学研究所教育督导评估研究中心，2012）[248]朝阳区较早实行学区制，几乎每年朝阳学区内的学校都会有一定的人事调整，2015 年朝阳区共有 15 个学区。北京市东城区因存在设备设施资源不足且分布不均衡、骨干教师资源分布不均衡和优质教育资源不足且缺乏统筹利用等问题，为促进优质资源的再造，实现优质资源快速扩张，实行学区化管理，该区在2010 年学区化改革基础上，将学区制升级改版，全区所有教育机构统一纳入 8 个学区，构建"入盟（深度联盟）入带（优质资源带）一贯制（对口升学）"的资源大通道，学区内贯通优质资源。西城区 2014 年亦试行学区制，以街道行政区划为基础，建设 11 个学区。（线联平，2014）有学者分析了北京、沈阳、广州等地方的学区化管理实践，指出了学区化管理的三个主要优点。第一，学区资源位于区域全部教育资源和校内单一资源之间，注重学区内资源尤其是优质资源的共享。实行学区化管理，使学区内的教育资源从"学校所有"变为"学区所有"，扩大了优质教育资源均衡配置的范围。第二，学区化管理既是深化义务教育"以县为主"管理体制改革的需要，也是实现区域（尤其是县域）教育均衡发展的现实路径。第三，学区化管理介于区内条块化管理和校内综合化管理之间，实现了管理的扁平化和社会化。学区化管理是促进义务教育区域均衡的一种综合路径。（胡友志，2012）

此外还有建设城乡一体化学校。城乡一体化学校是指新校区和原校区共享学校教育教学资源，教育教学管理、教材、作业系统及校内考试评价实施统一管理。（佚名，2014）城乡一体化学校一般位于城乡接合部、新城区，由名校输出教师，每对学校"同一法人、一体化管理"，两校间统一教研，真正实现优质教育资源共享。（张景华，杜弋鹏，2013）2012年北京市市级投入约2.40亿元，重点建设15所学校，新增学位约9012个，总学位22810个。2013年将城乡新区一体化学校建设项目学校扩大到30所，投入约6.18亿元，新增学位24881个，总学位数达到41610个。2014年北京市再建20所城乡一体化学校，侧重建设九年一贯制和十二年一贯制学校。通过城乡一体化学校建设和学区管理整合等措施扩大优质校学位供给。（于忠宁，2014）城乡一体化学校中，校长在两个校区拥有同等的人事、财务、教育教学安排、校园文化建设等各项权力。新校区建设还将在资金审批和人才引进方面单辟通道，单列计划。建立经费审批绿色通道，建设经费来源实行市级统筹、优质资源输入区为主负责，多渠道筹措，建设资金纳入区财政预算。资源输出学校输出教师的工资由输入区按原校区核算办法发放。北京市财政将连续3年对资源输出学校予以奖励，每所输出校每年可获奖励200万元。这笔资金可用于教师培训、课程改革。对于可能同时承担几所农村校的资源输出学校，则采取奖励叠加的方式，如一所学校对应两所输入校，每年至少可获得400万元的支持。此外，还赋予该类学校用人自主权。新校区教师采取全市、全国招聘的方式统筹解决，单独审批进京指标。允许学校根据发展需求引进国内外、不同学科和类型的优秀教师。在待遇方面，资源输入区统筹考虑高级教师、学科带头人、骨干教师等职称、称号的评定指标分配及新校区教师编制，协调解决新校区教师的住宿、交通等生活问题。平谷区马坊镇是北京市首批市级小城镇之一，东交民巷小学联手马坊镇第一学区共建了"东交民巷小学马坊分校"。这两所学校的校长表示，"两校联合最大的感受就是在办学理念和课程建设上实现了融通共享"。全新的合作办学模式既不同于名校办分校，也不同于手拉手帮扶结对，两校属于同一法人，且在管理上采用同一模式，在办学思想和教育教学等方面实现了统一。（张景华，杜弋鹏，2013）

可以说，这是北京市教育集团化办学的全面升级。

几年来，北京市各区各出奇招，于 2015 年春规划出了一幅崭新的北京教育新地图（见图 7-17）。

1 首都功能核心区

东城区：通过深度联盟制、建九年一贯制学校等实现"学有优教"
西城区：建11个学区和15个教育集团，提高优质教育资源辐射范围

2 城市功能拓展区

朝阳区：整合学区内优质校和薄弱校，细分学区推广"一长两校"
海淀区：北部"筑巢引凤"、调整学区划分，新增优质学位1万个
丰台区：建成16个教育集群、20个教育集群，实现强弱校联动发展
石景山区：通过实施跨区基础教育优质资源整合，助力优质资源扩容

3 城市发展新区

昌平区：重点培育25所优质特色中小学、引进区域外名校8至10所
大兴区："点线圈"格局盘活八大协作区，科学优化教育资源布局
房山区：组建"一环两带三区"义务教育集群，均衡教育资源配置
通州区：提升本土优质校，引进城区名校，均衡布局优质教育资源
顺义区：纵向构建城乡联盟，横向建学校组团，纵横推进优质均衡

4 生态涵养发展区

门头沟区：区内17所优质校与20所山区校结对，构建优质教育资源群
密云县：建立城区教育联合体、城乡联盟校、特色校联盟三大团体
怀柔区：将城区、平原和山区校"捆绑"，优质资源为山区校所用
平谷区：引进市区优质校资源，打造区域内横向教育联盟进行布局
延庆县：构建城区和川山区学校联盟，组成八大协作区和一个联盟

图 7-17　北京教育新地图亮点（蔡继乐，施剑松，2014）

3. 多措并举提高农村师资质量

课题组整理了北京市教委及 11 个区的相关文件与汇报材料，总结了近 5 年来北京市保障农村教育质量，加强农村师资队伍建设的相关政策。结果发现，北京市保障农村师资质量的举措主要包括招聘政策、职位晋升政策和薪酬福利等方面向农村学校倾斜，加强农村教师在职培训，开展城乡教师交流轮岗等。

第一，招聘政策的倾斜。在市级层面，北京市要求区域统招统分，教育人事部门严掌招聘权，由地区统一招聘新教师，再根据地区城乡分布情况以及学校实际的需求，统一分配新教师。在分配新教师的过程中，充分考虑农村地区师资力量薄弱、结构性缺编问题。2011 年开始，北京市提出优化教育人才遴选聘用机制，完善教师公开招聘制度和聘用合同管理制度，完善教师的考评体系和退出机制，增强教师队伍活力。在教师总量上，增加农村地区教师数量。适当增加农村学校教师编制，允许超编调入优秀教师，尤其是骨干教师和学科带头人；针对农村偏远地区结构性缺编问题，加大小科目教师的引入力度，如北京市《公开招聘农村中小学音体

美等学科教师三年行动计划（2013 年—2015 年）》中提出加大远郊区及农村地区中小学音体美等学科教师的招聘力度，有计划地开展招聘工作，改善中小学农村校和基础薄弱学校的结构性缺编状况。积极开展教育人才引进工作，引导部分引进人才服务中小学农村校和基础薄弱学校。招聘涉及门头沟、房山（含燕山）、通州、顺义、昌平、大兴、平谷、怀柔、密云、延庆等 10 个远郊区（含城镇中小学）以及朝阳区、海淀区、丰台区的农村地区中小学。计划重点招聘中小学音乐、体育、美术、历史、地理等学科教师，计划 2013—2015 年共招聘教师 1000 名。

各区积极落实政策，以朝阳区为例，2011 年，朝阳区要求融通教师编制使用。学校在共同体框架内统筹使用专任教师编制，统筹职称评定等人事管理工作，盘活教师资源，促进学校发展。示范校要担负起促进两校教师发展的责任，有针对性地实施分层培养和管理，形成教师梯队，保障良性运转。新增教师由示范校统一招录、培养，统筹使用，可实行三年一轮跨校轮岗，促进新教师快速成长。共同体框架内的成员学校统筹使用专任教师编制，统筹职称评定等人事管理工作，在优先保证农村校建设的基础上，将农村校的剩余编制和职称供应给市级示范学校，盘活教师资源，促进学校发展。海淀区优先落实北部地区教师配置。丰台区实施"农村师资定向招生"，为农村教师招聘开设"绿色通道"。允许农村学校超编调入优秀教师。房山区根据学校办学规模变化情况，按照平衡编制、确保需求的原则，整合教师资源，开展新任教师招聘，做好现有教师调配，推动各校尤其是农村薄弱学校的师资合理配备。各区在教师选拔任用方面对农村的倾斜政策见表 7-4。

表 7-4 北京市各区教师选拔与任用主要举措一览表

地区	主要举措
北京市	提出探索建立"国标、市考、区聘、校用"的中小学教师职业准入制度和教师资格定期注册制度；《公开招聘农村中小学音体美等学科教师三年行动计划（2013 年—2015 年）》中提出加大远郊区及农村地区中小学音体美等学科教师的招聘力度，明确提出 2013—2015 年招聘 1000 名相关学科教师。
朝阳区	新增教师在共同体框架下统筹招录、统筹培养、统筹使用；提出根据教育事业发展规划，做好优秀人才的需求分析。

地区	主要举措
海淀区	农村学校与城镇学校同标准按班额及职工配比（高中 4.2 名教师/班，初中 3.7 名教师/班，小学 2.4 名教师/班）配备教师；优先落实北部地区学校的师资配备。
丰台区	加大优秀人才引进力度，明确提出 2015 年各级骨干教师的数量和比例（到 2015 年，特级教师达到 50 名，市级学科带头人、市级骨干教师达到 200 名，区级以上骨干教师、青年新秀教师达到专任教师总数的 20%）；在政策上给予倾斜，允许超编调入优秀教师，尤其是骨干教师和学科带头人。
房山区	提出根据学校办学规模变化情况，按照平衡编制、确保需求的原则调配教师；农村支教一年以上的教师在评优评先、职称评定时优先考虑，同时发放农村补贴。
通州区	取消区级骨干教师终身制，实行三年动态管理。
大兴区	明确学校干部编制配备标准，学校党政领导班子校级干部 1—5 人，中层干部的总职数 3—10 人。
昌平区	按照中小学编制标准，确定中小学教师岗位和结构比例，适当提高边远和薄弱中小学教师的中、高级职务岗位设置比例，严格控制非教学岗位。

第二，薪酬福利的保障。对于绩效工资无法调动教师积极性的问题，要制定合理的绩效工资分配方案，加强对教师的工作量以及工作成效方面考核的权重。同时，要保障绩效工资实施后，在教师工资普遍上涨的基础上，进一步缩小城乡教师工资差距。目前各区教师的绩效工资由基础性绩效工资和奖励性绩效工资、节日补贴、学年奖四部分构成。基础性工资主要通过教龄、职称等进行调配，保证了教师工资的稳定性，同时，根据教师工作的积极性、教学业绩设定奖励性工资，来充分调动教师参与教育教学工作的积极性。此外，还设立山区学校教职工补贴，对偏远山区教师进行经济上的补偿。设置农村教师专项津贴，如大兴区将全区 14 个镇按照区域划分为三类地区，按照不同标准发放农村教师工作津贴。密云县设立地区工作补贴，根据不同类型区域补偿农村教师。朝阳区设立农村学校工作补助、农村学校骨干教师岗位补助、偏远地区学校职工交通补贴，以此来对朝阳区农村教师进行补助。密云区完善教师绩效工资制度，提高山区教

师待遇，改善山区学校环境；设立地区工作补贴，补贴标准（每人每月）为城区 600 元、平原 800 元、浅山区 1000 元、深山区 1200 元，深山区教师工作津贴比城区教师高出一倍；为每所农村学校建设教师公寓，改善教师食堂，全面改善农村学校教职工生活和工作条件。总体来说，按照交通便利程度区分津贴标准是值得提倡的做法，但是津贴的起点及如何增长，是否可以根据任教年限增长，都是可以进一步考虑的。各区的具体措施见表 7-5。

表 7-5　北京市各区教师薪酬福利主要举措一览表

地区	主要举措
北京市	提出建立教育人才生活需求调查制度，以医疗和住房条件保障为重点，优化教育人才发展的生活环境。
朝阳区	落实义务教育学校教师绩效工资制，发挥绩效工资的激励导向作用，向农村校、偏远校和特殊校倾斜；统筹做好引进人才的住房安家、随迁子女就学和家属就业安置工作。
海淀区	在绩效工资中为北部地区学校教职工单独设定 900 元/月的边远农村地区补贴，农村教师收入水平已高于城区学校平均水平 7%。
丰台区	以人均 4.65 万元/年（公务员各项津补贴人均 4.44 万元/年+教师第 13 个月工资 0.21 万元）为标准核定义务教育学校教师绩效工资；额度分配标准照顾到学段和学校发展水平；面向艰苦地区的倾斜性津贴。
房山区	落实义务教育教师绩效工资，发放学年奖和年终奖；绩效工资与课堂教学质量评价结果挂钩。
大兴区	绩效工资向农村边远地区倾斜，具体做法是在基础性绩效工资部分设立农村教师工作津贴，将全区 14 个镇按照区域划分为三类地区，按照不同标准发放农村教师工作津贴；班主任津贴的制定考虑到城乡、学段、班级规模。
密云区	设立地区工作补贴，补贴标准（每人每月）为城区 600 元、平原 800 元，浅山区 1000 元、深山区 1200 元，深山区教师工作津贴比城区高出一倍；改善农村学校教职工生活和工作条件，具体做法是为每所农村学校建设教师公寓，改善教师食堂。

第三，教师的职称晋升。对于农村教师的职称评定，不仅要做到适当向农村地区倾斜，还要评出"农村特色"。针对以上问题，一些地区在实

践中积极探索，进行制度创新，归纳起来包括以下几方面。（1）在同等条件下优先考虑农村教师，在条件大致相当的情况下，优先考虑农村教师。如丰台区骨干教师评选办法中就强调在同等条件下优先考虑具有城镇教师支援农村教育、骨干教师校际交流工作经历的教师，基础薄弱学校和农村学校教学一线教师。（2）城市教师参评，有农村工作经验优先考虑。如海淀区规定农村中小学教师城镇研修工作站指导教师、具有城镇教师支援农村教育工作经历、具有城镇教师到农村学校、示范校（优质校）教师到一般学校交流经历，并且符合申报条件的教师在同等条件下优先。（3）为农村教师设立专项名额以及设立农村特色职称。在与城镇教师竞争处于不利的条件下，设立农村教师专项名额。如大兴区在骨干教师评选中设立农村专项（比例为20%），保证每所学校都有骨干教师。成立21个名师工作室，促进骨干教师成长，辐射带动周边教师发展。（4）有计划地重点培养农村和山区青年骨干教师。如房山区开展落实"骨干教师传帮带"计划。要求现有区级骨干教师，在选择培养目标时，有计划地向农村和山区青年骨干教师倾斜，培养效果纳入骨干教师工作职责和评价考核范围。

各区教师职位晋升向农村倾斜的主要政策见表7-6。

表7-6　北京市各区教师职位晋升主要举措一览表

地区	主要举措
朝阳区	开展农村优秀教学人员评选活动，构建农村教师职称评定及奖励的特色标准；城市教师职称评定和奖励时，优先考虑有农村薄弱学校工作经历的教师。
海淀区	城市教师职称评定和奖励时，优先考虑有农村薄弱学校工作经历的教师；区级学科带头人、区级骨干教师评选中，设立农村校专项评选指标，稳步提高北部新区骨干教师的数量与比例，在职称评选和各级各类先进评选中，提高北部新区学校和教师的评选或推荐比例。
丰台区	骨干教师评选、优秀青年教师评选中，具有城镇教师支援农村教育、骨干教师校际交流工作经历的教师优先。
房山区	现有市区级骨干教师在选择培养目标时，要有计划地向农村和山区青年骨干教师倾斜；在职称方面，落实教师晋升高级专业技术职务优先考虑有农村学校或薄弱学校工作经历的教师。

续表

地区	主要举措
大兴区	在骨干教师评选中设立农村专项（比例为20%）；落实教师晋升高级专业技术职务优先考虑具有农村学校或薄弱学校工作一年以上经历的要求。
密云区	骨干教师、学科带头人评选条件向农村倾斜；山区校级骨干教师业绩非常突出者，可破格评审。

第四，优化存量，大力开展农村教师培训。培训经费上，保证专款专用，加大对农村教师培训经费的投入力度。如朝阳区进一步规范教师培训经费的使用，保证专款专用效果显著，朝阳区农村中小学各类区级骨干教师数量明显增加。丰台区规定"十二五"时期各类教师培训经费由政府负担，并将教师培训经费纳入丰台区政府教育预算，确保教师培训经费每年人均不少于1000元，并随着丰台区经济发展水平和教育事业发展逐步提高标准。在培训制度制定上，有针对性地向农村倾斜。考虑到农村偏远地区教师的培训机会少、教育教学条件差等特点，针对农村教师的特点，开展专题培训，切实提高农村教师的专业能力。如朝阳区每年投入100万元用于"农村中小学教师能力提升工程"，实行"信息化项目重点支农政策"，加大对涉及农村和偏远地区学校的信息化发展项目的支持。丰台区教师学历晋升等优惠政策向农村薄弱校教师倾斜。通州区优先选送农村教师参加国内外高层次培训。各区关于教师培训的倾斜政策整理见表7-7。

表7-7 北京市各区教师培训主要举措一览表

地区	主要举措
北京市	1. 以农村教师培训为重点，促进区域间和区域内教师队伍的均衡发展。 2. 提出实行教师培训需求调研分析制度，增加实践性课程，建立与中小学校共同确定培训项目的新机制。 3. 探索建立教师自主选学机制，建立培训学分认证制度。 4. 提出推进高等学校、培训机构与中小学结对帮扶，建立校本研修良性运行机制。

地区	主要举措
朝阳区	1. 开展农村教师培训需求调查。 2. 通过听评课、指导教师送课等活动，改进农村中学教师的教学行为；通过教研组研究活动，提升校本研究的能力。 3. 进一步规范教师培训经费管理制度，保障专款专用，加大对农村教师培训经费的投入力度。 4. 建立网上互动听课评课教研系统，进一步提升农村偏远地区学校信息化水平，实现远程教育和教研的功能。 5. 在培训、教研制度制定上，有针对性地向农村倾斜。
丰台区	1. 教师培训激励、教师学历晋升等优惠政策向农村薄弱校教师倾斜。 2. 保障培训经费，落实教师培训经费每年人均不少于1000元。 3. 拓展培训课程，创新培训内容研究。 4. 实行分层、分级的培训形式。 5. 常规培训与专题培训结合起来，探索农村特色的培训体系。
房山区	农村教师专题培训。
通州区	优先选送农村教师参加国内外高层次培训。
顺义区	1. 按需培训。 2. 培训资源、机会向农村倾斜。 3. 分层、分级培训，培训主题、形式多元化。
大兴区	1. 培训目标多元化。 2. 分层、分级、分主题式的多元化培训方式。 3. 培训需求调查。 4. 完善培训激励机制和经费保障机制。 5. 导师制。
昌平区	农村特色培训项目，提升农村教师整体素质。
密云区	1. 保障教师培训经费。 2. 农村骨干教师脱产培训，优先选派农村教师参加市级培训。

　　最后一项是目前较受争议且效果不太理想的教师交流，主要包括长期交流和短期交流。短期交流包括三种形式。一是学区内的全职跨校交流。

如东城区各校要求 3 学年内完成 15% 区级以上骨干教师学区内为期 1 学年的全职跨校交流任务；深度联盟校的优质校区级以上骨干教师，每学年完成单向不少于 1 人、为期 1 学年的全职跨校交流任务。全职交流教师根据接收学校需求，承担授课、助教或指导教育教学工作。二是骨干教师送课下校。如东城区名师工作室主持人、特级教师两学年内跨校至少做 2 节公开课或研究课；市级学科带头人、市级骨干教师两学年内在本学区至少做 2 节公开课；区级骨干教师两学年内在所带徒弟所在校至少做 2 节公开课。西城区在总结过去的支教活动和"春风化雨"项目的基础上，依据需求，设计培训方案，开展"送教下乡"活动，向远郊区派出由骨干教师组成的"名师讲课团"，进行集体课例实践，形成学习共同体，实现培训效益最大化。三是脱产培训。如大兴区设立区级研修基地，重点选派农村地区教师到基地校脱产培训，进一步加大农村教师培训力度。同时建立名师工作室，保证研究专项经费，每个工作室招不少于 5 名中青年教师（至少保证有 1 名农村教师），促进学科均衡发展。长期交流主要包括两种形式。一是骨干教师或优秀教师派驻对口学校进行交流，实现骨干教师覆盖全部重点和薄弱学科。如朝阳区实施教师交流制度，统筹考虑教师交流，原则上按照主要学科至少一名骨干教师或优秀教师派驻对口学校的比例进行交流，实现骨干教师覆盖全部重点和薄弱学科，示范校的市、区级骨干教师到共同体框架内农村学校支教，不再外派到其他学校。教师交流成效纳入综合绩效考核，实行职称评定、评优评先等优先政策。在共同体教师绩效工资总额的框架外，设立扶持农村义务教育专项资金，为到农村学校交流的教师发放相关补贴。二是互派有培养潜质的中青年干部教师互换轮岗。如顺义区建立教师合理流动机制。以每年 5% 的比例，安排城区优秀教师到农村学校支教、农村教师到城区学校学习培训，建立起城乡教师合理使用机制，促进教师资源的合理流动。实施骨干教师"3+1"工作模式，即特级教师，市、区级学科带头人，市、区级骨干教师和教研员每年按一定比例走进农村学校、走进课堂。每 4 年为 1 周期，3 年在本单位工作，1 年在农村学校工作，促进优质教师资源的共用共享。探索高中通用技术，初中政、史、地、生，小学音、美、科学等学科教师在组团内统筹使用，解决部分学科教师紧缺、专业不对口以及工作量不足等矛盾。各区关于教师培训的倾斜政策总结见表 7-8。

表 7-8　北京市各区教师交流主要举措一览表

地区	主要举措
北京市	积极推进区域中小学教师交流，增强教师队伍活力。
东城区	1. 各校 3 学年内完成 15%区级以上（含区级）骨干教师学区内为期 1 学年的全职跨校交流任务。 2. 骨干教师下校送课。
西城区	1. 设立"农村研修工作站"，工作站安排一线优秀教师一对一指导 11 名郊区学员，此外还安排教研室研修员做学员的站内导师。 2. "送教下乡"项目，向远郊区派出由骨干教师组成的"名师讲课团"，进行集体课例实践。
朝阳区	1. 按照主要学科至少一名骨干教师或优秀教师派驻对口学校的比例进行交流，实现骨干教师覆盖全部重点和薄弱学科。 2. 在共同体教师绩效工资总额的框架外，设立扶持农村义务教育专项资金，为到农村学校交流的教师发放相关补贴。
海淀区	1. 实行教师定期交流制度，特级教师、市区学科带头人和骨干教师每年按一定比例全职或兼职支教。 2. 对交流教师每月给予交通补助。 3. 落实向相对薄弱学校倾斜的教师职称评定和骨干教师评定制度，引导骨干教师向相对薄弱学校流动。
丰台区	1. 骨干教师带一名异校青年教师，通过听课评课、研究教案、研究科研小课题、解决青年教师业务发展中的其他任何问题、培养专业发展的自信心等多种方式，促进青年教师的成长。 2. 建立教师发展工作站，针对东部东高地地区、河西农村地区，以及中部部分学校，开展专门的教师发展指导活动。将某个地区学校整合为一个片区，设立相应的工作机构，相对固定地在这一片区指导青年教师的成长。 3. 选派小学全职支教教师 20 名，由区内城镇小学到区内农村小学支教。 4. 市级学科带头人、市区校级骨干教师到农村校和基础薄弱学校全职支教一年。

地区	主要举措
房山区	依托骨干支教和对口帮扶政策建立长期"城镇支教"机制,将城镇优质校与薄弱校结成紧密型的办学联合体,各城镇学校要主动与受援学校取得联系,根据受援学校的需求,每个城镇学校按照不少于2—3人的数量从市、区、校骨干中派出全职支教教师。
顺义区	1. 坚持以城乡干部教师交流为重点,建立起城乡教师双向交流制度,积极探索形式多样、富有成效的教师交流方式和管理模式,逐步实现区域内教师资源的合理流动。 2. 农村学校招聘的新教师,工作第一年必须到城区学校参加学习实践培训。 3. 联盟内城区学校与农村学校之间互派有培养潜质的中青年干部教师互换轮岗,时限一般为3年。 4. 联盟内成员校间采取骨干教师巡回授课、紧缺学科教师流动教学等形式,解决农村学校小学科师资缺乏的问题。 5. 实施骨干教师"3+1"工作模式,即特级教师,市、区级学科带头人,市、区级骨干教师和教研员每年按一定比例走进农村学校、走进课堂。
大兴区	区教委确立大兴一中、大兴五中、北京小学大兴分校为区级研修基地,重点选派农村地区教师到基地校脱产培训。
昌平区	1. 甲方学校选派1—2名优秀学科带头人或骨干教师。 2. 乙方学校根据学校情况可以选派优秀青年教师到甲方学校交流学习。
密云区	1. 实施"特岗教师"计划,每年选聘部分市级优秀骨干教师作为"特岗教师",充实到薄弱学校和薄弱学科,发挥骨干教师引领、辐射作用。 2. 以"轮岗交流、兼职交流、对口交流、学科指导"为主要形式,建立有序轮岗、合理配置、相互促进、共同提高的教师轮岗交流机制。 3. 山区青年教师进城学习锻炼、城区骨干教师下乡指导。 4. 建立"城乡手拉手"机制,推进学校均衡发展。

三、北京市农村义务教育的政策建议

中共北京市委、北京市人民政府《关于推进义务教育优质均衡发展的意见》(以下简称《意见》)指出,要以建成"公平、优质、创新、开放"的首都教育为目标，以均衡配置资源为重点，以提高质量为核心，以体制机制改革为动力，坚持统筹规划、城乡一体、分类指导、分步实施，坚持一流标准，着力推进义务教育优质资源均衡发展。义务教育城乡均衡的下一步要求是到2020年，在确保各区义务教育均衡发展的基础上，优质教育资源覆盖面进一步扩大，全市义务教育实现更高水平的优质均衡发展。可以看出，《意见》对于北京市的义务教育均衡提出了更高的要求，为了达到教育的高水平优质均衡，北京市应当继续关注农村教育质量、扩大优质资源覆盖面。

1. 社会与政府各部门形成合力，保障农村学校倾斜政策顺利实行

首先，建议北京市各区政府在人事、财政方面合力向农村倾斜。人事部门优先保证农村学校的编制问题，财政部门加大农村学校的财政预算，城市的规划和建设也充分考虑到农村的发展，全力开展农村主动城镇化进程。当农村整体社会发展水平与城市所差无几，城乡义务教育均衡的实现便会水到渠成。

近年来，北京市推行中小学办学条件标准化建设，取得了显著成效，农村学校办学条件显著改善。下面应按照《意见》的最新要求，编制年度计划，修订并实施全市中小学办学条件标准细则，推进新一轮中小学办学条件的标准化、现代化建设，提高义务教育基本公共服务水平。加大资源统筹配置力度，在教育投入上继续向农村倾斜，促进城乡义务教育一体化发展，切实满足首都群众日益增长的教育需求。

城乡社会发展水平的差距非一朝一夕可以改变，而城乡义务教育的均衡脚步却一刻不能停歇。为此，北京市可以充分利用高校、科研院所集中、教育资源丰富的优势，鼓励集聚在此的研究部门、高等学校和教育科研部门、社会机构参与和支持中小学尤其是农村中小学的发展。一方面，为社会力量进入农村中小学辅助教学创造条件，搭建高校、科研机构、社会机构等与北京市中小学沟通合作的平台。鼓励高校优秀教师和学生进入农村中小学开设特色课程。鼓励科研机构进入农村中小学义务调研并提出完善和改进意见。另一方面，也对进入中小学的社会机构的资质进行监督和检查，防止部分机构滥竽充数，只考虑自身利益而不顾及学生身心健康发展。以社会力量提升中小学办学质量，努力办好群众身边的每一所学校。

北京市的另一优势是教育经费较为充足、高科技资源丰富。为此，应

充分利用信息化等高科技手段，依托信息化手段扩大优质教育资源覆盖面。加大市、区、学校各级各类教育信息平台整合力度，推进信息资源共享。不断创新首都教育公共服务方式，以信息化手段推动优质课程等资源在更大范围内共享，满足广大师生个性化学习需求。加强北京数字学校建设，开发"微课程"资源，推广义务教育阶段全科数字化名师同步课程，加大一对一在线指导服务力度。逐步建立教师研修信息化平台，实现优秀教师课堂教学视频、教学案例、教学反思、习题资料等教育资源互通共享。

只要全社会形成合力，共同致力于农村义务教育的发展，相信北京市实现更高水平的城乡义务教育均衡指日可待。

2. 关注农村寄宿生的身心健康

北京市在城乡义务教育均衡方面，最注重抓农村中小学的经费投入和办学硬件标准，也在职称评定和工资津贴上向农村教师倾斜，但却在一定程度上忽略了最应该服务的群体——学生。尤其是近年来，北京市郊区的大规模寄宿制学校的兴建，使得农村寄宿生规模显著增加。大量的低龄寄宿生过早地离开父母外出求学，最多一周才能回一次家，而学校的教师数量有限，难以关注到每个学生的心理活动。由于缺乏适度的关注，处在成长期和青春期的少年儿童很容易出现身体和心理健康问题。教育的本质是促进人的健康、全面发展，为此，笔者建议加强关注农村寄宿生的身心健康问题。应提高生活教师的综合素质、加强对生活教师的心理咨询技能培训，生活教师应当与一线教师一起关注寄宿生的身心健康。

具体来说，一要保障寄宿学生的安全。寄宿生全天都在学校里活动，课余时间多，学生一起玩耍，容易发生安全事故，在学生日常管理上，必须安排教师值班。二要建立陪护制度。建立突发事件处理机制，加强与家长电话联系，保证学生夜间住宿安全，尤其应对寄宿的女生加强监护管理，防止和杜绝她们的人身安全和心理健康遭受侵害。切实做到有寄宿生在校，就有生活指导教师在校管理。（郭清扬，2014）三是加强对寄宿学生的心理健康辅导。一方面，开展多种多样的主题活动，丰富寄宿校园文化生活，关注学生个性需求，让学生感受到来自教师和同学之间的情谊，感受到学校大家庭的温暖。同时加强人际关系辅导，使学生学会宽容、学会悦纳自己和他人。关注学生的人际交往情况，有意识、有针对性地提高寄宿生人际交往能力，正确处理寄宿生人际交往矛盾，尤其注重帮助青春期学生学会与异性同学正常友好交往。另一方面，注重提高寄宿生的心理素质，加强对寄宿中学生的自信心训练，通过各种成功体验，特别是非学习方面，如个人才艺、体育方面的成功体验，不断提高学生的自信心、自制力和自理能力，加强对寄宿中学生的挫折教育，通过社会实践、磨难教育、拓展训练等方式，提高学生的心理承受力。（陈虹，吴为，2005）创建心理咨询室，安排专门的心理健康教师为学生答疑解惑，帮助学生解决心理问题。

3. 整合义务教育优质资源，切实提高资源共享性

前文总结了北京市扩大优质义务教育资源的各种模式。可以看出，目前各区的资源扩大途径名目繁多，种类复杂，且区内还存在一定的交叉覆盖。根据课题组的走访调研，这些模式运行状况良莠不齐。笔者实地走访时，发现有些名校办分校，只是名校在农村校挂牌而已，有名无实，连本校教师都不知道本校还是名校的分校。有些共同体学校和手拉手学校，一学期甚至一学年只进行一次教师之间所谓的交流。除此之外，硬件资源的共享效果不理想，学区无论是组织教师和学生活动的次数还是教师的交流与教研活动的次数都低于教师的期望值，现有的学区资源共享的种类、数量和深度都应当增强。教师之间交流的积极性不高；部分教育资源共享的方式不当；资源共享的体制机制不健全，欠缺制度化、规范化；硬件资源的共享效果不好。（王佳，2013）

为此，应当首先采取实地调研与走访的形式，筛选资源共享率高、管理机制健全、运行成熟的优质教育集团、名校办分校等集群式学校发展模式。摒弃有名无实、滥竽充数、没有实效性、缺乏资源共享性的教育集团、名校办分校等集群式学校发展模式，真正推动优质的教育集群发展。充分发挥优质教育资源的示范、辐射和带动作用，鼓励、支持各区与学校深化名校办分校、集团化办学、城乡一体化办学、学区制管理、教育联盟、校际联盟等改革试点工作，删减繁多名目，杜绝空喊口号，注重改革实效。实现真正意义上的以强带弱、以城带乡，积极探索以多种形式扩大和延伸优质教育资源。

4. 加强农村教师队伍建设

教师资源的不均衡是目前北京市各区攻克义务教育城乡均衡发展难题的一个重大难关，也是作为硬件资源丰富、高科技手段发达的北京市目前

最需要集中解决的问题。

首先，继续完善农村教师的倾斜政策。一方面，在教师学历提升、职称和职务评定中进一步向农村倾斜。虽然大部分区给予农村教师专项指标，但是农村教师由于先天条件不足，学校客观条件落后等原因仍然难以获评。尽管如此，在城市教师中仍然出现了一些不和谐的声音。总体而言，课题组认为对于职称职务评定向农村倾斜的政策，各区应根据教育事业发展的实际情况，科学预测教师需求，合理规划教师结构，有计划地提高教师学历层次，在学历获取、职称和职务评定过程中有策略地向农村等偏远地区倾斜，以激励农村教师实现自我提升。另一方面，在薪酬福利上也要进一步向农村教师倾斜。完善农村教师工资、职务聘任等倾斜政策和津贴补贴制度。全面落实义务教育学校教师绩效工资制，发挥薪酬的激励作用，探索符合学校特点的薪酬分配方式，充分调动广大教师的工作积极性和创造性。对长期在农村和艰苦边远地区参加支教、交流的教师，在工资、职务（职称）、骨干教师评选等方面实行倾斜政策。调研表明，教师普遍认为农村教师津贴补贴应在2000元以上才会对教师产生吸引力。这与笔者在台湾调研的数据基本相同。当然，工资水平不是唯一激励和留住教师的手段，关心教师身心健康，不断改善教师的工作、学习和生活条件，公平对待城市及农村教师子女的入学问题，也是吸引优秀人才在农村长期从教、终身从教的有效途径。

其次，加强农村教师培训工作。一方面，要丰富农村教师培训内容，拓宽教师培训渠道。以教师发展为本，以教师需求为导向，在开展农村教师培训之前，充分了解农村教师队伍的基本情况，开展农村教师培训需求调查。制定满足教师不同需求的培训计划，根据农村地区教师的切实需求开展培训工作。实施分层、分类培训，根据教师队伍年轻化的特点，深入推进以练好基本功、减少低效性、上好常态课为重要内容的教师业务培训；根据教师从教时间、专业发展程度实施分层培训，按照教师工作岗位开展分类专业化培训，进一步提高教师培训的针对性和实效性；完善校本培训协作机制，促进优质校本培训资源共享，加强骨干教师队伍建设，发挥骨干教师和学科带头人的示范带动作用；在课程开发、培训方式、内容要求和考核评价等方面紧密结合课程改革和教学实践。调查发现，在培训主体上，教师最喜欢的培训者是骨干教师和学科带头人，农村教师更喜欢专职教研员；在培训内容上，加强教学技能方法、教育理论和新课程改革理念等方面的培训；在培训形式上，最有效的是名师上示范课，但城乡稍有不同，城市教师更喜欢课题研讨和说课评课，镇区教师更喜欢名师上示范课，农村教师则更喜欢师带徒的形式；在培训考核形式上，城乡教师一致反映反思总结和开展专题研究是最有效的培训考核方式。另一方面，要增加教师培训经费，完善培训管理机制，健全培训质量监控制度。调查发现，政府虽已加大教师培训支持力度，学校仍需自行筹集部分教师培训经费，学校教师培训经费不足的现象仍然存在，农村学校这种现象更加严重。因此，要保障落实学校公用经费5%用于教师培训的规定，同时，设立教师培训专项经费并纳入财政预算。对教师业务培训、科研合作、交流互动提供经费支持，加大对师资培训体系建设的经费支持，为教师队伍建设提供经费保障。根据实际情况，与师范大学或教育学院开展区域教育合作协议为依托，继续进行教育硕士培养、骨干教师培训、新课改培训等专项培训，进一步拓展教师高端培训渠道；通过短缺机制培训、带薪脱产研修、远程教育、海外研修和校本研修等多种方式开展教师培训；利用信息化手段，统一管理培训师资、培训项目、培训课程、培训档案、学员考核和学分认定，加强过程和绩效评估；整合区内外培训资源，完善合作机制，建立一支专兼职结合的培训者队伍，形成培训合力；深化"研训一体"，创新教师培训模式，尊重教师主体地位，实施分层培训，满足教师发展个性需求。

再次，创新农村优秀教师补充机制，改革城乡教师交流制度，合理优化配置教师资源。加强教师管理，完善教师资格准入制度。在教师补充上，完善教师准入制度，改革教师录用方式，突破户籍限制，新增优秀师资向农村边远贫困地区和薄弱学校倾斜，为农村学校特别是农村边远地区学校培养大批下得去、留得住、干得好的骨干教师。在教师交流上，绝大多数的校长建议允许教师交流，过半的校长建议允许流动的同时城市学校对农村学校进行补偿。在教师交流的效果上，目前教师城乡交流对城乡师资均衡效果一般，但有利于教师教学工作的改进。可见，教师流动的确有利于改善教师教学工作，但对城市师资均衡配置的作用不明显。建议区级教育行政部门统筹管理义务教育阶段教师，改革教师流动和交流制度，完善鼓励优秀教师到薄弱学校工作的政策措施，积极推进区域中小学教师交流，促进义务教育均衡发展。

探索建立教师退出机制。对不适应教学岗位需要的教师进行培训，培训后仍然不能适应教师岗位要求的，可以调岗或另行安排工作，不符合教师资格标准要求的人员依法调整出教师队伍，减轻编制负担，为更多优秀教师人才补充进入农村教师队伍提供空间。

我们相信，到 2020 年，北京市义务教育能够实现更高水平的优质均衡，优质教育资源覆盖面进一步扩大；新一轮中小学标准化、现代化建设成效显著，城乡教育一体化发展格局日益完善，校际差距、城乡差距、区域差距进一步缩小；优质资源共享机制更加健全，学校与社会资源更加融通，办学资源和师资力量配置更加均衡；政府统筹推进义务教育发展机制更加健全，教育治理体系逐步完善，学校自主发展活力进一步增强；义务教育质量全面提高，多样化个性化教育需求得到更好满足，义务教育满意度进一步提升。

第四节　北京市城镇化进程中的职业教育与继续教育

从实际情况分析，北京市有两类农业转移人口，一类是居住在城市郊区或农村的农民，另一类则是外来的已经在城镇就业和居住的农民工。（李铁，2013）[4]农村居民也主要通过两种方式向市民转化。一是城市郊区农民因失地而被政府强制市民化。其中失地农民主要是指原来在国家或集体的土地上从事农业生产劳动，但在城镇化进程中因农村集体土地被征用或被征占而失去全部或部分土地，从而导致身份、职业发生变化的农民。（吴爽，2009）二是农民通过到城市打工的渠道转化为市民。到城市打工的农民工大多处于"半市民化"状态，他们的职业与身份相分离，普遍以农民的身份从事非农职业。（吴业苗，2010）目前，学界普遍认为我国的土地城镇化进程快于人口城镇化进程，导致失地农民与农民工市民化问题日益严峻。

中国实行改革开放 30 多年来，政府对农民工进城的政策一直在调整。不同学者对政策演进阶段有不同的划分。其中，金维刚认为，农民工政策基本可以划分为四个阶段。第一阶段是严格限制农民进城政策（改革开放之初—1992 年），政策对农民工有很多限制。第二阶段是逐步放开（1993—2005 年）。第三阶段是维护农民工合法权益（2006—2012 年）。第四阶段是核心突破的阶段（2013 年至今），从 2013 年开始对于农民工问题从根本性上进行突破。（金维刚，2014）总体来看，中国农民工政策经历了从限制到放开，从无序到规范，政府对农民工从管理到服务的发展过程。

2014年3月，国务院颁发《国家新型城镇化规划 2014—2020年》，其中第三篇全篇强调有序促进农业转移人口的市民化。国务院参事汤敏认为，中国城镇化的核心是农民工的城镇化，农民进城分别推动了流入地和流出地城镇化水平的提高。2010年，中国农民工总量达到2.42亿，其中举家迁徙的农民工为3071万，大量的农民工长期处于流动中，使中国城镇化处于不稳定状态。而北京市外来农民工对城镇化的贡献率为35.9%。因此，解决农民工的问题是促进城镇化健康发展的主要问题。（汤敏，2013）

可以说，随着城镇化进程中本地农民失地"上楼"和外地进京农民工数量不断增加，如何保障这两类人的就业质量，提高农业转移人口的生活水平，加快北京市人口意义上的城镇化，成为北京市城镇化进程中面临的又一新的挑战。

一、北京市农业转移人口的现状及其对教育培训的需求

目前，北京市农业转移人口主要由其他省市外来农民工和京郊失地农民两部分群体组成。这两类群体存在数量较多、文化程度偏低、就业前景不乐观、社会融合有障碍等问题。

1. 农业转移人口群体庞大，文化程度偏低

北京城镇化有其特殊性。从发展阶段看，北京目前已处于城镇化增速逐步稳定的发展阶段，数量提升空间较小，以市民化为核心的质量与内涵提升成为发展的主要方向。从基础条件看，二元户籍形成的不同群体不同待遇的状况尚未根本改变，市民化进程相对缓慢。（崔向华，2014）

就外来农民工而言，北京市近年来外来农民工人数基本上保持在400万人左右。据北京市总工会的统计，2005年年底北京市外来人口有355万人，其中，外来农民工为310万人，占外来人口的87.3%。从省市分布来看，北京市统计局的调查显示，北京市农民工来源范围非常广泛，涉及全国30个省、市、自治区，其中以河北、河南、安徽、山东、四川等农业大省居多，这些省份农民工占来京农民工总数的64%以上。（北京市总工会，2006）根据2010年《北京市人口普查资料》，2010年，北京市农业户口外

来人口总数为 476.8 万。2013 北京常住外来农民工约 500 万人，是户籍农民的 2 倍。(冯晓英，2013)

在行业分布上，外来人口从事第三产业的偏多，以建筑、餐饮、制造及城市服务等行业为主，且多为从事劳务性岗位，且大多数为体力劳动者及经营小本生意者。《2011 年全国农民工监测调查报告》显示，在全国范围内，从事制造业的农民工最多，占 36.0%。北京市的情况有所不同，在京农民工多从事技术和知识含量较低的劳务性、体力性服务业工作。在孙咏梅的 1066 名调查对象中，从事批发零售业的 417 人，占总数的 39.12%；从事建筑业的 149 人，占总数的 13.98%；从事商务服务业的 70 人，占总数的 6.57%；从事餐饮业的 69 人，占总数的 6.47%，这种差异源于北京市的产业结构。2011 年，北京市服务业占地区生产总值的比重已达到 76.1%，成为绝对主导，服务业吸纳的劳动力自然也会多于其他产业。(梁景和，2015)不从事高端行业，农民工的工资也就偏低，北京市农民工人均月收入水平为 2290 元，扣除最低生活成本，每人月均收入结余 1557 元，可见农民工存在物质上的贫困。孙咏梅等对北京市顺义区、房山区建筑工地的调查显示，建筑农民工平均收入在 5000 元左右，最高工资达 10000 元。但这些收入在支付子女入学、家中盖房、子女成家立业等费用外，基本所剩无几。由于从事的一般是建筑业、纺织业、餐饮业等劳动时间长、劳动强度大且安全系数比较低的行业，农民工工作风险高，一旦出现意外极易丧失劳动能力从而陷入贫困。在问及他们有没有转到其他行业的期望时，他们很无奈地回答，即使有那种想法，也因为能力的缺乏而无能为力。(梁景和，2015)

而就本地农民而言，近 10 年每年仅有约 7 万人"农转非"，2012 年全市仍有 258 万农民，占总人口的 12.5%，而同期上海市的户籍农民则从 335 万降至 146 万，占总人口的 6.1%，年均减少 17 万，是北京的 1 倍多。关于外来人口，第六次人口普查的数据显示，他们中的 83.3% 分布在城市，6.7% 分布在城镇，只有 10.0% 生活在乡村（在城镇地区生产），但很多人（尤其是农民工）在就业、住房、社保、子女教育等方面享受的待遇与户籍居民之间还有较大落差。(崔向华，2014)张虹对北京南部新区被征地农民就业培训情况的调查显示，30 岁以下被调查者目前有工作、现在没工作和一直没有工作的比例分别为 32%、45% 和 23%；30—55 岁年龄组被调查者这三项比例分别为 53%、28% 和 19%。(张虹，2014)

从就业满意度来看，目前北京市农民工就业满意度并不乐观，从人数分布看，满意度低于 60 的比例高达 70%，满意度高于 80 的比例只有6.7%。分析不同因素对就业满意度的影响显示，各种人口统计学的背景信息如性别、年龄、教育程度等和就业满意度之间不存在显著相关，不同人群的差异并不大。工作情况、收入情况和主观感受显著影响着就业满意度的高低，工作越稳定、越不劳累、越有保障、工作环境越和谐，农民工就业满意度越高，越能感受到城市的公平和接纳。工作是农民工能否在城市生存、生活和生根的根本，外来农民工为城市的发展有重要的贡献，他们在工作中的各种问题和感受应该受到更多的关注。（冯虹，艾小青，2012）

总体而言，北京市的外来农民工和本地农民存在就业层次低、生活没有保障等问题。

2. 农业转移人口文化程度较低

从学历上来看，由于长期受城乡"二元"社会结构的影响，我国农民工整体文化素质偏低，文化程度以初中水平居多，高中以上学历人员近年来渐有增多。农民工多数没有系统、规范地接受过技能教育，严重制约了他们在城市就业与职业发展。（杨海燕，2008）[78]龚晶等对农民工的受教育程度进行了调查，所调查的农民工平均受教育年限在 8.7 年，基本处于初中文化程度阶段。从分段统计结果来看，农民工中文盲占 2.82%，具有小学文化程度的占 9.30%，具有初中文化程度的占 23.97%，具有高中文化程度的占 44.55%，具有高中以上文化程度的占 19.36%，也就是说，具有初高中文化程度的调查对象合计占总数的 68.52%，已成为农民工中的中坚力量。相比之下，在京农民工的文化程度要高于全国平均水平。根据《2011 年全国农民工监测调查报告》的数据，全国农民工中具有初中及以下文化程度的占 77.0%，而北京市农民工中具有初中及以下文化程度的只占 36.09%。（龚晶，张峻峰，2013）孙咏梅对北京建筑业农民工的调查显示，农民工最高学历为大专，这部分农民工主要为工地的管理人员。来京农民工大多受过初等教育，这也符合北京各行业岗位对从业人员个人基本素质和劳动技能的基本要求。但随着产业升级和城市服务要求的提高，北京各行业工作岗位对从业人员的文化水平要求也有所提高，调查发现，农民工的文化程度与其收入在一定程度上呈正相关。（梁景和，2015）因此，加强农民工的文化素质教育，对农民工进行专业技能的培训就显得尤为重要。

而对于农村的农民，尤其是失地农民来说，其文化程度同样需要提升。张虹对北京南部新区被征地农民就业培训情况的研究显示，在被调查的被征地农民中，文化程度为高中、中专的人数最多，占总人数的 55%，初中及以下文化程度者占总人数的 22%，大专及以上文化程度者仅占总人数的 23%。（张虹，2014）农村劳动力整体文化水平偏低，直接影响了农民向二、三产业转移，成为制约农民收入增长的重要因素。

3. 农业转移人口有较高的培训需求，但培训体系尚不完善

研究表明，提高农民工收入的重要途径是开展农民工职后教育等农民工培训。戴凤燕在 2012 年对北京市 443 个农民工和 164 个外来市民进行调查，发现外来市民样本参加培训的比例要比农民工样本高出 5 个百分点。以此推断，在现实经济生活中农民工参加企业培训的可能性要比外来市民低。而明瑟收益率方程显示，农民工参加培训有增加工资的作用，而外来市民参加企业培训则没有作用。北京外来农民工的就业满意度整体处于较低水平。（戴凤燕，2012）

张静波等对北京市公共服务情况的调查显示，由农村村民刚转变为市民的群体对自身发展类需求的项目依次是"子女教育、就学服务（65%）""社会救助养老服务（45%）""就业援助服务（40%）"。而在社会服务需求方面，"教育、培训等教育需求"占 75.06%，占比最高，"就业、社会救助等保障性需求"占 60%，排名第 3，"文娱、体育等文化需求"占 44.98%，排名第 5。（梁景和，2015）[139]

但遗憾的是，许多农民工没有参加过职业技能培训。张咏梅对建筑业农民工的调研显示，56.6% 的调研对象没有参加过与建筑业相关的技能、知识培训，其中，69.2% 的调研对象是由于没有培训机会，15.4% 的调研对象认为没有必要培训，还有一些调研对象不知道哪里有培训或者认为培训的内容不合适。有 70% 的调研对象希望获得相关技能和知识培训，但由于没有合适的机会，所以无法参与培训。建筑业农民工最希望学到的还是建筑业的技能，还有 13% 的农民工希望学习经商管理知识。他们中的大多数人今后不想再从事建筑方面的工作，希望能够向商业方面发展。当农民工达到一定年龄时，由于身体健康和体力方面的限制，无法胜任建筑业等对体力要求较高的行业，从长远发展来看，需要找到一条新的出路来维持生计。（梁景和，2015）这提醒有关政府部门和建筑公司应该开展技能知识培训，进一步提高农民工的能力。

失地农民同样渴望参加教育培训，江静 2011 年对北京来广营村失地农

民的调查显示，失地农民通过参加乡、村或社区举行的技能或知识培训，以及通过读书、看报等方式来提高自身素质，有73%的人认为再教育和培训是非常必要的，哪怕是自掏腰包进行学习。但实际上，有65%的人业余活动主要为看电视和听广播，只有12%的农民在闲暇时间参加就业技能的相关培训（见表7-9）。

可见，无论是外来农民工还是本地农民，都存在较高的培训需求，目前针对农业转移人口的职业培训缺口仍然较大。

表7-9　来广营村失地农民接受培训情况（江静，2011）

问题	回答	比例（%）
您在提高自身素质上有哪些措施？（可多选）	参加乡、村或社区举行的技能或知识培训	33
	到职业学校进行专门学习	11
	通过读书、看报等了解信息	49
	向周围的能人学习	35
	其他	5
您有没有个人出资进行过再教育或培训，您对其持何种态度？	有，这是必需的	39
	有，但觉得没什么用	7
	没有，但这很必要	34
	没有，参加没什么用	20
您是否愿意到其他城区或国外学习了解他们的先进经验？	愿意，但不愿意自己掏钱	68
	愿意，自己掏钱也可以	8
	不愿意	24
如果有较多的空闲时间，您主要从事哪些活动？（可多选）	看电视、听广播	65
	参加村内的文化活动	15
	参加就业技能等相关培训	12
	体育锻炼	35
	看书读报	45
	打麻将玩扑克	2

从培训经费上说，农民工培训经费来源单一，影响甚至阻碍了农民在职培训的发展。我国农民工培训资金主要来自中央财政、地方财政，用人单位与劳动者个人承担比例不均。部分企业的新生代农民工也未能在接受

职业教育的过程中享受正式职工的同等待遇，不能与企业职工同等地得到培训经费。

在培训内容上，农民工培训较少体现针对性。例如，李凌的调研发现，目前许多农民培训存在以下特点。一是培训内容"屠龙之技"多。很多培训不是从农民的需求出发，而是从政府自身的某种需要出发，想当然地开展各种培训，但与农民的需求脱节。调研中不少村的农民反映，很多培训内容和他们的生产、生活根本没有任何关系。如有个村压根没有种植板栗，但每年都要进行板栗管理的培训。这些农民说："反正在家也没有事情做，去凑个数，就可以领到一笔误工补贴，还可以帮政府部门套取项目资金。"二是培训内容重复多。政府部门多，开展培训多，部门之间协调不够，就在很多村重复培训，如有政府进行的计算机的初级操作培训，至少有 6 个部门在那里举办过培训，但上了很多次课后，不过就是知道了怎么开机、关机，如何打字，但无法利用互联网获取更多的信息。（李凌，2009）

综上，针对农业转移人口的培训体制亟须进一步完善。培训经费需要得到落实，各部门应协调统一，提高职业培训的针对性和实效性，开展农民培训的督导和检查，确保培训内容与农民生产生活实际相结合。

4. 社会融合程度低

农民向市民的转化过程内涵是指农业转移人口在实现职业转变的基础上，获得与城镇户籍居民均等一致的社会身份和权利，能公平公正地享受城镇公共资源和社会福利，全面参与政治、经济、社会和文化生活，实现经济立足、社会接纳、身份认同和文化认同。这一过程既包括农民职业身份由农民向非农转变，居住空间由农村向城市的转移，同时还包括各种社会关系的重构、对城市社会生活再适应的过程以及社会文化属性与角色内涵的转型等多重内容。（范会芳，2009）在此过程中，农民逐渐舍弃过去熟悉的社会规范和行为习惯，重新树立社会所要求的生活方式和价值标准，实现身份、地位、综合素质、生产生活方式、价值观念等各方面的转化，进而适应城市，成为合格的城市居民。

这对于许多农民工来说是漫长而艰巨的过程。作为城市的建设者，他们工作与生活都在城市之中，但却仍然处在城市边缘，未能被城市所完全接受。未能拥有与城市居民同等的文化权利，即丰富多彩的城市文化在这个更庞大的群体中十分匮乏。许多农民工尤其是新生代农民工，将业余时间更多地花在了上网、看电视、睡觉等个人活动上，以个体性的休闲方式为主，与其他人互动交流的休闲娱乐活动较少。同时，大多数新生代农民工没有参与任何形式的组织，对社区活动的参与度也不高，新生代农民工的精神文化生活呈现出较强的现代城市性特点，个体性较强，社交性不足。这一方面说明新生代农民工已然具备了一定的现代性特点，休闲方式与城市青年有着十分相似之处。但另一方面，这一个体性为主的休闲方式不利于他们更深入地参与到真实的社会生活之中，不利于他们在流入地建立起新的社会关系，进而获得一定的社会支持，从长远看对其社会融入有着消极影响。（廉思，陶元浩，2013）

而对于失地农民来说，其社会融合过程也非常艰难。我们知道，生产方式决定生活方式，农民失去土地之后，生产方式要做出相应的调整，他们需要通过适应新的生产方式，逐渐养成现代城市的物质和文化生活方式，适应新的生活环境和人际交往环境，在生活习惯等方面逐渐由农村生活方式向城市生活方式转变。而社会融合的最高要求是心理市民化，这是指失地农民的传统农民心理在长期现代化的生产生活习惯影响下逐渐消失，形成市民心理和意识的过程。（刘奉越，花月，2014）这一过程贯穿于失地农民市民化进程的始终。

总体来说，农业转移人口目前社会融合程度还很低，影响农民工融入程度的关键因子涉及经济、社会、心理、就业、健康成本等。（纪韶，2013）然而这种融合过程不可能一蹴而就。传统思想根深蒂固，科学文化素质偏低、职业技能匮乏等问题都严重阻碍着农业转移人口市民化的过程，加强文化素质教育、专业技能培训，帮助农业转移人口进行心理建设，都是城镇化进程当中教育部门要考虑的重要问题。

二、北京市通过职业培训促进农民市民化的相关举措

北京市在促进失地农民和农民工市民化方面有系列举措，有效保证了农民工的就业权益，加强了农民技能培训，提升了农民工综合文化素质，相关成果值得肯定。

1. 政策先行，保障农业转移人口基本权益

多年来，为了规范农民工进城，保障农民工权益，国家颁布了一系列

法律政策。《国务院关于解决农民工问题的若干意见》就农民工的工资、就业、技能培训、劳动保护、社会保障、公共管理和服务、户籍管理制度改革、土地承包权益等各个方面的政策措施做了详细的规定，成为较长时期内解决农民工问题的纲领性文件。2007 年，修订后的《劳动合同法》和《就业促进法》先后颁布，这是中国劳动就业和社会保障法制化建设中的又一个里程碑。《劳动合同法》对劳动关系的订立、履行、变更、解除或者终止做了严格规定，维护劳动者合法权益。《就业促进法》规定"劳动者依法享有平等就业和自主择业的权利"，高度重视农民工的就业问题。2008 年 12 月，国务院专门召开常务会议，要求各地必须制定更加积极的就业政策，高度重视农民工的就业问题。国务院办公厅还下发了《国务院办公厅关于切实做好当前农民工工作的通知》。（农民工法律援助网，2011）

我国政府一直注重农民工以及农民的职业教育与培训。《2003—2010 年全国农民工培训规划》加强了社会对农民工劳动技能培训的重视。《国务院关于加强职业培训促进就业的意见》与《国务院办公厅关于进一步做好农民工培训工作的指导意见》文件下发后，各地都按照国家要求，结合本地实际情况，加大农民工培训工作力度，积极探索整合培训资源，提高资金使用效益。2009 年 2 月，人保部、国资委、财政部三部委决定实施特别职业培训计划，针对失业农民工，开展中短期技能培训，帮助其实现再就业，对农村新成长劳动力开展储备性技能培训，提高其就业能力。

国家同样注重农业转移人口的文化建设。文化部、人力资源和社会保障部会同中华全国总工会下发了《关于进一步加强农民工文化工作的意见》。根据这一意见，到 2015 年，我国将形成相对完善的"政府主导、企业共建、社会参与"的农民工文化工作机制，建立相对稳定的农民工文化经费保障机制，农民工文化服务将纳入公共文化服务体系。（梁景和，2015）

在促进农业转移人口市民化的政策保障方面，北京市走在了全国的前列。市政府和各区政府依据国家政策精神，研究和实施具有可操作性的一系列措施，在原有的政策基础上，通过"整建制转居"和"绿岗就业"两项实践创新，加快推进农业转移人口市民化的进程。2011 年 10 月 16 日，北京市政府发布《关于城乡结合部地区 50 个重点村整建制农转居有关工作的意见》，50 个村的农民变居民后，所需补缴社保等资金，由征地方、项目投资方承担。（梁景和，2015）石景山区就是农村整建制转居成功实行的一个重要实例。

此外，北京市于近年来探索推行"居住证"制度，逐步取消户籍人口的城乡分别，也是从户籍制度上保障农业转移人口基本权益的一个重要体现。

2. 政府主导，建立和完善成人教育与职业教育体系

研究发现，教育培训对农民工薪酬提高有很大的影响。农民在土地被征用后，成为农民与市民的中间群体，不得不面对劳动力市场，与其他求职人员一同竞争就业岗位。被征地农民由于长期身处农业生产领域，缺乏在工业社会求职的专业技能，而且由于各种原因，被征地农民本身文化程度普遍偏低，因此，在就业竞争中，被征地农民处于劣势。

为了弥补农业转移人口在就业市场中的劣势，我国近年来大力发展农民工职业培训。2014年，《人力资源社会保障部关于印发〈农民工职业技能提升计划——"春潮行动"实施方案〉的通知》要求对农村劳动力开展就业技能培训、岗位技能培训和创业技能培训。

在就业技能培训方面，对农村新成长劳动力和拟转移到非农产业务工经商的农村劳动者开展专项技能或初级技能培训。依托技工院校、职业院校、企业培训机构、就业训练中心、民办职业培训机构等教育培训机构，采取政府购买服务培训方式，坚持以就业为导向，强化实际操作技能训练和职业素质培养，使农民达到上岗要求或掌握初级以上职业技能，着力提高培训后的就业率。由企业依托所属培训机构或政府认定的培训机构，根据行业特点和岗位技能需求，结合技术进步和产业升级对职工技能水平的要求，对新录用农村转移就业劳动者开展岗前培训或学徒培训，对已在岗农民工开展岗位技能提升培训。培训经费由企业职工教育经费列支。对符合条件的，按规定给予企业一定比例的职业培训补贴和职业技能鉴定补贴。在创业培训方面，对有创业意愿并具备一定创业条件的农村转移就业劳动者开展提高其创业能力的创业培训。依托创业培训机构，结合当地产业发展和创业项目，根据培训对象特点和需求组织开展创业培训，重点开展创业意识教育、创业项目指导和企业经营管理培训，提高培训对象的创业能力。

北京市也较早地探索建立了成人职业教育体系。20世纪80年代初期，北京市已经初步建起了区（县）、乡（镇）成人学校。伴随着农民职业技能培训的事业发展和社会需要，到20世纪90年代初期，北京市形成了比较完善的农村成人教育网络。20世纪90年代后期，郊区（县）中等职业

学校、乡（镇）成人学校就已经开始肩负起农民职业技能培训的重任，主要培训内容是民俗旅游培训和种养殖技术培训等。这对郊区（县）民俗旅游业的开发与发展做出了特有的贡献。1994—2004 年，北京市郊区（县）农民职业技能培训以绿色证书培训、实用技能和专项知识培训等技能培训为主，先后实施了"乡镇企业职工培训工程""农村劳动者科技推广培训工程""农业现代化培训工程"等多项工程。2005 年以后，农民职业技能培训工作以培养社会主义新型农民为目标，各郊区（县）广泛开展了提高农民综合素质的教育培训，并逐步规范化和普及化。2006 年，北京市郊区（县）的各类农民职业技能培训均超额完成了《关于实施培养和造就首都郊区社会主义新型农民行动计划的意见》中提出的"1345"年度目标，即：参加大专以上学历学习的农民人数为 1.32 万人，超过培训计划年度指标 32%；参加中专层次学习的人数为 5.17 万人，超过培训计划年度指标 72%；农村各类劳动者的职业技能培训为 78 万人次，超过培训计划年度指标 95%；各类社会文化知识培训 151 万人次，超过培训计划年度指标 202%。通过接受劳动力转移培训，13.05 万人中有近 8 万人实现了就业，培训后的就业率达到 60.5%。（郑伟，2009）2012 年，新区被征地农民就业培训累计培训达 3.8 万人次，其中在职技能提升培训 2600（含特种作业）人次，定向就业培训 3662 人次，企业中高端培训 330 人次。（张虹，2014）

不同系统在农业职业培训中发挥的作用不同。2007 年，针对新农村建设中"提升农民素质、充分发挥农民主体作用"这个难点问题，北京市委市政府 34 个部门共同组建了"北京市新型农民培养工作协调小组"，制定《北京市新型农民培养工作行动方案》，在组织设置上实现了"部门联动、政策集成、资金聚焦、资源整合"。这些部门分为五大类：劳动和社会保障系统、农林系统、农工办系统、群团系统、其他系统。五大系统中，前四类主要是涉农政策的领导部门，非直接涉农的机构称为其他系统。不同系统在农民职业培训中发挥的作用如表 7-10 所示。

表 7-10　不同政府部门在农民职业培训中的作用

政府部门	农民职业培训中的作用
劳动保障系统	组织实施"农村劳动力技能就业计划、劳动力转移培训和职业资格鉴定"。

政府部门	农民职业培训中的作用
农业系统	农民培训的主渠道。负责开展农业实用技术培训、新型农民科技培训和绿色证书培训、农村劳动力转移培训；实施农业科技入户示范工程、农村实用人才培养百万中专生计划等。
农工办系统	农村基层干部培训，主要是开展新农村建设中的干部培训。
共青团系统	开发农村青年人才资源、提升农村青年就业创业技能、提高农村青年组织化程度。
妇联系统	组织农村妇女科学教育培训、女性农民转移就业和创业培训、五好文明家庭创建活动。
工会	为农民、农民工送文化。
教育系统	发展农村职业教育、广泛开展农村劳动力转移就业培训、农村成人的实用技术培训和文化生活教育。
组织系统	开展农村党员干部现代远程教育、协同有关部门研究制定加强农村实用人才培养工作的意见。
人事系统	组织开展高校毕业生到农村基层从事支教、支农、支医和扶贫工作（"三支一扶"计划）以及此类人才的培训、配合组织部开展农村实用人才调研，起草相关政策文件。

资料来源：北京市教育科学"十一五"规划2009年度资助类重点课题《职业教育与北京城乡一体化发展研究报告》。

从内容上看，农民职业培训的内容繁多，可以概括为三大类。一类是社区和乡村文明建设相关的民主培训、法制培训和权益保障培训；一类是与生产发展密切相关的知识与技能培训；三是义务的健康知识培训。具有高度实用性的、能够帮助提高生产效能的培训更获农民欢迎。

北京市郑各庄村是主动城镇化进程中注意培养农村农民市民化的典型案例。该村建立了系统的全体村民教育制度，包括全员终身培训教育的组织领导制度；以就业为导向的村民职业技能培训制度；以鼓励深造成才为目标的村民学历教育制度；村民普及法律知识培训教育制度；村民全员终身培训的激励制度。该村还创办了郑各庄农民教育中心。经过多年的职业技能培训，全村已有近400位村民通过考核获得了工程师、建筑师等各类专业技术职称，90%的 45 岁以下就业农民已熟练掌握了计算机应用技能。（赵军洁，黄福水，刘晴，2013）[44]这些举措提高了农民的综合文化素质，从人口市民化角度促进了农村主动城镇化的进程。

3. 社会支持，非政府组织协作办学

除了政府主导外，北京市的非政府组织和一些科研院所同样参与到农民职业培训的队伍中来。不同类型的组织主体在农民职业培训中的作用也不同。北京辖区内农民职业培训的非政府组织大致有五类：一是完全公益性的培训机构，如北京富平学校、农家女培训学校、北京东城区百年农工子弟学校；二是营利性的培训学校；三是吸收农民工就业的企业；四是行业协会和农民合作组织；五是国际非政府组织，如国际计划（plan-international）从 1995 年到 2005 年在延庆县通过开展项目进行农民职业培训工作。非政府组织在农民职业培训中的作用如表 7-11 所示。

表 7-11　非政府组织在农民职业培训中的作用

非政府机构类别	在农民职业培训中的作用
公益性的培训机构	培训力量较小、生源以外地为主，但不排斥北京户籍的农村人口，实际上北京参加培训者也较少。
营利性培训学校	针对市场开发培训课程，有一定的吸引力。
企业	开展企业需要人才的特定技能与知识培训。
行业协会和农民合作组织	围绕产业的技能和实用技术展开培训，培训对象是协会会员或者是合作社的社员。
国际非政府组织	职业培训与项目相结合。

资料来源：北京市教育科学"十一五"规划 2009 年度资助类重点课题《职业教育与北京城乡一体化发展研究报告》。

北京的科研院所涉及的行业齐全，教育资源丰富。21 世纪以来，在原来农村成人教育的基础之上，许多高校和科研院校主动融入北京的农民职业教育当中。一些与农村产业直接相关的高校或科研院所如中国农业大学等在延庆、密云等地建立社会实践聚集地和服务基地，实现了农业高科技与农民"零距离"。一些与教育和培训相关的学校，如北京师范大学加入对农民工进行职业培训的队伍当中。这些举措都缓解了新农村建设对人才的渴求程度。

虽然非政府组织的总量小、规模不大、培训体系尚不完善、沟通机制还不健全，但是现有的非政府组织和社会力量已经对农民工的职业教育与培训起到了良好的补充作用，对农业转移人口市民化有一定的帮助。

三、北京市进一步促进农民市民化的政策建议

在农民市民化的既往研究中，学界主要有三种观点。一是"城市转移论"。该观点认为，随着城市化水平的提高，城市人渐渐转移到现代化部门，而一些劳动密集型的传统行业，如建筑、制造、修理、家政、清洁等则需要大量农民工，农村多余劳动力可以先到这些部门就业，然后再慢慢地转化为市民。二是"就地转移论"。该观点认为我国农村人口庞大，如果农村多余劳动力及其家属成员全部转移到城市，必将加大城市负担，造成城市失业人数增多、污染加剧、交通拥挤以及社会治安不稳定等"城市病"，因而主张加快农村经济社会发展，通过农村城市化来消化农村多余人口。三是"三集中论"。该观点认为乡镇企业要向开发园区或工业集中区集中，农业要向适度规模或现代都市农业规划区集中，农民要向城镇或农村新型社区集中。居村农民市民化是农村城镇化、集中区社区化和职业非农化"三化一体"的系统工程，其中农村城镇和农民集中区是居村农民市民化的空间载体，从事非农产业、强化社区建设和健全市场体系是居村农民市民化的重要的经济社会内容。国家政策唯有使"三化"融为一体，才能更好、更快地促进居村农民市民化。（吴业苗，2010）

1. 打破户籍隔阂，以制度形式保障农民市民化进程

在我国城乡二元户籍制度下，城乡人口通常被分割为两大社会阶层，而失地农民市民化的重要内容就是失地农民实现社会阶层流动，由农村户口变为城市户口，获得相应的城市居民权利和待遇，如社会保障、平等就业等权利，同时，形成现代思想观念，使社会和自身认同其市民身份。

北京户籍农民的市民化已经纳入政府工作的日程表，那么，非北京户籍的农民工的市民化政策的制定则因为北京人口规模已经超出城市资源环境承载能力而变得格外小心谨慎。（冯晓英，2013）户籍制度的存在，使得欠发达地区农民工流入城市后，不能享受与城市公民同等待遇，大多数农民工在输入地无固定住房，儿女在城市的教育也成了问题，给农民工在

心理上造成了不公平感，形成了他们的"过客心理"。（朱冬梅，黎赞，2014）与户籍制度相伴随的医疗保险、养老保险等社会保障制度也影响着农民工的心理感受。苑会娜根据在北京市城八区进行的农民工调查，分析了影响农民工健康状况的主要因素。研究认为，参加基本医疗保险能使农民工健康状况恶化的概率降低约12%，说明社会保障状况是影响农民工健康的重要因素。（苑会娜，2009）

因此，应加强农民工权益保护，鼓励城市社会管理制度的创新，增加农民工在城市中的福利保障，努力形成包容农民工、尊重农民工的社会文化氛围，为农民工营造基本公平的生存和发展环境，让农民工在城市和劳动力输入地进得来、留得下，消除农民工在城市就业的"过客心理"。（朱冬梅，黎赞，2014）通过制度保障，打破户籍隔阂，促进农民市民化进程。

2. 坚持开展农民工技能培训，注重丰富农民工精神文化生活

首先，要促进农民工和企业之间形成长期稳定的合约关系，这样一方面促进了农民工的培训需求，也因此带动培训市场的供给，进而可以形成健全的培训体系，有利于培训模式的形成；另一方面，稳定的合约关系，使企业打消了顾虑（企业花成本培训的农民工由于季节变化或子女教育问题返乡，使得成本浪费），提高了企业开展就业培训的积极性。（朱冬梅，黎赞，2014）当前的培训重点是家政服务、餐饮、酒店、保健等行业的职业技能，要突出其实用性、实效性、职业性和技能型，对有条件、有意向就业的农民开展对口培训，可以通过与北京一些职业院校的合作来加强和促进农民技能的提高。要加强对农民进行培训，提高其就业技能。农业转移人口市民化是一次巨大的社会变迁运动，随着整个过程的发展，农民身份将会消失，取而代之的是城市工作人员身份，这对每一个劳动者来说都是一次脱胎换骨的考验和压力。为此，要强化教育职能，建立和发展农民技能培训体系。不仅要开展基本权益的保护、法律知识、城市生活常识、巡展就业岗位等方面的培训，提高农民工遵守法律法规和依法维护自身权益的意识，树立新的就业观念，更要根据劳动力市场的需求以定点和定向为主，对农民进行职业技能培训。

另一方面，可以从志愿工作、社会服务、社区活动等几个方面丰富新生代农民工精神文化生活。具体来讲，将志愿服务者的吸纳范围扩展到新生代农民工，让其在工作之余能够为所在社区、城市的服务管理工作尽一

份力，体现其主人翁意识和责任。将社会服务的对象发展到新生代农民工的家庭，夫妻关系、子女养育、法律援助、权益维护等问题都可以成为基层团工作的发力点，着力优化当前的"农民工"子女志愿服务活动。以团组织为名义进行职业技能培训和专业知识培训，在扩大交际面的同时提升新生代农民工的职业竞争力。在社区平台中，从融入培训、交友联谊、文体娱乐等角度开展工作，推出一到两个参与性和互动性强的精品活动，提高广大新生代农民工参与的积极性，不仅实现"团组织的全覆盖"，还要实现"团活动的广参与"。此外，还应注意扩大以地缘、亲缘为核心的交流网络，让新生代农民工拥有更广阔的社交平台。（廉思，陶元浩，2013）

3. 改革职业教育管理体制

要形成政府教育部门主管、农业部门主导，其他部门协同、社会组织广泛参与的教育管理体制，分层次成立由政府教育部门、行业部门及其他相关部门组成的职业教育工作领导小组，全面领导首都职业教育工作。建立城乡统一的就业信息网，健全劳动力市场网络，规范劳动力市场秩序。提高农业转移人口的就业收入，保护劳动者利益，使他们能够更好地融入城市生活，真正在城市中安居乐业。努力创新发展决策机制。健全现代职业教育科研管理体制，加强职业教育科研教研机构、学科和队伍建设。创新财政投入机制，坚持政府投入为主，各级政府应将农业教育投入列入公共财政支出的重点领域，纳入财政年度预算。完善社会投入机制，鼓励农业企业、社会团体、民间资本投资或捐赠办学，进一步改善职业教育发展条件。

促进环北京经济圈建设和共享，形成城市群，加强跨区域合作，加大区域经济、教育、文化资源调配。放眼世界，许多国家都已意识到缩小区域差距是疏解大城市人口压力的根本。北京在未来的城镇化进程中对人口的吸引力会不断增强，为了缓解日益严峻的人口增长形势，加快环北京经济圈的发展，逐步形成辐射作用大、人口积聚能力强的城市群。（梁景和，2015）[177]

总结来看，一方面，解决户籍问题，打破城乡户籍屏障是促进农民工市民化的政策保障。国务院于 2014 年 7 月印发《关于进一步推进户籍制度改革的意见》，2014 年年底要求建立城乡统一的户口登记制度。取消农业户口与非农业户口性质区分和由此衍生的蓝印户口等户口类型，统一登记为居民户口，体现户籍制度的人口登记管理功能。建立与统一城乡户口登记制度相适应的教育、卫生计生、就业、社保、住房、土地及人口统计制度。但该政策目前在北京的落实情况以及农民实际的受惠效果仍有待检验。另一方面，促进农民工市民化，促进本地市民城镇化的另一个重要途径是加强职后培训。只有增强农民工和本地农民的职业技能，让其有更好的就业前途，有更充分的职业选择储备，加强思想文化教育，才能帮助进城农民工和当地农民实现真正意义上的市民化。

第五节 北京市城镇化进程中的教育制度变革

教育制度与其他制度一样，不仅具有规范和秩序功能，也具有预期功能、激励功能、指导功能和节约功能。（胡联合，胡鞍钢，2009）从制度上解决问题，具有稳定性、长期性、全局性和根本性的特点。改到深处是体制，教育变革若要适应城镇化趋势，需要进行系统的制度变革。本节将从教育管理制度、办学制度、教育质量保障制度、教育人事制度、教育投入制度、入学招生考试制度等方面如何适应城镇化进程进行具体阐述。

一、北京市城镇化进程中的教育管理体制改革

教育管理体制是保障教育顺利发展的根本。只有创新教育管理体制，打破原有制度桎梏，创造出有新意、有实效的灵活的体制机制，才能应对北京市迅速发展而又瞬息万变的城镇化进程。

1. 加强市级统筹，建立城乡一体的管理体制

"城乡一体化"是为破解城乡二元结构提出的新发展观，反映了现代化与城市化进程中对于城乡关系变化的新认识。只有打破城乡教育二元结构的制度瓶颈，才能化解城乡教育二元结构。（褚宏启，2010）在北京市内打破城乡教育的二元结构，促进城镇化进程中教育质量的均衡优质发展，应当加强市级（省级）统筹力度，建立城乡一体的管理体制。

北京市各区城镇化发展水平很不平衡，教育水平亦有所差别。一直以

来我国义务教育和学前教育实行"地方负责，分级管理"的管理体制，在实际执行过程中存在着不同层级政府间职责不明确，权责配置不合理，特别是责任主体重心过低，统筹协调和财政保障能力严重不足等突出问题，严重地影响和制约了教育事业的健康、有序和可持续发展。（庞丽娟，范明丽，2013）因此，需要明确并加强北京市级政府对全市教育的统筹领导责任。因此，在管理体制方面，提高人事管理和行政管理的重心，加强北京市市级（省级）统筹能力。将教育的发展纳入北京市城镇化发展规划当中，使教育城镇化与人口城镇化同步进行，在研究制定城镇化发展中长期规划时，预留教育发展空间，使城镇教育发展水平与城镇化发展水平相适应。建立首都基本公共教育服务标准，实现基本公共教育服务均等化，维护教育公平和教育秩序。完善教育行政决策制度，规范决策程序，建立首都教育决策咨询委员会。重视发展农村教育，深化城乡教育统筹与规划机制，以扩大优质教育资源为核心和进行长效路径选择，切实缩小城乡间教育差距，同步提高城乡教学水平，提升城乡教育质量，避免人口、学龄儿童及教育公共资源过度集中于大城市，真正破解城镇化发展中教育规模的两极困境。

此外，教育部门也应加强与其他政府行政管理部门的合作统筹。伴随城镇化进程所出现的随迁子女教育、农村师资薄弱、农民市民化等问题，不仅涉及教育管理部门，还涉及人事部门、财务部门、农民工服务管理机构等多部门和机构，单靠一个部门很难协调。这就要求北京市的教育改革要适应城镇化的进程，必须加强与其他各部门的合作沟通，坚持"协同作战"，纵向上市、区、学校协同；横向上教育、财政、人力社保等相关职能部门协同，通过协同联动，合力推动教育改革。重点在全面和深化上下功夫，坚持以优质教育资源的重组和整合为杠杆，以考试招生评价制度改革为杠杆，撬动素质教育与减负问题的突破，统筹推进人才培养模式、考试招生制度、管理体制和办学体制改革，打一套具有北京特色的基础教育综合改革"组合拳"，不断增强改革的系统性、整体性、协调性。（北京日报，2015）通过多措并行，标本兼治，加强教育部门的市级统筹水平，加强教育与其他部门的协作能力，探索更加灵活而又更加稳固的、与城镇化进程相适应的教育管理体制。

2. 改革城乡二元的户籍制度

回顾城镇化的历史进程，我国经历了从计划经济时代"城乡二元"

"城市中心"到当前"城乡一体"公共政策价值取向的变化和进步。教育作为社会流动的主要渠道，是城镇化与人的发展相结合的最佳途径。随迁子女教育问题一直是北京市农村和城市义务教育的难点和薄弱环节。公办学校与民办学校的办学条件和质量仍然存在差距，而农村校与城市学校的师资水平与办学条件同样存在较大差距，城乡二元的经济体制和教育体制一直以来是阻碍教育公平的巨大障碍。

城乡二元的户籍制度是目前教育管理面临一系列问题的症结所在。我国长时间实行"二元分割、城乡分治、户籍本位、静态管理"的户籍管理制度，北京市也不例外，可以说，在这样的背景下，虽然城镇化发展迅速，但农村转移人口享受基本教育服务水平较低。推进随迁子女在当地参加升学考试存在困难。虽然北京目前基本落实了两为主政策，但又出现了城区内"城乡二元结构新形态"，即"城市内部双轨"现象，城区学生和随迁子女在教育中享受二元的待遇，随迁子女融入困难。流动儿童中存在强烈的"异地中考""异地高考"需求。

面对数量巨大的流动人口子女就学问题，需要更加灵活地配置教育资源，把以往按户籍进行管理转为按居住地管理，并且要为人口流入地配备稳定的财政支撑，使得流动人口子女就学成为当地政府的责任。教育政策制定必须切实保障城镇化进程中公民平等受教育权。要落实"同城待遇"，打破当地户籍学生和非当地户籍学生的界线，逐步将随迁子女义务教育全部纳入公共教育体系，保障在民办学校就读的随迁子女同样享受到公共财政的普惠。要为农村孩子提供优质教育，在办学条件、经费保障、质量水平等方面缩小与城市学生差距。要为农民、进城务工人员提供基本的教育服务，提升其适应城镇化发展需要的思想观念和行为习惯，改善生活品质，真正实现人的城镇化。

城镇化的根本目标在于缩小城乡差距，逐步解决城乡分割问题。随着城镇化迅速发展，教育需求的增量与变化使得构建开放性、跨区域性、包容性的城乡一体化教育管理机制也势在必行。为此，建议重新对原来的城镇教育体系进行结构调整，打破原来的传统户籍管理下的城乡二元结构模式和封闭排外的城镇格局，真正实现教育管理体制的开放性与城镇体系的一体化发展。在全市层面建立城乡统一的学籍管理平台，对随迁子女开放学籍登记。在建立全国统一电子学籍管理制度基础上进一步完善进城务工人员及随迁子女登记制度，加强流入地与流出地的就业信息平台建设，加强对适龄学童的数量、规模等基本情况的预测和统计，科学预测规划教育工作。进一步完善城镇化进程内的教育体系，提高城镇化教育承载能力。

3. 落实教育管理的监测问责和保障机制

在城镇化进程中，北京市各区面临的随迁子女教育问题不尽相同。东城区、西城区面对的随迁子女人数较少，而大兴区由于新机场建设等客观情况面对着更加庞大的随迁子女群体。由此可以看出，不同区面对的具体教育问题不同，所需要的财政制度、管理制度也将不同。因此，在财政方面，要落实区政府的责任，明确区级政府对均衡发展教育的政策实施的各项工作的领导、监督和考核的责任。建议在县级政府设立基础教育均衡发展的监督考核组织或赋予政府教育督导部门对政府和学校促进教育均衡发展的督导责任，建立有效的机制，保障该组织在实际工作过程中的有效性和可持续性，形成政策实施监督考核的长效机制。此外，应当加强市级统筹，加大市级经费的补给力度。创建更加完善的转移支付力度。

北京市教育在紧跟城镇化变革方面做了许多尝试，如为了提高教育均衡程度，探索形成了学区化管理、名校办分校、城乡一体化学校等办学形式，但是其实效性如何，却缺乏考量。为此，建议建立统筹有力、权责明确的教育管理体制，不断加大首都教育发展保障力度。鼓励乡镇政府根据实际情况，支持行政区域内的教育事业发展。以转变政府职能为重点，深化教育管理体制改革，提高公共服务水平。开展市级政府教育统筹综合改革，通过加大政府统筹力度，推动办学体制、人才培养体制、教育交流与合作等方面的探索创新。建立健全公共教育服务体系，逐步实现基本公共教育服务均等化。改变直接管理学校的单一方式，综合运用法律法规、方针政策、标准、公共财政等手段引导和支持学校发展。加强对学校的监督检查和评估。完善社会参与机制，鼓励学生、家长、社会监督学校管理。全面推进政务公开，健全教育信息公开制度，保障公众对教育的知情权、参与权和监督权。权变设计教育分级管理体制，根据城镇规模变化动态调整教育机构，考虑允许在常住人口特别多、经济规模特别大的镇（街）独立设立教育行政管理部门，赋予县级教育管理权限。

二、北京市城镇化进程中的办学体制改革

办学体制本质上是谁为办学主体、怎么来办学的问题，涉及办学主体

之间的关系、办学资格和办学运作方式的法律关系，也影响着教育管理体制的模式选择和教育投入方式的制度选择。建构城乡教育一体化的办学体制，就是要在学校层面上打破城乡壁垒，促进城乡教育的双向沟通和良性互动，探索城乡学校交流合作的新模式及城市教育支持农村教育发展的新机制。（褚宏启，2009）（褚宏启，2010）北京市在办学体制改革适应城镇化进程方面进行了诸多努力。但总体来说，仍然存在教育管理方式单一、学校办学活力不足、社会参与办学的积极性还没有充分调动起来等问题。

1. 探索多样化办学模式，增强办学活力

城乡公办学校合作办学，是北京市公办学校办学体制改革的亮点之一。公办学校联合办学、名校办分校、教育集团化、委托管理等办学形式在北京各地区均有所实践，在一定程度上促进了城乡的交流，成为促进城乡基础教育均衡发展、扩大优质教育资源的重要途径之一。

虽然北京市的学校合作与交流取得了不少成绩，优质的教育资源得到一定程度的共享和流通，但是调研走访发现，不同学校、不同区域的这种城乡互动，其实效性存在较大差距。部分教育集团、名校办分校言过其实，甚至有名无实。另一方面，一些学校内部限于没有人事权、财政权等实权，发展空间较小。北京市应当加强城市内部公立学校间的合作，通过制度建设保证学校交流与合作的果实，扎扎实实通过办学体制的改革，推进分享义务教育优质资源。为此，建议一方面要进一步调研考察各类城乡学校发展模式的实效性，切实考察城乡互动的频率、城乡互助的效果、城乡学校硬件尤其是软件资源共享率，评选资源共效率高的教育联盟，给予奖励，对于有名无实的教育联盟，撤销称号，以免误导学生和家长，同时给予适当的处罚。推行真正能够促进城乡学校交流的教育联盟。另一方面，要构建现代化的教育治理体系，促进教育可持续发展。加大对学校发展定位分类指导的力度，探索学校多样化发展新途径，为学生提供多元化的学习机会和资源，形成独特的教育风格和学校文化。整合行政部门对学校的考核评价，减少考核的次数，精炼考核的内容。给学校以更多的办学自主权，减少和规范政府对学校的行政审批和直接干预，保障学校依法履行办学职责，正确行使办学自主权。为学校的发展提供必要的保障条件，让校长集中精力办学，教师集中精力教学。（线联平，2014）保障办学体制改革的真正落实，逐步形成具有办学活力的现代学校制度。

2. 加强对打工子弟自办校、自办园的扶持

北京市存在大量的农民工随迁子女，其教育需求不断增长。北京市应当立足流动人口将长期扎根城市谋生存和发展的现实来制定政策，流动儿童才能更好地为社会城市发展做贡献。（段成荣，2015）近年来，北京市对包括打工子弟学校在内的民办校提高了办学标准，加大了扶持力度，在一定意义上迎合了不断增长的随迁子女的教育需求。北京市部分打工子弟自办校的创办和存在有其合理性，建议结合随迁子女实际入学情况，进一步加强对实际招生学生数多、家长认可度高的打工子弟学校的扶持，在投入上和政策上继续加大倾斜力度。不建议新建学校，虽然政府可以保障初期的硬件投入，但是教师的工资、培训经费等软件投入则难以维持，且若没有良好的口碑和宣传，更加难以招收到附近的学生。建议加强民办公助，按照相关规定，将布局调整后部分校舍和闲置设备租借给民办学校。（城镇化进程中教育管理体制改革问题研究课题组，2015）注重民办学校的师资培养，为民办学校的教师提供交流与进修的机会。承认在具有办学资格的民办学校就读的学生学籍，鼓励与支持民办学校发展，需要注意几点。第一，在法律和政策上，对民办学校的设立要予以积极支持，只要符合国家法律法规，符合当地教育布局、结构与规划，都应该予以支持，不歧视、不忽视民办教育。第二，民办学校在办学过程中，学校、教师与学生应该与公办学校享有同等的法律地位和待遇，充分保障民办学校办学自主权。第三，确保民办学校办学者与学校的利益。（周彬，2008）第四，对在农村地区和教育资源缺乏地区开办的民办学校给予政策和资金上的扶持。（高莉，李刚，2011）最后，要建立民办学校和公立学校的联通机制，真正保障每一位学生的教育质量。

3. 政府与社会力量合作办学

城镇化进程中，北京市人口流动性大，需要接受义务教育的随迁子女数量以及需要接受职业技能培训的农民工数量也存在波动。为了节约教育资源，提高教育效能，应当改变过去单一的政府办学模式，实现多元化办学格局。积极鼓励、大力支持社会力量办学，正确引导，加强管理，形成以政府办学为主体，社会各界共同参与，公办学校和民办学校共同发展的办学体制。（教育部，1999）应大力支持民办教育发展，纠正对民办学校的各种歧视政策，制定完善促进民办教育发展的优惠政策。

在学前教育办学体制改革方面，在坚持乡镇中心园模式和小学附设幼儿园模式的基础之上，积极探索与企业和其他社会力量合作的办学模式，满足更多幼儿的入园需求，切实解决"入园难"问题。（赵银生，2012）满足日益增长的学前教育需求，同时加强对合作办学以及民办学校的监管，保障学前教育质量。

在农民工职业技能培训体制改革方面，应当主动联络社会，调动社会整体的力量特别是实业界的力量一起举办。建立长效机制，积极鼓励和吸引行业、企业深度参与高技能人才培养。鼓励突破高职院校单一全日制文凭教育的束缚，通过与行业、企业合作，真正拓展技术培训空间。鼓励有条件的高职院校尝试非全日制文凭教育试点。（徐飞丽，2014）通过灵活、多样的办学模式，激发职业教育活力，帮助提高农民工进城后的职业技能与生活水平，促进农业转移人口市民化。

只有在各个教育阶段采取多种形式与社会力量、企业实业界合作，才能进一步增强办学活力，保证办学体制的灵活变通，使其更加适应北京市不断变化的城镇化改革的进程。

三、北京市城镇化进程中教育质量保障制度改革

人才培养是教育的根本目的。教育的核心就是促进人的全面发展，保障教育的质量就是保障人才培养的质量。在北京市城镇化进程中，应当坚守这个核心目的，不断探索出适应新的大环境和体制的教育质量保障制度。

1. 建立城乡统一的教育质量标准

目前学生培养和教育质量评价方面存在的突出问题是：城乡教育质量差距很大，没有建立统率城乡的教育质量基本标准，农村学校培养目标错位。（褚宏启，2010）一些农村学校将培养目标定位在"合格农民"或"新型农民"，学术界中，农村教育的"离农"与"为农"之争也愈演愈烈。的确，尽管农民大量转移就业，但农民是社会结构的基础阶层没有变；尽管农村生产生活条件不断改善，但农民实现小康是全面建成小康社会的重点难点没有变。（韩长赋，2014）我国需要解决农民问题，需要更多的农村实用人才。但是，回归教育本质来说，教育的作用应当在于促进

人的全面发展，给予每一位学生自主选择未来是成为"新型农民"还是成为"新型市民"的权利。在快速城镇化背景下，仅仅将农村学校的培养目标定位为培养"新型农民"，不仅不符合教育公平的基本要求，不符合教育促进人的全面发展的基本理念，也不能顺应北京市城镇化进程这一时代浪潮。因此，农村学校的培养目标应该定位在培养合格公民而不是局限在培养"新型农民"上（袁桂林，2009），定位在为城乡共同发展服务而不是只为农村发展服务上。

为此，要完善城乡学校的教育质量标准。一方面，要建立城乡统一的教育质量评价制度，确立城乡一体的教育质量基本标准和学生培养目标。不对农村学校、农村学生搞差别待遇，保障每一个学生获得基本教育的权利，不因学生身份而区分教育内容。另一方面，无论城市学校还是乡村学校，不提倡以学生的分数或"达标率"作为质量标准的唯一评价结果，而建议以学生学业表现的增值水平以及学生的全面发展情况作为评价指标。这有利于扭转片面追求升学率的现象，减轻学生学习负担，形成城乡统一的义务教育普惠制度，促进学生的全面发展。培养全面发展，适应新型社会的人才，从长远看，亦有助于教育反哺城镇化进程，提高北京市的城镇化质量。

2. 探索惠及全体学生的教学方式

方中雄等对北京市随迁子女教育融入现状的调研发现，无论是京籍还是非京籍学生，均有近40%的学生认为学习内容太难，15%—20%的学生表示对教学方式不适应。尤其在随迁子女中，课程跟不上、沟通不流畅、学习无兴趣和心理压力大等新的问题逐一涌现，需要引起足够重视。

因此，在保障农村学生与城市学生有途径和机会接触相同的教育内容的同时，也要探索适应农村学生、易于农村学生接受的教学方式。即要在城乡统一的教育标准之上，改进教育过程，探索多种培养方式，因材施教，推进分层教学等教学方式，使其能够适用于全体学生。农村学校要加强向城市学校的学习。建立城乡一体的区域性教研平台与相关机制，为提高教学质量、缩小城乡教学质量差距提供智力支持。（褚宏启，2010）对于接收随迁子女较多的公办学校，教师应当尽量择取易于随迁子女接受的教育方式。尤其对于部分起点较低的随迁子女，应当予以足够的耐心和包容，分层设计教学目标和教学方法，鼓励、促进随迁子女的学习水平在适应的基础上逐步提升。对于农村学校来说，教师可以充分利用当地特色和农村得天独厚的地理优势，开发适应农村学生学习特点的教学方式和校本课程，培养农村学生特长，为学生树立自信。当然，关注农村学生和随迁子女并不是忽视本地学生或城市学生的教育，而是应当利用走班制、分层教学、小组合作等形式，探索多种惠及全体学生的教学方式。

3. 加强义务教育均衡发展评估与预警制度

义务教育均衡发展评估制度不同于其他教育评估模式，其评估重点是关注社会弱势群体义务教育机会和教育质量。

从技术上看，义务教育均衡发展评估指标包括绝对指标和相对性指标、总体性指标和局部指标等。评估内容包括：教育投入、教师素质、学生入学率、升学率、学生学业成就等。通过计算反映义务教育发展差距的指标（如全局、极值比、变异系数、标准差和基尼系数），建立一套反映义务教育发展差距的预警系统。收集相关信息，可依此判断义务教育系统的发展状态。如果上述指标整体偏离正常值、超越社会容忍限度，这预示着义务教育系统处于非均衡发展状态。政府应在此时及时采取有效措施进行干预。[1]

从标准上说，应当建立全市统一的中小学教育教学质量标准，建立各个学段的学业水平考试制度、质量监控评价体系及教学反馈系统。完善中小学生综合素质的科学评价方法和基本程序。完善高等学校教学评估和质量年报制度，建立社会参与的人才培养质量评价机制。改进人才评价及选用制度，为人才培养创造良好环境。

为了监测和指导义务教育的均衡发展，应当依法强化各级政府教育督导机构的监督、检查、指导和评估职能，加强对各级政府、各级各类教育机构以及其他社会组织全面贯彻落实党的教育方针和贯彻执行教育法律法规情况的督导检查，构建以提高教育质量为导向、政府督导评价为主导、学校自评为基础、社会广泛参与的教育督导工作机制，建立行政监督、科学评价、民主管理相结合的教育督导评估体制。进一步完善教育督导评估标准，促进各级各类教育的协调发展和学校的内涵发展。依法加强和改进基础教育和职业教育督导工作，拓展高等教育、校外教育、社区教育、教师队伍建设等方面的督导工作。创新探索与同级政府部门联动督导、购买

---

① 参见：田汉族所著北京市教育科学规划课题总报告《促进北京市基础教育均衡发展的制度创新研究》。

专业评价服务、开展社情民意调查、跨地区督导合作等工作模式，推进教育督导信息化，逐步实现精准化督导。落实完善教育督导结果公布、整改制度及督促政府和学校履行教育职责的问责制，建立教育督导与教育决策、教育执行之间衔接顺畅、统筹有力的工作机制。全面加强督学队伍专业化建设，建立教育督导评估专业机构，推行督学任职资格制度和督学委派制度，完善督学选拔聘任制度、督学培训制度、督学责任区制度。

四、北京市城镇化进程中的招生考试制度变革

要探索建立适应城镇化进程的招生考试制度。同时探索完善随迁子女义务教育后招生考试制度变革。2016年6月7日，《北京市深化考试招生制度改革实施方案》（以下简称《实施方案》）正式出台，计划2018年中考科目实行"多选"，2020年高考实行"3+3"模式。考试形式和内容均更加灵活，并给予学生更大选择空间。北京市的中高考改革探索又迈出了坚定一步。但是，对于随迁子女的异地升学考试制度仍缺乏新的探索。

1. 坚持向农村校和薄弱学校分配招生名额

由于教育资源配置不均等客观原因，一些农村校和薄弱校的学生在中高考中处于明显劣势，近年来升入名牌大学和重点高中的农村学生比例越来越低。为了促进教育公平，加强教育在个人成长以及阶层流动中的作用，促进城乡学生的共同发展，应当坚持实行重点高中和重点高校向远郊区分配招生的政策。

一是中招名额的分配，北京市的《实施方案》指出北京市中招名额分配比例提高至50%，将有更多普通初中生拥有就读优质高中的机会。这一在区域范围内实行优质普通高中和优质中等职业学校招生名额分配到农村初中的做法，利用计划分配方式的改革，重点向一般初中校和远郊区初中校倾斜，统筹优质资源和优质机会的均衡配置，能够促进区域之间、学校之间的均衡，缓解小升初压力，值得提倡和坚持。

二是高招名额的分配。《国务院关于深化考试招生制度改革的实施意见》指出，增加农村学生上重点高校人数。继续实施国家农村贫困地区定向招生专项计划，由重点高校面向贫困地区定向招生。部属高校、省属重点高校要安排一定比例的名额招收边远、贫困、民族地区优秀农村学生。

2017 年贫困地区农村学生进入重点高校人数明显增加，形成保障农村学生上重点高校的长效机制。促进高等教育的普惠性和公平性。

目前社会上流行一种错误舆论，有些家长认为其子女能够上重点学校是因为自己辛苦打拼的结果，而农村家长子女只能上薄弱学校是因为家长自身不够努力，因此，辛苦打拼的家长子女理应进入优质学校读书，而向薄弱学校分配招生名额则是纵容社会上的懒惰风气。这种误解主要有两个问题。一是不同类型的家长之所以具备当今的身份有其客观原因及历史原因，与懒惰与勤劳、付出多少并无完全必然的因果联系。二是学校教育应当在一定程度上促进人的增值发展，努力克服教育结果与家庭社会经济文化地位的直接联系。子女既没有理由对上一代的劳动成果坐享其成，更不应因上一代的资源匮乏而受到连累。因此，应当坚持中招名额以及高招名额向薄弱校和农村校分配的制度，合理划定分配比例，提高中高等教育的公平性。

2. 深化招生政策改革，统筹推进科学减负

北京市招生考试制度受人诟病已久。择校难、择校热现象层出不穷。为了进一步保证教育的公平性，破解择校难题，应当坚持深化考试招生制度改革。不断完善义务教育入学规则、充分发挥考试招生制度改革的引导作用、标本兼治减轻学生课业负担三方面进行。落实义务教育免试就近入学政策（钱宪文，金蕾蕾，2015），进一步规范特长生入学工作。做到每一所学校学生入学情况公开透明。

调整完善入学政策。如 2014 年北京市义务教育入学政策的主要变化有：一是落实教育部文件要求，坚持免试就近入学。凡年满 6 周岁的本市户籍适龄儿童均须按区教委划定的学校服务片参加学龄人口信息采集，免试就近入学。完成小学教育的学生，应当进入初中继续接受并完成义务教育。二是全市使用统一的小学和初中入学服务系统，将每一个学生入学途径和方式全程记录，教育行政部门依据权限进行查询和监控。预测适龄儿童入学数量和分布，利用信息化手段规范入学流程，保障公平、公正。三是取消"共建"入学方式。四是实施计划管理。各区加强入学需求前瞻预测，按照学龄人口数量、小学毕业生数量和中小学校办学规模等制定小学、初中招生计划并报市教委备案。各学校未经批准不得擅自调整招生计划。（线联平，2014）落实建立全市统一的小学和初中入学服务系统，对义务教育阶段入学实行计划管理。坚持幼升小和小升初学生均须在系统进

行信息采集、入学过程记录和学籍生成。通过小学和初中入学服务系统，各区预测区域教育需求，做好入学服务，规范入学流程，保障公平、公正。明确在小升初升学过程中，实行单校划片或多校划片政策。单校划片采取对口直升方式招生，即一所初中对口接收片区内所有小学毕业生。多校划片学校，先征集入学志愿，对报名人数少于招生人数的初中，学生直接入学；对报名人数多于报名人数的初中，以随机派位的方式确定学生。随机派位由区教委统一组织，邀请相关单位和家长代表参与。（蔡继乐，施剑松，2014）保证招生考试情况的信息透明度。

在高考招生方面，应当改革考试招生制度，建立具有首都特色的评价体系。落实国家高考招生制度改革要求，积极探索高考高招专项改革。逐步推行普通高校基于统一高考和高中学业水平考试成绩的综合评价多元录取机制。清理规范升学加分政策。实行高等职业教育与普通本科分类考试招生，推广"文化素质+职业技能"的入学考试制度。（线联平，2014）

3. 完善外来人口进京升学考试政策

迫于各方压力，在各利益集团博弈的结果之下，目前北京市出台了外来人口进京升学考试的过渡性政策。北京的异地高考政策不同于其他省市，不仅门槛较高，而且没有放开大学本科，其本质原因还是在于想利用拖延的时间缓和北京本地考生及家长的情绪，以及错开高考人口高峰期。（周桐，2014）未来几年，北京市应进一步完善招生考试的过渡方案，放宽外地学生在京参加中考和高考的条件，给予优秀学生升学名额，让学生看到升学的希望。同时平衡当地群体利益。

对于暂不符合在京升学条件的考生，可以先出台临时的完善借考政策。允许暂不具备适考条件的考生在其现常住地借考。目前北京出台的方案不可能满足所有外来务工人员随迁子女，然而如果不满足考试条件的考生只能回其户籍所在地参加高考，可能面临由于教材和考题差异而引起的考试失利，对于考生来说极不公平。为了使暂不满足"异地高考"条件的考生能够保证其受教育的连续性以及公平竞争性，应积极出台有关的借考政策，允许暂不符合条件的随迁子女在流入地参加高考借考。只要考生能够提供相关的证明和申请，经其户籍所在地相关部门的批准，可以在现常住地参加高考借考，考试分数通过一定条件的转换后回户籍所在地进行录取工作，不占用常住地的普通本科招生指标。还必须强调的是，在考生进行高考报名时，有关部门应严格审核其报考条件，同时加强监管力度，避免恶性"高考移民"现象的出现。（肖雪莹，2013）同时，加强学籍管理，依据小学和初中入学服务系统建立新生学籍，杜绝二次流动，并要求教育系统干部教师以身作则，力求斩断违反免试就近入学原则的利益链。此外，还规范"五证"审核，做好咨询解答和矛盾化解工作，保证符合条件的义务教育阶段随迁子女入学。

异地高考问题的症结在于户口。中高等教育受教育的机会的分配和户口挂钩的改革是不彻底的，所以升学考试改革的最终目标是考招分离。大学录取学生的时候可以要求学生出示三年高中成绩排名、校长推荐信等，综合这些资格来录取一个学生。把招生权给学校，考试权社会化。（劳凯声，2012）在教育管理体制机制不断完善健全、信息更加开放透明的未来，可以考虑通过这种方式取消考试与户口关联的做法，彻底打破异地高考的症结。

五、北京市城镇化进程中的教师人事制度改革

探索城乡教育体制发展机制，必须以教育法律法规及政策为依据，以改革为动力，完善人事管理制度，创新教师队伍建设机制，激发教师发展内驱力，营造优秀师资人才成长环境，促进教师队伍专业化发展。为此，必须不断完善教师人事制度，提高教师专业能力，显著提高农村教师整体素质，初步形成一支师德高尚、业务精湛、结构合理、充满活力的高素质专业教师，逐步实现城乡均衡配置的教师队伍。深化教育人事制度改革，均衡配置学校师资力量。包括：促进校长教师合理流动；推进教师管理制度改革；拓宽教师来源和渠道；促进干部教师专业发展；不断改善教师福利待遇。探索更加开放、完善的人事管理体制。

1. 建设数量充足、结构稳定的教师队伍

目前，农村教师管理机制不健全，农村教师专业发展缓慢。在选聘制度上，农村教师队伍存在封闭性老化、结构性短缺、教师"终身制"缺乏激励机制、"代课教师"待遇不公等现象。在薪酬制度上，农村教师工资福利缺乏长效的保障机制，区际教师待遇不平衡，财政帮扶机制不完善。在培训制度方面，农村教师职前职后教育脱节、培训内容背离农村教师需求、培训的成本负担缺乏制度安排。在评价制度方面，存在着对农村教师

的绩效评价不合理，职称名额少、晋升难等问题。

革新教师录用方式，坚持"资格准入、凡进必考、择优录用"，吸引具有教师资格的优秀本科毕业生及研究生进入教师队伍。按照统一编制标准、统一公招标准、统一待遇标准、统一执业标准和统一调配名优教师原则，由县级教育行政部门统筹管理教师的招聘录用、职务评聘、福利待遇、考核评估和调配交流，编制部门统一管理编制总量，县级教育部门在核定的编制总额内调剂余缺，促进城镇教师向农村有序合理流动，并适当提高农村中小学中、高级教师专业技术职务的结构比例。学校按班配编，动态核定学校编制，变"校管校用"为"县管校用"。严格编制管理，逐步实行城乡统一的中小学编制标准，对农村边远地区实行倾斜政策。在教师编制上，鼓励地方政府在国家标准的基础上提高标准，按照"总量控制、统筹城乡、结构调整、有增有减"的原则，探索更加科学的编制管理办法。目前北京顺义已经开始探索民办教育更为开放的人事管理体制。开展民办人事管理体制改革实验，在教师聘任与使用、职称评定、评优评先等方面形成有效方法。加强对民办学校办学行为的监督和教育质量的考核，如鼓励优质民办教育机构到顺义办学，将布局调整后部分腾退的校舍和闲置设备租借给民办学校，安排公办教师到民办学校支教。在城乡教育人力资源的规划上，建立起农村教育和农村教师发展动态监测系统；修改教师编制方法，使其标准多元化、弹性化；建立有利于城乡教师定期交流的考评机制，打破教师的区归属、单位归属制度；重新核定干部教师岗位和职称编制；修订评聘管理办法，以组团为单位进行教师职称评定、岗位聘任、评优评先，充分调动干部教师的工作积极性。在落实中小学教职工编制标准的同时，地方出台幼儿园机构编制标准。

2. 探索建立城乡教师干部交流机制

城乡教师流动是为了缓解城乡师资差异，但是在教师流动过程中，从优秀校流动到薄弱校的少，优秀教师流动得少；流动教师的身份归属还不明确，"支教"教师的约束与激励机制不健全；各种新的管理模式未能有效解决教师关注的焦点问题，如福利待遇、人事归属等。这些问题有待于通过城乡教育人事制度的进一步改革加以解决。

建立城乡教师交流制度。采取组织特级教师讲学团赴农村县（市）巡回讲学、建立中小学校长定期交流和城镇教师定期支教制度、城镇学校管理干部到农村和薄弱学校任职、农村学校校长到城区或其他教育发达地区挂职等措施，加强城乡教师的双向交流。交流主体明确化，北京顺义提出实施骨干教师"三加一"工作模式，即特级教师、市区级学科带头人、市区级骨干教师和教研员每年按一定比例"走进农村学校、走进课堂"。交流比例确定化，北京顺义以每年5%的比例，安排城区优秀教师到农村学校支教，农村教师到城区学校学习培训，建立起城乡教师合理使用机制，促进教师资源的合理流动。交流周期固定化，北京顺义提出每四年为一周期，三年在本单位工作，一年在农村学校工作。交流待遇完善化。在交流教师的福利待遇方面，北京顺义教委给予交流人员相应的课时补贴，由原学校制定具体的发放办法。

创造条件扩大农村教师培训机会，建立费用全免、内容实践、体系下移、形式多元的农村教师培训机制；实行教师双向流动机制、农村教师流失补偿机制；薪酬分配和职称评定"补偿性"地倾向农村教师等。

探索中逐步推行校长轮岗和干部交流制度。增强人才配置的科学化程度，激发干部队伍活力。积极树立"大人才观"和"不求所有，但求所用"的柔性引才观念。建立区外名师资源库，包括能够请到的高校专家及区外名师。同时，积极鼓励区内教师合理地到区外兼课。优秀教师区域间的合理流动，一方面有效解决了区内优质教育资源不足的问题，同时为区内骨干教师搭建了更大的舞台，加速骨干教师的成长进程。

3. 建立更有针对性的教师培训机制

建立分级分类教师培训体系。以北京市顺义区为例，通过多种形式促进教师队伍专业化建设。从幼儿园教师到高中教师，均分级、分类组织开办骨干校长、骨干班主任、各学科骨干教师高研班，依托"名师工作室"，实施"十、百、千"名师带动引领工程。举办特级教师带徒弟、联合名师名校举办研修班等活动，重点培养骨干教师。积极组织教研员参加各级各类培训，有针对性地加强实践能力，为教师专业发展提供有力支撑。

建立农村教师培训机制。2005年，湖北省启动实施"农村教师素质提高工程"，每年安排2000万元，组织2万名农村中小学教师、校长到武汉高校免费集中培训，构建了比较完善的农村教师培训体系。创新职校师资培养模式，提高师资队伍整体素质。为了提升职业院校教师的专业水平、教学理念和管理能力，东莞市在职业院校教师培训中引入了企业师资培养模式，如委托香港理工大学对中职学校校长进行全面轮训；委托联想学院就职业教育理念、职业素养、团队建设、企业管理模式和职业心态等内容对职业学校教师进行全员培训；委托北京澜海源创管理咨询有限公司就学生职业素养课程进行开发与培训等；同时认真执行职业院校专业教师每两年到企业进行不少于 2 个月的技能培训的制度。通过这些培训，使职业院校专业教师专业水平保持与企业要求相一致，按企业的岗位标准开展教学活动，有效提高了教学质量，增强了学生的就业能力，进一步推动了职业教育面向市场，实现深层次内涵发展。这些做法值得北京市各区借鉴参考。

六、北京市城镇化进程中的教育投入制度改革

北京市的教育投入经费总体来说比较充足，落实也比较到位。下一步应当继续坚持加大教育投入，明确各区责任，使得增加的投入更多地落实在教师和学生身上。2015 年 11 月 25 日，国务院印发《关于进一步完善城乡义务教育经费保障机制的通知》，要求各地区、各部门要按照"完善机制、城乡一体；加大投入、突出重点；创新管理、推进改革；分步实施、有序推进"的原则，整合农村义务教育经费保障机制和城市义务教育奖补政策，建立城乡统一、重在农村的义务教育经费保障机制。对城镇化进程中的教育投入制度展开进一步的变革。

1. 加强市级统筹，上移财政保障重心

北京市各区城镇化发展水平不平衡，各区流动人口、随迁子女数量差异较大，此外各区的经济水平亦有所差别。东城区和西城区已经没有农村地区，而门头沟、怀柔、延庆等远郊区，还存在较多的乡镇政府，分税制改革、农村税费改革后乡镇政府可支配财力大幅下降，难以充分承担起教育投入的主要责任。如果没有市级统筹调配，各区的教育发展势必更不均衡。

若想实现教育的均衡发展，需要加强市级的统筹管理和财政转移支付，加大经济发展落后、流动人口较多地区财政的转移支付。一直以来我国义务教育和学前教育实行"地方负责，分级管理"的管理体制，在实际执行过程中存在着不同层级政府间职责不明确，权责配置不合理，特别是责任主体重心过低，统筹协调和财政保障能力严重不足等突出问题，严重地影响和制约了教育事业的健康、有序和可持续发展。（庞丽娟，范明丽，

2013）因此，需要明确并加强北京市级政府对全市教育的统筹领导责任。在财政保障方面，建立城乡一体化义务教育发展机制，在财政拨款、学校建设、教师配置等方面向农村倾斜，向贫困地区倾斜，加大省内财政转移支付力度。（范先佐，郭清扬，付卫东，2015）真正解决区域间的差距问题。

2. 继续加大教育投入，坚持向农村校薄弱校倾斜

首先要坚持各级政府教育财政拨款的增长要高于同级财政经常性收入的增长，在校学生人均教育经费逐步增长，教师工资和学生人均公用经费逐步增长的"三个增长"要求，调整经费支出结构，保障新增教育经费向农村及郊区等地区倾斜，向自办校、打工子弟多的公立学校倾斜。

增加教育投入最重要的是要将更多的经费落实到每一位学生头上。农民工随迁子女就读流入地普通高中要缴纳的"借读费"，可以使教育财政有限解决农民工随迁子女就读流入地普通高中的经济障碍，有利于促进农民工随迁子女初中后教育机会均等。此外，积极给予奖学金、教育贷款资助。目前政府财力可能难以惠及全部随迁子女，而农民工随迁子女家庭的教育投入也有限。故此，政府可以采取增加奖学金种类及金额、降低教育贷款利率、教育贷款面向所有学生且提高上限等措施，大力资助农民工随迁子女接受初中后教育，有效促进教育机会均等。（吴雪娅，杜永红，2012）而对于本地农民户口的学生，则应在保障免除学杂费、杜绝乱收费现象的同时，给予一定的奖助学金补助，同时为学生提供走出去、扩大见闻的机会与资金，让与城市学生同在一片蓝天下的农村学生享受同等的教育环境与教育质量。

3. 拓宽财政渠道，提高教育经费的使用效益

目前北京市财政预算内教育经费在政府财政支出中的比例已经很高，政府财政性教育经费投入短期内难有大幅增长。根据公共财政理论，公共产品由政府提供，私人产品由市场提供，而教育这种准公共产品则由政府和市场共同提供。政府应该充分发挥财政、税收的资源配置功能，利用财税政策引导社会加大对教育的投入，不断拓宽教育经费来源的渠道。（曹燕萍，梁胜男，2012）可以借鉴国外经验，政府通过发行教育公债、实行企业参与办学等形式吸引社会资金，以弥补教育经费投入的不足。学校可以凭借自身的优质教育资源，积极利用首都丰富的民间经济和社会资源，

努力提高捐赠等在其收入来源中所占的比重，以缓解经费不足的难题。另一方面，各级各类学校应当努力提高教育经费的使用效率。各级教育主管部门和各级各类学校要树立效益意识，加强项目管理和成本核算，优化资源配置，让有限的教育经费发挥最大的使用效益。（杨振军，2009）

　　为了提高经费使用效益，应当公开教育部门内各级财务使用情况。教育财政制度确立后需依法加强监管，监管有效的重要制度保障是公共教育财政和学校财务的公开化。政府主管部门和学校应定期公开财政和财务信息，包括收入来源数量和结构，支出数量和结构，并规定收支细化科目。（王善迈，2012）拓宽教育的收入来源后，更应当公开支出，教育部门有义务为纳税人、捐款人等提供真实的财务信息，而在这样的监督之下，教育部门和各级各类学校也可以真正树立效益意识，确保教育经费的合理使用及配置。

附录

本研究团队成员发表的相关成果

1. 褚宏启：《城乡教育一体化：体系重构与制度创新》，载《教育研究》2009 年第 11 期（《新华文摘》2010 年第 4 期转载；《高等学校文科学术文摘》2010 年第 2 期转载；《复印报刊资料·教育学》2010 年第 4 期转载；2012 年获第六届教育部高等学校科学研究优秀成果二等奖、北京市第十二届哲学社会科学优秀成果二等奖）。

2. 褚宏启：《教育制度改革与城乡教育一体化：打破城乡教育二元结构的制度瓶颈》，载《教育研究》2010 年第 11 期（《新华文摘》2011 年第 7 期转载，《复印报刊资料·教育学》2011 年第 3 期转载；2013 年获北京市第六届教育科学研究优秀成果一等奖，2014 年获第四届钱学森城市学金奖提名奖）。

3. 褚宏启：《城镇化进程中的教育变革：新型城镇化需要什么样的教育改革》，载《教育研究》2015 年第 11 期（《中国社会科学文摘》2016 年第 3 期转载）。

4. 褚宏启：《城镇化进程中的户籍制度改革与教育机会均等：如何深化异地中考和异地高考改革》，载《清华大学教育研究》2015 年第 6 期（《新华文摘》2016 年第 3 期转载）。

5. 褚宏启：《新型城镇化与教育行政职能转变：城镇化进程中的教育行政改革》，载《教育学报》2015 年第 6 期。

6. 褚宏启、贾继娥：《新型城镇化与教育体系重构》，载《中国人民大学教育学刊》2015 年第 4 期。

7. 褚宏启：《新型城镇化引发的基础教育变革》，载《人民教育》2016 年第 12 期。

8. 褚宏启：《城镇化进程中教育如何促进社会融合与社会稳定》，载《教育理论与实践》2016 年第 16 期。

9. 贾继娥、褚宏启：《新型城镇化的核心与教育目标的重构：兼谈教育如何促进人的城镇化》，载《教育发展研究》2016 年第 19 期。

10. 赵茜、褚宏启：《新型城镇化与教育空间布局优化》，载《中国教育学刊》2016 年第 4 期。

11. 李刚、赵茜：《城镇化进程中教育发展方式的转变：让教育成为人的城镇化的不竭动力》，载《中国人民大学教育学刊》2015 年第 3 期。

12. 卢伟、褚宏启：《新型城镇化进程中的农民工随迁子女公共教育服务均等化》，载《现代教育管理》2016 年第 5 期。

13. 林存银、褚宏启：《城乡教育一体化及其制度保障》，载《教育科学研究》2011 年第 5 期。

14. 曹原、李刚：《城乡教育一体化视野下的教师人事制度重建》，载《教育科学研究》2011 年第 5 期。

15. 冯晋婧：《城乡教育一体化进程中的入学招生制度变革》，载《教育科学研究》2011 年第 5 期。

16. 李娟、潘睿：《城乡一体化背景下基础教育阶段学生培养制度的探讨》，载《教育科学研究》2011 年第 5 期。

17. 成刚：《促进城乡教育一体化的投入体制研究》，载《教育科学研究》2011 年第 6 期。

18. 赵茜：《城乡一体化的教育质量保障制度研究》，载《教育科学研究》2011 年第 6 期。

19. 高莉、李刚：《城乡教育一体化背景下的办学体制改革研究》，载《教育科学研究》2011 年第 6 期。

20. 范魁元、王晓玲：《城乡教育一体化背景下教育管理体制改革研究》，载《教育科学研究》2011 年第 6 期。

21. 卢伟：《流动人口子女义务教育制度变迁路径分析：基于制度经济学视角》，载《社会科学辑刊》2011 年第 6 期。

参 考 文 献

安雪慧，2014. 我国中小学教师工资水平变化及差异特征研究 [J]. 教育研究 (12)：44-53.

奥格本，1989. 社会变迁 [M]. 杭州：浙江人民出版社.

巴顿，1984. 城市经济学 [M]. 上海社会科学院部门经济研究所城市经济研究室，译. 北京：商务印书馆.

北京人口发展研究中心，2014. 北京人口发展发展研究报告 (2013) [M]. 北京：社会科学文献出版社.

北京市总工会，2006. 关于北京市外地来京农民工基本情况及权益保护状况的调研 [EB/OL]. (2016-01-23). http：//www. docin. com/p-1437875546. html.

蔡继乐，施剑松，2014. 16 个区因地制宜各自出招，做大优质教育资源"蛋糕"：北京绘制教育新地图 [N]. 中国教育报，2014-04-19 (1).

蔡俊豪，陈兴渝，1999. "城市化"本质含义的再认识 [J]. 城市发展研究 (5)：22-25.

蔡荣，等，2007. 县域经济与城镇化的协调发展 [J]. 决策与统计 (18)：118-120.

蔡永红，梅恩，2012. 美国中小学教师绩效工资改革的沿革、特点及启示 [J]. 比较教育研究 (8)：14-19.

曹燕萍，梁胜男，2012. 基于双变量 Theil 指数的政府教育投入公平性问题研究 [J]. 中央财经大学学报 (1)：15-20.

曹原，李刚，2011. 城乡教育一体化视野下的教师人事制度重建 [J]. 教育科学研究 (5)：14-17.

曹中平，杨元花，2008. 亲子分离对留守儿童安全感发展的影响研究 [J]. 教育测量与评价（理论版）(1)：36-38.

常艳，2014. 城市化发展历程回顾与新型城市化发展趋势分析：以特大城市北京为例 [J]. 理论月刊 (9)：138-140.

陈斌，2012. 异地高考的利益博弈、困境分析与对策建议 [J]. 教育与考试 (5)：10-14.

陈斌，2015. "异地高考"政策复杂性探微：基于 30 个省、自治区、直辖市"异地高考"方案的内容分析 [J]. 教育科学 (1)：55-61.

陈光金，1998. 成就、困境与出路：迈向 21 世纪的乡土中国 ［M］//韩明漠，等. 社会学家视野：中国社会与现代化. 北京：中国社会出版社.

陈红梅，阎瑞华，2014. 论农村留守儿童学前教育公共服务体系的建立 ［J］. 哈尔滨学院学报 （12）：127-129.

陈虹，吴为，2005. 北京地区寄宿中学生心理状况调查 ［J］. 中小学心理健康教育 （12）：7-9.

陈龙，2015. 化解地方财政困难的治本之策 ［N］. 人民日报，2015-08-05 （7）.

陈明星，叶超，周义，2011. 城市化速度曲线及其政策启示：对诺瑟姆曲线的讨论与发展 ［J］. 地理研究 （8）：1499-1507.

陈琦，刘儒德，2007. 当代教育心理学 ［M］. 北京：北京师范大学出版社.

陈向明，王志明，2013. 义务教育阶段教师培训调查：现状、问题与建议 ［J］. 开放教育研究 （4）：11-19.

陈旭宽，等，2015. 广州市"异地中考"政策实施状况分析 ［J］. 教育导刊 （4）：37-41.

陈甫军，景普秋，陈爱民，2009. 中国城市化道路新论 ［M］. 北京：商务印书馆.

陈振华，2010. 关于优质教育资源发展方式的思考 ［J］. 教育研究与实验 （5）：44-48.

陈竹，2014. 异地高考今年扩至 30 个省区市 ［N］. 中国青年报，2014-02-21 （3）.

成刚，孙宏业，2015. 省级统筹、纵向公平与省域城乡义务教育差距：基于北京市 2003—2013 年小学数据的分析 ［J］. 教育与经济 （2）：11-16.

成刚，孙晓梁，孙宏业，2015. 省内财政分权与"新机制"对城乡义务教育经费差距的影响：基于浙江省普通小学数据的分析 ［J］. 北京师范大学学报 （社会科学版） （2）：130-141.

成刚，2011. 促进城乡教育一体化的投入体制研究 ［J］. 教育科学研究 （6）：17-20.

程良道，2005. 农村"留守儿童"现状的调查及对策 ［J］. 湖北师范学院学报 （6）：116-117.

程墨，肖昌斌，曾宪波，2006. 教师缺编：农村教育的一道坎儿 ［N/OL］. 中国教育报，2006-11-12 ［2016-12-10］. http：//www. jyb. cn/basc/xw/200611/t20061112-48474. html.

褚宏启，2005. 政府与学校的关系重构 ［J］. 教育科学研究 （1）：41-45.

褚宏启，2009. 城乡教育一体化：体系重构与制度创新：中国教育二元结构及其破解 ［J］. 教育研究 （11）：3-10，26.

褚宏启，2010. 教育制度改革与城乡教育一体化：打破城乡教育二元结构的制度瓶颈 ［J］. 教育研究 （11）：3-11.

褚宏启，2011. 地方政府教育政绩考核评价指标体系与教育问责制度的构建 ［J］.

教育发展研究（3）：28-33.

　　褚宏启，2013a. 教育现代化的本质与评价［J］. 教育研究（11）：4-10.

　　褚宏启，2013b. 教育现代化的路径［M］. 北京：教育科学出版社：174-175.

　　褚宏启，2014a. 教育治理：以共治求善治［J］. 教育研究（10）：4-11.

　　褚宏启，2014b. 教育治理中的多元参与及其作用互补［J］. 教育发展研究（19）：1-7.

　　褚宏启，2014c. 中国现代教育体系研究［M］. 北京：北京师范大学出版社：130-131，133.

　　褚宏启，2015a. 城镇化进程中的教育变革：新型城镇化需要什么样的教育改革［J］. 教育研究（11）：4-13.

　　褚宏启，2015b. 我国学生的核心素养及其培育［J］. 中小学管理（9）：4-7.

　　褚宏启，2016a. 核心素养的概念与本质［J］. 华东师范大学学报（教育科学版）（1）：1-3.

　　褚宏启，2016b. 以核心素养引领教育教学改革［J］. 中国德育（1）：1.

　　崔国富，耿海英，2013. 学前教育的基础性与农村幼儿园小学化、城市化的矫治［J］. 现代教育管理（9）：40-45.

　　崔向华，2014. 市民化与土地脱钩：北京城乡结合部新型城镇化问题思考［J］. 国际城市规划（29）：46-51.

　　代礼胜，2011. 农村教师专业发展的个案研究［D］. 长春：东北师范大学.

　　戴凤燕，2012. 城市流动就业人员的培训参与和培训收益率：基于北京调查数据［J］. 中国社会科学院研究生院学报（3）：62-66.

　　邓恩，2010. 公共政策分析导论［M］. 2版. 谢明，杜子芳，等译. 北京：中国人民大学出版社.

　　邓琦，金煜，2015. 习近平：疏解北京非首都功能［EB/OL］. （2015-02-11）［2016-06-27］. http：//news. xinhuanet. com/chanye/2015-02-11/c-1114339800. htm.

　　邓泽军，等，2013. 中国西部农村教师专业化发展策论［M］. 成都：四川大学出版社.

　　丁守海，2014. 概念辨析：城市化、城镇化与新型城镇化［N］. 中国社会科学报，2014-05-30（A06）.

　　董圣足，2015. 对民办学校实施分类管理需要智慧和耐心［J］. 教育发展研究（7）：6.

　　董世华，2012. 我国农村寄宿制学校问题研究［D］. 上海：华东师范大学.

　　董世华，2013. 我国农村寄宿制学校发展趋势及特征的实证分析：基于五省部分县（市）的调查数据［J］. 现代教育管理（3）：22-28.

　　杜育红，2005. 农村基础教育投入：渐进发展与技术难题［J］. 人民教育（Z1）：12-13.

杜育红，2006. 关于农村义务教育投入保障机制的思考［J］. 华南师范大学学报（社会科学版）（1）：103-105.

杜育红，2013. 农村教育：界定及其发展趋势［J］. 华南师范大学学报（社会科学版）（1）：19-22.

段成荣，吕利丹，王宗萍，等，2013. 我国流动儿童生存和发展：问题与对策：基于2010年第六次全国人口普查数据的分析［J］. 南方人口（4）：44-55.

段成荣，杨舸，2008. 我国农村留守儿童状况研究［J］. 人口研究（3）：15-25.

段成荣，周福林，2005. 我国留守儿童状况研究［J］. 人口研究（1）：29-36.

段成荣，2015. 我国流动和留守儿童的几个基本问题［J］. 中国农业大学学报（社会科学版）（1）：46-50.

范恒山，陶良虎，2009. 中国城市化进程［M］. 北京：人民出版社.

范会芳，2009. 城郊农民市民化：进展、阻碍与出路：以郑州市为例［J］. 河南工业大学学报（社会科学版）（3）：21-24.

范先佐，等，2011. 人口流动背景下的义务教育体制改革［M］. 北京：中国社会科学出版社.

范先佐，郭清扬，付卫东，2015. 义务教育均衡发展与省级统筹［J］. 教育研究（2）：67-74.

范先佐，2006. 农村中小学布局调整的原因、动力及方式选择［J］. 教育与经济（1）：26-29.

范先佐，2007. 进城务工就业农民子女的教育公平与制度保障［J］. 河北师范大学学报（教育科学版）（1）：13-20.

范先佐，2014a. 城镇化背景下县域义务教育发展问题与策略［J］. 华中师范大学学报（人文社会科学版）（4）：139-146.

范先佐，2014b. 关键是要确保教师工资福利待遇的不断提高［J］. 教育与经济（1）：8-9.

方辉振，黄科，2013. 新型城镇化的核心要求是实现人的城镇化［J］. 中共天津市委党校学报（4）：63-68.

费景汉，雷恩斯，1989. 劳力剩余经济的发展［M］. 王月，译. 北京：华夏出版社.

费孝通，1999. 费孝通文集：卷四［M］. 北京：群言出版社.

冯帮，崔梦川，2013. 关于农民工对异地高考政策反响的调查报告［J］. 上海教育科研（1）：47-50.

冯芳，2014. 从生师比和平均班额看我国中小学教育现状：从我国与部分OECD国家的比较角度［J］. 教学与管理（30）：35-37.

冯虹，艾小青，2012. 农民工就业满意度及其影响因素研究：基于北京市抽样调查数据［J］. 北京工业大学学报（社会科学版）（12）：7-11.

冯晋婧，2011. 城乡教育一体化进程中的入学招生制度变革 ［J］. 教育科学研究（5）：18-21.

冯文全，夏茂林，2009. 四川省城乡义务教育师资配置问题与对策探讨 ［J］. 教育与经济（2）：25-29.

冯晓英，2013. 北京重点村城市化建设的实践与反思 ［J］. 北京社会科学（6）：56-62.

付薇，李旭，2014. 浅议新生代农民工培训经费分摊机制 ［J］. 现代经济信息（7）：201-202.

甘琼英，何岩，褚宏启，2013. 为全民终身学习服务：我国继续教育发展方式的转变 ［J］. 教育发展研究（7）：27-31.

高莉，李刚，2011. 城乡教育一体化背景下的办学体制改革研究 ［J］. 教育科学研究（6）：9-12.

高佩义，1991. 中外城市化比较研究 ［M］. 天津：南开大学出版社.

高文斌，王毅，王文忠，等，2007. 农村留守学生的社会支持和校园人际关系 ［J］. 中国心理卫生杂志（11）：791-794.

高政，刘胡权，2014. 农村小规模学校教师队伍现状与改进对策 ［J］. 中国教育学刊（8）：18-23.

哥伦斯基，2005. 社会分层 ［M］. 2 版. 王俊，等译. 北京：华夏出版社.

葛新斌，尹姣容，2014. 农民工随迁子女异地高考困局的成因与对策 ［J］. 华南师范大学学报（社会科学版）（2）：48-52.

龚晶，张峻峰，2013. 北京市农民工社会保障现状调查 ［J］. 调研世界（11）：33-36.

辜胜阻，曹誉波，李洪斌，2013. 深化城镇化投融资体制改革 ［J］. 中国金融（6）：9-11.

辜胜阻，易善策，郑凌云，2006. 基于农民工特征的工业化与城镇化协调发展研究 ［J］. 人口研究（5）：1-8.

辜胜阻，李华，易善策，2010. 城镇化是扩大内需实现经济可持续发展的引擎 ［J］. 中国人口科学（3）：2-10，111.

辜胜阻，刘磊，李睿，2015. 新型城镇化下的职业教育转型思考 ［J］. 中国人口科学（5）：2-9.

谷子菊，2009. 为"留守儿童"去污名化：关注"留守儿童"的心理健康 ［J］. 牡丹江教育学院学报（3）：109-110.

顾明远，1998. 教育大辞典 ［M］. 上海：上海教育出版社.

顾仲阳，2013. 市民化成本并非高不可攀 ［N］. 人民日报，2013-12-01（9）.

郭光磊，等，2013. 北京市新型城镇化问题研究：战略与政策分析（上）［M］. 北京：中国社会科学出版社.

郭莉，2012. 促进学前教师队伍合理流动的制度思考：基于马斯洛需要层次理论的视角［J］. 西南民族大学学报（人文社会科学版）（11）：220-223.

郭清扬，2014. 义务教育均衡发展与农村寄宿制学校建设［J］. 教育与经济（4）：36-43.

郭正，2011. 农村教师流动意愿的家庭因素研究［D］. 长春：东北师范大学.

国家教育发展研究中心，2008. 2008 年中国教育绿皮书［M］. 北京：教育科学出版社.

国家人口和计划生育委员会流动人口服务管理司，2010. 中国流动人口发展报告 2010［M］. 北京：中国人口出版社.

国家人口和计划生育委员会流动人口服务管理司，2011. 中国流动人口发展报告 2011［M］. 北京：中国人口出版社.

国家人口和计划生育委员会流动人口服务管理司，2012. 中国流动人口发展报告 2012［M］. 北京：中国人口出版社.

国家统计局，2016. 2015 年农民工监测调查报告［EB/OL］.（2016－04－28）［2016－06－28］. http：//www. gov. cn/xinwen/2016-04/28/content_ 5068727. htm.

国家卫生和计划生育委员会流动人口司，2014. 中国流动人口发展报告 2014［M］. 北京：中国人口出版社.

国务院，2015. 截至 2014 年底，全国随迁子女在公办学校就学比例保持在 80%［EB/OL］.（2015－02－28）［2016－06－28］. http：//www. gov. cn/2015-02/28/content_ 2823053. htm.

国务院发展研究中心课题组，2010. 农民工市民化对扩大内需和经济增长的影响［J］. 经济研究（6）：4-16.

国务院发展研究中心课题组，2011. 农民工市民化进程的总体态势与战略取向［J］. 改革（5）：5-29.

国务院农民工办课题组，2013. 中国农民工发展研究报告［M］. 北京：中国劳动社会保障出版社.

韩长赋，2007. 中国农民工的发展与终结［M］. 北京：中国人民大学出版社.

韩长赋，2014. 正确认识和解决当今中国农民问题［J］. 中国乡镇企业（2）：15-17.

韩建平，2015. 北京将实施居住证制度，确保常住人口不超 2300 万［N］. 北京晚报，2015-12-08.

韩娟，刘希伟，2014. "高考户籍制"：彻底终结还是有限松绑？［J］. 山东高等教育（11）：62-68.

韩世强，2010. 法律如何保障农民工随迁子女的学前教育公平［J］. 社会科学战线（7）：166.

韩小雨，庞丽娟，谢云丽，2010. 中小学教师编制标准和编制管理制度研究：基于全国及部分省区现行相关政策的分析 [J]. 教育发展研究（8）：15-19.

郝孟佳，2011. 教育部：农村小学教师学历合格率达 99. 3% [EB/OL]. (2011-09-06) [2016-06-27]. http：//edu. people. com. cn/GB/15599260. html.

郝振，崔丽娟，2014. 受歧视知觉对流动儿童社会融入的影响：中介机制及自尊的调节作用 [J]. 心理发展与教育（2）：137-144.

何精华，2008. 政府工作流程创新：理论逻辑与路径选 [J]. 上海行政学院学报（3）：44-52.

和震，李晨，2013. 破解新生代农民工高培训意愿与低培训率的困局：从人力资本特征与企业培训角度分析 [J]. 教育研究（2）：105-110.

洪银兴，陈雯，2003. 城市化和城乡一体化 [J]. 经济理论与经济管理（4）：5-11.

胡枫，李善同，2009. 父母外出务工对农村留守儿童教育的影响 [J]. 管理世界（2）：67-74.

胡锦涛，2005. 在中央人口资源环境工作座谈会上的讲话（2004 年 3 月 10 日）[M] //中共中央文献研究室. 十六大以来重要文献选编：上. 北京：中央文献出版社.

胡俊生，李期，2013. 城市让教育更美好：再论城镇化进程中的农村教育 [J]. 当代教育与文化（6）：69-75.

胡俊生，司晓宏，2009. 农村教育城镇化的路径选择："平原模式"与"柯城模式"浅析 [J]. 北京大学教育评论（3）：180-187.

胡俊生，2010. 农村教育城镇化：动因、目标及策略探讨 [J]. 教育研究（2）：89-94.

胡联合，胡鞍钢，2009. 国家制度建设何以特别重要 [N]. 中国社会科学报，2009-07-30 (4).

胡卫，等，2010. 办学体制改革：多元化的教育诉求 [M]. 北京：教育科学出版社.

胡心怡，等，2007. 生活压力事件、应对方式对留守儿童心理健康的影响 [J]. 中国临床心理学杂志（5）：502-503.

胡友志，2012. 优质均衡视野下义务教育学区化管理探究 [J]. 中国教育学刊（4）：11-14.

黄白，2008. 农村教师专业发展：中国教师教育研究新动向 [J]. 教育理论与实践（1）：40-44.

黄东有，2012. 长三角地区农村教师流动问题研究：以嘉兴市为例 [J]. 教育理论与实践（12）：23-26.

黄海，张舵，2011. 北京常住总人口破 2020 年控制目标，超资源承载极限 [EB/OL]. (2011-02-21) [2016-06-27]. http：//news. xinhuanet. com/politics/2011-02/21/c_121102030. htm.

黄锟，楚睿，2008. 农民工职业技能培训的现状、特征与对策 [J]. 辽宁农业职业技术学院学报（4）：51-53.

黄荣清，2008. 是"郊区化"还是"城市化"？：关于北京城市发展阶段的讨论 [J]. 人口研究（1）：34-42.

黄艳苹，李玲，2007. 不同留守类型儿童心理健康状况比较 [J]. 中国心理卫生杂志（10）：669-671.

纪韶，2013. 农民工融入城市调查研究：以在北京务工的 500 个农民工家庭为对象 [J]. 经济与管理研究（4）：44-49.

纪秀君，2014. 求解农村教师结构性缺编难题 [N]. 中国教育报，2014-11-19（1）.

贾继娥，褚宏启，2012. 教育发展方式转变的三条路径 [J]. 教育发展研究（3）：1-6.

江静，2008. 农村中小学教师评价探析 [J]. 现代教育科学（3）：4-6.

江静，2011. 北京近郊失地农民市民化现状研究：以来广营村为例 [J]. 北京工业大学学报（社会科学版）（11）：7-15.

江霞，2013. 我国农民工培训中的政府投入困境分析及解决路径 [J]. 职教通讯（25）：40-42.

蒋笃运，2009. 保障农村孩子"上好学"的着力点 [J]. 中国教育学刊（3）：5-7.

蒋坤，2013. 北京市异地高考改革的阻力研究：评北京市"异地高考过渡方案" [D]. 大连：东北财经大学.

焦海洋，2015. 聚焦乡村教育：乡村校"缺人超编"现象调查 [EB/OL]. （2015-11-16）[2016-06-27]. http://www.henan100.com/edu/edunew/node_241313.shtml.

教育部，2015a. 2014 年全国教育事业发展统计公报 [EB/OL]. （2015-07-30）[2016-06-22]. http://politics.people.com.cn/n/2015/0730/c1001-27385268.html.

教育部，2015b. 2015 年重点高校定向招收 5 万农村学生 [EB/OL]. （2015-04-06）[2016-06-22]. http://www.eol.cn/gao_kao/news/201504/t20150406_1244414.shtml.

教育部，2016a. 关于做好 2016 年城市义务教育招生入学工作的通知 [EB/OL]. （2016-02-19）[2016-06-22]. http://www.moe.edu.cn/srcsite/A06/s3321/201602/t20160219_229803.html.

教育部，2016b. 我国将摸清留守儿童底数，建立农村留守儿童信息库 [EB/OL]. （2016-03-30）[2016-06-22]. http://www.moe.gov.cn/jyb_xwfb/s5147/201603/t20160330_235908.html.

教育部，1999. 面向 21 世纪教育振兴行动计划 [EB/OL]. （1999-02-25）[2016-06-27]. http://www.gmw.cn/01gmrb/1999-02/25/GB/17978%5EGM3-2505.HTM.

教育部发展规划司，2001. 中国教育统计年鉴 2000 [M]. 北京：人民教育出版社.

金晶，2012. 都是"撤点并校"的错吗？[J]. 廉政瞭望（1）：5.

金太军，等，2002. 政府职能：梳理与重构［M］. 广州：广东人民出版社.

金维刚，2014. 中国城镇化的核心是农民工的城镇化［EB/OL］. （2014-10-25）［2016-06-27］. http：//sg. xinhuanet. com/2014-10/25/c_ 127135749. htm.

卡诺依，2005. 教育经济学国际百科全书［M］. 闵维方，等译. 北京：高等教育出版社.

康就升，1990. 中国城市化道路研究概述［J］. 学术界动态（6）：56-59.

柯春晖，褚宏启，2015. 城镇化进程与教育管理体制改革［M］. 北京：教育科学出版社.

柯春晖，褚宏启，张雪，等，2014. 城镇化进程中的教育管理体制改革问题［J］. 人民教育（23）：10-13.

库姆斯，2001. 世界教育危机［M］. 赵宝恒，译. 北京：人民教育出版社.

赖德胜，郑勤华，2005. 当代中国的城市化与教育发展［J］. 北京师范大学学报（社会科学版）（5）：27-35.

蓝颖春，2016. 人口密度并非一无是处：访北京大学国家发展研究院教授周其仁［J］. 地球（3）：36-38.

劳凯声，2012. "异地高考"最终的改革目标应该是考招分离［J］. 中国教师（12）：6-8.

雷万鹏，2014. 城镇化进程中农村小规模学校发展［J］. 全球教育展望（2）：115-120.

雷万鹏，张婧梅，文璠，2011. 论农村学前教育投入的底线标准：对湖北省Y县的实证调查［J］. 教育与经济（4）：30-33.

雷万鹏，钟宇平，2003. 中国农村家庭教育支出的实证研究：1985—1999［J］. 教育理论与实践（7）：38-42.

李虎林，2010. 农村教师专业发展的制度阻力与化解对策［J］. 教育探索（10）：85-87.

李军，2010. 制约农村教师自主专业发展的因素与对策［J］. 教育探索（11）：110-113.

李培，2015. 北京市义务教育均衡评估一次性通过"国检"，六大经验彰显"北京理念"［J］. 北京教育（普教版）（6）：1.

李培林，2013. 当代中国城市化及其影响［M］. 北京：社会科学文献出版社.

李强，2003. 影响中国城乡流动人口的推力与拉力因素分析［J］. 中国社会科学（1）：125-136，207.

李强，2013. 多元城镇化与中国发展［M］. 北京：社会科学文献出版社.

李青柳，2013. 城乡统筹背景下农村中小学教师专业发展策略研究：以重庆市Y区为例［D］. 重庆：西南大学.

李少梅，2013. 政府主导下的我国农村学前教育发展研究［D］. 西安：陕西师范大学.

李腾云，2006. 娄底市农村义务教育教师流动状况调查及对策研究［D］. 长沙：国防科学技术大学.

李铁，2013. 城镇化是一次全面深刻的社会变革［M］. 北京：中国发展出版社.

李廷洲，薛二勇，赵丹丹，2016. 中小学教职工编制的政策分析与路径探析［J］. 教育研究（2）：63-69.

李宜江，2013. 农村教师编制动态管理有效路径探析［J］. 中国教育学刊（6）：32-35.

连文达，2014. 城镇化进程中农村教师队伍建设的现实问题与对策探析：以福建省DH县为例［J］. 当代继续教育（2）：55-57.

联合国教科文组织，2008. 教育：财富蕴藏其中［M］. 联合国教科文组织总部中文科，译. 北京：教育科学出版社.

廉思，陶元浩，2013. 服务业新生代农民工精神文化生活的实证研究：基于北京的调查分析［J］. 中国青年研究（5）：57.

梁景和，2015. 首都新型城镇化与农业人口转移研究［M］. 北京：首都师范大学出版社.

列宁，1959. 列宁全集：第3卷［M］. 中央编译局，译. 北京：人民出版社.

令平，司晓宏，2010. 西部地区农村义务教育形势分析［J］. 教育研究（8）：13-19.

刘传江，2010. 新生代农民工的特点、挑战与市民化［J］. 人口研究（2）：37-38.

刘传江，王志初，2001. 重新解读城市化［J］. 华中师范大学学报（人文社会科学版）（4）：65-71.

刘传江，徐建玲，等，2008. 中国农民工市民化进程研究［M］. 北京：人民出版社.

刘飞，2013. "芳草教育"集团化办学之策略［J］. 北京教育（6）：27.

刘奉越，花月，2014. 基于失地农民市民化的成人教育策略［J］. 继续教育（24）：37.

刘海瑞，2014. 进城农民工子女义务教育问题研究：基于北京市朝阳区的调查［J］. 中小企业管理与科技（4）：160-161.

刘豪兴，2008. 农村社会学［M］. 北京：中国人民大学出版社.

刘慧涵，2010. 北京打工子弟学校的困境及学校社会工作的介入：以北京石景山HA打工子弟小学为例［J］. 社会工作（9）：40-42.

刘俊彦，2007. 新生代当代中国青年农民工研究报告［M］. 北京：中国青年出版社.

刘利民，2012. 城镇化背景下的农村义务教育［J］. 求是（23）：55-57.

刘亮，胡德仁，2009. 教育专项转移支付挤出效应的实证评估：基于面板数据模型

的实证分析 ［J］. 经济与管理研究 （10）：116-121.

刘其劲，2014. 广州异地中考方案敲定：公办高中招收非穗户籍考生比例为 8% ［N］. 南方都市报，2014-03-25 （A11）.

刘谦，冯跃，生龙曲珍，2012. 家庭教育与学校教育互动的文化机理初探：基于对北京市农民工随迁子女教育活动的田野观察 ［J］. 教育研究 （7）：22-28.

刘善槐，邬志辉，2013. 农民工随迁子女公办校的教育质量困境与应对策略 ［J］. 教育发展研究 （6）：1-6.

刘善槐，邬志辉，史宁中，2014. 我国农村学校教师编制测算模型研究 ［J］. 教育研究 （5）：50-57.

刘士林，2013. 关于我国城镇化问题的若干思考 ［J］. 学术界 （3）：5-13.

刘松颖，2013. 基于就业能力的新生代农民工培训对策研究 ［J］. 现代经济信息 （10）：359.

刘霞，2008. 流动儿童歧视知觉：特点、影响因素与作用机制 ［D］. 北京：北京师范大学.

刘霞，范兴华，申继亮，2007. 初中留守儿童社会支持与问题行为的关系 ［J］. 心理发展与教育 （3）：98-102.

刘小春，李婵，2014. 新型城镇化进程中政府财政责任 ［J］. 农业经济 （3）：24-26.

刘雪雯，2013. 个人失调、群体划界和生活机会的不平等：北京市 L 社区农民工子女身份政治研究 ［D］. 北京：中国政法大学.

刘亚臣，周健，2009. 基于 "诺瑟姆曲线" 的我国城市化进程分析 ［J］. 沈阳建筑大学学报 （社会科学版） （1）：37-40.

刘义胜，2009. 论地方政府职能转变的财政体制制约与对策 ［J］. 内蒙古大学学报 （哲学社会科学版） （2）：86-90.

刘渝琳，2009. 中国农民工生活质量评价与保障制度研究 ［M］. 北京：科学出版社.

刘正奎，高文斌，王婷，等，2007. 农村留守儿童焦虑的特点及影响因素 ［J］. 中国临床心理学杂志 （2）：177-182.

卢海燕，2014. 论政府绩效管理转型 ［J］. 中国行政管理 （12）.

卢伟，2013. 农民工随迁子女教育公平的制度设计：基于北京市的实证调查 ［D］. 北京：北京师范大学.

陆学艺，2002. 当代中国社会阶层的研究报告 ［M］. 北京：社会科学文献出版社.

陆益龙，2003. 户籍制度：控制与社会差别 ［M］. 北京：商务印书馆.

吕绍青，张守礼，2001. 城乡差别下的流动儿童教育：关于北京打工子弟学校的调查 ［J］. 战略与管理 （1）：95-100.

罗曼，2014. 我国学前教育办学体制的改革研究及其政策建议 ［J］. 赤峰学院学报

（自然科学版）（8）：148-149.

罗英智，李卓，2012. 农民工随迁子女学前教育现状与对策［J］. 中国教育学刊（10）：19-21.

罗云，王海迪，2011. 城市公立学校中流动儿童的社会认同研究［J］. 中国人民大学教育学刊（2）：106-116.

马国才，王留柯，2011. 农民工子女入园现状及其存在问题与解决：以鞍山市为例［J］. 学前教育研究（3）：21-24.

马佳宏，2013. 城乡义务教育教师队伍结构性失衡的问题与对策：基于广西情况的分析［J］. 广西师范大学学报（哲学社会科学版）（2）：135-137.

马建富，2014. 新型城镇化进程中农民工人力资本提升的职业教育培训路径［J］. 教育发展研究（9）：7-14.

马文起，2008. 中部地区农村教师流动的经济因素分析与对策［J］. 周口师范学院学报（5）：90-92.

马晓娜，2015. 我国随迁子女异地高考研究述评：基于2000—2013年CNKI期刊数据的分析［J］. 上海教育科研（2）：32-35.

马壮，2014. 城镇化进程中推进城乡义务教育一体化机制研究［J］. 教学与管理（33）：35-38.

孟欢欢，成聪聪，2011. 我国城市与乡村学生体质状况比较［J］. 中国学校卫生（12）：1525-1527.

孟引变，2009. 农村初中教师生存状态的调查与思考：以山西省为例［J］. 中国教育学刊（9）：37-39.

默顿，2001. 社会研究与社会政策［M］. 林聚任，译. 北京：生活·读书·新知三联书店.

农民工法律援助网，2011. 近年来颁布的有利于农民工的政策法规［EB/OL］.（2011-09-23）［2016-06-27］. http://www.zgnmg.org/a/08yjbg/01yjcg/242.html.

诺斯，2008. 制度、制度变迁与经济绩效［M］. 杭行，译. 上海：上海三联书店.

帕克，伯吉斯，麦肯齐，1987. 中译本序言［C］//城市社会学：芝加哥学派城市研究论文集. 宋佳岭，吴建华，王登斌，译. 北京：华夏出版社.

潘寄青，沈涛，2012. 新生代农民工职业培训的政府责任与协调机制［J］. 江西社会科学（6）：199-203.

潘旭涛，冯霜晴，2013. 解码异地高考［N］. 人民日报（海外版），2013-01-10（4）.

庞丽娟，2006. 农村中小学布局调整应因地制宜［N］. 人民日报，2006-03-16（1）.

庞丽娟，2014. 学前教育财政投入结构亟须优化［N］. 中国教育报，2014-05-25（1）.

庞丽娟，范明丽，2013. "省级统筹，以县为主"完善我国学前教育管理体制［J］.

教育研究（10）：24-28.

庞丽娟，冯江英，2014. 学前教育公共服务分类与"一主多元"供给机制设计[J]. 中国教育学刊（7）：1-6.

庞丽娟，韩小雨，2010. 中国学前教育立法：思考与进程[J]. 北京师范大学学报（社会科学版）（5）：14-19.

庞丽娟，洪秀敏，孙美红，2012. 高位入手，顶层设计我国学前教育政策[J]. 教育研究（10）：104-107.

配第，1978. 政治算术[M]. 陈冬野，译. 北京：商务印书馆.

彭波，2011. 困境与突破：农村教师流动问题分析与路径选择[J]. 教育导刊（11）：21-24.

彭礼，周益霞，2011. 30年来农村教师流动研究综述[J]. 当代教育理论与实践（6）：27-30.

皮武，2011. 农村基础教育的课程公平：基于罗尔斯正义原则的检视[J]. 现代教育管理（3）：15-18.

蒲敏簪，2012. 西北贫困地区义务教育城乡教师流动的调查研究：以甘肃省21所学校为例[D]. 兰州：西北师范大学.

钱杰，2015. 深化财税体制改革，助推新型城镇化建设[N]. 金融时报，2015-07-20（11）.

钱宪文，金蕾蕾，2015. 加快推进义务教育优质均衡发展[J]. 前线（5）：73.

钱再见，2013. 新型城镇化进程中的政府职能转变：基于空间权力视角的分析[J]. 中共浙江省委党校学报（5）：15-22.

乔小勇，2013. 国际城镇化研究回顾2000—2012：基于SCI/SSCI文献的分析[J]. 城市规划学刊（6）：47-57.

秦玉友，赵忠平，2014a. 农村教育发展状况调查（上）[N]. 中国教育报，2014-01-13（3）.

秦玉友，赵忠平，2014b. 农村教育发展状况报告（下）[N]. 中国教育报，2014-01-14（3）.

全国妇联，2008. 全国农村留守儿童状况研究报告（节选）[J]. 中国妇运（6）：34-37.

全国妇联课题组，2013. 全国农村留守儿童、城乡流动儿童状况研究报告[J]. 中国妇运（6）：30-34.

人民日报，1953. 切实整顿和改进小学教育[G] //中华人民共和国教育部办公厅. 教育文献法令汇编1953. 北京：中华人民共和国教育部办公厅.

任晓，2013. 匹配地方财权事权路径渐清晰[N]. 中国证券报，2013-09-23（A01）.

任远，乔楠，2010. 城市流动人口社会融合的过程、测量及影响因素[J]. 人口研究（2）：11-20.

任运昌，2008. 高度警惕留守儿童的污名化：基于系列田野调查和文献研究的呼吁[J]. 教育理论与实践（32）：3-5.

阮成武，2013. 我国义务教育均衡发展政策的演进逻辑与未来走向［J］. 教育研究（7）：37-45.

桑锦龙，2014. 扩大北京市级政府教育统筹权的思考［J］. 前线（11）：90-92.

森，2001. 贫困与饥荒［M］. 王宇，王文玉，译. 北京：商务印书馆.

沙怡梅，赵耀，徐筠，等，2013. 北京市农村寄宿制学校食物营养强化推动工作评估［J］. 中国健康教育（12）：1068-1070.

沙怡梅，赵耀，徐筠，等，2014. 北京郊区农村学生维生素 A 营养状况调查［J］. 卫生研究（3）：497-499.

上官子木，1993. 隔代抚养与"留守"儿童［J］. 父母必读（11）：16-17.

邵泽斌，2010a. 从"城市教育优先"到"城乡教育均衡"：新中国城乡教育关系述评［J］. 社会科学（10）：74-79，189.

邵泽斌，2010b. 理念变革与制度创新：从城乡教育均衡到城乡教育一体化［J］. 复旦教育论坛（5）：14-19.

邵泽斌，张乐天，2013. 化解义务教育择校矛盾为什么这么难［J］. 教育研究（4）：38-45.

沈阳市教育局，2014. 2013 年沈阳教育发展研究报告［R］. 沈阳：沈阳市教育局.

施雪华，张琴，2014. 国外治理理论对中国国家治理体系和治理能力现代化的启示［J］. 学术研究（6）：31-36.

石丽娟，刘京花，2013. 河北省农村学前教育调研：问题与对策［J］. 教育评论（4）：117-119.

石人炳，2005. 人口变动对教育的影响［M］. 北京：中国经济出版社.

石英德，2005. 多重视角下的教师流动问题［J］. 中国教师（1）：6.

史柏年，等，2005. 城市边缘人：进城农民工家庭及其子女问题研究［J］. 北京：社会科学文献出版社.

史湘琳，2004. 基础教育公平问题的非经济因素研究［J］. 教育学术月刊（10）：8-9.

世界银行，2005. 全球知识经济中的终身学习：发展中国家的挑战［M］. 国家教育发展研究中心，译. 北京：高等教育出版社.

首都之窗，2012. 北京市主体功能区规划［EB/OL］.［2016-06-26］. http://zhengwu. beijing. gov. cn/ghxx/qtgh/t1240927. htm.

宋月萍，李龙，2012. 随迁子女学前教育与流动女性的就业实证研究［J］. 妇女研究论丛（6）：20-23.

宋月萍，张涵爱，2015. 应授人以何渔?：农民工职业培训与工资获得的实证分析

[J]. 人口与经济（1）：81-90.

孙金锋，杨继武，2012. 新生代农民工培训中的政府职能探析 [J]. 农村经济（7）：113-117.

孙铭含，2015. 北京市农民工职业资格认证现状及影响因素分析 [D]. 北京：北京林业大学.

孙炎，尚娜，何洋，2011. 基于 AHP 的农村教师流动主要因素分析 [J]. 当代经济（6）：156-158.

孙志军，杜育红，2010. 中国义务教育财政体制改革：进展、问题与建议 [J]. 华中师范大学学报（人文社会科学版）（1）：113-119.

孙智昌，2010. 学习方式：理论结构与转变策略 [J]. 教育学报（6）：51-60.

谭深，2011. 中国农村留守儿童研究述评 [J]. 中国社会科学（1）：138-150.

汤敏，2013. 城镇化中户籍问题的关键是社会福利 [EB/OL].（2013-05-25）[2016-06-27]. http://news. xinhuanet. com/fortune/2013-05/25/c_ 124763487. htm.

唐绍菊，2010. 城乡差别视阈中的教师资源公平研究：基于绵阳市城乡小学的调查与分析 [D]. 成都：四川师范大学.

唐松林，聂英栋，2012. 超编与缺人：农村中小学师资队伍建设面临的一大难题 [J]. 河北师范大学学报（教育科学版）（10）：52-57.

田慧生，2003. 关于农村教师队伍建设问题的思考 [J]. 教育研究（8）：5-8.

田凯，1995. 关于农民工的城市适应性的调查分析与思考 [J]. 社会科学研究（5）：90-95.

田志磊，张雪，2011. 中国学前教育财政投入的问题与改革 [J]. 北京师范大学学报（社会科学版）（5）：17-22.

铁锴，2013. 城镇化难题的破解及其政府责任 [J]. 西部学刊（11）：14-18.

童潇，2012. 城乡一体化、城乡人口流动与社会管理创新："后户籍制"背景下城乡人口流动管理体制改革和社会政策创新 [J]. 贵州社会科学（10）：114-118.

万广华，蔡昉，2012. 中国的城市化道路与发展战略：理论探讨和实证分析 [M]. 北京：经济科学出版社.

万明钢，白亮，2010."规模效益"抑或"公平正义"：农村学校布局调整中"巨型学校"现象思考 [J]. 教育研究（4）：34-39.

万玉凤，2015."提前 6 年"是如何实现的？[N]. 中国教育报，2015-11-25（5）.

万玉凤，高靓，2014. 人的城镇化关键在教育 [N]. 中国教育报，2014-03-17（5）.

汪丞，郭跃进，伍香平，2014. 新形势下加强幼儿园教师队伍建设的对策思考 [J]. 学前教育研究（2）：27-32.

汪明，2014. 新型城镇化背景下农村义务教育何去何从 [J]. 人民教育（6）：15-17.

汪宇明，2002. 核心—边缘理论在区域旅游规划中的运用［J］. 经济地理（3）：372-375.

王安宁，2013. 报告称农民工多为初中文化，多数未参加技能培训［EB/OL］.（2013-05-27）［2016-06-27］. http：//www. chinanews. com/gn/2013/05-27/4858886. shtml.

王保安，2014. 新型城镇化与财税体制改革［J］. 行政管理改革（7）：4-8.

王本陆，潘国琪，刘伟，2004. 消除双轨制：我国农村教育改革的伦理诉求［J］. 北京师范大学学报（社会科学版）（5）：20-25.

王成辽，2011. 新生代农民工培训供给需求与培训意愿综合关系实证研究：对深圳新生代农民工教育培训的调查［J］. 中国劳动关系学院学报（4）：44-49.

王春光，2001. 新生代农村流动人口的社会认同与城乡融合的关系［J］. 社会学研究（3）：63-76.

王东宇，王丽芬，2005. 影响中学留守孩心理健康的家庭因素研究［J］. 心理科学（28）：477-479.

王放，2000. 中国城市化与可持续发展［M］. 北京：科学出版社.

王桂新，2013. 城市化基本理论与中国城市化的问题及对策［J］. 人口研究（6）：43-51.

王红丽，2014. 公办农民工随迁子女学校的文化融合研究：对北京市石景山区蓝天第二中学教育活动的田野调查［D］. 北京：首都师范大学.

王佳，2013. 通过学区化管理促进教育资源共享实证研究［D］. 北京：北京师范大学.

王进鑫，2008. 青春期留守儿童性安全问题调查研究［J］. 青年研究（9）：7-14.

王凯，2011. 农村教师专业发展的保障状况与对策：基于浙江省的调查研究［J］. 全球教育展望（11）：20-24.

王克忠，2010. 城镇化与城市化内涵是一致的［N］. 中华工商时报，2010-05-05（7）.

王克忠，周泽红，孙仲彝，朱惠霖，2009. 论中国特色城镇化道路［M］. 上海：复旦大学出版社.

王岚，朱静然，2014. 新生代农民工职业教育的保障机制［J］. 教育与职业（36）：84-85.

王良锋，张顺，孙业桓，2006. 农村留守儿童孤独感现况研究［J］. 中国行为医学科学（7）：639-640.

王梅，2014. 习近平提北京市五大发展要求［N］. 京华时报，2014-02-27（2）.

王淼，2014. 民族地区农村教师流动特点、成因与对策研究：以湖南通道侗族自治县为例［J］. 民族教育研究（2）：88-90.

王鹏炜，司晓宏，2011. 城乡教育一体化进程中的教师资源配置研究：以陕西省为

例 [J]. 陕西师范大学学报（哲学社会科学版）（1）：156-161.

王瑞珍，2008. 从教育公平原则看义务教育城乡差距 [J]. 中共福建省委党校学报（5）：32-36.

王善迈，2012. 以制度规范保障财政教育投入 [J]. 教育与经济（3）：1-3.

王世军，2004. 当前农村教师队伍建设存在的问题及对策研究 [J]. 教育理论与实践（10）：20-22.

王天琪，2013. 从需要理论解析流动儿童城市适应问题 [D]. 北京：首都经济贸易大学.

王唯，2003. 北京市流动人口子女义务教育政策实施分析 [J]. 中国教育学刊（10）：11-14.

王小鲁，夏小林，1999. 优化城市规模，推动经济增长 [J]. 经济研究（9）：22-29.

王兴周，2008. 农民工城市型及其影响因素研究 [D]. 上海：上海大学.

王选辉，葛剑雄，2013. 回应异地高考：应由中央政府制定方案 [N]. 中国青年报，2013-03-07.

王毅杰，倪云鸽，2005. 流动农民社会认同现状探析 [J]. 苏州大学学报（哲学社会科学版）（3）：49-53.

王云峰，何光峰，2012. 北京市义务教育城乡学生学业水平差异及原因分析 [J]. 教育科学研究（6）：5-9.

王泽德，赵上帛，2011. 当前我国农村教师队伍建设中存在的问题及对策研究 [J]. 教育探索（8）：102-104.

王章辉，黄柯可，1999. 欧美劳动力的转移和城市化 [M]. 北京：经济科学出版社.

王正惠，2011.《规划纲要》视域下农村留守儿童教育关爱服务体系的构建 [J]. 教育理论与实践（35）：27-29.

魏晔玲，2008. "房山模式"：山区义务教育均衡发展的新探索 [J]. 前线（6）：47.

温丽萍，2011. 教育均衡与教育发展之间的悖论：对教育均衡问题的一种解读 [J]. 教育发展研究（23）：57-61.

温铁军，2000. 中国的城镇化道路与相关制度问题 [J]. 开放导报（5）：21-23.

文娟，政涛，2013. 从"教育城市"到"城市教育学"：兼论当代城市化过程中的教育问题与中国经验 [J]. 首都师范大学学报（社会科学版）（4）：130-137.

文军，2004. 农民市民化：从农民到市民的角色转型 [J]. 华东师范大学学报（哲学社会科学版）（3）：55-61.

文喆，2012. 北京市流动儿童教育问题决策的伦理困境和出路 [J]. 教育科学研究（5）：12.

邬平川，2014. 我国学前教育投入的政府责任探究 [J]. 教育学报（3）：94-99.

邬巧飞，2015. 人的城镇化及实现路径研究 [J]. 求实（2）：65-70.

邬志辉，2012. 中国农村职业教育的战略转型 [J]. 社会科学战线（5）：198-199.

邬志辉，2013. 城乡教育一体化的制度束缚与破解 [J]. 华南师范大学学报（社会科学版）（1）：29-32，157.

邬志辉，2015. 乡村教育现代化三问 [J]. 教育发展研究（1）：53-56.

邬志辉，马青，2008. 中国农村教育现代化的价值取向与道路选择 [J]. 中国地质大学学报（社会科学版）（6）：3-7.

邬志辉，秦玉友，2012. 中国农村教育发展报告2011 [M]. 北京：北京师范大学出版社.

邬志辉，王存，2009. 农村被撤并学校资产处置的政策选择 [J]. 教育发展研究（21）：6-10.

吴霓，2004. 农村留守儿童问题调研报告 [J]. 教育研究（10）：15-18.

吴霓，2011. 农民工随迁子女异地中考政策研究 [J]. 教育研究（11）：3-12.

吴霓，2012. 让农民工随迁子女平等顺利接受高中段教育 [EB/OL].（2012-02-08）[2016-06-22]. http://world. jyb. cn/basc/xw/201202/t20120208_476474. html.

吴霓，朱富言，2011. 农民工随迁子女异地中考政策研究 [M]. 北京：教育科学出版社.

吴霓，朱富言，2014. 流动人口随迁子女在流入地升学考试政策分析 [J]. 教育研究（4）：43-52.

吴爽，2009. 失地农民市民化进城中的角色认同研究：以重庆市主城区失地农民为例 [D]. 重庆：西南大学.

吴为，2015. 北京：鼓励用人单位多用本市人员 [EB/OL].（2015-04-04）[2016-06-28]. http://bj. jjj. qq. com/a/20150404/007423. htm.

吴雪萍，2004. 国际职业技术教育研究 [M]. 杭州：浙江大学出版社.

吴雪娅，杜永红，2012. 论农民工随迁子女初中后教育机会均等 [J]. 内蒙古师范大学学报（教育科学版）（6）：33-35.

吴亚林，2014. 农村小规模学校的困境与出路：基于湖北省某县的个案分析 [J]. 当代教育科学（8）：6-9.

吴业苗，2010. 农村城镇化、农民居住集中化与农民非农化：居村农民市民化路径探析 [J]. 中州学刊（4）：98-103.

吴颖惠，2014. 名校办分校不是一"分"就灵 [N]. 中国教育报，2014-09-17（2）.

吴映雄，杜康力，2014. 父母外出打工对留守儿童的学业成绩的影响：基于性别差异的视角 [J]. 特区经济（4）：186-189.

习近平，2012. 在十八届中央政治局常委同中外记者见面时的讲话 [N]. 人民日报，2012-11-16（1）.

夏婧，庞丽娟，李琳，2014. 国际农村学前教育普及与发展的经验及启示 ［J］. 教育学报（6）：80-86.

线联平，2014. 扩大优质教育资源 以增量缓解择校矛盾 ［N］. 中国教育报，2014-04-30（3）.

线联平，2014. 深化首都教育领域综合改革 ［N］. 学习时报，2014-07-21（11）.

向明明，2012. 打工子弟学校拆迁与流动儿童教育问题 ［D］. 北京：中央民族大学.

肖存，2003. 论教师专业化及其推进策略 ［D］. 济南：山东师范大学.

肖雪莹，2013. 外来务工人员随迁子女"异地高考"政策的研究 ［D］. 西安：陕西师范大学.

肖正德，2012. 农村教师队伍结构的失衡问题与优化策略 ［J］. 课程·教材·教法（4）：104-108.

谢文惠，邓卫，1996. 城市经济学 ［M］. 北京：清华大学出版社.

谢延龙，2004. 当前农村义务教育投入存在的问题及对策 ［J］. 当代教育论坛（6）：12-14.

辛涛，姜宇，刘霞，2013. 我国义务教育阶段学生核心素养模型的构建 ［J］. 北京师范大学学报（社会科学版）（1）：5-11.

新华网，2015. 截至2014年底全国随迁子女在公办校就学比例保持在80%［EB/OL］.（2015-02-28）［2016-06-22］. http：//education. news. cn/2015-02/28/c_127528444. htm.

新玉言，2013. 新型城镇化：理论发展与前景透析 ［M］. 北京：国家行政学院出版社.

邢芸，胡咏梅，2015. 流动儿童学前教育选择：家庭社会经济背景及迁移状况的影响 ［J］. 中国教育学刊（3）：52-55.

熊惠平，2010. 后人口红利时代的高职教育：瞄准新生代农民工 ［J］. 职业技术教育（30）：43-45.

徐飞丽，2014. 发挥行业主导作用，创新办学体制：澳大利亚TAFE模式的启示 ［J］. 文教资料（8）：113-114.

徐军，曹方，2005. 教育结构影响因素探析 ［J］. 高教论坛（2）：7-11.

徐玲，2015. 宁波市异地中考政策执行状况的调查与分析 ［J］. 上海教育科研（2）：36-39.

徐明华，盛世豪，白小虎，2003. 中国的三元社会结构与城乡一体化发展 ［J］. 经济学家（6）：20-25.

徐阳，2006. 农村留守儿童教育问题研究 ［D］. 上海：华东师范大学.

徐越，2001. 教育部高教司副司长林蕙青谈高校学科专业调整 ［J］. 中国高等教育

（9）：13-15，12.

许传新，2010. 学校适应情况：流动儿童与留守儿童的比较分析［J］. 中国农村观察（1）：76-80.

许经勇，2006. 我国城市化的目标：城乡一体化［J］. 马克思主义与现实（6）：120-123.

许衍琛，2014. 异地高考利益博弈复杂性研究：以政府为中心的考察［J］. 高教探索（1）：132-135.

续梅，2006. 推进素质教育是一项十分复杂的系统工程［N/OL］. 中国教育报，2006-11-09（1）. http：//www. jyb. cn/zgjyb/one/200611/t20061109_47803. html.

薛二勇，2013. 区域内义务教育均衡发展指标体系的构建：当前我国深入推进义务教育均衡发展的政策评估指标［J］. 北京师范大学学报（社会科学版）（4）：21-32.

严瑞河，刘春成，2014. 北京郊区农民城镇化意愿影响因素的实证分析［J］. 中国农业大学学报（社会科学版）（3）：22-29.

颜智敏，2014. 现行小学语文教科书城市偏向研究［D］. 长沙：湖南师范大学.

杨东平，王旗，2009. 北京市农民工子女初中后教育研究［J］. 北京社会科学（1）：49-54.

杨国枢，等，1991. 中国人的个人传统性与现代性：概念与测量［M］//杨国枢，黄光国. 中国人的心理与行为（1989）. 台北：桂冠图书公司.

杨海燕，2008. 城市化进程中的职业教育发展研究［M］. 青岛：中国海洋大学出版社.

杨宏娟，2014. 公立学校中流动儿童社会融合的困境探析：基于对北京市Z小学的田野观察［D］. 北京：首都师范大学.

杨菊华，段成荣，2008. 农村地区流动儿童、留守儿童和其他儿童教育机会比较研究［J］. 人口研究（1）：11-21.

杨开忠，2015. 京津冀大战略与首都未来构想：调整疏解北京城市功能的几个基本问题［J］. 人民论坛·学术前沿（2）：72-83.

杨黎源，2007. 建国后三次人口大迁徙的流动机制比较及启示［J］. 探索（3）：116-121.

杨黎源，2013. 权利回归：改革开放以来农民进城就业政策嬗变及启示［J］. 中共浙江省委党校学报（4）：106-110.

杨秋林，陈维青，陈全民，2005. 农村义务教育转移支付的公平和效率分析［J］. 教育发展研究（13）：63-66.

杨天平，2013. 我国农村中小学布局调整的原因、进程、问题及对策［J］. 教育理论与实践（16）：17-22.

杨同林，2011. 区域推进农村教师专业化发展的实践探索：以山东省宁津县为例［J］. 中国教育学刊（5）：75-77.

杨向卫，2014. 改革开放以来我国继续教育政策法规的发展历程与价值逻辑［J］. 职业技术教育（22）：63-67.

杨小微，2014. 探寻区域义务教育优质均衡发展的新机制［J］. 教育发展研究（24）：1-8.

杨振军，2009. 北京市教育投入的"两个比例""三个增长"仍需关注：基于"十五"期间北京市教育投入力度的研究［J］. 科教文汇（6）：1-2.

杨志勇，2014. 适应新型城镇化需要，加快财税体制改革［N］. 海峡财经导报，2014-10-15（2）.

姚继军，张新平，2010. 新中国教育均衡发展的测度［J］. 华东师范大学学报（教育科学版）（2）：33-42.

姚先国，俞玲，2006. 农民工职业分层与人力资本约束［J］. 浙江大学学报（人文社会科学版）（5）：16-22.

姚晓丹，2014. 户籍改革如何推动教育公平［N］. 光明日报，2014-08-04（6）.

姚毓春，2004. 人的城镇化：内在逻辑与战略选择［J］. 学习与探索（1）：106-109.

叶飞，2012. 城乡教师交流的"异化"及其对策分析［J］. 中国教育学刊（6）：17-20.

叶敬忠，王伊欢，张克云，等，2005. 对留守儿童问题的研究综述［J］. 农业经济问题（10）：75-80.

叶敬忠，王伊欢，2006. 留守儿童的监护现状与特点［J］. 人口学刊（3）：55-59.

叶琦，2013. 人走校空"空心频现"，9 年制学校 12 老师教 1 学生［N/OL］.（2013-04-12）［2016-06-28］. http://news. xinhuanet. com/edu/2013-04/12/c_124570485_2. htm.

一张，1994. "留守儿童"［J］. 瞭望新闻周刊（45）：37.

衣俊卿，2005a. 现代化与文化阻滞力［M］. 北京：人民出版社.

衣俊卿，2005b. 现代化与日常生活批判［M］. 北京：人民出版社.

佚名，2012. 十年间平均每小时消失 4 所农村学校［N］. 南方都市报，2012-11-21（A16）.

佚名，2014. 北京市推进义务教育均衡发展现状［N/OL］. 人民政协报，2014-08-15［2016-06-27］. http://epaper. rmzxb. com. cn/detail. aspx？id=345884.

佚名，2015. 举全市之力深化教育综合改革，推动义务教育优质均衡发展：教育新地图惠及百万学生［N］. 北京日报，2015-04-28（8）.

尹玉玲，2014. 以名校优势带动分校发展［N］. 中国教育报，2014-06-18（4）.

英克尔斯，史密斯，1992. 从传统人到现代人：六个发展中国家中的个人变化［M］. 北京：中国人民大学出版社.

于洪俊，宁越敏，1983. 城市地理概论［M］. 合肥：安徽科学技术出版社.

于伟，2007. 我国欠发达地区农村教师队伍建设中的结构性困境与破解 [J]. 教育研究（3）：30-36.

于忠宁，2014. 北京今年将建 20 所城乡一体化学校 [N]. 工人日报，2014-01-10（6）.

余桔云，2003. 公共财政下中国农村义务教育投入问题研究 [D]. 南昌：江西财经大学.

余钟夫，2010. 北京市城乡结合部问题研究 [M]. 北京：北京出版社.

虞小强，陈宗兴，霍学喜，2011. 城镇化进程中农村教育的困境与选择 [J]. 现代教育管理（6）：22-24.

袁桂林，2009. 我国农村学校教育诸政策评析 [J]. 中国教育学刊（2）：17-20.

袁桂林，李洪玲，2012. 农村学校布局过度调整的弊端与解决思路 [J]. 社会科学战线（5）：188-193.

苑会娜，2009. 进城农民工的健康与收入：来自北京市农民工调查的证据 [J]. 管理世界（5）：56-66.

悦中山，杜海峰，李树茁，等，2009. 当代西方社会融合研究的概念、理论及应用 [J]. 公共管理学报（2）：114-121.

曾芬钰，2002. 城市化与产业结构优化 [J]. 当代经济研究（9）：31-36.

曾明，张光，2009. 农村教育支出的财政转移支付效应研究：以浙江、江西为例 [J]. 教育与经济（3）：51-56.

曾天山，2003. 完善农村教育管理体制是发展农村教育的治本之策 [J]. 教育研究（8）：8-9.

翟博，2006. 教育均衡发展：理论、指标及测算方法 [J]. 教育研究（3）：16-28.

翟博，2007. 教育均衡发展指数构建及其运用：中国基础教育均衡发展实证分析 [J]. 国家教育行政学院学报（11）：44-53.

张斌贤，1996. 现代国家教育管理体制 [M]. 上海：上海教育出版社.

张成福，2000. 责任政府论 [J]. 中国人民大学学报（2）：75-82.

张春雨，陈玺名，2015. 现行各地异地高考政策比较与分析 [J]. 教育观察（5）：6-9.

张高丽，2015. 疏解非首都功能存量要抓紧制定政策 [EB/OL]. （2015-07-25）[2016-06-26]. http://news.sohu.com/20150725/n417489404.shtml.

张桂春，2013. 发达国家职业教育教师专业发展的规制及经验 [J]. 教育科学（5）：91-96.

张红，2013. 依托职业教育与培训，促进农民工城市融入的建议 [J]. 教育政策决策参考（8）.

张虹，2014. 北京南部新区被征地农民就业培训研究 [D]. 北京：中国农业科学院研究生院.

张鸿雁，高红，1998. 中美城市化与城乡关系发展基本规律比较：中美城市化比较的社会学视角 [J]. 江海学刊（3）：39-44.

张华初，陈友国，2005. 伟创力珠海工业园一线员工培训实践 [J]. 中国人力资源开发（9）：96-98.

张欢，张强，朱琴，2004. 农村义务教育经费"挤出效应"研究 [J]. 清华大学教育研究（5）：54-59.

张绘，2013. 我国城市流动儿童初中后教育意愿及其政策含义 [J]. 教育学报（1）：111-120.

张济洲，2005. "离农"？"为农"？：农村教育发展中的悖论 [J]. 当代教育科学，（19）：38-40.

张济洲，2006. "离农"？"为农"？：农村教育改革的困境与出路 [J]. 河北师范大学学报（教育科学版）（3）：11-14.

张景华，杜弋鹏，2013. 城乡不同校区，共享一名校长：北京今年将建成 30 所城乡一体化学校 [N]. 光明日报，2013-02-17（4）.

张侃，2014. 以城镇化发展推进城乡基础教育均衡发展研究 [J]. 教育理论与实践，（8）：12.

张雷，2011. 城乡义务教育师资均衡问题研究：以山东省为例 [D]. 济南：山东师范大学.

张林山，2015. 当前户籍制度改革需要进一步关注的几个问题 [J]. 中国经贸导刊（21）：35-37.

张娜，2013. DeSeCo 项目关于核心素养的研究及启示 [J]. 教育科学研究（10）：39-45.

张润君，2006. 中国城市化的战略选择 [M]. 北京：中国社会科学出版社.

张珊珊，2015. 随迁子女异地中考问题探寻 [J]. 中国教育学刊（9）：12-15.

张爽，2015. 截至 2014 年底，全国随迁子女在公办学校就学比例保持在 80% [EB/OL]. (2015-02-28) [2016-10-24]. http：//www. gov. CN/2015/02/28/content_2823053. htm.

张婷，2014. 全国超过八成农民工随迁子女就读输入地公办校 [N/OL]. (2014-02-21) [2016-06-28]. http：//www. jyb. cn/china/gnxw/201402/t20140221_ 570894. html.

张文茂，2013. 北京郊区城镇化和城乡一体化发展趋势 [EB/OL]. (2013-05-03) [2016-06-26]. http：//www. chinareform. org. cn/forum/crf/77/paper/201305/t20130503_ 166246. htm.

张文茂，苏慧，2009. 北京城市化进程特点研究 [J]. 北京规划建设（3）：71-75.

张文婷. 2012. 新生代农民工培训的特点与规律研究 [J]. 成人教育（7）：80-81.

张奚若，1955. 在第一届全国人民代表大会第二次会议上教育部部长张奚若的发言 [J]. 人民教育（9）：12-14.

张熙，拱雪，左慧，2012. 义务教育均衡发展的"北京模式"研究 [J]. 课程教学研究（12）：11-15.

张曦，2009. 农村中小学教师专业发展问题研究：以北京市平谷区为个案［D］. 哈尔滨：哈尔滨师范大学.

张先容，2009. 我国农村义务教育中的乡镇政府责任［D］. 武汉：华中师范大学.

张妍，2014. 教育公平视野下的异地高考问题研究［D］. 上海：上海师范大学.

张燕，李相禹，2010. 山寨幼儿园与农民工子女学前教育：对北京市城乡交界处一个区位样本的调查与思考［J］. 学前教育研究（10）：17-25.

张银爱，高丽芳，2014. 发展农村学前教育的策略分析［J］. 教育理论与实践（35）：17-19.

赵家骥，2013. 非"农"化：中国当代农村教育的基本问题［J］. 中国农村教育（7）：54-57.

赵军洁，黄福水，刘晴，2013. 农村主动城镇化实践探索：由"郑各庄现象"引发的思考［M］. 北京：中国社会出版社.

赵茜，2011. 城乡一体化的教育质量保障制度研究［J］. 教育科学研究（6）：13-16.

赵瑞瑞，周国华，2015. 城镇化背景下农村寄宿制学校建设探究［J］. 教育理论与实践（1）：19-22.

赵银生，2012. 我国基础教育办学体制存在的问题及政策建议［J］. 当代教育科学（4）：10-12.

赵忠平，秦玉友，2013. 学校布局调整背景下农村富裕教师安置政策研究［J］. 四川师范大学学报（社会科学版）（5）：76-80.

郑金洲，2006. 城市化进程中的教育病理现象［J］. 教育发展研究（4）：12-19.

郑磊，2015. 财政分权与公共教育：教育财政的政治经济学研究［M］. 北京：中国经济出版社.

郑伟，2009. 地方农民职业技能培训及其经济学分析研究：以北京、沈阳两市郊区为例［D］. 武汉：华中农业大学.

中共中央，2013. 中共中央关于全面深化改革若干重大问题的决定［M］. 北京：人民出版社.

中国教科院教育质量标准研究课题组，2013. 教育质量国家标准及其制定［J］. 教育研究（6）：4-16.

中国金融40人论坛课题组，2013. 加快推进新型城镇化：对若干重大体制改革问题的认识与政策建议［J］. 中国社会科学（7）：59-76.

中华人民共和国国家教育委员会计划建设司，1994. 中国教育事业统计年鉴1993［M］. 北京：人民教育出版社.

中华人民共和国国家卫生和计划生育委员会，2013.《中国流动人口发展报告2013》内容概要［R/OL］.（2013-09-10）［2016-10-23］. http：//www. moh. gov. cn/

ldrks/s7847/201309/12e8cf0459de42c981c59e827b87a27c. shtml.

中央教育科学研究所教育督导评估研究中心，2012. 义务教育均衡发展报告 2010 [M]. 北京：教育科学出版社.

中央教育科学研究所教育发展研究部课题组，2007. "中国农村留守儿童问题研究" 第一期调研报告 [R/OL]. (2007-01-09) [2016-06-22]. http：//www. nies. net. cn/ky/kyjz/201111/t20111110_35503. html.

中央教育科学研究所教育发展研究部课题组，吴霓，2007. 进城务工就业农民子女接受义务教育的政策措施研究 [J]. 教育研究 (4)：49-55.

中央教育科学研究所课题组，2008. 进城务工农民随迁子女教育状况调研报告 [J]. 教育研究 (4)：13-20.

钟水映，李晶，2002. 经济结构、城市结构与中国城市化发展 [J]. 人口研究 (5)：63-70.

钟自炜，2016. 福建 4 亿元支持公办幼儿园发展 [EB/OL]. (2016-06-26) [2016-10-24]. http：//www. Chinanews. com/cj/2013/06-26/4970474. shtml.

周彬，2008. 论基础教育办学体制改革中的政策选择 [J]. 国家教育行政学院学报 (3)：3-8.

周福林，段成荣，2006. 留守儿童研究综述 [J]. 人口学刊 (3)：60-65.

周海涛，2014. 以深化综合改革增强民办教育发展活力 [J]. 教育研究 (12)：109-114.

周桐，2014. 北京异地高考改革的制度合理性分析 [J]. 法制与社会 (5)：155.

周兴国，2013. 义务教育均衡发展：从资源配置到资源激活 [J]. 教育发展研究 (2)：26-30.

周序，杜菲菲，杨振梅，2014. 从"均等"到"适合"：义务教育均衡发展研究的现状与趋势 [J]. 教育学术月刊 (1)：32-36.

周晖，2013. 城镇化背景下的农村教育新探 [J]. 河北师范大学学报 (教育科学版) (7)：17-21.

周一星，1992. 论中国城市发展的规模政策 [J]. 管理世界 (6)：166-171.

周逸梅，2012. 10 年间农村学校数量锐减各地要暂停"撤点并校" [EB/OL]. (2012-11-12) [2016-06-26]. http：//epaper. jinghua. cn/html/2012-11/22/content_1877779. htm.

周毅，2009. 城市化理论的发展与演变 [J]. 城市问题 (11)：27-30, 97.

周幼曼，2014. 推进人口城镇化的财税体制改革研究 [J]. 财政金融研究 (4)：102-107.

周宗奎，孙晓军，刘亚，等，2005. 农村留守儿童心理发展与教育问题 [J]. 北京师范大学学报 (社会科学版) (1)：71-79.

朱冬梅，黎赞，2014. 发达地区农民工教育培训模式的经验借鉴 [J]. 开发研究

（4）：106.

朱孔来，李静静，乐菲菲，2011. 中国城镇化进程与经济增长关系的实证研究 [J]. 统计研究（9）：80-87.

朱庆环，2014. 不同类型转移支付对县级教育支出的影响 [J]. 教育科学 （4）：12-17.

朱庆环，成刚，田立新，2013. 政府间转移支付对县级教育支出的影响：基于北京市的分析 [J]. 教育与经济（4）：21-27.

朱庆菊，2011. 农村薄弱学校教师专业发展策略研究 [D]. 杭州：杭州师范大学.

朱善利，2013. 中国城乡一体化之路 [M]. 北京：北京大学出版社.

朱妍，2010. 城市发展：劳动流动与产业升级 [M]. 哈尔滨：黑龙江出版社.

朱永新，2008. 西部农村教师队伍建设亟待加强 [J]. 教育研究（5）：5-7.

朱蕴丽，潘克栋，2005. 把"爱"撒向每一个孩子 [J]. 江西教育科研（7）：43-45.

庄甜甜，王奕君，2010. 上海流动儿童学前教育社会支持系统的现状与改进 [J]. 学前教育研究（3）：24-27.

庄西真，2014. 城镇化辨正 [J]. 职教论坛（13）：1.

邹奇，苏刚，2016. 建国后我国农村教师政策变迁及应然走向 [J]. 东北师大学报（哲学社会科学版）（1）：130-134.

"中等职业教育招生制度与教学模式改革研究"课题组，2013. 中等职业教育招生制度与教学模式改革：现状与问题 [J]. 中国职业技术教育（3）：5-19.

《中西部地区农村中小学合理布局结构研究》课题组，范先佐，2010. 学者观点："撤点并校"的是与非 [J]. 生活教育（1）：17-23.

CHAN K W, 2010. Fundamentals of China's urbanization and policy [J]. China Review, 10 (1)：63-94.

CLARK C, 1940. The conditions of economic progress [M]. London：MaCmillan.

CUNHA F, HECKMAN J J, LOCHNER L, et al, 2006. Interpreting the evidence on life cycle skill formation [M] //HANUSHEK E A, MACHIN S J, WOESSMANN L. . Handbook of the economics of education. Amsterdam：North Holland Publishing：697-812.

DE BRAUW A, HUANG J, ROZELLE S, et al, 2002. The evolution of China's rural labor markets during the reforms [J]. Working Papers, 30 (2)：329-353.

GOFFMAN E, 1963. Stigma：notes on the management of spoiled identity [M]. Englewood Cliffs, New Jersey：Prentice Hall.

GRANNOVETTER M S, 1973. The strength of weak ties [J]. American Journal of Sociology, 78 (6)：1360-1380.

KRUMM V, 1996. Parent involvement in Austria and Taiwan：results of a comparative study [J]. International Journal of Educational Research, 25 (1)：9-24.

LEE E S, 1966. A theory of migration [J]. Demography, 3 (1)：47-57.

TEACHMAN J D, 1987. Family background, educational resource, and educational attainment [J]. American Sociological Review, 52 (4): 548-557.

The European Parliament and the Council of the European Union, 2006. Recommendation of the European Parliament and of the Council of 18 December 2006 on key competences for lifelong learning [Z]. Brussels Official Journal of the European Union.

THOMAS-BREITFELD S, LIU S, 2003. Workforce Investment Act (WIA) reauthorization: building a better job training system for Hispanic workers [Z]. Washington, DC: National Council of La Raza.

索　引

半城市化　113

财政转移支付　7，83-85，120，247，263，356，372，373，469，470

超速城镇化　106

撤点并校　38，67，69，76，214，215，231，301，325，350，411，412

城市群　5，72，75，110，111，388，389，453

城乡二元结构　6，7，17，24，27，31，36，51，53，54，75，127，128，135，165，179，202，206，326，355，361，454，456

城乡教师交流　86，87，140，206，258，355，361，423，437，467

城乡教育一体化　67，69，74，75，127-132，200，202，203，206，209，313，335，366，407，408，438，458

城乡制度壁垒　108

大城市病　387-390

第三方评价　339

非政府组织　160，450，451

分税制改革　83，84，262，365，369，469

服务型政府　10，79，80，84，90-92，315

公共服务统筹权　84

公共资源配置权　84

过度城市化　105

基本公共服务　3，4，6，7，9，10，12，13，15，25，36，39，45，53-56，60，66，67，71-73，77，79，80，82-85，87，88，124，144，170，179，182，254，260，279，354，363，371，373，374，389，433

集团化办学　68，77，180，419，423，435

集中性城市化　105

郊区城市化　97，98，105，386

教育管理民主化　38

教育机会均等　52，53，65，77，78，80，89，91，470

教育绩效管理　78，90，91

教育空间布局　40，66，67，69-71，74-77，82

教育联盟　86，420，435，458

教育体系重构　45

教育问责制度　78

教育行政职能　78，90，91

教育治理　38，78，89-91，138，310，438，458

结构性缺编　86，228，243，352，395，414，423，424

进城务工人员职业教育　118，138

京津冀协同发展　388

居住证制度　55，56，60，64，65，295，389

刘易斯-费-拉尼斯二元经济模型　101

留守儿童　2，5，15，16，42，67，70，87，89，116，117，138，139，142，143，145－153，155，157，158，171，218－238，249，253，300，302，303，306，310，314，318，319，323，324，327－331，349，350，353，363，400

马太效应　118，139，217，336

逆城市化　97，104，105

农民工随迁子女教育　82，141，142，176，182，410

农业转移人口　3，7，8，10，12，13，37，45，53，55，58，68，78，81－84，89，91，124，125，260，271，371，380，438，439，441－447，451－453，460

诺瑟姆曲线　102，103，105，116

人口集聚　4，9，39，44，49，66，71，73，74，111，114，122，325，375，376，385，388

社会融合　10，23－26，28－30，42，49，87，125，126，139，182，272，275，276，278，282，285，291，294，326，327，329，338，392，400，401，439，444，445

送教下乡　86，254，354，430，431

随迁子女　2，15，25－27，29，45，51－53，55，57－63，65，81，84，85，113，116，117，120，122，124，126，128，137－139，141－177，179－197，216，218，219，294，298，299，301－303，305，310－317，319，323，324，326－331，335－346，349，351，352，354，356，363，373，390－394，396－410，426，455－457，459，461－463，465，466，469，470

推拉力理论　100，101

县城教育　73，74

县管校用　87，247，467

新型城镇化　2－5，7，8，10，12，14，19－21，23，24，35－37，39－45，48，52，55－57，59，64，66，67，69，71，72，74，75，77－84，88，89，91，108，110，123－125，144，161，179，183，217，238，260，271，281，297，307，316，319，345，347，363，365，373，376，380，389，439

学区制改革　68

学校标准化建设　42，69，132，206

增长极　5，39，73，110，127

中等城市论　108，109